金马碧鸡老城厢

昆明城市文化的历史镜像

中共五华区委党史研究室
五华区地方志编纂委员会办公室　编著

生活·讀書·新知 三联书店

图书在版编目（CIP）数据

金马碧鸡老城厢：昆明城市文化的历史镜像 / 中共
五华区委党史研究室，五华区地方志编纂委员会办公室编
著；龙发昆主编；蒋赟副主编；范丹，李晓明执行主
编 . -- 北京：生活 · 读书 · 新知三联书店，2025. 7.
ISBN 978-7-108-07898-8

Ⅰ . K297.41-64

中国国家版本馆 CIP 数据核字第 2024QP2243 号

《金马碧鸡老城厢》

专家委员会

《金马碧鸡老城厢》

编 撰 委 员 会

主　　编：范　丹　李晓明

副 主 编：刘济源

特约编审：李林跃　　何兴庚　　李志强　　杨连国

编　　辑：蒋　赟　李　丹　李婧瑜　宋　莹

目录

古城遗韵

人物春秋

军事战云

名人旧居

文艺纪闻

民俗风情

古城风韵

卷首语

昆明古城及五华区的变迁

朱端强

　　古城昆明当然没有今天这样庞大。直到近代城墙拆去时止，所谓"昆明市"大体相当于今天五华区的范围。所以，五华区名胜古迹、风俗习惯的历史变迁，最能说明昆明古城的前世今生。

　　昆明作为中国历史文化名城之一，和别的名城一样，有着悠久辉煌的历史，其历史作用是中国历史不可缺少的重要一环。此外，它有别的历史名城不具备的一个特点——自古以来，它是一座由不同民族、不同文化融合而成的神秘古城。

　　昆明何以为名？地名是历史文化的积淀，面对许多地名我们其实很无知。因为我们无法破译古代"西南夷"不同族群的语音，所以也就无法解读"昆明"的确切含义。

　　最先被陕西人司马迁记下的"昆明"，是一支贬发、随畜迁徙的游牧民族。后来从滇西迁到滇池沿岸，有人说他们又叫"昆弥"或"昆淼"。如果此说成立，太史公笔下的"昆明"，或许是当时这种民族的自称或他称，再经过他的雅驯所记。今天，谁也不会迂腐地将"昆明"按古汉语训释为"大光明"，也无须恢复"昆弥"或"昆淼"那难听的乳名。昆明就是昆明。我们应该记住的只是它那一开始就结下的解不开，也无须解开的民族历史文化情缘！

　　蒙昧的旧石器时代，"昆明人"（1973年龙潭山出土）环滇池而居，出现原始聚落，"昆明文化"与中原、南方文化交相影响，从自己独特的区位开始步入中国多元一体的历史阵容。战国末，楚将庄蹻开滇，变服随俗，修池立国，滇池一带始有建城之记。据考，这时的城，建在今天昆明的黄土坡、黑林铺一带，后人称"苴兰城"，"苴兰"之音义已不可确考。庄蹻的后人就地为王。迄于汉武帝时，为打通身毒（印度）之路，元封二年（前109）兵威滇池，滇王尝羌降于汉。汉置益州郡。此后，滇池沿岸陆续出现了一些县城。谷昌城，因征服者汉将郭昌命名而后改字，这是昆明第一座以标准汉语命名的城市，原城址在今昆明金马山下的黑土凹一带。这座古城从西汉到南北朝七百多年来一直存在，但有趣的是，"谷昌"最终并未成为昆明的大名。可见文化很难从外部征服。

岁月的泥沙虽然湮没了秦砖汉瓦，但并未阻绝昆明古城留给我们的信息和思索。

晋宁石寨山，被认为是战国以来历代滇王的墓群。这里出土了不少闻名全球的青铜器，众多禽兽厮杀和猛士围猎的雕饰，说明古昆明的周边并不安宁。杀人、猎头和剽牛等大型宗教仪式在城郊举行，故主祭的女巫需乘肩舆（轿子）出城。巨大的贮贝（滇钱）器、无数的贝币和汉五铢钱，说明当时商业的繁盛，西汉人物、屋宇、铜饰告诉我们，当时已有干栏或井干式三坊、两层楼房。楼上有宽敞的回栏和平台，屋中人物，或启窗而观，或静坐休闲，或倚栏远眺，或执笔而书，或乘兴歌舞，或制食炊爨，或楼下交欢……反映出古城昆明贵族生活的常态。

这一时期，大量汉族人开始进入云南；"南方丝绸之路"开通，昆明出土的东汉陶俑已见西方人像；东汉益州太守王阜在郡城（今晋宁）以《韩诗》教生徒，经学传入昆明。汉晋以来，滇池地区有盛产孔雀和神马出滇池的传说，后人因建"金马""碧鸡"坊，作为昆明的象征。据裴注《三国志》引《汉晋春秋》说，诸葛亮定南中"遂至滇池"。所以今天的诸葛营、太平桥、凤凰桥、金锁桥等地传为孔明遗迹。

隋初，又在今天昆明碧鸡山下旧滇缅公路左侧筑起昆明城，历时二百多年，隋以"昆州"命城，足证"昆明"的地位日渐突出。

唐宋时期，南诏、大理政权虽然迭兴于云南另一个文化发祥地洱海地区，但聪明的白、彝政治家始终重视昆明"言山河以作藩屏，川陆可以养人民"（《南诏德化碑》）的战略地位。天宝战争之后，云南王阁罗凤首先在昆明安宁置"城监"，史称"远近因依，间阎栉比"，可见规模不小。唐代宗永泰元年（765），阁罗凤命其子凤伽异在昆明大规模修筑"柘东城"。"柘"亦作"拓"，意在拓土东进，控制滇中和滇东北地区。城立，凤伽异以南诏副王的身份镇守该城，故相对南诏都城羊苴咩（今大理太和），柘东城又称"东都"或"上都"。

据考，柘东古城原址位于今昆明市东区盘龙江至金汁河一带。东、南、北三面有土城墙，唯西面有石桥和舟楫可通滇池，易守难攻。城内有王宫、官署、驿馆、寺庙等设施。佛教文化随柘东立城而大兴于滇中，今圆通寺，东、西寺塔，觉照、慧光、金马三寺等均始建于这一时期。

大理国将柘东城向西扩大，乃至三面濒临滇池，改称"鄯阐城"，封鄯阐侯世代镇守。"鄯阐"之名始于南诏时期，但我们仍然不可用汉语释读其意。

据载，环鄯阐城筑有"春登""云津"二堤，堤上分种迎春花和素馨花，黄色的迎春花和白色的素馨花随风飘入河中，形成"金汁"和"银汁"两条美丽的河。城内五华山麓有鄯阘侯豪华的宫室、宽阔清幽的宫苑和众多的佛寺。热闹的街市上行走着来自大理、东南亚、南宋邕州（今南宁）、播州（今遵义）、黎州（今汉源）等地的商贾和游人。人们频繁地交易着汉文经书、佛教典籍、大理马、滇中纸、云南刀、赤藤杖、小苦菜……

"元跨革囊"而定云南。昆明正式成为元朝云南行省的首府，史称"中庆城"，俗名"鸭池城"。"鸭池"之音义依然有待破译。

中庆城在鄯阐城的基础上继续向北扩展，大体奠定了后来昆明旧城的基本格局。被马可·波罗称为"壮丽大城"的"雅岐"（鸭池）是一座开放、繁华的商业城市，城里杂居着各色工匠、商人，佛教徒、伊斯兰教徒和基督教徒。今天五华区的三市街和正义路已成为城市的中轴和闹市区。元人王升眼中的昆明是"五华钟造化之秀，三市当闾阎之冲；双塔挺擎天之势，一桥横贯日之虹；千艘蚁聚于云津，万舶蜂屯于城垠；致川陆之百物，富昆明之众民……"（《滇池赋》）

元朝留给昆明的踪迹更多于唐、宋。大德寺、白塔路、龙川桥、至正桥、敷润桥，指点着当年"鸭池"古城的形胜；咸阳王赛典赤墓，昭示着第一任云南"省长"卓著的政声；筇竹寺白话圣旨碑，用标准的蒙化汉语讲述着"怎的这里耆宿百姓给俺树碑了呢"的故事；东寺街和阿姑庙，萦绕着元末梁王害死女婿大理总管段功和阿盖公主的悲剧……

明洪武十五年（1382），昆明改筑砖城，广十里。立城门六座。今近日楼一带原为正南门，史称"丽正门"。城内街巷交错，店铺林立。明、清史书普遍称昆明为"大都会"，清中叶著名史家赵翼看见的昆明已是"一片炊烟万瓦浮"！明朝大规模的移民屯田，给昆明留下了众多以"卫""所""营"相称的地名；以江南、川、黔、湖、广各省为主的汉人大量定居昆明，逐渐形成了昆明人平和的方言和脾气；综合南甜北咸、东辣西酸的口味，形成了独特的"滇味"。元、明开始传入的"秦腔""襄阳""南调""北调"等糅合云南小调形成了滇剧和花灯戏。这一时期奠定了五华区作为昆明主城区的地位。

明、清两朝五华区在昆明的地位日益突出。明"三司"衙门，清"云贵总督"衙门、云南巡抚衙门、云南府（昆明市）衙门及文庙皆立于今五华区内。明永乐九年（1411），诏云南独立举行乡试（省考），当年士子鱼贯而入的考棚、庄严的文庙和至公堂今天还宛然在目。经昆明射策入仕的官员日益增多，尤其是多达 139 人的滇籍谏官，其中如杨一清、傅宗龙、钱南园、尹壮图、窦垿等人，以其清正廉明、正直敢言的行为令明清政坛和官绅士人肃然起敬！

明末清初，大西军和南明永历政权先后进入昆明，建皇宫于五华山，翠湖周围成了农民政权的行政中心，云南成为反清斗争的最后一面战旗和大明王朝悲剧的谢幕之地。昆明也和中原诸多历史名城一样，戴上了"皇城"的桂冠。

历史悠久的滇铜不仅两次铸出举世闻名的"金殿",而且一度长期支撑着中央王朝的金融。因"宝云钱局"得名的钱局街(今五华区内)一带,是清初昆明的铸币中心,雍正时铸钱之炉多达四十七座。经由昆明调拨中央铸钱的滇铜,指定专线专官护运,千骡万马,先陆运至滇东北水富码头下水,沿长江而行,水运至镇江"起剥"(上岸);改漕运,经大运河抵达塘沽,再次"起剥",改陆运直入北京前门国家铸钱局。何等宝贵的滇铜!

明清时期,云南和中原的文化交流进一步加强。高人韵士不断驻足昆明,不少人真心爱上了这方水土这方人,干脆筑室而居,成为滇人。杨升庵、徐霞客、李贽、孙髯翁等都曾寓居昆明,都曾在五华老城区广交朋友,从事著述。昆明历史文化给他们的才学注入了独特的内容和灵感,使他们挥笔写下了诸如大观楼长联一样流芳千古的杰作!

近代以来,昆明也是中国的一个缩影。在向西方列强缴纳沉重"学费"的同时,自己也开始了走向民主和现代化的进程。清末民初,滇越铁路开通,昆明巡津街、太和街、翠湖沿岸、云南大学出现了西式建筑,也兴起了现代教育、文化和实业,兴起了昆明人的现代意识。

云南陆军讲武堂、护国纪念碑、民权街、民生街、正义路、胜利堂、聂耳故居、西南联大旧址、一二·一大街,这些立在今天五华区地界上的一个个历史遗迹,镌刻着昆明反帝反封建、反侵略、反独裁的决心和胆识! 1922 年,为开拓交通,昆明开始陆续拆去祖先留下的城墙,直至 20 世纪 50 年代先后建成南屏街、青年路、东风西路等宽阔笔直的大街,彰显出现代五华的新风新貌。现在,和别的中国古城一样,昆明再也不需要任何围城之墙,但须留住独特辉煌的历史,走出各种有形、无形的禁锢,大步迈向更加广阔的世界和美好的未来……

名山
胜水

蛇山之叹

李　芮

《诗经》形容泰山："泰山岩岩，鲁邦所詹"，"詹"通"瞻"，说是在鲁国，不论在哪里，抬头就能看到泰山。"岩岩"，形象地刻画了泰山的岩状山貌。对于昆明来说，五华区境内的蛇山也有这样的感觉。

当年上学，教学楼在北门外的商山之麓。课间，抬头即可看到窗外一座巍峨而又浑厚的山峦。清晨的霞光给山顶罩上一层蒙蒙的红薄纱，不时有鸽群在附近盘旋。每当见到这一景象，心中总有一种苍远辽阔之感。下午，在湛蓝天幕的映衬下，山顶一道道的线状岩层，白得那么耀眼、那么纯粹，在黛青色的群山当中，独显恢宏的王者气度。

不久以后，我知道了，它就是蛇山。

蛇山，书称长陠山，也叫长虫山。其脉自东川、会泽一带的滇川边界逶迤而来，驻于滇池以北。明初修建昆明城池，大堪舆家汪湛海相中蛇山气势，将昆明城设计成"尾掉而足动"的灵龟形状。以今天的五华区为中心，城开六道门，以南门为头，北门为尾，大小东门、大小西门为龟的四足。前临滇池，背靠蛇山，形成"龟蛇相交"的风水格局，并将五华山、圆通山、祖遍山和翠湖等山光水色圈在其中，整座城市有山有水，自然和谐、井然有序，具有精深的中国文化意蕴，从而加深了整个老城区的历史积淀。数百年来，这一格局被昆明人津津乐道，赞不绝口，实乃一天赐风水奇观。

上学时的某天午后，与几个同学相约，我终于站到了蛇山顶上。俯瞰整个昆明坝子，心情为之兴奋异常、震动不已。脚下，就是楼房林立、鳞次栉比的昆明市区，五华山、螺峰山、祖遍山在城北错落摆布，远处那一抹亮丽的滇池水色，以及那静卧水边体态婀娜的西山睡美人，则让城市多了几分婉约、几分柔美。往北，则是奔腾涌动的蛇山山脉，白云悠悠，山峦如潮，又让人感到几分苍劲、几分健朗。站在这里，"东骧神骏、西翥灵仪、北走蜿蜒、南翔缟素"——大观楼长联中大开大合的城市格局、山水气度，可谓历历在目、一览无遗，让人顿生一种穿越历史时空的豪迈之气。

也就是这次登山，让我弄明白了平时在山下看到的线状石纹是怎么回事。一高一低、气脉相贯的两座圆形峰顶——也就是蛇头，原来是由一条条的岩垄由上而下排列而成，一道道垄和一条条沟，排列得是那么整齐划一，那么气势磅礴，仿佛就是人工开凿而成，让人匪夷所思。此时此刻，只能感慨造物主的神奇，甚至神圣。大自然的鬼斧神工，竟是如此强大，也如此有趣。黑白相间的岩层，连亘于蛇山之脊，如巨蟒鳞纹，十里不绝。这一奇特的地貌，让蛇山更显得与众不同，多了厚重之感、苍莽之气。离开昆明以后，每次想起昆明，必然想到蛇山高昂的头颅，以及内心隐隐约约而又始终难以惬怀的沧桑情绪。

据说，汪湛海当初筑城的时候，择地埋下了一个石龟和一座石碣。后来在拆除南门的时候，确实挖出一个石龟，只是不知石碣埋于何处。据传石碣上写着：五百年前后，云南胜江南。原因是汪湛海认为昆明风水奇胜，将来必然繁盛，大有一番作为。罗养儒《纪我所知集》载，康熙年间吴三桂反清，将一只神龟放到舆图上以卜前程。那乌龟爬到长江边上的湖南岳阳、常德一带，就徘徊反复，始终不肯过江，最后竟又折返云南。这一卜筮，预示了吴三桂的命运。尽管兵精粮足、四处响应，可吴三桂的军队，却一直没有打过长江，在衡州匆匆称帝以后，即败退而亡。清军打到昆明，久攻不克。蔡毓荣等将领认为昆明王气葱茏，就听从方士建议，在蛇山铁峰庵的低洼处挖断地脉。果然，风水破后，乱事即平。后来督滇的范承勋，又以蛇山起顶入城的王帽山、荷叶山龙气最旺，遂在两山挖山炸石，以泄王气，荷叶山从此成了"破荷叶"。

这些传说，指向只有一个，就是昆明为人称道的风水格局。按照汪湛海石碣的意思，五百年后，大概就到了清末民初。这个时期的昆明，突然摈弃了长期温暾平和的性格，精神为之一振。以讲武堂师生为主的革命志士，发动了重九起义，光复了古老昆明。此后援川援黔、护国护法，莫不奋发有为、世所瞩目。仅云南陆军讲武堂走出的帅星名将，就有300余人之多，随后的抗日战争，滇军浴血疆场，作为大后方的昆明，机关学校工厂南迁、美国空军大量驻扎，成为全国抗战后方的重要基地，战略地位十分突出。可叹的是，民国初年崛起的许多云南爱国军政人物，大多英年早逝，或是长期郁郁难伸其志。时人每谈及此，又往往将原因归结为清初蛇山地脉受伤，让人不胜唏嘘。

笔者曾用新韵写过一首五言律诗，作为对蛇山的怀念，诗不敢称，却是情感所寄：

晨光染双岭，廿载梦中回。

万古苍茫驻，三朝俊逸飞。

龟蛇生紫晕，金碧映清辉。

曾忆登凌处，豪情遍翠微。

蛇山上有几座庙宇，最有名的是铁峰庵和虚凝庵。铁峰庵在山前，虚凝庵在山侧，都是过去昆明的名胜之地。"铁峰"之名即源于蛇山的巍峨雄峻，壁坚如铁，抗日名将鲁道源曾著有《铁峰集》，收录其军旅诗作。虽然两庵早已不存，不过前人记载虚凝庵风光之美："旷观远瞩，能纵目于数十里之外也。且盘龙江宛曲如线，横渡于山前，尤饶意味。"倒是让我感同身受，与我登山所见略同。那时的昆明，除了现在的环城路以内，仍是四围香稻、菽麦青青。登临远望，绿树成行，村落点点。孰料十多年后，竟高楼耸立、参差密布，挤满整个坝子。除非站在高处，否则完全看不到蛇山。这也让这座城市，隔离了蛇山，抛弃了蛇山。当然，也许有人认为，这才能够匹配马可·波罗笔下的"壮丽大城"。而事实上，一座城市是否壮丽，首先取决于它的城市布局的优劣。遥想当年的昆明城池，前映滇池，后倚蛇山，东环盘龙，西引翠湖，城内寺观林立、衙门众多，南门城外，又有品字三坊、东西二塔交相映衬、熠熠生辉，抬起头来，就可以看到远处秀美的西山，城内屏开五朵的五华山，那是一种何等壮丽的气象！

大南门近日楼上曾悬有清末经济特科状元袁嘉谷先生的一副对联："东西双塔，金碧两坊，云灿星辉，光于中夏；烟火万家，湖山千里，忧先乐后，式是南邦。"就写出了昆明城的这种气度。清末法国驻昆总领事方苏雅见到昆明城池，也对它大加赞赏，他在信中告诉远在巴黎的朋友："云南府城是一座远比其他省份更为壮观的城市，一个沐浴在阳光下的古城，美丽而质朴。"而如今的昆明，没有城市线，缺乏标志地，全然失掉了山水特色。除了高楼，还是高楼，且拥堵得密密麻麻，直接让人透不过气来。城市扩大了再扩大，却反见其小，不见其大。中国人多，现代化、城市化的进程无可阻挡，但在这一进程中，城市的格局，当有超前谋划、提早布局，而不是趋利避害、散乱发展。蛇山后面，从20世纪80年代即有人开山采石，弄得斑斑块块、伤痕遍布，现在的人，当然毫无办法再去修复了。幸好，当时没人瞄上蛇山的两座主峰，也算是不幸中的一大幸事了。

六百年前的祖先，倒颇有一种眼光，能够顺应自然山水，构建城市风貌，六百年后的今天，我们拆拆建建，不仅没有留住这个古老灵龟，反而让整座城市失去风格，丢掉韵味，愧对了春城美誉。这样的反差，突然让人无语而叹。蛇山，昆明的城脉，永远庇佑着脚下的这座城市！

五华山

武　文

　　五华山在市区中偏北部，山由"螺峰叠巘而下，端丽尊严，诸山朝拱"。海拔1926米，方圆约1.5公里，与螺峰山（圆通山）、祖遍山、商山、大小虹山连绵于市区东北和北部。登山放眼，只见"金马环其东，古柏参天，苍翠如玉，昆池临其西，汪洋浩荡，一望无际。俯瞰全城，均在一览中。双塔在左，翠湖在右，形势雄壮，为全市诸山之冠"。

　　五华山上，山不高而颇有名气，南诏鄯阐侯高智升曾在这里建造过规制宏丽的私宅。据明景泰《云南图经志书》记载："至元十四年（1277）忽哥赤云南王，平章赛典赤公……于

20世纪30年代五华山上的云南省政府（照片由廖可夫提供）

中庆城（即今昆明）北隅高阜之上创建五华大殿，匾曰悯忠寺。"山即因此得名悯忠山。至元二十三年（1286）寺毁于火，直到至正二十八年（1368）才重修。"像设五如来于其中"，故改称五华寺。山亦从此得名五华山。

五华寺"其地左蟠龙，右玉案，滇池朝于前，商山耸于后，设像五如来居于其中。周檐四壁绘画诸佛菩萨神龙之仪形，范金填彩，绚烂人目。其殿制高爽宏丽，重檐叠拱，奇巧异乎他构，真一方兰若之甲也"。五华山原在城外，明洪武十五年（1382）沐英改砖筑云南府城时，五华山才与翠湖、螺峰山一道圈入城内，山上建筑逐渐增多，明季日本僧人昙演在山上修建"聚远楼"，定边伯沐昂，都督沐璘在楼北增建"泰然亭"，楼后建"真意亭"，同时还新建"无边楼""旷怡""净明""竹悟深处"等亭台楼阁，成为滇人游宴之所。

明末清初，大西军将领孙可望、李定国、刘文秀、艾能奇四将军于清顺治四年（南明永历元年，1647）四月二十日率部进入云南府城，建立大顺农民政权或"（南明永历元年，1647）四月二十日率部进入云南府城，建立抗清政权"。平东王孙可望王府就设在五华山。顺治九年（南明永历六年，1652），"孙可望由黔回云南，大营宫室于省城五华山，创建宫殿，制侔大内……黄屋双阙，豪华富丽，世称秦王宫"。清顺治十四年（南明永历十一年，1657），大西军李定国迎永历帝朱由榔入滇，云南府城成为滇都，五华山秦王宫即成为南明王朝皇宫。顺治十六年（南明永历十三年，1659），永历帝弃宫西逃入缅甸，吴三桂从此割据云南，以五华山永历帝宫为王宫，同时"填平翠湖之半"大兴土木，营建宫室王府，康熙二十年（1681），经过八年征战，清军平灭吴三桂的反叛，在战乱中山上宫室大部被毁。

康熙二十六年（1687），云贵总督范承勋在山上创建"拜云亭"，后改称"开武亭"，作为文武官员朔望习仪之所。同年，粮储道孔兴诏在亭东建造"诸葛武侯祠"，四年后（1691）孔兴绍又在山南麓建筑"万寿无疆坊"（俗称四牌坊，在今马市口）。雍正十一年（1733）创设五华书院于山南（在原云南省经贸厅），作为培养云南人才的高级学府，嘉庆十年（1805）在书院以西创翊灵寺（在原云南省高级人民法院）。同治四年（1865）在山东麓建永宁宫（今华山街道办事处及附近）。同治十二年（1873），总督岑毓英在诸葛武侯祠左建祭祀总督潘铎的"潘忠毅公祠"，其祠右又建祭祀总督劳崇光的"劳文毅公祠"，同时将劳公祠的后殿改作恒公祠，祭祀总督恒春。由于历代增修，五华山上寺祠林立，晨钟暮鼓，林木葱郁，环境清幽，鹭鹰盘绕，明清时"五华鹰绕"被誉为昆明八景之一。

清末，随着帝国主义的入侵，西方新思想的传播，清廷也采取了一些新政措施，其中之一便是兴办学堂。光绪三十三年（1907）清廷敕令将云南高等学堂（前身五华书院）改为省两级师范学堂，同时在山上增建教学大楼，同年在施工中掘得"永历帝玉玺"（实物存云南省博物馆）。1911年云南辛亥重九起义，推翻了清王朝在云南的封建统治，云南都督府由云贵总督衙门（今人民胜利堂）迁至山上，将师范学堂教学大楼改称"光复楼"作为办公用所。从此，五华山成为云南省政治活动中心，后为国民党云南省政府驻地，今为云南省人民政府及部分厅局所在地。自五华山改作政府办公之地后，经几十年的改造建设，现已高楼耸立，非昔日面目。

20世纪60年代五华山下的马市口（照片由廖可夫提供）

千秋膜拜祭诸葛

——五华山武侯祠

苏国有

　　自古云："名山藏名祠"。在昆明名山五华山上，曾经建有一座纪念蜀汉丞相诸葛亮（181—234）的专祠——武侯祠。

　　不过，昆明城厢最早修建的武侯祠并不在五华山上，但为何后来又建在五华山上，且长期作为昆明城厢最重要的武侯祠而存在呢？这其中的故事，说来话长。

　　东汉末年，南中地区大族豪强势力日益强大。蜀汉政权建立后，一些豪强大族纷纷起兵叛乱。蜀汉建兴三年（225），为筑固蜀国后方，诸葛亮按照《隆中对》中提出的"西和诸戎，南抚夷越"之策，兵分三路南征。东路由马忠率军伐牂牁（郡治故且兰县，今贵州黄平县西南）朱褒，中路由李恢率部攻益州（郡治滇池县，今昆明市晋宁区东北）雍闿、孟获，西路由诸葛亮亲率主力进击越巂（郡治邛都县，今四川西昌市东南）高定。诸葛亮采纳马谡"心战为上，兵战为下"的建议，趁雍闿为高定部曲所杀之机，击杀高定，追击孟获，擒而纵，纵而擒，使孟获口服心服地说："公，天威也，南人不复反矣！"是年秋，三路南征大军会师滇池，南中四郡皆平。此事《三国志》《华阳国志》等史书多有记载。

　　南中平定之后，蜀汉采取一系列政策，缓和民族矛盾，发展经济，安定人心。诸葛亮南征之事，被后人"铺张"地演化成"火烧藤甲兵""七擒孟获"等故事，甚至不少与诸葛亮无关的史事和遗址遗迹也改用他的名字来命名，致使演义愈演愈烈，诸葛亮亦由人变成了智慧的化身和呼风唤雨、战无不胜的神灵。

　　诸葛亮，字孔明，人称卧龙，徐州琅琊阳都（今山东临沂沂南县）人，在世之时被封为武乡侯，过世后被追谥为忠武侯。魏晋以来，南中对武侯诸葛亮"百姓巷祭，戎夷野祀"，并逐渐成为一个传统。在云南民间，虽然祭祀武侯诸葛亮之风盛行，但一直无固定祭祀场所，为祭之于道陌上的野祀。至明代，云南地方官员按照祀典之列，将对诸葛亮的祭祀由民间崇奉上升为官方行为，全省各地纷纷建起供奉、祭祀诸葛亮的武侯祠。到明代后期，据天启《滇志》记载，云南至少有 36 座武侯祠。明代云南府（府，古代行政区划，相当于今地级市）

城所在地昆明建有两座武侯祠：一在府城南，正德四年（1509）太监崔安建，奏赐庙额曰"忠诚"；一在南演武场（在今宝善街东段南侧一带）内，万历二十五年（1597）巡抚陈用宾建，且每逢霜降，都要在演武场内阅武以祭祀诸葛亮。昆明府城南武侯祠，是明代云南省内有确切记载的最早修建的武侯祠。而南演武场武侯祠，则是云南府地位最高的武侯祠，且因作为省级地方官员的祭祀之所而成为云南省地位最高的武侯祠。

清初，随着祭祀诸葛武侯风气的盛行，省内地方官员不断倡修武侯祠，以弘扬诸葛亮的功业、美德，教化官民，振励风气。云南武侯祠的兴建又出现了一个高峰，昆明作为省会，原府城南武侯祠和南演武场武侯祠已不适应全省最高行政长官祭祀武侯的需要，即选址在昆明名山五华山巅新建武侯祠。五华山为昆明主山长虫山余脉，又系昆明城区最高峰，在元代已列为昆明八景之一，至明代以"五华鹰绕"名噪滇中，明末朱由榔"筑宫于五华"，清初吴三桂"益广其址，缭以重垣，俯以杰阁，极土木之盛"。五华山经历代营建和文化沉淀，成了云南政治中心的象征性山峰和权力的代名词。因而，从康熙二十三年（1684）起，五华山得置龙亭、朝房，每逢清帝寿辰或元旦，驻昆文武官吏都要照例齐集山上朝贺。其后，又建拜云亭，为地方官初一、十五习仪之所。康熙二十六年（1687），又立万寿无疆坊于拜云亭前。也就在这一年，粮储道孔兴诏在五华山上建武侯祠。康熙五十年（1711），总督王继文、巡抚石文晟"始以春、秋修祀事"。乾隆十二年（1747），总督张允随重修五华山武侯祠。

道光十五年（1835），大学士、总督阮元重修五华山武侯祠，额曰"诸葛武侯祠堂"，并塑诸葛亮像于正中，其牌位称："汉丞相南征至滇诸葛武乡侯位"，增塑李恢、马忠、吕凯等诸将于祠堂中。在道光年间，戍边文人、曲靖知府宋湘为昆明五华山武侯祠题写了一联："千秋出师表，五月渡泸人。"相传，时任云贵总督的阮元，因将昆明大观楼长联中的神骏、灵仪、蜿蜒、缟素改作金马、碧鸡、长蛇、白鹤等，遭滇人讥讽，并传言阮元虽然家居仪征，出身显贵，但江都人视为鄙俗。阮元听到后，题联在五华山武侯祠以报复。阮元联曰："丞相天威，南人不复反矣；英姿有灵，礼乐其可兴乎。"阮元之联悬挂后，当地士人大怒，以为阮元骂云南为不知礼乐的蛮夷之邦，当即聚众二百余人，捣毁了阮联。清代杨琼撰《滇中琐记·孙髯翁》条亦载阮元改大观楼联之事，并谓："芸台（阮元）亦太多事矣！时有作为谚语以讥芸台：'萝卜韭菜葱，软烟袋不通；擅改古人对，笑煞孙髯翁。'"阮元本想戏谑滇人，殊不知搬起石头砸了自己的脚，反被传为笑柄。但五华山上武侯祠"千秋出师表，五月渡泸人"一联，与大观楼"千秋怀抱三杯酒，万里云山一水楼"、黑龙潭"寒潭千载洁，玉骨一堆香"等作为超群迈众之作，而得到广泛传诵。

至清末，由于清廷的腐朽，云南社会动荡，官员以重修武侯祠，提倡超越祭祀功能的供奉行为，希望让诸葛武侯的威灵永保一方平安。同治二年（1863），马荣据城时武侯祠被毁。

同治十三年（1874），盐道沈寿榕重修武侯祠，并于《重修五华山武侯祠记》中云：滇人之所以重视诸葛亮，是因为诸葛亮"以征南功，故祀之"。且"祀之于郡县者不可胜数，而会城五华山之庙为最古，名亦最著"。祠始建于康熙二十六年，乾隆十二年重修。咸丰六年（1856），迤西乱起，省城数次危而复安，这"非侯之灵有以默相之欤"。同治十一年（1872）春，沈寿榕率军援黔，于仲冬始返后再拜五华山武侯祠，见祠"倾圮过半，乃集同官捐俸修葺"。次年（1873）冬，修葺完工，沈寿榕颇有感慨地说："呜呼！儒臣若忠武侯者志同伊吕从祀孔子庙庭，如日星在天，照耀寰宇。"

随着时代的变迁，武侯祠的祭祀、拜谒功能渐渐淡化，武侯祠成了人们休闲游览之地。据经常到五华山武侯祠游览的罗养儒在《纪我所知集》卷八记载：五华山上的诸葛武侯祠"在城内五华山巅。祠为二进，前进塑武侯像，羽扇纶巾，儒雅已极。檐下悬一联曰：'千秋出师表，五月渡泸人。'下未署名，按此十字，可包括尽武侯一生功业矣"。清光绪十七八年（1891—1892）间，"余常到祠内闲游，亦惟瞻仰武侯面貌"。有一次，罗养儒闲行于殿后，见杂乱的草间有阶石数级，推知此处有屋圮。并见阶石前有断碑两块，"一为总督王继文、巡抚石文晟修建祠貌记，字系十七帖，当为王继文所书；一为总督阮元重修武侯祠记，字系楷书，是否芸台（阮元，号芸台）手笔，则不得而知之"。罗养儒感慨，这些断碣残碑，如果"无人宝惜"，不免有人会敲成石块而作他用。

现在，五华山上的武侯祠已踪迹全无，但我们可以从历代方志记录的诸葛武侯遗迹和题咏的诗词中，感受到诸葛亮的丰功伟绩；也可以从旧时的地图或依《清末昆明街道图》放大南屏步行街，领略五华山武侯祠这座重要建筑昔日的风采，追寻昆明人千百年来膜拜诸葛孔明的景况及其留下的故事。

祖遍山

张 佐

　　昆明城偏北的祖遍山上原来有一座香火旺盛的大德寺，历经数百年风雨的侵蚀和人为的破坏，大德寺早已荡然无存。现仅存一对古塔讲述着这里的历史。祖遍山东临盘龙江，西、北与五华、螺峰山连绵，南濒绿水河，海拔 1915 米。从前，这一带古木苍翠，鹰飞鹭绕，流泉喷涌，山花烂漫，佛殿巍峨，塔楼高耸，环境清幽，"绿映双塔"，曾为昆明著名的风景胜地之一。清道光九年（1829）己丑科进士、昆明"五华五子"之一的戴絅孙作《祖遍山铭》，盛赞此山："双塔云中，一楼天际，城郭千家，沧海几世。我怀元代，镇此梁州，咸阳泽永，大德留名。寺接青门，河通绿水，风约苹花，雨敲松子。金仙法界，玉女高城，空牵世纲，祇负山灵。"

20 世纪 20 年代祖遍山的大德寺双塔（照片由廖可夫提供）

祖遍山上建寺始于大理国时期，建有寺庙、文室。元大德五年（1301），"元大德间，释陁连增广两庑、佛像，额其寺曰'极乐宫'。后以修之年号更是名，至今因之"，更名大德寺。

明成化二十年（1484）昆明壬辰科进士赵璧撰《重修大德寺碑记》云："滇城中祖遍山之巅，有古寺曰大德，与五华山寺相对出。左峙金马，右耸碧鸡，前瞰大海，后接商山，实胜概也。"

清康熙十二年（1673）十一月，吴三桂起兵反清，八年战乱，大德寺毁坏严重。康熙十五年（1676）又重修大德寺。重修后的大德寺为三进院，依山势逐层升高。由山麓永宁宫坡侧石阶磴道迤逦而上。寺门两侧塑哼哈二将。山巅第一进为弥勒殿，殿内塑弥勒、韦驮和四大天王等像。第二殿为接引殿，殿内的西方接引的佛像高丈余，容貌庄严，栩栩如生。接引殿左右两侧各有配殿三间，西配殿内，安置木制法轮一架，可以旋转，一如黑龙潭黑水祠偏殿中所设者。接引殿东西两廊泥塑五百罗汉。第三进为大雄殿，琉璃攒四角大屋顶建筑，殿内塑有庄严肃穆的三世佛，佛桌前置贮经大铜柜，高二尺，宽二尺，造型古雅。寺内庭院宽敞，植有许多柏树，数百白鹭在树上筑巢。白鹭翔集，景色宜人。

大德寺及云南其他寺庙，官署化特别明显，追求富丽堂皇、金碧辉煌。建筑风格与外貌装饰繁复、华丽，主色调为红黄二色，多精致的雕刻和复杂的装饰。大德寺的屋檐下雕刻着玲珑的斗拱；殿宇正面，檐柱与檐柱之间有雕刻和彩绘精细的额枋。柱子上端与枋、梁交接处，有雕刻和彩绘精巧的雀替；柱子下端与地面接触处，有造型多样、雕刻细腻的石柱础。殿宇精美的格子门以繁复的透雕和浅浮雕图案工艺制成。大德寺各佛殿屋顶交错使用筒瓦、板瓦覆盖，均为黄色琉璃瓦。玲珑剔透的雕刻，鲜艳夺目的颜色以及依山而建、逐层升高的气势，使得大德寺正如赵璧在《重修大德寺碑记》中所说的"金碧交辉，黝垩争映，焕然为之一新"。

大德寺内的双塔建造于明成化五年（1469），位置在接引殿前，弥勒殿后。两塔相距27米，高度相等，为十三层高21米的四方密檐实心砖塔。自第二层起，四面设佛龛，共四十八佛龛，并内设石佛一尊。塔的四角微翘，形成自然流畅、造型美观的模型。清光绪四年（1878），西塔之刹被大风吹坠，光绪六年（1880）住持僧广顺重修。古代昆明城内，百姓无论走到哪条街巷，抬头都可以看到高耸入云的双塔，"足以为城池之壮观，足以启军民瞻仰"。所以有民谣曰："大德安坐祖遍怀，出奇螺峰五华外，两座浮屠冲云霄，绿映双塔万众拜。"

大德寺东还有高大雄伟、建筑精美的松子楼。松子楼又名流云阁，相传为元大德年间梁王所建，明代僧人如慧重修。松子楼依托山势，巍峨壮观，面临绿水河，风光旖旎，是文人墨客登临览胜的好去处。登上松子楼，整个昆明城尽在眼底。明末清初昆明诗人朱源，赋七律《松子楼和韵》，描写四周景色，感叹个人遭遇："佛槛云烟坐可求，远瞻金马几层楼。千山暮霭低残垒，一线寒江动碧流。尘也几番惊聚蚁，人生空自叹浮鸥。是谁冷眼窥双塔，肯为秋光更少留。"明清更迭，社会动乱，他与其舅书画诗僧唐泰，不愿投靠清廷，一度到鸡足山出家避乱，释名把茅，从舅学习诗画，后还俗改名昂。

清宣统二年（1910），大德寺内设矿政公所，开办云南工矿学堂，1913年改名云南甲种工业学校。1921年在此创办路政学堂，1930年改设省立第一工业学校，1934年改为省立昆华高级工业职工学校。求实中学也于1930年底由文庙迁到祖遍山东麓。祖遍山周边的环境破坏越来越严重。发源于祖遍山，经白鹤桥流入玉带河，曾经清澈碧绿的大、小绿水河被改造为覆盖大石条的暗沟，以至于完全填平。

1957年维修大德双塔时，不懂得保护文物的主持人，又吩咐泥水匠给双塔穿上厚厚的水泥外衣，古塔上的佛龛和佛像全被遮盖。之后随着城市建设的发展，双塔周边的老房子全被拆除，现代建筑拔地而起，昔日古木苍翠、环境清幽的祖遍山，成为灰色水泥路面上的一个大包块。昔日"双塔峥嵘拥翠华"的雄姿，"绿映双塔"的诗意荡然无存了。令人欣慰的是，1983年大德寺双塔被公布为昆明市文物保护单位。为了恢复昔日祖遍山的风采，近年开始修复和还原双塔历史面目及建设双塔公园的工程。大德寺双塔作为昆明这座历史文化名城的一份珍贵的文化遗产，是先人留给我们的一份宝贵的物质和精神财富，相信它对于研究当时的祖遍山乃至昆明的历史、自然环境、宗教、艺术和建筑技艺、城建史，都是一份不可多得的实物资料。

莲花池畔话商山

张　俊

如有人问昆明的莲花池在何处，昆明人众所周知；可是再问商山在什么地方，或许就会难倒不少地道的"老昆明"。

古人云："山不在高，有仙则名；水不在深，有龙则灵。""仙"与"龙"，也就是出过名人、"名事"。商山既不高，也没出过名人，却建过一座历史悠久的名寺——商山寺。据民国罗养儒老先生考证："商山寺为府城最古之寺也。"汉建郭昌城时"即云近城处建商山寺……距今已二千余年矣。考老滇志载云：'商山寺在陣山之麓，距北城外三里余。'"

商山就在莲花池南面。据《云南省昆明市五华区地名志》载：它位于昆明市区北部。北靠蛇山，东南与圆通山相连，西接银锭山（俗称大、小虹山）。海拔1910米，系云岭山脉东支，乌蒙山脉分支蛇山之余脉。"山势逶迤，林木葱茏，旁有莲花池，环境清幽。商山古寺，掩映其中。"

追溯既往，商山与莲花池是"捆"在一起的，作为一方风景，它们是一个整体而相映生辉，人们也常把二者相提并论。

唐宋时期，莲花池因有五眼泉水自然涌流成池，池边杨柳依依绿肥红瘦，便常有文人骚客集于此吟诗作赋，莲花池便渐渐成为昆明的风景胜地之一。元代诗人王升在《滇池赋》中赞曰："……览滇南之胜概，指八景之陈踪。碧鸡峭拔而岌嶪，金马逶迤而玲珑；玉案峨峨而耸翠，商山隐隐而攒穹。五华钟造化之秀，三市当间阎之冲；双塔挺擎天之势，一桥横贯日之虹……"从此"商山攒穹"，被公认为昆明八景之一。

明代日本僧人机先来滇（1384年后），吟唱了《滇阳六景》，他的《龙池跃金》云：

路入商山境更奇，玉皇坛畔有龙池。

行逢柳色烟深处，坐看桃花水涨时。

映日金鳞鸣拨剌，含风翠浪动沧漪。

由来神物非人扰，变化云雷未可知。

机先和尚在阳光映照下的高山看到"金鳞"闪动，仿佛一条金龙在水中翻腾，可见此山景色之美！

据赵浩如先生的《古诗中的云南·滇阳六景》注释，玉皇坛就在商山寺中，后连同寺一起被毁。而"龙池"即莲花池。

康熙《云南府志》载："商山……旧皆桃林，下有冷泉，名莲花池，浴之可去风疾。"

于是，连来自异国他乡的人都慕名来此游山玩水。"路入商山境更奇"，在"行逢柳色烟深处"，被景色所醉，驻足"坐看桃花水涨时"，真是顿感心旷神怡，不枉此行。

据明代《云南图经志书》所载：城北"商山之麓，有灵湫阔三丈余，周围树木荫翳"，旁有祠，祠西有亭，额题"第一泉"。明李元阳所修《云南通志》说，北门外商山下有池，因四季"水泉不竭"，地方父老特设龙祠祭祀，故称"第一泉"。

由于商山与莲花池相得益彰，缺一不可，形成了自然和谐的美景，令人赞叹不已。所以，继王升列出的"元八景"之后，明清时又有雅士再次筛选出了新的"昆明八景"，所排"座次"为：昆池夜月、云津夜市、螺峰叠翠、商山樵唱、龙泉古梅、官渡渔灯、坝桥烟柳、虫山倒影。《商山樵唱》云：

担荷月黄昏，商山古寺门。

唱残樵夫曲，惊起玉人魂。

旧路回头认，新腔信口翻。

莫嗤嘲哳调，渔笛又孤村。

诗中"渔笛又孤村"描述了这样一个美丽的画面。康熙年间由张毓碧等修、谢俨等纂的《云南府志》一书中，绘有当时的昆明地图，莲花池赫然在列，夹杂在城北的商山与蛇山之间，看地图所绘面积并不比当年的菜海子(翠湖)小多少。山上有樵夫砍柴唱曲，山麓偌大一个湖，几个樵夫满载柴火在归家途中，被夕阳点染得金灿灿的桃林所陶醉，于是卸下柴担，边歇气边赏景。此时池上传来了悠扬的笛声，如痴似醉的樵夫情不自禁地放开嗓门，唱了一曲又一曲……月亮缓缓地从东方升起，商山的钟声、歌声、笛声传向附近孤单的小村落，构成了一幅"樵唱"的诗情画意。

进入清王朝后，莲花池突然名气飙升，因为它与三个中国历史上众所周知的大名人连在了一起：一个是名将平西王吴三桂，另一个是名妓陈圆圆，还有一个是进入昆明的有名的南明皇帝朱由榔。南明小朝廷虽然短命，但朱由榔好歹过了几天皇帝的瘾，又是明朝的最后一位皇帝，名气自然非同一般。

吴三桂兵进云南封王后，为让秦淮八艳之一的陈圆圆开心，"筑野园于滇城北，以处圆圆"。吴三桂为何看中商山莲花池这块风水宝地呢？商山恰似江南的小丘陵，山麓又有一池碧水，这里颇似江南的水乡泽国，可让陈圆圆有回归家乡之感。加之，此地离王府五华山不远，传说吴三桂还曾令人修筑栈道，由五华山直通商山，供其往来于美人与政务之间。

当年吴三桂为建野园（又称"安阜园"），"穷极土木，毁滇人庐墓无算，以拓其地。缙绅家有名花奇石，必穿屋破壁致之，虽数百里外不恤也"。

安阜园建成后吴三桂常在园内宴饮作乐。康熙削藩，吴三桂起兵反清，陈圆圆曾劝阻，吴三桂不听，于是出家为尼。后吴三桂兵败身亡，1681 年清兵平定云南，安阜园毁于一旦，陈圆圆自此下落不明。之后，多说她投莲花池自尽。"商山葬玉坟三尺，过客寻香泣数行。"云南唯一的状元袁嘉谷在《和吴梅村圆圆曲》中道出了人们对这位深明大义的佳人的哀思。

再说吴三桂俘获永历帝，逼其自缢后，尸体被草草掩埋在商山之麓的莲花池畔（一说被焚尸，骨灰撒于池中）。后吴三桂举"兴明讨虏"旗号反清，假惺惺地为永历墓培土，修享殿，清军平滇被毁为土堆，商山与莲花池最终成了朱由榔的丧身之地。1910 年，滇越铁路通车后，米轨铁路从商山与莲花池之间穿过，商山与莲花池从此"分家"。

1911 年，英国驻昆领署在安阜园旧址建花园和狩猎场，俗称"英国花园"。1912 年辛亥革命胜利后，云南各界人士在原永历帝墓的土堆前举行祭奠，并立下李根源所书"永历帝灰骨处"碑刻。抗日战争期间，西南联大师生常探访安阜园旧址，并在此吟诗唱和，其中不乏激扬文字。民国后期，商山成为大学校园区，莲花池一带则沦为一片水塘、水田。1950 年后，云南民族学院在商山建校，后升格为云南民族大学。本来就不高的商山几经开挖已全无山的气势，现在校园内山巅之上还矗立着一座著名建筑家梁思成设计的图书馆。1958 年，莲花池一度被辟为公园，之后，莲花池渐被城中村和工厂包围。

2008 年，莲花池与商山获得了重生，五华区人民政府斥巨资按原貌重建了这个历史文化名园，只是商山旧址已成校园，无法搬到池边，只好在莲花池之东北侧另垒了一座小小的"新商山"。

圆通山

张 佐

　　昆明是座小山城，北面山峦起伏，城中有"三山一水、三坊九巷十三坡"之说，且都在现今的五华区内。"三山"，即五华山、祖遍山和圆通山。随着时代的嬗变，这三座山中的圆通山至今为昆明著名的公园之一。

　　在唐代以前，圆通山称螺山、螺峰山或盘坤山。樊绰《蛮书》云："螺山遍地悉是螺蛤，故以名焉。"《明一统志》曰："色深碧，旋如螺髻，故名。"师范《滇系·山川》则云："螺山在城北，旧名盘坤山。"山上奇峰突兀，怪石嶙峋，林木葱翠。南诏凤伽异建柘东城后，在山脚崖下创修补陀罗寺，寺后崖亦称补陀罗崖。元世祖忽必烈征战云南时，补陀罗寺毁于兵燹。元大德五年（1301）创建圆通寺，至延祐七年（1320）竣工，成了全国著名的禅宗寺庙

20世纪90年代的圆通山（欧垚摄）

之一，其圆通宝殿为云南现存的古建筑珍品。山从此称圆通山。

明洪武十五年（1382），沐英改拓云南府土城为砖城时，将圆通山与圆通寺、翠湖一并圈入城内，使云南府城形成"城内有山，山前有寺，湖在城中"的自然景观。此后，圆通山成为人们登高赏月之地，且在每年农历"九月九日于螺峰山登高赏月饮菊花酒"，逐渐成了昆明的习俗。而"螺峰叠翠"则成为昔日的"昆明八景"之一。

圆通山，早在20世纪20年代初就正式辟为公园，供游人游览。20世纪五六十年代拆除城墙，扩大园址，将怪石突兀的"一窝羊"划入公园，并相继增建了瞭望亭、儿童乐园、假山水池，开辟了动物展区，营造了季节花区，逐步发展为以展出珍禽异兽为主，辅以观赏林木花卉的综合性大型公园，1959年定名为"昆明圆通山动物园"，后改为"昆明动物园"。园内分大型、中小型、食草类和飞鸟鸣禽类等四个动物展区。展出各种动物二百余种，其中有云南的大象、野牛、绿孔雀、叶猴等，是全国十大野生动物园之一。林木花卉展区分西府海棠、日本樱花、桂花、梅花、碧桃等五大花区，辅以四季常开的各种草本、木本的花卉。每逢仲春时节，千余株西府海棠、日本樱花与碧桃、杜鹃、梨、杏、兰、芷等奇花异卉竞相怒放，辉映成趣，享有"螺峰花潮"的盛誉，届时花深似海，游人如潮，盛极一时，李广田先生在其散文名篇《花潮》中生动地记述了这一美景。

另外，圆通山上还有明代成化年间创建的供奉阿弥陀佛的接引殿（现为公园管理处）。明万历年间在接引殿前石壁上题刻的"明月石"今亦犹存。民国年间，在山上修建了纪念云南辛亥和护国革命的大方亭，亭下修建了纪念王炽、龙志桢、李玉堂等三位云南名人的石牌坊，并于1930年在山之西北梅园修建了规模宏大的唐继尧墓。抗日战争全面爆发前后，又相继在山上修建了聂耳亭、中国远征军滇西及缅甸抗战纪念碑。这些供人凭吊的人文景观与自然景观融为一体，圆通山变得更加有声有色。

圆通山大方亭

李国庆

　　圆通公园所在的"螺峰山"曾因山势险峻，危石耸立，浓荫翠绿，故有"螺峰叠翠"的美称，为古"昆明八景"之一。1936年为纪念云南辛亥重九起义及护国首义阵亡将士，云南富商王鸿图、王尧图捐资在螺峰山建"螺峰阁"。它坐落在螺峰山的最高处，为重檐四拱亭，中央有四柱，四周有八柱支撑，高深大气，轻盈空透，号称昆明城市中最高最大的亭子，故称"大方亭"。

　　大方亭东面是其正面，上面为鹤庆赵椿所书"螺峰阁"匾，下面为昆明赵翼荣所书"德化拓东"匾；亭子外侧立柱上是晓雪书的对联："南诏拓东都百里河山开鄯阐，太和碑德化千秋文字纪昆川。"内侧立柱为赵椿撰文并书的360字长联一副：

　　巍巍杰阁立螺峰，喜四野湖山在抱。问何地风光名胜，能如斯景色常春？看灵鸡唱晓，晨催恬睡美人；骏马腾空，波漾澄池海镜。温泉汤秀，筇寺塑精。铁庵利剑斩隍蛇，盘渎犴牛警汛怪。殿栖鸣凤，楼韵洪钟；宫祀玉蟾，祠荣异木。优昙献瑞，七层宝塔游仙；翠柳呈珠，百媚银鸥狎客。金碧交辉焕彩，影射兔乌；大观妙笔成联，誉驰华夏。趁闲暇，攀采芝径，题袖霞屏，赏孔雀园，逛猿猴馆。好领略棠樱花放草芊芊，红雨随心飘粉浪；太极拳操姿曼曼，画眉着意啭清喉。茫茫物我缔和谐，方识圆通真面目。

　　浩浩南天撑砥柱，涌千秋业绩萦怀。览这厢典籍简章，有多少英雄济世！考伯禹疏河，经载遐荒黑水；庄蹻从俗，史传楚将滇王。僰道秦修，益州汉置。蜀相神威消反侧，爨侯无事乐偏安。蒙诏归唐，碑铭德化；段雄朝宋，市贸良驹。必烈渡江，半路石桥跪象；建文靖难，三迤古刹潜龙。郑公奉使扬帆，船航非亚；永历穷途逃缅，身殉昆明。思先贤，除奸佞臣，驱寇边贼，举重阳帜，兴护国师。犹欣闻义勇台儿声赫赫，倭兵失魄丧惊魂；进行军曲号昂昂，万众高歌挥巨臂。朗朗乾坤伸正气，为争寰宇尽升平。

20 世纪 90 年代的大方亭（刘济源摄）

大方亭的西面为东川宋琼书"再造共和"匾，其外侧立柱上是昆明石玉顺撰、李华君书的对联："护国起滇云首义南天雄一柱，倒袁摧帝制兴师北伐杰三英。"内侧立柱上是由赵翼荣补书的赵藩先生题云南光复纪念联："国民史炳焉，大书特书，纪念无忘此日；云南人苦矣，再接再厉，热忱可告天。"

大方亭的南面为赵海若所书"南现新天"匾，其立柱对联为："天地为心忽尔三思归混沌，星辰作伴遽然四顾入苍茫。"

大方亭的北面为李波书"铁铸南疆"匾，其立柱对联为："崇阁纪丰功闻狮吼虎哮顿思烈士，名山增胜概看花潮人海式应昌期。"

大方亭亭子中间长期陈放的一块长方形如桌面的巨石碑，是当年省政府主席龙云预备给袁嘉谷撰写碑文的石料，因袁老先生不久即病逝，至今成为无字碑。"大方亭"从建设起，其身份即定格为"云南辛亥重九起义及护国首义阵亡将士纪念亭"。

圆通山聂耳亭

石玉顺

在昆明圆通山上的8座历史文化名亭中，最著名的就是聂耳亭了。作为人民音乐家的聂耳，1935年7月17日在日本藤泽市鹄沼海滨游泳，不幸被无情的海水夺走了年轻的生命。1936年秋，聂耳的骨灰由其生前好友张天虚等护送回国，第二年在上海交给专程赶来的聂耳之兄聂叙伦接回昆明，于同年10月1日安葬于昆明西山。

聂耳骨灰安葬后，当时云南文化界的知名人士楚图南、徐嘉瑞、冯素陶等与聂叙伦商议，聂耳系国内外享有盛誉的人民音乐家，家乡人民应该为他建纪念性的建筑物，光大云南文化，激励青年。聂叙伦在云南省禁烟局供职。禁烟局局长喻宗泽、会办赵宗瀚，均为云南文化名人，极力赞同为聂耳建纪念性建筑。遂由喻、赵二人出面向省政府主席龙云陈述拟建聂耳纪念亭，并表示不须政府拨款，由文化界、商界募捐筹款。由于聂耳共产党员的身份尚未公开，建亭又不需政府拨款，龙云遂表同意在圆通山择址建聂耳亭，并饬令昆明市市长翟羣主持其事。

聂耳亭选址圆通山接引殿西南石峰丛中，视野开阔，东瞰盘江萦绕，南俯万家在抱，西览翠湖春晓，北眺隐山蜿蜒。纪念亭基座为石镶八角须弥座，亭为木结构八角攒尖顶琉璃瓦。聂耳亭竣工后，赵宗瀚邀剑川白族同乡、时任云南通志馆副馆长赵式铭撰题亭联。赵式铭欣然应允为聂耳亭撰书亭联：

酒罢客将归，一阁峥嵘斜照紫。

曲终人不见，数峰杳霭暮烟青。

1941年1月初，在震惊中外的"皖南事变"后，局势变化影响到昆明，聂耳共产党员的身份亦逐渐公开，翟羣的继任裴存藩下令取消了聂耳亭匾联。此后，聂耳亭成了圆通山上的一座无名亭。

1980年落架重修聂耳亭，保留了当年的式样和结构尺寸，石镶须弥座高0.6米，四级台阶达亭内地面，八角攒尖顶，梁柱换成钢混构件，屋面挑出柱头2.1米，屋檐出挑0.7米，柱高2.96米，亭高7.59米，平面对角5米，梁檩承接屋面，无斗拱，彩画为云南风格的大五墨图案画，枋式挑头彩绘花鸟，整个建筑面积 26.6 平方米。

聂耳亭修复后，为恢复原有匾联，以弘扬爱国主义精神，由圆通公园聘请云南书法家尚文先生重书亭匾和赵式铭所撰的亭联，精心镌刻后，1997 年春节正式悬挂。聂耳亭后又增补一副亭联，由昆明学院中文系教授、市书法家协会赵翼荣先生撰写：

> 一曲激昂民族魂，狮醒龙腾，旌飞戈涌。
>
> 九州告慰号角手，天开云瑞，世盛国隆。

聂耳自己创作的歌曲，"为抗战发出怒吼，为大众谱出呼声"，以"中国革命之号角，人民解放之鼙鼓"，传遍长城内外、大江南北，成为鼓舞中国人民抗日救亡的有力武器。聂耳亭，由此成了广大民众纪念聂耳的一个标志性建筑物，也成了圆通山八座历史文化名亭中，当之无愧的第一名亭！

20 世纪 80 年代的聂耳亭（刘济源摄）

圆通山石牌坊

李国庆

　　圆通山上古迹众多，山顶有表彰"忠、节、义"的三座石牌坊，东连接引殿，西望唐继尧墓，南邻圆通寺，呈"品"字形分布，各宽9米、高6.5米，大小风格一致，位于圆通山制高点。

　　三座石牌坊雕刻精美，气势非凡，柱高坊阔，四柱三门采用全石雕琢法，下部是须弥座，雕塑造型古朴、典雅、精美，体现了云南石雕艺术的风格。石坊采用的原料是云南石灰岩，石柱、横梁都是用整石雕成，上面分别雕有日出大海、二龙戏珠、童男童女、青狮白象等图案，为石牌坊题词的人有袁嘉谷、周钟岳、赵鹤清、任可澄等名士，书法遒劲，气势雄阔，具有较高的历史文化艺术价值。东、西、南这三座石牌坊所表彰的"节、义、忠"分别代表的是三位云南人。

　　东牌坊"贞孝慈祥"坊，表彰的是原云南省政府主席龙云的妹妹龙志桢。龙志桢（1890—1935），又名纳吉美吉，15岁定亲过礼时，其未婚夫昭通永善人卢奎益，与人发生械斗时被杀，致使龙志桢未婚先寡。自此之后，上门求亲的人，都被她一一谢绝。她认为兄长在外从军，母亲一人在家，需有人照料家务，故矢志终身不嫁，侍奉母亲，昭通人称她为龙姑太。龙志桢精明能干，利用龙云的地位和影响，在家乡做了许多善事，比如创办了昭通历史上第一所幼儿园，创立了炎山小学和簸箕湾小学，还设立集市贸易，并招募昭通、永善、巧家等地的农民开荒种地。

　　1934年前后，龙志桢开始筹办乡村师范，让贫苦上进的孩子得到深造机会。可惜她在1935年9月病逝，享年仅45岁。因长期热心教育和慈善公益事业，当地群众对龙志桢怀着深深的敬仰与热爱。经云南省政府报请国民政府民政部批准，追封她为"节女"，蒋介石及国民党军政要员数十人为之题词赞誉。昆明的官绅在圆通山为她立了孝节石牌坊。表彰龙志桢牌坊的正中匾额是当时的国民政府给龙志桢的褒扬词，全文是：

　　云南省昭通县龙志桢女士，淑德善行，流惠桑梓，综厥平生，殊堪嘉尚。除题颁贞孝慈祥匾额一方外，特加以褒词，以资激劝。民国二十五年二月二十九日。

褒词左边为袁嘉谷敬题的"安贞之吉"匾，正联为：

> 是南国婺女星，滇水之清，螺峰之峻。
> 比北方奇男子，地维以立，天柱以尊。

褒词右边为龙云敬题的"美媲若昭"匾，侧联为：

> 史编烈女增贞节，绰楔千秋广孝思。

石坊西面正中是"贞孝慈祥"匾额，左边为周钟岳敬题的"彤管扬芬"匾额，联为：

> 贤媲北宫，撤环填以养老母。
> 化行南国，表门闾而称女宗。

右边为任可澄敬题的"资懿播清"匾额，联题：

> 撤环明志，庐墓终生，两字褒荣爽月旦。
> 白水高歌，炎山弦诵，千秋绰楔仰风徽。

西牌坊"急公好义"坊，表彰的是好义者王炽（1836—1903），字兴斋，号昌国，云南弥勒虹溪人。少年时因父兄早逝，家庭困顿，不得不离开私塾跟着大人做小本生意补贴家计。他依靠自己的艰苦奋斗和聪明才智，生意越做越大，开设了"同庆丰""天顺祥"等商号钱庄，积累了巨额财富，富甲全滇，在中国近代史上具有一定的地位和影响。当时，英国《泰晤士报》曾对百年来世界最富有的人进行统计，排在第四位的便是王炽。民间称他为"钱王"。

在王炽传奇的一生中，最值得一提的是：光绪十年（1884），法帝国主义入侵安南，战火渐渐逼近中越边境。清廷迫于内外压力，敕令云贵总督岑毓英率部前往抵御法寇侵略，但军饷及军用物资却迟迟不见下文。岑毓英被逼无奈，只得通过私人关系向滇商巨贾"乾盛亨"求助，不料如石沉大海，杳无音信。眼看军情紧急，他不得已转而向"同庆丰"乞援，王炽忧国忧民，深明大义，当即慷慨解囊，垫支 60 万两白银充作军费，保证清军顺利出征，与刘永福黑旗军紧密配合，在越北宣光、临洮等地大败法军，取得一系列大捷。岑毓英班师之日，紧握着王炽的手，感慨万端："无子之力助，吾事几不办。"并亲赠"急公好义"匾额一块，以示敬重和答谢。

慈禧太后圣心大悦，授意光绪皇帝御笔题赐王炽"急公好义"和"义重指群"两块匾额以彰旌表，同时钦赐四品道员职衔，恩赏二品顶戴，诰封"三代一品恩典"。在中国两千多年的封建社会中，富商巨贾多如牛毛，而如王炽这样被封为"一品"大员者，庶无几人，在那个时代可谓备极荣耀。

王炽的可贵之处还在于，他一生"以义聚财""以义用财"。他曾出资修建广式风格的昆明同仁街，促进了南门一带的商业繁荣；为改善省城至迤西的交通，他不惜捐赠巨款铺设昆明至碧鸡关的石板路；为家乡培养人才着想，他在当地重建虹溪书院，另捐赠学田80余亩，以解决师生的衣食来源；还向书院捐赠《古今图书集成》两部，供师生查阅检索。他还在南盘江流经弥勒地段捐资修建了三座铁索桥，从根本上解决了原本过江只能依靠木船摆渡的状况，当地百姓莫不铭感五内，有口皆碑。

有感于云南教育落后，人才匮乏，他又专设"兴文当"（类似于现在的教育基金会），给贫困学子以资助，对学业有成者给予奖励。光绪二十九年（1903），清廷举行经济特科考试，云南石屏人袁嘉谷蟾宫折桂，荣登榜首，是为"特元"。王炽做出破例之举，将"兴文当"的一半积蓄奖给袁嘉谷，另一半用来修建状元楼，以此光耀天下。

1903年12月25日，"一代钱王"在昆明与世长辞，魂归故里，葬于弥勒虹溪镇烟子寨，走完了从一个山区穷童到"一品"商人艰辛曲折而又辉煌鼎盛的人生之路，给后人留下了无尽的哀思和怀念。

"急公好义"坊立于1936年，为王炽的大儿子王鸿图所立。他是云南商务总会第一任协理，1910年兴办"耀龙电灯公司"，并从德国引进了西门子发电机，建成云南省乃至全国第一座水力发电站——石龙坝水电站。

南牌坊表彰的是大姚人李玉堂。李玉堂（1847—1924），号宝书，十七八岁的时候，正值滇西开展反对清王朝的武装斗争，他就跟着姐夫在清军里当兵，参与了对杜文秀起义军的进剿。因战功突出，李玉堂升至总兵记名，加提督衔，赏戴花翎及"振勇巴图鲁"名号。甲午战争时调江苏，驻防海州，回滇后又调贵州，授安义镇总兵，1907年补授贵州提督。辛亥革命后，带家眷回到大姚，大兴土木，建筑庄园公馆，广置田产。按清朝的武官制度，副将以上就可以称"军门"，大姚人便将李玉堂称为李军门或军门李大人。1936年，他的孙子李伯衡立下了此牌坊。但李玉堂一生并没有什么可圈可点之处，坊上没有刻下文字，所以被称为"无字南坊"。

2003年6月2日，五华区人民政府将三座石牌坊列为文物保护单位，对研究昆明和云南近代史有一定的价值。

20世纪70年代圆通山内的"贞孝慈祥"坊（刘济源摄）

20世纪70年代圆通山内的"急公好义"坊（刘济源摄）

20世纪70年代圆通山内的"无字南坊"（刘济源摄）

大观河

史亚黎

与洗马河及大、小绿水河等流经五华区的自然江河所不同的是，我们今天看到的大观河完全是一条人工开凿的河流。

在昆明老百姓的心目中，烟波浩渺的五百里滇池，"喜茫茫，空阔无边"，像海一样宽广。千百年来，滇池孕育了五百里周边的城乡，对环湖而居的老百姓给予"灌溉之利，舟楫之便"，因此它历来被昆明人叫作"海"，又有"母亲湖"的称誉。唐宋时，在今五华区的地界上，小西门乃至翠湖还与滇池连为一片。元初，赛典赤·赡思丁主滇时，委张立道大兴水利，疏浚盘龙江、兴修海口闸。之后，随着滇池水位逐渐下降，潘家湾、浦草田一带成了沼泽，"无法撑竿而行"。于是，疏挖河流，连通滇池，日显重要。

这条人工河流，全长 2500 米，宽 30 米，平均水深 2 米，因从大观楼入滇池，得此名。

大观河修通后，兴旺的水运两次使五华老城区与整个滇池紧紧连为一体。到了明清时期，晋宁、昆阳、呈贡等处运送各类货物经此河抵省城，民间又有"货运河"之称。民国年间，因河在小西门外，故有"西门河"或"篆塘河"之俗称。

大观河的河头原在今大观街"仓储里"一带，"仓储里"乃运粮归仓的地方。粮仓在 20 世纪 50 年代还称"小西仓"。可见，最早的篆塘码头应该在这附近。

1917 年，因滇池水位再次下降，旧篆塘干涸，这一带被当局填掉后，码头西移至今老篆塘。码头工程竣工后，大、小船只云集，尤其每到傍晚，停泊在此的各类船只桅杆林立，鳞次栉比。这里的大船载着货物往返于滇池沿岸的各个港口、码头。乘客则乘小船前往大观楼、西山、海埂，泛舟滇池，或乘大船去白鱼口、昆阳等地。客、货船只均在此上下，人流、物流汇聚，逐渐发展为居民住宅区。有人在此开了很多小饭店、小客栈，又有人在此搭起戏台唱花灯、演滇戏，后来还建了学校、医院和电影院，形成了一个大商业集结地，可谓"致川陆之百物，富昆明之众民"。

然而，由于码头狭小，河道淤泥阻塞，新中国成立后虽经政府多次拨款疏挖河道，石砌堤岸，却只能通行木船。20 世纪 80 年代在老篆塘西 790 米处，又开建了一个水深 3 米左右的新码头，俗称"新篆塘"，一时开来了许多大大小小的船只，作为市区客货运输和滇池风光旅游的唯一码头，很是热闹了一阵子。

如今，随着现代交通工具和运输的大发展，大观河上已不见风帆，没有了任何船只来往停泊。但经过多年的环境治理，原先混浊的河水逐渐变得清澈起来，两岸芳草青青，鲜花盛开，绿柳成荫，立有各种各样的雕塑作品和水榭亭台，供人游玩。特别是每逢冬春之际，大批从西伯利亚飞来的小精灵红嘴鸥翔集于此，活画出一幅"人鸥共乐"的美景，更是让人赏心悦目，流连忘返。人们赞叹道："昔日的大观河，今天成了景色迷人、供大家观赏的风光河。"

20世纪90年代的大观河（刘济源摄）

篆塘码头

马海洋

很多昆明年轻人可能都知道篆塘，但很少有人知道篆塘码头。听一些老人介绍，在历史上，现在的篆塘公园曾是昆明人眼中最大、最壮观的码头——篆塘码头，经常停泊着无数的船只，轮船的汽笛声常常在宽阔的水面上回荡不歇，有"万舶蜂屯于城垠"之说。日月如梭，沧海桑田，如今，这里的码头已不复存在，原来大观河边的乡村、农田，现在已经成了城市街道、休闲公园。过去，昆明城西方圆 3 公里内，曾有过 4 个篆塘。在唐宋时期，滇池的水位比现在高 10 米。元代所建的中庆城，三面环水，滇池相连，盘龙江绕城而过，绿水河等支流贯穿市区。滇池独有的合子船，船型特殊，结构简单，配备桅杆 3 ~ 5 根，船长约 20 米，载重 20 余吨，它们从滇池沿岸运来的各类货物，聚集于今昆明城周边，较小的船只还可以经过绿水河靠近现在的平政街。众多船舶聚集于盘龙江沿岸，使云津桥（即今得胜桥）一带在元代成为昆明最繁华的地段之一，"云津夜市"曾被列为老"昆明八景"之一。随着时代的变迁，人们为开垦土地，多次深挖滇池的出口——海口河，又挖大观河，人为降低水位。至明洪武十八年（1385），云津码头已经不能容纳合子船停泊，沐英只好征夫在大观河边的茴香堆开凿水运码头，便于船舶经过运粮河，从明波、红联、菱角塘运送粮食至城内。因作为转运货物之用，就把这座码头叫作"转塘"。文人雅士喜欢美化俗气的地名，转塘后被美其名曰"篆塘"。因为建于明朝，人们将它称为明篆塘。明篆塘服役了 289 年，到清康熙十二年（1673），随着滇池水位继续下降，运粮河淤塞，明篆塘也失去了转运功能，只好在小西门外，现今的"仓储里"附近，开凿水运码头，水面面积 20 余亩，水深 5 ~ 6 米，并建盖小西仓储藏粮食。位置变了，仍然叫作篆塘，人们又把它叫作清篆塘。清篆塘服役了 261 年，到民国二十二年（1933），滇池水继续西退，云南省政府又在现今的大观路与西昌路交会处开凿水运码头，面积扩大至 25 亩，水深 3 米，地点又变了，但还是叫作篆塘，人们称它为民国老篆塘。至 1985 年，在现今的秋园又修建了新码头，总面积 46311 平方米，有仓库、货场、候船厅、站台，地图制作者把它称为新篆塘，由于交通运输业的快速发展，这个码头只短短存在了 10 多年，便停了航运。

篆塘及篆塘码头经历了四次地理位置的变化，历时 600 多年。明篆塘、清篆塘早已填为平地，现已建起高楼大厦，遗迹不存。如今，大观河上已经没了水运码头的寓意，现在的昆明市区地图上，只有篆塘和新篆塘两处作为地名了。

金马碧鸡老城厢
昆明城市文化的历史镜像

清代末年的篆塘码头（照片由廖可夫提供）

20世纪70年代的篆塘码头（照片由廖可夫提供）

翠　湖

张　佐

自古以来，人们便把昆明称作"天气常如二三月，花枝不断四时春"的美丽春城，而翠湖则被赞誉为春城皇冠上的明珠。

翠湖位于昆明市区中偏西北隅，五华山西麓，海拔 1890 米，原本是滇池的一个湖湾，唐宋时还与滇池连为一片。它的东、东北依五华山、螺峰山，南连磨盘山，西为烟波浩荡的五百里滇池。元朝初年，云南中书省平章政事赛典赤·赡思丁主滇时，大兴水利，委水利道张立道疏挖海口河，兴修海口川字闸，调节滇池水位，开垦土地，种植粮食。滇池水位逐渐下降，今潘家湾、蒲草田一带逐步沼泽化，渐与滇池草海分离，形成湖泊，仅有一条无名小河与滇池相连。湖中有泉水涌出，据史籍记载："九泉所出，汇而成池"，故有"九龙池"之名。并在池畔建有龙祠，湖中海菜飘香，四周菜蔬时鲜，又有"菜海子"之称，因岸柳碧翠，湖水湛蓝，雅称翠湖。

明洪武十五年（1382），沐英改拓云南府时，翠湖与五华山、螺峰山一并圈入城内，注定翠湖成为今天昆明城中山水相连的公园。追溯翠湖数百年的历史，其重大变化发生于南明永历十年（1656），大西军首领迎永历帝朱由榔入滇，三年后，吴三桂率清军破昆明城，以五华山永历帝宫为室，同时填菜海子之半建新府，使湖面积进一步缩小。随着宫室王府的营建，翠湖即成为吴氏的皇家禁苑。吴三桂反清被平息后，云南巡抚王继文于清康熙三十一年（1692）在湖中小洲建"碧漪亭"，北岸建"来爽楼"，亭台依水，楼阁掩映在翠柳碧波之间，从此开禁供人浏览。

嘉庆元年（1796）春工部右侍郎蒋予蒲，迤南道刘珏，邑人倪士元、倪琇等筹款在翠湖湖心新建莲华禅院。滇省乡贤方云浦孝廉等名宿遗老朝暮在此盘桓栖息，感念一亭之外，别无容膝之所，遂筹资填砌西面地基二丈许，建屋三间，为栖止之地，供诸公驻足赏玩。后又捐资新建"庆云楼"供奉观音大士金像，前殿三楹，供奉吕祖，后殿三楹，供奉沧圣、文武帝。稍后云中朱公元亮赴滇办差，偶访禅院，心慕爱之，故倡捐款项，添建马王殿三楹。又在东厢续建莲华楼。道光十四年（1834）知府董国华又在禅院西侧编竹木围栏建放生池。并延请永丰寺僧雨庵任禅院住持，从此禅院规模俱现，梵宇宏深，备极清迥，香火始盛，游客增多。

20世纪50年代的翠湖（照片由廖可夫提供）

　　清道光十五年（1835），建海心亭放生池，称"濠上观鱼"。云贵总督、大学士阮元效仿白居易、苏东坡在杭州西湖筑白、苏二堤，修拓纵贯南北的长堤，名"阮堤"，上架三座石质拱桥，南为"燕子桥"，中名"采莲桥"，北称"听莺桥"，将湖面一分为二。光绪十年（1884）重修莲华禅院。民国八年（1919）云南督军唐继尧又横贯东西筑一长堤，俗称"唐堤"，与"阮堤"交会于湖心，将翠湖一分为四。昆明民间说昆明城内有四海，即指此。值得一提的是，"阮堤"与"唐堤"，堤边植柳，湖中种荷，最终形成"十亩荷花鱼世界，半城杨柳佛楼台"的美景，令人赞不绝口。而堤东架铁桥一座，名"卫东"，堤西架石拱桥一座，名"定西"，并于堤两端立贞节牌坊两座。民国九年（1920），翠湖增建"水月轩""浸缘""亦足以"等亭阁，正式辟为公园。

　　新中国成立后，政府多次拨款修缮翠湖园林，新辟西南岛，整修金鱼岛、竹林岛，增建九曲桥、观鱼楼、曲廊水榭、聂耳塑像等景点设施，园内广植西府海棠、云南山茶、西番莲、月季、荷花、桂花等花卉，形成四季有花、处处有景、移步换景、景景如画的水景公园。公园占地 16.8 公顷，陆地仅占 2.8 公顷，约为六分之一。古诗云：翠湖"有亭翼然，占绿水十分之一"。著名散文家杨朔的一篇《茶花赋》，使昆明的这块风景游览休闲胜地名扬四海。

　　最使人惊讶的是：1985 年初冬，一群不知来自何处的红嘴白毛水鸟突然飞临昆明的城区。它们飞翔在翠湖、得胜桥、南太桥、大观楼的上空，停留在枝头、房头、电线上，在水中觅食、游戏，叽叽喳喳地鸣叫不停，并越聚越多。这数以成千上万计的不速之客，突然来到昆明闹市，使昆明市民莫不惊诧。许多天后，人们才从媒体上得知它们名叫红嘴鸥，大约来自遥远的贝加尔湖一带，因原来越冬之地的自然环境发生重大变化，便到昆明过冬。这群小家伙在昆明逗留了三个多月，直到 1986 年 3 月才陆续飞走。此后每年 11 月，它们都飞临昆明，直至下一年 3 月才陆续离开。红嘴鸥飞临昆明城区时，主要翔集于翠湖。它们或遮天蔽日地在翠湖上空翱翔，或低空盘旋在水面上，或在水中、岸上觅食、嬉戏。人们争相给它们喂食，有的小家伙竟飞到人们的手掌上抢食。人与红嘴鸥相依相伴，其乐融融，此情此景，形成奇异的风光而使翠湖更加驰名于世。

莲华禅院

詹　霖

　　莲华寺位于翠湖公园碧水中央，寺内有观音殿，因殿中莲花宝座上有白衣送子观音塑像而闻名四方。门头匾书"莲华禅院"四个大字，笔力圆健，气魄雄壮，为林则徐题写。门额后面书有"海心亭"三个大字，字属神品，未留款识，有人认为是兰谷和尚手笔。兰谷和尚，俗家名溥畹，江苏人，云游天下来到云南，在昆明法界寺修行。其诗淡雅极致，字遒劲挺拔，且其与当地百姓相处融洽，深得百姓敬仰。兰谷替很多店铺写过招牌，直到民国，昆明街上还能见得到他的墨宝。

　　莲华寺有殿宇四层：第一层五龙祠，供青、赤、黄、白、黑等五尊龙神，殿前有一四方大天井，有人在其间架了竹棚，开了家很有名气的茶馆。这里滨于湖水，茶馆老板沿水边用火砖砌了个具有艺术韵味的围栏，上面陈列盆栽的奇花异草，颇为雅致，在此品茶赏花别有趣味。

　　第二层吕祖殿，神龛内有吕纯阳及两个侍者的塑像，檐前有匾，书"春醉蓬莱"四字，笔力圆润秀健，很像董其昌所书，但未落款，不知何人手笔。殿侧有一小门供人出入，门有联曰："即斯便是莲花国，到此如参紫竹林。"字体为行草，龙飞凤舞，是书中神品。吕祖殿后为韦驮殿，殿前也有匾额，上书"是观堂"三字，是石屏人涂晫手笔。涂晫，清康熙二十四年（1685）举人，工行草书，笔势雄强，结构大气。

　　韦驮殿正对观音殿即第三层殿宇，观音殿属于亭阁式建筑，单独一幢，殿有神楼，人可上去。此处塑像为白衣送子观音，坐像后有香山景物。传说菩萨曾显灵护佑昆明城，朝廷得知，同治帝遂颁匾额，赐"妙莲涌现"巨匾悬于殿前。神楼前有"庆云楼"匾额，是工部右侍郎蒋予蒲书立，此君书法气魄雄壮，笔力圆健，时人谓之"大写家"。

　　再往里走第四层殿宇是仓圣殿。此殿宇崇宏于前三层，大殿分为中央及东、西两廊，中间塑仓圣、文昌、关帝三像。香客来此并非冲着这三位圣尊，而是钟情于西廊的娘娘殿，中塑送生、保产和奶母三位娘娘像。左格塑了两个男子像，打弹张仙和眼光童子；右格亦为二男，痘儿哥哥及痧哥哥。娘娘殿虽为配殿，但香火极盛，每天都有很多人赶来供奉送生、保产和奶母娘娘。或许旧时医疗条件较差，加之民众文化水平不高，蒙昧者多，所以亦有来求拜痘

20世纪90年代的莲华禅院（刘济源摄）

儿哥哥和痧哥哥的，更多的是来供奉眼光童子者。

莲华寺还有重要建筑碧漪亭，亦称观鱼楼，三间亭台式之大屋建在莲华寺放生池上，三面有栏，入其间可凭栏观鱼。"碧漪亭"三字匾额为云贵总督崧蕃所题，崧蕃（1837—1905），字锡侯，瓜尔佳氏，满洲镶蓝旗人，清光绪二十一年（1895）由云南巡抚升任云贵总督。

莲华寺曾是高人韵士尽显文采、炫示风骚之地，寺中匾联极多，每副都可称为精品。碧漪亭有"静观自在"匾，为陈达所书。陈达，字卧庐，号雉山，亦称陈梅花。清乾嘉年间云南宜良人。岁贡，品学兼优。工榜书，行楷俱佳。他的这一匾额字体是学摹宋朝米芾书法，可谓学到神韵十足，足以乱真了。面对翠湖的繁花似锦，绿柳碧波，黄奎光有："有亭翼然，占绿水十分之一；何时闲了，与明月对饮而三。"李霆锐有："赤鲤跃碧波，吞却三分明月；红莲开翠海，托来一瓣馨香。"袁嘉谷有："荷风送香气，竹露滴清响；山光悦鸟性，潭影空人心。"一对对楹联，字与作上乘，绝妙双佳。翠湖的柳与莲、水与风，被描绘得活灵活现，栩栩如生。

观鱼楼当中高悬巨匾，书"亦蓬瀛"三字，其字学柳体而书，字大逾尺，笔笔神完气足，想必柳公权老先生看后也会连连称道。款署"猛摩痴吏黄奎光"七字。黄奎光，字怀章，号星岩，福建连江青塘人。清乾隆五十三年（1788）中举，嘉庆十二年（1807），任云南镇远厅恩乐知县。还有一匾："比象莲华"，系孙清彦所书。孙清彦（1818—1884），字士美，号竹雅，云南呈贡廪生。他以军功保举，仕至安顺知府。幼工诗，书法天资甚高，各家俱精。孙氏兼工榜书，昆明金马、碧鸡两坊匾额是其手笔。他所书的"比象莲华"四字真真叫绝，字是用画竹法写出，乍看为画，细看则妙在其中，尤其那个"象"字，活脱脱茁实荷叶捧定一朵荷花，真不知该称他老人家的书法是出神入化抑或叫妙笔生花了。

由于楹联光彩照人的莲华寺毕竟是烧香求佛之地，旧时，社会落后，百姓愚昧，封建迷信盛行，莲华寺成为昆明市内三大宗教场所之一。寺内塑有40多尊神佛塑像，而且儒释道三教的偶像都集中于此，可谓天神地鬼，三教九流，一应俱全。每逢农历二月十九、六月十九和九月十九等几个观音吉日，莲华寺人潮涌动，如过江之鲫，加之前来游玩的、售香烛元宝的、卖小吃杂货的，蚁聚蜂屯，很是热闹。那些学着烧香求菩萨的娃娃也没闲着，他们在大人的要求和指点下，用青纱帕裹着小脑袋，再用黄线和甲马纸箍住，手里拎个蒲团，从家门口开始，三步一叩头，五步一跪拜，苦熬苦行，一直拜到莲华寺观音殿前，一番三拜九叩，早已筋疲力尽，昏头昏脑。

"九一八"事变后，国难当头，为了唤醒民众，有识之士撰文呼吁，请求当局查禁封建迷信活动。迫于舆论压力，当局组织了专门拆毁神像的"拉偶队"，于1932年11月7日深夜，兵分三路秘密出动，对莲华寺、城隍庙和东岳庙等三大迷信场所进行摧毁性拆除。神像被拉倒后，迷信活动受到致命打击，从此莲华这座古寺的香火断了，僧尼、端公和师娘走了。尘埃落定，当年那烧得狂热的香蜡纸烛终于化成了历史烟云。

1933年至1934年按公园规划改建莲华禅院，拆寺观三重坐北向南的殿宇，改建四合院湖心亭建筑群，山门坐西向东，院中间的大殿改成"戏台"，湖心亭南北角，各建一幢重檐八角亭。两幢八角亭至今犹存，为翠湖公园"阮堤"与"唐堤"交会处的一大景观；院门左右两侧悬清光绪末年广东人凌士逸题写的一副脍炙人口的对联："十亩荷花鱼世界，半城杨柳佛楼台"，活脱脱绘出翠湖堤边植柳，湖中种藕，鱼跃碧波的美景。

莲花池的故事

陈秀峰

往事如烟

当今许多人知道昆明城北面有个莲花池，但对她的了解却如雾里看花。很久很久以前的莲花池可不得了，从明朝开始，她就已定名为莲花池。《云南府志》记载，莲花池在商山西北，商山"旧皆桃林，下有冷泉，名莲花池，浴之可去风疾"。池中有五泉眼，使其常年不涸。莲花池的形成与滇池水位下降有关，她露出滇池水面的时间，至今已有1500多年。明万历四年（1576）李元阳在其编修的《云南通志》中，就把昆明城中的九龙池（今翠湖）和北门外的莲花池相提并论，以"夏荷莲花"著称，皆为镶在昆明古城的两颗绿宝石。

历数莲花池流传的故事，300多年前这里发生的那个重大历史事件，让人永远记住了她。清康熙元年（南明永历十六年，1662），流亡缅甸的南明永历皇帝朱由榔及其眷属落入清军之手，被降清大臣吴三桂押回昆明，绞杀于城内篦子坡金蝉寺，并焚尸扬灰于莲花池中，这里便成了南明王朝的终结之地。

吴三桂镇守云南期间，于康熙三年（1664）把亲眷接来昆明，下令铲除莲花池周边坟墓，为他的爱妾陈圆圆在莲花池建造园林住宅——安阜园。

传说中的安阜园"红墙内楼阁相连，高台相接，极为壮观；园内碧树森天，池清花繁，极为秀丽；同时又奇石堆砌、珍玩罗列，极为奢华"。吴三桂去接亲眷的时候，招纳了一批江南古典园林建筑专家和能工巧匠来云南，其中一些人有着修建苏州园林和北京皇家园林的丰富经验。于是，就有了成规模的江南古典园林第一次在云南（莲花池）的显现。康熙十二年（1673），吴三桂起兵反清时，又在他埋葬永历帝骨灰的莲花池西岸，重建了被他弑杀的永历帝的坟墓，配置享殿，隆重致祭，把该墓称为"故君陵寝"。五年后，吴三桂称帝衡州（今湖南衡阳），但仅过半年，即暴病身亡。其孙吴世璠在湖南兵败后撤，退于云南。清康熙二十年（1681）八月，清军围攻昆明，吴世璠兵败自杀，安阜园也被彻底焚毁，"故君陵寝"也成了一个土堆。因惧清兵平毁，民间把这个土堆指为陈圆圆梳妆台遗址，把被毁弃的安阜园一带的山庄园林称为"野园"。

圆圆"密码"

陈圆圆是江苏人，本姓邢，幼年丧母，父亲邢三把她寄养在苏州桃花坞的姨母家，后随姨父姓陈，取名陈沅，字畹芬，小字圆圆。陈圆圆姿色绝艳，凭着很高的音乐天赋和后天磨炼，十五六岁时就已是名噪苏州地区的歌伎了。圆圆一生坎坷，红颜多难。从苏州到北京，从山海关到陕南，辗转南北，最后落脚云南昆明。由于在山海关时缘结宁远总兵吴三桂，从此卷入朝代更迭的历史大潮之中。甲申年（1644）三月，李自成攻破北京，陈圆圆不幸落入其部将刘宗敏之手，遂使镇守山海关的吴三桂"冲冠一怒为红颜"，开关降清，清军兵陷北京。吴三桂打进北京，对失而复得的陈圆圆宠爱有加，携之入蜀、入滇。

资料显示，陈圆圆入住安阜园期间，吴三桂在得新宠后未忘圆圆，派来歌姬为独处的陈圆圆解闷。陈圆圆授之以曲，让其弹唱度日，是曰"唱曲子"。曲子慢慢传开，便成为花灯调、扬琴调，终成为云南花灯、昆明曲剧的源头。

陈圆圆作为见过大世面，有着大智慧的女性，在吴三桂生谋反之心，欲封她为正妃时，致书婉拒；吴三桂祭陵倡乱之前，她屡劝不果，又修书谏曰："王于满人入关之际，有天时之

20世纪50年代的莲花池（照片由廖可夫提供）

可乘，妾劝王逐胡自立，而王弃之。王于未入滇之前，有地利可据，妾请王奉明嗣以光复故国，驻荆襄而连合天下，而王置之。多尔衮蹂躏百姓，屠杀汉族，民怨丛兴，人民心怀愤懑，有人和可赖，妾怂王择明嗣而图大事，而王勿之。延至今日，清基已固，乃欲以钟漏垂暮之年，当北方虎狼之众，甘心为胜负难料之事，贻重患于子孙，非计也。妇人女子之见，维王图之。"吴三桂不听而起兵兴乱。

清兵攻破昆明城后，安阜园毁于一旦，陈圆圆的下落诸说不一。有"先死"说，有"自缢"说，有"投水"说，有"出家"说，有"隐居岑巩"说，等等。300多年来，有关陈圆圆归宿的话题讨论一直持续不断。笔者以为，凭陈圆圆以往的智慧与远见，她最终选择"出家"是明智之举和人生逻辑使然。所谓"投水"等说，不过是她的贴身家仆对外施放的"烟幕"或民间的想象而已。

重现美丽

2008年9月28日，经过近两年的拆改规划和精心建设，由五华区政府投入巨资，组织精心施工，集专家学者和能工巧匠智慧结晶于一体的新莲花池公园正式建成开园，这座历史文化名园终于重放异彩。

一本解读这座历史名园的旅游手册在"概述"中写道："江南园林甲天下，苏州园林甲江南。"莲花池公园以世界瑰宝的苏州园林为典范，以写意山水艺术为特征，以古典建筑、人工山水、花草树木、楹联雕塑为要素，将堆山理水和庭园艺苑结为一体，融汇云南本土文化元素，营造出温婉雅致、朴素清新、意境深邃、形神兼备的高雅园林作品。新生的莲花池公园占地面积81.7亩，绿化覆盖率达90%，共分八个经典景观：五华聚秀、妆楼倒影、安阜新韵、四面荷风、冷泉印月、商山梦痕、陉廊烟柳、龙池跃金。在"莲花池公园浏览图"中，除八大景观区外，还标出了17个园林建筑景观，仅看名称就令人神往：曦晨华潮、双桥聆韵、香洲品茗、山寨晟门、甦波映碧、燕安堂、虎阜堂、翠微亭、座啸亭、澄怀亭、樵亭、四面荷风亭、绿涢楼、蕴诗轩、莲轩、听雨榭、问鱼坊。

在莲花池临街一开阔平台上，立有一座四柱三开间冲天石牌坊，属景名坊。正面额坊刻有书法家赵翼荣撰写的"莲花池"三个大字和石柱对联。这座造型简洁肃穆、古朴典雅的牌坊，以及两副纵古论今、意境深远的对联，可称为展示莲花池历史文化及楹联文化的点睛之笔，咏之有益，诵之有神。

名园重生，美丽重现，莲花池似瑶池飞落人间，成了五华区的美丽景观之一，让人畅游。

文庙归来兮

李　芮

　　几株山茶的傲然绽放，给这南方清爽的冬日，凝聚了一束温馨。太阳出来了，懒洋洋地掠过屋脊，洒在猩红的花瓣上，两只早起的蜜蜂围着花团，时而嗡嗡飞舞，时而忙上爬下。在车水马龙的闹市，有此静谧的院子，也实在难得。

　　不时会有游人进来，三三两两，四下张望，除了青石漫道的两排柏树，老根虬枝，显出一丝古韵，其实这院子里的中式古典房屋，旧而不老，一看就是 20 世纪八九十年代用钢筋水泥简陋浇筑的仿古建筑。月牙池上的石围栏，有的破损，有的粗糙，留有很多拼凑修补的痕迹。见到这种景象，游人当然会有些意外，只好在月牙池后一个水泥柱的八角亭前，用手

20世纪70年代文庙的棂星门（照片由廖可夫提供）

机拍张留影，有的则转过身来，对着那几株山茶拍上一阵。然后，悄然离去。

进来的游人，往往是因为门口一座牌坊的吸引。这座石牌坊，虽然是平顶形制，看去不甚巍峨，却刻纹雕龙，精致到了烦琐。有点常识的人，看到牌坊上"棂星门"和"礼门"、"义路"的匾额，就知道这是一个文庙。没有常识的，只要稍微留意一下路旁文物保护单位的石碑，也就明白，位于今天五华区人民中路上的这个破落院子，从 300 多年前开始，就是这座城市昔日的文昌之地——昆明文庙。

文庙、武庙、城隍庙，是传统社会一个县级地方建制必有的庙宇。中国以儒治世，故又以文庙地位最尊，规模最大。一座文庙，少不了棂星门、泮池、大成门、大成殿，乃至乡贤祠、名宦祠、明伦堂、魁星楼之类的建筑，规制宏大，气象庄严。即使地处边远的云南，至今也较为完整地保留了许多文庙，如建水文庙、通海文庙、河西文庙、石羊文庙，莫不恢宏有序、错落有致。其中又以素有"滇南邹鲁"之称的建水文庙，最为闻名遐迩，规模在全国来说，仍旧处于前列。

云南自元咸阳王赛典赤·赡思丁首开儒学，文庙便作为一种文化标本和精神象征，在三迤大地上如雨后春笋般破土而出，巍然屹立。这一开辟鸿蒙之举，让汉文化的光辉，划亮了边地的茫茫夜空，使得刚刚建省的边陲云南，从此与华夏大地更加水乳交融、骨肉难分。明初大堪舆家汪湛海规划昆明城池，根据地脉龙气，何处应筑文场，何处宜修学宫，何处当置庙观，何处可建衙门，都十分讲究。他把城中最为尊贵的一块土地，留给了文庙。据说这块土地，如果建衙门、建寺观，都不能够压得住。现在的昆明文庙，倒也不在汪湛海最初选择的地方。明清两代，昆明文庙曾几度迁建，目前所遗这座，为清康熙二十九年（1690）由云贵总督范承勋与云南巡抚王继文重建。搬迁多了，缺少积累，故昆明文庙虽然作为省垣文庙，却不如建水文庙那么有气势。不过，尽管我们已经难于想见昆明文庙过去的样子，但从泮池旁边留下的四个巨大的圆形石础，以及八角亭后面的那一大片空地来看，历史上的昆明文庙，应该气度不凡。正如罗养儒在《纪我所知集》中所说："其地场之广大、地脉之雄厚、建筑之精美、材质之坚结、彩色之辉煌、设置之完善，在省垣庙宇中实居第一。"历史上的"云南府儒教中心"和"昆明的儒家最高学府"曾设于此。

自元代开科举以来，昆明一县共出过 200 多名文科进士，占全省的五分之一强。这些科举制度的佼佼者在跃上龙门之前，不知有多少次，曾列队整齐地来到这座庄重典雅的庙宇里祭拜先师。香雾缭绕中，他们神情专注而严肃，内心充满了敬畏与幻想。凝视着大成至圣先师的牌位，他们心潮涌动，眼眶甚至有些湿润。毕竟，他们的前程，和这座庙宇紧紧地连在了一起；他们的生命，与这座庙宇紧紧地融在了一起。

20世纪70年代文庙的魁星阁（张卫民摄）

进入民国以后，各地的文庙，基本上也延续着教育文化事业，成为各地中学的校址，或者用作其他教育文化场所。1932年，在欧风美雨的侵袭下，风光不再的昆明文庙被改成昆华民众教育馆，教育馆里开设了民众阅览室、剧场、历史文物展览室、评书茶室，甚至笼养野生动物供人参观。老百姓到这里看书听戏，热闹非常。抗战时期，许多群艺团体和文艺骨干活跃在这里，用他们的声音，宣传抗战；用他们的形象，唤起民众。直至现在，昆明文庙仍是群众文化活动的一块宝地，许多中老年人，成天在这里逗留徜徉，观花养鸟，下棋喝茶，怡然自得。

不过，昆明文庙的残破不堪，倒不完全在于没有保护意识。1938年9月28日，日寇飞机首次轰炸昆明，被击落了一架，较为完整的残骸置放于文庙展览，观看的人无不称快。孰料，气急败坏的日寇随后大举空袭昆明，目标竟然就是文庙。昆明文庙的大成殿、桂香阁、尊经阁、明伦堂、崇圣殿、仓圣殿等建筑被彻底炸毁或严重损毁，只留下丝毫未损的孔子木像和孤零零的一座棂星门。这也给这座文化圣殿，蒙上了悲壮的色彩。文明与礼乐，竟毁于野蛮之手！而从这个意义上说，昆明文庙，也是那段艰难岁月的历史见证，是爱国主义教育的纪念碑铭。

　　前些年就有传闻，政府将修复昆明文庙，虽然现在还没有动作，但它前面的文明街片区老城街貌，已在逐步动工修复。既然连为一个片区，昆明文庙的修建，或许只是早晚的事，比起其他很多被高楼代替的老街道、老房子，昆明文庙虽然没了殿宇的陈迹，却还算幸运得多。坐在这个院子里的石凳上，许多人不免有些欣慰：想想当年它附近的武城路、长春路，那些一楼一底的老屋了无踪影，人们对于文化符号，还是要多一些敬畏心，多几分寄托感的。而从棂星门直望出去，街对面的"同庆丰"商号，也已涤去蒙尘，以崭新面貌站在了人们的面前。当年为了寻求风水庇护，王炽这位云南首富，虽是行商出身，还是有意识地背靠文庙，建起了他的这座宅邸。只是希望将来在修复文庙时，千万别像民国年间有人为了安置孔子雕像，"兴不忝不鲜之工役，作不伦不类之建筑"。

　　遥想当年，一个地方，有了一座文庙，士子和学人的内心，也就有了依托。当然，如果成了贤达或是好官，他的牌位，还有可能供奉进文庙的乡贤祠和名宦祠，这是每一个中国人内心深处的最高理想，也是支撑他勤勉处世乃至修齐治平的最大动力，虽然希望邈远，但始终力量无穷。如今的中国社会，距离全球最大的经济体近在咫尺，但要做真正意义上的强国，我们必须呼唤文化的回归，以儒释道三家精神为核心的中国传统文化的回归，唯有此，我们才有根基，不会乱跑。类似昆明文庙这样的文明殿堂，才不至于被敌人摧毁，或者被自己摒弃。坐在昆明文庙院子里的这个清晨，我在念叨，这座破败的院子，赶紧恢复它的原貌吧！坐在昆明文庙院子里的这个清晨，我更在心底呼唤，文庙，归来！

　　棂星门下，仍有游人不停地走进来，一个，两个，三个……

圆通寺

马海洋

　　圆通寺坐落在圆通山南。前临圆通街，后衔圆通山，与昆明动物园毗连，布局严谨、对称，主体突出，海拔1930多米，是昆明最古老的佛教寺院之一。圆通寺坊表壮丽，林木苍翠，被誉为"螺峰拥翠""螺峰叠翠"，一直为昆明八景之一，似一座漂亮的江南水乡园林。圆通寺正门位于圆通街，进入寺院，越向里走，不是上坡，而是地势渐低，这在我国寺庙中是较为罕见的"倒坡寺"。从唐时南诏国在此建"补陀罗寺"算起，该寺已有1300多年的建寺历史，因以观音三十二名号之一的"圆通"二字取名，成为全中国最早的观音寺，比浙江普陀山的观音道场还早100多年。同时，它也是现在昆明市内最大的寺院，云南省和昆明市的佛教协

20世纪70年代圆通寺的"圆通胜境"坊（廖可夫摄）

会都设在这里。圆通寺由大乘佛教、南传上座部佛教和藏传佛教三大教派的佛殿组成，以大乘佛教为主。到这儿您不必跑很多地方，就可对佛教三大教派的殿宇一览无遗。这又成为这座"倒坡寺"的一大特色，故在中国西南地区和东南亚一带都享有盛名。

圆通寺增建寺前的八角亭和四周水榭回廊，开辟了圆通胜境、胜境坊、山门以及采芝径，形成园林景色和宗教艺术相融的铜佛殿。殿内铜制的释迦牟尼坐像与圆通宝殿的释迦牟尼塑像，形态各异，显示了南传和北传佛教间的差异，令人大开眼界。

圆通寺内，殿宇巍峨，佛像庄严，楼阁独特，山石嶙峋，峭壁千仞，林木苍翠，吸引历代文人墨客留下了许许多多赞美的诗句，更显风采。从建筑学上讲，它闹中求静，以小见大，并借背后螺峰山之景，形成别具一格的水院佛寺，在中国的造园艺术中具有独特的风格。寺内青山、碧水、彩鱼、白桥、红亭、朱殿辉映成趣，景色如画。沿着中轴线一直下坡，大雄宝殿地处寺院的最低点。庙宇坐北朝南，富丽堂皇，整个寺院以圆通宝殿为中心，前有一池，两侧设抄手回廊绕池接通对厅，形成水榭式佛殿和池塘院落的独特风格。殿内供奉有清光绪年间精塑的三世佛坐像，大殿正中两根高达10余米的立柱上，各塑一条彩龙，四壁还塑有五百罗汉像，均堪称中国佛寺中的上乘之作。

20世纪80年代圆通寺的圆通宝殿（廖可夫摄）

20世纪70年代圆通寺的八角亭（廖可夫摄）

20世纪90年代的圆通寺鸟瞰图（刘济源摄）

吴三桂与圆通寺

詹　霖

　　圆通寺，昆明城中最大的佛家寺院，承载千年历史，历尽血雨腥风，也给信众带来了心理慰藉和灵魂寄托。在它兴衰毁存的历史中，有个值得一提的人——吴三桂。吴三桂（1612—1678），字长伯，祖籍高邮（今属江苏）。明末清初著名政治、军事人物，原为明朝将领，明崇祯十七年（1644）降清，山海关之战大败李自成，封平西王。清顺治十六年（1659），镇守云南，康熙元年（1662），他迫缅王交出南明永历帝并将其杀害于昆明。同年，晋封为平西亲王，与福建靖南王耿精忠、广东平南王尚可喜并称"三藩"。康熙十二年（1673），下令撤藩。吴三桂自称周王、总统天下水陆大元帅、兴明讨虏大将军，发布檄文，史称"三藩之乱"。康熙十七年（1678），吴三桂在衡州（今湖南衡阳）登基为帝，国号大周，建都衡阳，建元昭武，同年秋病逝。

　　他统治云南初期，似乎还记得祖训：顺民心。圆通禅寺是滇人景仰之地，心中的净土。当时古寺损毁严重，为了满足信众烧香拜佛的心愿，也想给自己在百姓心中加分，清康熙七年（1668），他对圆通寺进行大规模修葺，工程主持人是其女婿胡国柱。吴三桂如此举动，民间还有一版本：红颜知己陈圆圆喜欢礼佛，吴三桂捐助巨资重修古寺与她有关。修缮工程，"木之大，工之精，石之玲珑，皆尽人力"，其中有几项较为重要，使得古寺增色不少。

　　其一，建八角亭。它位于大雄宝殿前，两层八角，金黄色琉璃瓦铺顶，戗角重檐屋面，外廊内室。古亭体现出"八面玲珑""四平八稳"的对称与和谐，使寺院除了殿、堂、牌坊和楼阁之外，增加了"亭"的构造，古刹景观更有韵致，同时还暗喻镇住地脉，集蓄八方灵气，佛法浩大无边，佛理俨然有序。

　　其二，建"圆通胜境"坊。重修古寺时，山门向外移到今天的圆通街街面，在天王殿与山门之间建了"圆通胜境"石牌坊，这个建筑四柱三门，柱两边浮雕青石抱鼓夹峙。坊顶为金黄琉璃瓦，戗角龙脊，五层斗拱支撑。牌坊上部为木雕彩绘，将儒释道巧妙融为一体，福禄寿三星与金龙彩凤仙鹤为伴，栩栩如生。基座上的石刻浮雕让人称绝，狮虎雄踞高山，仙鹿奔跑花丛，佛教传说的"摩羯鱼"活灵活现，这种瑞兽形象曾在唐代文物中出现，其他朝

20世纪30年代圆通寺的圆通宝殿（照片由廖可夫提供）

代少见。"圆通胜境"四个镏金大字镶嵌于牌坊，据传为吴三桂亲笔所书，力透千钧，被誉为楷书杰作。用今人眼光来看，牌坊造型依然精美，气势壮观，气宇轩昂。

其三，为重修古寺树碑立传。古人建寺，视为功德，必要大书一笔。康熙八年（1669），工程竣工，胡国柱对此郑重其事。胡国柱，字擎天，号怡斋，清顺治十一年（1654）举人。此人书学"二王"，秀逸清丽，与当时阚祯兆、姜宸英相比更胜一筹，但战乱不停，他奔波劳顿，存世墨宝极少。胡国柱撰写了碑文，请张纯熙用草书写下《重修圆通寺记》。《新纂云南通志五卷九十八·金石考十八》记："《重修圆通寺记》：□□□撰，贵州学政常山□□□书。

高二尺一寸，广二丈四尺，百五行，行十六字，草书，康熙八年己酉嘉平既望。今在昆明县圆通寺。见拓片，精。滇中第一长碑也。"康熙二十年（1681），清廷平息"三藩之乱"，胡国柱及吴三桂在滇的很多痕迹被抹去，古碑也遭厄运，在世 12 年就遭毁灭，现仅有拓本存留。

其四，为自己塑像。修古寺者以为功德无量，应该流芳百世，总想留点痕迹让后人"敬仰"，于是胡国柱又有大动作。修葺圆通宝殿时，他在正龛后面"顺便"把吴三桂和大将总兵官马宝及自己塑成神像，混进了佛界，陪伴在西方"三圣"身旁。说到塑造神像一事，吴三桂似乎很有这方面的嗜好，统滇期间，他还重修了昆明的玉皇阁、老君殿、报国寺和西寺塔。就在报国寺众多神像之中，他也命人将其尊容塑成像，置于殿右，"像将巾，松花色，衣锦边，右手抚膝，左执卷，面左顾"，并将此佛像叫作"西来尊者"，名义上张扬平西之功，实则是以神明心，永享荣华。当然，高大的殿宇未能遮蔽他苟延残喘的灵魂，阻挡不了"吴氏小王朝"灭亡的宿命。康熙二十四年（1685），云贵总督范承勋令人把圆通寺中所有吴三桂、胡国柱题留的文字凿掉，塑像自然也被推倒，唯有马宝塑像保留，据说他为百姓做过好事。

再次步入圆通寺寻找吴三桂的痕迹，只有牌坊上"圆通胜境"四个大字的东西两边，分别题写"大清康熙八年嘉平既望""平西亲王吴施建"等文字，其他别无踪影。往事如烟，段段历史像浮光掠影，真实也罢，模糊也罢，苦涩也罢，甜蜜也罢，一切都过去了，旧事渐行渐远，最终消失在人们记忆深处，但有些往事在心中沉淀，留给今人更多的思考，还有那首骚人的诗句讲述着从前的故事："明月清风留几痕，登临独有古寺存。螺峰北矗拥云急，滇海西荡落日昏。一怒冲冠红颜笑，千秋飘渺孤野魂。断碣残碑归尘土，苍烟落照已黄昏。"

享誉海内外的筇竹寺

陶师舜

　　筇竹寺，元代古刹，坐落在昆明西北郊一座逶迤十里的大山——玉案山中。民国罗养儒先生在《纪我所知集》中，称该寺为"滇城西偏最古之一寺也"。

　　筇竹寺最初创建于唐宋年间。创建后，因时事变异，屡毁屡建。如明永乐十七年（1419），寺遭火焚；明永乐二十年（1422）又重修寺宇，历时七年始成；明宣德九年（1434），重建寺宇，明末又毁；清康熙二十三年（1684），总督蔡毓荣、巡抚王继文又加修葺，殿宇大体保持明代规模和建筑风格。后年久失修，咸丰时又残破颓圮。光绪九年（1883）再次大修增建，历时七年；其间又在大雄宝殿内壁及天王殿两厢的梵音阁和天台莱阁塑造五百罗汉泥像，乃成今日规模。光绪九年至十六年的这次修建，使筇竹寺这座藏在白云深处、野竹林中的千年古刹，从养在深闺无人识，到名扬四海，无疑落下了最为重要的一笔！

　　明崇祯十一年（1638），明代著名的地理学家徐霞客先生跋山涉水来到昆明，徒步考察玉案山和筇竹寺。《徐霞客游记》记述道："路从其北嘴上一里半，西达山下，有峡东向，循之西上，是为筇竹；由峡内越涧西南上，是为圆照；由峡外循山嘴北行，是为海源。有一妇

20世纪80年代的筇竹寺山门（刘济源摄）

骑而前，一男子随而行者，云亦欲往筇竹。随之，误越涧南上圆照，至而后知其非筇竹也。"徐霞客在山中几经折腾，才寻觅到筇竹寺，并对筇竹寺的地理位置及其周围的山形地貌，作如下描述："寺高悬于玉案山之北垂（陲），门东向，斜倚所踞之坪，不甚端称，而群峰环拱，林壑潆沓，亦幽邃之境也。"

玉案山历代多古寺：海源寺、妙高寺、圆照寺、筇竹寺、棋盘寺、法界寺、云居寺、海印寺、卧云寺……然而，在众多古寺中，声名远播、享誉海内外的唯筇竹寺。何也？笔者认为，至少有以下三个原因：筇竹寺取名不凡，一也；清代四川艺人黎广修率徒为筇竹寺塑造了闻名海内外的五百罗汉彩塑，二也；明代著名的地理学家、旅行家、文学家徐霞客先生，曾亲往该寺考察并著文，三也。有此三绝，筇竹寺自然成为玉案山众多古寺之首，其寺名甚至压盖玉案山之名，成为这一带事实上的地名。

明人金谓宜有诗云："郡城之西，曰玉案山。雄奇秀拔，峨峨云间。山之东麓，蜿蜒起伏。交揖互拱，卒于筇林。维兹筇竹，肇自神僧。"古诗已写得十分明白：筇竹寺之名，取自筇竹，来自"神僧"的传说。筇竹寺天王殿前的《重建玉案山筇竹禅寺记》古碑，进一步阐释了筇竹寺的建寺由来。

此碑立于明宣德九年（1434）。碑文为明代昆明诗人郭文撰写。碑文简洁凝练，颇有神话传奇和文学色彩："玉案山筇竹禅寺，滇之古刹也。爰自唐贞观中，鄯阐人高光之所创也。""初，光偕弟智，猎于西山，有犀跃出，众逐之。至寺之北壑，失犀所在。仰视山畔，见群僧状甚异常。驰往觅之，又无所睹，惟所持筇竹杖植于林下，众弗能拔。翌日，往视之，则枝叶森然矣。光昆仲于是异之，知其为山灵示显福地也。乃建寺处，以居僧徒，因以'筇竹'名焉。"

关于筇竹寺的建寺年代，其说不一。据筇竹寺后山《大元洪镜雄辩法师大寂塔铭》载：最迟至元初，筇竹寺已存。明宣德九年所立的《重建玉案山筇竹禅寺记》碑，则称："爰自唐贞观中，鄯阐侯高光之所创也。"对此，著名的文献版本目录学家李孝友先生在其编著的《昆明风物志》中这样解释：明人郭文在《重建玉案山筇竹禅寺记》所述高氏兄弟在这里修建寺庙，并取名筇竹寺，"但是通过查考文献，高氏为侯是在大理国时期的事，所以寺庙的兴建应相当于宋代"。

郭文记述的筇竹寺在唐贞观年间建寺及其取名来由，有实有虚。实者，唐宋以来，此山多筇竹。鄯阐侯高氏兄弟打猎追犀牛误入此山，回来后，乃建寺于其处，并以筇竹为寺名，应是实。虚者，高氏兄弟在云雾缭绕的竹山间，产生幻觉："仰视山畔，见群僧状甚异常。驰往觅之，又无所睹，惟所持筇竹杖植于林下。"第二天来寻时，筇杖所植之处，竟变成一片"枝叶森然"的萧萧竹林。诗人郭文以高氏兄弟打猎追犀牛至玉案山的事实，以及高氏兄弟在云雾里的竹山间产生的种种幻觉，再吸取当地的有关民间传说为素材，在撰写碑文时，将建寺之处多筇竹的自然地貌与神话传说相结合。这样一写，一群神僧的筇杖第二天变成翠竹林的传说，使筇竹寺更具神奇色彩，也更有禅味。

清光绪年间，筇竹寺方丈梦佛到四川峨眉山、乐山、新都一带云游，在新都宝光寺见四川合州（今重庆合川）艺人黎广修带徒弟所塑佛像不同凡响，大为赞赏，与之攀谈，又为其佛学的修养及诗书画的造诣而惊叹，即邀黎广修赴昆明筇竹寺为重修的筇竹寺主持塑五百罗汉。

光绪九年（1883），黎广修率徒五人来到林壑幽深、满山翠竹的昆明玉案山筇竹寺。黎广修与梦佛长老一道策划，决定在重修的筇竹寺大雄宝殿内壁及天王殿两厢的梵音阁和天台莱阁塑造罗汉，以达五百之数。

传说，黎广修在寺中塑五百罗汉，难以下手时，就与徒弟到玉案山下黑林铺茶馆喝茶小坐，但见相貌奇异、性格独特者便细心观察，立时勾画草图，用泥捏出小样。每逢城乡街子天，黎氏师徒也会赶去，暗记闹市各色人等之面貌特征、性格神态及服饰、手执器物，以为原始素材，用于塑罗汉像。功夫不负有心人，从光绪九年至光绪十六年，七载寒暑，黎广修师徒呕心沥血，终将彩塑五百罗汉悉数完成，轰动滇城昆明。罗汉分别置列于大雄宝殿内壁（68 尊）、天台莱阁（216 尊）、梵音阁（216 尊）中。两阁圣像分列为上、中、下三层，上、下两层多为坐像，中层多为立像。自此，昆明筇竹寺偕五百罗汉彩塑名扬四海，且其彩塑被誉为"东方雕塑艺术宝库中一颗璀璨明珠"。

筇竹寺五百罗汉彩塑，借罗汉形象、佛教题材，表现世间凡人风貌，其一举一动、一嗔一笑，皆惟妙惟肖。其神态姿势有坐有站，有动有静，生动传神，各不相同。或俯首倾听，

20世纪80年代筇竹寺的大雄宝殿（刘济源摄）

或二者窃窃私语，或若有所思，或愤愤不平；有怒如金刚者，有神情茫然者，有拍掌嬉笑者，有默默不语、心事重重者；有文的武的，有雅的俗的，种种人间世相，尽在其中。五百罗汉中，还有高挽裤腿赤足下海渡水的长腿罗汉，有伸长手臂欲摘星揽月的长臂罗汉，其高超的法力，大胆和不安分的举动，让人称奇。更奇的是，五百罗汉中，竟有一个头发卷曲的高鼻子欧洲人，表明中国佛教的包容性，在明清的佛教徒中已有外国弟子，甚至皈依佛门的耶稣教徒。

筇竹寺的彩塑五百罗汉，确实生动地再现了清末社会各阶层人物的形貌状态，反映了当时社会的炎凉。

筇竹寺存留下的古楹联甚多，笔者尤为欣赏其中三联。其一，为云南明末著名诗僧担当和尚所撰，曰："托钵归来，不为钟鸣鼓响；结斋便去，也知盐尽炭无。"其二，光绪年间修建筇竹寺时，梦佛方丈请四川鲁班会的蜀东帮负责建筑，请四川鲁班会的隆昌帮负责佛像泥塑。工程竣工时，两帮首事共同拟制了一副楹联："焚香静坐，莫漫说峨眉旧事，滇海新禅；煨芋留宾，共领略世态炎凉，深山清况。"该联为筇竹寺修建者所拟，真实地反映了工匠们的心声，极为难得。其三，有一副楹联："大道无私，玄机妙悟《传灯录》；仙缘有份，胜地同登选佛场。"据传，该联为筇竹寺五百罗汉塑像的主持大师、四川合州泥塑高手黎广修亲撰亲书。负责筇竹寺佛像泥塑的四川鲁班会隆昌帮的首事黎广修，不仅是佛像泥塑高手，而且对佛学很有研究，且能书善画，除了这副楹联外，在寺内右边厢房墙壁上，还留下了一堂赠梦佛和尚的淡墨山水画屏。由黎广修亲撰亲书的这副楹联，从中可以窥见黎广修大师高深的佛学修养及其塑筇竹寺五百罗汉的指导思想，这令后人在观赏这世上首屈一指的中国古代泥塑绝品昆明筇竹寺五百罗汉彩塑时，有所参考、借鉴和领悟，尤属难能可贵。

筇竹寺不仅已成为玉案山一带的标志性地名，更被列为国家级文物保护单位。

20 世纪 80 年代筇竹寺的五百罗汉（刘济源摄）

筇竹寺第一任住持 ——雄辩法师

汪亚芸

　　坐落于昆明五华区城西北玉案山的筇竹寺是禅宗佛教传入云南的最早寺庙之一，也是滇中著名的古刹。关于筇竹寺创建的传说颇多：一说为南北朝时期，开创东土第一代禅宗始祖菩提达摩为传播佛法，看中了玉案山而造寺。二说为唐贞观年间，大理国鄯阐侯高光及弟高智在山上狩猎，追赶犀牛，忽见云中仙僧显现，所拄筇竹杖落地而化作一片茂密筇竹林，高氏兄弟遂在此建寺，名筇竹寺。而据寺内现存《大元洪镜雄辩法师大寂塔铭》载，雄辩法师是筇竹寺的创建人。筇竹寺进山门有松柏四棵分植左右，系明代遗物，寺门上题额"西来胜迹"，悬联："地产灵山，白象呈祥，青狮献瑞；天开胜境，犀牛表异，筇竹传奇。"据此可认为筇竹寺建立的时间应在元代之前，但在建寺之初，由于地理位置偏僻，寺庙的香火并不旺盛。直到元朝，一位高僧的出现才将筇竹寺推到了人们的眼前，也使得该寺肩负起了传播佛教禅宗思想的重任，该寺从此声名大噪。这位高僧就是筇竹寺的第一任有文字记载的住持——雄辩法师。

　　雄辩，法名洪镜，南宋绍定元年（1228）出生于昆明，俗姓李，弱冠出家，师从大理国佛教国师杨子云。雄辩以超凡脱俗的辩才，被时人称为"雄辩法师"。南宋宝祐元年（1253），忽必烈灭大理之段氏，段氏一族及僧侣多归顺元朝。元破大理国第二年（1254），因不满足于当时云南地区"所信奉的佛教，普遍是西域密教"的现状，雄辩大师孤身一人到内地学习佛法，他踏遍了中原大地，先后拜过四位高僧为师。在内地的25年间，他不辞劳苦、勤奋修学、潜心钻研佛法，"最后登班集之堂，嗣坛主之法，其学大备"，深得释学精髓。学成之后，他透过坛主向皇帝表达了南归意向，由于他突出的佛法事迹，元世祖忽必烈御赐法名"洪镜"。

　　回归故里之后，雄辩法师入玉案山筇竹寺，将《圆觉经》等诸经及《摩诃衍四绝论》译为白族语，成为玄风普及云南当地的发端。元至元二十七年（1290），世祖之皇孙甘麻剌，受封梁王，镇守云南，洪镜颇受其敬重。梁王因他道德学问过人，跟随他学习佛法，并以侍师之礼相待。在住持筇竹寺期间，雄辩利用自己之前累积的佛法知识开学讲经，用当时的少数民族语言讲解《华严经》《维摩诘经》等大乘佛教经典，以便更多的人了解佛法要义。雄辩凭借这些深入人心的讲经活动，声望日隆，四方慕名而来的皈依弟子多达数万，促进了内地与云南地区的思想文化交流。筇竹寺香火旺盛一时，理所当然地成了将内地佛法最早传入云南的一座禅宗寺庙。

元大德五年（1301）十一月，雄辩圆寂，享年73岁，行腊，荼毗时，有五色舍利显现。他的弟子玄坚、玄妙等为其造塔于玉案山之阳将其埋葬。雄辩塔呈四方八面十二角，青砖砌成，通高3.5米，矩形台基，围五乘三米，高0.5米，上为覆钵状塔身，塔刹基部为砖砌多面须弥座，上置砂石相轮十三天，再上伞盖宝珠。塔前原有"雄辩法师宝塔铭"石碑，现已移至寺内华严阁中。塔为喇嘛塔中和尚舍利塔，内贮法师遗骨。喇嘛教从元代传入昆明，那时最为盛行，因此僧家大多以喇嘛塔贮骨，雄辩法师塔是昆明地区保存最完好的一座喇嘛塔。后人杨载为他撰写了塔铭，额题《大元洪镜雄辩法师大寂塔铭》，刻于砂质石碑上，立于塔前，详细记载了雄辩法师的生平。筇竹寺僧塔林立。正面为极有价值的相连三塔，其中一塔便是雄辩塔，其余两塔分别为玄坚塔和无相大师大寂塔，大寂塔为明塔。三塔保存至今，是昆明佛寺中珍贵的文物。

需要一提的是，雄辩法师的继任人为弟子玄坚，在住持筇竹寺期间，进京朝觐元武宗，武宗皇帝赐《大藏经》一部，后分藏于筇竹寺和圆通寺。元仁宗延祐三年（1316），朝廷赐圣旨，对筇竹寺殿堂、土地、财产豁免役税。玄坚特此立圣旨碑，用蒙、汉两种文字刻于碑上。由于汉文为当时流行的白话文，因此此碑有"白话碑"之称，碑现存于大雄宝殿内，是研究元代蒙、白、汉等民族融合与文化交流的重要资料。

白云深处妙高寺

陶师舜

  妙高寺是昆明一座有名的古刹，隐于城西北玉案山脉的三华山白云深处，甚幽寂。寺往西北，可至筇竹寺、花红洞、法界寺、棋盘寺；往北可至沙朗洞、天生桥；往西南，可到圆照寺；再往北可至西华洞、双石洞、海源寺。古刹周围，箐深林密，道路崎岖。旧时，寺门前曾有一条蜿蜒崎岖的"山间铃响马帮来"的茶马古道，直通富民、武定、禄丰等地。

  记得 20 世纪 50 年代中期，一个暮春的星期日，我和几个初中同学结伴去游妙高寺。山径崎岖曲折，一路尽见嶙峋石山、怪岩深壑。到寺中，已近中午，却仍是清静如晨。艳艳红日，好似才于雾里升腾，透过树罅，斑斑点点投在遍布苍苔的石径之上。

  寺内僧人寥寥，连同住持老僧在内，我只见过四位。我和同学每人交与老僧二角钱，老僧便立即叫人为我们每人下了一碗素面。罩帽是僧人自腌的冬菜和寺后菜园里现掐的豌豆尖，还配了一点酱油和麻油，味道甚好！

  吃完素面，我和几个同学缠着老僧讲寺里的故事。"阿弥陀佛！"老僧两手合十谢绝了。我们仍紧缠不放，老僧闭目又念一声"阿弥陀佛"，才说"跟我来"。我们随老僧一路走去。上了几步歪歪斜斜的石坎，便来到后殿。殿门旁有一大鼓，立于架上。鼓皮黄黑，鼓身红漆早已剥落，露出发黄原木。厚沉的鼓皮上，竟有一道弯弯的深长罅裂，似被刀剑捅过。裂口处有一团黑污，若年代久远的血污。殿内光线昏暗，交叉的梁柱已被历代香火熏黑。神龛下，有一长列供桌。桌上竖着些已发黄的木质牌位。细看，所书皆为已故僧人法号。问老僧，僧不语，只闭目默诵。苍老的手不停地捻着胸前暗黄的佛珠。

  过后，老僧又引我们踩着吱呀发响的楼梯，来到殿后西侧一座小楼。小楼为傍山依岩建筑，朝西一段外廊危危凌空。下面是一条树木深密的深峡幽箐，险极！站楼廊远眺，越过正前方一个黑黝黝的山垭豁口，竟见一角亮亮的、蓝蓝的水色——哦，怎么竟于此处窥见一角五百里滇池？奇哉！怪不得楼上悬挂一古匾，曰"望海楼"。老僧说，每日五更，他在小楼外走廊上念早经。月光好时，常见下面深箐有豹在溪饮水，花斑豹身悠悠从树间钻过，时隐时现。"所以，趁太阳未落山，你们还是要赶早回去。山里有豹子。妙高寺下午五点就要关闭山门。"老僧提醒道。又说，"不过现在还早，才一点，也不用忙。你们可在我这里坐坐，喝杯茶水，再到寺内各处玩玩。"老僧把我们邀进楼内他的禅房。禅房的壁间除古字画，竟悬挂着一把带鞘的古刀。"这是师祖留下的。此刀从师祖归西后，就由寺中方丈保管，代代相传。"老僧指着壁上的古刀，给我们讲了一个鲜为人知的故事。约是清嘉庆年间，那时妙高寺香火极盛，僧人很多。一日凌晨，晓雾中，突现30多个蒙面持刀的强盗，冲进妙高寺抢劫，见人就杀，见物便抢。顿时，众僧惨号，刀光剑影，血溅佛堂。有一挑水和尚，系武人出身，颇有武功，持刀一口，毅然挺身护寺，并掩护众僧逃生。此后，这位武人出身的挑水和尚，被寺内历代僧人尊称为师祖。师祖砍倒强盗20余人，又重伤强盗头，使这伙强盗元气大伤。强盗头后来终因伤重死于山箐溪边。师祖舍身护寺，在与强盗头对阵时也受了伤，又被隐在鼓后的一恶徒偷袭，隔着鼓一刀刺中要害。师祖圆睁双目，血淋淋的身躯，久久地靠在鼓上。"嘉庆鼎盛时期，寺中僧人最多时达40多人，后来就日渐萧条了。"老僧说到这里，叹了口气。啊，想不到这远离城市的深山古刹，竟还藏匿着离奇的、惊心动魄的故事！可惜这段鲜为人知的故事，在浩如烟海的史料中我始终未能查到一点蛛丝马迹。但我至今仍坚信老僧讲的故事是真的。否则，那后殿大鼓上的刀痕血污、殿内供桌上众多已故僧人的牌位，以及望海楼老僧禅房内壁悬挂的那口古刀又作何解释？

　据传，妙高寺系大理国时期僧人广白所建，距今已有700多年。300多年前，明代著名地理学家徐霞客先生，曾从海源寺，经西华洞、双石洞，盘曲攀石山而上。为寻妙高寺，几度迷于深峡。颇费了一番折腾，方才寻得妙高寺，遂对该寺的地理位置做了确切的记述："寺门东向临重峡，后倚三峰，所谓三华峰也，三尖高拥，攒而成坞，寺当其中""冈上有一塔，正与寺门对"。明代著名文人杨慎有《妙高寺》诗曰："绝顶愁飞鸟，丹霞隐林杪。孤僧早闭门，荧荧佛灯小。"近日又查得清康熙二十六年（1687）徐炯的《使滇日记》，其中有一段有关妙高寺的描述："（妙高寺）在三华山深处，地僻而势奇，梵宇巍焕，清绝无纤埃。鸟行草中，见人不避。"足见妙高寺确是一处奇险、高妙、幽寂的佛门圣地！

　可惜，1980年古寺不幸遭受一场火灾，寺毁过半；继而又闻附近村人将寺洗劫一空。20世纪90年代中期，又听一些热心的宗教界人士在筹划恢复古寺，并已有所行动。兴奋之至，便约了两个友人前往探访。

　从白云悠悠浓绿深处的妙高寺残破的围墙缺口而入，满目荒凉，唯见几条青苔石径，几没于荒烟蔓草之间，让人还能约略回忆起古刹兴盛的往昔。正感茫然，忽飘来一股香火味，就见前面大雄宝殿旧址上，居然孑立着一幢新盖的琉璃瓦屋顶大房，这就是新盖的"大雄宝殿"？我不禁摇头。且不说它一无斗拱飞檐，二无宏梁巨柱，单那简陋粗朴的外形，已远不能与当年我见过的大雄宝殿之恢宏气势相比！而殿内塑佛，亦显呆愚木讷，与原妙高寺殿内的塑佛其规模和神态，已不可相媲！殿门上方，悬"大雄宝殿""佛光普照""妙相庄严"三块金字朱匾；还有两副楹联。其中一联曰："高则入定大千世界无比，妙不可言一片白云来去。"友人道："此联若改为'高则入定大千世界无无无，妙不可言一片白云妙妙妙'，岂不更有禅味？"正议着，殿中那位正添油点佛灯的老斋奶奶冷不丁冒出一句："阿弥陀佛，不容易呢！全是善男信女自己捐钱盖的。总共十余万元。有位家住昆明东寺街的老施主，偷偷背着儿女，捐了一万元呢。南无阿弥陀佛！"

寺内没有卖吃的。老斋奶奶为我们焖了一锅土豆南瓜饭。我们给她钱，她硬不要，推让半天才收下。老斋奶奶叫李玉莲，70岁有余，仍耳聪目明、口齿伶俐。她原在玉案山花红洞法界寺，一守就是二十一个春秋；现在又被派来看管妙高寺。守庙者一共五人，其余四人上山捡柴火去了。

饭熟时，一个叫姚美的背柴老头最先下来了。姚老头爽朗健谈。从姚老头口中，知道妙高寺当年那口大铜钟还在，由海源乡政府代为保管。古钟铸于明代，上有四个刻得极为精致的龙爪。另有明代天顺四年求雨古碑一块，亦是寺中所藏文物，现存于妙高寺北面700米处的小白龙庙内。姚老头扳着指头细细数着说："寺中孔雀杉，据说民国龙云时还有数十棵，就是十年前也还有近二十棵，现在却只剩得五棵；还有细把甜梨树五棵。"姚老头指着寺里那些被砍伐剩下的树桩，气愤地说："砍树的人心真黑，专门拣着那些上百年的孔雀杉砍。同志呐，这孔雀杉可是珍贵得很哟，自古就属寺中一宝。据说有了它，寺里便永不生蜘蛛网。老辈人都称它作'辟尘木'哩！""辟尘木？"我一惊，徐霞客先生的《滇游日记》中就有这么一段："土人言，妙高正殿有辟尘木，故境不生尘。"我目测那几个发黑的孔雀杉树桩，最大的直径足约一米。

饭后，老斋奶奶李玉莲依旧看家守庙，由姚老头领着我们去寻访徐霞客见过的那座古塔。途中，老人指点着周围近处的几座山道："你们看，东面这座光秃秃的石山，叫老黑山；西南那座石山叫马鞍山；北面那三座峰叫三华山。这大小五座山就像五瓣莲花，把妙高寺团团围在其中。如果你站在东南面看，那马鞍山和三华山又像两条巨龙，分别从西面、北面直对妙高寺飞奔而来，故又称'双龙夺珠'。"我们随老人走进一条路径曲折复杂的密林小路，终于寻到徐霞客曾见过的那座古塔。塔四周，尽是密密的麻栎。徐霞客《滇游日记·四》中的"冈上有一塔，正与寺门对"，即指此塔。可知塔至少在400多年前的明代就已存在。古塔为八级四方密檐砖塔，高7米左右。饱经历代风雨的古塔，表皮已严重风化，但塔体依然挺而不斜。只是各层佛龛中佛雕已不见，有几处檐角和狗牙棱子已遭撬坏。最令人痛心的，则是浮雕独特的须弥座下脚，已被盗塔贼新近掘开一个深洞，塔里若有文物自然是被盗走了。只是洞口还散遗下几块与塔身外砖不同的古砖，颜色蛋黄，均残破。捡几块拼起来看，便清晰地现出一座雕刻精美且由塔刹、塔身、须弥座、台基组成的完整塔图，疑为该塔图案。古砖厚14厘米、长 30 厘米，上方为半圆形。姚老头小心翼翼地把这几块残砖合拢，藏于塔洞内。离开古塔，在密林间的小路上，又见被盗塔贼遗弃的一块比较完整的图案砖。老人捡起，叹息着，用衣袖揩净上面灰土，说要带回寺中保存。

　　…………

　　归途中，我和两个友人行走在山间，依稀可见几段残存的明清茶马古道。那古驿道，若断若续，用不规则的石块墁于路面。石块多处，可见深深的马蹄印，有的石块已被马蹄洞穿。我想，当年驮着盐巴和茶叶的马帮，早已进入历史深处，而当年那马帮的铜铃声和妙高寺的佛钟声，或许还会依稀响在这一带村寨中年逾耄耋的老人的记忆里吧？

　　回首一望，妙高寺已隐没于岚烟沉沉的暗蓝群山中，唯见冈上那座灰白的明代古砖塔，依然寂寞地面对猩红的一缕残阳，默默地矛立着、等待着……

华山巷土主庙的变迁

苏晴雨

在五华区华山中学（原华山小学）的校园内，曾有一座昆明极为重要的庙宇——华山巷土主庙。

土主庙一般是供奉地方神的庙。由于一地有一地的土主，供奉土主的庙宇也就分布多地。旧时，在五华区内就有华山巷土主庙、瓦仓庄土主庙、莲花池土主庙、大普吉土主庙等。华山巷是一条南北走向的小巷，原名土主庙巷，因巷底有始建于南诏时期的土主庙而得名。而华山巷土主庙，则是昆明城乡最具权威的土主庙。华山巷土主庙之所以最为灵异，是因为该庙所供奉的土主有着非同寻常的来历。华山巷土主庙所供奉的土主，是大黑天神摩诃迦罗。大黑天神又称土主，为密教的护法神，在云南的广大地区，也充当村落的保护神。《纪古滇说集》载："威成王诚乐立……崇信佛教……始塑大灵土主天神圣像，曰摩诃迦罗。筑滇之城……以摩诃迦罗神像立庙，以镇城上。"《南诏野史》称南诏王盛逻皮"开元二年（714），遣张建成入朝于唐。立土主庙。开元九年（721），皮叛唐"。是书"南诏古迹"亦称：省城土主庙于"蒙氏十一年（749）建"，即被唐玄宗赐名为蒙归义的皮逻阁当权时期所建。但后期史志提到的这座土主庙，多认为是"蒙氏城滇时建"，即凤伽异于唐永泰元年（765）修筑柘东城之时。由于南诏王室尊崇摩诃迦罗，并将其视作有镇城之效的保护神，所以在其治下城市中大量建设摩诃迦罗神庙加以祭祀。摩诃迦罗三头六臂、青面獠牙，嗜血肉，有神力，是战神和护法神。摩诃迦罗实为南诏的国家守护神，昆明土主庙的建立有着南诏统治者基于政治方面的考量。自此，这个由远在洱海之滨的统治者强力推行的神灵，开始走入滇池之畔的人们的生活。

大理国时期，昆明地区的社会经济发展迅速，区域地位上升，滇池地区逐渐取代洱海地区成为地方中心。在这个中心，民间信仰更多地表现了对于国家信仰的遵从，大黑天神作为国家信仰，得到地方信众的遵从。

元代总体延续了前朝的信仰格局。云南诸路儒学副提举王升为华山巷土主庙撰写的《大灵庙碑记》曰："蒙氏威成王尊信摩诃迦罗大黑天神，始立庙肖像祀之，其灵赫然。世祖以之载在祀典。至今滇人无问远迩，遇水旱疾疫，祷无不应者。神主盟誓烛幽明，昔有阴为不善而阳誓于庙者，是日暴卒于庙庭，亦愿治者之所嘉赖也。"这说明，元朝官方延续民众对大黑天神的信仰并载入祀典，使大黑天神在云南省城居民心中继续保有崇高的地位，且信众群体更加广泛。

明清时期，华山巷土主庙又被称为"云南府省城土主庙"，在省城的多所土主庙中仍然是首屈一指的土主庙。这一时期昆明的社会经济发生着巨大的改变。最突出的是人口结构发生了根本性的变化。随着汉族移民的大量进入，汉族成为昆明的主体民族。而随着中央集权的加强，省城昆明城内的办事机构数量增多，城内的主要建筑是府衙和庙宇，居住在城内的人群大多是官员和士兵，加上明太祖特申禁令严禁传授密教，大黑天神作为阿吒力教派中的重要神祇受到抑制，禅宗和城隍的兴起使大黑天神的功能得到了替代，而被称为"老户"的本地人则更多地迁往城外，大黑天神信众也慢慢迁出城内。

在城外土主庙走向兴盛时，云南省城土主庙则经历了一些令人意想不到的事。

一是名树被毁。《徐霞客游记》载，云南省城土主庙有一棵奇树和一件奇事。戊寅（1638）十一月初六，徐霞客"过土主庙，入其中观菩提树"，初看，这棵"树在正殿陛庭间甬道之西，其大四五抱，干上耸而枝盘覆，叶长二三寸，似枇杷而光"。但当地人说，这棵枇杷树"其花亦白而带淡黄色，瓣如莲，长亦二三寸，每朵十二瓣"。更为稀奇的是，"遇闰岁则添一瓣"。而且，"每以社日"，当地人"群至树下，灼艾代灸，言灸树即同灸身，病应灸而解"。另据《南诏野史》记载，这棵神奇的树是"南诏蒙氏时，有僧菩提巴波一名大又法师，自西天竺来，以所携念珠丸子种左右"。原来，这种树在这座土主庙里有两棵，分别植于正殿陛庭间甬道东西两侧，"今存西一树，尚茂"。可惜的是，徐霞客看到的就是这一棵菩提树，清顺治年间（1644—1661）枯死，康熙丙午年（1666）又被大风连根拔起。

二是神像被拉倒。民国元年（1912）二月，云南学政司呈请寺观田产充公，勒令僧道还俗，经转民政司合议，主张缓办。次月初，负责昆明城区治安的巡警局长吴垚，即派出警士拆毁了东岳庙、土主庙和城隍庙的部分神像，继而派出拘役人员将三庙拆毁的泥偶打碎，脱成土墼，"以备建筑房屋之用"。1913年秋，心内恐慌的土主庙道人呈请保留该庙。而警方认为，土主庙旧时每年六七月间照例举行的隆重庙会，"男女混杂一处，日夜不休。神殿变为待合之所，斗母翻作引线之人"，实在"败俗伤风"。经光复以来严禁，才消除了这种情况。神像拆毁后，因庙宇宽敞，闲房甚多，彩轿行、杉板行、同善堂、官痘局都设在庙内，艺徒学堂也迁入庙内，土主庙已名不副实了。但民政司调查认为，土主庙"为古迹所关，应予保存"。要求将商业性质的彩轿行、杉板行迁出。庙中道人"可拨后殿左侧厨房三间"作"栖息之所"，并要求"另行开门，免与学堂相混"。1924年，政府要将土主庙改办第五小学时，在庙前摆摊算卦的几个先生，大肆散布说这会破坏昆明风水而聚众反对。在昆明任教的天文学家陈一得先生听到后，单枪匹马辩驳算卦先生，向群众讲解科学知识，于是小学得以顺利建立。1931 年前后，昆明市政府组成"拉偶队"拉倒、砸碎，或烧毁莲花等寺庙内的雕塑，进行更大规模的破除迷信活动。在寺庙中办学的学校，借此主动要求拆除寺内佛像。1940 年，华山小学在土主庙旧址上建校，这条原南起武成路、北至巷底，仅长 83.9 米的土主庙巷，也因此改称华山巷。

三是庙宇被炸。在抗日战争期间，1938 年 9 月 28 日起，侵华日军飞机在六年零三个月的时间里，对昆明进行了 150 批（次）疯狂轰炸和袭击。其中，1941 年 8 月 17 日，日军出动轰炸机 27 架，投弹 102 枚，对正义路、威远街、文庙街、武成路、华山南路、五华坊、民生街等处进行轰炸，炸死 3 人，炸伤 4 人，炸毁房屋 1385 间，震毁房屋 758 间。就在这一次轰炸中，已改为华山小学的土主庙被炸弹击中，曾塑得威猛异常、有三头六臂骑白牛的大黑天神保佑不了庙宇，庙宇的第一进被侵略者的炸弹夷为平地，后被改为学校操场。第二进仅剩一座单檐歇山屋顶的大殿，殿内神像早已荡然无存，变成学校的礼堂。1942 年 5 月，徐悲鸿还在这个礼堂，举办过为抗日劳军捐义卖的油画展。第三进院落里，还有一座重檐歇山屋顶的老楼，两厢各有二层青瓦木楼三五间。庙内冷清了，但华山巷两旁布满卖蟋蟀的、租小人书的、看"西洋景"的、卖零食小吃的，至 20 世纪 50 年代这里都还热闹非常。

在昆明城中的华山巷土主庙经历这些事件的同时，官渡土主庙则通过"发明"土主信仰这一传统，使该庙不断发展壮大，也使这里农历二月十九的庙会成了昆明地区规模最大、最热闹的土主庙会。官渡土主庙会的标志性活动是"土主骑白牛"，即挑选白牛并将土主像迎到白牛背上，再"邀请"观音、"约"五谷神乘蜂到西庄等村游行。游行时，前有道士持法器开道，后有武术龙狮队、乐队等，队伍长达二三里。人们认为，白牛是神灵的化身，摸到白牛就沾上了福气。因而，摸白牛者接踵而来，往往把牛屁股上的皮都摸破了。这时，土主庙内进行求子和求子健康等活动，庙外有民间文艺表演的和售卖各种商品的。晚上，以撒梅人为主的妇女们"宿庙"，轮流唱诵民间歌谣、小调或简易的佛经等，被称为"撒花"。

后来有人说，官渡古镇的土主庙就是原来昆明城内的华山巷土主庙，是城内的土主庙在武成路扩建之后被拆除，所以移居于此。也有人说，是 1909 年昆明开埠以后城里变得太乱，土主老爷不喜欢，所以骑着白牛来到官渡就不走了。但不论哪种说法，其实都强调了官渡土主庙继承了华山巷土主庙的香火。几经风雨沧桑的变化，现在官渡土主庙再次作为官渡古镇传统的景点开放，这里早已没了当年人们所说的伤风败俗的封建迷信活动，而是成为当地民族团结、文化昌盛象征的集结地之一，人们经常以花灯歌舞等展现他们美好的生活。

清末民初华山巷的土主庙（照片由苏国有提供）

1941 年 8 月 17 日遭日本敌机轰炸后的土主庙（照片由苏国有提供）

老照片上的地台寺

陶师舜

　　地台寺曾为老昆明的一座名寺。该寺始建于清光绪年间，寺里供奉地藏菩萨。古寺大概位置，据前辈老人回忆，应在云南师范大学东南及建设路南口一带。

　　旧时，从大西门出城，便是一条铺着凸凸凹凹青石块的半城半乡的小街。沿凤翥街，经光绪年间建的魁星阁，从街北口立着的一道古老的有瓦顶的门楼出去，只见一条崎岖的山路，依商山余脉，渐行渐高。往北可至苏家塘、羊仙坡；往西南可至大、小虹山，又可绕到黄土坡。这是一条通往富民、沙朗、武定的古驿道。古驿道两侧，野坟荒冢甚多，十分荒凉僻静。地台寺就湮没于这一带的荒野之中。由于年代久远，沧桑巨变，至今人们大都不知地台寺确切位置，更难觅其踪影。

清末民初西郊的地台寺（照片由陶师舜提供）

第一次听到地台寺这个名字，竟是出自一个挖鸡脚刺根来城边卖的年轻人之口。那时，笔者尚幼，随长辈到大西门外的凤翥街买菜，见魁星阁下的街边，一个衣衫褴褛的年轻人，在卖一大堆刚挖来的鸡脚刺根。昆明人都知道，鸡脚刺根是一种滋补身体的山药，可炖肉吃。年轻人说，这些鸡脚刺根是他从城外地台寺的荒山上挖来的。地台寺的鸡脚刺根，得地藏菩萨保佑，又沾了地台寺的灵气，长得特别肥壮，是补虚治病的良药。

地台寺虽处于城外的荒山之中，在清代的昆明却享有不寻常的特殊待遇。从史料得知，每年清明节、中元节、寒衣节，城隍都要出府。这天，要举行盛大的游街仪式。百姓将城隍老爷的木雕神像，放置在十六人抬的五岳朝天大轿里。有全副仪仗在前鸣锣开道，有扮成牛头马面、判官、鬼王及数十的鬼卒，前呼后拥着城隍。队列后，更有成百上千的手执香烛的民众紧紧尾随。城隍巡游完城内主要街道后，就从大西门出城，到城外山上的地台寺"述职"。述完职后，又从大东门入城，回城隍庙。"城隍出府"阵容之大，令人咋舌！辛亥革命后，"城隍出府"这一民间祀典，不久就被当局当作封建迷信活动取缔，地台寺也随之结束了自己最为风光热闹的时期。民国中后期，地台寺因其僻静，且又离城西的钱局街模范监狱不远，故其地被国民党政府定为秘密枪毙要犯的刑场。许多云南建党早期的著名优秀共产党员，如赵琴仙、杜涛、王德三、吴澄、李国柱、张经辰等，就是在城外地台寺围墙外的山野被杀害的。

民国末年，地台寺荒废不知所终。人们似乎只能在关于它的历史照片中，寻觅它的原貌了。笔者再三查找，近日翻阅云南美术出版社 2004 年 4 月出版的、由法国人奥古斯特·弗朗索瓦等摄制的大型摄影图像集《历史的凝眸——清末民初昆明社会风貌摄影纪实（1896—1925）》，终于在该书的第 22 页发现了清末地台寺的历史照片。

这是一张难得的珍贵的历史照片。笔者用放大镜对着照片，逐一细看，几乎沉浸在清末民初的社会和历史中。

尽管这是一张远照，其拍摄角度相对地台寺山门而言，略为偏斜，但却恰到好处地再现了地台寺的全貌，以及古寺所处周围的山形地貌等自然环境。即使从当今看来，也让人不能不佩服这位 19 世纪晚期法国人独到的审美目光和取景角度。

照片上的地台寺，给人的印象其建筑规模并不小。古寺为四进，从左至右依次为山门、前殿、中殿、后殿，还有隐于浓茂的柏树后仅露大屋顶的偏殿。借助放大镜细看，比之中殿、前殿稍矮，后殿则更高于中殿。除后殿为歇山顶外，其余为硬山顶。细看，又见后殿正脊顶上，隐隐有葫芦宝顶装饰。从地台寺后殿如此形貌看，应为供奉地藏王菩萨的主殿无疑，即地藏殿。

可以想见，古寺大殿后院，葱茂的柏树中，还会隐藏着一些静谧的生活用房和木鱼声声的禅房僧舍。这些围在寺院长长的围墙里的古寺建筑，虽然人们早已不能近观，也无从进入，但却能透过这张远照，想见当年其殿堂的宏伟壮观，其佛像的肃穆庄严，其禅房的清幽雅静。我想，在那黑暗的民国中后期，当白天地台寺围墙外荒野罪恶的枪声打破了古刹的静谧后，入夜时分，寺里长老定会围在佛灯下默默诵经，以超度那些壮烈不屈的亡魂……

地台寺山门右侧，长长的围墙外，是一片开阔平缓的荒野地。细看，则是一些纵横交错的荒歉田亩，当为清代及民国地台寺的田产。田地延伸到照片正下方时，竟与一段布满野坟荒冢的山坡相接。这些密密麻麻的乱坟中，除了还残留着零星的几块东倒西歪的墓碑外，大多为无墓碑的低矮荒冢，其年代的久远和苍凉寂寞，令人唏嘘不已。当年那个摄影的法国人，显然就是站在田地后的坟山陡坡上，往下俯拍地台寺的，故地台寺上方的天空，几乎占了照片的一半。

照片上的苍穹下，古寺后面下方，又露出一抹坟山，那是低于地台寺的又一山顶。坟山后，可遥见一脉长而蜿蜒起伏的山脊，说明地台寺所处地势不低。再向远处眺望，山外还有山。其中右前方的远山，兀然矗起一座苍茫山巅，虽模糊不清，然其轮廓走向，却能隐隐看出是昆明城北面的长虫山。由此，可推断地台寺的具体位置应在城西的商山余脉。在这张法国人拍摄的照片中，由于从后山坡往下俯照，地台寺山门及其寺院墙内殿宇叠叠的大屋顶，皆历历在目。紧靠照片左边中部的古寺山门，其右侧是一片森然荫翳的古树林。树林边沿隐现一段山路，山路直达地台寺山门，而山路的来路，则已隐于照片边沿处不可见了。

照片上，地台寺的山门比较传统，为两坡出水的中式瓦屋顶，有不窄的庙门；门两边略宽的白墙上，各嵌一圆形大木窗。门两边的白墙，在照片上显得格外明亮触目，似正被旭日照射。显然，当年那位法国摄影家是在早晨的旭日下拍摄地台寺的。由此，则可推断地台寺为寺门东向，尾朝西北。该图旁有文字说明："清末西郊地台寺，位于至今云南师范大学一带，这里曾设早年的行刑场，也是昆明普通人家葬坟之地。"

对于这座消失的古寺，《云南省昆明市五华区地名志》在第 42 页"建设路"条目内，有一段涉及它的文字："（建设路）原是崎岖小路，无名。清光绪年间（1875—1908）在此建地台寺，这片地区便俗称地台寺。"地台寺之名一直传到当下，可见这座古寺的名声之大、影响之深。

五华区的清真寺

张文清

　　五华区的清真寺有一个十分有趣的特点，六座清真寺集中在以昆明市中心——昆百大新天地——为中心方圆两三公里的范围内，以正义路西、昆百大新天地后面的南城清真寺为起点，向东走七分钟抵达迤西公清真寺，继续往前走六分钟是金牛街清真寺；向南，九分钟之内到达永宁清真寺，再往前走一分钟便是崇德清真寺；向西南，不超过八分钟就走到顺城街清真寺。真是令人惊讶，在如此小范围内何以建有这么多座清真寺？而且，都是古清真寺。

　　昆明南城清真寺，由赛典赤·赡思丁始建，清光绪二十四年（1898）大修为砖木结构建筑群，占地 2229 平方米，整体建筑似一展翅欲翥的凤凰，殿中央正门上悬"朝真殿"木

20 世纪 70 年代顺城街的顺城清真寺（张卫民摄）

20 世纪 70 年代正义路的南城清真寺（张卫民摄）

庑。前殿作卷棚式顶，两侧粉墙绘麦加建筑图。殿两侧厢房系两层楼房，走廊前设木雕凭栏。门两侧枋上有楷书阴刻对联："畏圣人言小心翼翼，法天行健终日乾乾。"寺内庋藏清光绪二十一年（1895）由著名经师、书法家田家培哈吉书写、马联元精心校勘的《宝命真经》30 卷木刻雕版，共 1946 片、3571 页面。还藏有清咸丰、同治年间刊刻的汉、阿、波文伊斯兰教经籍雕版，如《真诠要录》《指南要言》《大化总归》《寰宇述要》等共百余种，其中完整无缺者约 70 种。这些都是研究伊斯兰教文化的珍贵资料。

　　近百年来，南城清真寺已成为云南伊斯兰教的活动中心，清末的清真公会，1912 年的中国云南穆罕默德教俱进会，1915 年创办的《清真月报》，皆为国内首创的伊斯兰教组织或刊物，影响很大；1929 年的续编《清真铎报》，一直办到 1949 年，成为伊斯兰文化的一块阵地。两刊编辑部设于寺内，编织了云南穆斯林的文化脉络。 1929 年创办的云南省第一所民族中学——明德中学，校址就设在南城清真寺。明德中学是云南较早创办的中、阿文学校，曾经培养了一大批优秀人才，如专家、学者、教授、翻译家纳忠、纳训、马坚、林兴华等，都对回族文化发展做出过贡献。

同为元代赛典赤·赡思丁主持兴建的永宁清真寺，在全省亦属规模较大的一座清真寺，位于金碧路繁华地段。原址在东寺街"鱼市"，又称"东寺街清真寺"，元末毁于战火。南明永历年间重建，改名为"永宁清真寺"。据碑记所述，该寺规模为省垣各清真寺之最，可惜又毁于1856年清军镇压回族起义的战火中。现存永宁清真寺是清光绪二十四年（1898）重建。布局为四合院，朝北开有一"山"字形门楼，门内有轩敞的天井。礼拜殿为歇山顶纯木结构，碧绿色琉璃瓦覆盖屋面。殿门正中悬有"朝真殿"木匾。阔四间，深二进，穿斗式梁架。殿内面积200余平方米。殿前有卷棚式敞廊，两侧墙面绘有麦加朝觐图。殿对面有厢房7间，为参加聚礼者休憩之所。殿侧有教室1座，议事室1厅。浴室设于议事室之后。

出永宁清真寺，沿金碧路西行至沿河路，在昆明市明德中学旁的巷子里，就能找到始建于明洪熙、宣德年间的顺城街清真寺。顺城街清真寺建于顺城街南面，故而得名。总长564米的顺城街，东起三市街，西至五一路，沿昆明旧城垣而建。元代云南行省平章政事赛典赤·赡思丁修建昆明城时，这条顺着昆明古城的老街顺城街，便在民间叫开了。这条并不宽敞的老街上住着很多回族居民，较好地保留了昆明回族民居、服饰、饮食及丧葬习俗，是一道亮丽的民族风景线。寺院多次被毁后的修建、扩建、重建，使顺城清真寺焕然一新，其中的朝真殿是一幢崭新的砖木结构建筑，如今已成为昆明地区中式古典建筑与伊斯兰文化完美融合的典范。寺门口除了名目繁多的回族美食小吃以外，最具特色的是大大小小的穆斯林用品批发部，让穆斯林同胞在这里选购到各式各样称心如意的帽子、盖头、头巾、袍服、土耳其礼拜毯、阿拉伯香水等用品。

出永宁清真寺右拐，不远处便是崇德清真寺，在东寺街高大茂密的行道树后面一个比较隐蔽的位置，门口有人卖清真糕点，从这个狭窄的巷子往里走，一个貌似小区单元的入口便是清真寺的"门"，一楼、二楼出租，三楼食堂，四楼礼拜，看不出崇德清真寺有什么特别之处，但该寺近年来一直坚持资助贫困孩子上大学，却是一件实实在在的善举。

与崇德清真寺不同，位于威远街与庆云街之间的迤西公清真寺高大挺拔，阳光洒进礼拜殿，温暖明亮。迤西公清真寺始建于1898年。威远街东起青年路，西至正义路，因"衙门威震远方"之意而得名，是元代云南行省平章政事赛典赤·赡思丁当年办公的地方。当时的衙门中，穆斯林官员较多，加之军人、商人中的穆斯林及其家眷，穆斯林人口增长较快，在威远街建有清真寺也就是顺理成章的事了。该清真寺总建筑面积为4525平方米，是一座造型新颖、具有阿拉伯建筑特色、功能齐备的清真寺。它与护国广场的护国纪念碑交相辉映，矗立于昆明市主城区中心。

从迤西公清真寺往东走不到一公里的地方，盘龙江西岸的金牛街清真寺，也是赛典赤·赡

20世纪70年代庆云街与南昌街交叉口的迤西公清真寺（张卫民摄）

思丁治滇时期，为来自陕西、山西、河北、河南等地的穆斯林商客所建的，地方不大，却非常幽静，有质地古朴的礼拜殿。屋檐下悬挂着的清末回族名将马维骐等人立的四块匾额，书法精美，十分抢眼，使古寺增色不少。走进寺内，一株玉兰长得枝繁叶茂，散发着阵阵幽香，令人内心平和安详。这座不起眼的清真寺内却存有木刻版本《古兰经》，据说回族起义领袖杜文秀当年进京告状路经昆明时还在此住宿过，这座清真古寺也恰恰因为其不引人注目而幸运地躲过了一次又一次的灾难，成了得以完整保存下来的木质结构建筑。

消失的唐家花园

陈立言

位于翠湖东北，圆通山西麓的北门街 71 号，是"护国三杰"之一的云南会泽人唐继尧的故居，人称"唐家花园"。唐家花园在当时是云南最大的私家花园。南北长不到一公里的北门街，因有唐家花园便成为老昆明著名的街巷之一。

唐家花园建于民国初年，坐北朝南，主建筑平面呈"山"字形布局，中有廊楼相连，是一幢正房面阔三间、进深三间，厢房面阔五间、进深二间的中西式两层红砖楼房，大门用石柱、石雕装饰，占地 2529 平方米。园内广植千株梅花及日本领事赠唐继尧的 50 株樱花成为一大景观。园中设有莲池，池外有山石环绕及跨莲池的雕花石栏拱桥。池中垒有假山，倚山相对各立一瓷质彩色西洋美女，美女手抱花瓶，花瓶底至池水面齐平，水下置有水泵，水泵开关启动，瓶中不断有水喷出流入池中。整个唐园四季花事不断，环境优美宜人。

1923 年唐继尧从香港回昆第二次执政时，在唐园设"东陆图书馆"，礼聘前贤袁嘉谷先生任馆长，馆内藏书及古书画甚多。每逢周日，市民可自由出入唐园观赏，除卧室、书房人们不能进入，可隔着玻璃窗看外，其他的房间可走串玩赏或查阅图书馆藏书。

1938 年初，北大、清华、南开大学由长沙迁昆成立西南联合大学。唐家花园的戏楼包厢被清华大学办事处租赁为单身教师宿舍，先后在此居住的有朱自清、吴宓、陈岱孙、李继桐、浦江清、金岳霖、游国恩、钱穆等著名教授，从四川李庄第二次来昆养病的林徽因也居于唐家花园。唐园给他们留下了深刻的印象，他们都对其优美舒适的环境赞不绝口。

1939 年，清华大学文科研究所恢复招生，研究所也设于唐家花园。1943 年 5 月 5 日，由罗隆基、周新民、潘光旦、潘大逵、唐筱蓂任支部委员的中国民主同盟（简称"民盟"）昆明支部在唐园诞生。1944 年 2 月 5 日昆明学术界宪政研究会在唐园举行了成立大会，选潘光旦、周新民、潘大逵、姜亮夫、曾昭抡、唐筱蓂等为理事。

1944 年 6 月，民盟昆明支部邀集西南联大、云南大学、中法大学等校学生自治会和进步社团负责人，每两周一次在唐家花园聚会，商讨开展学生运动的有关问题，并成立由昆明地区 20 余所大、中学学生组成的昆明学生联谊会。

20世纪70年代的唐家花园大门（廖可夫摄）

　　唐继尧之子唐筱蓂，作为昆明民盟（1944年10月1日改为中国民主同盟云南省支部）的创建人之一，无私地把唐园提供给诸多进步社团及民主人士作为活动基地。

　　新中国成立后，唐家花园曾为云南省边防公安局驻地。特别值得一提的是，1963年元旦，为贯彻党的"双百"方针，由中国美术家协会云南省分会与昆明市园林局联合，在圆通山公园内的梅园（原属唐家花园）举办"古今书画展览"，展览分为六大部分。

　　第一展室为古今书法、古砚展。展出的精品有明朝杰出书画家董其昌的手卷《天马赋》，清朝钱南园、阚祯兆、周于礼、陆树堂等人的书法作品；现代的有毛泽东、朱德、周恩来、刘少奇、董必武、郭沫若等人的诗词及题字；砚有汉代的铜雀瓦砚、宋朝米芾的琅玕端砚、清朝的紫端砚和朝鲜人民送给中国人民志愿军领导同志的渭原石砚，还有部分文房四宝和印章等。第二展室为历代绘画展。展出的珍品有宋朝初期杰出画家、文学家郭忠恕的山水画，元朝蔡梦桂、明朝担当的山水画，清代黄慎的人物画，钱南园的"马"等。第三展室为齐白石绘画专馆，有书法、绘画、印章等上乘之作。第四展室为徐悲鸿专馆，有奔马、鹊柳、竹石、美女、牛和猫以及书法等十多幅精品。第五展室为省外部分现代著名画家作品展，展品有高剑父的山水、潘天寿的兰花、于非闇的荷花、傅抱石的仕女、吴待秋的梅花、蒋兆和的和平鸽、叶浅予的藏族姑娘、黄胄的毛驴、吴光宇的仕女等。第六展室为云南省部分著名书画家的作品。有王坚白、萧士英、周霖、李培初、刘文清、梁书农、许敦谷、虞舜知、田秋年、关山月、范子明等人的作品。新中国成立后，昆明举办这样大规模、高质量的艺术品展览，堪称首次，让人一饱眼福，欣赏到祖国的艺术珍宝，感到心境格外放松。

出于历史的原因，唐家花园未列入文物保护单位，因红楼年久失修，拆除后成为今圆通山公园的"孔雀园"。千株梅花于1992年移至黑龙潭梅园，樱花则成了圆通山乃至昆明一道亮丽的风景。

唐家花园西面划归昆明市第三十中学，建成教师居住楼。现仅存花园莲池及六角"会泽亭"。大门牌坊移作北门街俊园与翠明园之间通青云街的过道大门，这道石牌坊大门仍为周边街巷的景观增色不少。

郊野公园

石玉顺

郊野公园，坐落在昆明主城西北郊玉案山东麓，与筇竹寺隔犀牛箐对峙。玉案群峰苍翠秀拔，峡谷深箐，林壑幽深，山泉玲玎，云雾晴岚常绕山巅，古刹禅院掩映密林，在明初"滇阳六景"中称为"玉案晴岚"。郊野公园原属筇竹寺名胜区的梨园苗圃，山坡台地称"八工田"，总面积625公顷，首期开发主景区游览面积62.5公顷。整个公园风景林郁郁葱葱。

筇竹寺兴建于宋代云南大理地方政权时期，元初高僧雄辩法师在此传播大乘佛教，寺宇历代多次修葺。新中国成立后，1950年划为"筇竹寺名胜区"，先后隶属市政府文教局、建设局、文化局管辖；1958年成立园林局，由园林局管理。1984年12月，市政府决定将筇竹寺移交市佛教协会管理使用，管理范围为寺院围墙以内，围墙以外仍属园林管理局管理。1986年5月，市政府批准园林局将玉案山"八工田"梨园苗圃改建为公园，以"山林野趣"为主题规划建园，由原筇竹寺名胜区园林职工负责建设管理。1986年至1988年三年间，市政府投资200余万元开辟游览区，建筑亭廊水榭，兴修服务设施。垒筑园门围墙，铺设游览步道，进行绿化造园。1989年末，公园前期工程竣工，1990年1月25日正式开放。

从1996年开始，为加大庭园整治力度，又先后投资500余万元，改造亭台廊榭，新植草坪2万平方米，铺筑游览步道3000多米，经反复论证，确定以桃花为公园的主要植物景观。1999年从北京植物园引进新品种碧桃2000多株，配植垂丝海棠、云南樱花、云南山茶花、杜鹃、红枫……春深时节，漫山桃花盛开，樱花、梨花、杏花、杜鹃竞相怒放，万紫千红，春意盎然。

郊野公园第一期工程，曾在跑马场筑有八个仿蒙古族民居的蒙古包，一派草原风情。1996年由昆明荣道发展有限公司与公园合作，投资千万元建设"筇竹寺索道"，下站设在"三碗水"，上站位于筇竹寺与郊野公园之间的犀牛箐。索道长1.3千米，配置120个吊篮，有240个座位，1997年元旦正式营运。

同年，由市园林局投资100万元，建设跨越犀牛箐峡谷的倒张弓式铁索吊桥，取"玉案晴岚"之意，名"晴岚桥"。吊桥跨度100余米，将筇竹寺与郊野公园连为一体，方便游人穿行两个景区。

萦绕于公园茂密风景林中游览步道的节点上，突出山林野趣宗旨，采用竹、木、草、棕、树皮等山林材料，营造蘑菇亭、圆草亭、竹亭，架设铁索木板吊桥，游人流连林中，有回归自然之愉悦。公园服务区，山涧叠瀑汇而成池，池畔之茶室、餐厅、棋牌室灰瓦石墙，掩映在桃红柳绿丛中，倒映一泓碧池。公园管理区、三叠泉水池上下是桃花文化中心，中国古代桃花源、桃花潭水、刘阮醉桃源、武陵桃花、人面桃花等系列桃花典故、桃花诗词，通过雕塑、碑刻等园林小品展现，琳琅满目。

20世纪90年代大规模种植观赏碧桃，多年坚持不懈，逐渐形成昆明桃花品牌公园。2001年公园举办"春城首届桃花文化节"。此后，每逢阳春三月，一年一度的桃花节，以昆明地方民俗文化为主题，组织民间花灯歌舞、龙狮表演、民间工艺、风筝比赛、宠物斗萌、山地车越野、烧烤野餐、桃源寻缘等活动，不断推陈出新，丰富活动内容。

公园北面，昆明市政协及各民主党派1990年开辟了约20公顷民主林，种植35万株广玉兰、圆柏等观赏树木。每年植树节，政协组织机关干部上山植树，除草培植，昔日荒山秃岭已然郁郁葱葱，浓荫蔽日。民主林南面，建有惠然亭及民主长廊，名家撰书匾联，橱窗经常更换政协参政议政、图文并茂的宣传资料。2001年"三八"妇女节，云南省妇女联合会组织中外妇女，在郊野公园跑马场北侧种植200多株红枫，形成"三八妇女节世纪林"。

20世纪90年代的郊野公园（刘济源摄）

图索老昆明·顺城、金碧片区

范 丹

东风西路：位于市区中部偏西；东起近日公园，与南屏街相望，西北抵文林街与龙翔街交会处，中与五一路、大观街、昆师路、新闻路、人民西路、翠湖南路等街路相通，长 2100 米、宽 40 米。明清时，为南城门至小西门、大西门间的城垣和护城河。1953 年后拆除城墙，填平护城河，逐渐拓筑为平坦宽敞的新型马路。因由近日楼通往小西门、大西门，故取名近西路。1960 年取"东风压倒西风"之意，更名为东风西路。北厢从南至北有南城脚、白云巷、大西城巷横贯其间。其中南城脚经华兴巷往北与如安街相通，白云巷往东与钱局街相接，大西城巷经木牌坊巷、染布巷往东与钱局街相连。南厢从南至北有春泉巷、大西城巷横贯其间。其中春泉巷往南与顺城街相通。大西城脚往西与凤翥街相通，往北与龙翔街相接。

1937 年"七七"事变后，抗日战争全面爆发，国立北京大学、国立清华大学、私立南开大学奉令迁入湖南，组成国立长沙临时大学（简称"长沙临大"）。接着北平、上海、武汉相继失守，长沙临大又奉令迁滇，为了使迁滇计划顺利实施，长沙临大做出决定，师生分三路正式迁滇，其中一路由 200 余名师生组成"湘黔滇旅行团"（又称"步行团"），采用准军事化管理，编成两个大队三个中队，湖南省主席张治中先生特派黄师岳中将担任团长，委派三位教官分别担任三个中队的中队长。由闻一多、许维遹、李嘉言、李继侗、袁复礼、王钟山、曾昭抡、毛应斗、郭海峰、黄钰生、吴征镒等 11 名教师组成辅导团随行。步行团于 1938 年 2 月 19 日从长沙出发，经常德、沅陵、芷江、晃县、玉屏、青溪、镇远、重安、贵定、龙里、贵阳、安顺、镇宁、永宁、普安、盘县、平彝、沾益、曲靖、马龙、易隆、杨林等地，历经 68 天 3500 华里的长途跋涉于 4 月 28 日抵昆。抵昆数日后，黄师岳团长在万钟街的滇味名馆海棠春摆下了 40 余桌酒席宴请步行团这个光荣集体的师生，以庆祝步行团圆满完成长沙临大制订的步行计划，步行团的师生共聚在海棠春互叙友情，在欢洽的气氛中师生开怀畅饮，醉者过半，这件趣事被称为中华历史上南渡学人在历经艰难跋涉后以悲欣交集的豪饮憧憬未来的独醒之醉。

万钟街在市区中部，近日公园西北面，系旧时老昆明城墙内侧的一条街道，东起丽正门，西至甘公祠街，长 420 米、宽 10 米，在今东风西路北廊人行道内侧的昆百大新天地、中国人民银行、原中华小学一线的行道上。现东风西路96号圣约翰教堂附近有滇省四大名医之首、云南现代中医教育的开拓者和奠基人、中医火神派殿军吴佩衡先生的故居。

20世纪90年代的东风西路（刘济源摄）

顺城街：在市区中部，近日公园西南侧；东起正义路，西至五一路；中与南通街、崇仁街、沿河路、东风西路相通；长694米、宽11米。明代为南城外通往小西门的铺石小路。清代分段称打带巷（东段）、顺城街（中段）、烧珠桥（西段），后统称顺城街，是市区回族聚居地之一。北厢：有春泉巷往北与东风西路相通。南厢：由东至西有云龙巷、致和巷、敦仁巷、顺城巷横贯其间。其中云龙巷往东与崇仁街相连。致和巷往东与沿河路相接。顺城巷往南与靖国新村相通。

顺城街210号布新小学，系昆明市布业工会主席张子明先生于1947年创办的私立学校，校址在顺城街原孚佑宫忠爱小学旧址，1951年更名为市区第三中心小学，1956年复名为布新小学。布新校舍错落有致，古朴典雅，是老昆明最漂亮的校园之一。顺城街原布新小学右侧有昆明回族食品厂的门市，专营回民糕点，其生产的椒盐饼最为有名。

1920年玉溪旅省同乡会在忠爱坊西侧即今顺城街新纪元大酒店附近兴建玉溪商业场，建盖两层楼铺面145间，租赁给商户经营，经营者又以玉溪人居多。因地处商业要冲，商贾云集，生意兴隆，财源茂盛，逐渐形成了玉溪街。

昆明的小吃以米线、饵丝、卷粉、面条为"四大名旦"，其中"四大名旦"之首当数米线，在上百个品种的米线中又以小锅米线为"当家花旦"。小锅米线清末民初发端于玉溪，20世纪20年代由玉溪金官营人翟永安、麻线营人瞿建德、瞿绍安等小食商贩在玉溪街摆摊设点经营小锅米线遂引入昆明，从此在昆明繁衍开来，玉溪街上的玉春园、宝庆园、文和园，金碧路的建昌园，金马坊旁的金顺园，端仕街的永顺园，文林街的同盛园及翠湖边的翠海春，都以出售小锅米线而出名，受到春城食客追捧。

20世纪80年代的顺城街鸟瞰图（张卫民摄）

清代末年的顺城街（照片由廖可夫提供）

20世纪70年代的顺城街（张卫民摄）

20 世纪 80 年代顺城街的回民牛干巴市场（张卫民摄）

20 世纪 90 年代拆迁前的顺城街（廖可夫摄）

金碧路：在市区中部，东起得胜桥，西至环城西路弥勒寺，长 1700 米、宽 16 米。1930 年，以街中的金马坊、碧鸡坊命名的金碧路，是市区主要街道之一，该片区以三市街至国防路段为昆明最繁华的商业街区之一。北厢：由东至西有三益里、履善巷、营门口、德馨巷横贯其间。有东起履善巷、西至营门口的端仁巷，西起营门口的泰安巷穿插其间。其中，三义铺往北与宝善街相通。履善巷往北经端仁巷与南强街相接。营门口往西与北后街相通；往北经端仁巷与南强街相接。德馨巷往北与南华街相通。三益里往东经静定巷与崇仁街相通。南厢：由东至西有延龄巷、香油巷、司马巷、金马巷、碧鸡巷、馨香巷横贯其间。其中延龄巷往南与后新街相通。香油巷经云津市场往东与崇善街相通；往西与书林街相接。司马巷往南经石桥铺向东与书林街相通，向西与东寺街相接。

20 世纪 70 年代的金碧路（张卫民摄）

拓东路：在市区东部，西起得胜桥，东至东站，全长 1930 米、宽 12～30 米。唐永泰元年（765）为南诏拓东城中心，取向东开拓之意，故名拓东路。该路段在清代名称较多：从得胜桥至北京路名新城铺，从北京路至白塔巷名盐行街，白塔巷至金汁河名三元街，金汁河至岔街名地藏寺，曾为滇黔公路起点，1937 年统称拓东路至今。北厢：由东至西有白塔巷、万寿巷、友谊巷横贯其间。其中白塔巷、万寿巷往北与尚义街相通。友谊巷向北转东与北京路相接。南厢：由东至西有石家巷、东川巷（旧称玉川巷）、民德巷、江底巷横贯其间。

拓东路在民国时期会馆林立，是昆明地区会馆最集中的地区，共有全蜀会馆、江西会馆、两湖会馆、陕西会馆、湖北会馆、迤西会馆以及芦茶会馆、香油会馆、棉花会馆散落其间。

1938年4月2日，国立西南联合大学组成，在昆明设立理学院、工学院、师范学院；在蒙自设立文学院、法商学院。由于初到昆明，校舍短缺，工学院租用了拓东路的全蜀会馆、江西会馆、迤西会馆，并将其打通，加以改造成校舍使用。

抗战时期，西南联大迁昆后，由于校舍住宿资源短缺，外语系吴宓教授，哲学系汤用彤教授、贺麟教授，法律系蔡枢衡教授、陈瑾昆教授，化学系刘云浦教授等20余位先生只能暂时下榻在拓东路全蜀会馆后院西侧大厅内。

西南联大外语系莫泮芹教授住江底巷5号；化学系邱崇彦教授住玉川巷2号；机械工程系陈剑芳助教，化学工程系俞其型、赵镛声、钟秉智、汪德熙助教均住在江西会馆；西南联大军训队王天雄教官住迤西会馆。

20世纪70年代的拓东路（廖可夫摄）

　　三市街：在市区中部，即今正义路南段，北起近日公园，南至金碧路，长 250 米、宽 13 米。元代，本段是中庆城内的中心大街。明洪武十五年（1382）改筑砖城时，城址向北移，街才在城门外。原北端建有纪念赛典赤·赡思丁的忠爱坊，与金马坊、碧鸡坊合称"品字三坊"，是昆明老城厢的精品古建筑，为昆明老城的形象标志。旧有南关厢之称，此路东邻珠市桥、西靠羊市口、北达马市口，故名"三市街"。东厢：由北至南有银珠巷、先知巷、盐店巷、二允巷横贯其间。其中有先知巷、盐店巷、二允巷往东与同仁街相通。西厢：由北至南有教子巷、知化巷、仁寿巷往西与南通街相接。

　　三市街西厢与金碧路交会处系民国时期滇菜名馆"共和春"的旧址。1933 年李金山先生将"共和春"接待处转让给龙云的副官罗清泉经营，更名为"共和春"酒楼，专营滇味菜肴。抗战时期，著名考古学家陈梦家和赵萝蕤伉俪抵昆，陈梦家受聘于西南联大任副教授，吴宓先生向熊庆来校长推荐赵萝蕤到云南大学外语系任教，熊庆来安排赵萝蕤与云南大学文法学院林同济院长进行接洽。1938 年 3 月 31 日，吴宓先生在"共和春"摆下酒席宴请林同济夫妇、陈梦家和赵萝蕤伉俪，有毛子水、贺麟、赵景伦等著名学者作陪。菜单如下：凉米线卤水拼盘、锅贴乌鱼、红烧肘子、火夹乳饼、糖醋里脊、千张肉、粉蒸排骨、黑芥炒肉丝、香酥红豆、口袋豆腐、气锅鸡。喝的是泡制的山楂酒。著名国学大师钱穆先生以爽劲的笔触记录了陈梦家、赵萝蕤伉俪在昆明的风致："有同事陈梦家，先以新文学名。余在北平、燕大兼课，梦家亦来选课，遂好上古先秦史，又治龟甲文。其夫人乃燕大有名校花，追逐有人，而独赏梦家长衫落拓有中国文学家气味，遂赋归与。乃是夫妇同来联大。其夫人长英国文学，勤读而多病。联大图书馆所藏英文文学各书，几于无不披览，师生群推之。"

　　原银珠巷 2 号是著名书法家、收藏家、美食家和慈善家范子明先生的故居。子明先生自许为达巷党人，故将其寓所起名"银珠达巷斋"，又称"乐石斋""十万卷书屋""废纸草堂"。这是一幢三坊一照壁、土木结构的三合院建筑，正房四间，正房左右两边各有带小天井的偏房一间，左右耳房各两间，照壁下建有青砖花台一座，种植有葡萄和夹竹桃，大门左边有水井一口，小院闹中取静，雅致清幽。子明先生秉持天下大同的理念，广结善缘，上与公卿大夫相善，下与贩夫走卒相亲，他乐善好施，仗义疏财，怜贫济困。据说子明先生在滇结识了五万人，"银珠达巷斋"一度称为春城的会客厅。原银珠巷 3 号是护国上将殷承瓛先生的故居。原先知巷 4 号是著名民主人士、实业家邓和风先生的故居。原二允巷 1 号是著名民主人士、西医内科专家王之翰先生的故居。

　　三市街西厢有云裳理发室，是老昆明技艺最精湛的美发厅之一，原址在今柏联广场一楼劳力士手表专营店附近。

金马碧鸡老城厢
昆明城市文化的历史镜像

清末民初的三市街集市（照片由廖可夫提供）

20世纪30年代的三市街集市（一）（照片由廖可夫提供）

20世纪30年代的三市街（二）（照片由廖可夫提供）

20世纪70年代的三市街（一）（廖可夫摄）

20 世纪 70 年代的三市街（二）（张卫民摄）

　　二允巷：在市区中部，近日公园南侧，东起同仁街，西至正义路，长 110 米、宽 2.5 米，东西走向。据传清末有一位叫陈二允的大户人家在此居住，遂取名二允巷。

20 世纪 70 年代的二允巷（杨红文摄）

先知巷：在市区中部，近日公园南侧，东起同仁街，西至正义路，长95米、宽3.5米。清初，叫燕支巷。后因巷道两侧多经营胭脂花粉的店铺而改名胭脂巷。民国初年，取"胭脂"二字谐音，更名为先知巷。

20世纪70年代的先知巷（刘建华摄）

南通街：在市区中部，近日公园之南，南起金碧路，与东寺街相对，北至顺城街，长204米、宽12米。清初该地称为羊马市铺，是云南府城二十四铺之一。清咸丰、同治年间曾毁于战火，后重建，改称羊市街。民国初年，易名羊市口。1930年前后，取"通达南边"之意，更名为南通街。东厢：由北至南有教子巷、知化巷、仁寿巷往东与三市街相通。西厢：有福音巷横贯其间。

1932年，玉溪人戴应德与其女婿范云鑫在南通街80号开设"德鑫园"，专营过桥米线。由于选料上乘，制作精细，汤鲜味美，营养丰富，吃法别致，它受到了老昆明食客的追捧。当时"德鑫园"烹制的过桥米线不按套数卖，除海碗高汤和米线外，荤素菜码分别装盘由顾客自行搭配。荤盘计有：里脊片、猪肝片、腰花片、鸡脯片、鱿鱼片、墨鱼片、乌鱼片、青鱼片、火腿片、香酥肉、鹌鹑蛋。素盘计有：玉兰片、豌豆尖、绿豆芽、草芽片、莴笋片、胡萝卜片、香菜。

20世纪70年代的南通街（张卫民摄）

20世纪80年代南通街的夜市摊贩（廖可夫摄）

　　崇仁街：在市区中部，近日公园的南面，南起金碧路，北至顺城街，长256米、宽6米。清初，在此开设府城总盐店，故名盐店街。民国初年改称崇仁街。西厢：由北至南有云龙巷、静定巷横贯其间。其中云龙巷往北与顺城街相通。静定巷经三益里往南与金碧路相接。

崇仁街静定巷的愉园是云南省盐务管理局薛桂伦局长的府邸。1938年3月19日晚，薛桂伦先生在愉园设宴款待来昆视察西南联大办学情况的联大常务委员、私立南开大学校长张伯苓先生一行，陪客有吴宓、曾琦、任可澄及滇省财经界的头面人物，此宴共计4桌，以山珍野味、燕翅鲍肚为主，菜肴、主食、小吃、点心共计64道，分6批依次奉上，该宴的豪奢可名列民国时期私人宴请排行榜的前列。国民政府行政院参事、东吴大学校长端木恺曾住静定巷愉园。

崇仁街17号原五华区政府是民国上将庾恩旸将军的故居"庾园"旧址。1922年庾恩锡在昆明创办"亚细亚烟草公司"，办公地点和厂址就设在"庾园"内，年均生产"重九牌"机制卷烟2800箱。"庾园"成为近现代云南卷烟工业的发祥地。解放初期"庾园"是昆明市委机关的所在地。崇仁街7号宅院为著名实业家张子玉先生的私宅。原云龙巷1号是著名民主人士、滇军名将龙泽汇先生的故居。

抗战时期，北大、清华、南开三所大学南迁昆明组建国立西南联合大学，总办事处设在崇仁街46号，由于办公地点狭小，又迁至财盛巷2号办公，最后迁至龙翔街昆华工校办公。崇仁街3号别墅为美国驻昆领事馆旧址。抗战时期，西南联大算学系郑之蕃教授、物理系向斯达助教住崇仁街46号。

20世纪70年代的崇仁街（一）（张卫民摄）

20世纪70年代的崇仁街（二）（杨红文摄）

20世纪70年代的崇仁街民居（杨红文摄）

　　云龙巷: 在市区中部,近日公园南侧,东起崇仁街,西北至顺城街,长204米、宽1.6～3.6米。清光绪年间,称青龙巷,因靠近青龙庵而得名。民国初年,因与威远街青龙巷重名,故改称云龙巷。

20世纪70年代的云龙巷(左图杨红文摄、右图詹霖摄)

　　沿河路: 在市区中部,近日公园西南侧,南起金碧路鸡鸣桥,北至顺城街,长246米、宽8米。此路原为玉带河一段,因靠近盐店街,俗称盐店河。1958年后由于城市建设需要,覆盖为暗河,并开辟为路。1979年命名为沿河路。西厢:由北至南有致和巷,往北与顺城街相通。其中靖国巷往西与靖国新村相接。

　　1929年由中国回教俱进会滇支部在原云南高等中阿文学校的基础上创办明德学校中学部,马伯安先生当选为校董会董事长,聘请杨士敏为首任校长。1953年改名为昆明市第十三中学,1988年恢复校名为昆明市明德中学。1956年云南省话剧团在沿河路27号创办,该地原为庾恩旸将军"庾园"的后花园。

20 世纪 70 年代的沿河路（张卫民摄）

靖国路：位于市区西部，南起金碧路，北至顺城巷，长 200 米、宽 12 米。因靠近靖国新村而得名。东厢：有靖国巷往东与沿河路相通。有顺城巷往北与顺城街相通，往西与五一路相接。

20 世纪 90 年代的靖国路（刘济源摄）

老昆明的"品字三坊"和天开云瑞坊

忠爱坊和金马坊、碧鸡坊是老昆明的"品字三坊","品字三坊"位于南城门外，站在南城门近日楼上眺望：忠爱坊居中，碧鸡坊和金马坊分列左右两厢，呈倒"品"字形，故称"品字三坊"。

忠爱坊：元代，三迤子民为了缅怀云南平章政事赛典赤·赡思丁的丰功伟绩，集资在南城门外建忠爱坊，后因兵毁。清康熙二十四年（1685），云贵总督蔡毓荣、巡抚王继文重建，后复倾。康熙三十四年（1695），云贵总督王继文、巡抚石文晟又重建。嘉庆十八年（1813），又毁于火灾。嘉庆十九年（1814），云贵总督伯麟、巡抚孙玉庭再重建。咸丰七年（1857），再遭兵燹。光绪九年（1883），云贵总督岑毓英率官绅重建。

金马坊、碧鸡坊：金马坊和碧鸡坊始建于明宣德年间，金马坊、碧鸡坊在忠爱坊南面，东西对峙。清顺治四年（1647）遭毁，康熙二十六年（1687）重建。道光九年（1829），布政使王楚堂重修，咸丰七年，又遭兵燹。光绪九年，云贵总督岑毓英率官绅重建。1965年被当作"四旧"拆毁，"文化大革命"结束后，昆明市政府于1998年按原貌重建。金马坊和碧鸡坊巍然对峙屹立，相距百余步，两坊分别宽17.8米，高10余米，坊身施以彩绘，雕梁画栋，飞檐翘角，坊顶屋面铺设彩色陶瓦，气势雄伟端庄。两坊皆有三道拱门，中间大、两侧小。中门宽6米，两侧门各宽4米，外侧左右边沿各宽1.3米，东边坊中央悬有大匾，上书"金马"二字，西边坊上书"碧鸡"二字。字大如斗，雄浑刚劲，熠熠生辉，出自云南省著名书法家孙清彦之手。

天开云瑞坊：在城南门内，原名叫怀柔六诏坊。清康熙二十七年（1688），云贵总督蔡毓荣、巡抚王继文始建，题曰："怀柔六诏，平定百蛮。"道光八年（1828）布政使王楚堂重修，改题曰"天开云瑞，地靖坤维"。同治十三年（1874），盐法道沈寿榕重修。

清末民初的忠爱坊（照片由廖可夫提供）

清末民初的金马坊（照片由廖可夫提供）

清末民初的碧鸡坊（照片由廖可夫提供）

清末民初的天开云瑞坊（照片由廖可夫提供）

20世纪30年代的天开云瑞坊（照片由廖可夫提供）

古城
遗韵

金马碧鸡的象征

朱端强

昆明把金马和碧鸡作为自己的市徽。大约在明朝，人们第一次在昆明建起了金马和碧鸡两座牌坊，把千古神话塑成一处壮丽的文化景观，任人凭吊。清代的金马碧鸡坊位于昆明城南门外，自建坊以来，这里就渐渐形成一条热闹的街区——金碧路。路因坊而得名，坊以路而生辉。金碧路自古商贾云集，八方辐辏，四海闻名。金马碧鸡坊在金碧路上东西排列，东曰"金马"，西曰"碧鸡"，两坊辉映，气宇轩昂。另据老昆明传说，在六十年"甲子"轮回之中，总有一个中秋的傍晚，当太阳西沉、月亮东升之际，金马和碧鸡两坊，各自披着淡淡的日、月之光落下倒影，在两坊中间的地上交会一次，这可是千载难逢的奇观哟！

究竟什么是金马碧鸡？历代的学者和民众对它们有不相同的解释，今天，也依然是一个耐人寻味的千古之谜！

有人说，它们是一对吉祥的神灵，所谓"金精神马"和"缥碧之鸡"。

早在西汉以前，今天滇西大姚县的禺同山一带，便流传着一个美丽的神话，它也同时波及川西北地区。《汉书·地理志》记载："越嶲郡……青蛉……禺同山有金马、碧鸡。"汉宣帝时，金马碧鸡的神话惊动了汉中央，国家正式派出持节使臣王褒一行，前往云南祭求"金马碧鸡"。王褒没有求到神秘的金马和碧鸡。他那感人肺腑的祭辞，被零星地收入《后汉书》的古注之中，至今仍斑斑可考。而这一时期，被太史公司马迁记为"昆明"的游牧民族就生活在滇西地区。"金马碧鸡"，兴许就是他们崇拜的图腾或神灵。

汉魏六朝迄于隋唐，随着云南和中原地区交往的不断加强，金马碧鸡从一个区域性的神话进一步登堂入室，成为中原墨客骚人笔下的主题和文辞，为中国古典文学注入了神秘而新鲜的血液。例如，西晋著名辞赋家左思的《蜀都赋》有云："金马骋光而绝景，碧鸡倏忽而曜仪。"梁简文帝的《神山寺碑》有云："碧鸡金马，越渎梁池。"昭明太子萧统的《昭明太子集》有云："既无白马之文，且乏碧鸡之辩。"《魏书·常景传》有云："空枉碧鸡命，徒献金马文。"此后，历代歌咏金马和碧鸡的诗文哀婉动人，不绝于耳。

有人说，他们是一对恩爱的夫妻，金马是出征的将士，碧鸡是守家的妻子。昆明，这方美丽淳朴的土地，自古以来，就无私地吸纳着南来北往的民族；融合着五彩斑斓的文化；有过"苴兰""鄯阐""鸭池""昆明"的名称，我们至今不能破译它们神秘的含义。这本身就是不同民族、家庭和文化交融的历史见证。

蒙昧的石器时代，离昆明几十里路的元谋，便有了中国最早的人类之一。稍后，原始的"昆明人"环滇池而居。战国末，楚将庄蹻开滇，荆楚文化传入昆明。两汉置州郡于昆明。后来，属于氐羌族系的"昆明人"，从滇西迁到滇蹻沿岸，和这里更早的土著"滇人"，南来的楚人，北来的汉人等，有了第一次民族融合。南诏、大理政权先后在昆明修筑"柘东城"和"鄯阐城"，云南各地和川黔桂粤的不同民族，乃至缅甸的掸族等，纷纷迁居滇池地区，昆明有了第二次民族融合。元明清以来，尤其是明朝大规模的移民屯边，蒙古族、回族和大量汉族人先后定居昆明，昆明有了第三次民族融合的高潮。明清时期，云南和中原、东南亚、阿拉伯、欧洲的文化交流进一步加强，郑和率大型船队七下西洋，萧崇业为国家正使率船队册封琉球，写下了世界航海史上的壮丽诗篇！"翻山华侨"经云南进入东南亚和南亚，为当地经济的发展做出了不可磨灭的贡献。中外名流不断驻足昆明，马可·波罗、杨升庵、徐霞客、李贽、赵翼、孙髯翁等先后寓居昆明，五百里滇池独特的山水风情，给他们的才学注入了崭新的内容和灵感，使他们挥笔写下诸如大观楼长联这样流芳千古的杰作。

有人说，"金形似马，碧形似鸡"，它们分别代表云南的黄金和碧玉。

云南自古以来有"有色金属王国"的美称。与缅甸接壤的滇西，自古盛产玉石。滇铜和滇银，曾对中国历史产生过重要的影响。昆明晋宁石寨山，是战国以来历代滇王的墓群，这里出土了不少闻名世界的青铜器。东汉时期，云南出产的"朱提银"被法定为全国通币。明清时期，滇铜不仅两次铸出举世闻名的"金殿"，而且一度支撑中央王朝的金融。清初，经由昆明调拨中央铸钱的滇铜，指定专线专官护运，千骡万马，先陆运至滇东北水富下水，顺长江而行，水运至镇江"起剥"，改漕运，经大运河抵达塘沽，再"起剥"，改陆运直入北京前门国家铸钱局。中原和东南各省也纷纷到云南采铜铸钱。何等宝贵的滇铜！

有人说，它们是天地之间飘荡的彩云或山岚，时而像奔腾的骏马，时而像飞舞的山鸡。

有人说，金马不是别的，它就是指云南的马；碧鸡说的便是云南的孔雀。

云南因"彩云之南"而得名，自古以来"天气常如二三月，花枝不断四时春"。天高云美，富于色彩和形状的变化，历来是诗人画家讴歌描摹的对象。云南也是孔雀、山鸡等众多珍奇动物的王国。滇马和滇骡，个子虽小，却以善于翻山越岭、吃苦耐劳而著称于世，从两汉"博南古道"的开通，到近代云南蒙自和昆明开关，马帮一路走来，驮着中国西南经济发展的历史，驮着云南对外开放的历史，驮着云南独特的马帮文化。所以，"金马碧鸡"也自然会使人想起云南四季如春的气候、美丽多变的彩云、种类繁多的花木和动物，想起"山间铃响马帮来"那悠扬的歌声……

　　唐宋以后，金马和碧鸡悄然从滇西向滇中飞翔。宋代久居云南的"滇民"张道宗，又记下了另一个与众不同的版本。

　　他说，天竺国阿育王有三个勇敢的儿子。老大叫福邦，老二叫弘德，老三叫至德。阿育王有神马一匹，身高八尺，红鬣赤尾，毛为金色。三个儿子都想得到它，而"王莫能决"。后来，聪明的阿育王想出一个自由竞争的好主意。他下令放开金马，让三个儿子自己去追捕它，谁追得金马，就封谁为王。结果，老三一路往东，直追到滇池东岸的山上，得到了金马，他被封为金马之神，山被命名为金马山。老大追到滇池西边的山上，他没有得到金马，但见碧鸡飞舞呈祥，于是，这山被命名为碧鸡山，他也被封为碧鸡之神。老二到了滇北。从此，他们都成了整个滇池地区的主神。

　　故事的宗教成分固然不可相信。但是，这个古老神话的东迁和云南历史的发展有关。云南自古有两大文明发祥地：滇西的洱海大理地区、滇中的滇池昆明地区。唐宋以后，昆明的战略地位更显突出，逐渐成为云南政治经济和文化的中心。随着历史的发展，金马碧鸡也双双在美丽的春城安了家。此后，它们成为昆明乃至全滇的第一标志，成为云南社会历史风云变幻的见证。

　　这里，曾经是"大西军"和南明永历皇帝的都城，大明王朝在这里落下了最后帷幕。这里，行走过历代东南亚国家朝贡的队伍；曾因两广商人云集而称为"广聚街"；这里欢送过护国讨袁的健儿；镌刻着"一二·一"民主运动坚定的足迹；迎接过陈赓将军解放西南的部队和共和国的第一轮红日……它也未曾逃过"文化大革命"的厄运。"文化大革命"初期，"造反派"悍然毁坏了这些古建筑，消灭了这座城市的象征。今天，金碧路全程改造的工程已经完成。崭新的金马、碧鸡二坊重新屹立在昆明，吉祥的金马和碧鸡又双双翱翔在春城的上空！

1950 年二野四兵团入城时的金马碧鸡坊（照片由廖可夫提供）

20 世纪 60 年代的金马碧鸡坊（廖可夫摄）

唐塔古韵

高　旗　金子强

昆明有不少佛塔，以南诏第七代国君劝丰祐主政时期建造的东寺塔、西寺塔最有韵味。

其一，此两塔是昆明现存最早的塔，造型别致，塔身最宽处在第八层上下，使两座均为13层高的塔呈现优美的抛物线轮廓，每当日暮夕晖映托，柔和的线条端庄秀美，可谓妙相庄严，与属于同类的西安小雁塔相比，另是一番韵味。

其二，与内地建塔多有地宫以储贵重之物的梵俗相比，东寺街上的西寺塔无地宫，以往常将灵异珍贵之物置于塔顶刹下。与此类似，大理崇圣寺塔刹下就供奉珍藏纯金的阿嵯耶观音像，而不像内地将神圣的佛舍利供奉于地宫之中。这是滇地佛塔的别样风格。

其三，两塔造型完全相同，只是西寺塔高 40.57 米，东寺塔矮了 4 米余，高度为 36 米。1499 年西寺塔坍塌于地震，收拾旧砖摹东寺塔重建。1833 年东寺塔在地震中倾倒，同样拾掇旧砖摹西寺塔重建。所以至今两塔仍然葆有唐风唐韵。

其四，20 世纪 80 年代初测定，东寺塔塔顶中心向西南倾斜 52 厘米，西寺塔塔顶中心同样向西南倾斜达 43 厘米，这对于常年多刮西南风的昆明来说，也许当初设计两塔的"大匠尉迟恭韬"，是有意借昆明信风口——来自印度洋的西北风，来温和地校正与平衡塔的稳定性，其匠心独运的设计意图简直令人拍案叫绝。而且，两塔上矗立的"金鸡"，其面向西南方的那只鸡口中设计了簧哨，会随西南风吹来时鸣鸣作响，迎风啸鸣。可以印证设计师是充分留意了建筑与风向的关系的，可见誉为"天人合一"并不过分。

其五，两塔俗称"金鸡塔"，缘于每座塔顶上都屹立面向不同方向的四只 2 米多高的"铜鸡"，俗称"金鸡"。文史大家王海涛先生指出，"金鸡"的正名曰"迦楼罗"，即是"展翅九万里""展翅三百六十万里"的鹏鸟一类神禽，以龙为食。有史以来，昆明盘龙江等河道屡有水患，洪灾肆虐，民间认为水灾乃孽龙兴风作浪，要抗洪平水，唯有将专司食龙的迦楼罗置于高高的塔顶，以监督、消灭狂蛟孽龙。东、西寺塔塔顶设迦楼罗，潜在地展示了困扰于频频水患中的昆明百姓，镇龙治水的祈愿。从而，凡见塔顶高踞迦楼罗之地，即明示了当地常闹水灾。先民的无助与无奈尽呈于此。

以往昆明城，在"平房居多，两层难见，三层罕有"的低房矮屋城貌中，三四十米高的东、西寺塔可谓对峙凌空，居高临下。凡有节庆，塔上佛龛入夜燃起明灯，光焰烨然，喻佛光普照，成一地风景，印证着南诏时代密宗法轮常转的盛况。双塔无言，双塔有声，就看我们如何谛听！

20世纪60年代的东、西寺塔（廖可夫摄）

仅存的昆明老城墙残段

石玉顺

　　昆明古城曾有一道环卫四周的砖筑城墙，历经600多年沧桑巨变，城墙仅存一道40米左右长、7.4米高的残段，现位于圆通山动物园东面，外墙用石灰浆平砌条砖。每块城砖长33厘米，宽18厘米，厚13.5厘米，重12.5公斤。城墙上均浇筑有"监造"的徽记。

　　据此追寻这道砖城的历史，按照《滇云历年传》等史书的记载，昆明修筑的砖城始于明洪武十九年（1386）冬，朱元璋派汪湛海赴滇考察风水龙脉，规划昆明为一座"龟蛇相交，生帝王之气"的城池。砖城建好后"周九里三分，高二丈九尺二寸，设六门，上皆有楼"。其大东门称"咸化门"，后易名"咸和门"，城门之上三重檐的城楼，谓"殷春楼"，位置在今长春路与青年路交叉口，俗称"小花园"；小东门即砖城的东北门，称"永清门"，后易名"敷泽门"，城楼重檐，谓"璧光楼"，位于今青年路与圆通街交叉口，即圆通高架桥西头圆通街口；城南门称"崇正门"，后易名"丽正门"，城门重檐，原称"尚明楼"，明万历四十八年（1620）巡按使潘浚曾在南门外又建"月城重关"，"跨衢市之隘"，清康熙年间云贵总督范承勋将"尚明楼"改称"近日楼"，此楼位于今正义路与南屏街西头交叉口，即百货大楼前"街心花园"处；大西门称"广威门"，后易名"宝成门"，城门重檐，谓"拓边楼"，位于文林街与龙翔街交叉口；小西门称"洪润门"，后易名"威远楼"，城楼重檐，谓"康阜楼"，位于原武成路与人民路交叉口；北门称"保顺门"，后易名"拱辰门"，城楼三重檐，谓"眺京楼"，后易名"望京楼"，位于今北门街昆明第三十中学门口。在六座城楼中，南门称"宣化楼"，西侧有钟楼，悬挂明永乐二十一年（1423）铸造的重达14吨的大铜钟，铜钟现存于金殿钟楼。清嘉庆二十一年（1816）云贵总督伯麟等人新建南门东侧鼓楼，与钟楼隔南门东西对峙，谓"启文楼"。环绕明代砖城，开挖有护城河，可通舟楫。明代砖城似一龟形，南门为龟头，北门为龟尾，东西四道城门为龟足。龟尾北门正对长虫山余脉商山。长虫山即蛇山，俗称长虫山，此即昆明砖城之"龟蛇相交"。

　　明代砖城建成以后，城墙、城楼多次局部坍塌倾圮，明清两代修葺达23次之多。民国八年（1919）为纪念云南护国首义的丰功伟绩，省会警察厅厅长秦光第兼主昆明市政，由他负责领导在明代砖城东南新开一门，称"护国门"，俗称"小南门"，同时利于交通。护国门系四个石墩柱三开花榥铸铁门，门两侧对称，各建一座三层重檐歇山顶门楼。护国门南面挖护城河，筑双孔石拱桥，名"护国桥"。

　　民国十一年（1922）昆明市政公所（市政府）为整理交通，将南门（丽正门）之"月城重关"拆去，以其旧址改"近日公园"，丽正门又更名"正义门"，并重新修葺，楼前竖高9.9米的"会泽唐公再造共和纪念标"。正义门两端拆城墙开口，筑环形马路，绕近日公园一周。民国十八年（1929）又将大南门至护国门之间一段"城南屏障"的城墙拆除，辟为"南屏街"。1935年拆西门开辟车道。新中国成立后，从1935年拆南门钟楼"宣化楼"，至1956年，昆明大部分明代砖城被拆除，形成今日青年路、东风西路。仅在圆通山动物园内，保留下这段残存的老城墙。20世纪50年代，在其南头建八角重檐琉璃瓦屋面的"遥岑亭"，俗称"瞭望亭"。

　　可以说，这段残存的老城墙作为昆明的老建筑之一，折射着600多年前昆明城市的规模，也见证了昆明城发展的变迁史，1983年被列为昆明市重点文物保护单位。

20世纪70年代圆通公园内的昆明老城墙（一）（廖可夫摄）

20 世纪 70 年代圆通公园内的昆明老城墙（二）（廖可夫摄）

20 世纪 70 年代圆通公园内的昆明老城墙（三）（廖可夫摄）

明永历帝殉难碑

汪亚芸

　　昆明城中逼死坡上有一块"明永历帝殉国处"石碑。逼死坡在五华山西麓，今为五华山西麓南段一陡坡。逼死坡，本名篦子坡，因半坡之上有数家卖篦子的小铺而得名。随着明王朝最后一任皇帝永历帝被逼死于篦子坡头，后人以谐音称此坡为"逼死坡"。

　　明末，李自成、张献忠等领导的农民起义军席卷大江南北。李自成进入北京，推翻了明王朝的统治；接着，明将吴三桂引清军入关，共同镇压起义军。农民起义军由反明转向抗清。明王朝在江南的一些官吏，为撑持半壁河山，曾先后拥立福王朱由崧、鲁王朱以海等为帝，但很快都以失败告终。1646 年 1 月，又在肇庆拥立朱元璋第十代孙桂王朱由榔，次年以永历为号，是为永历帝。1656 年 2 月，农民起义军张献忠部将李定国等，把永历帝护迎至昆明。李定国治军严明，云南暂时得以安定。永历帝在云南以"扶明"为口号，团结了一批抗清力量，昆明一时成为抗清的重要基地。

　　1658 年 12 月，清军三路入滇，对处于防御和溃逃的永历军队穷追猛打。永历帝听从了沐天波"走滇西，急则退入缅甸，缓则据守两关，或可仿南诏、大理图谋一方"的建议，率军西走，越兰津，过腾冲，至缅甸。吴三桂带领清军步步追击。1662 年 3 月，缅王迫于压力，将永历帝及其家属送交清军带回昆明，永历帝被囚于篦子坡的金蝉寺。同年 4 月末，吴三桂拟杀害永历帝，有人说："彼亦曾为君，全其首可也。"吴三桂遂令部将用弓弦将朱由榔勒死于五华山西侧的篦子坡金蝉寺，篦子坡便以谐音被称为"逼死坡"。南明王朝苟延残喘了十几年后以悲剧收场。

　　1911 年云南辛亥革命胜利后，蔡锷等以"三迤士民"的名义，在"逼死坡"立"明永历帝殉国处"石碑。碑高 1.96 米、宽 0.725 米、厚 0.12 米，碑文为正楷阴书，至今尚存。因为此碑立于推翻清王朝统治后，目的是缅怀明朝先贤，志在匡扶，迎来一个气象更新的时代，所以与其把它称作"明永历帝殉国处"石碑，毋宁将其称为"云南辛亥革命纪念碑"，更为恰当。

20世纪50年代的"明永历帝殉国处"石碑（廖可夫摄）　　　20世纪70年代的"明永历帝殉国处"石碑（廖可夫摄）

2010年修缮后的"明永历帝殉国处"碑亭（刘济源摄）

唐继尧墓

石玉顺

　　圆通山西北面有一块庄严肃穆、宏伟壮观的墓地，作为云南省建筑规格最高的名人墓，也可称国内名人墓中的精品，表明了主人生前显赫的地位——这座名人墓就是唐继尧墓。

　　唐继尧墓是 1930 年由云南省政府出资，集聚很多能工巧匠历时两年多修建而成的，以牌坊式圆丘形封土堆，"厚葬唐于此"，俗称"唐坟"，占地 15000 平方米，环墓青石镶砌，墓径 18 米，高 5.8 米。此墓将中外建筑的许多特点融于一体，墓顶树木葱郁，形成一个绿色墓冠，原有"南天一柱"横额石刻，承托石质地球。地球上刻有"亚细亚"字样，站着雄鹰，展翅欲飞。墓前系白石灰岩建成的哥特式石阙，十四根立柱支撑穹顶，形成一排七个碑亭。墓前上下两层镶石栏堰平台，平台前两边原有石人、石马。墓园入口耸立石标，须弥座上一对石狮。七间石阙中镶嵌雕刻精致的九块石碑，中间大石碑镌刻"会泽唐公冥墓"，墓联："功业须当垂永久，风云常为护储胥。"两边八块石碑——大总统黎元洪为唐继尧授勋、护国军务院选唐为抚军长、国会举唐为政务院总裁、孙中山推唐继尧为副元帅的电文、祝词……这些碑刻均由云南文化名人顾视高、陈荣昌、袁嘉谷等人书写。周钟岳撰长篇墓表，对唐继尧的一生做了评价。

　　至于唐继尧的墓为何建在此地，说法很多，归纳起来讲，这里紧靠他生前钟爱的唐公馆，而且这一带安葬着不少昆明辛亥"重九"起义和云南护国首义烈士的遗骸，唐继尧在世时希望死后能在唐公馆附近与自己的战友合葬在一起，其继任者在他去世后便于此修建"唐坟"，了却了他的心愿。

　　作为一个复杂的历史人物，唐继尧墓在"文化大革命"中遭到劫难，墓前的石人、石马、石栏杆被毁，墓顶"南天一柱"横额及地球被砸，地球上站立的雄鹰失踪。唐继尧一生中有可圈可点之处，他成立云南航空学校，建立东陆大学，推动云南航空和教育发展的事迹，尤其是他与蔡锷、李烈钧作为"护国三杰"的历史勋贵，应该给予客观公正的评价。因此，唐继尧墓 1987 年被公布为云南省重点文物保护单位。后有关部门拨款整修，现为圆通山公园内的一大景观。

唐继尧将军戎装像（照片由廖可夫提供）

20 世纪 50 年代的唐继尧墓（廖可夫摄）

20 世纪 70 年代修缮后的唐继尧墓（廖可夫摄）

20 世纪 70 年代修缮后的唐继尧坟茔（廖可夫摄）

2010年唐继尧墓前的灵兽（刘济源摄）

2010年唐继尧墓前的石栏（刘济源摄）

中共云南地下党建党旧址

张文清

　　"中共云南地下党建党旧址"位于幽静的昆明市五华区青年路节孝巷。青年路是一条繁华的商业街，从这里拐进一个悠长而寂静的小巷，中间就是旧址所在地——一座典型的一颗印院落。小院白墙灰瓦，为两组四耳三间相连的中式楼房，坐北朝南，砖木结构，木制的院门，青砖灰瓦，雕刻镂空的窗棂。靠街边的墙角，一米高的花坛里种满了各种花卉。门两旁的砖石已被岁月风雨侵蚀得面目沧桑，显现出小院作为革命纪念地的肃然之气。墙头的青苔在阳光下显得十分苍翠，不禁将人引向探幽的历史深处。小院四周那些曾经的青砖瓦屋小院，已变成了许多摩天大楼，唯独这里因其不可替代的历史价值，一直"素面朝天"，以其独特的气质傲然静立在都市喧嚣的腹地。现在这座修复一新的院落，少了岁月的沧桑。推开红色木门，便走进一段尘封的历史。

20 世纪 70 年代节孝巷的中共云南地下党建党旧址鸟瞰图（张卫民摄）

1926 年的夏天，四通八达的节孝巷，如往日一般平常。"因居住在这里的人，多半是过去的所谓穷家小户，当时的警察并不重视这一区域。"共产党员黄丽生熟悉节孝巷的社会状况，就把自己的独院作为中共云南地下党特支开会活动的地点。这个地点就是节孝巷 24 号（现为 39 号）。

中国共产党云南特别支部创始人李鑫，在毛泽东的推荐下，于 1926 年 8 月经中共广东区委和国民党中央农民部委派回到云南。李鑫是龙陵县人，1924 年转到北京国立农业大学园艺系学习，学习期间，开始接触马列主义。1925 年秋，同王德三、王复生一道，组织发起云南旅京学生的进步组织"云南革新社"，宣传革命主张。大学毕业后，又南下投身国民革命的浪潮。

周霄，1926 年 8 月从广州第六届中央农民运动讲习所毕业。入学时，加入了中国共产党。这个讲习所由毛泽东担任所长，大多数的教职员和受训人员都是共产党人。在讲习所学习的云南同学有 10 人，其中周霄、黄丽生及罗彩三人决心做农民运动工作。1926 年 10 月初，周霄、黄丽生两人回到了昆明；10 月底，李鑫回来，告诉周、黄，等他和团组织的同志商量后，再定期开会，进行建党工作。李鑫说的团组织同志，指的是他回来之初，发展了吴澄、严武英、杨静珊等人加入了中国共产党。吴澄，时年 26 岁，云南昆明人，云南妇女运动的杰出领导者。五四运动时期，她首先在就读的云南省立女子师范学校第六班带领同学组织读书会，探讨妇女出路问题。后与李国柱一起创办了《云南学生》，广泛宣传马列主义理论和进步思想，启发和提高青年学生投身革命的热情。经李鑫介绍，吴澄成为云南第一位女共产党员。

24 岁的杨静珊，因和吴澄交好，也加入了中国共产党。1926 年 11 月 7 日晚上，深秋的萧瑟之气笼罩着节孝巷的周霄家，有一种不畏严寒的力量正迎着凛冽的寒风逆势聚积，准备做一次惊世骇俗的爆发。几个年轻的共产党人秘密如约来到此处，李鑫、吴澄、周霄、杨静珊，二男二女围坐在一张小方桌旁边，每个人既激动又紧张，他们都对即将由此开创的革命旅程憧憬不已，在热烈的讨论中神情庄重而又热血澎湃。云南第一次党员会议就以这样简朴的方式开场。

会议由李鑫主持，李鑫架着一副金丝眼镜，儒雅中透着几分俊朗之气。回到云南之后，这个年仅 29 岁的年轻人，以他文弱的肩膀担起了历史重担。李鑫站在屋子中央，以庄重严肃的态度和深思熟虑后的剖析，把大家的议题和会议情绪一步步引入高潮。他宣布了建党任务：成立中国共产党云南特别支部。在什么样的人可以入党的问题上，李鑫建议以原有的党员及团的工作同志为基础，再由团员中吸收一部分优秀青年批准入党。最后决定，由吴澄担任书记，周霄和黄丽生因由国民党中央农民部派遣，只在组织内部参加活动，不在党内另负责任。散会后，李鑫即留住周霄处，研究将来的开会地点问题。

周霄表示，愿腾出一间房屋供开会之用。李鑫则认为此处住家过多，不宜经常开会，只能暂供少数同志偶尔接头。正在考虑，黄丽生紧急赶到。周霄提出，黄丽生的家是个独院，又是自己的房屋，适合开会活动。黄丽生也把房屋情况及周围环境作了说明。经李鑫亲自查看后认为可以，立即决定把黄家作为开会活动的地点，这地点就是现在的节孝巷 39 号。周霄的住处在抗日战争时期被敌机炸毁，是节孝巷 49 号的旧址，房屋形式已经改变。他们两家同住在短短的一条巷内，相隔不到 300 米。云南特别支部成立后，开始在云南政治舞台上展露身手。

　　黄丽生后来撰文回忆，因为昆明市区共划为五个警察区域，这条很小的节孝巷不仅穷人多，而且隶属两个警察区两个守望所的范围。在平政街这一头的节孝巷口，由警察第三区设立一个第六段守望所。在小东城脚（即今青年路）这一头的巷口，由警察第二区设立一个第七段守望所，巷的中间是两区的交界处，两区的巡逻警察到了交界处，就往回头的路上走。黄丽生住在三区管辖的这一段，巷道是略微弯曲的梯形坡道。周霄的住处在坡下，属于二区七段，成了"三不管"的地方，那些旧警察是无事各自偷懒，有事互相推诿。黄丽生认为，地下党建立时，可在此地利用这一有利条件开展工作。1928 年，云南特别支部改扩建为中共云南特别委员会。在之后的艰难时日中，根据斗争的形势需要又相继更名为中共云南临时省委、第一届中共云南省委、中共云南省特别委员会、中共云南省工作委员会等，直到云南解放时正式定名为中共云南省委。

　　如今，这里已作为云南省级重点文物保护单位和省级爱国主义教育基地，成了青少年学生和广大群众接受革命传统教育的重要场所。

20 世纪 70 年代的云南地下党建党旧址（廖可夫摄）

"李闻" 遇难遗址

李晓明

在昆明城中的十三坡中，大兴坡与西仓坡皆在翠湖周边，前者在翠湖东岸，后者在翠湖西面。可以说，大兴坡与西仓坡这两个地方注定让人们永远记住，那是由于它们跟 1946 年 7 月发生在昆明的震惊中外的"李闻"惨案紧紧联系在了一起，分别成了李公朴、闻一多两位先生的遇难之处，在中国新民主主义革命史上刻下了浓重的一笔，就此名扬天下。

李公朴（1902—1946），祖籍江苏常州，生于淮安。中国近代伟大爱国主义者、坚定的民主战士、中国民主同盟中央委员、著名的社会活动家和杰出的社会教育家。

闻一多（1899—1946），湖北浠水人。中国近代伟大的爱国主义者、坚定的民主战士、中国民主同盟早期领导人之一，著名诗人、画家、书法家、文史学者、教授，被称为"学贯中西博古通今的大家"。

1942 年底，李公朴举家南迁昆明，在北门街 68—70 号开办"北门书屋"，经销各种进步书籍，深受爱国师生欢迎，在进步青年学生中尤有影响。1944 年初，李公朴又在书店对面租房创办了"北门出版社"，闻一多、张光年、曾昭抡、楚图南等人为编辑，先后出版发行了 30 多种进步书籍，还翻印过毛泽东的《论联合政府》《新民主主义论》等著作。这里还成了一个民主活动的中心，云集了闻一多、潘光旦、吴晗、朱自清等一批著名爱国教授、作家、科学家，他们经常在一起开会，探讨学问，抨击时弊，反对国民党反动派发动内战，支持昆明学生的爱国民主运动。

闻一多在 1938 年任西南联大教授期间，就积极从事抗日救国民主运动，在昆明许多集会上发表过极具影响力和战斗力的演讲。抗战胜利后，他投身反对国民党发动内战的斗争。在"一二·一"运动中，他走在前列，主持了公葬四烈士的典礼，并且悲愤地说："我们一定要为死者复仇，要逮捕凶手，血债一定要用血来还！"

由于李公朴、闻一多面对白色恐怖始终参加反内战民主活动，民国党反动派早将他们列入黑名单，进行监视、盯梢和威胁，给李公朴寄来装有子弹的恐吓信，同时扬言以 40 万元买下闻一多的头，必欲除之而后快。

1946 年 7 月 11 日晚，李公朴和夫人张曼筠外出归来，行至大兴坡时，被国民党特务枪击受重伤，于 12 日清晨牺牲。临死前他痛骂国民党反动派"无耻"，并用尽力气说："我为民主而死。"

对于李公朴先生的被害，闻一多怒不可遏，不顾自身安危，参加了李公朴治丧委员会，并于 7 月 15 日到云大至公堂参加为李公朴举行的追悼会。在追悼会上，闻一多拍案而起，发表了震古烁今的《最后一次讲演》，愤怒谴责国民党反动派制造的这一罪行是"历史上最卑劣，最无耻的事情"。他以极端蔑视反动派的口气说："杀害李先生的人，你们有本事就站出来啊！"并把生死置之度外地庄严宣告："我们随时像李先生一样，前脚跨出大门，后脚就不准备再跨进大门！"当天下午，闻一多出席《民主周刊》社举行的记者招待会，进一步揭露了反动派杀害李公朴的罪行后，在归途中被特务暗杀于西仓坡西南联大教授宿舍门前。同行的长子闻立鹤为保护父亲，也受了重伤。

"李闻"惨案的消息传出，举国共愤。毛泽东、朱德从延安分别电唁李、闻家属，高度赞扬两位先生"为民主而奋斗，不屈不挠，可敬可佩"。在上海各界举行的追悼会上，邓颖超宣读了周恩来亲撰的悼词："向殉道者默誓：心不死，志不绝，和平可期，民主有望，杀人者终必覆灭。"

李公朴、闻一多两位先生的被害，唤起更多的人丢掉幻想，投身到埋葬蒋家王朝、建立新中国的伟大战斗中。现在，李、闻二人的衣冠冢立于云南师范大学一二·一纪念馆内，供人缅怀。当年李公朴遇难的大兴坡、闻一多被暗杀的西仓坡都刻字立碑，介绍了他们的生平事迹和被害经过，让人们进一步追思两位"为民主而死"的先驱，由此永远牢牢记住他们遇难时的遗址。

20 世纪 80 年代的闻一多殉难处碑（廖可夫摄）　　　　20 世纪 80 年代的李公朴殉难处碑（廖可夫摄）

百年老店福林堂

李国庆

　　福林堂，始创于清朝咸丰丁巳年（1857），距今已有 160 多年的历史，是云南现存最老的中药店。创始人李玉卿，清道咸间随父李德由湖北黄冈来到云南，因深通医道，便在光华街创建了此药店，并效法三国董奉，为贫苦百姓治病不收诊费，以中医"福泽杏林"，惠及百姓之意，将药店取名"福林堂"。李氏几代行医卖药，传至李玉卿次子李复初时，由于精通医术，服务真诚，童叟无欺，药品上乘，广得赞誉。

　　福林堂坐落于昆明市中心文明街和光华街交叉处，在老昆明城繁华闹市商业区三牌坊附近，此地现为昆明历史文化街区，地理位置极为优越。店门在交叉路口正中，两翼分别向光

20 世纪 70 年代的福林堂（廖可夫摄）

华街和文明街延伸，称为"八面风"，兼占两条街的地利，向来为商家梦寐以求之地。主体由临街的店铺主楼和背靠光华街店铺的附属建筑组成，占地面积约210.4平方米，建筑面积约464.3平方米。主楼为具有典型地方传统特点的砖木结构转角建筑，为三层楼，瓦屋顶为单檐青色筒板瓦顶，两硬山垂直相交，前檐口为伞沿状弧形，正脊在屋顶中部以90度角倒圆相交。该建筑进深为两间，其前檐临街，面阔五间，前檐两侧次间及梢间为槛墙上置木框玻璃窗。一层明间的两根前檐柱位置均向内收缩，两山墙相交为直角，从而使得平面呈伞形，在室内平面内中部仅设一通至正脊顶的中柱，承接各层大梁的楼面荷载，其作用和位置如同"伞把"，这种平面布局形式最大限度地拓展了室内的使用空间，使得店铺的商业价值得到充分实现。

清末民初云南名士陈荣昌为其挥毫书下"福林堂"三字烫金悬匾于店门之上，对联书有"遵法炮制生熟饮片，精工修合丸散膏丹"16字，四周封檐书有"云南药圃，川广云贵，地道药材，参茸燕桂，丸散膏丹"20个字。店内挂有一联：右书"本堂药料选办最精，参茸燕桂必择其尤"，左书"饮片丸散精益求精，药真价实包换来回"。

福林堂秉承先人传统，历经数代人的精心经营，集中体现了"真诚"二字。其经营特点表现为注重人才培养和技术发展，讲究药品质量、服务质量和商业信誉。以堂前坐诊配方，堂后加工炮制的经营方式，深受患者青睐，以重质量、讲信誉、严管理、药材地道、精心炮制、疗效显著而久负盛名。

由于福林堂一贯起用当地药业高手，丸药配方精当，选料地道，制药86种，著名药品有回生再造丸、益肾散、黑锡丹、济世仙丹、加味银翘散及糊药等。此外注意疫情和节令变化，制作时令药品，如春天用的银翘散、平胃散，夏天用的理中丸，秋天用的温补药，冬天则当众开茸出售。其药效逐渐被人们认同，加之治病救人、不计报酬的古朴思想，福林堂成为云南屈指可数的药业典范，被喻为"地道药材专家"，以药品上乘、诚实守信、服务优良享誉海内外。尤其是该店出售的药材与其炮制的滋补类丸药一直作为人们敬奉老人和馈赠亲友的佳品而广受赞誉。福林堂前柜配方严遵医嘱，不擅自代用，一戥一味，分味各包，包装式样严格，注明煎法、服法，以保证用药安全有效，所用药材均采购自全国各地地道山货，所用药品均由具专业资格的药师严格把关，昆明当代名医戴丽三、李继昌、吴佩衡等切脉后都指导病人要到福林堂配方购药。因此，昆明人提及用药，无人不说福林堂的药最好。

福林堂古老的中医药文化源远流长，据传清末举人无名氏回家过节，雨致河水涨而路断，受福林堂主人热情款待，雨过水退后，举人作诗感谢主人，诗中多用药名，读来妙趣横生：

　　　　　　　刚逢半夏雨连桥，是日当归路隔遥。
　　　　　　　雨泡蒙花香断续，风敲淡竹叶漂消。

　　这些年来，昆明的中医中药行业有了发展变化，中药店也比过去多得多，且店堂大多富丽堂皇，药品的种类也很齐全，但是仍在百年前的原址营业的老店，目前在昆明已仅福林堂一家，因此弥足珍贵。

　　1995 年国内贸易部（后改组为国家国内贸易局）给福林堂颁发了"中华老字号"金牌，1996 年原国家医药管理局指定福林堂为"涉外供应试点药店"，2003 年福林堂被公布为昆明市级文物保护单位，2013 年被公布为全国重点文物保护单位。

石屏会馆

钱 俊

　　翠湖周边有圆通山、五华山和磨盘山，到清末民初时，这一带成了达官显贵、富商巨贾、社会名流、文化人士的聚居区和昆明重要的政治、经济、文化的分布区。石屏会馆始建于清乾隆年间，作为石屏县各界人士为在昆明的石屏籍学生、商旅人士提供的临时寓所及商贸集会的场所，会馆坐落于磨盘山西北侧的中和巷24号，坐南朝北，面向翠湖，取"有水就灵"之意，企盼"不尽财源滚滚来"。民国十年（1921），由袁嘉谷先生和张芷江先生发动石屏在昆人士进行扩建重修。扩建重修后的石屏会馆占地1660平方米，依地势逐渐抬高，成南高北低、土木结构三进院合院式建筑群。云南解放后，会馆成了市民住房，2003年进行修缮前共有住户54户。石屏会馆是老昆明曾经的85个会馆中现唯一保存完整的会馆，作为民国时期昆明会馆建筑的经典之作，其建筑风貌和建筑风格，处处体现着厚重的文化底蕴。

2010年修缮后的石屏会馆大门（刘济源摄）

　　中国传统建筑中很注重建房地址的地形，强调"依山傍水"，如果有"负阴抱阳，藏风聚气"的地方，更是"天人合一"的上好建房场所，居住在这种环境中的人非贵即荣。翠湖周边的三山坡面恰好符合这种地形，就成为石屏会馆的首选之地。

　　就整体布局而言，石屏会馆采用的是中国传统的庭院式联院布局，每个独立院落之间的连接比较紧密，各院落的功能可形成互补，实现土地最大化利用。

其特点为两个独立院落之间共用一方建筑，在共用的这方建筑上呈现两个独立院落的元素。石屏会馆采用的是"一院两进堂步步高"的布局："一院"，是指在庭院式建筑中，能与主体建筑的某一方形成独立院落，但功能与主体建筑不同，只起辅助作用，处于从属地位，一般放在主体建筑与大门门房与二门之间；"两进堂"是指两个合院式的主体建筑，以院落中心点连线为轴，纵向相连；"步步高"则是在纵向相连的各个独立体中，以其院心高程距离大门的最低、最远和最高，显示各建筑所住之人身份的尊卑，同时也隐寓祈盼子孙兴旺发达，步步高升之意。

踏过三层共22级台阶来到石屏会馆的大门前时，会看到一个丝缝砖砌立面、石质券拱的墙，券拱门洞上方的门额上有砖砌内嵌格匾，格匾中每一格各阴刻一字，所有字连在一起读就是"石屏会馆"。门墙最高的墙脊曲线呈卷云状，门墙两侧砖砌立柱的柱顶上为引入西方建筑元素的菱形宝盒。门墙通过门柱与两侧同样为丝缝砖砌的景墙自然相连形成"八"字形布局，以示广纳八方来客之意。门墙后则是阔三间、进深一间的单坡歇山顶门房。

穿过门房花厅进入前院时，则会感到好像还没有进入石屏会馆，而是进入了会馆前的一个院子。原因是在该院正房一楼明间还有一道丝缝砖砌门柱、余塞板的券拱门，一栋面阔五间、进深二间的二层土木结构建筑，仿佛把后面的院子与前面的院子隔开了。虽然该方建筑楼上楼下出廊较深，但两端山墙墀头下方与房基平台相齐，没开任何门洞，没有任何自然相连的迹象，说明它不属于此院的组成部分，只是起到一个区分两院的作用。而且，其他各开间的尺寸明显较门房宽，也说明它与处于倒座位置上的门房不属于同一院落。之所以称它为一院，是因为它有墙体与门房相连，已形成一个隔离的空间。所以，石屏会馆的前院应属场院，或叫门院，是供人们进行贸易或摆放货物的地方。而处于前院正房位置上的建筑，其一楼明间的丝缝砖砌券拱门是石屏会馆的二门，属于进入会馆真正的大门。

二门后面是一个"明三暗五""三间一底"布局的四合院。二门所在的建筑成了这个院落的倒座，与两侧厢房处于同一台基。与倒座相对称，面阔开间的尺寸与倒座相同，台基高于倒座所在高度的建筑是该院落的正房。"明三暗五"是指正房和倒座横向有五个开间，其梢间纵向轴线与厢房的横向开间轴线重合，处于厢房的横向开间轴线内侧。"三间一底"是指厢房的开间有三间，并且是上下一致的两层楼房。

走过中院正房明间的花厅来到会馆的后院，是一个"四合五天井"式的布局，中院的正房则成了该院的倒座。后院也与中院相似，倒座与厢房处在同一高度的台基上，正房则处于一个高于倒座台基的另一台基上。所不同的是，正房两端的梢间虽然面阔尺寸与四合院的递减幅度相同，但进深尺寸变化较大，只有明间的三分之二，高度也和四合院不同，明显比明

石屏会馆的场院（刘济源摄）

石屏会馆的前院（刘济源摄）

石屏会馆的后院（刘济源摄）

间与次间矮一截，不与正房共用脊和檩；它与正房的关系就像人的耳朵与脑袋一样，处于这种位置的两间房就叫耳房。这种布局的四合院，大小共有五个天井，所以叫"四合五天井"。

由于石屏会馆是公共场所，为了提升它的交通疏导能力，每一面槛墙的前廊出廊都较深，充分利用了联院式建筑的特点，将这些廊进行有机整合，利用仅有的四架楼梯，把整个主体建筑群的上下回廊进行连接，形成了走马串角楼。为了安全，会馆内的廊柱全都采用没有锐棱的梅花柱；在每一根廊柱下都采用覆盆式柱础，以避免人们碰撞廊柱而受伤。同时为了满足人们观景的需求，在中院倒座北侧二楼的回栏外修了"美人靠"式栏杆，能倚栏凭高欣赏翠湖美景。

因为石屏会馆是一公共场所，它的构架既需要有足够的承载能力，又要满足空间开阔的要求，还要经济。在民国时期全靠木材来完成建筑承重确实不易，所以，建造者采取了步架式结构：这种结构的特点是可根据需要增减立柱数，能用小尺寸材料建成空间大、立柱少、稳定性好的房子，以达到经济实用的目的。为了让会馆外观比较整洁，显得雄伟气派，前院和后院的正房上均采用了硬山顶的瓦屋面，中院的正房则采用了硬山歇山顶，从后院正房向北看时可减少视线的横向阻挡。

在石屏会馆中，除了布局和选址等特点外，最出彩的就是散布于各个房间槛窗、支摘窗、隔扇门上的木雕和廊柱下柱础石上的石雕。雕刻的内容多以花鸟为主，祈祷平安、多子多福、健康长寿、夫妻和睦，充分表现了传统建筑中以画表意、传意的意境。

石屏会馆作为民国时期昆明会馆建筑中的代表作，不但集庭院式建筑的组合于一身，同时还将各种不同的四合院连接得巧夺天工，人流分散快且秩序井然，安全到位，确实给予现代建筑者许多启迪，精湛的石、木雕刻也让人们从中欣赏到民族文化的丰富多彩。

云南基督教青年会迁建会所始末

杨安宁

云南基督教青年会会所旧址，坐落于昆明市五华区鼎新街4号，总占地面积2045平方米，总建筑面积2110平方米，为西南地区较大的基督教青年会会所，其中西合璧的建筑风格和建筑格局风貌至今保存完好，尤其是青石镶嵌的门套、窗套使人感受到欧式建筑的典雅与精致。主体建筑以塔楼为中心，平面呈"L"形，除塔楼为五层外，其余均为三层四坡顶。南端建筑为两层双坡顶砖木结构。在平面直角处，有五层塔楼一座，八角攒尖顶，均为木构架屋顶，屋面覆青灰色筒板瓦。整个建筑为砖木结构，以青砖砌筑，走廊为内走廊。一、二层用木质中柱承托楼盖梁，房间用沙灰木条进行分隔。建筑外立面在一层使用了连拱式的做法，门窗均用石券顶，塔楼入口上立面有浮雕装饰。

基督教青年会由英国商人乔治·威廉于1844年在英国伦敦创立，旨在通过坚定信仰和宗教活动来改善青年人的精神生活。基督教青年会很快遍及英伦三岛和世界各地。1851年传到美国后，逐渐从单纯以宗教活动为号召的青年职工团体，发展成以"德、智、体、群"四育为宗旨的社会活动机构。1854年，美国和加拿大联合成立"基督教青年会北美协会"；1855年，欧美各国青年会在巴黎举行第一次国际会议，组成"基督教青年会世界协会"；1878年在瑞士日内瓦设总部，并延续至今，现在90余个国家有基督教青年会组织。19世纪后期，基督教青年会在中国天津、上海等地建立组织，1912年在上海建立中国总部，1915年改称"中华基督教青年会全国协会"，在宗教传播、文化教育、体育运动等方面对中国社会产生了一定影响。

云南基督教青年会成立于1912年。当时市政当局将左哨街禹门寺拨给云南基督教青年会作为会所。1924年，市政当局宣布该会所所在地为云南基督教青年会的永久产业。至此，云南基督教青年会有了自己的会所地，并在会所内开展了一些培训等方面的工作。1927年，佛教会要求归还禹门寺的呼声得到市政当局的回应，政府发令将禹门寺归于佛教会管理。而后在政府公产范围内选择一相应地点，拨给云南基督教青年会，以建云南基督教青年会会所。1928年政府当局拨南校场内公地一块给云南基督教青年会建会所备用。云南基督教青年会即开始请求中华基督教青年会全国协会向北美基督教青年会协会代募建筑费。由于市政当局所拨地面积不大，须包括正义路（现三市步行街）转角地，才能合用。云南基督教青年会呈请政府核拨此转角地。经政府当局协调，1930 年将此转角地拨给云南基督教青年会作为建盖会所用地，云南基督教青年会开始了建盖会所的准备工作。请工程设计人员设计了建筑图样，调查了所需材料的价格，送到中华基督教青年会全国协会修改审定。1931 年 3 月，遵照省政府令，将建筑图式及说明呈市政府，转呈省民政厅、省建设厅核定。同时请富滇银行拆除转角地上面的建筑物，以便工程能顺利进行。同年 8 月，美国友人富士得兄弟四人，捐助建筑费美金二万五千元整。云南基督教青年会会所本于 9 月 15 日，可遵令动工。但因转角地上的住户尚未迁移，所报建筑图式尚未得到省民政、省建设两厅批复。只能先购材料，所聘工人也只能进行部分工作。10 月至 11 月，云南基督教青年会会所建筑图式，分获省民政厅、省建设厅批准备案。

1932 年 4 月，云南基督教青年会会所建筑设计、施工详图终获省、市各有关机关批准核定，开始进行建设。为做好建盖会所的各项工作，云南基督教青年会成立了建筑委员会，具体负责建盖会所的各项工作及决定重要事项。建筑委员会下设组织事务委员会，主要负责采购材料、研究日常工作，解决一般工程问题和事项。经研究决定，聘工程师彭禄炳担任建筑经理，并由其招募工人。云南基督教青年会会所的建筑设计师李锦沛先生，是曾经负责过中山陵墓、广州中山纪念堂建设的工程师，其设计方案除具实用性外，还有较高的艺术价值，并巧妙地将中西建筑风貌融为一体。5 月中旬，富滇银行将转角地上房屋拆除后，所拆房屋材料招标拍卖未成交，后由云南基督教青年会所购买，随即开始下立房屋基石。到 9 月，市民李明卿先生半捐半送，将自己在鼎新街内的地基一块分让给云南基督教青年会作为会所。所建会所基地，比原地基已较为整齐方正。9 月已过雨季，工程大有进展。然而所采办定制的建筑材料，因故未能如期交货，工程进度受到影响。工人因工作量不足而减少，后期招工时又没有及时招足，使工期受到限制。

1933 年，工程进度有了显著的加快。基础部分、第一层的成人部及少年部（如沐浴室、阅报室、游戏室、食堂、理发室等功能室）均已竣工，为云南基督教青年会会所的建设打下了良好的基础，并得到政府和社会各界支持。8 月中旬，云南基督教界人士，在施工现场举行了云南基督教青年会会所奠基礼。云南省政府主席龙云莅临奠基礼并为奠基石题写了"非以役人，乃役于人"的青年会会训。

1934 年雨季来临前，第二层的校务处、教室、图书室、会堂等处已建好完工。8 月，第二层的会员宿舍也完成了建设任务，主体工程除五层塔楼外相继完工，至 10 月，五层塔楼主体工程也全部完工，标志着云南基督教青年会会所主体工程完工，此后即开始了装饰及油漆工程，到年末全部完成，云南基督教青年会有了自己的会所。

  云南基督教青年会在迁建会所的过程中，得到政府及各方人士的大力支持与倡导。北美青年会协会代募了部分建设资金；法国（越南）海防水泥厂捐助了一批水泥，由滇越铁路运抵昆明。建设中德国工程师、英国传教士及英国医生，也从不同的渠道帮助会所建设工作，使工程进展非常顺利，所有建筑各项费用共计用去富滇银行旧纸币 90 余万元。

  云南基督教青年会会所作为昆明一栋典型的中西合璧式建筑，新中国成立后一度成为全市广大青少年的活动场所，现被列为五华区文物保护单位。

20 世纪 90 年代的云南基督教青年会（刘济源摄）

南屏大戏院

段之栋

"南屏大戏院"筹建于抗日战争全面爆发初期的 1938 年，由企业家刘淑清女士邀约龙云夫人顾映秋、卢汉夫人龙泽清等集资入股并主持修建，聘请著名建筑师赵琛设计，由陆根记营造厂施工。院址选在晓东街南口与宝善街交会处，于 1939 年建成，1940 年 4 月 1 日正式营业，定名为"南屏大戏院"，由刘淑清任常务董事，魏伯光任经理。该院开业的当天下午 6 时，在大门前的广场上举行隆重的典礼，由时任昆明市长的裴存藩讲话，龙云女儿龙国璧剪彩，乐队奏乐，锣鼓震天响，鞭炮齐鸣，热闹非常。典礼结束后，影院放映美国彩色电影《银翼春秋》，招待来宾观看。

该院占地面积 1820 平方米，使用面积 1200 平方米，影院正门前有喷水池及各种花草，环境优雅。影院外形为飞机形建筑，造型优美，设计独特，门前是半圆筒形，正面 5 道玻璃木框弹簧门，门顶有 1 米多宽的平台伸出。从平台到屋顶是围成半圆形的 8 道两层楼高的条形玻璃大窗，穿堂内充分吸收了自然光，这样的采光设计堪称一流。整个建筑外形，气势恢宏、端庄典雅、华丽明快，其建筑艺术在昆明当时的建筑群中别具一格，在云南省的近代建筑史上也有特殊地位。

影院门厅内的空间明亮而开阔，宽敞的放映大厅内没有一根柱子，四壁有隔音设备及通风设备，保持着场内空气新鲜及不受街道上喧嚣的干扰。正厅有 1400 个座位，楼厅有 352 个座位，正厅 10 排以后和楼厅全部是软席沙发座，座位排列为有坡度的倒仰式，观众的视线与银幕的角度设计得十分精确，观众观影时感到相当舒适。影院内先进的放映、扩音及灯光设备，保证了影片放映时声光效果优良，放映质量居当时一流水平。

观众入场，首先看到的是正面舞台上挂着蓝色双面绒布的大幕，下端有三条黄缎条形花纹，美观大方；电影开映时，大幕拉开，里面是果绿色的丝绸中幕；中幕拉开后，里面是粉红色的柔纱小幕；舞台的最里面挂着无孔天视线银幕，这样的银幕映出的影像特别清晰，色彩柔和。每当拉幕师在柔和的灯光和优雅的音乐声中将幕布一层一层地徐徐拉开时，观众仿

佛进入了梦幻仙境。

影院楼上楼下都有观众休息厅，休息厅呈半圆形，厅内墙壁上挂满了当时好莱坞男女明星的巨幅照片，镶在精美的玻璃相框内。楼厅的休息厅内靠墙处摆放着多条木制长靠背椅，供观众入场前小憩。只要在营业时间内，休息厅总是对观众开放的。它的半圆形屋顶上装着精美、明亮的吊灯。楼厅放映厅的门口铺着地毯，还站着两个身着红色呢子制服的男招待员负责迎候观众并检票。当时到该院楼厅观影的观众多为中上层人士，楼厅的座位也比正厅的昂贵。

从整体上看，南屏大戏院的设备先进、完善，装修考究、豪华，是抗战开始后昆明建成的一座最为豪华和现代的影院，也是西南地区最早的一座现代化专业电影院。从它当时的规模和放映设备来看，也可算得上是西南地区最大的电影院。由于当时我国沿海城市大多沦陷敌手，1941 年 12 月 7 日珍珠港事件爆发后，日寇相继占领了香港地区和南亚诸国，故该影院被誉为"远东第一影院"。

南屏大戏院以放映美英电影为主，其中又以美国好莱坞八大影业公司（即"米高梅""派拉蒙""环球""哥伦比亚""华纳兄弟""20 世纪福克斯""联美""雷电华"）出品的影片居多，其次是英国"鹰狮影业公司"等各大电影公司出品的影片，还放一些苏联影片。这些影片中留给观众印象较深的是《大独裁者》《居里夫人》《茶花女》《乱世佳人》《蝴蝶梦》《阿里巴巴与四十大盗》《阿拉丁神灯》《月宫宝盒》《仲夏夜之梦》《绿野仙踪》《翠堤春晓》《战地钟声》《魂断蓝桥》《出水芙蓉》《煤气灯下》等，均为五彩、七彩片。"二战"中后期，海上运输中断，美英苏影片都从印度加尔各答通过"驼峰航线"空运昆明，再转运重庆，故昆明的观众能先于重庆、桂林等大后方城市欣赏到美英苏原版影片。该影院还放映了一些上海"昆仑影业公司"出品的优秀国产片，如《八千里路云和月》《一江春水向东流》《万家灯火》《丽人行》《希望在人间》《三毛流浪记》《乌鸦与麻雀》等，皆备受观众欢迎。其中，《一江春水向东流》于1948 年 6 月 1 日至 7 月 2 日在该影院独家放映，每天 4 场，星期天加场，连映一个月，场场爆满，轰动春城，创昆明电影院自购影片拷贝上座率最高的纪录。

还须一提的是，由于南屏大戏院观众如潮，生意兴隆，带动了它所在的晓东街一整条街的繁荣和发展，各种商店、餐厅、酒吧、咖啡厅、茶室、舞厅、首饰店、化妆品店、高档服装店、皮鞋店、书店、文具店、照相馆应运而生，其中尤以"华达咖啡室""白宫冷饮店""维纳斯照相馆"等几家生意最为红火。

新中国成立后，1955 年 12 月人民政府对该影院实行公私合营，"南屏大戏院"更名为"南屏电影院"，该院由私营改为公办，"文化大革命"中再次更名为"东方红电影院"，粉碎"四人帮"后的 1978 年，始恢复原名。几年后，又更名为"南屏立体电影院"，并放映了第一部国产立体电影《魔术师的奇遇》，受到观众的热捧。1990 年，该影院进行抗震加固和改造装修，修旧如旧，1997 年上映美国大片《泰坦尼克号》时，放映了一个月仍场场满座，再次创造了昆明电影放映史上单片票房收入的奇迹。

　　近年来，该影院已停止放映，但原建筑保存完好，依然屹立在原址，常有归国的海外华人、华侨以及国际友人，如当年来华助战的"飞虎队"队员和他们的后人，到影院大门前故地重游，摄影留念，感慨不已。

20 世纪 70 年代的南屏立体电影院（廖可夫摄）

昆明的中轴线——正义路

张　俊

　　正义路从古至今一直是昆明城中最热闹的街道，在很长一段时期正义路都充当着昆明城区的中轴线，它以南北走向，将历史上的昆明城从中分为东西两部分。它是一条既古老又年轻的街道。说它古老，是因为这段街道古已有之；说它年轻，是因为它在历史上并不是一诞生就是一条贯通南北的长街，而是分为若干段短街，并且每一段都有各自的名称，它的名称直至民国初年才出现。今天的正义路，北起华山南路，南至金碧路，全长1450米，宽25米。

　　正义路沿线划入昆明城版图的历史可追溯到宋大理国时期。北宋宣和元年（1119），鄯阐城（今昆明城）因滇东三十七部起事，受到严重毁坏，成为"废城"。之后大理国鄯阐侯

20世纪70年代的正义路（张卫民摄）

重筑城池，越过盘龙江向西发展，称新城，沿称鄯阐城。新城区东起盘龙江，西临鸡鸣桥，南靠玉带河，北至五华山。

今正义路（中段和南段）在元代扩建中庆城（开始称昆明城，又称鸭池城，也称雅岐城）时，工商业较繁荣，大量能工巧匠云集城中，作坊中生产的金银箔、丝织品、染织品十分精美。今威远街口的正义路中段至金碧路一带的三市街是中庆城的城中心。当时今正义路中段是行中书省衙门所在地，三市街是闹市。《马可·波罗游记》盛赞："雅岐（昆明城），系一壮丽的大城。"

正义路堪称"牌坊街"，昆明的著名牌坊几乎集中于此。从金马碧鸡坊往北走到五华山，可穿过五座牌坊。

金马碧鸡坊位于昆明市中轴线正义路南端与金碧路交叉口，始建于明宣德年间。清咸丰七年（1857）毁于战火，清光绪十年（1884）重修，1966年"文化大革命"时期被拆毁，1998年再次按原貌重建。辛亥革命后，金马坊右侧称金马街，碧鸡坊左侧称碧鸡街，旁边还有金马巷和碧鸡巷，这一带始终很热闹。1923年5月，两坊所在街道改为金碧路。

在今近日公园南面原三市街与顺城街交叉路口处有忠爱坊，它与金碧路的金马、碧鸡两坊鼎足而立，故称"品字三坊"。忠爱坊始建于元代，系纪念咸阳王、云南平章政事赛典赤·赡思丁忠君爱民精神，故称"忠爱坊"。忠爱坊多灾多难，曾多次被毁又多次重建，1999年是第六次重建。

在威远街和光华街的交叉点上，曾建有"天开云瑞坊"。光华街东段原名东院街，西段名西院街，1911年重九起义胜利后两街改名，统称"光华街"，取光复中华之意。天开云瑞坊，即著名的"三牌坊"，为何称"三牌坊"？从金马碧鸡坊往北数过来，应排行第四，却不叫"四牌坊"，也许是把金马碧鸡坊合称为一坊，否则这个数就不对了。三牌坊始建于清康熙二十七年（1688），原来的坊额题词是"怀柔六诏""平定百蛮"。清道光八年（1828）云南布政使王楚堂重修三牌坊，为缓和民族矛盾，遂请呈贡人孙铸重书坊额，南面为"天开云瑞"，北面为"地靖坤维"，故称"天开云瑞坊"。"天开"一词，出自宋大理国年号；"云瑞"则象征吉祥，意在国泰民安，吉祥安康。从此百姓便称此坊为"云瑞坊"或"三牌坊"，之后又以坊名命名了"云瑞公园""云瑞东路""云瑞西路"等地名。

从三牌坊北行，至今人民中路（清代名长春坊，民国称绥靖路，后改长春路）口曾建有"万寿无疆坊"，百姓显然对万岁爷是否"万寿无疆"没有兴趣，或者讨厌这串名字，故皆称"四牌坊"，还把这段路也一起称作"四牌坊"。此坊始建于清康熙三十五年（1696），道光年间毁于火灾。近年在原址重建了一座"四牌坊"。这段街道曾是交易市场，为保山会馆旧址。

在今人民电影院处曾立过一座鲜为人知的"五牌坊"，牌坊前香火旺盛，供奉的是"土地爷"，那里的巷称"五华坊"。

正义路除了以部分牌坊来分段命名的路段外，还有位于北端与华山南路交叉的马市口和位于今近日公园的大南门，明确称"街"的只有进入大南门的北边一段名"南正街"。

大南门是明代昆明砌筑南部城楼"尚明楼"的城门。清朝总督范承勋认为明朝已亡，南城楼岂能"尚明"，便将其改为"近日楼"。又把原名"崇正门"的南门，改为"丽正门"。明代所建的六座城楼中，以近日楼周围最热闹。

1915 年云南率先举行护国起义，取"伸张正义"之意，将大南门改为"正义门"，正义门以北至马市口统称"正义路"，才把这些短街统一了名号。1954 年后三市街又并入正义路，1959 年昆明百货大楼在近日公园亭附近建成，正义路由此成为当时昆明市区南北走向中最长的街道，也是最热闹的商贸街。正义路与南屏街的交叉口近日公园，成了昆明老城名副其实的闹市中心，人们戏称，如果要用大圆规画圆测昆明市的市区范围，须以近日公园的喷水池为圆心。

如今，随着"代异时迁"，正义路早已拓宽为宽 25 米的商业大道，一幢幢高楼拔地而起，"百大新天地""正义路"以及大大小小的商铺纵列于绿树成荫的两旁，并被改造成商业步行街区，旧貌换新颜，更加展现出昆明最繁华街道的风采。与昔日相比，今天的昆明老城也不知扩大了多少倍，但人们依然习惯性地把正义路称为这座城市的中轴线。

昆明仅存的老街

杨安宁

昆明老街从名称上看本应指昆明市内保存较完整，形成一定区域的，由各式老建筑和街、巷组成的建筑空间。随着社会的发展，现在要找到由一定规模的老建筑群形成的、布局相对完整的街巷已经很难了。由于目前昆明五华区文明街片区尚保存着较多的，且基本完整的老建筑和由其形成的街巷，所以人们把这个片区称为文明街历史街区或是"昆明仅存的老街"。

文明街历史街区的范围，是指东到正义路，西到市府东街、云瑞西路，南达景星街，北至文庙区域华山南路以南，大约占地 21 公顷的区域。

昆明老街的历史变迁

三山一水、山在城中、城在水中是昆明城旧时的风貌写照，"三山"是指螺峰山、五华山、祖遍山，"一水"是指翠湖。据众多专家考证，文明街片区大约是宋元时期开始形成的。元代在云南设置行省，昆明是中庆路治所所在地，成了云南省的政治、经济、文化中心。据史料记载，明洪武十五年（1382）昆明始筑砖城，砖城周长九里，高两丈九尺，共有六座城门，城门上建有城楼，城外有护城河，文明街片区在城墙内。三山一水的地形地貌和独特的龟形城市形态，使城市的布局更显庄重又灵活，城内主要是衙署、官邸、寺庙，仅有少量民居。

清代昆明的城市功能主要为政治功能，经济、商业功能也有较大提升。清咸丰、同治年间云南农民起义，使昆明城内发生了变化，居民为躲避战火，大量迁入城内。城内居民增加，开始成为市民的主要居住地，促使城内商业活动较城外活跃，商业活动中心转移至砖城内。昆明城内多衙署、官邸、寺庙的格局有了较大改变，居住和商业贸易成为城市的重要部分。清末出现了许多专业市场，如景星街多客栈，华山南路多书店、画坊、装裱店，光华街多药店，如福林堂、杨大安堂等。随着一些商户的不断扩张，出现了商业巨头，昆明的"同庆丰"便是典型者。"同庆丰"创办人王炽，由于积累了大量的财富，便在昆明三牌坊开设了"同庆丰"

票号，办理汇兑业务。因得到了官府支持，汇兑业务获利丰厚。

随着清朝被推翻，中华民国建立，文明街片区的街道、巷道发生了较大改变，清代的建筑大多数被拆除、重建，可以说现在的文明街片区很难找到一栋建于清代的建筑了，今天我们所能看到的文明街片区基本上是民国时期形成的。如文明街是拆除原来的粮储水利道署新建的街道；抗战胜利纪念堂，是 1944 年拆除了原云贵总督署的建筑兴建的。民国时期许多街道的名称也发生了变化，如东院街改成光华街，书院街改为华山南路，龙王庙街改为市府东街，粮道街改为景星街，正南街（南大街）改为正义路等。从改的新路名来看，具有强烈的时代特征和文化特征。

昆明老街的街巷布局

文明街片区的街巷布局是在清代的基础上形成的，到了民国时期基本上形成了我们现在所看到的固定街巷布局。

清代城内外有大小街道 150 余条，大小巷道 400 多条。城内外的街道均较窄，道路路面多为条石路面，两边修筑毛石水沟，人行道多用石条和三合土铺筑，巷道多为碎石或泥土路面。

民国时期文明街片区的主要街道有文明街、甬道街、市府东街、文庙直街、光华街、景星街等，主要巷道有西卷洞巷、东卷洞巷、居仁巷、幸福巷、大银柜巷、小银柜巷、文庙东巷、四通巷、吉祥巷等。其中南北向的街道有文明街、甬道街、市府东街、文庙直街，东西向的街道有光华街、景星街。南北、东西走向的街道相互连接交叉，形成片区内的"井"字形、"丁"字形路网，加上东西向、南北向的巷道（如东、西卷洞巷为南北向，大、小银柜巷为东西向），形成了文明街片区内的基本街巷格局。

这一时期，随着经济发展，社会进步，人口增加，城市的原有布局已不能适应城市发展的需要，所以当时的政府对城市街道进行了重新规划，并进行了一系列的旧城改造与道路拓宽维修工程。据载，从民国元年（1912）至民国二十年（1931），市政公所、市政府先后在市区修整街道 38 条，路面用白细条石铺筑。民国十七年（1928）省政府对街道等级做出规定：特等街道宽 38 ~ 80 尺、一等街道 36 尺、二等街道 30 尺、三等街道 21 尺；一等巷道 15 尺（20 户以上）、二等巷道 12 尺（10 户以上 20 户以下）、三等巷道 9 尺（10 户以下）。要求路面用石料分块石、碎石、砂石三种。道路两侧砌排水沟，盖上条石，分干沟、支沟，人行道侧全用三合土铺筑。文明街片区内如拆除原粮储道署所建的文明街，北连光华街、文庙直街，南连景星街。甬道街从民国初年开始也曾多次改造，特别是 1943 年，当时市政府为改善交通，在道路拓宽时，将甬道街两侧的房屋各退 5 米，包括将聂耳故居拆除后退，建成了新的甬道街。

文明街片区内的街巷布局，遵循了中国传统的建城思想——讲述对称、均齐的原则，这也切合了中国人的宇宙观。如光华街与景星街，文明街与甬道街，云瑞东路与云瑞西路，东卷洞巷与西卷洞巷。

文明街片区的街巷经历了一个由少到多的历史进程，也经历了由窄变宽，由土路变石路，由石路变柏油路、水泥路的过程。这些街巷的变化构成了片区内的空间变化、建筑形态的变化，甚至是文化的变化、街道特征及街道个性的变化。文明街片区内的街巷空间、尺度，满足了当时的社会需求而定的，如出行、交通、商业需求等。文明街片区的街巷空间布局反映了当时昆明城市的社会面貌，是社会生活与历史的延续见证。所以保护好街区的空间环境，对维护社会生活的连续性、传承优秀文化传统，保持老街区的活力具有重要的作用。

老街重要建筑

文明街片区的老建筑基本上是民国时期留下的，包含了署衙建筑（已无存）、寺庙建筑、功能建筑、民居建筑，这些建筑是文明街历史街区的重要组成部分，同时也是昆明历史文化名城的重要组成部分和昆明历史文化的重要遗产。

文明街历史街区共有各级文物保护单位 15 个。其中国家级 2 个：抗战胜利纪念堂（云瑞西路 49 号）、福林堂（光华街）；省级 3 个：聂耳故居（甬道街 73、74 号）、马家大院（小银柜巷）、福春恒商号旧址（小银柜巷）；市级 3 个：文庙棂星门（人民中路）、欧氏宅院（文明街）、胡志明旧居（华山南路 89—93 号）；区级 7 个：西卷洞巷 1 号民居、纪念在华殉难盟军将士碑（吉祥巷）、懋庐（吉祥巷）、傅氏宅院（居仁巷 10 号）、文庙直街海天阁 1 号民居、藜光庐（文庙东巷 5 号）、华山南路传统商铺建筑群（华山南路 63—101 号）。这些建筑文物构成了文明街历史街区的基本格局和传统风貌，反映了街区的历史及历史文化特色。

文明街历史街区的建筑除文物建筑外，还有其他建筑，有关部门将文明街历史街区的现有建筑分为四类：第一类为文物保护建筑，第二类为挂牌保护建筑，第三类为普通历史建筑，第四类为一般建筑。各类建筑中有中国传统的合院式建筑，也有临街的传统商贸加住宅建筑；有纯中式传统建筑，有受西方建筑文化影响中西结合的建筑，也有西式建筑。传统中式建筑如福林堂、聂耳故居、欧氏宅院等；在传统建筑的基础上又受西方建筑文化影响加入西方建筑元素的如福春恒商号旧址、傅氏宅院等；西式建筑如胜利堂前的两栋弧形建筑等。文明街片区内的建筑多为土木结构，也有砖木结构的，甚至有钢混结构的。这些都和社会进步、新建筑材料的应用有很重要的关系，也跟昆明城的自然环境与人文环境有着很大关系。总之，随着社会的变革与进步，昆明老街也在变革与进步。保护好历史街区的完整性和真实性，是保护昆明历史、昆明历史文化遗产的重要基石。

20世纪90年代文明街的幸福巷（刘济源摄）

20 世纪 90 年代文明街的幸福巷 5 号民居（刘济源摄）

20 世纪 90 年代文明街的欧式宅院内景（一）（刘济源摄）

20世纪90年代文明街的欧式宅院内景（二）（刘济源摄）

20世纪90年代文明街的欧式宅院内景（三）（刘济源摄）

2010年文明街的福春恒商号旧址（刘济源摄）

2010年文明街的傅氏宅院（刘济源摄）

"一窝羊"

詹　霖

　　"一窝羊"位于圆通山东北麓，原处小东门外，紧挨着古城墙，在今昆明动物园内。圆通山属典型喀斯特地貌，山上山下怪石嶙峋，蔚为壮观，世人啧啧称奇，非常珍视。它所显现的地貌轮廓、岩石纹理、山阴山阳，如天然宏伟的水墨画，国画"皴法"在此展现得淋漓尽致，非他山可见。这里丛生着大片青灰色山石，从山脚到山顶，一堆一垒，大小不一。站在城墙，举目环视，山石分布得杂乱无序，或聚或分，一块块一簇簇，似从土里冒出。乍一看犹如羊群在坡间悠然吃草，特别是冬天下雪之后，"羊群"模样更显惟妙惟肖，栩栩如生。因此人们以形喻名，称此地为"一窝羊"。

清末民初的"一窝羊"（照片由廖可夫提供）

旧时，昆明坊间传说，"一窝羊"每年都在神秘"长高"，果真这样，或许是地质变化的缘故。这种现象引出一个迷信说法：清初，昆明的南通街和顺城街东口一带被称为"羊马市铺"（今"顺城豪庭"至"新百大"背后），是云南府城二十四铺之一。顾名思义，这里交易羊马家畜，也是市井中有名的蔬菜、禽蛋、牛羊肉等农副产品市场，后来简称"羊市口"。在没有高大建筑物的时代，人们从"羊市口"可直接看到"一窝羊"，当看着山坡上那些石头神秘"长高"时，心中总会升腾起诧异和惊恐，加之时局动荡，兵荒马乱，特别是清代农民起义风起云涌，官场之人犹惊弓之鸟。市井传出了飞语："城里一群羊，城外一窝羊，羊见羊，出帝王！"民间更有小调唱道："一窝羊，好凄凉，块块石头都像羊。城里有群羊么，城外有窝羊，真羊见石羊，相见出反王，哎嗨哟！出呀么出反王……"

人们当时普遍认为，每天在羊市口被赶来售卖的羊群和城外的"一窝羊"只要一见面，就不吉利，会出"大事"！大清江山就要动摇，彻底完蛋。因此，那些整天为保全乌纱，稳坐交椅的封疆大吏忧心忡忡。后经幕僚出谋划策，竟然每隔几年就要雇请大量石匠"围攻一窝羊"，将山上"长高"的石棱石角石峰凿去铲平，甚至民国初年，还有人见过一次为山石"剃头"的壮举。正因如此，后来人们在"一窝羊"所能看到的山石高高矮矮、缺峰少棱、灰不溜秋，很不顺眼，还看到了岩石上一道道用钢钎、錾子敲打的凿痕。新中国成立后，五华区政府注重圆通山的植被栽培，"一窝羊"一带林木葱郁，覆盖着酷似羊群的山石，那些凿痕也难见身影了。

"一窝羊"小有名气了，引得文人墨客为之吟诗作赋，有人还用这城边地名出了上联"一窝羊，羊吃草，连（莲）花吃（池）"，以求下联，结果无人以对。

由于"一窝羊"地处城外，比较偏僻，附近又多是乱坟岗，贫苦人家的死婴和孤寡老残病死者常弃尸于此，自然显得恐怖，特别到了晚上，更是阴风四起，"鬼火"飞跃。民国时期，那里种了不少桉树，昆明人唤作"洋草果树"，虽然长得高大健硕，郁郁葱葱，但在小娃娃心中，那些大树很可怕，路过树下，常被吓一大跳。旧时医疗条件差，常有婴儿才出生就夭折了，人们尚处蒙昧，都说这是遇上讨债的"短命鬼"，一定得狠心将其倒吊于洋草果树上，让老鸹叼食，短命鬼就不敢打扰，于是"一窝羊"屡屡出现可怕景象。

这里既然多为坟场，必然没有什么人家。荒草丛生的乱坟岗却是放牧的绝佳场地，时有牧童来此放羊。可以想象那是怎样的场景：太阳渐落，一条小路蜿蜒而没有尽头，夕阳余晖洒落羊背，勾勒出更加明亮的高光，羊儿专心吃草，悠闲漫步，整个画面鲜活、生动而恬静，天然一幅"牧羊图"。当然这并不意味着安宁和诗意，反而处处暗藏隐患，充满危险。昆明近郊乃至城边常有恶狼出没，时人把狼称为"老野狗"，看似狗的模样，却含着"狼子野心"。

"野狗"伤人事件一直持续到民国年间，特别是类似"一窝羊"这种荒芜、僻静、人烟稀少的城乡接合部，更是常有"野狗"奔走，它们神出鬼没，突然跃出，或掳掠羊羔，或直接奔袭牧童。有老人家回忆，一日，"一窝羊"山石丛中发生惨剧，一巨狼猛撞10岁牧童，撞倒之后，"老野狗"张开血口衔其腰部，拖曳而遁。当时恰有一农妇在乱坟岗薅杂草，远闻惊呼凄叫之声时，"野狗"已不知去向。人们遍寻无获，后在苞谷地里发现孩童尸身，只见他喉管被啮穿吸血，腰腿等部亦有受伤，情状极为惨烈。小娃娃的爹妈抚尸哀恸不止，悲痛欲绝，附近村民纷纷聚首议论，更令人扼腕哀叹的是，很多人认为造成如此悲剧是冒犯山神的缘故，于是大家拟集资备馔，到附近的"圆兆庵"祈祷致祭。

豺狼横行乡野，村民被噬事件多有发生。1935年8月11日的《云南日报》即如此报道："团山击毙豺狼：近日昆明县各乡，多发现野狗伤人情事，一般妇孺，甚为恐慌，县政府具报后，即令各乡派保卫搜山击捕，昨（8日）七区保卫队壮丁，在团山搜索，发现凶猛野狗一只，经卫队壮丁奋力追击，已将野狗击毙，抬往区公所报告云。"

虽然派出壮丁轮流防守，组织打狼队大举搜山击捕，但狼性狡黠异常，凶残无比，防不胜防，要想捕杀，绝非易事。经过实践，"一窝羊"附近村民"用药毒杀，方期绝尽根株"。当时主要是用叫作"硝酸士的年精"的毒药，又名"硝酸士的宁"，无色而味苦，为抑制脊髓神经的药物，反应极快，中毒后30分钟内即可惊厥、窒息而亡。用它来灭杀"野狗"非常灵验，功效神奇。一般是把药液涂抹在牲畜肉品之上，将其弃置山坡石缝，野狗见肉必啮，随后中毒身亡。

随着人类活动的领域越来越大，包括"一窝羊"片区住家增多，渐渐干扰了狼的繁殖，其结局只有被动迁徙而致最终消亡。

1954年，昆明动物园扩大园址，将城墙拆除，"一窝羊"划入园内，在此增建"猴山"，成为黑猩猩、长臂猿等动物馆舍，成为游览区之一部分。

"一窝羊"不存在了，它积淀的历史文化内涵，从特定的侧面记录了昆明人的社会实践活动。虽然其中有离奇的故事，有痛苦与磨难的哭诉，但追寻这段往事，却有助于我们了解昆明的过去，了解我们生活的这座城市一路走来日新月异的嬗变。

大象走过的小街

朱端强

　　昆明象眼街得名的传说很多，但也许只有一点是共同的事实：一头大象曾走过这里，突然跪下，在原本没有水泥地的街上跪出了一个深深的"眼窝儿"。清末以来的"老昆明"都这样说。它究竟是哪里走来的大象？为何非要经过象眼街？

　　这得从古代贡象的故事说起。

　　象是产于炎热地区的动物。据物候学家考证，我国黄河流域原来也有大象，后来气候变冷，便逐渐消失了。先秦以后的贡象主要来自东南亚。早先的古籍称"越裳贡象"，后来才从"越裳国"区别出不同的国家——今天的越南、缅甸、老挝、泰国、柬埔寨等地都产大象，也都向中国贡象。憨厚的大象究竟怎样从遥远的丛林走入中国，史无详载。但就区位道路而言，云南自是贡象的一个必经之地。

　　明清两朝，东南亚各国贡象的次数剧增。特别是老挝和缅甸，有时甚至每隔两三年就要贡象一次，每次三四头不等。象在老家不过是"战士"兼"苦力"，用来打仗、耕地、伐木、搞运输等；一旦贡入中国，则升格为"瑞兽"和象征臣服天朝的一种"方物"，养在深宫，好吃好喝，专供宫廷仪仗或观赏玩乐。故每次贡象，贡使都能得到中国皇帝大量优渥的赏赐，远大于贡象的价值。所谓"朝贡贸易"，于当时中国政府其实是赔本的生意！这样，赏赐愈多，贡象愈频。乃至有一年乾隆皇帝不得不正式下诏说：请别再没完没了地贡象了！

　　然而，大象从遥远的丛林走到北京也的确不易。

　　据明代云南方志记载，缅甸贡象之路称"上路"，贡象从缅北至德宏，爬高黎贡山，过怒江，经保山而来；老挝贡象之路称"下路"，大象从版纳、普洱、景东走来。真够累的！因为贡象是国家级外交活动，故两路贡象都必须先到昆明，由云贵总督亲自主持隆重的接贡仪式，然后在昆明稍事休息，再由总督派专人护送北上。运气好的贡象自然是一路风光到京城，也有命苦的大象则因为长途跋涉或气候反常死于半道。故每次"正贡"大象的后边往往跟着几头"余象"，作为自己可能死去同伴的递补队员。

    贡象下榻的地方称"象房"。昆明的象房设在报国街报国寺后边，也就是今天的绿水河一带。驯象之人称"象奴"，他们穿着稀奇古怪的"锦衣"。他们有时骑在象背上；有时在象前翻跟斗，做出各种滑稽动作逗引观众；有时指挥贡象向达官贵人跪拜行礼，乃至勒索赏钱。贡象的伙食级别很高，每天要用红糖拌草、新鲜茭白和糯米香饭喂养，难怪乾隆皇帝惊呼"难养"！

    然而，贡象进城毕竟是当时昆明老百姓最高兴的事情之一。感谢清道光年间云贵总督阮元的一首长诗——《贡象诗》，为我们再现了大象漫步春城的热闹场面，也多少揭开了象眼街的秘密。

    道光辛卯年（1831）冬天，南掌国（老挝）两头贡象到达昆明。一头名叫"麻罕克"；一头唤作"麻罕玩"。从阮元的诗看来，贡象队伍从昆明正南门（今近日楼）入城，首先得饱眼福的是南门外金碧路一带的居民，故阮诗说："碧鸡坊下万人看！"按制度，"象入城，

20 世纪 90 年代的象眼街（廖可夫摄）

先禀到后，始归象房，迟日再到（部）堂跪见"，推知第一天大象经由今天的三市街、正义路、光华街到总督府（今胜利堂）报到。进出于设在今天云瑞东、西路的左、右辕门，故阮诗有"特向辕门报象来，辕门应为象双开"。

此后，按道光朝昆明地图，大象本可经今天的光华街、长春路直抵设在报国街的象房，但何苦要绕道象眼街呢？乃因云南布政司衙门设在威远街，它是当时滇省最高行政机关，贡象队伍不能回避不见。所以只能再次从光华街折向威远街，顺道拜见布政使大人，再经紧靠布政司衙门东侧的象眼街插向长春路和报国街，最后进入象房。这样，象眼街就成了象房与总督衙门之间的必经之路了。换句话说，清代所有下榻昆明的贡象必须两次路经象眼街才能成礼北上！不难设想，贡象经常往返在这条极其狭长的小街之上，就不免生出突然跪下、拉屎拉尿等许多意想不到的逸事来。

贡象是否真的在象眼街偶然跪下，这并不重要。重要的是它给昆明留下了难以磨灭的足迹——中国和东南亚各国之间悠久的历史和友谊！贡象的队伍早已消失，但历史和友谊的足迹却以新的步伐一直延续到今天，一路通向明天。

老昆明仅存的石板路——登华街

马海洋

　　从翠湖往五华山走，最近的路是登华街。与其他一些历史街区相比，登华街并不起眼，街道全长 200 多米，据说过去最宽之处不超过 6 米，一般为 4 米左右。在若干年前，这条石板路是人们通往五华山的一条便道，沿着登华街，可以登五华山。不过，在登华街附近的"一丘田"小巷，还遗留有一段五六十米长的老石板路，据说这是老昆明仅存的一条石板街道。

　　石板路横在黄公东街的半坡上，从东向西，连接了华山西路和黄公东街。铺在登华街上的一块块青石板，表面已被磨得油亮光滑，为防滑而凿出的凹槽又把石板衬托得十分斑驳。石板路的前后左右都连着柏油路和水泥路，一眼看去，它显得古朴而落寞。路两边全是一家一户的院落。周围都是现代化居民小区，附近有一个幼儿园和毓英小学，这所小学的名字源自一位在辛亥革命中牺牲的先烈——黄毓英。

　　在时间的幻影中，均匀的石板承载了老昆明街道史的厚重。日新月异的新城建设中，一丘田还能保留下一片石板，也算是一个奇迹了。有着百年历史的登华街石板路，现为五华区登记的不可移动文物。

20 世纪 90 年代的登华街（刘济源摄）

登华街的老房子云庐（刘济源摄）

登华街的老房子云庐内景（刘济源摄）

节孝巷的由来

张　佐

　　昆明作为一座依山傍水的古城，有山就有坡，其中在五华山东麓就有一条牛角坡，后来此地住了人家，并建起姜孝子祠堂而改称"节孝巷"。

　　姜孝子叫姜朝相，昆明人，就居住在牛角坡。幼年时父亲去世，而他本人又双目失明，但侍奉母亲却十分孝顺。姜家十分贫困，姜朝阳每天拿着一个小磬边敲边唱在街上向人乞讨以赡养他的母亲。每次讨得饭菜后，必先让母亲吃饱，自己才吃剩下的食物。如果讨的食物较少，则全让母亲吃，自己饿着肚子。

20世纪90年代的节孝巷（刘济源摄）

姜朝阳每天早早地起床，将他家在牛角坡的几间茅草房打扫干净，服侍母亲吃完早餐后，才上街去要饭。昆明人都知道他是个大孝子，只要一听到街上有敲磬的声音，就知道是姜孝子来乞讨了，便将食物或钱财给予他。有点余钱，姜朝阳就积攒起来留着给母亲办后事。夜里，他常常点燃三炷香跪在房外给母亲乞寿。母亲的衣服脏了或是破了，他便及时洗涤、缝补。母亲的衣服夏有夏服，冬有棉衣，十分完备，从不缺少。由于姜孝子对母亲服侍得十分周到，他母亲甚至忘记了儿子是一个瞎眼乞丐。有人劝姜孝子娶一个媳妇，姜孝子则说："我也明白'不孝有三，无后为大'的道理，但谁肯嫁给我这个瞎眼乞丐？即使有人肯嫁我，我也无力养活三人。"便始终没有娶媳妇。清咸丰五年（1855），姜孝子的母亲得了重病，他割自己腿上的肉给母亲治病（古人认为此法能治重病，称为"割股"），但母亲的病不见好转而病故了。姜孝子十分悲痛，终日痛苦不止，他将母亲安葬后，因伤心过度也死了。邻居将姜孝子的情况上报官府，官府上奏朝廷。朝廷下旨旌表，令将姜孝子的故居改建祠堂，祠堂内供奉姜孝子的塑像。

节孝巷的由来演绎了一个感人故事。据说，当年姜孝子的祠堂内悬挂着多副颂扬他的楹联，其中最著名的两副楹联，一副是昆明学者陈荣昌撰写的"到此愧心生，看奇穷废疾之人做成大孝；由来公道在，把湫隘尘嚣之宅拓作崇祠"，另一副佚名，其联云："事亲能竭其力，殉母不是轻生。"虽然这座祠堂及其楹联现已不存，但这个故事却活化了我们中华民族尊老爱幼、孝敬父母的传统美德。

翠湖自来水泵房

石玉顺

明代昆明古城，翠湖一泓秀水。九泉喷涌的九龙池，曾为昆明机用水的第一个水源。

1910 年滇越铁路通车，"商业亦渐发达，市内人烟辐辏，房屋栉比，以致时疫流行，火灾迭见，为谋都市人民之健康及社会之消防安全，计非有清洁之饮料（自来水），不足以维公共健康而保社会安宁"。民国四年（1915），唐继禹、黄毓成、罗佩金、王灿、丁祖佑等 12 人，倡议集资创办昆明自来水公司。以"注重饮料，裨益卫生，便利人民"为宗旨，招商集股，筹集 203430 银圆，委托英商旗昌洋行"代为调查安装自来水一切事宜"，并派员到越南海防、河内自来水厂考察实习。同年十二月二十日，与法商海防机械建设公司代表戴阿尔工程师签订承建自来水工程合同，限期 14 个月完成。法商承建的自来水工程，水源乃取翠湖九龙池泉水，并建抽水泵站。

民国五年（1916）二月，云南自来水股份有限公司筹办处成立，办公地点设在翠湖水月轩。随即召开成立大会，推举丁绍文为公司总经理，立公司简章。八月，机械设备由海防经

20 世纪 90 年代位于翠湖公园的昆明市自来水历史博物馆（刘济源摄）

滇越铁路运抵昆明。九月，净水处理厂在五华山西面筲箕坡的金蝉寺破土动工，水池中一直屹立着一尊铜铸的"刘海戏金蟾"塑像，造型极其优美，可惜1958年大炼钢时被毁。民国六年（1917）一月，公司派赵舜卿、唐建勋、丁和秋到越南海防自来水厂实习。八月，金蝉寺净水池及翠湖九龙池泵房相继建成。筹建中股金未收齐，资金拮据，工程险遭夭折。经公司先后向省警察厅、垦殖总局、东川矿务公司及富滇银行筹借款项，直到民国七年（1918）五月二日，正式开机供水，时称"机器水"，使昆明成为西南地区第一个用上自来水的城市，诗赞："机器隆隆九龙池中响，清水汩汩五华山上流。"自来水作为一件新生事物，自来水成了昆明更加文明和进步的一个象征。

公司创办伊始，小到螺丝、龙头、螺栓，大到闸门、水泵、电机及基建钢筋、水泥等，全由越南海防购置运至昆明。九龙池水抽到金蝉寺，经水厂滤池过滤及净水处理，靠高差自然压力，由四条干管向用户供水。全部管道长9.5公里，供水能力约每天1000立方米，用户仅有机关、学校、公共场所及官绅大户200余户。因水费太贵，"民风初开，多为观望""私人用水者仍寥若晨星"。直到民国九年（1920）五月一日，云南自来水股份有限公司正式宣告成立后，只有省立第一中学、唐联帅（唐继尧）北门街公馆、"同庆丰"商号等处安装使用自来水。

民国十年（1921）十一月五日，省会警察厅厅长朱德到公司参加会议，商议公司面临的困局。至民国十一年（1922）仅安装水表37支、龙头84个，各街道供水水盘44座。开办以来的六年间，入不敷出，"岌岌乎有不可支之状"。民国十二年（1923），昆明市政公所（市政府前身）拨款3万元，改商办为"官商合办昆明自来水股份有限公司"。到民国二十一年（1932），经股东大会通过，公司改为"昆明自来水厂"，厂长由官方委任。

抗日战争爆发后，昆明成为后方重镇，城市人口激增至30余万，自来水用户增至600余户，供不应求，要求新装水管者均因水量不足被拒。加之电力供应不足，九龙池泵站两部机器只能轮流抽水。用户供水时间也由全日制改为上午三小时，下午四小时。水厂营业不振，业绩惨淡。由于水压低，距水厂稍远的金碧路等地，用户有时要以嘴在水龙头上猛吸几口，水才慢慢地流出来，因此很多人哭笑不得地调侃道："自来水，不自来，咂上几口流出来。"水厂历史资料记载："每拟扩充设备，则因物价之波动致使每月收入不敷支出，历年之准备金、公积金、折旧费、准备费等赔贴尽净。"当时自来水厂向市政府报告："现时每月所收因物价随时上涨而不敷支出，经常支用尚不敷，遑论设施乎……若无其他外力补助，危机不远矣。"

1941年4月8日及8月13日，筲箕坡自来水厂两次遭日机轰炸，房屋水塔部分被毁。到1944年上半年，财务账上公存现金300多元，濒临绝境，几近关门。同年9月，自来水厂遂以全部资产作抵押，向银行透支资金改善生产经营，九龙池扩大挖深，增加出水量。泵机两部水机同时开动，加大供水能力，水厂一度有了转机。到 1949 年，自来水厂供水管网总长 22 公里，供水面积 5.31 平方公里，日供水 1100 立方米。昆明自来水事业，在风雨如晦的艰难岁月中，步履维艰，饱经忧患。

1917 年至 1957 年的 40 年间，昆明自来水水源主要依赖翠湖九龙池。"文化大革命"期间因为"深挖洞"，在螺峰山麓潮音洞、幽谷洞两个大型溶洞修筑人防工程，切断了九龙池地下水源。1970 年 7 月，翠湖及九龙池水源干涸，九龙池泵站结束了抽水的历史。1983 年 9 月，昆明市人民政府决定，自来水公司将九龙池划归翠湖公园，仅保留泵房及吸水井，开辟昆明市自来水历史博物馆，供人参观，亦为翠湖公园增添了一道亮丽的人文景观。2003 年 6 月，五华区人民政府公布"昆明自来水厂泵房旧址"为区文物保护单位。

20 世纪 90 年代位于翠湖公园的昆明市自来水历史博物馆内景（刘济源摄）

图索老昆明·文明街片区

范　丹

华山南路： 在市区中部偏北，五华山南面，东起华山东路，西至华山西路，中段南侧通正义路，长448米、宽12米。清初东段称东华街，西段名西华街。后因五华书院声名鹊起，统称书院街，1937年后统称华山南路。

20世纪70年代的华山南路（张卫民摄）

武成路： 在市区中部偏西。东起华山西路南口，西至东风西路，长850米、宽12米，为市区老街道之一。明清时分段称土主庙街、城隍庙街、武庙街、小西门正街，1937年合并统称武成路。

1938年12月30日晚，著名作家茅盾在昆明文庙大成殿观看了金马剧社公演的石凌鹤编写、王旦东导演的话剧《黑地狱》。1940年7月，著名作家巴金从上海起程到越南转乘火车，经滇越铁路抵昆来探望他的未婚妻萧珊女士，巴金先生就住在武成路中和巷租用的一幢拥有花园宅院的玻璃屋子里，他在这里住了三个月，写完了小说《火》的第一部。

20 世纪 70 年代的武成路鸟瞰图（张卫民摄）

20 世纪 70 年代的武成路（张卫民摄）

民生街：在市区中部，近日公园西北面，东起文庙横街，西至五一路，北通民权街，长310米、宽11米。明清两代，云贵总督衙门在此，守卫士兵竖立起两杆大纛旗，故称二纛街。辛亥革命后废除帝制，提倡"三民主义"，1940年扩街后以"民生"得名。北厢：由东至西有宽巷、义生巷、东生巷、民生巷横贯其间。其中，义生巷往北与武成路相通。民生巷往北折西与福照街相连。南厢：有沙朗巷往南与光华街相通。

民国时期，郑氏中医在民生街中段开设"体德堂"药铺，专营女金丹，由于选料正宗，配伍独到，制作精良，药效显著，在老昆明享有盛誉。抗战时期，西南联大生物学系吴韫珍教授、地质气象系杨钟健讲师住宽巷5号。

20世纪70年代的民生街（一）（张卫民摄）

20世纪70年代的民生街（二）（廖可夫摄）

　　民生巷：在市区中部偏西北，南起民生街，往北折西与福照街相连，长114米、宽2米。清代成巷，因最早有萧姓人家居住于此，故名"肖家巷"，后又改称潇湘巷。1936年倡导孙中山提出的"三民主义"，遂更名至今。

20世纪70年代的民生街（杨红文摄）

　　义生巷：在市区偏西北，南起民生街，北至武成路，长371米、宽2米。清代此巷南北两端互不相通，南段名为豆腐巷，因巷内有豆腐坊而得名。北段名为永国庵巷，因巷内有永国庵而得名。1937年两条巷整修疏通后，命名为"义生巷"。

20世纪70年代的义生巷（杨红文摄）

　　文庙横街：在市区中部，近日公园北面，东起正义路，西接民生街，长 134 米、宽 12 米。文庙始建于元至元十五年（1278），赛典赤·赡思丁任云南行中书省平章政事期间，街以文庙而得名。北厢：由东至西有文庙东巷往北折东与正义路相通；有文庙西巷往北与华山南路相接。

　　民国时期，著名书法家段金锷先生在此开设"墨稼轩"书写店，专门书写匾额、对联、中堂等，在旧时颇有名气。专营什锦南糖的"芝兰轩"糕点铺也坐落于此，后"芝兰轩"更名为"吉庆祥"，经过多年的发展，"吉庆祥"已成为滇派糕点的代表性企业之一。

20 世纪 70 年代的文庙横街（张卫民摄）

　　文庙东巷：在市区中部偏北，文庙东侧，南起文庙横街，向北转东至正义路，长 150 米、宽 3 米。因靠近文庙东侧而得名。

20 世纪 70 年代的文庙东巷（詹霖摄）

文庙西巷: 在市区中部偏北，文庙西侧，南起民生街与文庙横街交会口，北至华山南路，长 221 米、宽 4 米。因靠近文庙西侧而得名。

20 世纪 70 年代的文庙西巷口（廖可夫摄）

20 世纪 70 年代位于文庙西巷口的"民生小吃"（廖可夫摄）

云瑞北路: 在市区中部偏西北, 抗战胜利纪念堂北侧, 东起云瑞东路, 西至云瑞西路, 长 103 米、宽 8 米。因邻近"天开云瑞坊"而得名。

20 世纪 30 年代位于云瑞北路的姚济医药室 (照片由杨小燕提供)

光华街: 在市区中部, 东起正义路, 西至五一路, 长 435 米、宽 12 米。中段北侧有抗战胜利纪念堂, 南侧有云瑞公园。明清两代, 从正义路至云瑞公园为东院街, 云瑞公园至五一路为辕门口。1911 年辛亥革命胜利后, 取光复中华之意得名。北厢: 由东至西有昌宏巷、沙朗巷横贯其间, 其中沙朗巷往北与民生街相通。

抗战时期, 中央通讯社记者陈香梅女士被派到昆明分社实习, 她和好友方丹经常来光华街逛书摊, 她们俩在这里淘到了沈三白《浮生六记》以及《元曲精选》等喜爱的书籍。她们俩逛完书摊后就到羊市口德鑫园吃过桥米线, 吃完饭后便沿着金碧路到西坝河散步小憩。抗战时期, 国立艺专由杭州迁至昆明, 租用光华街昆华小学的校舍办学, 校长滕固聘请著名翻译家傅雷先生出任教务长。傅雷先生从上海转香港来到昆明, 他想办一所国内一流的艺术专科学校, 为了提高办学质量, 他提出两条建议: 一是对教师要甄别, 不合格的要解聘; 二是对学生要重新考试编级。滕固校长没有采纳傅雷先生的建议, 两人在办学治校的思路上产生分歧, 傅雷先生为人正直耿介, 脾气执拗, 便拂袖而去, 返回上海。西南联大外语系吴可读教授住在光华街云瑞中学。

20 世纪 70 年代的光华街（廖可夫摄）

20 世纪 60 年代光华街（廖可夫摄）

2010年光华街的王运通药室老铺（刘济源摄）

沙朗巷：在市区中部偏西北，抗战胜利纪念堂西侧，南起光华街，北至民生街，长388米、宽3米。清初，因有一位沙姓官员居住于此，故称沙府巷。辛亥革命后改称沙郎巷。1950年将"郎"字改为"朗"字，更名为沙朗巷。

20世纪90年代的沙朗巷（杨红文摄）

　　兴隆街：在市区中部，抗战胜利纪念堂西侧，南起光华街，向北转西至五一路，长198米、宽5米。形成于清代，街中多为中小商贩居住，因盼望"生意兴隆、财源茂盛"，故于清光绪三十三年（1907）取名兴隆街。

20世纪70年代的兴隆街（杨红文摄）

20世纪80年代的兴隆街口（詹霖摄）

　　景星街：在市区中部，近日公园西北边，东起正义路，西至五一路，长 400 米、宽 11 米。清光绪年间，粮道衙门设此地，故名粮道街。1911 年辛亥革命胜利后，相传当时东方出彩云，西方现景星，人们认为是吉祥的象征，故取名景星街。南厢：由东至西有直道巷、文定巷、吉祥巷、知止巷、通城巷横贯其间。其中吉祥巷、通城巷往南与东风西路相通。

　　抗战时期，浙江大学史地系主任兼文学院院长张其昀先生奉教育部委派赴昆与云南省政府接洽浙大迁滇建水县相关事宜，就下榻在景星街 100 号的乐群招待所。西南联大哲学心理学系郑昕副教授住在景星街 151 号。

20 世纪 70 年代的景星街（张卫民摄）

　　东风西路：位于市区中部偏西，东起近日公园，与南屏街相望，西北抵文林街与龙翔街交会处，长 2100 米、宽 40 米。明清时，是南城门至小西门、大西门间的城垣和护城河。1953 年后拆除城墙，填平护城河，逐渐拓筑为平坦宽敞的新型马路。因由近日楼通往小西门、大西门，故取名近西路。1960 年取"东风压倒西风"之意，更名为东风西路。该片区东风西路为近日公园至五一路段。北厢：由东至西有耳巷、吉祥巷、尤家巷、通城巷横贯其间，其中吉祥巷、通城巷向北与景星街相通。

20 世纪 60 年代的东风西路（廖可夫摄）

　　耳巷： 在市区中部，近日公园西侧，南起东风西路，向北转西与吉祥巷相接，全长 159 米、宽 4 米。清代至民国年间，耳巷在万钟街东部，有东耳巷和西耳巷相互连通，由于像两只耳朵，故得此名。

　　吉祥巷： 在市区中部，近日公园西侧，南起东风西路，北至景星街，长 218 米、宽 2.5 米。清代巷内建有"吉祥庵"，故巷以庵而得名。

20 世纪 70 年代的吉祥巷（詹霖摄）

　　尤家巷： 在市区中部，近日公园西侧，南起东风西路，向北延伸至巷底，全长60米、宽2米。明代成巷，相传巷中以尤姓人家首住而名尤家巷。

　　通城巷： 在市区中部偏西，南起东风西路，北至景星街，长60米、宽4米。清代成巷，俗称哑巴巷，清末改称通城巷，因巷道通抵南城脚而得名。

20世纪70年代的通城巷（詹霖摄）

　　正义路： 在市区中部，北起华山南路，南至金碧路，长1450米、宽25米，是城区的中轴线。明清时期，北段多为官府衙门，商业集中，牌坊林立，是老昆明市区历史较悠久的街道之一。自南向北分别由三市街、南正街、三牌坊、四牌坊、马市口组成。其中金碧路至近日公园一段为三市街；近日公园至景星街一段为南正街；景星街至光华街一段为三牌坊；光华街至文庙横街一段为四牌坊；文庙横街至华山南路一段为马市口。1915年护国运动胜利后，为纪念这一重大历史事件，将南大门（丽正门）命名为正义门，1937年以近日公园为界，近日公园以北至华山南路称为正义路，近日公园以南至金碧路称为三市街，后两段合并统称为正义路。东厢：从南到北有永升巷、五华坊横贯其间。其中永升巷经高山铺往南与南屏街相通。五华坊经柿花巷往北与华山南路相通，经咸宁巷往南与长春路相连。西厢：从南至北有小银柜巷、大银柜巷、孝子坊巷、居仁巷、四知巷、邱家巷、正义巷、文庙东巷、四通巷横贯其间。其中，小银柜巷、大银柜巷向西与文明街相通，文庙东巷往南与文庙横街相接，四通巷向北与华山南路相通。

　　1920年，孙兆贵先生在正义路中段开设"仁和园"滇味饭馆并兼营过桥米线，至此过桥米线正式落户昆明，成为昆明最具代表性的小吃。当时，孙兆贵聘请建水的师傅来制作过桥米线，汤选用鸡、鸭、猪筒子骨熬制而成的三合汤，米线选用滇南传统的干浆米线制作工艺。

　　北京饭店冷饮部旧址在今正义路28号立强珠宝时尚体验店附近。胜利煮品店在正义路转庆云街拐角处，它的烤牛肉串最为有名。正义路123号是国际艺术影楼。正义路142号是始建于1937年的精益眼镜店，该店被国家商务部认定为"中华老字号"。香海理发室是老昆明最高档的美发厅之一，该店剪发、吹发、烫发皆数一流。

　　抗战时期，西南联大常务委员蒋梦麟住在邱家巷2号。有人问："梦麟先生！你身为西南联大的常务委员，为什么不过问联大的事？"梦麟先生回答："有月涵在管，我不管就是最好的管。"西南联大教授、著名语言学家罗常培曾住在柿花巷4号。

清末民初的正义路（照片由廖可夫提供）

20 世纪 30 年代的正义路（照片由廖可夫提供）

20 世纪 70 年代的近日公园（廖可夫摄）

　　咸宁巷：在市区中部偏北，五华山南侧，南起长春路，北至五华坊与柿花巷相连，长 110 米、宽 4 米。明代因巷内建有"咸宁寺"，故称咸宁寺巷，后寺毁，1940 年改称为咸宁巷。

20 世纪 70 年代的咸宁巷（一）（廖可夫摄）

20 世纪 70 年代的咸宁巷（二）（杨红文摄）

　　大银柜巷：在市区中部，近日公园北侧，东起正义路，西至文明街，长 125 米、宽 2.5 米。民国初年，官府在此设有银号，故称大银柜巷。

20 世纪 70 年代的大银柜巷（一）（张卫民摄）

20 世纪 70 年代的大银柜巷（二）（詹霖摄）

　　小银柜巷：在市区中部，近日公园北侧，东起正义路，西至文明街，长 72 米、宽 3 米。民国初年，官府在此设有银号，为与大银柜巷加以区别，故起名小银柜巷。

20 世纪 70 年代的小银柜巷（一）（杨红文摄）

20 世纪 70 年代的小银柜巷（二）（詹霖摄）

　　民权街：在市区中部，近日公园北面，北起武成路，南至民生街，长 158 米、宽 9.5 米。又称三纛巷，辛亥革命后废除帝制，提倡"三民主义"，1947 年扩街以"民权"得名。东厢：有康寿巷横贯其间。西厢：有四宝巷镶嵌其中。抗战时期，西南联大图书馆馆员杨作平住民权街 30 号。

20 世纪 70 年代的民权街（张卫民摄）

　　文庙直街：在市区中部，近日公园北面，南起光华街，北至文庙横街，长 290 米、宽 11 米。文庙始建于元至元十五年（1278），赛典赤·赡思丁任云南行中书省平章政事期间，街以文庙而得名。东厢：由北至南有曙光巷横贯其间。西厢：由北至南有郭家巷、海天阁巷镶嵌其中。

20 世纪 70 年代的文庙直街（张卫民摄）

海天阁巷： 在市区中部，抗战胜利纪念堂东侧，东起文庙直街，南向延伸至巷底，长 25 米、宽 2.5 米。清代，因靠近云贵总督府的"海天阁"，故名海天阁巷。

20 世纪 70 年代的海天阁巷（杨红文摄）

　　云瑞东路：在市区中部偏西北，抗战胜利纪念堂东侧，北起民生路，南至光华街，长301米、宽11米。因邻近"天开云瑞坊"而得名。

20世纪90年代的云瑞东路（刘济源摄）

　　云瑞西路：在市区中部偏西北，抗战胜利纪念堂西侧，北起民生路，南至光华街，长301米、宽11米。因邻近"天开云瑞坊"而得名。

20世纪90年代的云瑞西路（刘济源摄）

文明街：在市区中部，近日公园北面，南起景星街，北至光华街，长157米、宽10米。清代为粮道衙门所在地，1923年拆除粮道衙门后辟为街道，因街北端正对"南国文明坊"而得名。东厢：由北至南有大银柜巷、小银柜巷横贯其间。往东与正义路相通。西厢：有幸福巷镶嵌其中。

20世纪60年代末的文明街（张卫民摄）

幸福巷：在市区中部，云瑞公园东侧，东起文明街，向西延伸至巷底，长22米、宽2米。清代，此地是官府眷属的集中居住地，称为四合巷，1949年以后更名为幸福巷。

甬道街：在市区中部，云瑞公园南侧，南起景星街，北至云瑞公园，长105米、宽7.4米。清初为云贵总督府衙门前的甬道，故以此得名。东厢：有东卷洞巷横贯其间。西厢：有西卷洞巷镶嵌其中。

甬道街73、74号是人民音乐家聂耳的出生地。清末，聂耳之父聂鸿仪来昆行医，在此开设"成春堂"药铺。

20世纪70年代的幸福巷（杨红文摄）

20世纪70年代的甬道街鸟瞰图（张卫民摄）

20 世纪 70 年代的甬道街（张卫民摄）

　　东卷洞巷： 在市区中部，云瑞公园南侧，东起文明街，向西转北至光华街，向西转南至甬道街，长 125 米、宽 2.5 米。清代成巷，其巷道如洞穴蜿蜒卷曲，因在甬道街东侧，故起名东卷洞巷。

20 世纪 70 年代的东卷洞巷（张卫民摄）

西卷洞巷：在市区中部，云瑞公园南侧，东起甬道街，向西转北至光华街，长85米、宽2.5米。清代成巷，其巷道如洞穴蜿蜒卷曲，因在甬道街西侧，故起名西卷洞巷。

20世纪70年代的西卷洞巷（一）（左图杨红文摄、右图詹霖摄）

20世纪70年代的西卷洞巷（二）（詹霖摄）

　　市府东街：在市区中部，抗战胜利纪念堂南侧，南起景星街，北至光华街，长164米、宽9米。清代在此建有龙王庙，故称龙王庙街；民国十六年（1927）民国政府在此建昆明市政府，故以此得名。

20世纪90年代的市府东街（刘济源摄）

　　五一路：在市区中部，翠湖公园的南侧，南起国防路，北至五一电影院，长1200米、宽10～20米。明清至民国年间，分段称城隍庙街、福照街、西院街、甘公祠街，1966年统称为五一路。西厢有五一巷经华兴巷往北与如安街相通，经南城脚往南与东风西路相接。

　　抗战时期，西南联大化学系高崇熙教授住五一巷51号，土木工程系李谟炽教授住五一巷2号，机电工程系范崇武讲师住五一巷42号，文学院余冠英教员住五一巷25号。

20 世纪 70 年代的福照街（一）（张卫民摄）

20 世纪 70 年代的福照街（二）（张卫民摄）

老昆明的六道城门

昆明作为云南省的首邑，其城池据传始建于战国庄蹻开滇之际，至唐代蒙氏初建为柘东城。元代又改建为拓庆城，城垣以土坯夯打而成，是为土城。明洪武十五年（1382）再次拓建，城垣以砖石垒砌而成，是为砖城。砖城拓基周长九里三分，高二丈九尺二寸，坐北朝南，共有城门六道，上皆有楼。东曰"咸和"，楼名"殷春"，俗称大东门；东北曰"敷泽"，楼名"璧光"，俗称小东门；南曰"丽正"，楼名"近日"，俗称大南门；西曰"宝成"，楼名"拓边"，俗称大西门；西南曰"威远"，楼名"康阜"，俗称小西门；北曰"拱辰"，楼名"眺京"，俗称北门。

清末民初的大东门（照片由廖可夫提供）

清末民初的大东门及护城河（照片由廖可夫提供）

清末民初大东门上的殷春楼（照片由廖可夫提供）

清末民初的小东门（照片由廖可夫提供）

20 世纪 20 年代的小东门（照片由廖可夫提供）

20 世纪 30 年代的小东门（照片由廖可夫提供）

清末民初的大南门（照片由廖可夫提供）

清末民初大南门上的近日楼（照片由廖可夫提供）

20世纪30年代的大南门广场（照片由廖可夫提供）

20世纪40年代的大南门城楼（照片由廖可夫提供）

20世纪30年代大南门外的会泽唐公再造共和纪念标（照片由廖可夫提供）

清末民初的大西门（照片由廖可夫提供）

清末民初的小西门（照片由廖可夫提供）

清末民初的北门（照片由廖可夫提供）

清末民初北门上的眺京楼（照片由廖可夫提供）

20 世纪 20 年代的北门（一）（照片由廖可夫提供）

20 世纪 20 年代的北门（二）（照片由廖可夫提供）

人物春秋

黔国公沐英

朱净宇

　　沐英幼时是孤儿，被朱元璋收为义子，随军南征北战，屡立大功，深得朱元璋器重，被封为西平侯。朱元璋定都南京之后，让傅友德、蓝玉和沐英率 30 万大军征讨云南。明军在曲靖白石江与元军对阵，布下疑阵，乘雾偷袭，大获全胜，一路杀到昆明城下。元梁王见大势已去，弃城而走，后于滇池边自杀。元军留守官员献城投降，昆明父老争相迎接明军入城。不战而拿下昆明城后，明军又马不停蹄，东征西讨，平定云南全境。后傅友德、蓝玉奉召回朝，沐英留镇云南，屡平边乱，又精简政务，实行屯田，发展农业，疏挖滇池，开发盐井，合理赋税，减轻徭役，使云南经济得以发展、百姓得以安居、边疆得以稳定。在朱元璋的几个义子中，就数沐英功绩最大。沐英返京述职时，朱元璋在奉天殿大宴群臣，赐给沐英不少金银锦帛，抚着沐英的背说："有你在，朕就不必担忧西南了。"

　　其后，在沐英镇守昆明的短短十年间，他身后这座边城已不是原来的昆明城了。沐英征讨滇东北之时，滇中民族武装曾大举围攻昆明，后被沐英击破，昆明城也残破不堪。洪武十五年（1382），沐英放弃元代昆明土城，另建砖城。新城墙旧址沿着今天的青年路南下，又向西转向东风东路、南屏街、东风西路，再北上潘家湾、建设路，又折转东行师大附中、文化巷、云南大学会泽院，沿圆通山北麓回到青年路。新城把原来南城三市街、金碧路一带商业区划到城外，仅把衙门、官府、兵营和一些寺庙圈在城里，又向北把城墙延伸到螺峰山上。新昆明城居高临下，控制险要，城里有翠湖为水源，环绕城墙又开挖了护城河，河里可以通航，成了一个巨大的要塞。

　　明代昆明砖城一直保留到民国年间，20 世纪 30 年代开始逐渐拆除。圆通山公园东面还有明代城墙残段，长不过 50 米，高近 10 米，保存较为完整。

　　沐英身后的昆明人也不是原来的昆明人了。沐英镇守云南，大举移民，以稳定明朝的统治。最早的移民是沐英麾下的大军，这些军人大多成了军屯人口。云南初定之后，沐英又从中原带回 250 万移民，扣除数字中的水分，减去来云南途中的死亡和流散人口，再加上充军流放到云南的人数，明初迁入云南的移民当不下百万，而当时云南的总人口不过 200 多万。直到元末，云南还是一个以少数民族为主的边疆省，明初大规模移民之后，这种情况才出现了变化。

当时的昆明叫云南府城，是全省政治、经济、军事和文化中心，沐英一家世代在此镇守。府城和府城附近，都是沐英驻军布防的重点。移民来到云南，沐英又多把他们留在昆明，改变昆明的人口结构，保证昆明和沐家的安全。所以此后几百年间，昆明的汉族甚至还有一些少数民族都说自己的祖先是南京柳树湾人，由于南京籍人太多，昆明还被称为"小南京"。直到20世纪初，人们还能在昆明找到不少南京的市井习俗。罗养儒在《纪我所知集》中说，往昔不少昆明话和南京话相同。最明显的是和人谈话不离"您家"（"你"的敬称）两字，而且把"您家"念成"你皆"。昆明人做菜、做水鞋、打皮底、打银器、兑换银钱以及甜浆馆的门面和出品等，和南京大同小异。

让人想不到的是，儿女情长，英雄情亦长。南征北战的沐英没有死在战场上，却因亲情而死。先是收养沐英的马皇后驾崩，沐英哀痛不已，哭到吐血。后来和沐英一起长大的太子又病死，沐英痛上加痛，一卧不起，在昆明去世，年仅47岁。沐英死时，昆明街头巷尾，军民痛哭失声，就连和沐英交过手的民族首领也流了泪。

沐英之死是他身后一大谜。清人冯甦的《滇考》和师范的《滇系》都说沐英是被朱元璋赐死的，还说当时朱元璋派人送来绳索、毒药、毒酒，让沐英自择死路。沐英朝中有人，早已得知，便在南城外建起小鼓楼，在楼上接了朱元璋诏书，饮毒酒而死，后鼓楼被称为"尽忠楼"。沐英死后，朱元璋追封其为黔宁王，赐谥号"诏靖"，意思是"下诏治乱"。师范还说沐英被杀"似乎无因"——好像也并不是没有原因，"恐跋扈也"——大概是专横跋扈，如此而已。

沐英身后留下的还有一大悬说——"沐英焚书"。云南明代以前的地方史几乎是一个空白，这个空白是怎么形成的，一直是个谜。《明史纪事本末》引明军将领傅友德奏折说"云南自元世祖至今百有余年，屡经兵燹，图籍不存"——云南图籍已毁于战火。但到了清代的乾隆年间，有个叫师范的学者说，云南地方典籍是有的，全被沐英烧了！他在《滇绎》中说沐英凭武力荡平云南，自以为开疆拓土，历史第一，便把元梁王府中的官方档案、图籍，从民间搜缴来的文人笔记、野史一把火烧个精光。清末民初，云南状元袁嘉谷在《滇绎》中道，当年忽必烈攻下大理，还专门让人搜集地图、典籍，而沐英公然焚书，和忽必烈比起来，真是一个天上，一个地下！还有学者认为，为稳定云南，朱元璋狠出三招：一是铲坟，将元代以前的古坟全部铲平，不留痕迹；一是移民，改变云南人口的民族结构；还有一招就是"焚书"，执行者当然是沐英！

忠爱坊与赛典赤·赡思丁

马海洋

在五华区繁华的三市街有座古色古香的忠爱坊，与附近的"金马""碧鸡"二坊合称"品字三坊"，为昆明历史建筑中的珍品。

忠爱坊建于元代，是为纪念咸阳王、平章政事赛典赤·赡思丁的功德而建。赛典赤·赡思丁（1211—1279）是元朝前期杰出的政治家。宪宗年间任燕京路总管时鼎力资助忽必烈平定云南。元至元元年（1264）出任陕西、四川行中书省平章政事，为元军攻打南宋理财备战。在位三年，政绩卓然；至元十一年（1274）任云南行中书省平章政事。他政绩卓著，为发展经济、文化、教育、宗教、民族等事业，做出了杰出贡献。赛典赤抚治云南，建设行省，政通人和，迁昆明，关注民生，兴文重教。他是云南历史上首任省长，是第一位少数民族省长，是有作为、爱民的省长，是难得的清官。

至元十三年（1276），赛典赤把省会从大理迁到昆明，从此昆明一直为云南省会。他制定合理赋税，促进生产发展，轻徭薄赋，并规定赋税可根据各地便利以牛、马、银钱等缴纳，利用无主荒地建立民屯，尽量改变原始混乱的局面。

在文化建设方面，赛典赤积极兴办教育，立孔子庙，购买书籍，迎请四川教师，不遗余力地传播先进文化。改善民族关系是治理好云南的一个根本，赛典赤采用尽量团结利用、不以杀伐为能事的政策，以"攻心"使"西南诸夷闻风翕然款附"，百姓安居乐业，边疆社会日益安定。

赛典赤治理昆明，最大的功绩还是他主持兴修水利工程。首先，除去滇池盆地水患，疏浚河流，设坝闸以节水分洪。昆明上游最重要的松花坝水库之坝，即肇始于赛典赤。又疏浚大理国时开挖的金汁河、银汁河分流并资灌溉，使洪水受人控制。在滇池下游，清除出水口的淤泥、砂石后，整治河道险阻，使滇池水可顺畅流入金沙江，避免城市被淹，同时"得壤地万余顷，皆为良田"。今梁家河一带丰产良田，其时还是水潦。这次历时三年，用民工2100多人的宏大工程完工后，滇池周边地区一片富饶景象，直赛江南鱼米之乡，史籍上说是到了牛马成群、狗也吃肉、鱼虾之多可拿来肥田的地步。赛典赤去世时，昆明老少痛哭连日不绝，在城里三市街口建有忠爱坊纪念他。朝廷封赠"咸阳王"称号，以示隆礼，直至今日，人们还以诗文戏曲传唱其政绩功德，之所以取名忠爱坊是缘于赛典赤在滇时，体恤民情，造福于民，谓其"忠于君而爱于民"。

忠爱坊曾两遭火灾。第一次是在清咸丰七年（1857）闰五月二十五，因云贵总督恒春惧马献欲"架大将军炮于忠爱坊石狮上，攻击制台衙门"，下令把火箭弹射上忠爱坊，将整座牌坊烧去，使马献无架炮之处。当时火焰腾空，数百年历史的建筑几小时内便化为灰烬。直至清光绪壬午年（1882），云贵总督岑毓英集款重修。值得一提的是，牌坊的四根立柱均为同种材质且同尺寸，长有四丈，径约一尺五寸，所用木材是云南记名提督李继述由嵩明运来。据载，此次修复忠爱坊不包含材料仅工酬就耗费六千余两银子。修复的忠爱坊，在40年后的民国十三年（1924）的一天夜间，因牌坊旁油蜡馆起火，火势蔓延烧及牌坊，其两三小时便化为灰烬。后因内战、抗战等多方因素未能修复。

直至1998年，因1999年世界园艺博览会将在昆明举办，为了再现历史文化名城胜迹，政府于原三市街口近日公园重建忠爱坊，并在旁立碑刻字加以说明，让人记住赛典赤这位历史上的好官。

清末民初的忠爱坊（照片由廖可夫提供）

钱南园借钱斗贪官

张　佐

昆明翠湖公园之东原有一条学士巷，巷内建有一座纪念著名清官和书画大家钱南园的祠堂。钱南园（1740—1795），名沣，字东注，号南园，昆明人。清乾隆三十六年（1771）辛卯恩科第三甲第十一名进士。授翰林院检讨，历任江南监察御史、通政司副使、提督湖南学政、湖广道监察御史等职。他工书画，能诗文，著有《南园诗文存》《钱南园遗集》《南园诗存》《南园文存》等。陈荣昌在《楷书刘孔才人物志册跋语》中品评道："南园行书不专主一家，或颜、或褚、或米，此三家居其多数。小楷亦不专主一家，黄庭、乐毅论、灵飞经，盖常习之，往往有流传至今者，若寸楷以上，则专宗鲁公而诣力与年俱进，虽不注年月，而其书之诣力，可分为三级，以年为段，三十而稳，四十而坚凝，五十而秒造自然。"唐鉴在《学案小识》中云："先生笔法高劲，直逼平原。兴酣每有万里腾云之思，画马以增所知，流落人间，至今重之，如圭璧云。"钱南园尤喜画瘦马，这大约与他出身社会底层，不时看到大都吃得很差又经常要出苦力、走远路的瘦马有关。由于他画的马"笔力仿佛古篆"，写的字"小楷刚健婀娜，大楷力透纸背，行草风神独绝，清刚之气溢于楮墨，后世评价极高"，数百年来，许多人一直以将钱南园的真迹，当作价值不菲的"传世之宝"加以收藏，以为荣幸。

然而，钱南园大名"声震天下"的主要原因，是他刚正不阿。在位御史期间，他先后奏劾陕西巡抚毕沅、山东巡抚国泰，并疏劾权臣和珅，敢于强硬地与当朝权贵抗争。

关于这段历史，史书上记载：他首先查获了陕西巡抚毕沅打着救济贫民的幌子，收受捐款，装进私人腰包的劣迹，上报朝廷，毕沅被降了三级。乾隆四十七年（1782），钱南园又向朝廷上书，参奏山东巡抚国泰、布政使于易简等"贪纵营私，遇有提升调补，勒索属员贿赂，以致历城等州县，仓库亏空，请旨严办"。此举一出，朝廷内外无不为之震动，很多大臣都屏声静气，为钱南园捏着一把汗。因为他所弹劾的国泰、于易简皆出身权贵之家，树大根深，又有乾隆皇帝的宠臣和珅作为后台，背景十分复杂，搞不好乃是引火烧身。

钱南园则将个人安危置之度外。一天，他来到知己好友邵晋涵家，开口向他借钱十千。邵晋涵说："钱可以借，但必须说明用途。"钱南园摇了摇头道："这个你就不必问了，等我需要的时候，就叫我儿子来取。"

时隔不久，乾隆派和珅、刘墉、钱南园前往山东，查办国泰、于易简案。钱南园与刘墉密切配合，巧妙地冲破和珅的阻挠，迅速查出贪赃实据，使和珅庇护国泰、于易简的如意算盘落空。乾隆下诏，将国泰、于易简赐死狱中。

消息传出，大快人心。尤其是山东人民齐声称赞钱南园不避风险，为当地百姓除了两害，钱南园被人们誉为"铁面御史"。邵晋涵来到钱南园家表示祝贺，并问他："你上次向我借钱，大概就是为了这件事吧？"钱南园点点头说："正是，弹劾国泰、于易简，我心里也没有把握。老实说，如果事情办不成，等待我的将是发配和流放，所以特向你借钱十千预作准备。"他说着便哈哈大笑起来："我这个人啊，就喜欢吃牛肉，在充军途中，拿出五千来买牛肉，每天有吃的，也就心满意足了。其余的钱，我背在身上省着点花，到达目的地足够了。幸亏当今皇上圣明，问斩了那两个大贪污犯，钱也就不用借了。"邵晋涵感叹道："如果当今的大臣个个都像钱南园，哪有贪官污吏的藏身之地啊！"

乾隆六十年（1795），钱南园病逝，百姓无不哀痛。为了让人永远记住和纪念他大义凛然、一身正气、勇斗权贵、查办贪官的无畏之举，人们便在翠湖东的那条小巷里建起钱南园祠堂，并把小巷命名为学士巷。后来很多人还把此巷称作"铁面御史巷"，就是希望像钱南园这样秉公执法的清官多一点，贪官能够少一些。或许正因为如此，钱南园的书画作品才弥足珍贵。

钱南园团扇三骏图（照片由李晓明提供）

钱南园行书杜少陵诗中堂（照片由李晓明提供）

林则徐两次入滇

陈立言

林则徐（1785—1850），福建闽侯人，有异才，年仅 26 岁便于清嘉庆十六年（1811）中进士。这位中华民族的大英雄，曾两至滇中，皆住于昆明现五华区内。

嘉庆二十四年（1819），时任翰林院编修的林则徐，奉学部旨来云南担任己卯科乡试的主考官，于五月离京，与副考官吴慈鹤二人七月抵达昆明，由时任云南巡抚史致光迎至翠湖旁的官邸。八月八日，林则徐、吴慈鹤等人在云南贡院隆重主持乡试，至八月十五日三场考试完毕。试卷经二位主、副考官严加审阅后，云南创办书院最早、知名度最高的昆明"五华书院"考生戴纲孙、李于阳、池生春、杨国翰名列榜首。林则徐对这四位考生的治学尤为惊叹，对当时的云南文化教育给予了很高的评价，并对这次乡试因故未能应试的五华书院学子呈贡人戴淳也是惜才有加。五华五子从此成为林则徐的门生。多年来师生间书信往来不断，常有诗词唱和，建立了深厚的师生情谊，成为云南文化教育史上的佳话。林则徐这次来云南任主考官于十二月十七日返京复命，历时四个多月。

林则徐（照片由李晓明提供）

清道光二十七年（1847），林则徐由陕西巡抚调任云贵总督，二次入滇，他刚到任时，滇西永昌一带发生了汉、回民族纠纷，当局者各有所袒，使事态不断扩大，酿祸益深。林则徐通过调查制定了"只分良莠，不分汉回"的原则处理事态，缓和了民族矛盾，稳定了边疆。

林则徐能处理滇西衅事，罗养儒先生在《纪我所知集·林则徐微服出访》中载："公莅滇时，滇之顺宁、永昌及姚州白盐井一带，汉回正互相争斗。又有巧家、新兴等处，亦是乱事丛生，滇事诚丛脞已极……林督忧极，遂不时微服出而察访一切。"当时五华山东麓靠近黄河巷口处，有一老人茶社。入其间饮茶者都是一般赋闲无事的老年人。饮茶者在茶社里谈天说地，讲古论今，纵谈时事，毫无禁忌。茶社中常有一位身着青布长袍、头戴猪嘴毡帽的白须老人在座。此老人除品茶外，时而凭栏远眺，时而拿出短烟杆吸丝烟，有人谈古论今，则倾身以听，不时亦与人接谈。然细审之，终是一不与众同乐之人。

一日，茶社墙上，忽有人题下歪诗一首："双木不成材，今到云南来。永昌多少事，看你怎安排。"

一般饮茶者见之，无不曰"是谁多事而题于此也"，然不过一笑了之。越数日，戴猪嘴毡帽之老人又至，品茶去后，在原有之歪诗后，又多了四句："双木将相才，特到云南来。永昌些小事，自有巧安排。"

一般饮茶者睹此，莫不诧异，都疑是彼戴猪嘴毡帽之老人所作。然亦猜测不出究为何等人。又一日，戴猪嘴毡帽老人复来饮茶，正静坐间，有一四川轿班亦来饮茶，茶社中跑堂的伙计问："老胡，你怎么许久不来喝茶了？"答："我抬永昌府李大老爷的差事到永昌去，跟着又抬永昌府恒大老爷的太太回省，绕了一大坝子路，耽搁了两个多月才得转来。"跑堂的伙计又问道："听说永昌的回民又闹起来了，是否当真？"答："回民在闹，汉人也在闹，闹得一塌糊涂。"跑堂的伙计再问："是怎么的情形？"答道："从前是回民杀汉人，杀得多了，罗道台才把永昌城外金鸡村的哨练喊来，把城里的回民杀了几千，两下结了大仇。因此这两年来，不是这个地方的汉人把回民杀死一百几十，便是那个地方的回民来把汉人杀死一百几十，常常是这样搞着。最近又是金鸡村人不对，那金鸡村的头人沈振达，趁他老子沈聚城不在家中，便伙同金鸡村的几个士绅，召集了两几千哨练，跑进城里，把城内的回民乱杀。回民便跑进保山县衙门内躲藏，县大老爷因保护回民，将头门关闭，哨练等不得进去杀人，便放火烧衙门，并把道台与永昌的一堂官都关在一起，不准他们通风报信。"

刚谈至此，又有人来饮茶，跑堂的伙计自去照应客人，轿夫老胡乃与旁人闲谈。约刻余钟之久，即有人到茶社前来呼曰："胡洪顺去抬轿子，有一老头儿在铺子前站着，指定要你抬他！"胡轿夫道："他要我去抬，我就去抬。"言毕，走到铺门前一看，这坐轿的人，即是顷间在茶社内饮茶的老头儿。轿抬上肩，经轿中人指点，直抬到沙腊巷内一道小门前，始行落轿，坐轿老人，嘱其听候给钱。少顷，果有人出来付轿钱，且曰："谁是姓胡者，大人叫你进去问话。"胡轿夫始觉悟，这是制台衙门的后门，刚才坐轿者，必是林大人无疑。于是随引者至一花园内，只见坐轿之人，坐于檐前椅上，引导者告知："这是制台大人，问话须从实禀明。"林督复从头详问，胡轿夫亦将其所见所知之事，逐一道出。林督又问其道途，胡又将澜沧江桥已被沈振达等拆断之一段事陈明，又说明今至永昌，须由某某等处绕道，途程又有若干远，行程又须若干日，始能到永昌。林督闻胡所述，极其详明，乃喜胡为一有用者，遂令左右，将胡补入署内轿班，后则随林督往迤西。

由此可见，林则徐处置事务的心细大胆及用人之道的智慧，今天仍可借鉴。

林则徐两次入滇，对云南的政治、经济、文化、教育均做出了重大贡献，在云南历史上可以说是一位不可多得的好官。

金马碧鸡老城厢
昆明城市文化的历史镜像

林则徐行书诗轴（照片由李晓明提供）

大才子阮元

尚　民

阮元（1764—1849），字伯元，号芸台，江苏仪征人。26 岁（虚岁）时中进士，入翰林院，从此一生为官。清道光六年至十五年（1826—1835）任云贵总督。而谈到他在总督任上的所作所为，很多人会以他擅改大观楼长联为事，从而捧腹奚落道："软烟袋（芸台）不通""笑杀孙髯翁"。当然，也有后人将孙、阮两联详加对比分析后，认为"以当时（阮元）所改动的词语"，"也许是有趣，不无启发的"。阮元改大观楼长联是不是做了一件蠢事，这个插曲只能"见仁见智"地加以评说了。

笔者要讲的是，阮元在云南的几年间，做过不少为人称道的大好事。概括起来说，他效仿白居易、苏东坡在杭州西湖筑白、苏二堤的雅举，修拓纵贯翠湖南北的长堤，名"阮堤"，上架三座石桥，南为"燕子桥"，中名"采莲桥"，北称"听莺桥"，将湖面一分为二。"阮堤"后与民国八年（1919）云南都督唐继尧贯通东西而筑的"唐堤"，交会于湖心，将翠湖一分为四，成为民间俗话所说的"昆明城内有四海"。阮、唐两堤皆以堤边植柳，湖中种荷，最终形成"十亩荷花鱼世界，半城杨柳拂楼台"的美景，使人赞不绝口。由此可说，阮元作为将翠湖辟为公园的第一人，是当之无愧的。此为其一。

其二，作为一个饱读诗书之人，阮元长于书画，善篆，精鉴金石，一生著述极丰，除自著《小沧浪笔谈》等 10 余种外，还陆续编辑了至今仍有很高学术价值的《皇清经解》等大型资料丛书，并组织、主持辑录和编刻过有关科技、经学、金石学等方面的多种专门著作。他在担任云贵总督期间，写下很多讴歌昆明和云南的诗作，其中最为著名的是："千岁梅花千尺潭，春风先到彩云南。"后来云南有了"彩云之南""七彩云南""彩云南现"等美誉，以至于写出很多有关的文章，拍摄出很多有关的影视作品，排演出很多有关的戏曲歌舞，无不与此有关。阮元之所以能用如此精当的笔触，热情洋溢地写下如此珠圆玉润的名诗佳句，是跟他细心观察云南的山川风物、天文气象分不开的，充分显露了他对云南的深深热爱。可以说，"春风先到彩云南"作为讴歌云南的一个神来之句，为美丽的云南做了一个前无古人的形象"广告"，这既是值得我们继承的一笔文化遗产，也体现了阮元的大才子特性。

左傳云養福書範也

福身其康傳云養福書範也

御賜頤性延齡八十五深澤老人書識

禮記曰期頤易卦也

頤口自實

余自撰脱句皆吉祥恒語

阮元隶书《礼记》《左传》联（照片由李晓明提供）

民国元老李根源在昆明

谢本书

李根源（1879—1965），字印泉，又字养溪、雪生，别署高黎贡山人，云南腾冲人。早年留学日本，加入同盟会，参与创办《云南》杂志。1909年回到云南，任云南陆军讲武堂监督、总办。云南辛亥重九起义后，任云南军都督府军政治部总长兼参议院院长、陆军第二师师长、迤西国民军总司令。同盟会改组为国民党后，任国民党云南支部部长，后任北京国会众议院议员，参与反袁护国战争，曾任护国军军务院副都参谋。随后出任陕西省省长，驻粤滇军总司令兼师长，北洋政府航空督办、农商总长兼署国务总理。1923年后隐居苏州。抗日战争时期任云贵监察使，力主抗战。新中国成立后，历任西南军政（行政）委员会委员、全国政协委员、全国政协文史资料研究委员会副主任委员等职。1965年在北京病逝，享年86岁。

李根源戎装像（照片由李晓明提供）

李根源是著名的资产阶级民主主义革命家、民国元老、杰出的爱国民主人士，还是将军，又是著名学者。他主要有两段时期在昆明工作和生活。第一段时期是辛亥革命前后，第二段则是抗日战争时期。这两段时期都不算长，却在昆明留下了深刻的烙印，有着相当大的影响。

李根源首次到昆明，是他在1900年来昆明乡试，因八国联军攻陷北京，停试，遂在昆明停留、读书，年底返回家乡腾冲。1903年5月，李根源考入在昆明的云南高等学堂，学习约一年，深受维新思想和革命思潮的影响。1904年李根源参加云南举行的官费留学考试，被录取，遂至日本学习军事。先后在日本振武学校和陆军士官学校学习，并于1905年加入中国同盟会，被推举为云南留日学生同乡会会长。1908年从日本陆军士官学校毕业后，李根源被清廷云南当局选中，被任命为正在筹办中的云南陆军讲武堂监督，后任总办。

李根源把云南讲武堂办得有声有色，为讲武堂制定了"坚忍刻苦"的校训，还制作了系列军歌，对学员在政治思想和军事训练方面都有严格的要求，把云南讲武堂办成清末中国著名的三大军校之一，为后来云南讲武堂的发展奠定良好的基础。李根源事实上成了云南讲武堂的开山鼻祖和灵魂。李根源成就了讲武堂，讲武堂也成就了李根源，为李根源后来的发展、大展宏图铺就了基石，创造了条件。作为历史文化名人的李根源，正是从讲武堂开始，走向了新的历史舞台。

1911 年 10 月 10 日，辛亥武昌起义后，云南很快响应，以蔡锷为临时总指挥、李根源为副总指挥的昆明起义军，经过一昼夜的战斗，即推翻了清廷在云南的势力，建立了以蔡锷为首任都督，李根源为军政部总长兼参议院院长，新兴资产阶级领导的地方政权——云南军都督府，使云南成为民国初期中国最安定的省区之一。随后，李根源以云南陆军第二师师长兼迤西国民军总司令的身份，较为妥善地处理了滇西问题，解决了在省内滇西军政府和云南军政府两个政府并存的局面，从而使辛亥革命后的云南实现了统一。

从 1909 年到 1912 年，辛亥革命前后是李根源在昆明工作和生活的第二个时期。这一时期李根源有两大功绩值得一书——创办云南陆军讲武堂和参与辛亥重九起义以及在新政权中协助蔡锷实创的一系列改革，取得了重要成就。

1937 年抗日战争全面爆发后，在苏州隐居的李根源，于次年回到云南，力主抗战。李根源回到云南，以龙云为首的云南省政府将其聘为顾问。1939 年，李根源被国民政府任命为云贵监察使。李根源利用自己的身份和威望，到处发表抗战演说，宣传云南精神——在抗战时期就是"拼命""拼死"精神——给云南各界以极大的鼓舞，提高了云南各族人民抗战必胜的信心。

公余之暇，李根源从事大量的学术活动，编著了众多的学术著作。值得一提的是，从 1940 年初开始李根源组织力量着手编纂云南西部大型文献丛书《永昌府文征》。为了集中精力，李根源一度标榜"三不主义"（不请客、不做客、不拜客），还将云贵监察使署迁往昆明西郊普坪村宝华寺。经过两年多的努力，《永昌府文征》终于在 1943 年 2 月印竣成书。全书共 136 卷，第一次印刷 500 部，其中，文 1102 篇、诗 11563 首，收录作者 1203 人，共 500余万字。这是李根源为我们留下的宝贵文化遗产之一。

1942 年 5 月，当日军入侵滇西，龙陵、腾冲失守之际，李根源紧急致电蒋介石，要求去滇西督战。蒋介石考虑到李根源年逾六十，最初不允，经李根源再三要求，才准前往。李根源到达滇西保山时，滇西前线战事甚为紧张，他在保山县金鸡村召开军民大会两天，动员

發上等願，享下等福
向高處立，從寬處行

李根源隶书发上向高楹联（照片由李晓明提供）

滇西军民努力抗战。会后，李根源发表了著名的《告滇西父老书》，影响深远。随后又在大理举办"国民党军事委员会滇西战时干部训练团"，训练学员3000人，创办《滇西日报》等，为抗日战争尽力多做贡献。战事稳定后，李根源才于1943年去重庆，却仍念念不忘滇西前线战事，关心前线军民的战斗和生活。

1945年初，滇西抗战全面胜利，李根源率慰问团由重庆经昆明后去滇西。到达腾冲后，积极参与"腾冲阵亡将士纪念建筑委员会"的活动，筹建国殇墓园。1949年底，云南起义前夕，李根源由腾冲来到昆明，协助卢汉处理"九九整肃"事件，使整肃中被捕进步人士全部获释，同时又为卢汉云南起义出谋划策。

1949年12月9日，卢汉在云南宣布起义。几天以后，李根源致电朱德（早年在讲武堂与朱德建立了终身的师生情谊），祝贺全国解放。两天后，收到朱德复信，盼协助做好云南的接管工作。1950年5月，李根源接到通知，作为特邀代表出席全国政协一届二次全体会议，李根源遂经重庆飞往北京。从此李根源离开了昆明。

李根源在昆明的两段时间，前后相加10年左右，在昆明立下了诸多功绩，是值得昆明人民肯定和怀念的爱国人士。

徐霞客游昆明

卜保怡

　　400多年前的1607年，20岁的徐霞客（1587—1641）肩负行囊，手持雨伞，步行离开家乡江阴，走向太湖，开始了探险和地理考察之旅。北历幽燕，南涉闽粤，西北直攀太华之巅，西南则远达中缅边境，足迹踏遍大半个中国。

　　1638年五月，51岁的徐霞客由广西来到西南边陲云南。在云南期间，他曾先后两次进入昆明，都住在今五华区的顺城街一带。攀登过今圆通山，参观过土主庙，流连于筇竹寺，探访了海源寺外的溶洞，游览了妙高寺，考察了沙朗的天生桥和溶洞等。徐霞客对昆明山脉的走势、江河的源流、岩溶（喀斯特）地貌进行了详细考证；对风土人情、历史沿革、名胜景观、文士名流等，亦颇多关注。他的《滇游日记》中，有5万多字记述的都是昆明的情况。

　　遗憾的是，由于《滇游日记》第一册缺失，人们已经无法确切了解徐霞客第一次进入昆明的具体时间和详细情况，只大略知道他在广西考察岩溶地貌、追溯南盘江源流之后，从曲靖、陆良、石林一线，于1638年七八月间抵达省城云南府（昆明）。这次在昆明期间，他曾游历西山，写下了游记名篇《游太华山记》。而后，徐霞客南经江川县前往滇南、滇东和贵州兴义，继续进行南盘江及喀斯特地貌的考察。后又折返曲靖，经寻甸、嵩明、邵甸、松花坝，于1638年十月初一日再入省城昆明。

　　这次来到昆明，徐霞客本来不打算过多停留。按照原来的计划，他打算尽快前往滇西鸡足山，安葬静闻和尚的骨灰。静闻和尚是徐霞客赴西南长途考察时唯一的旅伴，他因仰慕云南鸡足山的大名，志在朝山。不幸的是，在广西途中，静闻因病去世，临终时，嘱托徐霞客把他的遗骨带到鸡足山埋葬，悲伤的徐霞客答应了静闻。"别君已许携君骨，夜夜空山泣杜鹃"，因此，一路上徐霞客都背负着静闻的骨灰，盼望早日到达鸡足山，让静闻入土为安。

　　可是，这时有人告诉他：有两个人日日挂念着你，能否稍等几天，见上一面？这两个人就是晋宁州州守唐元鹤和昆明晋城隐士唐大来。当时，徐霞客并不认识唐大来。徐霞客第一次到昆明时，友人曾对他说："此间名士唐大来，不可不一晤。"但没能见面。这次又说，令徐霞客很感动，于是，徐霞客决定前往晋宁州的州治晋城，与"唐元鹤州守、大来隐君"作别。

　　唐大来名泰，字大来，号担当。担当自幼颖悟，善为文人画，尤工诗赋。明天启年间，曾赴京应试，未能金榜题名，从此抛却对功名的角逐，遍游大江南北，寻幽探胜，拜名家学习诗画。在江南时，曾求教于陈眉公。陈眉公称他是"灵心道响""当世奇男"。

陈眉公名继儒，是晚明著名的文学家和书画家。陈眉公也是科举失意，29岁时焚儒衣冠，隐居松江九峰。陈眉公人缘极广，虽然"隐居"，却喜爱结交社会名流，且经常周旋于官绅之间。清乾隆年间，蒋士铨诗作中有"翩然一只云间鹤，飞去飞来宰相衙"之句，说的就是他。徐霞客家乡江阴距松江不过二百余里，曾多次慕名到松江拜访陈眉公，陈眉公也非常赞赏徐霞客的探险旅游的壮举，故二人相交甚笃。当陈眉公知道徐霞客要前往云南，即写信给已经回到昆明晋城奉养母亲的唐大来，说："良友徐霞客，足迹遍天下，今来访鸡足并大来先生。此无求于平原君者，幸善视之。"然而，徐霞客来云南时，并不知道陈眉公写给唐大来书信一事。而接到陈眉公书信的唐大来却是等待已久了。

1638年十月四日傍晚，徐霞客从南坝乘船前往晋城。船先到湖南涯北圩口（白鱼口），清早再到安江村，下船步行入晋宁州北门。当时兵荒马乱，守城门的士卒不准进城，好在唐大来已经在城门等候，"既见大来，各道相思甚急"。令徐霞客没有想到的是，这次本应短暂的告别却历时20天。

徐霞客和唐大来虽然远隔万里，但有着共同的志趣和思想境界。他们都无意于功名富贵，向往自然，热爱文艺，追求远离尘嚣的山林野趣，因此他们一见如故，推为至交，结下了深厚的友谊。唐大来深情地对徐霞客说："平生只负云山梦，一步能空天下山。"他们"闭门不管乡邻斗，夜话翻来只有山"！他们一起饮酒下棋，诗词唱和，并尽兴游览了附近的古土城、天女城、金沙寺等风景名胜。

从徐霞客的日记中，我们可以看到，徐霞客在晋城时，虽然大多住在州署之内，但唐大来等日日"更次相陪，夜宴必尽醉乃已"。当徐霞客偶感风寒、咳嗽不止时，唐大来早晚都到床榻前看视，"极殷绻情意深长"。徐霞客得到别人送的鸡肉，也转送唐大来。有一天，徐霞客应邀游金沙寺，回来很晚，睡下后，唐大来还使人相问。十六日，徐霞客欲告别，唐大来挽留说："连日因歌童就医未归，不能畅饮。使人往省召之，为君送别，必少待之。"一直到二十二日，唐大来等友人才"具酌演优演出效舞"，"为同宴以饯"。唐大来"又馈棉袄、夹裤，具厚贶焉"。还分函沿途各地友人给予关照，解决徐霞客旅途困难。

关于分别时的情景，徐霞客也做了详细的记载，言辞甚为感人，不忍删释，兹录于后：

> 二十四日街鼓未绝，唐君令人至，言早起观天色，见阴云酿雨，风寒袭人，乞再迟一日，候稍霁乃行。余谢之曰："行不容迟，虽雨不为阻也。"及起，风雨凄其，令人有黯然魂消意。令庖人速作饭，余出别唐大来。时余欲从海口、安宁返省，完

省西南隅诸胜，从西北富民观螳螂川下流，而取道武定，以往鸡足，乃以行李之重者，托大来令人另赍往省，而余得轻具西行焉。方抵大来宅，报晋宁公已至下道，亟同大来及黄氏昆玉还道中。晋宁公复具酌于道，秣马于门。时天色复朗，遂举大觥酒器，登骑就道。

唐大来对徐霞客慕名已久，徐霞客的事迹使他深为感动。徐霞客的到来，激发了唐大来的诗情。在此期间，他给徐霞客的赠诗多达二十来首，几乎每日一首，表达了昆明人对徐霞客的敬仰和关爱之情。

这些诗，有的高度肯定了徐霞客考察地理、纠正史籍记载错误的非凡贡献；有的诗篇盛赞徐霞客遍访祖国山川的壮举，如《汗漫歌》《大游篇赠霞客徐先生》《天游曲》等 8 首诗；有的诗表达了对徐霞客的敬慕与理解。不过，考虑到当时兵荒马乱的时局、云南山川的艰险及徐霞客的年龄，唐泰委婉劝徐霞客不要继续前往滇西。所以，诗中也表达了对徐霞客安危的关心之情。但唐泰眼看不能劝返徐霞客，只得赋诗与徐霞客依依惜别。

此后，徐霞客沿滇池至海口，游览石城后，由螳螂川经石龙坝至安宁温泉，返经安宁城，翻越碧鸡关，过车家壁，登棋盘山，沿当时的滇池湖堤经夏窑、土堆至潘家湾入昆明城，实现了他"完省西南隅诸胜"的夙愿，于 1638 年十一月一日回到昆明城内。七日，徐霞客离开昆明城西行，在筇竹寺住了一晚，八日经富民西行，于十二月二十二日抵鸡足山。在鸡足山，徐霞客安葬了他携带几千里的静闻和尚骨灰，了却一桩心事。此后 1639 年一年中，徐霞客北上丽江，南下保山、腾冲，除继续考察活动外，还为传播中原文化、研究地方文化做出了杰出贡献，直到病倒在鸡足山。1640 年正月，丽江土官木增派滑竿护送他，辗转半年，回到家乡。半年后徐霞客即与世长辞。

孙髯翁与圆通寺

李国庆

　　大观楼"天下第一长联"的作者布衣孙髯，作为一个传奇人物，据说一生下来就有胡须，所以取名叫"髯"，字髯翁。孙髯（约 1684—约 1774）是清康熙到乾隆年间人，祖籍是陕西三原，父亲到云南担任武官，便把孙髯也带到了昆明。他早年对科考搜身极为愤慨，认为这种"以盗贼待士"的举措有辱斯文，遂发誓永不赴秋闱。

　　孙髯善诗文，常以诗酒自娱，为云南的文士所赏识，"文名甚盛"。《续修昆明县志·人物志》中这样描述他："博学多识，诗古文辞皆豪宕不羁，一时名士相与酬唱，所撰乐府，虽不逮汉魏，亦几入香山、崆峒之室。五七律规仿唐人，时有杰作。"目睹官吏榨取民财，百姓流离失所，滇中深藏隐患，孙髯更忧国忧民。当登上大观楼时，心绪难平，于是奋笔疾书，为我们留下了"天下第一长联"。长联尽摹滇池景象，极言千年滇史。状物则物势流转，辞采灿烂，文气贯注；写意则意气驰骋，沉郁顿挫，一扫俗唱。在文禁森严的雍乾之际，此联一出，振聋发聩，四方惊动，昆明士民，竞抄殆遍，可谓滇中盛事。

　　孙髯好梅花，曾自制一印章，上刻"万树梅花一布衣"。今天昆明五华山北坡有大梅园巷，原来是一个梅园，相传就是孙髯居所。他交游甚广，慷慨好义，有豪侠风，父母去世后，家道中落，也曾设帐授徒，慕名求学者不少。他常和中丞李因培、少司马钱昆浦、南村孙大令，以及唐药洲、杨梦舫、施竹田等诗酒聚会，相互酬唱。酒酣耳热之际，吟诗唱曲，引吭高歌，嬉笑怒骂，旁若无人，使在座者为之绝倒！

　　清乾隆十三年（1748），昆明"久雨沸江，举凡环江之屋，倾坏者十之四五，致使老少男女，失所飘零，婴童处子，负携巷哭"。云贵总督鄂尔泰先后多次派人到四川、广西等地买粮赈灾。老百姓缴不起钱粮赋税，督府便写奏章，上报朝廷，要求"缓征逋欠，以纾民困"，于乾隆十四年（1749）得到批准。省府要写个"谢表"感谢朝廷，然而幕僚文书皆不如意，于是鄂尔泰便叫人请孙髯来写，他大笔一挥，滔滔不绝地写下了一篇绝世奇文，其中有这样两段文字："人苦有丁为累，郑侠图上，空绘流离；贾谊疏中，长闻太息。诗人九日豪情，懒对寒花；婺妇泰山爱子，甘殉猛虎。新丝卖尽，何殊剜肉以疗疮；敝裤典完，不啻抓沙而抵水。""不过三川六诏，宁知火种刀耕，未经百粤五溪，讵晓珠寒蛋冷。"对滇中因连年发大水，遭灾害，老百姓流离失所的悲惨处境做了淋漓尽致的描述。为了根除水患，修江治水，孙髯研读《禹贡》《水经注》等经典著作，写出了《拟盘龙江水利图说》，提出了五条根治盘龙江的建议。他所分析的问题和所提的建议，大都切实可行。然而当时的云南执政者大都只忙于更多地搜刮民财、中饱私囊，以便任满时满载而归，哪会去关心百姓的疾苦和痛痒，又有谁会采纳他的这些切实可行的建议呢？

孙髯晚年生活穷困潦倒。圆通寺住持老僧和他交情甚笃，怜悯他的境遇，就让他住在大殿后螺峰山之阳的咒蛟台上。那里原建有一座小小的楼阁，叫"夕佳阁"，孙髯就住在阁楼上，号"蛟台老人"，并摆了个招牌，上书"蛟台老人测字占卜处"。卖卜为生，并非易事，那时来圆通寺的游人不多，每日"求百钱不可得，恒数日断炊烟"。老和尚可怜他，要他到寺里用斋饭，他就是不肯；有时朋友来访，要周济他，他总是说："我是过得下去的！"

澄江张克敬先生所写的《孙髯翁与阮芸台》一文中叙述：先生以石洞为栖身之所，以卜筮为求生之道，常与老鼠蚊虫做伴，生活之清苦可想而知。这从他的自叹自嘲诗中得到反映：

枕头肚里是秕糠，耗子因何少得粮？
咬破任从天替补，空空如也又何妨！

更为恼人的是每到夏秋之期，蚊虫叮得他难以入睡，嗡嗡之声不绝于耳，先生百感交集，挥毫写道：

不是琵琶不是筝，嗡嗡聒耳到三更。
丈夫不听谗言语，任尔空鸣枕上声。

此诗表面上写蚊声像枕边之妻一样唠叨乱耳，实则暗斥当时社会上搬弄是非的小人，鄙厌之情，跃然纸上。他曾在诗中写道：

白眼无今古，黄金有是非。

大丈夫穷且益坚，老当益壮，以读书求知为乐，不坠青云之志，吟诗抒怀寄志，亦难能可贵矣！

清乾隆三十三年（1768），髯翁八十有四，滇西师范公前往咒蛟台拜谒，抬头一看，见

门上有两副对联，一为：

> 百尺高楼，一片冈峦千点树。
> 满城春色，半边海水四围山。

另一副为：

> 庄严世界还须佛，点染春光也要人。

师范公进门一看，见先生"白须古貌，兀坐藜床上，如松阴独鹤，互相问询，乃以诗请。拍案敷陈，目光炯炯射人。自是时携饼饵与谈，辄至暮始返"。

先生的女婿在弥勒赶马经商，往来于师宗、丘北、泸西和弥勒间，为人忠厚，家道殷实，为尽半子之责，于乾隆三十七年（1772）将先生接到弥勒奉养。他和女儿女婿一起生活了两三年，先住弥勒新瓦房村，后迁至三道桥村，以教书为生。

弥勒有个名叫苗雨亭的士子，早年在省城游学，与先生过从甚密。乾隆八年（1743），雨亭公出仕，任河南渑池县令，为官十八年后，辞官归里，在弥阳讲学，得知先生到弥勒安度晚年，当即聘其为西席，佐先生设馆授徒。

乾隆三十九年（1774）春正月初九玉皇诞辰，先生跨鹤西归，享年九十上寿。其生前曾自撰挽联曰：

> 这回来得忙，名心利心，毕竟胡涂到底；
> 此番去甚好，诗债酒债，何曾亏负着谁？

苗雨亭公感念至交之情，将先生殡葬于弥勒城西苗氏茔地。

孙髯逝世十余年后，师范公已成一代学者，仍念念不忘这位给过他教益的老师。他在《过圆通寺怀孙髯翁先生》一诗中写道：

> 日日看山不出城，夕阳秋雨可怜生。
> 咒蛟台上松风冷，犹为孙登起啸声。

在另一首诗中回忆当年倾心谈诗的情景：

垂老谈诗更精神，曾于早岁荷陶甄。

匆匆二十余年事，几见时流制作新。

清光绪三十三年（1907），弥勒士子协力筹资为先生修墓立碑，墓碑正中直镌"古滇名士孙髯翁先生墓"，旁刻一联云：

古冢城西留傲骨，名士滇南有布衣。

墓前华表上刻有光绪十九年（1893）弥勒贡生杨晓云撰写的八十言长联。1983年1月，云南省人民政府公布孙墓为第二批省级重点文物保护单位，孙墓至今保存完好。

孙髯的著作有《永言堂诗文集》《国朝诗采》《滇诗》《金沙诗草》等，又修过云南县志，全已流失无存。幸而清《滇南诗略》收有髯翁诗20首，近代又发现《孙髯翁诗残钞本》，还有《拟盘龙江水利图说》抄本等。

20世纪70年代的大观楼（廖可夫摄）

五百里滇池奔来眼底，披襟岸帻，喜茫茫空阔无边。看东骧神骏，西翥灵仪，北走蜿蜒，南翔缟素。高人韵士何妨选胜登临，趁蟹屿螺洲，梳裹就风鬟雾鬓；更蘋天苇地，点缀些翠羽丹霞。莫孤负四围香稻，万顷晴沙，九夏芙蓉，三春杨柳。
昆明孙髯翁先生旧句

数千年往事注到心头，把酒凌虚，叹滚滚英雄谁在。想汉习楼船，唐标铁柱，宋挥玉斧，元跨革囊。伟烈丰功费尽移山心力，尽珠帘画栋，卷不及暮雨朝云；便断碣残碑，都付与苍烟落照。只赢得几杵疏钟，半江渔火，两行秋雁，一枕清霜。
光绪十四年戊子春正月二日 西林岑毓英重立

赵藩先生楷书大观楼长联（刘济源摄）

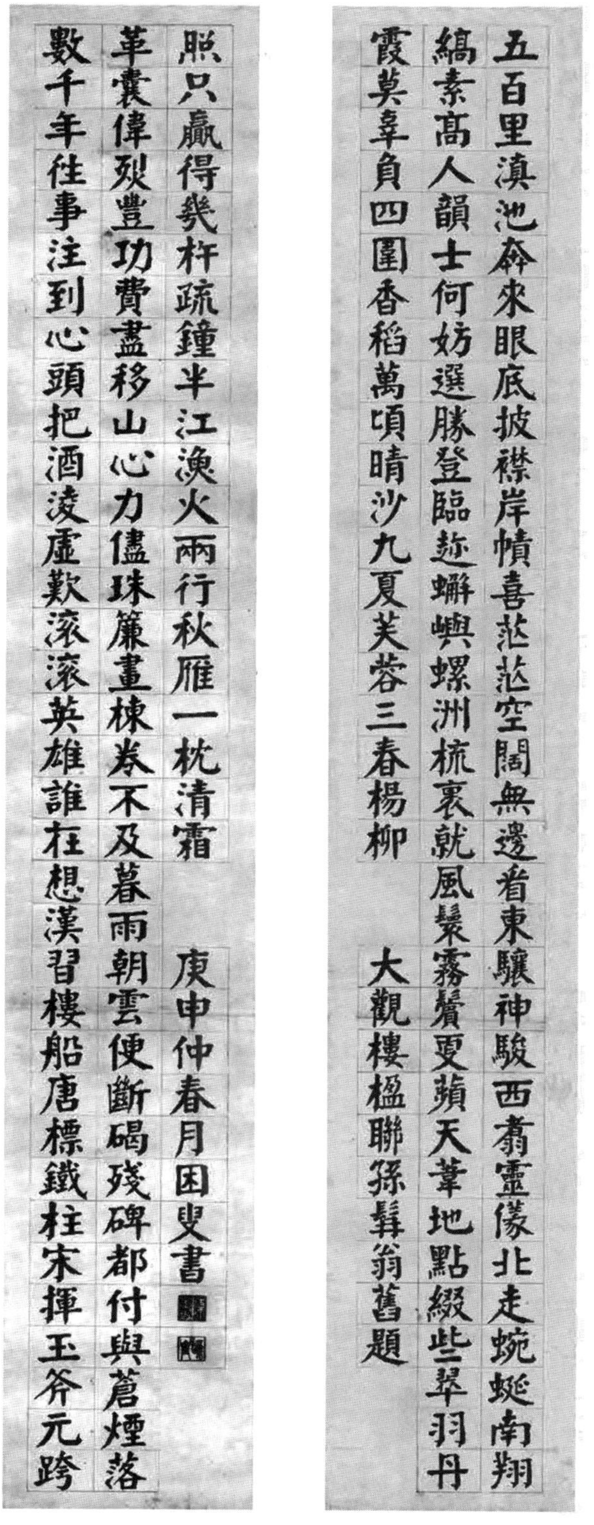

五百里滇池奔來眼底披襟岸幘喜茫茫空闊無邊看東驤神駿西翥靈儀北走蜿蜒南翔

縞素高人韻士何妨選勝登臨趁蟹嶼螺洲梳裏就風鬟霧鬢更蘋天葦地點綴些翠羽丹

霞莫辜負四圍香稻萬頃晴沙九夏芙蓉三春楊柳

大觀樓楹聯孫髯翁舊題

照只贏得幾杵疏鐘半江漁火兩行秋雁一枕清霜

革囊偉烈豐功費盡移山心力儘珠簾畫棟卷不及暮雨朝雲便斷碣殘碑都付與蒼煙落

數千年往事注到心頭把酒凌虛歎滾滾英雄誰在想漢習樓船唐標鐵柱宋揮玉斧元跨

庚申仲春月困叟書

陈荣昌先生楷书大观楼长联（刘济源摄）

五百里滇池，奔来眼底，披襟岸帻，喜茫茫空阔无边。看东骧神骏，西翥灵仪，北走蜿蜒，南翔缟素。高人韵士，何妨选胜登临。趁蟹屿螺洲，梳裹就风鬟雾鬓；更苹天苇地，点缀些翠羽丹霞。莫辜负四围香稻，九夏芙蓉，三春杨柳。

孙髯大观楼上联

数千年往事，注到心头，把酒凌虚，叹滚滚英雄谁在。想汉习楼船，唐标铁柱，宋挥玉斧，元跨革囊。伟烈丰功，费尽移山心力。尽珠帘画栋，卷不及暮雨朝云；便断碣残碑，都付与苍烟落照。只赢得几杵疏钟，半江渔火，两行秋雁，一枕清霜。

平陆范子明书

范子明先生铁线笔行草大观楼长联（照片由赵海若提供）

缪姑太

汪亚芸

1941 年，昆明书画界为缪嘉蕙举办了一场缪素筠 100 周年诞辰的纪念活动，郭沫若先生赋诗赞誉道："苍天无情人有情，彩霞岂能埋荒井？休言女子非英物，艺满时空永葆名。"很多人可能会对缪嘉蕙这个名字感到陌生，但只要提起慈禧太后的宫廷供奉"缪姑太"，人们就会自然地联想到这位宫廷画师。

缪嘉蕙（1841—1918），字素筠，清代女画家，生于昆明一书香世家，因为作画技艺高超而被慈禧太后选为女官，代慈禧太后写字作画，因此，时人称缪姑太。

历史资料中关于这位女画家的资料甚少，传下来的有这样一段描述："光绪中叶，慈禧太后忽怡情翰墨，学绘花卉，又作擘窠大字，常书福寿等字以赐大臣等。思得一二代笔妇人，乃诏各省觅之。时嘉蕙随夫宦蜀，夫死子幼，归滇，以弹琴、卖书为活。工翎毛，花卉，秀逸清雅，小楷亦楚楚合格。四川督抚乃驿送之京师。慈禧召试大喜，置诸左右，朝夕不离。并免其跪拜，赏三品服色，月俸二百金，遂为福昌殿供奉。自是慈禧所赏大臣花卉扇轴等物，均嘉蕙手笔。供奉而外，余力所作，都人士兼金争购。卒年七十七。人称缪姑太。"

又有："清代女画家，慈禧太后的女官，代慈禧太后写字作画。通书史，善篆隶，尤工画。嫁予陈氏，早年孀居。光绪年间入宫为供奉给事。甚受孝钦后宠爱，人们称她为缪先生。相传孝钦之画，多为她代作。"

这两段话对缪嘉蕙的一生做了一个简短的介绍，后人将这些资料中的介绍加以翻译并参照一些其他的记录，使我们了解到这位才女更为详细的信息。

缪嘉蕙自幼习书画，由于训练有素，勤奋好学，才华过人，年轻时她便已在云南、四川一带小有名气。其作品笔墨清新、设色典雅、形神毕肖，尤以花鸟工笔画为佳。她也工小楷，字迹秀拔刚健，超凡脱俗。15 岁时嫁给昆明人陈瑞，随其做官到四川。可惜陈瑞在缪嘉蕙怀孕之际便去世了，留下缪嘉蕙回到昆明娘家生孩子，靠卖画抚育幼子。后来云南爆发了起义，为避战乱，缪嘉蕙迁往四川，投靠在四川西充做官的哥哥缪嘉玉，仍以卖画为生，据说由于其通文史，曾被西充县令聘掌书院。

缪嘉蕙是如何进宫成为慈禧太后的宫廷画师的呢？慈禧太后晚年热衷于学画习字，并乐于将自己的字画赏赐大臣。由于求字画者众，慈禧应接不暇，便想到找女画家进宫为其代笔。相传当时，缪嘉蕙的绘画在四川已较有名气，慈禧选女画家的诏书一下，四川督抚立即想到缪嘉蕙是非常合适的人选，并立即派人将她送至京师。缪嘉蕙在北京通过层层选拔，最后由慈禧太后亲自进行面试。缪嘉蕙先画了一幅《布袋和尚》，慈禧并不满意，后来她以颐和园景为题材画了一幅《秋韵深远》方被慈禧认可。是年（1889 年），缪嘉蕙得以入选进宫。

进宫后，由于她的画艺高超，慈禧太后对其宠爱有加，令其居储秀宫，除被封为女官、年俸白银两千八百两，还免其跪拜大礼。后又升为三品女官，追加白银一万两，并赐红翎一顶。在宫中，缪嘉蕙日日勤奋绘画，除教慈禧绘画，主要是代慈禧作画，以花鸟画为主，也画山水、人物及扇面等。有说她还曾教过珍妃绘画。在宫中，缪嘉蕙也偷偷画一些作品托人捎到北京琉璃厂去出售，由于是御用画家，她的画在市场上可以卖到很高的价钱。她之所以要售画，是因为要为儿子筹钱。后来缪嘉蕙用其月俸及售画所得为儿子捐得内阁中书一官。由于皇宫中藏画甚丰，缪嘉蕙得以有机会见识许多古代佳作并从中学习，慈禧太后也喜欢和缪嘉蕙一道欣赏和研习绘画技艺。缪嘉蕙对慈禧的艺术修养评价甚高，与缪嘉蕙绘画不同的是，慈禧画花时，无论画什么花，都要求以真花捣汁为其画着色。清末诗人陶农部有一首宫廷诗，即描绘了缪嘉蕙的宫廷生活。诗曰："八方无事畅皇情，几暇挥毫六法精。宸翰初成知得意，宫人传唤缪先生。"

缪嘉蕙名气很大，还得益于著名作家董桥的一篇文章——《缪姑太的扇子》。董桥在《缪姑太的扇子》中讲到古董铺的一位先生请他去欣赏缪嘉蕙送给慈禧的一把玳瑁折扇，扇上微雕刻了诸葛亮的《出师表》，须用放大镜才能看清。落款经董桥查证为光绪三十年（1904），为慈禧七十正寿之年，并由此认定扇子是缪嘉蕙送给慈禧的寿礼。这把扇子引发了董桥对缪嘉蕙的兴趣，于是他便到十三本《清稗类钞》中去寻找缪嘉蕙的踪影。找到的资料并不多，也很简短，除了上文提到的缪嘉蕙的生平外，还说宫中内监都称她为"缪先生"。

缪嘉蕙于 48 岁进宫，在皇宫待了 19 年，她在慈禧去世后不久的 1908 年离开皇宫，以 67 岁高龄结束了她的宫廷生活。离开皇宫后缪嘉蕙在北京什刹海醇亲王府旁买了一所宅子，在那里安度晚年。出宫后的缪嘉蕙游三峡、登泰山，足迹到达很多名山大川，据说还收过女弟子三名。此间，缪嘉蕙画了一组 27 幅"造极而舒心"的作品，造诣极高。1918 年，缪嘉蕙在北京去世，享年 77 岁，葬于赵忠愍公祠后。

近年来，缪嘉蕙的画作在市场上越来越受欢迎，价格也不断攀升，作品价位在数千元至数万元甚至数十万元不等，在国外市场上成交价很高，据悉，在美国纽约佳士得博览会上，还有对缪嘉蕙的专栏介绍。

缪嘉蕙花鸟图轴（照片由李晓明提供）

马可·波罗在昆明

陈月娥

　　意大利人马可·波罗称昆明是一座宏伟壮丽的大城。他的口述《马可·波罗行纪》是第一本把云南介绍给世界的书，出版过许多版本，深受广大读者喜爱。

　　约在 1284 年，马可·波罗踏上了神往已久的南方丝绸之路，开始了他的西南之行，一行人从大都出发，经成都，沿灵关道到建都，渡过不鲁思河，进入哈剌章、押赤城，再西行永昌道，经金齿进入缅甸，他要去完成大汗忽必烈委托办理的一件中缅国务。

　　元世祖忽必烈"元跨革囊"灭大理国，是历史上唯一一位到过云南的皇帝，对云南情有独钟。因此他托马可·波罗到云南考察民俗民情、物产资源和邻国他邦的奇闻逸事，为朝廷西南决策提供依据。

　　作为第一个踏上神秘的南方古道游历大西南的欧洲人，马可·波罗在其《马可·波罗行纪》中记录了元代的云南政治、经济、民俗、特产等情况，是后人研究元代云南历史的重要资料，也为外国友人进入云南架设了友谊桥梁。

　　云南山水的无限风光，精彩纷呈的山川风物，色彩斑斓的民族风情，使马可·波罗心驰神往。当他来到云南时，此时主持云南大计、担任云南行省平章政事的赛典赤·赡思丁逝世不久，由赛典赤·赡思丁的大儿子当政。

　　云南在元时称为"哈剌章省"，赛典赤·赡思丁坚持撤销了云南军事管制体制，云南正式建省，使"云南"列为全国 11 个行省之一，把鄯阐府改为中庆路，路府就设在鄯阐城，俗称押赤城或鸭池城。把省会从羊苴咩城迁到中庆城来。后又把军管体制的"昆明二千户"改为昆明县，管辖着今天的滇池地区，奠定了今天昆明的规模，如今的"昆明"就源于此。

　　赛典赤·赡思丁是个仁厚谨慎之人，为官一任造福一方，昆明人至今受益匪浅。马可·波罗对昆明特别感兴趣，他骑马走过了滇池方圆百里，见到了由于昆明"六河水系"的疏通，万顷良田得到灌溉；松花坝水库竣工解决了省会民众饮水之源；滇池出水口的整治使螳螂川畔农田受益。他还看望了随忽必烈南征的军户，到禅宗佛寺筇竹寺敬香。

　　省城里道路通畅，商业兴隆，百姓安居乐业。太华山下万家灯火，三市街头百物俱全，云津桥长虹贯日，东、西塔依寺挺立，做礼拜信仰自由，千艘船蚁聚湖边。马可·波罗感到十分兴奋，惊呼省会"押赤"是一座宏伟壮丽的大城！

马可·波罗的《马可·波罗行纪》中写道：这里有许多盐井，人们从井中取卤水，在锅内煮成盐，做成一块块小饼，下平上凸，印有大汗的印记，这是一种奇特的货币——盐币，而盐税又是当时的一笔大宗收入。另一种货币是以海中所取的白贝充用，兼可作为头饰。

马可·波罗在《马可·波罗行纪》中特别称赞品种优良的云南特产矮马"滇池驹"。原来云南多羊肠小道，只容匹马单行，要求马的负重能力和耐力都必须强大，马在这里最适用、最必要，是最好的驮运工具。而古滇池之滨的水草肥美宜于畜牧，先民经过长期精心培养驯化，一种长鬃、身矮、耐劳、通人意、四肢强健有力、步履稳健的滇池驹出现了。人们称赞滇池驹："路途托生死，万里可横行。"千年间马匹频频击足，石板路上留下了深深的马蹄窝，"悠扬的赶马调""马帮的铃响声"响彻崇山峻岭。马曾经带来云南的繁荣昌盛，而繁荣又延伸了云南的灿烂时空。

他还说："滇池附近盛产米麦，居民用其他谷类加入香料来酿酒，酿出的酒清澈可口，而酒能使人们御却风寒，这是云南高山少数民族得以生存、战胜险恶的环境和气候的一种物质力量。滇池方圆近一百英里，出产各种鱼类……"

马可·波罗在滇池附近游览一段时间后便离开了押赤城前往哈剌章，他们向西走十日才得以到达。

1292年初，波斯使臣离华回国，他们由中国泉州从海道出发，马可·波罗受大汗之托护送阔阔真公主远嫁，同道去了波斯，然后他转道回到了故乡，在一次作战中被俘，在狱中他遇到了作家鲁思梯谦，于是便有了马可·波罗口述、鲁思梯谦记录的《马可·波罗行纪》，这本书激起了欧洲人对中国文明的倾慕，对新航路和新大陆的发现有重大影响。从此以后，中国和欧洲、阿拉伯之间的往来密切。阿拉伯的天文学、数学、医学知识开始传入中国；中国古代的四大发明——指南针、印刷术、火药、造纸术，也在这个时期传到了欧洲。《马可·波罗行纪》在700多年前向世界传播了云南的信息，从而开辟了中西方直接联系和接触的一个新时代，在开拓东西方交流方面做出了巨大的贡献。

王炽与"同庆丰"

李晓明

在昆明正义坊旁闹中取静的钱王街上,有一栋修缮完好的古建筑,上书"三代一品"四个醒目大字。此街取"钱王"为名,是因为清朝末期这一带曾经住过一个"名震全国"的云南钱王王炽。

王炽(1836—1903),字国昌,号兴斋。云南弥勒虹溪人,在家排行老四,人称"滇南王四"。由于从小家境窘困,早早离开私塾后,以马帮贩卖土布和红糖,奔走于川、黔、鄂、粤等地,沿途调剂有无,"获利甚丰",生意越做越大。清同治四年(1865),他在重庆建"天顺祥"票号,并在昆明开设分庄。

2010年修缮后的同庆丰(刘济源摄)

　　1868 年，滇省变乱，王炽不得不取消"天顺祥"在昆明所有的业务，改向滇东北和四川经营贸易。1872 年，云南平定后，百业待兴，商人结帮拥向昆明，南正街、三牌坊、马市口、三市街的丝绸铺、烟茶铺、洋纱铺等迅速崛起，形成了坐贾行商的情形。王炽乘势回昆明复庄，将"天顺祥"改名"同庆丰"，8 年后升格为总号，王炽自任总经理，此后进入一个超常的发展阶段。"同庆丰"在他的统领下，除在北京、重庆、广州、上海等全国 15 个省区开设了分号外，在中国香港和越南海防也设立了办事处，业务范围从包销川盐、经营进出口贸易到票号汇兑，贷款数十万两白银开发东川铜矿，并在各地广置地产 500 余处，仅以昆明来看，西院街、民生街一带几乎为王炽所有。气魄之大，在今天大概也没有几家地产商可与之相比。"同庆丰"向朝廷缴了上百万的税款后，不包括用于周转的流动资金，仍有 380 多万两白银的"红利"，李鸿章称其"犹如大清之国库也"。王炽可谓富甲天下、富可敌国的"富埒王侯"，世人送给他"钱王"称号，他住过的地方也被称为"钱王街"。

　　王炽是一个很复杂的云南近代人物。一方面，他把昆明升平坡（篦子坡）下的"同庆丰"房屋租赁给法人为领事署，与法方领事方苏雅"结为干亲"，关系密切，引起民众的不满。法国领事署被围攻时，"他的公馆亦被焚烧"。从他与官府的关系而言，双方勾搭之紧，简直难分你我。"庚子之乱"时，慈禧太后逃到西安，所带银两用完之后，得到"同庆丰"源源接济，西太后对他大加赞赏，这似乎成了他一生中"最不光彩的一笔"，一直颇遭非议。于是有人说，王炽正是以官商勾结的手法，垄断了滇省公款的存汇和放贷业务，成为当时"以钱赚钱的云南票庄老大"和"云南的商界领袖"，并使"同庆丰"成也官府，败也官府，为自己的倒闭埋下了不可救药的祸根。另一方面，王炽确实亦做过不少好事。他对办理地方公益，不遗余力，兴学、赈灾、建桥、修路等，动辄数万，无稍吝惜。就在 1903 年他病逝前，四川泸州一座木制大桥被洪水冲毁，王炽得知此事后，在病榻上拨出款项，差人修建了一座永久性的跨江铁索大桥，造福当地人民，以"乐善好施"的美名"震动朝野"，让人跷指称誉为"云南的胡雪岩"。

　　1883 年中法战争爆发后，云贵总督岑毓英奉命率部开赴滇越边境，朝廷派湖南提督鲍超为帮办军事，带领湘军星夜兼程，赶来支援。大军云集，大战在即，须有一笔巨款筹集粮秣和购买军火。积贫积弱的清廷已无银两可拨，只令岑毓英就地筹措。岑毓英粗略估算，至少要 50 万两银子。云南库存无几的官银远远不够支持。岑毓英只好硬着头皮找到老朋友王炽，请他帮忙先垫付 50 万两饷款。

　　王炽不由得愣了一下，因为数目太大，马上就要，既不好当场答应，又无法拒绝。他想了想后，叫人取来一枚"同庆丰"特制的银币，一本正经地说："大人可任选一面，抛出去落下来后，如果您要的那面朝上，我便立即全部付给；若是大人输了，我照样一文不少地垫付，

不过得一笔一笔地分期付给了。"

岑毓英接过这枚银币，静下心来仔细看了看，银币一面嵌着"九龙"图案，一面刻有"同庆丰"三字，便以此为朝上之面，将它抛了出去。银币在桌子上骨碌碌转了几下后，咣当一声摔在地上，像是老天爷有意安排似的，朝上的那面正是"同庆丰"三个字。王炽二话不说，当即开出一张50万银两的银票交给岑毓英，并摆设家宴，为他饯行，预祝他旗开得胜，顺利凯旋。

这个故事虽然掺杂了些许想象和描写的成分，但绝非一个完全虚构的传说，事实上在整个中法战争中，王炽和他的"同庆丰"共为中国军队垫付了60多万两白银，是有史为证，有据可查的。战争结束后，岑毓英回到昆明，一直到王炽病故前都未还清他垫付的巨款。为了回报王炽，岑毓英特地为他送去了一块"急公好义"的匾额，又与鲍超等人上奏朝廷，给王炽"二品顶戴""四品道员"的职衔，诰封"三代一品"，并"建坊旌表"，让他戴上了"红顶商人"的官帽。

王炽死后，"同庆丰"的业务由其长子王鸿图接掌。作为清末民初云南商务总会的第一任协理，王鸿图参与了由云南士绅创建的耀龙电灯公司的成立，并先后两次出资12万银圆，与人共同在滇池出口处建设成被称誉为中国第一座水电站的石龙坝水电站，使昆明成为全国第一个用电灯照明由全体市民共享电力的城市，成了西南地区最早用电抽水和供自来水的城市，昆明以至云南由此更加文明、开放。从这一点来讲，真可以说是体现了王炽父子一脉相承的爱国爱民之情，反映出"同庆丰"的确为云南的发展做出过非同一般的贡献。只是处于那个末世乱界中，"同庆丰"已是金玉其外，败絮其中，各省分号不顾大局，纷纷营私舞弊，甚至假借汇兑，套取总号现款，走上了分崩离析的道路。加之各地官员也以巧取豪夺的劣行拖欠"同庆丰"大批借款，比如那个曾求过王炽的岑毓英也欠了1.96万银两不还。呆账坏账丛生，更使"同庆丰"雪上加霜，摇摇欲坠。果然，随着清王朝大厦的轰然倒塌，王炽曾有的那顶官帽不仅失去了往日"护顶"的作用，反而成了"革命的对象"。在这致命的一击下，王鸿图纵有回天之力，也无法挽回"同庆丰"关门倒闭的厄运，最后不得不改营典当。

如今，王炽和他创建的"同庆丰"早已成了历史的烟云。然而，作为一代"云南钱王"的王炽，称得上是近代云南商界的骄傲。尤其是在100多年前的那场中法战争中，他以民族大义为重，毅然借垫60多万两巨款饷银，支持中国军队将法军打得落花流水，一败涂地，以其重大军事胜利引起法国茹费理内阁的总辞职。这种可歌可颂的爱国热忱，绝对不是每个商人都能做到的。或许正是这样，正在改造中的钱王街修好了一幢题有"三代一品"，颇富象征意义的古建筑，让人驻足观望，从而真正了解此公。

2010 年修缮后的同庆丰内景（一）（刘济源摄）

2010 年修缮后的同庆丰内景（二）（刘济源摄）

吴佩衡结识朱老总

吴学文

　　在昆明近日楼附近原有一条万钟街，这条狭长老街的东段早先坐落着著名的吴佩衡医馆。

　　吴佩衡作为我国中医学界的一代名师和优秀的教育家，一生以精湛的医术为不知多少患者解除病痛，又与多少患者结成莫逆之交，早已传为美谈。而最让他终生难忘的是：年轻时渡过金沙江进入云南禄丰县行医，其间医好许多人，名声渐播，不料一天有一个当兵的来到医铺，要请诊脉。他吓出一身冷汗——又是兵，祸事又来了吗？因为在这之前，有个叫华

吴佩衡先生像（照片由吴学文提供）

丰戈的军阀，要敲诈他，派手下的兵痞砸了他在四川会理县城的医馆，还五花大绑地把他绑去，让他吃够了牢狱之苦，并差点要了他的命。

豺狼横行乡里，吴佩衡最后只得背井离乡，走上闯荡天涯之路，来到云南。现在又有当兵的来了，他连想都不敢多想，便战战兢兢地接诊了这位"兵爷"。这是一位壮实而气度非凡、极为和蔼的军人，虽面带病容却精神沉稳，坚毅之感溢于言表，操同乡川音。写处方时他说他叫朱德。

吴佩衡定下心来认真为之把脉，手一搭上寸、关、尺就感到他脉浮而滑紧，而且舌苔白腻，咳嗽怕冷，无汗痰多，不渴饮水，发热身疼，系风寒伏肺，重感冒。吴佩衡认真、准确诊断后，用麻杏二陈汤加桔梗、夏枯草、桂尖、防风、羌活、山豆根让其煎服。抓药后不敢收诊金，送这位军人出门，但军人却坚持把诊金搁下，很客气地走了。没想到三天后，这位军人满面春风地又来到诊所，声声感谢吴佩衡治好了他的病，并请吴佩衡到他驻地做客，还说有同事要看病。吴佩衡去了驻地，这位军人非常热情地接待了他，款待之余言语非常亲切，且又是老乡。这位军人虽年龄不大，但儒雅大度，令人钦信。为别人看病，吴佩衡又多次前往驻地，与这位军人竟成莫逆。一次吴佩衡提出想随他当兵，做这位军人的军医，他却说："吴先生是行医之人，我们要到处行军打仗，你要养一大家人，还是不当兵的好，禄丰这个地方太小，建议你到省城昆明，那里更有用武之地。"吴佩衡记住这些话，随后不久乃打点行装前往昆明。1956年和1959年吴佩衡两次赴京出席全国政协会议和全国文教群英大会，受到毛泽东主席接见时，朱总司令也在场，看到吴佩衡仍记得往事，朱总司令说："你医好过我的病，现在为人民服务，很好很好。"

徐悲鸿与《八十七神仙卷》

陈立言

　　我国著名的美术教育家、画家徐悲鸿先生抗日战争时期在昆明筹办劳军时，在云南大学遗失被视为"悲鸿生命"的名画——《八十七神仙卷》，成为轰动当时的一件大事。

　　1938 年秋，徐悲鸿先生应香港大学文学院教授、作家许地山先生之邀，到香港举办画展。当时，香港有一位德籍马丁夫人，收藏有许多中国古代绘画。许地山先生对中国文物外流十分痛惜，早就有意赎回其中的一些珍品。趁徐悲鸿到港，正可鉴别。于是建议马丁夫人与徐悲鸿交换藏品。悲鸿先生用法语和马丁夫人交谈，十分融洽。马丁夫人遂将藏画悉数取出，请悲鸿先生鉴赏。其中一幅人物白描长卷，画面 87 个人物，列队行走，姿态飘逸自如，表情栩栩如生。构图精美，用笔流利劲健，风格高古。悲鸿持画心跳手抖，确认是稀世之宝，便与马丁夫人商之，愿以此次画展中最佳作品与之交换，马丁夫人愉快接受。悲鸿先生得此珍宝，大喜不已，便在画角钤"悲鸿生命"印一方。

　　1939 年 1 月 9 日，悲鸿先生抵达新加坡，在此期间举办筹赈义卖画展。1939 年 11 月 18 日应大诗人泰戈尔之邀，前往印度，29 日到达，在印度国际大学讲学、作画、办展一年有余。1940 年 12 月结束访印返回新加坡。后应美国援华总会邀请赴美举办"中国现代画展"，不期日军偷袭珍珠港，太平洋战争爆发，未能成行，遂改变计划离开新加坡取道缅甸回国。

徐悲鸿先生收藏的《八十七神仙卷》局部（照片由陈立言提供）

　　1942年1月6日，悲鸿先生携带《八十七神仙卷》和十几箱艺术品，经缅甸仰光转返滇缅公路，历尽千辛，抵达云南边境保山。后经大理、楚雄，于4月下旬到达昆明。应云南大学校长熊庆来先生之邀，寓居云大映秋院。经多日筹备，由云南省社会处主办徐悲鸿先生劳军画展。画展于5月9日在武成路华山小学大礼堂举行，开展当日便售得10万元，画展期间，昆明各界人士纷纷观展并订购画作。

　　为筹集更多慰劳抗日将士的资金，悲鸿先生日夜作画，准备到锡都个旧开办画展。6月初的一天，悲鸿先生在云大寓所作画时，突然响起突袭警报，匆忙间悲鸿先生跑进防空洞。等突袭警报解除后，悲鸿先生返回寓所时，发现门和箱子都被撬开，珍藏的《八十七神仙卷》及其他30多幅名画竟不翼而飞。悲鸿先生顿觉眼前一片昏黑，晕倒在房间里。悲痛欲绝的他，从此埋下了高血压的病根。

　　名画失踪，惊动了云南省府，当局立案调查，限期破案，然而名画却始终杳无音信。悲鸿先生为此忧心如焚，三天三夜寝食不安，病倒在床上。昆明失画，让悲鸿先生终生难忘。

　　悲鸿先生重返中央大学任教时，全家居重庆。1944年的一天，邮差送来一封来自成都的信，拆开信一看，是他在中央大学的女学生卢荫寰写来的。信中告诉老师，一个偶然的机会，她看到了老师丢失两年的《八十七神仙卷》。

　　收到学生的信后，悲鸿先生兴奋不已，恨不得马上赶赴成都。但是他很快冷静下来，决定自己不出面，因时局动荡又时隔两年，画又在成都而不是昆明，万一对方毁画，后果不堪设想，只好请一位朋友前往成都，这是悲鸿先生在新加坡办画展时认识的一位好友。临行前，悲鸿先生再三交代，请他先找到持画者，见到这幅画并确认为原画时，先设法与之交友，然后再花钱买回来。

　　持画者也愿出让，不过却开出了天价：法币20万，同时还要悲鸿先生的20幅作品。悲

徐悲鸿先生收藏的《八十七神仙卷》局部（照片由陈立言提供）

鸿先生接受了他的条件。不仅如此，悲鸿先生还决定不惊动当局，也不追究当初此画遭窃的缘由。在其后的一段时间内，悲鸿先生一边日夜忙于作画，一边找朋友筹款。画和款汇到成都后，在一位朋友的帮助下，《八十七神仙卷》很快完璧归赵，让悲鸿先生放下了一块沉重的心病！《八十七神仙卷》失而复得，消息传出，成了昆明当时的一件逸事。

在以后的日子里，《八十七神仙卷》跟随悲鸿先生辗转南北，形影不离。现藏于北京新街口的徐悲鸿纪念馆。

徐悲鸿行书深谋济众联（照片由陈立言提供）

陈一得与云南天文气象学

张　俊

在云南大学会泽院楼西侧 100 余米处，至今还能见到 90 年前陈一得先生所建的云南第一天文点，它是我国除北京观象台外唯一原测经纬度的确切点位，现被列为省级文物保护单位。

陈一得（1886—1958），原名秉仁，云南昭通盐津人，祖籍四川，中国现代气象、天文、地震学科研究的开拓者。1951 年陈一得当选为云南省气象学会主席，1953 年被任命为云南省博物馆首任馆长，1958 年当选为首届全国科协理事。

1906 年，陈一得入云南高等学堂，学习法文及数理化。1910 年他以第一名成绩考取留学比利时的公费生，因反对清廷出卖云南"七府矿权"，被取消留学资格。从高等学堂毕业后被聘为云南省立中学教师，他提出在教学中增设天文学课程。他不仅积极传播自然科学知识，而且努力开展自然科普实验，并细心观测天象、外出考察，观察山川地势、气候变化，认真整理收集资料，考证旧志记载，成为云南早期气象、天文、地震学的专家。

陈一得利用丰富的教学知识，用日晷实地观测和计算了以北京地区为中心的北京时间与云南的时差，测量出云南各县的标准时间和二十四节气太阳出没的时间，在此基础上进行天象观测。1920 年，经多年的研究探索积累，绘制了近代云南历史上首部天体地图"昆明恒星图"，经夫人刘德芳女士之手，用丝线刺绣在绸缎上。随后，他创制了供观测天体星象用的"步天规"。使用"步天规"观测，是根据地球运转来观测星象的变化，辨认当夜出现的星宿。云南经济特科状元袁嘉谷曾用"步天规"，将观测所得与天文图书记载对照，无不符合，不由得赞叹不已。"步天规"堪称近代天文研究最具代表性的成果之一。

1907 年，法国为修筑滇越铁路，在云南成立了测候所，陈一得看到西方列强在中国许多租界上建立起系统的气象观测网，他们欲进一步掠夺中国资源和领土的野心暴露无遗，这使陈一得深刻认识到科技发展对促进国家强大的重要性。1926 年，陈一得以任教 10 余年的积蓄，自费赴南京气象台进修，购置气象观测仪器后返回昆明。1927 年，建立了私立"一得测候所"，自任所长，以"愚者千虑，必有一得"之意，改名陈一得。

一得测候所建立后，坚持了长达 10 年的家庭科研观测活动。"陈所长"率领全所工作人员——妻子、堂弟、养子，坚持每天按时观测记录昆明的晴雨、温度、湿度、风向、云形等情况，逐一进行记录、统计、整理。随着研究观测的深入，他先后发表了《民国二十年水灾与天气》《昆明气象与天文观测》《云南气象要素之分布》《最近十年昆明气象统计册》等重要论著。

因气象观测资料涉及国防安全、经济安全，事关农、林、水利、渔、航各项事业的发展，所以在当时影响较大。法国、日本、美国等相继来函要求交换或收购气象观测数据和资料，均被陈一得严词拒绝。

1934 年 12 月，在省教育厅和云南大学校长何瑶的主持下，陈一得用 60 度等高镜、天时计等天文观测仪器，在云南大学体育场首次实测云南真子午线获得成功，准确实测到昆明在地球上的位置为：东经 102°41′58.88″，北纬 25°3′21.19″，并立石标"云南大学天文点"为志，其成果被刻在石碑上，保存至今。

1936 年云南省政府将"一得测候所"改组为公办"省立测候所"。在昆明西山—太华山顶建立了"省立昆明气象测候所"，任命陈一得为所长。昆明气象测候所建立了云南气象观测网，在云南设置了丽江、宁洱、腾冲等 9 个测候所。陈一得首次发现云南降水来源及其雨量分布规律。他把云南降水科学地分为地形雨、气旋雨、热电雨和台风雨四种类型，并详细地描述了各型雨的特征及其产生机制原理。

陈一得曾将水灾与天气、云南雨量之分布等部分研究成果印制发行，结果在日本等地不胫而走。奥地利的科学家亲自到昆明与美国驻昆明领事一道参观了陈一得的测候所，都对其精确的记录感到惊奇。国内农、林、水利、航空、建筑等各方面的专家也纷纷前往昆明参观并听取他的汇报。

抗日战争全面爆发后，昆明外来人口急剧增加，滇池区域人多地少的矛盾日益突出，大小荒山坡地被开垦了许多，一些人将目光投向滇池。眼看生态灾难即将发生，陈一得撰写专文，列出 10 条罪状，批评明代提出的"尽泄滇池，可得田 300 万顷"论，要人们以此为戒，防止对滇池的再次破坏。

通过长期的"测天"之后，陈一得发觉地与天紧密相关。云南的历次地震，都发生在上弦月或下弦月的时候，于是他由此推测地震与月亮的运行有关，所以对地震的研究非常必要。他开始到各地震区域实地考察，渡急流，攀险峰，以探寻震源，并对所做分析研究进行详细记录。他还收集了不少群众预感地震的谚语，以及家禽、家畜或其他动物在地震前躁动不安的现象，以丰富地震预测的手段，提高地震预测的准确性。

陈一得参与编纂了《新纂云南通志》的天文、气象各门，去除了谶纬、符瑞等迷信附会的旧说，本着科学的态度重新编写，为方志的修撰新创了一种格局。此外，他还编纂了巧家、路南、晋宁等地的天文气象资料。其主要著述有：《近 30 年昆明气象观测记录》《云南气象要素之分布》《昆明水位之变迁》《大理的风》《云南地震史之观察》《滇西地震带》等。他一生追求科学事业，做了大量卓有成效的创新工作，被誉为"中国自然科学界的鲁殿灵光"。

一得测候所工作人员（照片由张俊提供）

一得测候所工作场景（照片由张俊提供）

云南省立昆明测候所出版的《气象年报（第六卷）》（照片由范丹提供）

云南省立昆明气象测候所外景（照片由张俊提供）

神医妙手戴丽三

张　俊

云南著名中医学家戴丽三（1901—1968），字曦，号徐生，昆明人。其父戴显臣为清末云南名医。戴丽三幼时读私塾四年，后入省立中学，毕业后随父学医，认真研读中医经典，在父亲的精心指导下，逐渐继承了家学。1919 年，年仅 18 岁的戴丽三，开始独闯杏林。诊病之余刻苦攻读研究《黄帝内经·素问》《黄帝内经·灵枢》《伤寒论》《金匮要略》等中医四大经典和历代各家学说，将理论与具体的临床实践有机结合起来，特别擅长运用张仲景的辨证施治理论指导医疗实践诊治疾病，不仅制方严谨，理、法、方、药一线贯通，而且能针对不同病情创造性地用古方加减化裁，常取得奇效。

戴丽三先生像（照片由张俊提供）

戴丽三擅长内科、妇科、儿科及疑难杂症，多年来因对诸多疑难病症治愈率极高，且疗效快捷，而在云南声誉远播。《戴丽三医疗经验选》载：20 世纪 50 年代，有一周姓女孩左膝关节肿痛僵冷，不能站立，面色苍白，终日嗜睡，开刀之处潺潺流下清稀黑水。经某大医院西医诊断为“膝关节结核”，前后开刀 5 次，病情如故，医院认为必须做截肢手术。家长无法接受这一治疗方案，慕名来找戴丽三诊治。戴医师详询病史，得知患儿因玩雪致病，乃寒邪侵入经脉。诊断为“鹤膝风”，用通阳化滞和血之法，仅服了几服药后，病孩肿痛明显减轻，已能下床行走。坚持治疗一段时间后，此病彻底痊愈，令当初下诊断须做截肢治疗的医师也为之称奇。类似的疑难重症，在戴医师手下总是“药到病除，妙手回春”。另一杨姓患者，脚踝外伤后感染化脓，医治数月不愈，还出现膝盖以下知觉丧失的险情。医院称此病若不做截肢手术，将危及生命。后经戴医师治疗，杨某不仅保住了命，也保住了脚。从此杨家老小凡是生病，什么医院都不去，专找戴医师。

关于戴医师"神医妙手"的口碑,在民间传说中甚至被神化为:"如果找不到戴医师看病,到他家门槛上坐坐,病也能减轻!"找他治病的人除普通老百姓外,还有不少国内外政府官员、社会名流。若遇上贫苦之人,他不但不收诊疗费,还倒贴几文,免费赠药。这种义举,常让患者感激涕零。神奇的医术加上高尚的医德使戴医师整天忙得难以招架,每天一开门就看见患者排着长队,有时至傍晚还无法关门。戴医师不计较上下班时间,不顾疲劳,常常延长诊病时间,特别是对远道而来的患者,从不拒之门外,获得众多患者好评。昆明师范学院邓孝慈教授赠诗云:"韶华易老渐颓唐,瘦骨嶙峋意自伤。景圣徒留金匮籍,时贤鲜辨玉函经。慕君国手传三代,惠我遐龄主一方。疾愈复来招饮使,挥毫表感未佳章。"

1950年,戴丽三出席第一届全国卫生工作会议,返滇后毅然放弃私人诊所丰厚的收入,成为云南省中医界第一个参加政府工作的中医名师。同年8月,戴丽三任省卫生厅总门诊部主任。1955年起任省卫生厅副厅长、全国血防科研委员会委员、九三学社昆明分社委员。其间除继续从事中医理论研究与临床实践外,还团结全省中医界同人推荐德才兼备者参加政府的卫生工作,广泛开展学术交流活动,不断提高云南中医界的学术水平。戴丽三连续三届被选为省人大代表和省政协委员。为培养中医人才,他创办了全省性中医进修班、中医进修学校、中医学院,并亲自担任教学工作与带教临床实习,毫无保留地将自己多年积累的经验传授给学员。戴丽三行医49年,积累了丰富的临床经验,取得了丰硕的学术成果,许多有独到见解和创制的经方、部分验方,已由他的学生编入云南中医学院1972年印行的《中医常用方药手册》。他发表的著作还有《中医学辨证原理》《阴阳互引之研究》《伤寒论的科学性》《诊断篇》等。

范石生回昆悬壶济世命殒西城脚

李晓明

范石生将军戎装像（照片由李晓明提供）

在昆明市五华区普吉街道的联家社区，有一幢被称为"范家大院"的老宅，乃原滇军名将范石生现存于昆明唯一的一幢住所，2011 年 1 月 17 日被公布为昆明市市级重点文物保护单位。

范石生（1887—1939），原名石僧，字筱（小）泉，号小翁，云南峨山人。清末秀才，自称宋代名人范仲淹后裔。1907 年加入同盟会。1909 年以秀才从军，考入云南讲武堂丙班，与朱德同窗，因成绩优异，与朱德同时被选入特别班，"彼此志同道合，遂订兰交，过从甚密"。毕业后参加了云南辛亥武装革命和护国首义。

范石生始终如一地追随孙中山先生，1922 年随北伐讨贼滇军进入广东后，任驻粤滇军第二军军长，在征讨威胁广州革命政权的敌人中，立下赫赫战功。孙中山亲题"功在国家"匾额赠予范石生，并特赠军刀和金链，奖励他身先士卒，保住广州的安全，大本营也特授他上将军衔。范石生聪明好学，博闻强记，特别喜欢舞文弄墨，刻有"军中一范"图章，以示自己文武双全。然而，由于他不善权术，为人耿直兼孤芳自赏，言语诙谐又尖酸刻薄，常对当时军衔仅为上校的蒋介石做鄙夷之状，并操起云南土话奚落他，得罪了蒋介石。范石生曾对李宗仁谈及在广州时对待蒋介石的情形，他说："有时我们正在烟榻上吸烟，忽然部属来报告说'大元帅（孙中山）来了'，我们便放下烟枪，走出去迎接大元帅，回到烟榻房间坐下，请问大元帅来此有何提示。如果是谭延闿或胡汉民来访，我们就从烟榻坐起，请他们坐下商谈。有时蒋介石也来，我们在烟榻上继续吸烟，连坐也不坐起来。"弄得蒋介石十分尴尬与恼怒，由此埋下了祸根。

北伐战争开始后，范石生所率领的滇军第二军作为北伐军的预备队，开赴广西平马改编为国民革命军第十六军，约于 1927 年初经南宁等地，转韶关到湖南南部。八一南昌起义后，朱德、陈毅率领一支部队南下广东，准备参加广州起义。到了乐昌一带，在三河坝遭到两万多国民党军队围攻，4000多人只剩下2000余人，遂打消了去广州的计划。最后来到湘南汝城，部队被饥寒与疾病困扰，急需休整。这时得到了范石生的鼎力相助。

时隔50多年后，1982年8月1日全国各大报刊刊登了朱德生前撰写的《从南昌起义到上井冈山》。文章说："南昌起义前，驻在湘南的范石生第十六军同我党保持着统一战线关系，该军内仍然有我们党的组织，范石生也有同我们联合一起进入广东之意。南昌起义后，部队南下时，恩来同志就给我们写了组织介绍信，以备可能同范石生部发生联系时用。"

1927年11月，朱德到达汝城后，范石生接到报告，亲自前来迎接朱德。两位云南讲武堂同学一见面就紧握双手，热泪盈眶，情景十分动人，连夜商谈了朱德部队休整事宜，确定范石生部驻韶关，朱德部驻犁铺头。为避开蒋介石和驻粤军阀的注意，朱德部队暂用第十六军四十七师一四〇团番号，朱德化名王楷，以第十六军少将高参的名义，任四十七师副师长兼一四〇团团长。范石生将一个团的装备，两个月的薪饷以及服装、棉被拨给一四〇团进行补充，使这支处于极端困难中的起义部队及时得到休整，面貌焕然一新。

范石生与朱德在会晤中还决定：范石生同意这支革命部队在组织上保持独立性，部队不编散，人事上完全自主，对它的各种行为也不加干预，"来去自由""要走就走"。因此，朱德率部在所到之处进行政治宣传，开展农村群众工作，组织赤卫队打土豪分田地，并"照群众意见"镇压了9个民愤极大的恶霸地主；为准备湘南暴动，在汝城召开了中共衡阳地区各县县委书记会议。范石生对这一切假装不知，从来不闻不问。

1928年元旦后，第十六军的特务密报蒋介石，朱德就藏于范石生军中。蒋介石当即来电要范石生立即逮捕朱德，押送南京，并让其部就地缴械。范石生接电后，立即写了一封密信派秘书前往犁铺头亲自交给朱德，同时又派副官送去几万元现洋，给朱德部队作为路费。范石生在信中特别嘱咐朱德，为了避免部队损失，走大路不要走小路。他在信中还说，迫于目前的形势，他已爱莫能助，相信"最后胜利是你们的"。

正是在范石生的鼎力相助下，朱德领导的部队最终化险为夷，于1928年4月举行湘南暴动后，走上井冈山，与毛泽东领导的秋收起义部队实现了具有伟大革命历史意义的"朱毛会师"。

范石生由于在驻粤期间与蒋介石就有芥蒂，放走朱德后更加引起了蒋介石的怨恨。他的第十六军也一直被视为非嫡系的"杂牌军"，常常被拖欠甚至是领不到军饷，并于1928年被缩编为第五十一师，范石生萌生了解甲归田的念头。1934年，蒋介石同意了他的辞呈。范石生遂到庐山集资买房，并在山里买了几亩薄田耕种，以祖传医术为人治病，借以维持生计。

抗日战争爆发后，范石生举家从庐山迁回昆明，不问政事。他先在小南门内设"日月大药房"开堂坐诊，后又在小西门蒲草田家中挂牌行医，悬壶济世，凡贫苦穷人就诊，概不收费，深受赞誉。1939 年 3 月 17 日午后，范石生祸生不测——他乘黄包车外出行诊时，行至西城脚下，骤然响起一阵枪声，车夫受伤倒下，范石生倒在血泊中，驾鹤西去。虽然赶来的警察抓住了两名来不及逃脱的凶手，却没了下文。

范石生之所以神秘被杀，也有很多说法，他既与蒋介石积怨甚深，又得罪过龙云，而且据说当年顾品珍之死、杨蓁被乱军所杀，都与他营救不力有关。加之他一生恃才傲物，结怨太多，因此杀他的凶手为何人所派，他又因何被杀，似乎谜底难揭。范石生之死成了当时轰动昆明乃至全国的一大悬案。

朱德一直念念不忘范石生与自己的友情，没有忘记他在南昌起义部队处于最困难的时候所给予的巨大帮助。新中国成立后，朱德回昆明探亲访友，曾专门会见和勉励范石生的后人。

医文相长姚贞白

杨小燕

姚贞白先生像（照片由杨小燕提供）

姚贞白（1910—1979），名志恒，字贞白，从医后以字行，云南昆明人，姚氏医学流派第五代传人。1940年至1948年间任昆明市中医师公会负责人，滇、黔考试署中医师考评处处长。新中国成立后创立昆明市中医医院并任首任院长，属首批云南中医学院兼职教授，市卫生局副局长，历任数届省、市人民代表，第三届全国人大代表。贞白自幼习医，聪颖过人，苦读医经、子史典籍，尽得真谛。1930年姚贞白开始悬壶济世。在长期的医疗实践中，游学大江南北，博采众长，逐步总结形成了一整套"以阴阳气血为整体，以气化原理为辨证"的施治方法，以"因地、因人、因病制宜"为特点的姚氏医学流派学术主旨，为姚氏医学之集大成者，为云南四大名医之一。

贞白行医五十余载，以精湛的医术所医治病人中，有党和国家领导人，省、市、区党政领导和国际友人，港澳同胞以及众多平民百姓，他均一视同仁。其精湛高超的医术为后人津津乐道、传为佳话。其孙辈姚氏医学流派第七代传人姚济白回忆：1964年12月的一天，云南省委办公厅突然派车接姚贞白老先生，且只说是要给一位首长看病，由于这类事件较多，贞白也不大在意。直到车在震庄迎宾馆停下，看到在等候他的竟是敬爱的周恩来总理时，这才惊诧万分。总理在寒风中精神矍铄、光彩夺目的风貌使贞白终生难忘。原来陈毅副总理随总理出访归国，至昆时感染风寒，特请贞白诊治。周总理客气地招呼贞白先生说："请姚医生来，是麻烦你给陈老总看病，他吃了羊肉又感冒，请你帮他看看。"贞白诊脉毕，认为是太阳经气受寒，中焦气滞，传导分利失司之候，故回复总理说："不碍事，这是内伤外感，用两剂药就行了。"贞白处葛根防风饮一剂，三服毕，次日陈毅副总理恢复健康。周总理很高兴，亲切地对贞白说："我几次路过昆明早就听说你们姚家以医术闻名，你除了日常工作外，应当把你们姚家的学术经验整理出来，为广大的人民群众服务。"贞白铭记总理教导，待人处事更为谦虚谨慎，亲自带领医疗队远赴边疆、工厂、农村巡回医疗，为厂矿农村培训了大批医护人员。

1928 年，姚贞白在父荫轩公指导下，与弟姚济在正义路马市口及翠湖边创建"姚济药号"。1941 年至 1948 年间又先后在马街、苏家村及市区云瑞北路、正义路下段创建"姚济医药室"。看病、抓药、制药融于一体，药铺曾兴盛一时。贞白极其重视中医"天人相应之理"，重视四时气候对人体气血的危害浸淫。长期以来通过对昆明地区气候变换的仔细观察和气象资料分析，认为昆明地区冬无苦寒，夏无酷热，温燥凉爽，四季如春。故遣方用药之际，刚峻猛烈、大辛大寒的药物，于人体恐不相宜，多以轻、灵、疏、和为特点，每收四两拨千斤之效。他拟创"清宣疏化"为昆明地区四时节令疾病祛邪大法。1937 年姚贞白、姚济在父荫轩公指导下，总结姚氏四时表证用药规律，创制"姚济神效散"，主治六淫侵袭，四时感冒。施之临床，辄多验效。抗战时期，滇军远赴台儿庄与日寇作殊死战斗，在阵亡将士的遗物中，均发现两种药物，一为"云南白药"（外用为主），一为"姚济神效散"（内服为主）。"姚济神效散"除捐赠抗日部队外，一直畅销东南亚，深得海外侨胞欢迎。1950 年解放大军进昆明时，在军政宣传资料上曾有"伤风感冒找姚济"（"姚济"即"姚济医药室"）的记载。

2016 年 1 月，笔者有幸走访了唯一在世的姚氏医学流派第五代传人张浩然老先生（姚贞白妹婿）。据他回忆，当时抗战全面爆发，社会动荡不安，滇军即将出征，贞白本打算捐赠军队药品，但因资金不足，于是向富滇银行申请贷款。后政府将其所需贷款批准，一共五万元滇币。"那个时候的昆明，还算太平，我记得五万元滇币是用黄包车拉，我跟在黄包车后面跑，一直拉到'姚济药号'……"后来，贞白将这笔贷款作为制作"姚济神效散"的专用资金，全部药品捐赠给出征台儿庄战役的滇军将士们。

传统中医世家，大多有"书香门第"之雅称。贞白医余之暇，乐好风雅之声，并精于王、赵书法，然非仅以吟风弄月鸣于一时之句。他常教导子女门人要增强自身的文化素养，以此更好地习研、领悟医中之奥理。所谓医文相长，时而久之，便形成了姚派的文化特质。

青少年时代的贞白，在文学、诗词方面就展露了出众的才华。20 世纪二三十年代，他常代父荫轩公与滇省陈荣昌、曾纯卿、于怀清、王铁山等文坛名宿进行诗词唱和及文字交往。他代父荫轩公祝王小秋寿诗：

> 所欲随心知己稀，全凭善政济群黎。
> 机云雄赋夸无敌，羲献书法妙可几。
> 数亩园林堪啸傲，十年姻娅见端倪。

　　小阳春进梅花酒，百寿为嵩天与齐。

　　时人称咏寿诗之翘楚。又《七律·咏曹溪寺珍珠泉》：

　　九夏松风岭上鸣，白云深处一潭平。
　　匣开宝镜映天色，龙吐珍珠作雨声。
　　流到前溪护田远，源为活水在山清。
　　最宜亭午却炎热，缘树浓阴爽气生。

　　其写田园风光，自然淳朴，深得陶诗三昧。其中，"流到前溪护田远，源为活水在山清"之句，用词虽平淡却意蕴悠远，蕴含了姚氏医家高尚的医风医德，以及高雅的风骨气节！

　　1964年，贞白被推选为第三届全国人大代表，在参会之后返程途中过阳平关口占七绝：

　　万山重叠此雄关，蜀魏交锋古战场。
　　莫问兴亡前代事，寒鸦阵阵噪斜阳。

　　令同行的全国人大代表、时任云南省教育厅厅长、云南省作家协会主席徐嘉瑞老先生吟诵不已。

忆书法篆刻家朱立亭

陈立言

    曾被寓滇著名学者、书画家范子明、李广平先生赞誉为书法、篆刻全能的朱立亭先生，因病于"文化大革命"中早逝。

    朱立亭，字飞鸿，江苏南京人。抗日战争全面爆发后，朱立亭先生历经艰辛到达战时大后方的昆明。一生酷爱金石书画的朱立亭先生，在战时的昆明有缘结识了胡小石、唐兰、孙静子、蒋维崧、薛铸、周霖、袁晓岑、黄继龄等著名教授及书画家。那时昆明也是全国书画家相继来昆后举办展览最多的城市之一，许多古今优秀艺术品，为朱立亭先生拓宽了视野，加之与各艺术家不断切磋学习，先生学养与技艺渐进，便在昆明挂牌治印，时受好评。

    新中国成立后，朱立亭先生供职于昆明雕刻工艺社。1958 年，昆明市象牙雕刻厂成立，先生旋调，仍以金石书法、绘画为业。昆明的象牙雕刻工艺品在北京、上海、广州也极负盛名，其所制天女散花、林黛玉等仕女立雕人物以及各式花瓶、动物、杧果、印章等象牙工艺品，大部分供外贸出口。象牙雕刻厂成立后，在昆明繁华的正义路北西侧的铺面，设昆明市象牙雕刻厂工艺门市部开展对外服务。门市部的玻璃橱窗内陈列着象牙工艺品，以毛泽东诗词为内容的书法作品及为人治印的印谱。朱立亭、王石耕、孙本桧三位先生在门市部主书法篆制、绘画的内外业务。

    北京人民大会堂云南厅，需陈设一些书画及云南特色的工艺品，由昆明市象牙雕刻厂承担了制作大观楼长联的任务。厂里从剑川请来木工师傅，用优质木料做长联的框，再以银制的花纹包框边。长联的文字由朱立亭先生带几个青工，到大观楼拓成拓片，每个字用象牙片镂空制作镶在框上。整个长联均按原大小制作。经省、市有关部门审定后，悬挂于人民大会堂云南厅，受到党和国家领导及各界人士的赞许。

    1960 年的一天，时任云南省副省长的张冲将军，外出顺道来正义路牙雕厂门市部看望朱立亭先生。警卫员进门市部告知先生，张冲副省长来了，朱先生即与该厂青年职工汪家荣出门迎接，汪家荣到伏尔加小轿车门前携扶张冲将军进屋。坐下后，张冲将军接过警卫员手中的"水烟筒"，边抽烟边闲谈，离开时嘱朱立亭先生为其书毛泽东诗词。

    另有一些书画家，诸如范子明、李广平、刘华轩、易问耕、汪时生、张宝善等先生不时都会到门市部喝茶闲谈、切磋艺术，并常有一些喜书画的青年和学生到门市部向几位先生求教。

云南著名书画家周霖先生旅昆时，也到门市部看望老友朱立亭先生。朱先生工作桌边墙上就悬挂着周霖先生题赠的两帧花鸟。朱先生为周霖先生刻"周霖六十后作""美意延年""风物长宜放眼量"印。

朱立亭先生为著名书法家、收藏家、美食家、慈善家范子明先生刻了"古晋国平陆人""乐古斋""子明铁线笔""范子明"印，足见高谊。随后又创作了大观楼长联、毛泽东诗词《沁园春·雪》的组印。

20世纪60年代始，全国学毛主席著作蔚为风气。象牙雕刻厂又以大小不等的象牙片制成台屏工艺品。朱立亭先生以毛泽东语录及诗词为内容，用隶书、楷行或行草不同书体刻在象牙片上。台屏工艺品一上橱窗，参观争购者不少。

"文化大革命"初始，少有毛主席像章，一般的人及学生以左胸戴用纽扣、塑料等制作的胸章（上刻"为人民服务"、毛主席语录），为时新。象牙雕刻厂抓住这一机遇，用象牙制作方形、长方形和圆形胸章，由朱立亭先生等人刻上毛主席语录，在门市部以人民币三角到一元不等销售。到全国"大串联"时，象牙胸章一时供不应求，厂里便增加制作。朱立亭、王石耕、孙本桧等先生，晚上加班赶刻，才得以解清早门市部未开门排长队求购之急。

朱立亭先生的书法篆刻艺术，给人们留下了难忘的记忆。

朱立亭篆刻作品（照片由范丹提供）

救命恩人康诚之医师

李德仁

康诚之先生像（照片由李德仁提供）

康诚之医生，昆明人习惯称他"小康先生"。20世纪80年代以前，昆明人没有几家没听说过"小康先生"的。因为他是儿科名医"小儿王"。数不清的小儿是他给解除的病痛，又有不知多少"命悬一线"的娃娃，是他从"鬼门关"前抢回来的。几十年后，人们对他依旧推崇赞许。不少人感恩戴德，念念不忘。我一岁时，突发高烧，退烧药不仅无效，服后还出现吓人症状。亲戚、朋友、邻居，知者无不建言。父亲谢绝各位好心人的意见，担心迟延要送掉爱子小命，抱上我跑出家门，坐上黄包车，直奔康先生诊所。康先生说："要是来得不及时，恐怕只有神仙救得了我，现在不必后怕，吃了药后，烧一退，就没有危险了。"真是灵验，第一服药还未吃第三道，烧即退了，药到病减，起死回生。第二服药后病邪尽除，毫无病状了。第三服，是病后调理，吃过之后，又如病前，顽皮闹腾。父母感恩戴德，知道的人，无一不称赞颂扬。好些年后，我在父亲书中发现三张治小儿惊风的药方，上面写着我的名字。于是去问父亲，为什么好些年前的三张药单，好好夹在医书中。父母便把这三张"珍宝"的来历和"小康先生"救我小命之事讲给了我。三张药单是我的"救命符"。后来，父亲那本书不知何时何故不在了，但"小康先生"救命之恩永存我心。

康诚之（1899—1970），字子信，云南昆明人。1899年生于中医世家。先祖康时，字敬斋，1808年起在昆明端仕街祖宅悬壶济世。祖父崇德为云南著名中医，擅长儿科。父亲月轩，继承家学，不失康氏医德医术，求治者众，诚之自幼随父习医，年方弱冠，即悬壶应诊，为康氏第五代传人。

"小康先生"对家学深习精研；对祖上珍藏中医中药典籍自学苦钻，不时请教，尤其尊崇宋代名医、被称为"儿科圣手"的钱乙。"小康先生"不仅不负前辈期望,且"青出于蓝而胜于蓝"。开业不及十年,声名大噪。每日求诊不下百,自晨至暮无闲暇。深夜来叩环求救者,无一不开门迎进。他宅心仁厚,医术精湛,除了称他"小康先生"外,许多人还给他另一称谓"小儿王"。

他治学严谨,思考缜密。临床长于望闻,巨细注意,防范疏忽。求诊者的"诉状"自然重要,不可轻忽,然"耳听为虚,眼见为实",故他更重注于自己所见的病容、情状,闻到的各种气味。综合主、客观,审慎辨析,精确判断,得心应手,辨证施治。如此这般,怎么会不"手到病除"。"小康先生"之高明首先在于此。

他不执于一得之私,广学博采,吸取前人方剂中的有益部分,结合患儿个体特点,结合自己的临床经验,组成复方。诊治小儿痘、痧、惊、疳都有一套独特的检查方法。这是"小康先生"的又一高明之处。

他注重扶正与祛邪的关系,立法审慎,补泻得体,用药灵活。特别重视患儿病后调理,认为"调理脾肾,促进精气血生化,增加抗病能力,是促进康复的关键",故对麻疹、百日咳、猩红热、痢疾、肝炎、腮腺炎、血小板减少性紫癜、败血症、急慢性肾炎、脑炎及其后遗症、肺炎、婴儿慢性腹泻等小儿重症、难症的诊治常获得良效。不外乎,这又是"小康先生"的高明。

他没有进过洋人医院,没有进过洋学堂,但他不故步自封,对所见所闻西医之长不"视而不见""听而不闻"。在医疗实践中积极主张中西医结合,难能可贵。诊治白血病、再生障碍性贫血、肾病综合征、败血症、新生儿肝炎综合征等疑难杂症,取得显著疗效。"小康先生"又添高明。抗日战争时期,号召云南省中医药界支援抗战,与同人一起捐资制成止血消炎良药——伤特灵,敬献给前方抗日将士。

他热心中医药事业的发展,曾任云南中医师公会理事。与著名中医雷宣、戴丽三、吴佩衡等人一起组建云南国医研究社,发行《国医周刊》,负责主编工作,并积极撰稿,宣传普及中医基础知识,组织交流学术成果。

他很重视总结自己的经验和方法,收集了各种典型病例154例,拟定有效方剂48个,为中医儿科的发展做出了重要贡献,声誉卓著。除在《国医周刊》发表的文章外,他的论著有:《康诚之儿科医案》《小儿百日咳中医疗法》《小儿虎口三关指纹诊断在实际应用中的一些体会》《中医治疗长期发热二例报告》《康诚之医案选》《顽固性小儿腹泻验方介绍》《关于夏令传染病中的中医治疗经验介绍》《小儿温热病与温胆三仁汤》《小儿久泻与健脾固涩》《血小板减少性紫癜症治点滴》《中医对猩红热的防治》《中医治疗婴儿消化和营养不良等病的经验介绍》《云南中医经验》《中医常用方药手册》《心热血燥血液妄行》《中医治疗流行性腮腺炎》《中医治疗佝偻病》《中医治疗小儿菌痢》《小儿急慢惊风症治》《治疗小儿遗尿症经验介绍》《益黄六君汤治疗婴儿迁延性腹泻的经验》《小儿黄疸性肝炎症治点滴》《中医儿科协定处方》等。

他关心教育事业，先后承担云南中医进修学校、云南中医学校、云南中医学院教学工作，举办专题讲座，毫不保留地传授自己丰富的临床经验。曾任云南中医学院附属医院副院长、儿科主任，云南省政协委员、常委，中华医学儿科学会会员，《云南中医杂志》（现《云南中医药杂志》）编委。

康诚之医生享年 71 岁。"小康先生"的康氏医门"青出于蓝而胜于蓝"，在云南中医儿科则"绝艳千古高名园"。

陈西伯再造"云子"

郝性中

陈西伯先生像（照片由郝性中提供）

云南出产围棋子——"永子"，因其产于云南永昌郡而得名。明清时期，永子已蜚声海内外，是进贡皇上的珍品。到了明末，生产日趋没落，清末失传。

20世纪60年代初，昆明只有一家单位还在产销"永子"。市围棋协会有关人员去看，其外观形制与传统"永子"类似，但黑子有气泡砂眼，白子有杂色。最大问题是强度不够，脆而易碎；长期搁置，棋子会风化裂开，多数棋子表面泛黑，不是真正的"永子"。时任中国围棋协会主席的陈毅副总理，对恢复我国围棋事业十分关心。他出国访问经过昆明时，多次找当地的老干部下棋，其中有史怀璧、林亮、程永和等老领导，要求云南省体委、围棋协会一定要把失传多年的"永子"发掘制造出来。

这几位在当地均有人望的老领导，多方询查后，得知当时有一位家住原五华区的陈西伯老先生曾烧制过围棋子。陈老先生自幼喜好围棋，是昆明市围棋协会会员，曾获昆明市围棋比赛第一名，从事过陶瓷、邮政、卷烟、建筑、火柴、花木等多种行业工作，尤对化工特别钟情，一度以做化学纽扣、人工宝石为生。他曾烧制围棋子添补家计，并赠予亲友。新中国成立后他在昆明工业学校工作，棋友的"棋子"缺失无处购买，他常烧制一些予以补上。陈毅同志知道这些情况后，请史怀璧、林亮等同志转达他的口信，动员陈老出来再造"永子"。

1964年，陈西伯患严重心脏病，住院50余日，经医护人员精心医治和耐心护理，他危在旦夕的生命获得新生。他感到医护人员对他照顾得热情周到，比亲生儿女还亲，深感社会主义大家庭的温暖幸福。他一生经历坎坷，感到只有在共产党领导下才能享受到如此待遇，与国民党反动政府有天壤之别。

　　在家养病之时，国家围棋队来昆，领队李正洛与他联系，再次转达陈毅副总理的嘱托，请他出来承担恢复烧制云南围棋子的任务。陈西伯正图倾心发展围棋事业报效祖国，听到陈老总召唤，深为感动。当即下决心，在有生之年，用自己的知识和技能，把失传的"永子"工艺重新恢复研制出来。为此他向工校提出退休申请，以便全心全意完成试制、恢复云南围棋子的重任。陈毅副总理知道后十分高兴，指示省体委、省轻工厅在资金、人力、场地、设备等方面提供方便。陈西伯还把家中自己烧制棋子必需的原料和设备拿出来，省体委派了一名退役运动员周金和，又专门从宣威溶剂厂调来容的秀当徒弟，并拨资金，配会计，让陈西伯在省体育馆看台球场下的两间房子里试制围棋子。

　　此时陈西伯已 70 多岁，为完成陈毅副总理重托，不顾年高，带着两名徒弟四处奔走，选购原料，添置设备，不断改进工艺。经多次试制，烧出了自己研创的围棋子，濒于失传的云南围棋子重新问世！白子呈乳白色，有如脂玉；黑子基本有透绿、透蓝两种，对着明光，皆澄澈无瑕。尤其蓝色一种，深蓝色淡紫，像高原未曾被污染的天空一样，淡蓝如海蓝宝石，纯洁到令人生幻，皆十分赏心悦目。不论透绿、透蓝，搁在平面桌上，又是莹黑一片，看上去沉重扁圆，古朴浑厚，色泽均匀，眼感舒适；落地铿然有声，不碎不裂，执于指间冬不觉透凉，夏不觉湿热，真是妙不可言！

　　1965 年，陈西伯将他研创的围棋子样品寄到北京。经检验认定，其质量"较之过去云南出产的著名的老永子实有过之，无不及之处"，被国家正式命名为"云子"。陈西伯为云南围棋子再生，做出了不可磨灭的贡献。陈毅出国访问期间，曾将陈西伯研创的"云子"作为国礼，赠送外国首脑。

　　陈毅回国后在昆期间，曾在震庄迎宾馆专门宴请陈西伯。说起这段佳话，陈西伯总是兴奋不已。

　　那是 1965 年冬季的一天，一辆小轿车开到省体育馆陈西伯烧制"云子"处，一位干部对他说，陈毅副总理要宴请他。听到这个消息，陈西伯突然愣了一会儿，得到确认后很兴奋，立即回家换下工作服。车子把陈西伯接到震庄迎宾馆，陈毅健步迎上去与陈西伯握手问候道："欢迎，欢迎啊！您老人家手这么凉，保重，保重！"

　　陈毅拉着陈西伯的手进入餐厅，陪陈西伯坐上主宾席，陈康、史怀璧等领导同志作陪。请陈西伯坐下后，陈毅说："感谢你，感谢你使'永子'失而复得，感谢你使'永子'再生，你辛苦啰！"陈西伯异常激动，双眼闪出泪花："全是您的关怀哪，要不是您扶持，我真不知道'云子'何时才能问世！""陈老先生，你恢复了祖国的一项传统工艺，我代表人民感谢你。今天请你来一起吃顿晚饭，这是我的一点心意，借以表示对你的感激和问候。"陈毅为陈西伯斟酒夹菜。老人百感交集，拿筷子的手不禁微微颤动，陈毅同志关切地对他说："今晚本来要跟你下棋的，看你衣服穿得有点单薄，年纪大的人着凉不好，棋改日再下吧！"

陈毅询问陈西伯年龄、家庭成员及生活情况、"云子"的制作工艺等。陈西伯开始有些拘束，但一讲到"云子"便眉飞色舞，将"云子"的配方和密传工艺等向陈毅同志作了简略的汇报。陈毅同志赞扬道："云子既是棋子，又是工艺品，它是中国的传统文化的结晶，是中国人的骄傲。"并嘱咐他要把技术传给下一代接班人，将"云子"发扬光大。陈西伯深感陈毅副总理的厚望，当即表示一定要把所有技术贡献给国家；要打破洋框框，进一步做科学实验，制出更优良的围棋子来，为国争光。他的夙愿是，普及围棋，"云子"生产要实现机械化，以降低成本，让更多的人用上"云子"。饭后，陈毅同志又亲自送陈西伯老人上车回家。

正当陈西伯踌躇满志、准备扩大再生产时，"文化大革命"开始了，省体委无人再抓"云子"生产，"云子"试制进入停顿时期。造反派打砸烧制围棋处，"云子"抛撒，陈老先生将生产的"云子"，一粒粒捡拾包装成盒，保管起来，革委会成立后，悉数交给革委会。

改革开放后，昆明冒出许多围棋厂，最多时有30多家。众多厂家"配方"均出自陈西伯徒弟之手，每个方子至少卖1500元。陈西伯徒弟赚了不少钱，但这些所谓的"配方"未得真传，工艺不规范，烧出来的围棋子乌黑、不透明、易碎，与陈西伯烧制的"云子"在质量上有天渊之别。他们至今不敢报专利，因为他们心知肚明，这项专利只属于陈西伯。

国家体委曾将陈西伯制作的"云子"以四枚一盒，作为珍贵样品赠予云南围棋厂。迄今尚无一家仿制的"云子"在品质上超越陈西伯当年的"云子"。

1972年陈老总逝世，幸有周恩来总理仍未忘记围棋事业。1974年，刚从干校回北京的陈祖德奉周总理之命，专程来到云南，转达周总理要求恢复"云子"生产的意向。通过昆明第十二中学教师及围棋裁判李家浩牵线，由十二中校办工厂承接了研制"云子"的任务，并请陈西伯再次出山指导生产。陈西伯欣然同意，将他自己研创的"云子"配方和生产工艺全部贡献出来，带领十二中校办工厂王启宇老师等人，四处选购材料、设备，并指导生产，恢复"云子"生产。十二中校办工厂还为他安排了宿舍和办公室。

双方合作不久，发生了一件非常不愉快的事。有参与试制的人急于求成，总以为陈西伯保守，趁陈西伯外出之机，偷看他的笔记本，被陈西伯撞见。陈西伯秉性执拗，见不得偷鸡摸狗之事，本来笔记本上有关"云子"的完整配方和生产工艺已毫无保留贡献出来了，此人还干这下三烂勾当，他认为这是对自己的极大侮辱，愤然离去，后来给国家体委负责人写信报告。回信曰："还是安定团结为好。"

陈西伯以一个老知识分子的固执，不再去十二中校办工厂。虽然现在的"云子"质量与陈西伯烧制的有很大的差距，但"云子"生产工艺还是得以保存下来。

1979年，陈西伯外孙郝性中来昆开全省科协会，科协主席陈常枫曾说，现在生产的"云子"质量不行，陈西伯保守，没有把技术完全传授下来。郝性中回去后告诉外公陈西伯，他生气地说，根本不是保守，是他们不好好学。关键是原料、工艺都很有讲究，坩埚要××处的，钠长石要××后面山上的，火候他们根本没有掌握！

1980年7月，陈西伯为写他的回忆录，独自去大观楼，察看了50多年前他设计、监工修建的石山彩云崖，回来后不顾劳累，兴奋地对老伴说了许多话。次日凌晨突然不能说话，右边身体不能动弹，昏迷约5天后去世。

陈西伯遗体火化后，骨灰中发现几粒纽扣，经过高温后仍然晶莹发亮、完整无缺。这就是陈西伯自己烧制的"宝石"纽扣。

名医之后李继昌

张 俊

　　李继昌（1879—1982），字文祯，生于昆明，高祖李裕达著有多种医书问世，曾祖李清安精通医学被誉为"李二神仙"。李继昌的祖父李延龄和父亲李明昌皆为当时名医。李继昌从小跟父亲学医，13 岁时，便到正义路"衡源号"中药店当学徒，16 岁拜李福林老医师学习民间中草药。五年后开始行医，随父亲李明昌在昆明城和城郊给人诊病。由于他聪敏好学，秉承家学渊源，深得父亲言传身教，又发奋攻读家藏的中医典籍，早年就崭露头角。1905 年，这位名医之后已能独当一面地设诊所于华山南路四吉堆行医。

　　中医学博大精深，数千年来，为中华民族强身健体，解除病痛做出了巨大贡献，与源于西方的现代医学相比各有所长。李继昌年轻时，西方医学已传入中国。不少中医因循守旧，

李继昌先生像（照片由张俊提供）

对西医既不愿理解，更不想学习，甚至持排斥态度。出身中医世家的李继昌，没有门户之见，他不仅博采各家之长，潜心研究中医各派学说，融会贯通，为己所用。而且以超前的意识，认识到中西医学可互补。1907年，李继昌毅然走进一个新领域——进入法国医院附属医学专科学校学习西医。他上午勤学，下午行医，积极实践现代医学诊断技术，历时五年，以优异成绩毕业，成为云南中西医结合先驱之一。李继昌善于应用《黄帝内经》《伤寒论》等中医典籍指导临床实践，在诊疗中十分注意人体自身之正邪消长变化，认为"有邪必先祛邪，祛邪不能手软；邪去（祛）然后扶正，正虚特甚者，亦当扶正祛邪并而用之"。还根据昆明的地理、气候特点，结合病情需要灵活加减化裁应用古今方剂。尤其是他制成的鸡肝散，是治疗小儿疳积虫症的良药；英雄独一丹，则于跌打损伤、止血化瘀等症疗效颇佳。1978年，由其传人、儿子李幼昌整理出版的《李继昌医案》，汇集了他一生的大部医学经验。

"仁爱救人，赤诚济世"是中国传统医德的指导思想，医术与医德融为一体是中医的特色。经历了清末、民国、中华人民共和国三个时代的李继昌先生做得尤为突出，他用自己救死扶伤、举义行善的行为体现了一代名医爱国爱民、思想进步的风范。早在云南重九起义时，他就带领家人和徒弟，热情为革命军救护伤员。抗战期间他又慷慨解囊，捐款支援前线；1950年捐款给志愿军保家卫国。民国时期每年年关，李继昌都要用一年的盈余购买"米飞子"（米商售米凭证），去周济贫困穷苦的百姓。在他行医的漫长生涯中，只要疫病流行，他都会率徒弟巡回医疗，治愈了很多患者，还捐赠救济饥寒群众。

李继昌接待患者态度和蔼，诊视前总是起立恭迎，然后下座，耐心望闻问切，探明病根，开方以后再立身恭送，即使对待贫寒如乞丐者也如此，态度决不高居病人之上。对就诊者总是有问必答，不厌其烦地向病人及家属解释病情和注意事项。他的言行让旁观者感觉似在与亲友聊天，毫无医患间的隔阂。他对周边的居民，只要某家有急重病人，敲门去叫，哪怕深更半夜、刮风下雨，都会马上赶到患者家出诊。直至李先生耄耋之年卧病在床，有求诊者来，也一样精心施治。天长地久，李医生赢得了众多患者的信赖与尊重。因李继昌排行第三，昆明人皆尊称他为"李三先生"。云南中医学院教授许子建曾为李继昌先生撰写寿联"寿高孙思邈医林艺苑第一人，学贯李东恒妙手仁心著三迤"。中华人民共和国成立后，李继昌曾任中华全国中医学会云南省及昆明市分会名誉理事长、昆明市盘龙区医院院长，历任云南省一至四届政协委员。他以各种形式悉心培养医务人员，其中不少人后来成为医疗骨干。1956年，他将家藏中医学典籍595卷全部捐赠国家，其中最珍贵的是《古今图书集成·医部全录》古版本一部计214卷和《滇南本草》手抄本。李继昌赠书之举得到了国家和社会的称道，省卫生厅特给予奖状锦旗予以嘉勉。

济世救民黄良臣

张　俊

　　过去许多老昆明人但凡受了外伤，或生了疮疡都会首先想到去找名医黄良臣先生诊治。黄良臣（1892—1960），生于清光绪十八年出身昆明中医世家，排行第三。曾祖父黄镗、祖父黄嘉惠、父亲黄鑫均为昆明名医。因其自幼从父学医，天资聪颖，勤奋好学，协助父辈采挖草药，炼丹熬膏药，得到真传，19 岁已掌握岐黄之术，开始挂牌独自行医。之后，从军担任滇军第七十五军军医，参加了重九起义。1915 年，袁世凯复辟，云南首举护国起义旗，黄良臣为随军医官，编入顾品珍梯团随军入川。滇军因水土不服，战事艰辛，将士受伤及患病者众多，他冒着枪林弹雨抢救伤员，以家传外伤良药及痧气丸、泻痢丹等药物为滇军医治枪伤、泻痢，效果显著，荣获护国勋章。

　　1921 年，黄良臣随滇军回昆，在圆通街马家店巷开设敬心堂医馆。一度在省政府内任医官，同时还兼任武术教官。1938 年，黄良臣参加医师公会，任中医师考核鉴定委员、医疗事故鉴定委员。1943 年，黄良臣任贫病救济医院院长，后任医生培训班和医学补习班教员。1950 年后，加入昆明卫生协会，组建珠玑诊所，为市政协委员。当年在黄良臣的诊所里挂满了"神医妙手""华佗再生""存心济世""求精岐黄"等匾额，都是被他救治过的人赠给他的。书法家吴锡忠、段金锷因长久患病多方治疗无效，找到了黄良臣，得以治愈沉疴，十分高兴，为表谢意，为其书写了"敬心堂医药室"的招牌。黄良臣能治疗中医内外科各种病症，更擅长医治中医外科，治疗恶疮奶花、痈疽疔毒、跌打损伤等症更是手到病除，治愈者不计其数。抗日战争时期，每日就医者络绎不绝，黄良臣的诊所不断扩大，设有候诊室、治疗室、药品加工室和药房，成为当时具有相当规模的中医外科门诊部。

　　黄良臣之所以成为名震省城的一代传奇名医，其精湛的医术来自博大精深的中医学理论，来自黄氏祖传的医疗经验，也来自他勤奋学习医学经典。他尽管忙于应诊，但总是抓住行医的空隙，夜以继日地博览群书，研读张仲景的《伤寒论》、华佗外伤理论，以及李时珍《本草纲目》等中医药学理论。他采纳历代医家之长，在结合家学的基础上不断创新。如中草药外用麻醉法、刀晕预防法、颚痈穿刺、乳痈切开、挑痔疗法、针灸治腱鞘囊肿、烧痧、梅花针法、拔火罐、饮食疗法等。黄良臣还亲自动手采挖、熬制药物，经他精心研究，配制了跌打丸、疮伤膏、五毒膏、痧气丸、妙灵膏等20余种药剂，这些药经多年实践都有良效，尤其是灭疥灵、生肌白玉膏、红升丹、白降丹。其中经卫生行政机关化验、备案认可、发给许可证的就有10余种。这些成药、丹、膏、丸、散、油还远销省内外以及东南亚地区。最难能可贵的是，黄良臣有一颗人道主义的济世救民之心。1929年7月11日昆明发生火药爆炸惨案，受害者数以千计，他立即赶到现场倾力救治。抗战时日本飞机多次轰炸昆明，往往警报一解除，他立即身背红十字救护包，奔赴现场救死扶伤。有段时间空袭紧张，他在天井内挖一防空洞坚持工作，警报解除后，晚上照常应诊。

他热心慈善事业。抗战期间，他捐献跌打膏药、痧气丸等中药给滇军将士随身携带。1946年10月，黄良臣在昆明市平政街创办昆明市贫民医院期间，每天义诊两小时。他对求医的"扁担"（挑夫）和人力车夫等贫困者，或不收医疗费，或给予减免，甚至还资助柴米、路费。他开出的处方是真方真药，货真价实，疗效显著，深受群众爱戴。他曾定期给岔街老人院、初地巷安老院、归化寺麻风病院送医送药。他还规定，凡是给老人送葬的贫困孝子，可到慈善会领取由他赞助的棺材。他还为不少穷人送过"米飞子"（米票）。他曾与乡里父老共同捐款，修圆通寺、三清阁、虚凝庵（虚宁寺），以保护文物古迹。1949年前，圆通寺、翠湖、圆通山、大观楼到处可见到黄良臣捐献的板凳，板凳脚上写着"黄良臣捐"字样。

聂耳与艾思奇的友谊

谢本书

在 20 世纪 30 年代，当中华民族处于危急关头，对青年影响最大的有一本书和一支歌。一本书是艾思奇撰写的《大众哲学》，当时就有这本书动员了广大青年参加革命的说法；一支歌是聂耳作曲的《义勇军进行曲》，曾激起千百万人民群众的抗日热情。而有趣的是，艾思奇和聂耳都是云南籍文化名人。如果说《大众哲学》奠定了艾思奇的历史地位的话，那么《义勇军进行曲》则奠定了聂耳的历史地位。

作为人民哲学家的艾思奇与人民音乐家的聂耳，几乎生于同时代，只是艾思奇长聂耳两岁，艾思奇活了 56 岁，而聂耳只活了 23 岁。然而，他们在昆明几年间相处的日子里，交往密切，相互影响，逐渐成为莫逆之交。翻看两人的履历，他们早年的经历颇有几分相似之处。

艾思奇（1910—1966），原名李生萱，生于云南腾冲，成长于昆明。艾思奇的家庭，是书香门第的革命家庭，其父李曰垓是同盟会会员，滇南名士。其大哥李生庄、叔父李子固都是共产党员，堂弟李生兰、李生芬也为民主革命做出了重要贡献。艾思奇 7 岁入私塾，后入国民小学。这一时期，由于李曰垓坚持民主革命立场，多次遭到云南当权者唐继尧的迫害，不得不离开云南，流亡香港，艾思奇亦到香港读书。随后艾思奇随母返回昆明求学，入省立第一中学，参加由共产党员李国柱组织的"云南青年努力会"和共青团组织的"娱乐会"。他本人还出面组织"青年读书会"等，参与爱国的学生运动，并在《滇潮》《民众日报》等报刊上发表文章，把矛头指向封建军阀，唐继尧十分不满地说："杀不了老子，也要宰了他儿子。"为此艾思奇险遭逮捕，不得已避难苏州。其时，长兄李生庄在南京东南大学学习西洋哲学，已加入中国共产党，从事学生运动。艾思奇遂赴南京投靠长兄，准备继续上学。而北洋军阀在东南地区的头目孙传芳，下令逮捕中共地下党员及进步人士，李生庄被列入黑名单，遂匆忙出走，未来得及通知艾思奇。艾思奇恰于此时赴东南大学宿舍找李生庄，遂遭逮捕，打入死牢。后经曾任北洋政府农商总长兼署国务总理的云南腾冲人李根源营救，才得保释出狱。这时艾思奇才 17 岁。

出狱后，艾思奇两赴日本留学，皆因抗议日本帝国主义侵华而两度辍学回国。艾思奇回国后，先在昆明，后去上海，参加"上海反帝大同盟"活动，并加入中国共产党领导的"社会科学家联盟"，任研究部长。后他又进入《申报》"流通图书馆读书指导部"工作，并在1935年10月加入中国共产党。从此，艾思奇完全走上了共产主义道路。而正是在1935年，聂耳却不幸去世。

聂耳（1912—1935），原名守信，祖籍云南玉溪，生于昆明。聂耳出生于清贫的中医家庭，4岁丧父，家境相当贫寒，6岁入小学。因有音乐天赋，上小学时就学会了笛子、二胡、三弦、月琴等民间乐器的演奏，常参与学校的文艺演出活动。1925年春入云南十一县属联合中学（云南省立第一联合中学），参加学校的管弦乐队。两年后入云南省立第一师范学校，于1928年加入中国共产主义青年团，曾一度参军，回昆后仍在省一师读书，毕业后赴上海，加入"上海反帝大同盟"，考入黎锦晖的明月歌舞剧社，演奏提琴。1932年去北平，加入左翼戏剧家联盟和左翼音乐家联盟。年底返回上海参加上海剧联左翼音乐小组，参与发起中国新兴音乐研究会，出任联华一厂音乐股主任、中国电影文化协会组织部秘书，1933年加入中国共产党。1935年重返联华影业公司，任二厂音乐部主任、音乐团教练。聂耳创作了众多的进步歌曲，在群众中引起强烈反响，也引起了上海当权者的恐惧和嫉恨，将其视为"危险分子"，列入逮捕黑名单。为此，中共上海地下组织通知聂耳离开上海，让他绕道日本去苏联和法国深造。聂耳赴日本，不幸于1935年7月17日在神奈川县藤泽鹄沼海滨游泳时，溺水而亡。聂耳作曲的影响深远的《义勇军进行曲》是他途经日本时寄回国的，这是聂耳为我们留下的最重要的文化遗产。

艾思奇终身从事哲学事业，但对音乐也很爱好。因此，除了政治信仰接近以外，对音乐和艺术的共同爱好，使艾思奇与聂耳两人成了莫逆之交。聂耳在省一师读书时，成立了一个以中国乐器为主的小型管弦乐队。而这时，艾思奇在省一中读书，他组织剧团演出时，就请聂耳的乐队在开演前奏音乐，以烘托剧情和活跃剧场气氛，演奏的曲子是《梅花三弄》《悲秋》等。聂耳的亲戚郑易里等人后来还与艾思奇保持了几十年的友谊。

艾思奇经常鼓励聂耳在自己爱好的方向钻研下去。为了支持聂耳的活动，艾思奇用自己的压岁钱买了一支笛子送给聂耳。艾思奇的叔父李曰荃家里有手风琴，他常带聂耳到叔父家练习手风琴。在课余时间，他们常凑在一起打球、游泳、演出，还邀请一些爱好音乐的同学，到家里举行小型音乐会，演奏的曲目有《昭君出塞》《苏武牧羊》等古典乐曲。

五卅惨案后，昆明学生运动热情高涨，学生们一致行动，罢课示威游行，声援反帝斗争。聂耳是省一师的学生代表，常到省一中来开会，聂耳和艾思奇在斗争中走到了一起。艾思奇还曾建议聂耳作点能振奋人心的乐曲，要自己动手作曲，不要老当吹鼓手。艾思奇1928年第一次从日本回来时，给聂耳带来《国际歌》《马赛曲》《伏尔加船夫曲》等著名乐章。艾思奇还时常哼唱聂耳创作的曲子。

　　艾思奇见聂耳很喜欢读书，常借给他一些进步书刊，如《学生杂志》《小说世界》《世界周刊》，以及鲁迅的《呐喊》《彷徨》《野草》等。后来聂耳到上海，艾思奇也到了上海。他们经常在一起交流信息，互相帮助。聂耳经济上较为困难，艾思奇在经济上对他有所帮助。聂耳遇难后，艾思奇极为悲痛，特地在聂耳的遗像边拍照，以示悼念。

　　艾思奇与聂耳的莫逆之交，是深厚的，也是难得的。

20世纪70年代的艾思奇故居大门（廖可夫摄）

20世纪70年代的艾思奇故居内景（廖可夫摄）

云大三校长

高　旗　金子强

　　1922 年私立东陆大学建校于昆明，历经"省立云南大学""国立云南大学"，延续而今作为"211"院校的云南大学，100 余年中有过许多卓识慧见的校长，这里谈其中的三位：董泽、熊庆来、高治国。

首任校长董泽

　　1923 年东陆大学正式招生，董泽是首任校长。他既是孜孜矻矻的学人，早在 1920 年即获美国哥伦比亚等大学的经济与教育双硕士学位，后来获"法兰西科学院院士"殊荣。他又是一位具有报国济乡热情的革命者，1908 年考取留日公费生后，不久即加入孙中山先生创办的同盟会，并于 1911 年回国，投入辛亥革命，参与进攻南京总督府的行动。1915 年回云南参与护国首义，担任护国军都督府秘书等职。他是大理偏僻之乡云龙县的白族后人，又是一位秉持国际视野、留学东洋西洋的学人。他作为东陆大学校长，使这所西南地区较早的现代大学，内蕴着一种崭新追求的时代信息。

董泽先生像
（照片由高旗、金子强提供）

　　董泽是一位不领取薪酬的校长，一时蔚为美谈。他认为，"本校之创办……着眼全在于发展文化，培育青年"，"教职员薪水亦甚菲薄"，自己兼任云南财政司长已有俸禄。因此，长达 8 年在校长任上"未支薪水，全尽义务"，直到 1930 年由华秀升代理校长之时为止。董泽抛却了世俗的名利追逐一类的指向，所谓"一本大公无私之至意……服务桑梓，如是而已"。前贤的这种风骨境界，至今犹令人感慨钦仰。

　　东陆大学甫建，董泽力主招收女生，所谓"男女兼收以宏造就"，遭到"顽老旧风"一派鼓噪攻讦，乃至当时的省务会议也进行了否决。考诸那时风尚，乃至到了 1928 年罗家伦担任清华大学校长时，面对这类风气还在就职演说中说："我想不出理由，清华的师资设备，不能嘉惠于女生，我更不愿意看见清华的大门，劈面对女生关了！"可见董泽的这一主张，在当时僻远的云南，是多么惊世骇俗。如果说1928年在罗家伦手里，清华大学终于实现了男女同校，那么在1923年董泽的"男女同校"主张随即在东陆大学成为事实，那是何等振聋发聩啊！由此，这也使云南第一位女共产党员吴澄得以进入大学，成为东陆大学的预科生，成就了一桩美谈。

董泽任校长期间，秉承东陆大学"发扬东亚文化，研究西欧学术"的立校精神，筚路蓝缕，使东陆大学起步迅捷，颇有成效。1927年中华教育文化基金会派员考察东陆大学后，其报告评价曰："就同类机关（同类私立大学）如上海南洋大学、南京东南大学、天津南开大学等比较之，该大学所有以往成效与效率，居优胜之位。以其时间之短，进行之速，与办理之认真，至有今日所知之效果，可谓难能可贵矣。"今天云南大学"会泽百家，至公天下"的实际校训，其内在精神正可追溯到董泽时代的办校之眼界胸襟。

开创云大"黄金时代"的校长熊庆来

在抗战全面爆发后，国难当头的1938年，云南大学在苦难中涅槃而成为一所全国知名大学，乃至当时有"小清华（大学）"之誉。

1937年，作为知名学府清华大学算学系主任、国际上数学领域"熊氏定理"的创立者熊庆来，放弃优异的学术优势，同意从北京徙往边陲云南担任"省立云南大学"校长之职。被人们称为"下乔木而入幽谷"，即所谓"从米箩里跳到糠箩中"。熊庆来是云南弥勒人，他以"恭敬桑梓"即报效家乡教育事业的襟抱回到云南，不是来做一校的官长，而是来实现"健全国家之根基"的追求，是一种"教育家"的抱负。

熊庆来先生像
（照片由高旗、金子强提供）

熊庆来应允担任云大校长，向云南当局提出三个条件：一是省政府不干涉学校行政、人事，办学要有相当自主权；二是增加办学经费（约从每年国币7.5万元增至25万元）；三是举全省之力，争取云大由"省立"升格为"国立"，优化学校的办学条件。所有条件，都是出于公心，没有一条涉及个人的利益，然而又具办学的卓识慧眼、大家风范。

熊庆来到云大，最注意"慎选师资"，于是，敦煌学大师姜亮夫、古史辨派的开创人顾颉刚、世界一流数学家华罗庚、"封闭成矿学说"创立者冯景兰、植物区系和植物开发利用领军人吴征镒等大学者被罗致到云大。抗战期间，应聘担任云大教席的著名学者在百人以上。其盛况，仅次于"学坛奇葩"西南联大。而当时云大与西南联大，教授可以应聘共享，课程的开设，学术与文化讲座的开展与图书馆的使用，都有频繁的互动。联大的刘文典、郑天挺、胡小石、白寿彝、闻一多、徐毓枬等都曾在云大任教，云大的姜亮夫、陶云逵、费孝通、闻在宥等先后被联大聘为教授，两校学生则可以相互听课，两校甚至还联合招考新生，会同阅卷，尽管录取分数不同，但联大的师资优势因熊先生为校长而为云大所用，两校的风气在濡染中各得其所。到20世纪40年代后期，"国立云南大学"拥有文法、理学、工学、农学、医学五个学院，系科齐全；拥有天文台、附属医院、附属中学等，人才济济。1946年，英国《简明不列颠百科全书》将云南大学列为中国15所著名大学之一，社会上有"小清华（大学）"的誉称，是对云大办学20余年的一个总结和肯定。1949年8月，联合国教科文组织邀请中国三所大学的三位著名校长赴会，他们是北京大学校长蒋梦麟、清华大学校长梅贻琦、云南大学校长熊庆来。国际上给了熊先生的教育事业一个认可。熊庆来开创了云大苦难岁月中"黄金时代"的辉煌，云大现在有"庆来堂""庆来路"，表达了云大人对老校长的敬仰与怀念。

云大的"第二黄金时代"与高治国

在新中国成立后"三年困难时期"中的1960年，高治国任云大校长、党委书记。当时，不少高校中出现了因营养不良而患水肿病的师生，高治国十分忧心，于是冒着受攻讦的风险，要生物系不声张地养猪。如此每逢年节，教师能分到几斤猪肉，学生食堂的汤、菜中多了不少油荤，水肿病患者大幅减少。这不仅滋养了师生的胃，更滋养了师生的心。有人不无风趣地说：读大学还是云大好哇！口碑胜于金杯银杯。

次年4月，高治国在《光明日报》上发表了《学校工作必须以教学为中心》的文章。在偏颇地理解"教育为无产阶级政治服务"的年代，文章的提法是会被"左"的棍子当作"否定教育为无产阶级政治服务"而进行打击的。但其文章以极大的胆识，有理有据地阐明自己的观点，冲破笼罩在高等教育上空

高治国同志像
（照片由高旗、金子强提供）

"极左"思潮的雾霾，是实事求是的卓见。一周后，《人民日报》予以全文转载，在全国教育界引起极大的关注，得到由衷好评。有人诧叹：云大人有如此畅快的高见！

1961 年 8 月，高治国又在《光明日报》上发表了《办好学校，必须调动教师的积极性》一文。今天看来是常识，在当时其尖锐性非同小可。因为那时，知识分子近乎与"资产阶级"画等号，文章却强调"教师是教学的主导"，要"尊重教师"，教研工作，要听取教师意见。今天看来平朴而真切，那时却要冒很大风险，却使不少人从"极左"的模糊认识中清醒过来。一时，不少高校对云大刮目相看。

方家评论说："这两篇文章是 20 世纪 60 年代初教育界拨乱反正的先声，拉开了中国高等院校纠正'极左'思潮，恢复、整顿、建立学校正常秩序的序幕。在当时确实是发聩振聋。"

1961 年，教育部破例邀请高治国代表云南大学到北京参加《教育部直属高等学校暂行工作条例》（简称"高教六十条"）的讨论。"高教六十条"吸收了高治国的观点。经中央批准实行时，当时已经不属于部属院校的云南大学，被破例列为试行学校。云大以教学理念的真切正确，教学运行的稳妥可行，在全国院校中令人青睐有加。云大的教学科研得到相对平稳的发展。人们将高治国为校长的时期，誉为云南大学的"第二黄金时代"。

图索老昆明·武成路片区

范　丹

武成路：在市区中部偏西，东起华山西路南口，西至东风西路，中与五一路成十字相交，长 850 米、宽 12 米，为市区老街道之一。明清时分段称土主庙街、城隍庙街、武庙街和小西门正街，1937 年统称为武成路。北厢：由东至西有华山巷、铁局巷、保和巷、九兴巷、上马巷、下马巷、中和巷、饮甘巷、静安里巷、新滇巷、福寿巷、葵花巷、前进巷、正阳巷、蒲草田横贯其间。有北起中和巷的清泉巷镶嵌其中。其中铁局巷往北与登华街相通，往西与黄公东街相接；中和巷往北与翠湖南路相连；蒲草田往北与翠湖南路相贯。南厢：由东至西有炒豆巷、受福巷、义生巷、安邦巷、吉星巷、义兴巷、武城巷、连升巷、福升巷、料香巷、武新巷横贯其间。

抗战时期，国民革命军第九集团军布防云南，司令部设在文山，在昆明设有办事处，地址在福寿巷 3 号，第九集团军司令关麟征将军曾在此居住过。福寿巷 3 号是著名中医姚芑堂先生的老宅，姚芑堂先生曾在武成路开设"福元堂"中医馆，在旧时昆明颇为知名。闻一多先生一家也曾在此居住过。武成路炒豆巷 10 号是赵藩的入室弟子、云南博物图书馆馆长何小泉先生的故居。小泉先生先后出任过周钟岳、张维翰先生的私人秘书，因悉谙公文尺牍、博闻强记而被称为积学之士。

抗战时期，西南联大化学系黄子卿教授住武成路 279 号，地质气象系袁复礼教授住正阳巷 3 号，地质气象系李宪之教授住保和巷 5 号，算学系程毓淮教授住连升巷 7 号，化学系孙承谔教授住保和巷 8 号。

20世纪70年代武成路中段的三一圣堂（张卫民摄）

20世纪70年代的武成路鸟瞰图（杨红文摄）

20 世纪 80 年代的武成路（廖可夫摄）

　　保和巷：在市区中部偏北，翠湖南侧，南起武成路，北阻，长 109.5 米、宽 1.6~4.3 米。清初，取"保佑平安、和睦邻里"之意，命名为保和巷。

20 世纪 70 年代的保和巷（杨红文摄）

　　铁局巷：在市区中部偏北，翠湖公园南侧，南起武成路，北通登华街，西连黄公东街，长296米、宽2米。清初，在此设炼铁局，开炉炼铁，形成巷道后，故名铁局巷。

20世纪70年代的铁局巷（一）（杨红文摄）

20世纪70年代的铁局巷（二）（张卫民摄）

如安街：在市区中部，翠湖公园的南面，东起五一路，西至东风西路，长400米、宽9米。清初，以嘉言吉兆之意分段称如意街、平安街，1979年合称如安街。北厢：由东至西有三转湾、饮泉巷横贯其间，有西起三转湾的义兴巷、汲水巷镶嵌其中。其中三转湾往北与小富春街相通。南厢：由东至西有大厅巷、华兴巷、石山巷横贯其间，有南起南城脚的德兴巷、龚家村巷镶嵌其中。其中华兴巷经南城脚往西与东风西路相通，经五一巷往东与福照街相接。

　　如安街昆八中原址是清代云南巡抚署衙门所在地。昆明第八中学1952年由粤秀中学、护国中学、建国中学、长城中学、建设中学、云秀中学、松坡中学、布新中学等8所私立中学合并组成，夏昭为首任校长。该学校师资力量雄厚，教学质量上乘，是昆明市的名校之一。原昆八中校内有滇军名将鲁道源先生的故居。

　　抗战时期，西南联大历史社会学系蔡维藩教授住如安街升平巷4号，常务委员会办公室章廷谦秘书住平安街18号，图书馆李甫森馆员住如安街25号，理学院吴有训院长住华兴巷3号，机械工程系彭德一助教住龚家村巷5号。

　　民国时期，如安街中段有"合香楼"糕饼店，它生产的火腿月饼，俗称"四两坨"。合香楼以选料正宗、加工精细、味道醇厚而誉满全滇，是滇派糕点的重镇。

20世纪70年代如安街的农贸市场（张卫民摄）

龙井街：在市区中部，云南饭店北侧，东起五一路，与光华街相对，西至东风西路，长136米、宽12米。因街区内有明代建的龙王庙及水井而得名。北厢：由东至西有华阳巷、龙井巷横贯其间。

云南航空学校史地教官周光倬住龙井街33号，后又迁至如安街华兴巷15号居住。光倬先生光艳美丽、挺拔魁梧、英武洒落、风流倜傥，是民国时期官渡的第一美男子。他手录的《1934—1935中缅边界调查日记》，被列为近代稀见史料，由江苏凤凰出版社于2015年校勘后正式出版发行。

抗战时期原龙井街34号是著名学者徐嘉瑞、徐嘉锐昆仲的旧居。西南联大物理系周培源教授住龙井街49号。华中大学教授中文系主任傅懋勣先生受聘于私立五华文理学院，来昆后就住在龙井街38号。

20世纪80年代的龙井街（张卫民摄）

福照街：在市区中部，翠湖公园的南侧，南起民生街，北至武成路，长50米、宽10～20米。位于城隍庙之阳，取"佛光普照"之意，遂名福照街。东厢：有民生巷向东转南通往民生街。

1943年建水人包宏伟在福照街开设"培养正气馆"，专营汽锅鸡，选择武定壮鸡为原料，采用建水特制的紫陶汽锅蒸馏而成，汤鲜味美，滋味醇厚，营养丰富，成为滇菜的标志性菜肴。

　　福照街转如安街拐角附近，原昆八中大门口在民国时期一度是昆明的古董夜市。一些倒腾古董的小商贩聚集于此，每晚有五六十个摊位，天一擦黑，点上一盏电石灯，摆一个地摊，主要经营旧书、字画、玉器、漆器、钱币等林林总总的古玩杂件。西南联大的许多教授都有逛福照街古董夜市淘宝的愉悦经历，沈从文和施蛰存先生两人喜欢结伴而来，吴宓先生则喜欢独来独往。

　　五一电影院原址附近是民国时期的"劝业场"。始建于1912年的"劝业场"建筑有两层楼的临街铺面百余间，楼下租赁给商户经营，开设有茶馆、饭馆、小吃店、煮品店、炒货店、土杂店、书店、照相馆、眼镜店、香烟糖果店；楼上则设有公共讲演场、小学生工艺教场、拍卖场、职业学校、职业介绍所、书报阅览室等公益性机构。后又开设了大众电影院，其中以都督烧卖、五福糕点、五凤楼茶室最为有名，当时的"劝业场"人头攒动，热闹异常。

　　1937年卢沟桥事变以后，抗日战争全面爆发，中国正字学会成员水天同、吴富恒、吴可读、赵诏熊等著名学者相继入滇。为了促进英语语言文学在云南的传播，提高英文教学水平，他们与云南省教育厅达成协议创办云南省立英语专科学校，校址就设在兴隆街北段，现五一路177号省审计厅宿舍及207号中国农业银行昆明武成支行附近一带。

20世纪70年代的福照街（一）（张卫民摄）

20世纪70年代的福照街（二）（詹霖摄）

五一巷：在市区中部，云南艺术剧院北侧，东起五一路，西接华兴巷，长215米、宽2～4米。明清时，因巷内建有旗纛庙，起名五纛巷。民国初年，该巷由一条主巷和四条支巷组成，遂取"五福临门"之意，改称五福巷。1979年随福照街改名五一路而更名五一巷。

20世纪70年代的五一巷（詹霖摄）

　　小富春街： 在市区中部偏西，翠湖公园的南侧，西起大富春街，北至武成路，长 297 米、宽 5 米。清末民初分段称小富春街、丰乐街，后统称为小富春街。北厢：有太阳巷横贯其间。南厢：有梅子巷镶嵌其中。

　　小富春街梅子巷是云南近代教育事业的开拓者、著名教育家秦光玉先生的旧居所在地。秦光玉先生曾在五华中学毕业典礼上勉励学生道：一是学无止境，宜终身勿忘进修也；二是宜重视道德也；三是保存国粹、学习新知并重也。抗战时期，西南联大外语系教授杨业治住小富春街 24 号。

20 世纪 70 年代的小富春街（刘建华摄）

20 世纪 80 年代的三转湾（刘建华摄）

　　大富春街：在市区中部偏西，翠湖公园的南侧，南起东风西路，北至武成路，与洪化桥相望，中通小富春街，长 230 米、宽 5 米。明末清初，江南移居云南府城的商贾士绅多在此购地建房，后逐渐形成街道，遂取故乡秀丽的富春江之名，定名为富春街。又因此街形成较早，故得名大富春街。东厢：由北至南有通济巷、永井巷横贯其间。西厢：由北至南有芭蕉巷、朝阳巷、庆合巷镶嵌其中。

　　大富春街中段有著名中医李鸿高先生开设的中医诊所，诊所内高悬一块镌刻有"市府考取第一名内科医士李鸿高"的匾额。芭蕉巷底是云大医院中医科主任聂焕然先生开设的私人医馆。

　　抗战时期，西南联大算学系姜立夫教授、物理系饶毓泰教授、地质气象系孙云铸教授、化学系张为申教员等诸位先生均住在大富春街 64 号。

20 世纪 90 年代的大富春街（张卫民摄）

东风西路：位于市区中部偏西，东起近日公园，与南屏街相望，西北抵文林街与龙翔街交会处，长 2100 米、宽 40 米。明清时，是南城门至小西门、大西门间的城垣和护城河。1953 年后拆除城墙，填平护城河，逐渐拓筑为平坦宽敞的新型马路。因由近日楼通往小西门、大西门，故取名近西路。1960 年取"东风压倒西风"之意，更名为东风西路。该片区东风西路为五一路至小西门段。

上海煮品名店"上海面馆"原址在今艺术剧院右侧东风西路 158 号中国建设银行营业厅附近，该店烹制的阳春面、冬菜面、大排面、大肉面，因用料考究，汤鲜味美，制作精良，在老昆明的食客中享有盛誉。

小西门城脚是一条长约 200 米、宽 3 ~ 5 米，由青石板铺就的小巷，巷内有 10 余个院落，住有 40 余户人家，其中 17 号是清光绪进士、刑部主事宋嘉俊先生的故居。该条小巷在今人民中路转东风西路拐角处的德春电信营业部附近一带。

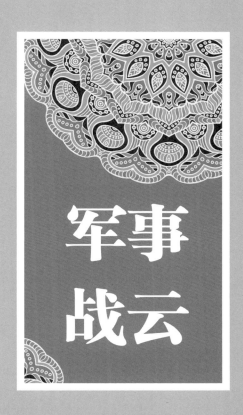

军事
战云

百年讲武文化

张文清

　　在昆明美丽的翠湖西畔，完好地保留着一所在中国近代史上赫赫有名的军事院校——云南陆军讲武堂。整个讲武堂现占地面积 3.6 万平方米，是中国历史悠久、保留最为完整的著名军校之一，犹如一个百岁老人，以其亲历和见证，向人们诉说着那段不平凡的历史。

　　作为文物主体保留下来的，是这座百年军校中融入了西方元素的中国传统走马转角楼二层四合院建筑，由于其建筑档案早已荡然无存，它的许多建筑特点和奇迹以及它是何人所设计、何时所建，也早已成了"百年之谜"。

　　俯首鸟瞰，其东、西、南、北楼各两层均高 11 米左右，南楼上有一座阁台面对着讲武

20 世纪 90 年代的云南陆军讲武堂（刘济源摄）

堂原来的外操场，为阅操台。东、西楼宽 12 米，南、北宽 9.4 米，四幢楼各长 120 米，周长 480 米，层高通透，错落有致，浑然一体。而整座建筑集砖、石、土、木于一体，加之四面都有拱形门洞出入，愈显其建筑的艺术精巧。

东楼正面哥特式的主门楼有 3 层，高 16 米，曾为校本部办公室所用；屋顶为庑殿顶，门窗为西式圆拱纹饰，黄色墙体为法式风格，精致的老虎窗，或圆或尖，造型各异；外墙用石材装饰；法式廊柱、线腰，整个建筑多采用对称造型，气势恢宏，呈现浪漫典雅的法式建筑风格。

由于距菜海子（翠湖）原来的沼泽地带较近，为防止水浸受潮和墙体下沉，墙体全是用云南特有的杉松制成的地桩，用大青石砌成，用煮得烂熟的糯米汤冲制土墼，用滚烫的豆浆拌石灰砌青石，故百年之后仍然牢固如初。二楼贯通东、西、南、北楼的楼中长廊，全长 480 米，堪称中国最长的楼中通廊；特别是四面墙体及四边转角处无一点伸缩缝，体现了它完美精湛的建筑艺术。

四合院是中国现存最大的正方形四合院，四合院内的操场有 7000 多平方米，操场可以点校军马，习武练兵，一批又一批的讲武堂学员正是从四合院毕业后走出校门、走向战场，在中国近代军事史上留下了浓重的一笔。

这所创建于 1909 年的军事院校，曾培养了共和国的两位元帅朱德和叶剑英，培养了朝鲜次帅崔庸健、韩国首任总理兼国防部部长李范奭，共有 300 多名爱国将帅毕业于这所军校。从 1909 年到 1935 年，讲武堂共开办 22 期，犹如"制造职业军人的工厂"，为战乱迭起的近代中国输送了近万名军事人才。许多改变国家命运的历史事件无不与这里有着千丝万缕的联系：云南辛亥革命，讲武堂的师生是领导核心；护国首义的三路讨袁大军，讲武堂师生是骨干；抗日前线，一大批讲武堂师生为国捐躯；解放战争，多位讲武堂师生领军起义。

说到讲武堂的创办，不得不提到云南近现代史上一个著名人物——李根源。李根源是云南腾冲人，1908 年从日本陆军士官学校毕业后，受云贵总督李经羲之邀创办云南陆军讲武堂。他任讲武堂总办后，对讲武堂组织机构、课程设置、编选教材、聘请教官、招生编班等各项事宜逐一落实，建立起完备的正规军事学堂教育体系。讲武堂创办之时，恰逢日本陆军士官学校第六期中国留学生毕业回国，李根源任命大批回国留日学生为讲武堂教官。

1909 年，23 岁的朱德和他的老乡从四川千里跋涉来到昆明报考云南陆军讲武堂，进入讲武堂第三期丙班学习。在这个革命军事"大摇篮"里，朱德接受了严格的军事训练，受到民主革命思想的熏陶。考入云南陆军讲武堂，是朱德人生中关键的一步，由此开始了他一生的军旅生涯。

1917 年夏，叶剑英考入了讲武堂第 12 期炮兵科。入学后，在给弟弟道英的信中，他满怀激情地写道："当今天下混乱，乃英雄吐气之时。有胆识，有军事技能者为前驱；有文才，有谋略者为后盾。"他特意把自己的名字，由"宜伟"改为"剑英"。同朱德一样，叶剑英也是由讲武堂起步，迈向他革命的一生。

1911年，讲武堂第一批毕业生数百人被分配到陆军第十九镇充任中下级军官。同年10月30日（农历九月初九），重九起义爆发，推举讲武堂兼职教官蔡锷为起义军总司令。起义军官兵浴血奋战，校长李根源带领起义官兵进攻五华山和军械局；朱德时任排长，率队参加了攻打总督署的战斗。战斗至第二日中午攻占昆明城内制高点五华山，占领总督署。起义胜利后，建立了以蔡锷为都督、讲武堂师生为骨干的"大中华国云南军都督府"。讲武堂总办李根源任军政总长兼参议院院长，讲武堂教官唐继尧、刘存厚任参谋部次长，一批原讲武堂教官分别担任作战、谍查、编制、兵站等各部部长。

1915年12月25日，云南组成三路大军护国讨袁。在护国军中，讲武堂师生占80%以上，从军长到梯团长、支队长几乎全是讲武堂师生。第一军以蔡锷为总司令，罗佩金（讲武堂教官）为总参谋长；第二军以李烈钧（讲武堂教官）为总司令，张开儒（讲武堂监督）、方声涛（讲武堂教官）任梯团长；第三军由唐继尧兼任总司令。护国战争历时半年，云南将士流血牺牲、重伤致残1万余人，耗资数以千万计。终于迫使袁世凯于1916年3月22日取消帝制，防止中国历史车轮的大倒退。

抗战期间，讲武堂早期毕业生多成为高级将领，率部奋战在抗日前线。八路军总司令朱德、参谋长叶剑英率部在敌后战场抗击日军，成为中国共产党的抗战主力军。讲武堂第四期毕业生周保中任东北抗日联军第五军军长、第二路军总指挥，在东北坚持抗战长达14年。云南省政府主席龙云组成的六十军、五十八军、新三军三个军，出省抗战，输送了42万名抗日战士。以讲武堂师生为骨干的滇军，浴血奋战，参加了台儿庄、中条山、长沙、长衡、南昌等20余次大会战，伤亡官兵10余万人。在台儿庄战役中，少将旅长陈钟书和少将团长严家训，壮烈牺牲。1938年，时任第三军军长唐淮源，坚守中条山。1941年，日军出动七个师团并配备飞机百余架，共计20万人的精锐部队，分三面向中条山合围，由于双方兵力悬殊，唐淮源率领第三军血战两天两夜，杀身成仁，实现了他誓与中条山共存亡的誓言；师长寸性奇拔剑自刎，为国捐躯；两人分别被追认上将军衔和中将军衔。讲武堂丙班学生曾万钟在"七七"事变后开赴华北战场，参加娘子关战役，全歼日军一个联队，在晋南大败日军。讲武堂毕业生王甲本在"八一三"淞沪抗战中任第十八路军九十八师副师长，在上海宝山与日军浴血奋战。在三次长沙会战中，王甲本多次大败日军，得到"硬战将军"的光荣称号。1944年9月，他率部转战湖南冷水滩，与日军展开激战，壮烈牺牲，被追认为陆军上将。

在解放战争中，1946年5月30日，第一八四师少将师长、讲武堂毕业生潘朔端将军在辽宁海城率部举行起义。1948 年 10 月，曾泽生将军（讲武堂第 18 期毕业生）率领六十军在长春和平起义，开创了解放战争中我军首次和平解放百万人口大城市的光辉战例。1949 年，云南省政府主席卢汉（讲武堂第四期毕业生）于 12 月 9 日举行云南起义。

历史走过了半个多世纪，云南陆军讲武堂历经岁月沧桑，其旧址得以完好保留下来。1988 年被国务院公布为全国重点文物保护单位，1990 年成立了专门的文物保护机构——云南陆军讲武堂文物保护管理所，履行法定的文物保护管理职责。1991 年，开办云南陆军讲武堂固定陈列展览，对外接待观众。2005 年云南陆军讲武堂被中宣部命名为"全国爱国主义教育示范基地"。2008 年 6 月 1 日起，讲武堂固定陈列展览向全社会免费开放。2009 年 10 月，完成"百年军校　将帅摇篮"主题展览并对外免费开放，接待了数以百万计的中外参观者，通过讲武堂文化积淀的内涵，领略云南近代革命历史的辉煌业绩。

云南陆军讲武堂建筑

徐承谦

在昆明主城区的翠湖西岸，矗立着一个古风欧韵兼具、色调典雅的建筑群，这就是以"革命熔炉"美称享誉海内外的云南陆军讲武堂旧址，它属于中国近现代革命史上一座重要的纪念遗址，也是昆明历史文化名城一处地标性的建筑群。

清末，随着中国逐渐沦为半封建半殖民地社会，处于内外矛盾交困的清廷不得不实施新政，以"整军经武，挽救危亡"为宗旨，迎来编练新军的高潮。清光绪二十五年（1899），云南奉谕开办武备学堂。关于地点，充分考虑历史上明黔国公沐英洗马柳营以及南明蜀王府、清初吴三桂平西王府、平定三藩后承华圃的演变轨迹，并综合分析当时昆明南、北校场，承华圃和西箭道四个练兵场的特点，将承华圃东侧辟为校址，紧邻机器局、宝云钱局。教员则多为1885年由李鸿章提议创办的中国近代第一所陆军军官学校——北洋武备学堂毕业生。为配合云南新军建设，后来于此陆续开办了新操学堂、陆军小学堂、陆军速成学堂、第十九镇随营学堂、体育学校等。它们之间分分合合，既互为包容，又在一定程度上具有自身的特点。但无论怎样变化，它们的教学地点总体上没离开过承华圃，仅将原有馆舍加以修葺，权敷住坐。

由于上述军事学堂正处在新旧转换期间，办学思想比较陈旧，多系训练下级军官，教学方针、措施和教学要求不统一，加之训练人数有限，效果不明显，影响力较小。清光绪三十三年（1907），锡良调云贵总督，遵照颁定《陆军学堂办法》关于在各省省城设立讲武堂的规定，创办云南陆军讲武堂，并将承华圃旧有房舍，酌量添修，首开讲武堂建筑的先河。然而，它仅维持了短命的几个月就停办，直至1909年9月28日成功复办。

历史上，曾经历了如下几个时期：云南陆军讲武堂时期（1909—1912）、云南陆军讲武学校时期（1912—1928）、军官团时期（1928）、陆军教导团时期（1929—1935）。这一阶段开办22期（同时创办四川泸州分校、广东韶关分校），共培养9000多名学员，因此其被称为"制造职业军人的工厂"。其后，中央陆军军官学校昆明分校又选址在此，办学达十年，培养的学员也有9000余人。1950年，昆明和平解放后，中国人民解放军第二野战军四兵团军政大学在此教学，1958年改名为中国人民解放军第三步兵学校，迁址昆明东郊，成为今天昆明陆军学院的前身。此后，随着云南省科技馆和云南省图书馆的入驻建设，云南陆军讲武堂的南部外操场及其附属建筑已不复存在。

作为中国近代军事教育机构的典型代表，云南陆军讲武堂建筑特色鲜明，具有强烈的时代感。初时规模较大，东临翠湖，西至钱局街，南濒洪化桥，北靠仓园巷，包括今省科技馆、省图书馆等在内的一片地区。现存的建筑群主要包括讲武堂主体四合院，西部的兵器库、大礼堂，含内操场、北部的照壁、盥洗房、围墙等文物建筑，占地3.6万平方米，仅相当于原来7万余平方米的一半。

从布局上看，现存主体建筑四合院位于建筑群的东部，可称作中国目前唯一整体保留的百年军校建筑，也是昆明乃至云南全省存留的最大的百年单体建筑。西面分布有兵器库、大礼堂，沿北面分布有照壁等建筑。

整个四合院建筑为融入西方元素的中国抬梁式单檐、庑殿顶土木结构二层建筑，考虑到片区地质的条件，该建筑专门预埋了间距为40厘米的杉松桩基础，上层为狗头石，逐次逐层分填石料垫层，甚至在内操场都做了类似防腐、防水处理，确保了工程的百年大计。作为一栋恢宏的百年老建筑，它的四面墙体至今没有发现一条伸缩缝，堪称奇迹。

大约是舶来货的缘故，建筑外立面色泛翠黄，亮丽炫目，传统审美旨趣实难出其右，难怪有所谓"法国黄"的昵称，现也只有在越南河内等法国的殖民地附属国才能发现一些旧藏。当然，在发烧友的镜头里，确实会熠熠生辉，因此被不少人称作"明黄色的立面"。在其大门门头箭矢形的尖顶及铁艺窗套、二楼的法式"大花瓶"围栏等建筑细部、纹饰图样线条的粗犷富有立体感，清晰可见巴洛克式的刚劲和硬朗。大门和窗户为酒红色，增添了它的庄重。

该建筑由东、南、西、北四幢长116～118米、进深6.6～9.7米不等、高12米的两层楼房围合而成方形院落，占地面积3600多平方米，底层箍以毛石墙基。具体说来，东、西楼多采用外裹砖，内填杂物的"金包银"做法，除了顶梁柱支撑，砖的承重性也更强一些，故而这两幢楼的墙体也稍厚，建筑的保温性、隔热性俱佳。南、北楼采用的是土坯墙承重，更多地用柱子支撑，楼上楼下自然环行，楼房阁阁相连，走马转角的内走廊毫无阻隔，直接将四幢楼连成一体，成为中国最长的楼中通廊。南楼中部建有抱厦式阅操楼，面阔13米，系当年校长、教官阅操训话，训练指挥的场所。东、西楼两端各开设一石拱券门洞。兵器库占地面积为340多平方米，为相邻的两幢重檐悬山顶建筑，因存放兵器，门洞高而深，属功能性建筑。大礼堂为中式土木建筑，占地面积为600多平方米。

照壁，从风格上讲，属典型的中式建筑，根据其瓦饰分析，当超过百年，较讲武堂要早一些。同时，从所处位置及功能区划分析与传统意义上的照壁用途不太吻合，估计不应是讲武堂时期的建筑，甚至与讲武堂没有直接关联。

历史上，讲武堂曾经有东大门和南大门两道大门。其中，南大门较低敞，随着时代的变迁，在 20 世纪 50 年代被拆。而早期的东大门属于正大门，高耸挺拔，位于东楼正中（也就是今天面临翠湖的大门），20 世纪二三十年代的老照片已有记录。但在 20 世纪 90 年代，进行文物修缮时，此处仅存二层。据说，龙云上台主滇时，因避讳东大门冲撞五华山省政府，下令将东楼第三层拆掉，处理成平层。经过文物部门的现场踏勘，通过对基础的清理以及东楼、南楼的查验，终于查证了史实，为恢复重建东楼第三层提供了依据，还原了历史。

讲武堂创建之初，在其南部有篮球场、外操场、马厩、小花园、思沐小墅、学员厕所等附属配套建筑，面积达 8000 多平方米，并有青石通道的内院，号称中国最大的正方形四合院。作为校内操场，可以点校军马，习武练兵，一批又一批的讲堂师生正是从这里起步，走向战场，成了一代军事精英，涌现 300 多名杰出的军事统帅和将领，可谓"帅星闪耀，名将辈出"，在中国和世界近代风云中，留下了浓墨重彩的一笔。因此，云南陆军讲武堂被史学界誉为"将帅摇篮"。这里走出了中国近代革命史上著名的"护国三杰"：蔡锷、李烈钧、唐继尧；培养了新中国的两位元帅：朱德、叶剑英；培养了朝鲜民主主义人民共和国次帅、最高人民会议常任委员会委员长崔庸健，韩国首任总理兼国防部部长李范奭，越南临时政府副主席武海秋。更有数以千计的讲武堂佚名师生献身报国，壮烈牺牲，留下令人回味无穷的铁血传奇。

如今，拂去岁月的尘埃，几经修复，挺立在翠湖西岸的云南陆军讲武堂旧址，在四周环绕的高大现代建筑群中，更显古朴、庄严、肃穆，成了无数后人景仰参观的红色旅游基地和"云南精神"的一张历史名片，被国务院公布为全国重点文物保护单位，并陆续获得了"国防教育基地""全国爱国主义教育示范基地"等称号。

叶剑英的讲武堂毕业证书

林 民

1917 年夏，一名来自马来西亚怡保市的 19 岁青年，踏上回国之程，考入云南陆军讲武堂求学，此人就是后来成为新中国十大元帅之一的叶剑英。

叶剑英来到学校后，十分兴奋。他在给弟弟道英的信中，满怀激情、信心百倍地写道："当今天下混乱，乃英雄吐气之时。有胆识，有军事技能者为前驱；有文才，有谋略者为后盾。"也就是在这个时候，他特意把自己的名字，由"宜伟"改为"剑英"，决心在疆场上挥戈舞剑，一吐英雄豪气。

叶剑英在云南陆军讲武堂学习期间，热情豁达，待人诚恳，交游甚广。在他结识的同窗好友中，不仅有广东和南洋来的同学，还有云南籍的少数民族同学。他对这些同学一视同仁，肝胆相照，与他们建立了深厚而真挚的友情。叶剑英十分喜欢吟诗作对，凡闲暇之余，每当他吟出一首壮怀激烈的诗歌，周围的师生都为他那敏捷的诗才、铿锵的诗句，赞叹不已。当时，讲武堂的师生组织了一个"剑余诗社"。叶剑英成了这个诗社的活跃分子。他常以"剑影"为笔名，发表自己的诗作。1920 年，这个诗社编印了一本《剑余诗集》，其中就收入了叶剑英的 15 首诗。诗集中还刊登了他的一张戎装照片，那模样神采奕奕，英姿勃勃，扎实威武。他的一首《雨夜衔杯》，可谓意味深长：

> 雨撼高楼醉不成，纵横豪气酒边生。
>
> 会将剑匣拼孤注，又向毫锥泪绮情。
>
> 入世始知身泛泛，结交侪侣尚平平。
>
> 愁多无计寻排遣，澎湃声传鼓二更。

他写的一首七律《夜宴》，记述了当年同学聚会的情景，吟诵中透出了他的理想：

> 月满危楼花满园，花前月下宴王孙。
>
> 频移杯影浑忘醉，几次琼香对笑论。

> 兴爽春衣沾露湿，情高秋思落诗魂。
> 更怜良夜嫌更促，把剑长歌气压轩。

叶剑英在讲武堂还写过题名《梅》的两首七绝：

（一）

> 乞得嫦娥一片痴，孤山风雪自怡怡。
> 林郎别久无消息，娟影依旧傲故枝。

（二）

> 心如铁石总温柔，玉骨姗姗几世修。
> 漫咏罗浮证仙迹，梅花端的种梅州。

从这些诗中，我们可以看出，叶剑英以傲雪的冬梅自比，可谓：凛然自怡怡，心如铁石坚；投身于革命，矢志永不渝。

叶剑英是第 12 期炮兵科学员，在讲武堂期间，由于资质聪慧，刻苦好学，为人豁达，尊重师友，不仅让炮兵科科长兼教官王柏龄十分器重，也引起了骑兵科科长兼教官林振雄的关注与重视。林振雄是一位精通马学和马术的优秀教官，尤其练得一手极好的剑术。叶剑英常常利用课余时间，请林教官个别地教他，从而使自己的剑术很快名列同期同学前茅。

那时，云南陆军讲武堂聘请了一个非常傲慢的日本教官，他凭借自己有一手较好的劈刀武艺，总喜欢与别人比试，以此来炫耀自己的功夫。在连续打败几位中国教官后，他更是傲慢有加，自以为打遍武校无敌手。

叶剑英对此非常气愤，强烈的民族自尊心撼动着他的心灵。他暗暗憋着一口气，决心一定要击败这个日本教官。叶剑英把自己的想法告诉了同寝室的朝鲜籍同学金至顺。两人相约在一起，利用课余互相切磋武艺，对练劈剑术。他们天亮就起床，经常练得大汗淋漓。林振雄知道后，也主动来到操场，给他们指点，教他们要领，并与叶剑英对练劈剑搏击，为他做示范，给他当靶子。功夫不负有心人，经过几个月的刻苦训练，叶剑英的剑术大有长进，越练越精。在临毕业的一天，他找到那个日本教官，提出与之比试剑术的要求。日本教官根本不把叶剑英放在眼里，他骄横地说："我早已没有和中国人比剑的兴趣了，现在只想比试劈刀术，你敢吗？"

这时叶剑英的剑术已炉火纯青，出神入化。他成竹在胸，剑魂在心，刀剑便相通。于是，他沉稳地点了点头，答应了日本教官。在讲武堂宽阔的大操场上（现为省科技馆和省图书馆之地），叶剑英与日本教官的劈刀术比赛拉开了阵势，闻风而来的师生，把操场围成了一个大圈。

比武开始后，日本教官咿咿呀呀地连吼带叫，疾步向前，连劈数刀，如同饿虎扑食，咄咄逼人，想速战速决，一举获胜。叶剑英看出了这个日本人求胜心切的心理，采取了以守代攻，稳扎稳打的策略。他不慌不忙左闪右挡，避开日本教官的刀锋。十几个回合下来，日本教官没有得手，反而渐渐地乱了刀法，有点力不从心了。叶剑英抓住战机，突然转守为攻，以自己娴熟的刀法猛劈过去。日本教官顿时乱了阵脚，只有招架之功而无还手之力了。

叶剑英一个箭步冲了上去，用手中的刀压住对方的刀，使日本教官动弹不得。日本教官无力支持，窘迫的同时又贴近叶剑英，轻声请求道："用力不要太重啦！不要太重啦！"

骄横的日本教官不得不认输，在场的讲武堂师生掌声雷动，连连喝彩。那个日本教官为了表达对胜利者的敬重之意，双手恭敬地把跟随他多年的战刀捧起，送给叶剑英作为纪念。

1920年，叶剑英从云南陆军讲武堂毕业，他以优异的成绩从昆明翠湖边的这座武校，踏上了回广东故乡的路途，后走进广州珠江畔的黄埔军校任教，最终成了一名坚定的共产主义者。1998年，叶剑英元帅的儿子、全国政协原副主席叶选平来滇视察，专门参观了云南陆军讲武堂。在参观中，叶选平为讲武堂写下了"民族志士，功垂史册"的题词，以表彰这座军校培养的很多国内外显赫的军事人才，为国家独立和民族解放做出的不可磨灭的贡献。当他参观时得知讲武堂方面希望得到叶帅珍藏的毕业证书时，爽快地答应了这个要求。随后，讲武堂收到了叶选平由云南省政协原副主席麦赐球转交的叶剑英毕业证书影印件。

现在，云南陆军讲武堂把叶剑英的这份毕业证书当作"镇堂之宝"公开展览，让人看到了这座军校对叶元帅的影响之大，以及叶剑英对讲武堂怀念的感情之深，是无法用语言描述的。

叶剑英元帅在讲武堂的毕业证书（照片由林民提供）

设在讲武堂内的航空学校

李建坤

1922 年，昆明《义声报》刊载了这样一条消息："唐联帅为以航空事业，实为今日军事及交通上切要之图，因特筹拨巨款，购置飞机。对于编练飞机队，创立航空学校，飞行邮政诸要政，莫不积极筹备。"号召广大青年"以志前报"。

这则消息中所说的"唐联帅"，就是时任云南督军的唐继尧。1921 年，唐继尧被从四川率部"息兵回滇"的滇军第一军军长顾品珍赶下台后，流亡到香港，奔走于港粤之间。这个时期，中国各省的地方军阀为了扩充自己的势力，除了继续大力发展陆军外，正纷纷在广东购买飞机，有的甚至已在准备开办航空学校，创建自己的空军。如此情形，震动了还在失意的唐继尧。1922 年春，唐继尧回到云南重新登上督军宝座后，建立云南空军自然成了他巩固其地位、发展其势力的首要任务之一。经过紧锣密鼓的筹划后，云南航空学校于同年 12 月 25 日，也就是云南护国首义七周年纪念日那一天成立后，校址一开始便设在云南陆军讲武堂内，讲武堂大门口挂出了"云南航空处"的牌子。

航校分飞行、机械两科，学制为两年，飞行教官和机械教官以唐继尧三妹夫董泽推荐的一批精通航务的旅美华人和归国华侨担任；文化课程和工程理化课程则由几乎与航校同时成立的东陆大学的杨克嵘、萧扬勋、赵述完、张邦翰、柳希权等人教授。第一期新生入学后统编为讲武堂第 17 期学员，必须首先在讲武堂内接受半年（即一学期）严格的入伍训练，军事课程由讲武堂各科教官讲授，航校的学生监督亦由讲武堂的学生监督胡昭功一并担任。学员在讲武堂学完军事课程、文化和理化课程后，再去巫家坝飞机教练场学习飞行课程、机械专业课程和进行实际训练。由于后来的第二、三、四期航校学员都必须先在讲武堂接受入伍训练，其学生监督和军事教官皆由讲武堂教官担任，而且航校学员毕业时拿到的都是讲武堂的毕业证书，航校学员在当时也就被称为讲武堂学员。这样，云南航空学校乃被很多人形容为讲武堂的延伸，为讲武堂的一个分支机构，是讲武堂继工、骑、步、炮四大兵科之后新增加的一个兵科。加之两校都在翠湖西岸同一块地盘上，珠联璧合，不分彼此，实际上就是一所学校。

云南航空学校设在讲武堂内大大丰富了这所百年军校的内涵，由此成了全国第一所在陆军军事学校内创办的航空学校，云南陆军讲武堂自然也就成为中国第一所培养航空人才的陆军军官学校。1923年4月20日，云南航空学校执行了一项"特殊"任务——这天清晨正值东陆大学正式成立大典之际，航空学校教官亲自驾驶飞机盘旋于典礼上空祝贺，在一片仰头张望的喝彩声中，顷刻从空中撒下片片传单，上面写着唐继尧对东陆大学的贺词："大哉东陆，为国之珍。群英济美，善觉莘莘。学基始奠，文质彬彬。猗欤休欤，中华主人。"这一精彩的空中表演在东陆大学引来"如潮好评"，加之航校的有关专业理论课程皆由东陆大学的教师讲授，充分表明了这两所同为唐继尧、董泽创办的学校从一开始便形同姊妹般亲密的关系。

在探索云南航空学校的历史时，我们应该看到的是，比之袁世凯于1913年创办的北京南苑航空学校，云南航空学校是中国第二座正规的航空学校，而且它在创办之始，就遭到了法国人的刁难——他们倚仗把持海关和滇越铁路的权力，放话说如果云南航空学校不聘请法国教官、不购买法国飞机，则云南进口的航空器材从滇越铁路入境时，法国方面将不给予支持和方便。这迫使唐继尧不得不聘请法国空军上尉阿尔彼得为航校顾问，法国空军少尉弗南西斯、准尉马尔丹等人任航校教官，聘请了12名越南籍技术人员主持飞机修理厂的工作，并先后从法国购买了12架"布列格"式飞机供训练使用。

虽然云南最早的航空大权为法国人所操控，但是唐继尧在当时的历史条件下，"敢为人先"，扬起云南的航空之帆，开办航校和新建机场，使云南航空事业走在全国前列，表明他不愧为创办云南航空事业的第一人。唐继尧的这个历史功绩应该得到充分的肯定。

云南航空学校在昆明招收第一期学员时，正好碰上航校的两名教官驾机飞行时意外出事，尽管只是一人头部受了点轻伤，另一人伤重送进医院抢救，后治愈出院，却给考生造成不小的惊吓，加上家人的劝止，许多已报了名的云南小伙子不愿再冒这危险。

面对纷纷退缩的考生，还有那些已被录取却心生恐惧的学员，足智多谋的唐继尧来了一个"性别激将法"，他特意选送夏文华、尹月娟两位昆明本地姑娘到航校学习。唐继尧一本正经地对一个个大小伙子说："你们自己瞧瞧嘛！这女娃娃都不怕死，专门来学航空，要驾飞机上天，男娃娃还怕死吗？"以此稳定人心，鼓励考生，激发大家的勇敢精神。这一招果然很灵，不少打了退堂鼓的男考生犹豫再三后，还是参加了考试，最后有20多名云南小伙子被录取。

在当时云南乃至中国封建思想还比较浓厚的情况下，唐继尧不仅送来了昆明女学生进入航校学习，还特批了几名华侨学员和韩国学员李英茂及女学员权基玉来校学习。这样，在云南航空学校第一期学员中，不仅有云南学员，而且有贵州、广东、浙江等省学员；不仅有归侨学员，而且有外国学员；不仅有男学员，而且一开始就有女学员，尤其是有外国女学员，该校成了中国第一所打破男女界限、跨国籍招生的航空学校，说明这所航校的知名度是很高的，云南当时的对外开放程度是非常了不得的，唐继尧也是很开明的。

据云南航空学校第一期飞行科学员张有谷生前回忆，当时的飞行训练是很艰难很危险的。一次，法国教官带着学员分乘三架飞机，从昆明飞往蒙自，再从蒙自飞到文山后，法国教官让张有谷单独飞回蒙自。那时飞机上没有标准的罗盘，教官之前也从未教过学员怎么画航线、测风向、辨风力，如何了解地形地貌特征。面对法国教官指手画脚叽里咕噜的一通法语，当时也没有翻译，张有谷只听懂了一句："飞回去！"便驾驶飞机朝蒙自方向飞去。可到天上飞了一阵后，他感到找不到北了。在不知航线的情形下，张有谷稀里糊涂地绕来绕去，飞上飞下，这时飞机上的燃料已耗费得差不多了。无可奈何，情急之下，他只好找到大河边一片刚收割完的稻田，小心翼翼地驾驶飞机迫降下来。幸好飞机最后滑行到"弥勒县朋普"有一尺多深积水的稻田里，张有谷总算死里逃生，捡回了一条命……

由于法国人的延误，第一期学员拖到了1926年7月才毕业。从此，云南有了自己的空军，从讲武堂走出的云南空军飞上蓝天，轰动了全国，让三迤子弟感到扬眉吐气，云南空军也成了中国最早的空军之一。

1926年底，云南航空学校招收的第二期学员开学，续聘法国顾问和教官，学员于1928年毕业。

龙云坐上"云南王"的宝座后，认为唐继尧开创的云南航空事业具有"登东山而小鲁，登泰山而小天下"的远见卓识。于是，他组成云南商业航空委员会，一方面向美国人购买飞机，另一方面在讲武堂内招收了两期学员。即第三期学员于1930年冬开学，1932年12月毕业。第四期学员于1932年10月开学，1935年毕业。

1937年7月7日，抗日战争全面爆发后，国民党中央政府在统一全国抗战的口号下，并吞了云南地方航空事业。这年9月28日开始办理接收手续，10月1日接收完毕。除从原云南空军中抽调32名飞行员赴南京参加抗战外，其余人员"悉数在昆听候安置"。云南12年独立的航空历史就此画上了句号。然而，此间设在讲武堂内的云南航空学校招收的四期学员共培养了200多名飞行科学员和机械科学员，在人才培养上可谓硕果累累，因而在旧中国的航空史上留下了许多可圈可点之处。

1929年4月，云南向美国购买的一架四座"莱因"机到达香港，由云南航空学校教官刘沛泉和学员陈栖霞、张汝汉、李嘉明到九龙机场接机，后飞往广西北海，再从北海飞回昆明。这次长途飞行，在没有任何地面导航设备指引的情况下，用6小时20分飞完从沿海到高海拔横断山脉，再到昆明900多公里的航程，飞出了当时中国最长和最复杂的一条空中航线，显示出云南飞行人员的良好素质，在全国航空界引起了高度的关注。

　　1930 年冬，云南航空学校第三期学员即将开学时，航校辞退了法国顾问和教官及越南籍技师，聘请美籍施米德等人为顾问，任命第一期学员张汝汉为教育长，李嘉明、陈栖霞等为飞行教官，刘丛仁等为机械教官，中国第一代"国产"航空教官由此诞生。

　　从创办的时间上看，云南航空学校虽然比北京南苑航空学校晚 9 年，但后者在 20 世纪 20 年代随着北洋军阀政府的垮台而停办，云南航空学校则延续到 1935 年，所培养的学员比南苑航空学校培养的 160 多名学员要多，无论对中国早期航空事业的贡献还是具有的名气都比其大得多，可以说是超越了任何一所中国地方航空学校。它比 1930 年正式成立的国民党中央空军军官学校还早 8 年，它培养了中国最早的一批航空骨干，成为培养中国航空人才的摇篮之一。

　　1927 年，云南航空学校第一批学员纷纷前往杭州投奔北伐军"东路军航空司令部"，在国民党最早建立的中央空军 5 个航空队中，第一、第二两个航空队中，飞行员大多是云南航空学校的毕业生，其中晏玉琮为第一航空队队长，抗战前升任国民党中央空军军官学校教育长，后任空军第五军区司令；张有谷为第三航空队队长，抗战后升任国民党中央空军军官学校教育长，后任空军第三路司令，1949 年 12 月 9 日昆明起义时，出任云南起义空军司令，新中国成立后为全国政协委员。其他人如陈栖霞任空军北支队司令，李怀民任空军训练司令、空军机械学校校长，张丕兹任飞机发动机制造总厂厂长，张汝汉、杜联华先后任空军总站站长。他们作为中国的"航空先驱"，皆为北伐和抗战的胜利做出了贡献。有的学员如晏玉琮、李怀民被授予空军中将军衔，张有谷、张汝汉、陈栖霞和韩国学员李英茂分别被授予空军或陆军少将军衔，可谓将星闪耀，在民国时期任何一所地方航空学校都是罕见的。有的学员如李法融、张宗义、李香高、杜光昭（女）等人，或在抗战中牺牲，或在训练或执行任务时以身殉职，其"血洒蓝天，为国捐躯"的英勇事迹，一直为后人所敬仰和缅怀。

　　云南航空学校培养了 10 多名女飞行人员和机械人员，人数之多，不但在当时的中国绝无仅有，而且完全打破了中国早期女航空人才由外国培养的惯例，并且培养出韩国第一个女飞行员权基玉。这些分别毕业于云南航空学校第一期和第三期的女学生作为中、韩两国乃至亚洲最早一批由中国培养的女航空人才，其学习、生活完全与男学员一样，脑袋剃成光头，穿同样的军装，打同样的绑腿，一起出操，共同野外演习，上天训练，"巾帼不让须眉"，就是夜间紧急集合，也不落后于男学员，不少人成为航校的佼佼者，获得的优异成绩走在了中国和亚洲同类学校的前列。其中第三期飞行科女学员吴琼英作为航校第一个驾机单飞的女飞行员，以"飞天女杰"的称号，在中国早期的航空事业上写下了最为精彩的一笔。

　　韩国女爱国者权基玉，于 1923 年 4 月经特批后进入云南航空学校第一期飞行科学习，圆了"她从小就有当飞行员的梦想"，成了大韩民国的第一个女飞行员。毕业后权基玉参加了冯玉祥将军领导的"西北国民军北伐空军",前后在中国空军服役了近20年,军衔升至空军中校。抗战时她曾在某飞行大队驾驶运输机配合美军飞虎队转战于柳州、桂林等地。日本宣布无条件投降后,她回国参与创建韩国空军,因功勋卓著,被尊称为"韩国空军祖母"。

　　如今,权基玉的名字已被镌刻在中、韩两国航空事业的历史丰碑上,而设有云南航空学校的讲武堂则成了中、韩学者极为关注的一个热门话题,以互相交流和互相学习,促进两国友谊的发展。

20世纪90年代的云南陆军讲武堂操场（刘济源摄）

蔡锷在昆明

谢本书

　　蔡锷曾两次来到昆明，第一次是 1911 年 3 月到 1913 年 10 月，总共两年零七个月；第二次是 1915 年 12 月 19 日到 1916 年 1 月 14 日，将近一个月。两次相加，他在昆明工作和生活的时间总共两年零八个月。然而，这两年零八个月的时间，却是蔡锷一生的关键时期，奠定了他在中国近代史上的历史地位。

蔡锷将军戎装像（照片由谢本书提供）

　　蔡锷（1882—1916），原名艮寅，字松坡，湖南邵阳人，是近代中国历史上著名的军事家和爱国主义者。他在短暂的 34 年岁月里，主要做了两件大事。一是在辛亥革命时期，领导了云南反清起义，建立了云南军都督府，进行了一系列卓有成效的改革；二是在袁世凯复辟封建帝制时期，领导了反袁护国战争，维护了共和制度，被誉为"讨袁名将""护国军神"，立下了特殊功勋。因此蔡锷把云南看作自己的"第二桑梓"。

　　1882 年 12 月 18 日，蔡锷出生于湖南宝庆府邵阳县东之亲睦乡蒋家冲（即今湖南邵阳市大祥区之蔡锷村），5 岁全家迁居武冈县西王家板桥，6 岁入私塾，10 岁能诗文，有"神童"之称。13 岁受试，15 岁入长沙时务学堂，受教于谭嗣同、梁启超等，并与梁启超结下了终生的师生情谊。1899 年留学日本，1904 年毕业于日本陆军士官学校第三期骑兵科，在百名学生中成绩名列第五，被称为"中国士官三杰"之一。1905 年回国，先后在江西、湖南、广西军界任职。

　　1911 年春，蔡锷来云南曾编纂著名兵书《曾胡治兵语录》，旋被任命为新军第十九镇第三十七协协统。同年 10 月 30 日，昆明响应辛亥武昌起义，号称"重九起义"，以蔡锷为起义军临时总司令。起义成功后成立云南军都督府，推举蔡锷为首任都督。蔡锷任职期间，大刀阔斧地进行一系列改革，而且为度过经济困难，以身作则，力行开源节流，廉洁奉公，两次带头减薪，把都督的月薪由每月 600 元减至 60 元，只相当于一个营长的月薪，使云南在民国元年（1912）由长期的财政赤字，转化为略有节余。新政府一系列卓有成效的改革措施，使云南社会稳定，恢复生产发展，成为当时全国之冠的模范首区。当年滇军还派出三支军队，援川、援黔、援藏。

1913 年 10 月，袁世凯调蔡锷入京，另有任用，而以唐继尧继任云南都督。蔡锷到京担任了多项要职，却没有实权。起初他对袁世凯抱有很大幻想。但袁世凯的专制独裁和卖国行径，令他大失所望。在袁世凯接受了日本灭亡中国的"二十一条"和逐步公开了复辟帝制的阴谋以后，蔡锷和他的老师梁启超及各方爱国人士秘密联络反袁，并决定逃出北京。经过一番周折，蔡锷从天津乘船至日本，再经中国香港转越南，乘滇越铁路火车于 1915 年 12 月 19 日到达昆明，此时袁世凯已于同年 12 月 12 日宣布接受帝位。蔡锷抵昆，给正在云南酝酿反袁武装起义的滇军官兵以新的鼓舞。

蔡锷到昆后，连续参加两次由滇军将领和来昆爱国志士参与的秘密军事会议，决定立即发动反袁武装起义。1913 年 12 月 25 日，云南宣布独立，武装讨袁，同时组织护国军和护国军都督府，以蔡锷为护国军总司令（后改为护国第一军总司令），率部入川，这是护国战争的主战场；以李烈钧为护国第二军总司令入桂；以唐继尧为护国军政府都督兼护国第三军总司令，负责留守，相机策应各军。

护国第一军第一梯团首先入川，攻克川南重镇叙府。蔡锷率护国第一军主力第二、第三梯团 3000 余人，于 1916 年 1 月 14 日离昆赴川，矛头直指川南另一重镇泸州，此时蔡锷身体有病，仍然坚持指挥战斗在第一线。1 月 27 日，贵州响应护国。2 月 2 日，川军师长刘存厚亦在四川纳溪宣布独立讨袁。然而在泸州前线，袁世凯的兵力数倍于护国军，因而川南战场打得相当艰苦。2 月至 3 月上半月的 40 多天里，川南几乎全部沦为战场，这是护国战争最艰苦的时刻，纳溪三易其手，叙府得而复失。而蔡锷病重，仍亲临前线，身先士卒，几遭不测。3 月 15 日广西宣布独立讨袁。3 月 17—22 日，护国军反攻得胜，直逼泸州城下，被迫停战议和。川南战场的胜利，为护国战争的最后胜利奠定了基础。

1916 年 3 月 22 日，袁世凯内外交困，被迫宣布撤销帝制，但仍把持大总统职位不放，护国军坚持斗争，坚决要袁世凯下台。到 6 月 6 日，袁世凯无可奈何，忧愤死去，以反对袁世凯复辟帝制为主要目标的护国战争取得了最后胜利。

战后，北洋政府任命蔡锷为四川督军兼省长，但因病情恶化，他只在成都视事 10 天，即经北洋政府批准，去日本治病。不幸于 1916 年 11 月 8 日病逝于日本九州福冈，终年 34 岁。

北洋政府追认蔡锷为上将军，举行国葬。遗体运回国后，葬于长沙岳麓山。

蔡锷在昆明的旧居，人称"蔡锷馆"，位于昆明北门街唐公馆的对面，即北门街与丁字坡交会处，当年房屋较小，故又称"小房子"，今已不存。蔡锷去世后，昆明人民曾为蔡锷建立了一座祠堂，人称"蔡公祠"，地址在今昆明宝善街与护国路交会处，省京剧院的宿舍区，今亦不存。若说蔡锷在昆明留下了点什么东西，那就是在逼死坡南明永历帝殉难处，立下了一块悼念的碑文。

李烈钧在昆明

谢本书

李烈钧曾来昆明三次，第一次是 1909 年春至 1911 年 10 月，约两年零六个月；第二次是 1915 年 12 月 17 日至 1916 年 1 月，约一个月；第三次是 1937 年卢沟桥事变后，李烈钧因病一度移居昆明，但为时甚短，即转赴重庆。三次相加，李烈钧至昆明工作和生活的时间约为两年零八个月。著名爱国将领李烈钧在昆明共度过两年多的时间，是其一生发展的重要时期。

李烈钧（1882—1946），原名烈训，字协和，号侠黄，江西武宁人。1902 年入江西武备学堂学军事；1904 年去日本留学，先入东京振武学校学炮兵；1907 年入日本陆军士官学校第六期炮兵科，同年加入同盟会，曾加入士官学校中国留学生组织的武学社、丈夫团等反清社团。1908 年底毕业回国，任江西第五十四标第一营管带。1909 年春调到昆明，任云南陆军讲武堂教官，兼兵备道提调；后任云南陆军小学堂总办，仍兼兵备道提调；还与李曰垓合作，创办一体学校，借以鼓吹革命。

李烈钧将军戎装像（照片由谢本书提供）

1911 年秋，清廷在河北永平举行秋操，李烈钧奉派为云南观操员，离滇北上。但途经武汉时，武昌起义已经爆发 3 天，清廷宣布秋操停止。李烈钧仍决定北上，观察形势，受革命党人邀约，决定返回江西，响应武昌起义。他到达九江时，九江已经光复，被推为九江政府总参谋长。他下令拦截停泊于九江金鸡坡的长江船只舰艇，动员他们参加起义，旋即被任命为海陆军总司令，率舰队到安庆，乃被推为起义之后安徽军政府都督。不数日，武汉战事紧张，"一日五电乞援"，李烈钧乃率舰艇至武汉，湖北都督黎元洪任命李烈钧为苏皖粤鄂赣五省联军总司令。

1912 年初，江西省议会推选李烈钧为江西都督，并经南京政府临时大总统孙中山正式任命，李烈钧遂返回江西任职，多有作为。1913 年 3 月，国民党代理理事长宋教仁遇刺身亡，孙中山发动"二次革命"，密令李烈钧讨袁。李烈钧即于 7 月 8 日在江西湖口组织讨袁军，7 月 12 日就任江西讨袁军总司令，宣布江西独立讨袁，这样"二次革命"就从江西开始爆发。但是，"二次革命"很快遭到失败，李烈钧逃亡日本，参与创办法政学校和军事训练班，以图再举。随后他又去南洋及欧洲考察。

1915 年袁世凯复辟帝制，遭到全国人民的反对。李烈钧奉孙中山之命，与多名革命党人携大量军费来云南。但至越南老开（街）转云南河口时，河口监督乃密电云南将军唐继尧请示。等待几天，却没有消息，李烈钧决定闯关入滇，而河口监督阻止。李烈钧乃手拟一电致唐继尧，略谓："此来为国亦为兄。今到老开已多日矣，三日内即闯关入滇。虽兄将余枪决，向袁逆报功，亦不敢计也。"此电发出，次晨河口监督乃告，唐继尧复电欢迎，李烈钧等于 12 月 17 日到达昆明。12 月 19 日，蔡锷亦到昆明。12 月 21—22 日，蔡锷、唐继尧、李烈钧等与滇军将领和外地来昆爱国人士共同协商，决定立即发动讨袁武装斗争。12 月 25 日，云南宣布独立，武装讨袁，组织护国军和护国军政府，以李烈钧为护国军第二军总司令，李烈钧乃率第二军向滇桂边境进发。1916 年初，第二军在滇桂边境一带，击溃袁世凯任命的以龙觐光（龙济光兄）为首的第三路军，于广西百色会师。同年 3 月 15 日，广西宣布独立。

1916 年 5 月，李烈钧率部进入广东肇庆，然后北上，于 6 月初到达韶关。其时，广东虽号称独立，但广东都督龙济光却仍与护国军作对。李烈钧与龙济光部在韶关发生战斗，迫使龙部投降。随后，李烈钧挥军南下，7 月初在源潭附近又与龙济光军相遇，大败龙军。李烈钧为反袁护国战争立下了不朽功勋，被誉为"护国三杰"之一。护国战争结束后，李烈钧于 1916 年 8 月通电解职。

1917 年 7 月 7 日以后，孙中山在广州组织护法军政府，以李烈钧为广州大元帅府参谋总长。1921 年，孙中山再度建立广州中华民国政府，李烈钧再任参谋总长。1924 年 1 月，在国民党第一次全国代表大会上，当选为中央执行委员。1927 年后，李烈钧为南京国民政府常务委员兼军事委员会常务委员。1928 年以后，李烈钧一直是国民党中央委员、国民政府委员。"九一八"事变后，李烈钧一直主张对日作战。抗战时期，李烈钧一度移居昆明，但为时不长。后移往重庆，一直在养病，1946 年病逝于重庆，享年 64 岁。

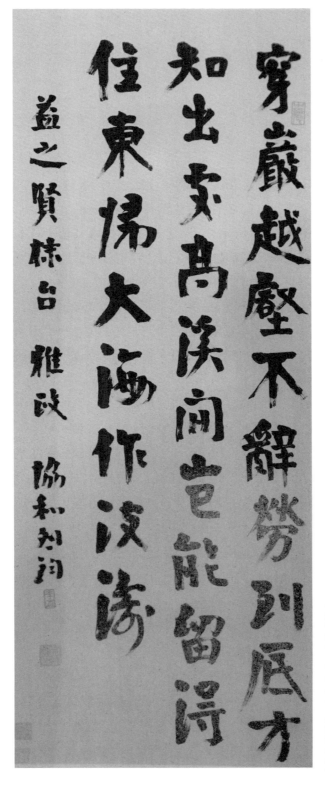

穿巖越壑不辭勞　到底才知出處高　溪澗豈能留得住　東歸大海作波濤

益之賢棣台雅政　協和李烈钧

李烈钧楷书中堂（照片由李晓明提供）

黄毓英纪念亭

李晓明

在昆明翠湖南岸有一条黄公街，街前有一道尽忠寺坡，坡上有一座尽忠寺，立有一座毓英亭，是为纪念昆明辛亥重九起义"首功者"黄毓英而建的。

黄毓英（1885—1912），字子和，云南会泽人。1903年留学日本，因为经常聆听孙中山等的演讲，接受了资产阶级民主革命思想，立志反清救国，加入同盟会组织。1908年河口起义爆发，弃学回国，驰援河口起义。

河口起义失败后，正赶到香港的黄毓英按照孙中山先生的指示，从新加坡经缅甸，进入滇西，历经千辛万苦，发展同盟会会员，宣传同盟会纲领和孙中山的革命主张，进一步为滇西反清武装斗争奠定了理论和组织基础。途经仰光时，筹划创办《光华日报》，成立了同盟会仰光分会，并被选为会长。

到了昆明后，黄毓英成为同盟会昆明机关负责人之一。他"窃住唐继尧宅，密谈国事"，与讲武堂体育学校师生广为联系，考入新军第七十三标，由同盟会革命党人李鸿祥为管带的三营任排长，以哥老会会员的身份广泛深入军内做工作，致力发动军队起义。在新军内部无敢肆言的环境中，每夜熄灯令下，他潜入士兵宿舍，燃烛低呼，痛陈清廷种种罪行，"由是遍及全营，未一月而一军皆思反正"。士兵起事后，黄毓英又开始发动军官，以"革命的穿梭者"把新军中的革命力量团结为一体。

1911年，蔡锷从广西调云南任新军第十九镇三十七协协统，司令部就设在云南陆军讲武堂内，所属七十三标驻昆明北校场，七十四标及炮兵第十九标驻昆明南郊巫家坝。一旦有事，即可对昆明造成南、北夹击之势。因此，要在昆明发动武装起义，革命党人必须将三十七协掌控在手。由于蔡锷到云南后，表现得相当冷静稳健，致使革命党人不敢在军中公开活动。为了加快争取蔡锷，黄毓英冒死前去说服他。

据《黄武毅公墓志铭》载，黄毓英贸然闯入蔡府，见到正在家中挑灯夜读的蔡锷，说明来意。蔡锷见他"初入谒，头角峥嵘，目光四射，大奇之"，不禁厉声喝道："你怎敢来见我？"黄毓英答道："不怕你，我才来见你，要是怕你，我就不来！"遂向蔡锷和盘托出了云南同盟会的打算。具有爱国民主革命思想的蔡锷，对黄毓英的行为甚为敬佩，乃慨然说："我接受你的来意，请转告同人，我自会运用时机，机会到了就干，但要特别小心，不能稍有漏泄。"从此，蔡锷与云南革命党人达成默契，暗中保持联系，对云南的反清活动做了很好的掩护。

从《黄武毅公事略》等文献的记载看，云南革命党的高层人物于1911年10月16日、19日、22日、25日和28日，紧锣密鼓地召开了5次秘密会议商定昆明起义，先后有唐继尧、沈汪度、刘存厚、蔡锷、谢汝翼、李鸿祥、黄毓英等10余人参加。虽然在第四次会议时，与会者已"歃血为盟"，但他们中的一些人对黄毓英提议的举行武装起义之事一直犹豫不决，所以在第五次会议时，仍不乏面有难色、下不了决心者。黄毓英睹此情景，勃然大怒道："事急矣，诸公若不从我之主张，倘事机败露，余亦不愿独享烈士之名，必谓与诸公同党。"听罢黄毓英的怒骂后，"群皆吐舌，呆若木鸡"。由于蔡锷坚决支持黄毓英，"于是最高级之军官，皆以黄君之言为当"，"议遂决"，最终一致推选蔡锷为起义军总司令，并制定了进攻路线和起义口号等。可见黄毓英在云南反清斗争的关键时刻，总是表现出事事当先、大义凛然、视死如归的精神。

1911年10月30日（农历九月初九）傍晚，黄毓英和七十三标三营的另外两名排长文鸿揆、王秉钧安排士兵抬子弹做起义准备时被反动军官唐元良发现，双方发生了争执。这时，另一个北洋系的反动军官安焕章极力阻止，他挥舞皮鞭和指挥刀乱打开箱取枪的士兵，群情激愤的士兵在黄毓英的指挥下，立时给了他一枪，接着举枪击毙了唐元良和北洋系的督队官薛树仁。李鸿祥下意识地掏出怀表看了看，时间为10月30日晚8时40分。黄毓英率领士兵由此打响了辛亥昆明武装起义的第一枪，为重九起义建立首功，被誉为"光复首功"。

昆明重九起义后，黄毓英率部前往四川、贵州支援革命，剿匪安居。1912年5月在行至贵州思南时，他勒马于后，被埋伏在草丛中的土匪连发数枪，猝不及防，当场中弹身亡。黄毓英遇害后，1913年8月28日遗骸运回昆明时，万人出城迎柩，将其"归葬于圆通之阳"，被云南军都督府追谥为"武毅"。蔡锷将军亲自主持了他的追悼会并亲自撰写了《黄武毅公墓志铭》，称赞他在云南辛亥革命中"立定大计，数言取决""智信仁勇""英风烈烈"，痛感"惟公之死，如断左臂"。

民国七年（1918），云南各界为纪念和表彰黄毓英，先在忠烈祠（今连云宾馆处）铸立铜像，后将建于清嘉庆九年（1804）的尽忠寺改为专祀他的祠堂，匾曰"黄武毅公祠"，寺东、西两街也由此称为黄公东、西街。尽忠寺改建为"黄武毅公祠"后，孙中山先生亲笔题写了"乾坤正气"。后来祠堂相继改作机关、学校，面目全非，除仅存"黄子和祠堂碑"外，祠内其他文物荡然无存。1987年，五华区人民政府将设在祠内的东风小学更名为毓英小学，并投资修建毓英亭，公布为区级重点文物保护单位，次年春升格为昆明市级重点文物保护单位，以示对黄毓英这位革命先贤的缅怀。

毓英亭为一座木制六角亭，周长约15米、高约5米，额上写有"黄毓英纪念亭"金色大字，亭内悬挂孙中山题写的"乾坤正气"匾额，立一通高0.87米、宽0.5米的碑，记述了建祠经过和黄毓英在云南辛亥革命中不朽的历史功绩，入口处由一对石狮守护。整个纪念亭内容充实，在鲜花簇拥、绿树掩映下，挺拔于尽忠寺坡上，显得空灵大气，让人对修建此亭的意义一目了然，从而为昆明这座"翠羽丹霞"的历史文化名城，增添了一处人文景观。

20世纪30年代的黄武毅公祠（照片由廖可夫提供）

20 世纪 80 年代的黄毓英纪念亭（廖可夫摄）

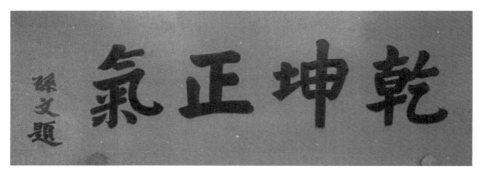

孙中山先生为黄毓英题写的"乾坤正气"匾（廖可夫摄）

赵公祠

史亚黎

　　赵公祠在风景如画的昆明翠湖南路 19 号，是云南辛亥革命和护国首义、护法战争的重要将领赵又新的私人祠堂。

　　赵又新（1881—1920），原名复祥，字凤喈，云南凤庆人。同盟会会员，毕业于日本陆军士官学校第六期。曾任云南新军第七十五标军事教官。1911 年 11 月 1 日与滇南士绅朱朝瑛共同领导发动临安起义。之后任云南护国第一军第二梯团团长，与朱德一道，随蔡锷取道蜀南讨伐袁世凯逆军，屡立战功。晋任滇军第七师师长、云南讲武学校校长，驻川滇军第二军中将军长。1920 年战死于护法战争中。

20 世纪 80 年代的赵公祠牌楼式大门（照片由史亚黎提供）

赵公祠始建于 1922 年，系利用明清时的皇华馆改建而成。民国时期，曾借给陈荣昌等人开办国学馆。抗日战争期间由赵公夫人沈仲经女士捐赠给政府，开办又新实验小学，后改称又新小学，1959 年又改名东风小学。"文化大革命"开始后，祠堂内文物毁荡一尽。1986 年将中堂、大殿及两厢拆除，改建为五华三中，后改称又新中学。现仅存一座牌楼式大门。

据有关史料记载，赵公祠建成后，祠堂三重，坐南朝北，沿中轴线纵列牌楼式门楼、中堂和大殿，两厢左右对称，布局严谨。门额上悬"赵武烈公祠"，题款书"国民革命军大元帅孙文"。中堂为楼阁式木结构建筑，面阔三间，进深三间，前后出廊，棂窗、隔扇门装饰；中堂后即为祠堂大殿，通面阔三间，进深两间，单檐歇山顶，檐下施斗拱，柱间雀替镂刻"二龙戏珠"，枋额镂雕"松竹梅兰""孔雀牡丹""丹凤朝阳""牛角挂书"等奇花异草和佳话故事。大殿高耸于两米的金刚台座基上，月台宽大，用白云石镶砌周边，雕二十四孝图，刀法细腻，刻工精致，门额上悬黎元洪所题"神游故园"，殿正中挂赵又新身着将军制服画像一幅，高 1 米有余；案桌上列供赵氏家族牌位。无论从建筑特色还是内部陈设等方面讲，赵公祠都可以称为昆明当时的一座十分威严而又富丽的私家祠堂。

赵公祠现仅存的那座牌楼式大门，为三门四柱，歇山屋顶，中门高 7 米，左右两道门高约 5 米，全为朱红色。顶为琉璃瓦，八个翘角，木枋上雕刻凤凰和祥云并彩画。四柱为木柱，基座由石质和东西砖墙砌筑而成，上刻竹节等图案，有一对 1 米多高的大石狮雄峙于牌楼门外两端，可以想见祠堂当年威严的气势。作为赵公祠现存唯一的历史文物，这座牌楼式大门于 1983 年 7 月被列为五华区重点文物保护单位。

一部展现"护国风云"的战争大片

陈秀峰

中国第一部反映"护国运动"——讨袁护国的故事片《洪宪之战》，出自护国运动的首义之地昆明，这部影片反映的就是中国近代史上的这一重大历史事件。

横空出世

《洪宪之战》，顾名思义就是讲述推翻洪宪皇帝袁世凯的护国战争，这部电影创下了几个第一，即中国第一部描写护国运动的故事片，云南历史上第一部故事片，第一个自己演自己（即主角由原型本人扮演）的电影等。

1924年，为彰显讨袁护国功勋，宣传民主共和思想，唐继尧开始筹划拍摄一部描写护国运动的故事片。这一年的前后，正是唐继尧在中国政治舞台上的活跃时期，这段时期唐继尧为了统一中国，实现自己"计划中未来的中国总统"梦想，积极参与了当时中国的政治、军事斗争。他为统一中国先后发动的一系列战争及其在北京国民政府、孙中山广州政府之间的合纵连横，均有利于中国近代化的发展，其本身也是中国近代化的重要内容。1924年，会泽唐公再造共和纪念标在昆明近日楼广场落成；昆明召开了川、滇、黔、粤、桂、湘、鄂各军代表会议，成立建国联军总司令部，推举唐继尧任七省联军总司令。此外，唐继尧执政后云南自1922年3月以后，进入了建设时代，包括提倡联省自治、改组省政府、筹办市政、改革教育、实行新县制、注重市乡自治、整理交通等荦荦大端之事。"此外，内政、外交，凡关于兴利除弊者，事无巨细，靡不竭力为之。"这时候，世界上先进的文化传播手段——电影也进入了唐继尧的视线。

风云再现

1926年春，应云南都督唐继尧将军之邀，上海朗华影片公司导演张普义先生率队来到昆明，开始拍摄故事影片《再造共和》。影片描写1915年窃国大盗袁世凯称帝，云南都督唐继尧和蔡锷、李烈钧将军一道举行了震惊全国的护国首义，为推翻袁世凯、再造共和立下了历史功勋。

1915 年，由 1000 多万云南人民做坚强后盾的云南护国军发起的护国运动历时半年有余，1916 年 7 月 14 日中华民国军务院宣布被撤销，护国运动结束。影片穿插一对青年男女忠贞而凄婉的爱情故事：以女主人公佩钰送情郎宋秋帆参加护国军、出师讨伐袁世凯的动人情节为引线，进入有关护国运动的重大事件及过程。诸如起义前的几次秘密会议，壮怀激烈的歃血盟誓、通电全国的惊天义举、挥师出征时的阅兵和誓师。影片展现了昆明各界民众欢送护国军出师讨袁的盛况，正义之师护国军激战北洋军的节节胜利，西南及江南诸省仁人志士的纷纷响应，组织起义军和袁军展开激烈战斗不断获胜的经过。1916 年 6 月 6 日，四面楚歌的袁世凯在全国军民穷追不舍的讨伐下死于北京。护国运动取得完全胜利后，民国中央政府一致推认，在这场毁家纾难、护国讨袁、再造共和的护国运动中，数唐继尧功劳最高，特晋勋，授予唐继尧一等文虎勋章、一等大绶宝光嘉禾勋章。又经国会一致通过，将 1915 年 12 月 25 日云南护国首义纪念日定为全国性纪念日。

值得一提的是，在唐继尧的筹划授意下，该影片首次把值得骄傲的春城昆明主要的风景名胜园林建筑都摄入了镜头，把一座风光如画的山水园林城市呈现在全国观众面前。可以说，唐继尧在执政时期一贯重视省城昆明名胜古迹的保护和园林艺术的建设是有口皆碑的，这除了他怀有一颗炽热的爱国爱乡的赤子之心外，还与他早年留学日本受其优美的自然风光和园林艺术的感染有关。在这部影片中，从昆明城的制高点五华山（光复楼）到云南陆军讲武堂，从唐继尧在昆明北门街的宅邸唐家花园到翠湖、大观楼、西山及金殿等风景名胜，从护国军出发经过的被称为昆明的"凯旋门"的金马碧鸡坊和拓东路、状元楼及菊花村一线（这条路线也是 1937 年"抗日滇军"北上抗日的出发路线），都被一一摄入镜头。当时摄制组到唐家花园拍片时，正值该园从 1925 年起就实行唐继尧创办的私立东陆图书馆每星期三、星期六及星期日为开放日的规定时段；这一时段唐继尧因公务繁忙一直住在五华山上，故又规定每星期六公馆对民众开放，让人参观，文化共享。据昆明政协文史资料刊登万揆一先生的文章记载，北门街的唐家花园花木繁茂，地阔景幽，两层中西式楼房，是唐继尧生活、会客及读书的地方。开放时人们可以在园中自由徜徉观赏，或到客厅中歇足。其卧室和书房虽不能进入，但却窗户大开，让游客在室外观看室内陈设，细细领略房主人潇洒脱俗的平民作风和豁达豪放的男儿本色。唐继尧早就知道昆明的风光是个宝，摄入影片的昆明美景与伟大的"护国精神"一起被传扬开去，让世人都知道。

护国战争中那些不可遗漏的重要的精彩场面可能都不同程度地在影片中再现或提到了！诸如时任第一军第六支队队长的朱德在川南棉花坡苦战 40 多个昼夜，被称"朱德是钢铁铸成的"；时任第三军第五支队支队长的杨杰，勒马回师时在黄南田击败龙觐光军与护国第二军在广西百色胜利会师；鲁子材"一炮定乾坤"，使敌军举旗投降的传奇等故事情节。

闪亮登场

影片经过 6 个月的拍摄，大部分内容已拍竣。此时，遇上了云南二六政变，不久唐继尧因病去世，朗华影片公司摄制组陷入窘境。为使影片最终完成，导演张普义向龙云军长求助，龙云给予了援助。又经过数月紧张的努力，影片终告成功，出于商业的考虑，影片最终改名为《洪宪之战》。1928 年夏，影片在上海首映，轰动一时。当年，该影片拍摄和公映的情况，昆明的报纸都做了如实报道。1932 年 7 月 23 日，大逸乐影戏院在《民国日报》刊登公映《洪宪之战》的电影广告，这则广告把该片定性为"革命荣史战争哀情巨片"，影片"全部 10 本（每本 9 分钟），1 次映完"，从 7 月 23 日起连映 4 天。由于昆明观众踊跃观看，影院又应"各界恳嘱"加映 1 天，以谢市民厚爱。

《洪宪之战》电影海报广告语和说明书均用当时流行的美术字来写，十分抢眼。影片曾被定性为"空前国产历史战争巨片"，由"前云南督军唐继尧将军主演，张普义导演"。主演除唐继尧以外，还有马徐维邦演宋秋帆，陆剑芬演秦佩钰等。这部被昆明人宣传为"革命荣史战争哀情巨片"的最后情节是："……秋帆思念母亲，夜不安枕，后乘机出逃，投入国民军，他作战勇敢，升为营长。宋秋帆思母心切，登报寻母，但登报的第二天，母亲就病逝。佩钰安葬宋母后，发现了秋帆的寻母广告，于是投身到红十字救护队，借以寻找秋帆。在猛烈的炮火中，宋秋帆中弹，佩钰前去救护，认出是秋帆，喜极上前拥抱，不料误碰地雷，一声巨响，一双苦难情侣，在战火中终于以献身精神圆了自己的爱情梦。"

影片的最后一组镜头是昆明拓东路上的状元楼，状元楼下站着一个人，这个人或许就是状元袁嘉谷先生。寓意云南是一个人杰地灵，人才辈出的地方。百年回眸，告诉后人的是，神奇美丽的云南在中华民族实现伟大复兴的历史进程中，担负了不可或缺的重要责任和使命！

云南制造飞机种类最多的工厂

张骞

　　抗战时候云南的各族人民英勇奋战，为战胜外来的侵略者发挥了自己特殊的作用——既是大后方：有传承中华文脉的内迁云南的西南联大、中法大学等，也具有现代化基础的如中央机器厂、中央电工器材厂、空军第一飞机制造厂等；还是最前线：在中国土地上唯一一个通过自己浴血奋战，将侵略者赶出家园的地方。所以在云南上演了许多有特色的"第一"和"之最"。

　　抗战时期国民政府就从广东韶关迁入空军第一飞机制造厂。1937 年抗日战争全面爆发，8 月广东韶关多次遭到轰炸。为保全实力，1938 年航空委员会命令该厂迁往位于大西南的昆明市。于是厂长林福元和总工程师萨克程高（Zahartchenko，白俄裔美籍）到云南，经过地质勘查后，最终选址在昆明西郊黑林铺昭宗村。同年 6 月便成立办事处负责工厂的建设，同时将各种物资、图纸以及人员由香港、过海防、经滇越铁路到昆明，于 1939 年完成工厂内迁的工作，工厂也在此时改称空军第一飞机制造厂。在此以前的 1937 年 8 月到 1939 年 4 月共制造霍克式飞机 44 架。

　　工厂迁滇后，为了提高工作效率，一方面提高工人的爱国热情；另一方面建盖了各类职工家属住宅共 16 栋，单身职工宿舍 5 栋，还建有子弟学校、俱乐部、足球场、医务室等后勤部门为生产服务。整个工厂分为两个部分。一是全厂的枢纽 —— 厂部：它指挥着工厂各项工作，先后由黄克生、周德鸿、朱家仁、郑汝墉指挥。负责制造的中心是工务处，其下分为设计、检查、厂务、支配四课。其中又以厂务课为最大，又分为机身、机翼、总装、木工、机工、油缝、白铁、修配等股；支配课下设工具、器材等股。整个工厂拥有职工 600 多人。珍珠港事件后，日军入侵南洋和云南，于是工厂于 1943 年到贵阳又另建一座新工厂，1944年冬由于贵州独山被日军占领，局势紧张，而云南由于经过滇西反攻而局面安定，工厂又重新返回昆明。1949 年工厂迁往台湾宜兰。

　　工厂迁滇后开始研制"新复兴号"甲型双翼初级教练机。它的最低时速仅 94 公里，比汽车还慢，飞行安全系数很高，是一种非常好的初级教练机，受到军队的欢迎，共生产了 22架。后在此基础上又进一步改进研制"新复兴号"丙型飞机，首次采用层板技术。从 1942

年到 1946 年先后研制"研驱零式""研驱一式"驱逐机、"研侦一式"侦察机，特别是"研驱一式"驱逐机最高时速达到 580 公里。

工厂在仿制飞机中还特别注重改进。1935 年苏联政府向中国援助了伊–15、伊–16 驱逐机达 400 余架，在作战初期取得了一定的空中优势。但是随着日本新式飞机，特别是"零"式战斗机投入作战，这些苏式飞机由于发动机功率小，飞行速度慢，无法与日机抗衡。1939 年朱家仁分拆了伊–15，经过研究认为还有部分使用价值，于是从 1939 年至 1943 年以"忠–28"的名称仿制和改进，将原来的苏式发动机改为美式 740 匹马力的瑞特 SR–1820–F53 发动机，使飞机最高时速达到 370 公里，也使过去许多停飞地面的伊–15 再次飞上了蓝天。而在仿制美式 AT–6 高级教练机的时候，除了当时国内不能制造的发动机、螺旋桨、飞机仪表、轮胎等设备外，其他的机体、配件等多是利用国内各器材库内收集的材料加工而成的。飞机通过了静力、破坏等多项实验，取得了良好的效果，在经过试飞后已与美制飞机不相上下，而美国货每架要 64790 美元，国货每架仅需 37753 美元。

该厂在云南期间先后仿制、自制了 11 种不同的飞机，总数达到了 170 架，为抗战胜利，特别是中国航空产业的发展做出了巨大的贡献。虽然该厂处于战时艰难期，但其充分利用世界反法西斯阵营的技术优势，广开视野，自主研制了在世界上是"第一"和"之最"的飞行器。

中国最早研究制造的共轴式双叶反旋翼直升机

世界上第一架直升机是德国人于 1936 年研制的双旋翼横列式直升机 FW–61。1942 年美国人西科斯基研制了 VS–300 单旋翼带尾桨式直升机，后在此基础上又改进设计定名为 R–4 型，并且最早在云南战场投入使用。中国是在 1945 年和 1948 年由空军第一飞机制造厂厂长朱家仁自己研制了蜂鸟号甲、乙两型直升机各一架。

实际上早在 1944 年朱家仁就已经开始研制直升机。他为了将研制工作做得扎实可靠，首先在家中制成了一架 1/10 的直升机缩比模型，进行各种实验，取得数据和经验后，再研制实际的载人直升机——蜂鸟甲型直升机。由于在理论上已经取得了成绩，因此其研究速度很快，仅一年时间就初步设计完成了。这架直升机外观十分漂亮，采用封闭式座舱，超过了苏联卡莫夫研究的同类直升机。这在当时的条件下是难能可贵的。"蜂鸟"研制成功后，先进行系留实验，就是先把直升机机体用几根钢索拴住固定，不让直升机离开地面。可是，当驾驶员启动发动机，旋翼转动后不久，有一个固定钢索的金属桩被拔出地面，直升机随即倾倒，碰坏了旋翼。实验宣告失败。

但是，朱家仁并未因此灰心，经过重新设计又研制成了蜂鸟乙型直升机。这架直升机与前一架的外形相同，机上装一台 125 匹马力的 Kinner B-5 型发动机。其技术参数为：直升机宽 2.34 米，机高 2.63 米，旋翼的直径是 7.62 米，空机重量 590 公斤。最大飞行速度 136 公里 / 小时，直升机的巡航速度为 112 公里 / 小时，最大航程 219 公里，每分钟爬升 140 米，在空中最高旋停点是 910 米。他在随后进行的实验中取得了成功，但在准备全面试飞之际，朱家仁奉命调往台中第三飞机制造厂任职，继续研制的工作随即也停止了，还没来得及试飞的蜂鸟乙型直升机无法带走，而被留在了大陆，后来这架直升机不知去向。

这是中国第一批自行研制的直升机，也是世界航空史上最早的共轴式双叶反旋翼式直升机之一。这是一种形式结构紧凑、外廓尺寸小、安全性高于其他类型的直升机。这使得我们一方面为前辈在那样艰苦卓绝的环境下取得的成绩而骄傲，另一方面又为这条路没有走下去而倍感惋惜。

中国最早的前掠翼飞机

在珍珠港事件前，空军第一飞机制造厂工程师萨克柯程高领导一个设计小组，自行研制"研驱一式"驱逐机（代号 XP-1），事变后其回国，由中方处雷兆鸿继续负责并初步完成了研制工作，还制造了原型机。

研驱一式使用的是美制莱特·赛克隆（Wright Cyclone）式发动机。设计的最高时速为 550 公里，后机身及外翼为木质，前机身和机翼的其他部分均为金属。该机最大的特点是前掠翼飞机（Forward-Swept Wing Airplane）。所谓前掠翼是指机翼前后缘向前伸展，梢弦在根弦的前面，左右俯视投影形成"V"形。通俗地说就是普通飞机的机翼或是平直或是向后延展，而前掠翼则恰恰相反是向前形成一个"V"形。这样最大的好处就是飞机在空中进行大迎角飞行时首先从翼根部开始失速，但它不会影响飞机的纵向和横向的平衡操作，失速性较后掠翼飞机优异。因此低速性能优异，可利用的升力较大，安全系数较高，应该说它的研制在世界航空史上占有重要的地位。

研驱一式是 1945 年初在贵阳升空试飞的，当飞机上升到 300 ~ 400 米高空时，在做第一次转弯时情况良好，在做第二次转弯时由于设计上存在的问题使得飞机失速，造成坠毁，试飞员牺牲。后来在清华研究所进行风洞实验时，发现设计上存在不稳定性，因而导致了飞机飞行的失败，这是该机唯一的一次飞行，可惜的是后来没有对其继续研究加以改进设计，最后不了了之。

到 20 世纪 80 年代为止世界上也没有此类飞机投入使用。该机诞生于 20 世纪 40 年代，同时德国研制过 Ju-287 型，美国有 P-51，苏联也有 EF-131 前掠翼飞机，与它们相比，中国人凭借自己的智慧，在那个战火纷飞的年代，完全依靠自己的力量研制出来，这是可惊可叹的。

回眸开武亭

詹　霖

五华山是昆明的天际线，查阅词典，"天际"乃"肉眼能看到的天地交接的地方"，此山确实有这样的气势。它位于昆明主城区北部，占地 1.73 平方公里，海拔 1926 米，北接螺峰山，东连祖遍山，并称昆明"城中三山"，而五华尤显高耸。相传周边的九座大山中，有八座山头面向着它。

清康熙年间，云贵总督范承勋来五华山闲游，山巅之上，微风袭人，视野开阔旷达，云海霞光，纳四时浪漫，构成了其他处所绝少见到的奇幻景观，范大人顿生难以言表的灵性与威严，遂建一亭子，取名拜云亭。

亭子是生活中常见建筑形式，《释名》曰："亭，停也。亦人所停集也。"封疆大吏在此建亭，当然不仅是停集、休憩或遮阳避雨，题名"拜云"，寓意不言而喻。它还有更重要的作用，亭子正中摆放须弥供台，正中庄重置放木牌，上书"北阙"二字，象征皇帝住所，专供官员面北朝拜。朝廷规定：每月朔旦（初一早晨），总督统率全城大小官员在亭前"习礼"，按官级排队，向那尊牌位磕头叩拜。按照清朝典制，每逢皇帝、皇太后寿辰或重大年节，更要隆重庆祝。届时，供台上立起万岁龙牌，省城文武官员全体出动，一个个顶戴花翎，官袍肃整，都得在拜云亭前行朝贺大礼，三跪九叩，五体投地，表示对皇帝的无限忠诚，故而，此亭又有"皇亭"之称。

建亭时考虑到与环境的自然协调，专门在其左右栽种两棵常青柏树，树干挺拔，展枝优美，各有背向，互相趋承，体现动势，苍郁古拙。拜云亭因此有了"临观之美"，作为人与自然的中介空间，它为市民提供了观赏古城、体察万象的场所。亭可使人与物同游，进入"顿开尘外想，拟入画中行"的艺术境界，也成了五华山富有生机的"点睛"之笔。

1911 年，昆明爆发重九起义，五华山随后成为省都督府所在地，战火也使拜云亭部分受损。

民国三年（1914），袁世凯阴蓄异志，大改法统，把各省都督改为由他分封的"将军"。1915 年 9 月，他封赏掌握云南实权的唐继尧为一等开武侯，坊间谓之开武将军，月津贴 3 万元。于是，这座大清的"皇亭"，被重新修葺粉饰一新，高悬起了新的匾额，改称"开武亭"。

重修后的开武亭高约 10 米，结构简单，质朴庄重，由台基、柱身和屋顶组成。台基较高，约 1.8 米，沿 9 级台阶逐级而上，给人步步登高的欣慰，进到亭内，空灵之感扑面而来。亭为八角，从建筑艺术的美学来看，8 根木柱支撑，扎实且稳重，亭顶的 8 条屋脊，翘角飞檐，金黄色琉璃瓦十分耀眼，檐前龙纹瓦当显出身份不一般，使得整个亭子有凌空欲飞之势。

值得称道的是，开武亭还有一亮点即"藻井"。"藻井"为中国传统建筑一重要的顶棚形式，又称"绮井"。东汉人应劭的《风俗通》云："今殿作天井。井者，东井之像也；菱，水中之物，皆取以厌火也。"传统的土木建筑最怕火患，先人就把人间的水井绘制或安装在古亭的顶上，既象征着天象，又寓意避火消灾，天水克地火。开武亭中央顶棚处的藻井，向上凹进呈穹隆状，装饰华丽，雕饰精美，正中是盘龙图案，有很高的艺术价值。它还有一妙处，不仅有装饰性，且有声学原理，呈倒挂漏斗形的藻井能把声音聚拢，优化官员在叩天拜地、歌功颂德时的演说效果。聚拢的声音，回传到亭子里竟然有"瓮"声，"大脑壳"站在亭子里说话，传出来的声音清澈、圆润，并传得很远。

古亭名称变了，但仍是节堂之类场所，亭前有一块空地，是欻飞军操场，在其西侧为营房，将军行署警卫团本部设立其中。

开武将军的官帽顶在头上，光环笼罩下的唐继尧对袁世凯的举动越发警惕。相传，得爵位之前，他就在开武亭中吟诗：

江山放眼谁为主，大地茫茫任我行。
事业英雄宁有种，功名王霸总无情。
千章老树饶生意，百尺寒潭有道心。
举世由来平等看，誓凭肝胆照苍生。

1915 年，唐继尧于 9 月 11 日、10 月 7 日、11 月 3 日先后三次召集军中将领，在开武亭中秘密集会，商议讨袁大计，云南的志士为开武亭增添了革命的光彩。看看开武亭的老照片，人们发现唐继尧立在人群正中，一脸严肃、不苟言笑，颇有滇省老大的威仪。他身旁簇拥着军方首领、政界要人、社会名流、民间遗老，能与云南一号首长合影留念，他们自然感到荣耀自豪。1915 年 12 月 25 日，滇人喊出护国讨袁第一声，要用敢为天下先的行动破除袁世凯复辟帝制的企图，随后组建护国三军，亮剑讨袁，由此揭开再造共和的大幕，而当年的历史遗照则为开武亭晕染了护国的亮色，为云南留下了辉煌的记忆。

抗日战争爆发，云南军兴，北上出征，抗击日寇。迈向战场前夕，龙云与六十军团以上军官集聚开武亭前留影纪念。军官们军风威仪，表情严肃，于无声处似闻誓师豪言，震耳欲聋，大有"风萧萧兮易水寒，壮士一去兮不复还"的英雄豪气。

　　抗日战争时期，龙云在开武亭后面建一铁塔，上设瞭望哨，用作观察日本飞机动向，若有敌机来袭，即刻拉响警报，并在塔上悬挂红灯笼，以示市民疏散躲避。一时间，开武亭旁的铁塔成为昆明人最关注的地标建筑。

　　从那时一直到20世纪70年代，人们还见过开武亭和铁塔的尊容，但不知何时被拆掉，今天已不存在了。

20世纪30年代的开武亭（照片由詹霖提供）

滇西抗战阵亡将士纪念碑与缅甸战役中国阵亡将士碑

陈秀峰

滇西抗战阵亡将士纪念碑遗址在昆明圆通山公园内，全称为"陆军第八军滇西战役阵亡将士纪念碑"遗址。碑立于1947年，现仅存八角形基座及题记一方、碑石两块。碑文主要记述1944年中国远征军收复被日军侵占的松山之战的经过，以及阵亡的3775名士兵和125名军官名录。该纪念碑是滇西抗战的重要实证记录，于2003年6月被公布为昆明市五华区文物保护单位。

缅甸战役中国阵亡将士碑也在圆通山公园内。1942年3月，英国方面请求中国派兵入缅共同对日作战。中国正式组建中国远征军第一路司令长官司令部，由卫立煌担任司令长官。在卫立煌未到任之前由罗卓英代理，杜聿明任副司令长官，统率五、六、六十六三个军约10万人入缅。

远征军孤军深入，冒险犯难，在仁安羌地区大败日军，救出被围困英军7000多人；随后，远征军在缅甸同古地区与日军展开决战。1942年4月初，第五军200师击退日军，收复同古。

由于驻缅英军溃逃印度，远征军陷入腹背受敌、孤悬敌后的困境，不得已只能撤回国内。1942年5月下旬，在缅甸茅邦地区，远征军第五军200师师长戴安澜将军胸部中弹，仍坚持指挥战斗，歼敌一部，然终因天气炎热，日晒雨淋，加之缺医少药，于5月26日不治身亡，殉国时年仅38岁。

远征军在极端恶劣的生存条件下，仍然英勇顽强，屡挫敌锋，自己也遭受了惨重伤亡。全军中高级军官除戴安澜外，还有96师副师长胡义宾及两位团长三人殉国，"阵亡之官兵，合五万有余"。

缅甸战役中国阵亡将士碑，于1944年10月4日奠基，1945年2月落成。中国远征军第一路军代司令长官兼第五军军长、昆明防守司令杜聿明拟建为纪念在缅甸战役中英勇作战、壮烈牺牲的第五军200师师长戴安澜的"安澜纪念塔"，后根据蒋介石之意改称现名。

20世纪五六十年代的历次运动中，圆通山两座抗战纪念碑相继被毁。1985年，戴安澜将军长子、全国政协委员戴复东教授向云南省有关部门提出建议，重建圆通山抗战纪念碑，又经社会各界人士 20 余年的努力，两座抗战纪念碑终于在原址得以重建。两座抗战纪念碑的恢复重建工程于 2012 年 8 月 15 日动工，至 2013 年 11 月 15 日竣工，共耗时 15 个月，费资 130 余万元，市政府给予了 70 万元的财政补助支持，不足部分由公园方补齐。两碑共用 6000 多立方米的石块镶构而成，全系通海青石，最重的一块 400 多斤，最轻的也有七八十斤。

20 世纪 50 年代的缅甸战役中国阵亡将士碑（廖可夫摄）　　　　新建的缅甸战役中国阵亡将士碑（刘济源摄）

驼峰飞行纪念碑

石玉顺

为纪念抗日战争中驼峰航线这一航空史上的壮举，反映中美两国人民在反法西斯战争中并肩战斗的友谊，缅怀为抗战壮烈牺牲的先烈，铭记来之不易的世界和平，1991年北京航空联谊会、昆明航空联谊会发起倡议，在昆明建立驼峰飞行纪念碑。倡议得到云南省政府、省政协及海外航空界和各界人士的支持。

驼峰飞行纪念碑选址郊野公园北坡。建设项目由云南省政协主持，省政府拨款25万元启动。1991年5月奠基，1993年3月竣工。纪念碑高15米，正面、背面为对称斩假石碑体，既象征高耸天际的驼峰山脉，又似飞机双翼，整座纪念碑形如一架直冲云霄的飞虎战机。碑体正中汉白玉贴面，原国务委员兼国防部部长张爱萍上将题书"驼峰飞行纪念碑"七个行草大字。纪念碑后面10米处，立有中英文对照的驼峰飞行纪念碑记，碑记背面镌刻捐款单位及金额。纪念碑四周，葱郁松柏环抱，海棠石台阶，砂石板地坪，开阔宽敞，庄严肃穆。

在中国抗日战争及世界反法西斯战争期间，1942年5月日军占领缅甸，入侵中国云南怒江以西，滇缅公路被切断。为保证抗战生命线，中美两国军民开辟从中国昆明机场至印度阿萨姆邦汀江机场的空中运输线，航线飞越被视为空中禁区的喜马拉雅山、高黎贡山群峰，崇山峻岭似骆驼驼峰，史称驼峰飞行。

驼峰飞行作为第二次世界大战中持续时间最长、规模最大、最为艰险的空中飞行运输航线，从1942年5月至1945年8月，中美共投入飞机1100多架，地勤、空勤人员达30000多人，民工47000多人，运送抗战人员30000多名，运输物资70余万吨。在这条空中运输线，中美两国损失飞机609架，1500多名中美飞行员血洒长空。驼峰飞行为抗日战争的胜利立下不朽功勋。兴建驼峰飞行纪念碑，象征来之不易的抗战胜利，象征中美两国人民在"二战"中的友谊。

1993年5月11日，纪念碑落成典礼隆重举行，100多位来自美国的原驼峰飞行员及其家属参加典礼。1999年10月4日，原飞虎队大队长陈纳德将军的夫人陈香梅女士率家人一行10人，专程到驼峰飞行纪念碑前敬献花篮。她即兴挥毫写下六言诗：

　　五十春秋家国，万里壮丽山河。

　　驼峰追怀烈士，大众齐声高歌。

　　驼峰飞行纪念碑，是抗战重大事件纪念景点，是昆明爱国主义教育示范基地，每年航空联谊会、飞虎队后裔及各界人士都会前来凭吊瞻仰。

20 世纪 90 年代的驼峰飞行纪念碑（廖可夫摄）

滇缅公路零公里纪念碑

陈立言

　　在昆明汽车西站东门口，立有一块滇缅公路零公里碑，讲述着这条公路曾经辉煌的历史。被称为世界筑路史上奇迹的滇缅公路，是云南各族人民在烽火连天的抗日战争中用血肉筑就的抗战生命之路。在中国乃至世界，没有哪条公路能像滇缅公路这样与一个国家、一个民族的命运联系得如此紧密，没有哪条公路像滇缅公路这样铭刻在中国人民的记忆里。

　　1937 年"七七"事变，中日战争全面爆发，随着沿海口岸城市的相继沦陷，开辟新的对外通道，打破日本对中国的封锁，成为抗战的当务之急。同年 8 月，云南省政府主席龙云赴南京参加国防会议，向蒋介石建议，在云南修筑一条通往印度洋的交通运输线，即滇缅公路。公路由云南负责修筑，中央补助。蒋介石认为好得很！龙云的建议经蒋介石同意后，云南方面即着手修筑滇缅公路。

　　1937 年 11 月 2 日，滇缅公路西段路线确定由下关、保山、龙陵、芒市到畹町出境，外接缅甸腊戍。

　　从是年 12 月下旬起，滇西 10 多个民族的 20 多万民工陆续上路开工，新修下关至畹町段，同时整修先前通车的昆明至下关段。滇缅公路有东段和西段之分，两段全程 959.4 公里。

　　滇缅公路从开工到全线通车仅用了 9 个月，经云南各族人民及工程技术人员夜以继日、风雨无阻地艰辛劳作，于 1938 年 8 月 31 日建成通车。

　　滇缅公路通车后，昆明的西汽车站就从西安马路口迁往麻园附近的西站。西站成为中国抗战"命根子"滇缅公路的起始站后，立即呈现出一片异常繁忙的战时运输景象，成为中国最重要的交通枢纽而名传世界。滇缅公路的"零公里"石碑亦同时立于西站公路右侧，碑为石质，高 60 厘米，宽 4.5 厘米，碑顶为椭圆形，中间刻一红色的"〇"，意为滇缅公路的起点。从零公里后每隔一公里又立一碑，数字均为黑色，一直顺延至畹町。

　　1953 年，中央交通部在西站建汽车客运站，滇缅公路零公里碑移立于客运站东大门口西侧。

　　为缓解昆明城区道路拥堵，1989 年在西站建立交桥。按建桥规划，占用西站汽车客运站南面土地 1750 平方米，客运站南两道大门及围墙后退。立于大门口西侧的零公里石碑便消失。1990年3月31日，西站立交桥竣工通车，零公里石碑重立。

　　2005年，为纪念中国人民抗日战争胜利60周年，昆明《都市时报》发起寻找滇缅公路零公里的消息报道，引起各方关注。按属地管理，昆明市五华区人民政府，以当时赶修公路时的压路工具"石碾子"为标记，再次制作滇缅公路"零公里"碑立于昆明西站。

　　零公里碑仍为石质，石碾子立于基座上，为一整块巨石雕刻而成。基座宽1.6米、长3.1米，石碾子宽1.6米、直径1.1米，全碑高1.6米。基座正面镶嵌一长方形黑色墨石。墨石上刻文曰："滇缅公路起于云南昆明此地，长959.4公里。1937年冬到1938年8月，云南各族民众男丁妇孺20余万，为抗击日寇，打通运输线，历时9个月，死伤逾万建成，誉为世界奇迹，成为抗战的'生命补给线'。建成后3200多名南侨机工归国为抗战服务，牺牲上千，在抗战胜利60周年之际，特立此碑，以缅怀先烈，警勉后人。"

20世纪90年代的滇缅公路"零"公里纪念碑（刘济源摄）

纪念在华殉职盟军将士纪念碑

陈秀峰

沿着昆明繁华的东风西路原百货大楼西侧背后的一条叫吉祥巷的宽巷步行 20 余米，就能见到一座 20 世纪初重建的昆明市基督教"圣约翰福音堂"。教堂大门的外墙上，有两块用云南大理石镌刻的"纪念在华殉职盟军将士纪念碑"（中、英文各一块），这是 1945 年世界反法西斯战争与中国抗日战争胜利后，昆明市民和基督教徒为纪念从 1937 年至 1945 年援华抗日保卫昆明领空英勇献身的 17 位盟军飞行员（含地勤）而建立的，这批属安立甘宗的基督教徒飞行员生前都常到圣约翰福音堂来做礼拜。在牺牲的 17 位飞行员中，有美国籍 14 人、英国籍 2 人、瑞典籍 1 人；他们的骨灰罐当年曾悬挂在教堂内右上方的木柱墩子上，遇到礼拜日和"七七"抗战爆发纪念日，常有昆明基督教徒和爱国学生去凭吊和缅怀这些英烈。1948 年美国驻昆明总领事馆撤走时带骨灰回国，他们只是飞虎队在华殉难的一小部分，至今健在的昆明 80 岁以上老人，对盟军勇士壮烈牺牲的情形都还记忆犹新。

这两块有 70 余年历史的纪念碑能保留至今，实属不易，教堂李摩西长老出了很大力气，1994 年恢复礼拜时的首任牧师张泽民在"文化大革命"中冒险用木板遮盖墙上的纪念碑加以保护，后来继任的申洁清主任牧师和现任的张以琳主任牧师也视为"家珍"一样地保护这两块纪念碑。他们把纪念碑作为昆明人民曾遭受过日本飞机轰炸及飞虎队保卫昆明的见证，也把昆明各族人民的心意完好地保存了下来，如今成了昆明的重点保护文物，为昆明历史文化名城增添了光彩，也是用鲜血凝成的中美"二战"友谊的最好见证！

纪念在华殉职盟军将士纪念碑（刘济源摄）

圣约翰堂碑记（刘济源摄）

父亲郝炬与昆明抗日防空

郝性中

在纪念抗日战争胜利暨世界反法西斯胜利 70 周年之际，从媒体上看到云南人民在抗战中许多可歌可泣的事例：云南儿女用血肉筑成的滇缅公路，滇军血战台儿庄，悲壮惨烈的松山战役，中国滇西远征军及滇西保卫战，美国空军志愿队和驼峰航线……特别是抗战期间日机轰炸昆明的有关报道，拨开昆明抗日防空的迷雾，使我清晰地了解到父亲郝炬在昆明抗日防空情报工作中的贡献。

父亲郝炬，1908 年 11 月生。1925 年毕业于云南电政学校，1932 年 9 月进入昆明电信管理局工作，1935 年被派往南京学习防空。1937 年抗日战争爆发后，云南成立防空司令部，委派云南无线电报局局长萧扬勋、省电话局局长赵家通分任云南防空情报处正、副处长，指定电报、电话两局的通信设施和人员，在文山、弥勒、玉溪组建防空监视队，责成

郝炬先生像（照片由郝性中提供）

日机轰炸昆明的航拍照（照片由郝性中提供）

日机轰炸后的昆明（照片由郝性中提供）

各县电报电话局设监视哨，各乡镇电话机及人员值机监视，后组建昆明防空情报所，办公地点和电台设在圆通寺后面的潮音洞内。父亲郝炬被任命为所长，负责收集全省各监视哨传来的日机行动情报和上级施放空袭警报的命令。

据云南省档案馆馆藏档案可知：1938 年 9 月 28 日《敌机首次袭昆报告表》、1939 年 4 月 8 日《敌机二次袭昆报告表》正是父亲填写并报当时省政府主席龙云的。

由于当时中国失去空中作战能力，日军飞机如进入无人之境，对昆明进行残酷的狂轰滥炸，昆明城生灵涂炭。汪曾祺在《跑警报》一文中说：我刚到昆明的头两年，一九三九、一九四〇，三天两头有警报。有时每天都有，甚至一天有两次。昆明那时几乎说不上有空防力量，日本飞机想什么时候来就来。当时仅鸣汽笛，并无警报标识。后来空袭渐多，据《云南防空志》记载，1938 年 9 月 28 日—1944 年 12 月 25 日，日军共出动侦察机 31 架次、驱逐机 261 架次、轰炸机 776 架次，昆明市共 3729 人伤亡、8268 间房屋被炸毁。

昆明首次被日机轰炸后，防空情报组织逐渐严密。1941 年，为配合美空军来华作战，另成立云南防空情报所，与昆明防空情报所互通、传达防空情报。由于昆明电信管理局与全省各县的电信局有长途电话联系，故云南防空情报仍以昆明电信管理局为主。

当日军飞机由越南进入云南文山境内，沿途的情报网就会提前向昆明等地电话报警。如判定是日机空袭昆明，在昆明最高点五华山瞭望塔上挂一个红灯笼，全城都能看到，鸣警报器，以示空袭警报，其声间隔稍长，老百姓就很快向城外疏散。当敌机距市空不远，则再鸣警报器，其声间隔短而急，即紧急警报，五华山上见两个红灯，飞机发动机发出的声响远远都能听到，说明日机快到昆明上空。日军飞机轰炸后出境，五华山升起绿灯笼，警报器作长鸣，数分钟而止，老百姓就会从一个个城门回来。这种常有的"跑警报"，成了战时昆明的特有专用词。

云南防空情报工作为美国空军志愿队抗击日机发挥了重大作用。1941 年 12 月 18 日，美国志愿援华航空队第一、第二中队进驻昆明。第三天日轰炸机 10 架按例进袭昆明，得到情报的志愿队早已升空等待，结果日机不但未能袭击昆明，反而全被击毁。志愿队首次大捷，给备受空袭的昆明人民以极大鼓舞，捷报传来，莫不额手称庆。五天之后，日机再次袭击，再受重创。又一次他们接到情报，说日军多架飞机从缅甸过来，架势就是袭击昆明，志愿队迅速起飞击落三架日机。之后他们还成功袭击了日军在越南河内的机场。在云南各地防空情报网络的协助下，志愿队与日机多次交战，战绩卓著，被誉为"空中飞虎"。从此飞虎队名扬四海。

父亲郝炬深知防空情报对保护国家和人民生命财产的重要性，他临危受命，工作尽职尽责，不敢怠慢丝毫。当时电信局、电话局多次办理全省各地长途话务员培训班，由父亲郝炬

日军飞机首次空袭昆明伤亡损失
(1938 年 9 月 28 日—1940 年 1 月 26 日)

云南防空情报处关于敌机首次袭昆报告表
(1938 年 9 月 28 日)

日　期	27 年 9 月 28 日　　星期三　　经过时间 1 小时 50 分	
空袭情报	8 时 30 分接桂省情报,敌机 9 架经邕宁、万岗、乐里、田西、西林、西隆向滇飞;8 时 40 分由江底入境,经罗平各哨、陆良、杨林、板桥;9 时 14 分由市郊东北侵入市空;9 时 20 分由呈贡、宜良、弥勒、泸西、邱北、广南、富宁出境。	
处置情形	8 时 40 分空袭警报,9 时 50 分紧急警报,10 时 30 分解除警报。	
空袭略况	1. 巫家坝机场中弹 80 余枚。2. 昆明市西门外潘家湾、凤翥街、苗圃等地中弹 23 枚,毁师校一部,炸民房 37 间,震民房 29 间,死 94 人,伤 47 人,牛、马各 1 头。3. 我空军击毁敌机 1 架,焚毙敌空军 5 名,生获俘虏池岛 1 名。	
联络员	王仲　郝炬	
值班人员	李正和　马绍华　陈兰芳　褚德新	

(云南省档案馆 111-1-15-1)

1940 年 1 月 26 日云南省政府指令　令民政厅。29 年 1 月 6 日呈一件,为准昆明市政府查照院颁表式填送西门外"9·28"空袭损失情形表请汇转一案,经汇同防空司令部前填送之本省各处空袭损失表呈请核转由。呈件均悉。查呈到调查表盖有区公所钤记,于程序不合,应发还另缮,加盖该厅印信呈核。又,来呈所称防部前填报表格,并未送到,当系漏呈,应饬一并查明呈候核转,仰即遵照。此令。
　　计发还原表 3 份。

主席　龙云

1938 年 9 月 28 日《敌机首次袭昆报告表》及省主席龙云的批复(照片由郝性中提供)

云南防空情报处关于敌机二次袭昆报告表
(1939 年 4 月 8 日)

日　期	28 年 4 月 8 日　　星期六　　经过时间 3 小时另 10 分	
空袭情报	12 时 47 分,敌机 28 架由那马分两批向西飞;12 时 38 分敌机 28 架由乐里、西林向云南飞;13 时 50 分敌机 28 架由广南向西飞,经楮甸、溥兮、弥勒、路南、宜良、呈贡、安宁,15 时到昆明市东郊投弹后分两批,一由马龙、曲靖、师宗、罗平出境,一由呈贡、宜良、路南、弥勒、泸西、师宗、罗平出境。	
处置情形	13 时 30 分空袭警报,14 时 38 分紧急警报,16 时 40 分解除警报。	
空袭略况	1. 巫家坝机场中弹。2. 市郊和甸营、香条村中弹,炸毁民房 47 户(90 余间),死 7 人,伤 8 人,牛 1 头。	
联络员	王仲　郝炬	
值班人员	李正和　余翠仙　曾韵涛	

(云南省档案馆 111-1-15-2)

1939 年 4 月 8 日《敌机二次袭昆报告表》(照片由郝性中提供)

讲授防空情报课程，把自己掌握的有关防空情报工作的专业知识毫无保留地教给大家；还到滇越铁路、个碧石铁路沿线各县视察指导，讲解防空情报报告要领。通过蒙自、个旧、建水、石屏四县的电报、电话和铁路通信组建防空情报机构。无论在单位还是家中，父亲都不分昼夜守候在电话机旁。一旦接到敌机来犯情报，他立即向上级报告，通知五华山瞭望塔挂灯笼，拉警报，给市民较宽裕的时间奔走至城外躲避。由于父亲的兢兢业业和一丝不苟，防空情报及时、准确，抗战期间挽救了无数市民的生命并减少了财产损失。云南防空情报工作功绩卓著，受到飞虎队司令陈纳德将军的称赞，被美国罗斯福总统誉为"世界上最快且最有效的情报网之一"。

1945 年抗战胜利后，有关方面为彰显昆明防空情报的卓越贡献，据有关档案编印成《云南防空实录》，分送云南省和昆明市图书馆，并在圆通寺潮音洞前撰文刻碑纪念，上有父亲郝炬名字；潮音洞侧岩上刻有"九天屏障"四个大字。

70 年后的今天，媒体上刊载了昆明抗日防空情报工作的重大贡献。迟来的认可，也足以慰藉父亲的在天之灵！

驻华美军司令部沧桑记忆

李国庆

坐落在昆明西站 12 号院内的现十四冶办公楼，作为一栋曾与整个国家、民族同命运共忧患具有特殊经历的建筑物，时时唤起人们对历史的记忆。

十四冶办公楼的前身是昆华农校，始建于 1936 年，为当时的"云南王"龙云所创办。

昆华农校校区范围宽广，占地达百亩。共有三栋坐北朝南砖木结构兼具中西建筑风格的教学楼，主楼中间三层为重檐歇山顶，楼内东西两道上二楼的楼梯，有 25 级台阶，全用 1 米多长的完整石条搭砌而成。墙体厚度 0.6 米，全用大青砖砌成。室内空间高度 4 米，内走廊宽 2 米多，原建筑除屋面及楼板外，未用一根柱木。门厅 4 根大石柱柱顶连接墙体设置为瞭望台，极为壮观。四周墙基石加工精致而有沿边，所有的外窗顶全部用石料砌成，既坚固又美观。主楼两侧副楼为两层单檐歇山顶，是纯粹的中国建筑风格；条形西式窗、拱券门厅，正门外廊的 4 根巴洛克式圆柱，则又是典型的西式建筑风格，珠联璧合，相得益彰，在当时的昆明实不多见，"其堂皇坚固美观，冠于当时昆市之任何机关学校"。

教学楼落成以后，省政府主席龙云兴之所至，在东南墙侧题写了"豳风基础"四个大字，为大楼增色不少，有人将之比作大楼的"楼魂"。"豳风"源于《诗经》，共有 7 篇作品。豳在现今陕西彬县旬邑一带，是周民族的发祥地。周人重农，在《诗经·豳风》中有所反映，因此"豳风"可为"农耕"代名词。龙云将之引申为"豳风基础"，是指将农业教育作为发展农业的基础，确实具有远见卓识。

这栋教学楼自建成后，书写着自己的精彩历程。先是作为昆明农校的校舍，为三迤培养了大批有志于献身农业的学子，成为发展云南农业事业的有生力量。1938 年 4 月，西南联大理学院看中这块风水宝地，曾租用这里作为校舍；吴有训、周培源、杨武之等大师曾在这里任教，孕育了杨振宁等顶尖学子。

1937 年抗日战争全面爆发后，昆明遂成为抗日战场的大后方，国内大批工厂、学校、军事机构迁往这里，国际援助也多半先运到这里，再辗转支援国内各抗日战场。于是，昆明成为日军的眼中钉、肉中刺。日军大本营便加紧对昆明进行空袭，以达到扰乱军心、民心，破坏抗战大后方的目的。在 1939 年 9 月到飞虎队进驻昆明之前的两年多时间里，日本空中强盗频频轰炸昆明，给百姓生命财产造成巨大损失。1941 年 12 月，美国志愿援军航空队进驻昆明，其指挥官陈纳德和部分志愿队人员就住在昆明农校内的美军第十一招待所，驻华美军司令部不久也设于教学楼主楼内，无疑给昆明百姓服下了一颗"定心丸"，极大地鼓舞了云南军民的抗战士气。

此后，飞虎队便成为昆明的"保护神"，日本式空中强盗再也不敢露面，"跑警报"从此成为历史。当时，昆明人只要经过美军司令部那栋大楼，见到它那高峻雄伟、巍然挺立的英姿，内心便会感到安然、踏实，对抗战必然胜利的信念也油然而生。

20 世纪 90 年代的驻华美军司令部大楼（廖可夫摄）

　　但不知从何年何月起，这栋著名的历史建筑变成了十四冶的办公楼，而且对其进行了"整容"改造，昔日风采荡然无存。

　　2004年，云南省中国近代史研究会会长、云南师范大学教授吴宝璋向有关部门提出：十四冶办公楼作为"二战"中美友谊的见证，应该列为省级文物进行保护。作为昆华农校的教学楼，是当时昆明最豪华的建筑，反映了当局对发展农业教育的决心；作为西南联大理学院，又是西南联大在昆明仅存的两处遗址之一；飞虎队在昆明的招待所有近50处，它现在也是仅存的招待所之一。这三点，对于历史文化名城昆明如何继承和发展优秀历史文化，具有极其重要的价值和沉甸甸的分量。他指出："建筑本来就是危房，加盖成三层后，不但破坏了原貌，还加大了房屋承重，对保护极为不利。"他还表示愿意为保护十四冶办公楼奔走呼吁，希望有一天能让其修旧如旧，恢复真身。"不但要让它成为云南省的历史文物，还要让它成为国家级历史文物，让更多的人可以近距离地去缅怀这段历史。"

　　值得一提的是，中新社昆明2004年3月29日报道，云南省人民政府今天在此把"二战"期间中美并肩抗日的见证——石碾子捐赠给美国空军国家博物馆。石碾子是中国在艰苦卓绝的抗日战争年代用来替代压路机抢建机场的重要设备，被称为"中国人民的一项伟大创举"。当年中国共组织100多万名劳工，在云南拖动巨大石碾，于较短时间内抢建了几十个大小机场，供美军飞虎队、驼峰飞行的美国陆军航空队空运总队和中国航空公司及中国空军使用。其间，中国劳工在日军轰炸中死伤无数。

　　在原驻华美军司令部旧址前捐赠的石碾，为圆柱体，直径和长度均为1.2米，重约4吨。斑驳的巨石静静地承载着那段战火纷飞的记忆和中美血与火考验的友谊。

　　据悉，石碾子漂洋过海运抵位于俄亥俄州代顿市的美国空军国家博物馆后，作为反映"二战"期间中国、缅甸、印度战场的战役实物永久展出。美国空军国家博物馆是全球最大的航空器博物馆，年参观数达140万人次。

　　现在，昆明市人民政府已经以"西南联大教学楼和援华美军空军招待所旧址"的名称将十四冶办公楼公布为市级文物保护单位。更多的人期待它在不久的将来，能够恢复其历史面貌，那其"含金量"将大大提高，在云南的文物宝库中独树一帜，光耀千秋。

风雨光复楼

詹　霖

如果说五华山是昆明城的龙头，那么光复楼应是龙头上的龙珠。老辈说，它的地理位置是"龙窝"，乃藏龙卧虎、风生水起之地。

明嘉靖三年（1524），云南巡抚王启建院于府治西北，久废。清雍正九年（1731），云贵总督鄂尔泰重修于五华山山麓，增置舍宇，捐购图书万余卷，亲笔题书匾额。清光绪二十九年（1903），五华书院改为云南高等学堂。光绪三十三年（1907），清廷推行"新政"，又改为云南两级师范学堂，并修建了学堂大楼，其主楼取名五华楼，与五华山相映成趣。

此时西风渐吹，欧洲建筑风格已流传到滇。这幢具有近代色彩的学堂一反传统风格，可谓"另辟蹊径，引进欧款"。

我们知道，中式官家建筑有气势恢宏、壮丽华贵、高空间、大进深、雕梁画栋、金碧辉煌等特点，造型讲究对称，色彩讲究对比，相对来说造价较高。优点是绮丽瑰异，有浓郁的文化生活气息；缺点是缺乏现代感，与讲究舒适自由的"新生活"需求脱节。另外，中式建筑因循数千年古老传统，以木质构架为建筑的主要支撑体，尽管可以建造得极其富丽精美，但是从建筑工程学上来说，依然属于一种原始的农耕时代制成品。

五华山上这座新建筑呈现的既非中国传统的宫殿式，也不是西方古典式，而是"中西合璧"，实为"西学为体，中学为用"，以西方建筑技术为基础，营造出东西方相融的建筑风格。

1911 年，辛亥革命爆发，云南革命党人起义胜利，云南光复。新政权——云南军都督府诞生后迁到这幢学堂大楼，并对它进行了修葺、扩建，自此这里成了滇省政治中心。为了实现"光复中华"的梦想，都督蔡锷将五华楼改名光复楼，以彰显革命精神。

修葺光复楼时，保留了中式传统，糅进了西方建筑元素，从外观到内涵，都显出高高屹立五华之巅，俯视古城风云变幻的派头。

大楼坐北朝南，外体为砖石，内部为木质结构，正面采用西式的建筑平面组合与立体构图，中间主楼高三层，两边副楼为两层，呈对称状，总高 20 多米，左右宽约 60 米。当时国内无力生产水泥，故专门从法国运来"红毛泥"（水泥）、灰浆进行粉刷。

大门有三道，主门安置于"光复楼"匾额的"复"字垂直线下端正中，为可推拉的地弹门，嵌有正方形净片玻璃，是都督府里"大脑壳"的必经之道；左右两侧边门宽度为主门三分之一，供马弁、杂役、跟班等出入。主楼及东、西副楼正面，几十道窗户排列均衡、上圆下方，尽显官家衙门气势。窗户皆木质，呈狭长条形，分为内外两道，内窗为明亮的玻璃，外窗为风雅的百叶。窗盘线之下是青砖砌体，大青毛石做出土基础。由于没有钢筋，整体结构的支撑不够牢固，为了巩固房体，各个墙角都用规则青石由下至上等距砌有通天石礅，这种工艺是典型的欧式，要求甚高且效果极好，在固牢大楼的同时，还有装饰效果，如此风格及体量，百年之前，算是罕见。

楼层之间用的是木梁、木枋，铺木地板，楼梯也为木质，正对中厅的梯道宽约4米，宽大而势缓，极具欧式风格。大楼内部为中廊式结构，分东西两道，再分南北隔道。政府各科室的办公区分布在东西楼层，走廊内两侧为对称的办公室，各有6间，其门牌编号按中国传统的"天干"顺序排列，即"甲南、乙南……""甲北、乙北……"，以此类推。

受当时技术条件限制，若做平面屋顶，防水过不了关。因此，尽管外部建筑有许多西式做法，但屋顶仍采用中式椽、梁屋架，铺砌板瓦、筒瓦。木顶覆瓦造价低，可节省成本，还使整个楼宇的荷载减轻。为了追求欧式风格，檐前砌"女儿墙"遮挡，放眼外观，颇具异国风韵。值得一提的是，当时许多官衙建筑少不了大圆木柱、红漆门扇、九步石阶、一对大石狮端坐门前，而辛亥革命成功后的云南军都督府顺应时代之潮，就连建筑也发生了变化，没有了封建帝国的威赫庄严，多了些现代建筑式样，可见其思想理念的进步。

蔡锷为光复楼定名时曾赋诗言志："双塔峥嵘拥翠华，腾空红日射朝霞。遥看杰阁层楼处，五色旗飞识汉家。"他特意请来都督府秘书长周钟岳，让他题写"光复楼"三个大字，做成牌匾，安于主楼正中。周先生名气很大，书法刚劲雄浑、端楷庄正，他的题字使得这一建筑更加名扬三迤。

光复楼上曾有对联："六诏锁烽烟，望僰道苗疆，六服河山双眼底；五华开画景，看雕甍绣户，五云楼阁半天中。"字里行间无不显出傲视天下的王者气势，也寓意了历史的阳光将不断照耀这座建筑。

1915年12月，唐继尧迎接李烈钧、蔡锷、戴戡、熊克武等人到昆共谋讨袁义举，参会者一致反对帝制，决心用武力推翻袁世凯，并举行宣誓，就在光复楼歃血为盟，曰：

> 拥护共和，吾辈之责。兴师起义，誓灭国贼。
>
> 成败利钝，与同休戚。万苦千难，舍命不渝。
>
> 凡我同人，坚持定力。有渝此盟，神明必殛。

20 世纪 50 年代的光复楼（照片由廖可夫提供）

　　在此誓言鼓舞下，1915 年 12 月 25 日云南宣布独立，成立中华民国云南都督府，组军出师讨袁。打响武装反击袁世凯复辟称帝的第一枪，声震寰宇，功高盖世，彪炳千秋，是云南人的光辉华章，光复楼因此又一次名扬中外。

　　1947 年 11 月 24 日，光复楼曾遭大火劫难。据一位叫黎焰的老人家回忆：当时，政府总务科科员杨文恩奉命，把省主席办公厅内剥蚀的地板重新打蜡，并要求在星期天全部完工。杨文恩接命后，11 月 24 日召集工友康士甲、王开武、段永福和蒋衡章等人，在 10 点左右动工。他们一直干到下午 2 点多，已把楼上办公厅的地板上蜡完毕。准备收工时，杨文恩见楼下会客厅的衣帽间地板蜡亦脱落许多，遂让康士甲等取来剩余材料去涂刷。这种材料是黄蜡拌和汽油配制，须加温后才能使用。2 点 50 分左右，工作已大部完成，只有门口少许地面尚未涂完。康士甲蘸油时忙乱中不慎把汽油滴到温油炉中，霎时火焰燃及手中布巾，他怕烧着手而急将布巾甩掉，不料恰好甩在刚涂好油蜡还未干的地板上，油蜡见火，立即燃烧，一时间火光满屋。康某等人忙用地毯扑火，但惊慌失措，忙中出乱，抽地毯之际，又将放在屋角的三加仑汽油桶拉倒，于是火上浇油，油助火势，霎时间，五华山上火光冲天，烟雾弥漫，几乎全城都看得见，再加上光复楼地高风大，火势更加凶猛。

此日是星期天，幸好秘书处还有人值班，他们立即将政府的印信、电报本、账册及重要卷宗如数抢出。秘书长朱丽东当时正好路过正义路，闻讯即刻赶到省府，指挥抢救。宪兵、警察及消防员纷纷赶到现场。消防人员面对如此大火，无能为力，大楼内部无防火设备，唯一解救办法就是立刻攀登屋顶，拆除东楼房屋，隔断火源。时至下午6点多，火势才有所减弱。此次火灾，共烧毁主楼及西楼各屋，东楼也被烧4间，其余的则全部被拆掉。所毁各屋分别是秘书处的一至五科及会计、电务二室。随后，办公厅地点被移至省府大礼堂。由于印信和账册及重要卷宗均完好救出，对省府日常工作尚无严重影响，但建筑主体部分已被毁损。

1948年，该楼重新建造，虽然外形有所改观，但依然称为光复楼。

1949年末，国民党政权大势已去，准备退踞云南，负隅顽抗。在历史关键时刻，光复楼上再次升起正义旗帜。卢汉，关键时刻的关键人物，在共产党感召下，在昆明人民支持下，顺应潮流，顺应民心，宣布起义，使得光复楼迎来新时代的曙光，真正看见了映红云南的彩云。

人民胜利堂

徐继涛

位于昆明光华街中段的人民胜利堂，是一座庄严巍峨、中西结合的宫殿式建筑。原址为明代黔国公沐氏的国公府，清康熙年间，平定吴三桂之乱后修建了总督府，即云贵总督衙门。辛亥革命后，在此先后开办了云南两级师范学堂、云瑞中学。

人民胜利堂于 1944 年动工，1946 年落成。兴建的初衷，是为省会城市建一个大会堂。当时有人提出此会堂应名曰志公堂（龙云字志舟，有阿谀之嫌），龙云以为不可，只能称中山纪念堂。建堂资金，由当时云南的两大财团陆（崇仁）系与缪（云台）系分担。经办之人，陆系为刘幼堂，缪系为杨克成。由著名建筑设计师李华设计，上海建筑商陆根泉经营的陆根

20 世纪 90 年代的人民胜利堂（照片由徐继涛提供）

记营造厂承建。

1946年5月，大会堂竣工。而在上年10月，云南地方政府已被蒋介石的武装"改组"，原省主席龙云调往重庆任一虚职——军事参议院院长。继任省主席为卢汉。因此大会堂落成后，卢汉将原拟的"中山纪念堂"改称"抗战胜利纪念堂"。1950年12月，云南省第一次各族各界人民代表大会决定，将"抗战胜利堂"改称"人民胜利堂"，包含纪念抗日战争胜利和人民革命胜利的双重含义。人们一般直呼"胜利堂"。

胜利堂占地约2万平方米，由南向北依次为大门、云南人民英雄纪念碑、广场、胜利堂主体建筑。其东、西两侧各设一门，可通云瑞东路、云瑞西路。大门（南门）高居于石级之上，三门四柱，柱为方形圆体，中间两顶上各雕有石狮，外两侧柱顶雕成圆球形。门为铁铸空花隔扇，其上有"人民胜利堂"五个大字。胜利堂门前有云瑞公园，基址原为总督衙门照壁，建胜利堂时拆除花园。花园呈椭圆形，与胜利堂相对，俯瞰全景，形成高脚杯之状，有痛饮庆贺胜利之意。

初建时的人民胜利堂为砖木结构。1950年后几经修葺，现为钢混仿木结构，外观为中国古典传统建筑风格，内部结构为现代建筑。大屋顶为灰蓝色琉璃瓦，平面布局为一飞机形。前部设有两层半圆形月台，台沿立圆柱5根，月台后是高大雄伟的单檐歇山九脊顶。堂后部屋顶建筑与前部略同，仅中间为垂檐。内部为舞台、化妆室、休息室等，中部为礼堂，最为著名。

胜利堂主体建筑是集中国传统建筑与现代建筑于一体的大型纪念性建筑，具有重大的历史价值与建筑艺术价值。

胜利堂是云南省纪念抗日战争胜利的唯一大型建筑。抗日战争时期是云南近代史上极其重要的历史时期。这一时期，中国沿海、内地广大地区正被日军占领，云南成为中国抗日战争的大后方，昆明成为大后方的重镇，战略地位十分重要。抗战14年中，云南曾是中国对外的唯一交通通道。先是滇越铁路，后又修建了滇缅公路，开辟了驼峰航线、中印公路。抗战中，大批工矿企业迁入云南，落户昆明。生产许多军需民用产品，有力地支援了前线。同时大批高等院校迁到昆明，尤以西南联大最为著名。西南联大由国立北京大学、国立清华大学和私立南开大学联合组成，在极其艰苦的条件下，培养了大批中国乃至世界的一流人才，创造了世界教育史上的奇迹。1942年日军占领滇西怒江以西地区后，云南又成了抗战的前线。滇西军民英勇抗战，将侵华日军赶出了国门。抗战14年中，云南先后组织了40多万滇军将士出省抗战，牺牲巨大，战功卓著……人民胜利堂纪念着这段永远不能忘记的历史，因此具有重大的历史价值。2006年，其被国务院公布为全国重点文物保护单位。

　　胜利堂建筑构思巧妙，寓意深刻。主体建筑平面为战机造型，寓意抗战时期以驼峰航线为代表的战略空运的辉煌业绩。整体布局为一庆功酒杯，两侧的弧形房屋建筑为杯壁，云瑞公园为杯座，表达了14年抗战胜利的喜悦和庆贺之情，具有浓郁的时代特征。胜利堂主体建筑，气宇轩昂，造型凝重而优美，传统歇山顶式琉璃为大屋顶，清式斗拱，彩画梁枋，白石勾栏，具有浓郁的民族风格，但包括观众厅的弧形山墙在内的所有墙体及其门窗，又具有西式风格，呈现出中西合璧的独特风貌，是我国近代优秀建筑的典范，具有重大的建筑艺术价值和科学价值。

　　胜利堂院内的另一纪念性建筑是位于胜利堂广场中央的云南人民英雄纪念碑。1950年12月，云南省第一次各族各界人民代表大会决定建立云南人民英雄纪念碑。1951年1月2日，时任中共云南省委第一书记的宋任穷等党政领导人在昆明市中心的近日楼（今近日公园）为纪念碑奠基。1955年3月，因城市建设需要，近日楼拆除，云南省人民委员会决定将奠基石迁至人民胜利堂前。由于各方面的原因，纪念碑未能及时动工修建。直到1991年，经中共云南省委、中共中央宣传部批示，同意在胜利堂前人民英雄纪念碑奠基石所在地修建纪念碑，并成立了纪念碑建设领导小组。从1993年10月至11月，征集到设计方案49份，在此基础上，成立了有关方面人员组成的纪念碑设计方案创作组。经过精心构思与创作，并经省委批准，确定了纪念碑建设方案。该方案充分考虑了纪念碑所在地胜利堂前的特殊环境，以及胜利堂宫殿建筑的形式，纪念碑的建设形式必须与胜利堂建筑协调。

　　纪念碑于1994年7月1日动工，1995年2月24日落成。碑体为方形，汉白玉镶嵌，高26米，象征云南26个民族，碑由碑顶、碑身、碑座三部分组成。碑顶的斜面为中国的传统屋面，屋脊向上翘起，与胜利堂建筑十分协调。碑体上部有太阳、月亮图案，象征人民英雄的业绩与日月同辉。纪念碑正面镌刻着邓小平题写的"人民英雄永垂不朽"八个金色大字。碑体下部四面有四组浮雕，展示了近代云南重大历史事件。云南人民英雄纪念碑已成为胜利堂的重要组成部分。

　　胜利堂这块风水宝地还与近代三位历史名人联系在一起。第一位历史名人是被称为民族英雄的林则徐。他于清道光二十七年（1847）调任云贵总督。到任后，他遇到的第一个问题，是保山地区的回汉相互争斗已十几年，原地方当局束手无策。林则徐提出"只分良莠，不分汉回"原则。同时恩威并施，并亲自率兵平定迤西。从迤西回昆后，即筹划开发银行，以富滇。后因身体不适，奏请回乡调养。道光三十年（1850）病逝。

　　与胜利堂相联系的第二位历史名人是新中国的缔造者之一朱德。辛亥昆明重九起义时，云贵总督署是主要战场之一。起义爆发后，被蔡锷提拔为队官（连长）的朱德临危受命，率兵攻打总督署。因朱德曾经在卫队营中进行过革命活动，因此当朱德率起义军边攻打边喊话

20世纪90年代的人民胜利堂大门（刘济源摄）

20世纪90年代的云南人民英雄纪念碑（刘济源摄）

宣传时，卫队很快失去斗志，纷纷缴械，总督署被攻下。

　　与胜利堂相联系的第三位历史名人是人民音乐家聂耳。昆明辛亥重九起义成功后，成立了以蔡锷为首的云南军都督府。新都督府改设于五华山。原总督署址先后设立了两级师范学堂、省一师、云瑞中学。聂耳于1927年考入省一师，1930年毕业。聂耳在省一师不仅认真学习科学文化知识，还对音乐、戏剧、文学、美术等都有着广泛的兴趣，而且积极参加地下党团组织的一些活动，并加入了共青团。省一师三年的学习生活，为他成为人民音乐家奠定了坚实的基础。

图索老昆明·翠湖片区

范 丹

翠湖北路：在市区中部偏北，翠湖公园北侧，西南起仓园巷，东北至云南大学，接青云街和翠湖东路，长 541 米、宽 8 ~ 12 米。明代唤佛护里，清代称北海子边，民国叫玉龙堆，20 世纪 60 年代改称今名。北厢：由东至西有小吉坡、先生坡、西仓坡往北与文林街相通。其中西仓坡经府甬道往北与文林街相通；往西与钱局街相连。

民国时期的倪家大院在今翠湖北路小吉坡至金太阳意大利餐厅一带，旧时称翰林府，因倪氏家族自清乾隆四十五年至光绪二十六年（1780—1900）有倪端、倪应谦、倪应咸、倪应端、倪藩、倪惟寅、倪惟俊七位子弟考中举人；自清嘉庆六年至光绪十六年（1801—1890）有倪琇、倪玢、倪应观、倪应复、倪应颐、倪惟钦、倪恩龄、倪惟諴八位子弟考中进士。该家族以诗书传家，薪火相传，是昆明地区最著名的科举家族。翠湖北路 50 号是著名书法家、佛学家陈古逸先生的"琴禅精舍"，这是一座三坊一照壁，三间两耳，两层土木结构的合院式建筑。小吉坡有龙云先生的三公子龙绳曾的宅院。翠湖北路丁字坡转云南大学一带在清末民初被称为"龙门桥"，旧时龙门桥有清光绪进士李坤先生的故居。

翠湖北路 2 号是北洋政府教育总长王九龄先生的故居。翠湖北路 5 号是光绪二十九年（1903）经济特科状元袁嘉谷先生的府邸，该座宅院为走马转角楼合院式建筑，坐北朝南，土木结构，占地面积 510 平方米，建筑面积 756 平方米。护国名将金汉鼎将军的故居即在原翠湖北路 25 号云南省文学艺术界联合会旧址。翠湖北路 31 号是著名学者周善甫先生的旧居，名曰"六松堂"。熊庆来先生治校办学得益于一个"大"字，他聚贤有度，招才有方，注重真才实学，他聘请金陵大学教授兼国文系主任胡小石先生出任云南大学文学院院长，小石先生抵昆后携家人住在会泽院之西的晚翠园。1941 年 7 月，著名作家巴金第二次来昆探望他的未婚妻萧珊女士，就住在基督徒田惠世家在先生坡的一幢 2 层楼的宅院中，他在这里写了一篇名为《废园外》的散文。著名国画家、雕塑家袁晓岑先生故居位于先生坡 9 号，晓岑先生在此生活了 70 余年。

翠湖北路一带，在明洪武年间名为佛护里，清代此地集中了玉龙寺、黑龙祠、白龙寺等

20世纪40年代云南大学的晚翠园（照片由李晓明提供）

20世纪90年代的袁晓岑故居（刘济源摄）

庙宇，故改称玉龙堆。抗战时期，西南联大迁昆后，南北学人云集昆明，名媛佳人也悄然而至，这玉龙之堆不见玉龙出没但见玉人扎堆。联大图书馆事务秘书，后任金陵大学讲师、台湾大学教授的张敬女士；著名诗人，后任华东师范大学教授的徐芳女士；熊希龄先生的侄女、北平金城银行职员，后任联大财务组出纳的熊瑜女士；联大图书馆馆员高韵琇女士以及李天真女士都住在玉龙堆4号。西南联大外语系助教毛玉昆、黄伟惠夫妇住玉龙堆24号。

抗战时期，西南联大教授、著名作家李广田、王兰馨伉俪曾住在玉龙堆，今小吉坡底一带，后又迁至兴隆街居住。西南联大商学院陈序经教授、体育组夏翔教员住玉龙堆2号。地质气象系王烈教授住玉龙堆24号。生物学系杨承元助教、哲学心理学系郑沛嵺助教住玉龙堆25号。政治系赵凤喈教授、曹保颐助教，法律系费青讲师、常务委员会办公室沈肃文秘书均住在承华圃51号。注册组朱荫章主任，中央研究院研究员巫宝三、孙家琇夫妇均住在翠湖北路5号。生物学系赵以炳教授住翠湖北路8号。

20世纪90年代的翠湖北路（刘济源摄）

翠湖南路：在市区中部偏北，翠湖公园南侧，东接翠湖东路，西至东风西路，中与翠湖西路、景虹街、洪化桥、钱局街相通，长585米、宽12～20米。清代，东段称南海子边，西段名承华圃，20世纪30年代后统称今名。南厢：由东至西有小井巷、中和巷、肴美巷、海源巷、打碑巷、蒲草田横贯其间。其中小井巷往西与景虹街相通，中和巷往南与武成路相接，蒲草田往南与武成路相连。

翠湖南路"赵公祠"正对面现翠湖南路16号和翠湖南路8号原址是民国时期唐继尧麾下四大镇守使之一、国民党第十一兵团副司令、五十八军军长胡若愚先生的公馆。现翠湖南路2号原址是云南省政府主席龙云先生的老宅。在翠湖南路龙宅隔壁是著名实业家童辅臣先生的故居，他在正义路开设了一家颇具规模的金店，由于经营有方，生意兴隆，日进斗金，人送外号"童金子"。翠湖南路现翠湖宾馆附近是清红顶商人、"天顺祥"钱庄创始人王炽先生的别墅。隔壁便是肖公馆，后租借给法国外交部作为法国驻昆领事馆，当时法国驻昆总领事方苏雅先生就在此居住和办公。翠湖南路小井巷1号是"二我轩照相馆"老板的私宅。8号是杨杰将军的公子杨兆龙、杨兆虎昆仲的旧居。巷内有望海楼茶室，是听书品茗的好去处，在民国时期小有名气。翠湖南路3号、6号、8号现省烟草公司宿舍和翠湖里餐厅原址附近是云南省两位著名藏书家的旧居。一位是民国早期云南省代省长、省政府秘书长由云龙先生的故居，由氏是著名的藏书家，以收藏历代地方志书最具特色，他收藏的地方志书以范围广、数量多、版本精、种类全、质量高而著称于世。另一位是著名书画家梁书农先生的故居，梁氏的图书收藏甚丰，号称"二十万卷书屋"。

明代首富沈万三，因富可敌国的牛气和豪奢而获罪官府，被明太祖朱元璋勒令从军发配至滇省。俗话说瘦死的骆驼比马大，沈氏一族来滇后，选择在洗马河畔的高台处，即武成路中和巷附近营建了自己的府邸，从此，沈氏闭门高卧，不问世事，安度余生，终老于昆。旧时，中和巷是南高北低的一道缓坡，因沈大官人在此居住过，故被称为"沈官坡"。

抗战时期，国民政府军政部兵工署驻昆办事处设在翠湖南路50号，即今省民主党派团体办公大楼附近，办事处处长王赓将军曾在此居住。西南联大外语系教授陈嘉及其夫人——著名女高音歌唱家、声乐教育家、国立艺专教授黄友葵女士住翠湖南路21号。翠湖南路65号是民国时期省财政厅厅长陆崇仁先生的府邸，陆府是一幢四面合围、中设天井的西式二层楼房，设计平实大气，疏朗有致。1950年3月，中国人民解放军西南军区昆明市军事管制委员会成立时，在此办公。1957年3月，中缅划界谈判期间，周恩来总理曾在此办公居住。

20世纪90年代的翠湖南路（刘济源摄）

20世纪90年代的陆崇仁旧居（刘济源摄）

青莲街： 在市区中部偏北，翠湖公园东畔，东起华山西路，西至翠湖东路，长100米、宽8米。因东连青云街，西接莲湖（翠湖），合称青莲街。有学士巷横贯其间。

青莲街学士巷有钱南园先生的祠堂，祠堂内供奉着"皇清诰授奉直大夫湖广道监察御史钱公沣之位"的牌位，上悬一匾额，文曰"邦之司直"，祠堂内悬联甚多，楹联大家赵藩撰书一联，曰："立品从慎独来落落得李怀简；建言使权豪惬侃侃有长儒风。"

抗战时期，西南联大教授、著名社会学家潘光旦，机械工程系庄前鼎教授，师范学院沈履教授住学士巷1号。著名作家汪曾祺1939年夏来昆报考西南联大时就寄住在青莲街同济中学的宿舍里。

20世纪60年代的青莲街（张卫民摄）

登华街： 在市区中部偏北，五华山西侧，东起华山西路，西至黄公东街北口，长223米、宽4～6米。该路东高西低，由条石铺砌而成，因沿此街可登五华山，故此得名。北厢：由东至西有竹子巷、一丘田横贯其间。

登华街4号是云南军都督府秘书长、云南大学教授、著名民主人士白小松的私宅。5号是国民党新编六十军军长陈国安先生的旧宅。7号是辛亥元老、著名民主人士杜寒甫先生的旧居。

抗战时期，西南联大教授冯友兰先生曾住在登华街 4 号，后来又迁至小东城脚 16 号居住。外语系刘泽荣教授住登华街 5 号。

一丘田：在市区中部偏北，翠湖公园南侧，起止登华街，长 48 米、宽 4 米。清代，该区域是翠湖南边的一片坡地，俗称一丘田。后在此建盖房屋，逐渐形成巷道，名称沿用至今。抗战时期，西南联大经济系教授萧蘧住一丘田 12 号。文学院刘文典教授、土木工程系施嘉炀教授住一丘田 10 号。外语系吴达元教授、哲学心理学系孙国华教授住一丘田 12 号。出纳组赵家珍事务员住一丘田 20 号。

20世纪70年代的登华街（张卫民摄）

20世纪70年代的一丘田（詹霖摄）

景虹街：在市区中部偏北，翠湖公园的南侧，南起五一电影院，北至翠湖南路，长 266 米、宽 5 米。东厢：有里仁巷、磨盘山、小井巷横贯其间。其中，磨盘山往东与黄公东街相通，小井巷往北与翠湖南路相接。西厢：有桑梓巷经中和巷往北与翠湖南路相通，往南与武成路相连。

1945 年 5 月，著名戏剧家田汉率领新中国剧社来昆演出，全体演职人员就租住在景虹街金汉鼎将军的私宅里。

20 世纪 80 年代的景虹街（杨红文摄）

20 世纪 80 年代景虹街的老巷子（杨红文摄）

　　翠湖东路：在市区中部偏北，翠湖公园东侧，南起翠湖南路，北接翠湖北路，中经大兴坡与圆通街相接，长420米、宽10～20米。东厢：由北向南有扬俭巷、础基巷、海潮巷横贯其间，其中扬俭巷向东与青云街相连，础基巷向东与青云街及华山西路相通，海潮巷向东与华山西路相接。

　　抗战时期，滇缅铁路副总工程师兼工务课设计股主任林同炎先住在翠湖东路8号，后又迁至青云街裴家巷5号居住。林同炎被尊称为"预应力混凝土先生"，于1986年获得美国国家科学奖章，颁奖词中写道："他的科学分析、技术创新和富于想象力的设计，不仅逾越了科学与艺术的鸿沟，而且也打破了技术与社会的隔阂。"1941年7月20日，林同炎与高训铨在金碧路锡安圣堂举行了婚礼。西南联大生物学系陈桢教授住翠湖东路5号。化学系主任杨石先教授，历史学系刘崇铉教授住翠湖东路11号。外语系柳无忌教授、政治系王赣愚讲师住翠湖东路24号。政治系徐义生讲师住海潮巷13号。

20世纪90年代的翠湖东路（刘济源摄）

　　翠湖西路：在市区中部偏西北，翠湖公园西侧，南起翠湖南路，北至仓园巷，接翠湖北路，长350米、宽10～18米。

20 世纪 90 年代的翠湖西路（刘济源摄）

府甬道：在市区中部偏西北，翠湖公园的西北侧，南起西仓坡，北至文林街，长 138 米、宽 9 米。明清时为云南府署衙门前的甬道，故此得名。

20 世纪 90 年代的府甬道（刘济源摄）

钱局街：在市区中部偏西北，翠湖公园的西侧，南起翠湖南路，北至文林街，长650米、宽9米。清初，该地设有"宝云钱局"，故得此名。东厢：由北至南有西仓坡、仓园巷横贯其间。其中，西仓坡、仓园巷往东与翠湖北路相通。西厢：由北至南有石牌坊巷、钱局巷、染布巷、木牌坊巷、白云巷横贯其间。其中石牌坊巷经金鸡巷往北与文林街相通，染布巷经大西城巷往西与东风西路相接，白云巷往西与东风西路相连。

钱局街敬节堂巷19号是云南著名实业家朱文高、朱志文昆仲的私宅。抗战时期，西南联大教授、著名诗人、翻译家冯至先生曾在此居住。敬节堂巷12号是云南省著名教育家毕近斗先生的府邸。西南联大教授、著名化学家曾昭抡先生曾寄住在毕府北院；著名植物学家蔡希陶先生曾寄住在毕府南院。敬节堂巷9号是云南大学校长、著名数学家熊庆来先生的旧居。1939年冬，著名物理学家吴大猷又搬到了西仓坡若园巷周钟岳先生的公馆居住。西南联大政治系张奚若教授、土木工程系张有龄教授住西仓坡1号。外语系助教姜桂侬住钱局街74号。联大图书馆郁泰然馆员，文书组朱洪主任、刘兆清事务员住钱局街83号。

1920年，缪纯熙先生在钱局街开设"福美斋酱园"，专门生产玫瑰子姜，由于纯熙先生历任军界要职，人们尊称其为"缪司令"，旧时昆明坊间将其家酱园腌渍的玫瑰子姜称为"司令姜"，在昆明地区颇为知名。

20世纪70年代的钱局街（张卫民摄）

染布巷：在市区西北部，翠湖公园西侧，东起钱局街，西接大西城巷，长 120 米、宽 2 ~ 4 米。清末，有一户邱姓人家在此开染坊，以浆染布匹纱帕出名，故起名染布巷。

20 世纪 70 年代的染布巷（刘建华摄）

黄公东街：在市区中部偏北，翠湖公园南侧，南起五一路北端，北接尽忠寺坡。长 150 米、宽 9 米。民国初年，在五一路电影院前建有劝业场，故称劝业场后街。1918 年，为纪念云南重九起义中牺牲的黄毓英，遂将尽忠寺改为黄公祠，故更名为黄公东街。有磨盘山往西与景虹街相通。

民国时期，黄公东街中段有一家专营鸡汤米线的小吃店，主要品种有焖鸡米线、余鸡米线、鸡丝米线、卤鸡米线等。由于鸡汤鲜香浓郁，罩帽酥沙软糯，佐料品种丰富，加之选料讲究，制作精细，价格实惠，待客诚恳，当时西南联大、云南大学、中法大学、省立英语专科学校、私立五华文理学院等四方的青衿学子都喜欢成双成对地结伴而来品尝鸡汤米线，一时间顾客盈门，生意兴隆，《正义报》的记者撰文将这家小吃店的鸡汤米线戏称为"鸳鸯米线"。

黄公西街：在市区中部偏北，翠湖公园南侧，南起景虹街，北至磨盘山，长 173 米、宽 9 米。因地处黄公祠西侧，故名黄公西街。

洪化桥：在市区中部偏西，翠湖公园之南，南起武成路，北至翠湖南路，长 171 米、宽 12 米。吴三桂于清康熙十二年（1673）叛清，康熙十七年（1678）在今湖南衡阳称帝，国号"大周"，建元"昭武"，同年八月死于衡阳，次年三月，其孙吴世璠在昆继位，改元"洪化"，王府称洪化府，府前石桥名洪化桥，桥名演变为街名。东厢：由北至南有佘家巷、花红巷、三阳巷横贯其间。西厢：由北至南有交通巷、咸阳巷、经常巷横贯其间。其中交通巷经蒲草田往北与翠湖南路相通，往南与武成路相接。

20 世纪 90 年代的黄公东街（刘济源摄）

20 世纪 70 年代的黄公西街（张卫民摄）

翠湖周边的十三坡

翠湖位于市区中偏西北部，东依圆通山和五华山，西至农展馆，南临磨盘山，北靠云南大学，占地面积22.1公顷，因"九泉所出、汇而成湖"，故称"九龙池"。明洪武十五年（1382）改筑砖城时划入城内，明镇国公沐英仿西汉周亚夫筑"细柳营"之举，在九龙池建"柳营"屯兵。清初，吴三桂在滇称王割据，填平湖西之半，营造平西王府。康熙三十一年（1692）巡抚王继文于湖中小洲建碧漪亭，北岸建来爽楼。嘉庆年间，雨庵和尚主持拓建莲华禅院，游人渐增。道光十四年（1834），云贵总督阮元，仿杭州西湖"苏堤"，筑一条贯通南北的长堤，是为阮堤。1919年，云南督军兼省长唐继尧又筑一条横贯东西的长堤，是为唐堤。阮堤和唐堤交会于湖心，将翠湖一分为四，有桥涵相连，相互贯通。陆上广建亭台楼榭，有会中亭、海心亭、观鱼楼、水月轩掩映其中。湖堤柳树成荫，湖面荷花摇曳，殊有城市山林之妙，是镶嵌在昆明的一颗明珠，被赞誉为昆明的眼睛。历史上围绕翠湖共计有长短不一、陡缓不等的坡近二十条，随着城市的发展变迁，原有的地形地貌发生了改变，例如北仓坡、学院坡或消失或并入拓宽的道路之中。目前，围绕翠湖的坡尚存有十三条，这十三条坡依次为：

大兴坡： 位于五华山北麓，今圆通街西段，东西走向，东高西低呈坡状延伸，全长150米、宽9米。康熙十五年（1676）提学使署由南城外土桥迁建于坡头南侧，故得名学院坡。民国年间，该路段更名为大兴街，故又得名大兴坡，为翠湖周边陡坡之一。

20世纪90年代的大兴坡（刘济源摄）

逼死坡：位于五华山西麓，今华山西路下段，南北走向，南高北低呈坡状延伸，全长300米、宽10.5米，为翠湖周边陡坡之一。清代以前，原名篦子坡。清顺治十六年（1659），吴三桂亲率三路大军会师曲靖，直逼昆明。南明永历帝朱由榔在沐天波和李定国等人的护卫下，逃往缅甸瓦城。吴三桂几十万大军兵不血刃进入昆明。顺治十八年（1661），吴三桂率十万大军陈兵中缅边境，缅王慑于武威，设计诱杀了沐天波等人，于康熙元年（1662）二月将永历帝绑缚交给吴军，吴三桂将永历帝囚禁在篦子坡头金蝉寺，四月缢死于寺内。此后，昆明父老便将篦子坡改称"逼死坡"。民国元年（1912），云南都督蔡锷以"三迤士民"之名义在坡头竖立"明永历帝殉国处"石碑。

20世纪90年代的逼死坡（刘济源摄）

荩忠寺坡：位于翠湖公园南侧，南接黄公东街，北抵翠湖南路。南北走向，南高北低呈坡状延伸，全长53米、宽3.4米，因坡头有始建于清嘉庆九年（1804）的荩忠寺，故得名荩忠寺坡，为翠湖周边的缓坡之一。据民国《续修昆明县志》载：荩忠寺在城内回龙山，嘉庆九年建，殿中祀关帝，旁祀清以来官弁之殁于战阵者。

20 世纪 90 年代的苤忠寺坡（刘济源摄）

20 世纪 90 年代的沈官坡（刘济源摄）

沈官坡：位于翠湖公园南侧，南起武成路，北至翠湖南路，南北走向，南高北低呈坡状延伸，全长 368 米、宽 3 ~ 8 米。明代首富沈万三，因得罪明太祖朱元璋，被充军发配到云南昆明，他在翠湖南侧的高地建盖别墅居住，因沈大官人在此居住过，故得名沈官坡，为翠湖周边缓坡之一。

西仓坡：位于翠湖公园西侧，东起翠湖北路，西至钱局街，北通府甬道，东西走向，西高东低呈坡状延伸，全长108米、宽5米。清道光八年（1828），在此建有太平仓，俗称大西仓，故得名太平巷。清末，民间俗称西仓坡，沿用至今。为翠湖周边的缓坡之一。

先生坡：位于翠湖公园之北，南起翠湖北路，北至文林街，南北走向，南低北高呈坡状延伸，全长115米、宽3.5米。清末，因地近贡院，巷内设有驿站，每逢乡试，各府州赴考的秀才多住馆内，故名先生坡，为翠湖周边的缓坡之一。

20世纪90年代的西仓坡（刘济源摄）

20世纪90年代的先生坡（刘济源摄）

青莲坡：位于翠湖公园南侧，东起华山西路，西至翠湖东路，与翠湖公园东门相对，东西走向，东高西低呈坡状延伸，全长100米，宽8米。民国早期，因其东连青云街，西接莲湖（今翠湖），故得名青莲坡，为翠湖周边缓坡之一。

景虹坡：位于翠湖公园南侧，南起五一电影院，北至翠湖南路，与翠湖公园南门相对，南北走向，南高北低呈坡状延伸，全长266米，宽5米，因形似彩虹，又连接翠湖佳景，故得名景虹坡，为翠湖周边缓坡之一。

小吉坡：位于翠湖公园北侧，南起翠湖北路，北至文林街，南北走向，南低北高呈坡状延伸，全长87米、宽3米。明末清初，该地原为一片荒坡，因靠近翠湖，环境清幽，官吏士绅相继在此营造房舍，便以嘉言吉兆，取名小吉坡，为翠湖周边的缓坡之一。

贡院坡：位于翠湖公园北侧，今文林街东段，东西走向，西高东低呈坡状延伸，全长300米、宽11米。因邻近明清科举乡试考场贡院而得名，贡院始建于明永乐年间，坡在贡院西侧，后因城市拓路改造，并入文林街，为翠湖周边陡坡之一。

20世纪90年代的小吉坡（刘济源摄）

20世纪90年代的贡院坡（刘济源摄）

北仓坡：位于圆通寺西南麓，起止北门街，东北高西南低，呈现弧形坡状延伸，全长380 米，宽 3—6 米。清雍正时期，在北段坡头建有小惠仓，后修圮，光绪五年（1879）又续修储粮，因地靠近北门，俗称北仓，故得名北仓坡，为翠湖周边的缓坡之一。

永宁宫坡：位于五华山东麓，南起华山南路，北接平政街，南北走向，北高南低呈坡状延伸，全长 396 米，宽 9 米，为翠湖周边的陡坡之一。

丁字坡：位于圆通山西南麓，东起北门街，西至青云街，东西走向，东高西低呈坡状延伸，全长 120 米、宽 3.5 米。原是沿贡院东围墙通往北城门的小道，因形似"丁"字，故得名丁字坡，是翠湖周边的陡坡之一。

20 世纪 90 年代的丁字坡（刘济源摄）

名人旧居

朱德旧居

卜保怡

在朱德早期的人生历程中，有两次重要的转折。第一次是投笔从戎，进入云南陆军讲武堂学习，开始了他一生的军旅生涯；第二次是脱离滇军，远赴欧洲，加入中国共产党，翻开了他作为革命者的辉煌篇章。令人惊奇的是，作为朱德早期人生转折的重要见证，他当年在昆明水晶宫的旧居，历经百年风雨沧桑，奇迹般保留下来。

水晶宫是青云街的一条小巷，位于五华山之北，螺峰山之南，西临翠湖，环境清幽。清乾隆四十四年（1779），有人在此掘得水井一口，井水奔涌，清澈甘甜，并建龙王庙一座，匾题"水晶宫"。此后住户增多，形成巷道，遂以水晶宫命名。现在门牌号为红花巷4号的宅院占地面积380多平方米，是一座传统的中式土木结构的四合院。正房面阔五间，为重檐二层楼房；其他三房均为面阔三间的平房。该宅院建盖的具体年代，难以确认，大约为民国初期，原系讲武堂教官马标的住宅。

马标（1880—1959），字锦汎，云南洱源人，早年毕业于日本镰仓铁道学校。1909年回国后任云南陆军讲武堂数学教官。民国成立后，奉命勘测川滇铁路和参与修建个碧石铁路工程。在此期间他购买或建盖了水晶宫的这座宅院，自1916年起任路南县和宜良县知事等职务后，这座宅院便空闲下来。

1920年底，驻川滇军在顾品珍的率领下"息兵回滇"，发动了推翻唐继尧统治的军事行动，迫使唐继尧下台离开云南。1921年春，顾品珍率部进入昆明，就任滇军总司令，执掌云南的军政大权。时任驻川滇军第二军第十三旅少将旅长的朱德也参加了这次讨唐行动，回到昆明后，他出任云南陆军宪兵司令。

朱德返滇后原不想久留，此前他与好友孙炳文商定，让孙炳文先去北京，自己再前往北京同孙炳文会合，两人一同到国外学习。朱德与马标有师生之谊，便暂时借住在马标水晶宫空闲的宅院内。

但朱德并没有按照原来的打算马上离开云南，原因是在四川的养父因病来昆明医治，母亲带着朱德的儿子朱琦和几位亲属也相继来昆，同时在朋友和同事的再三挽留下，朱德暂时留在昆明。为使养父、母亲和孩子有一个安定的家，他决定买下马标宅院及与其相邻的一片空地，并开始在空地上建造住宅。新房设计成中西结合式的建筑，为三幢式样相同但坐向不同的两层砖木结构楼房。楼上楼下全有走廊连接贯通，浑然一体，错落有致。在每一座楼房之间的西侧都有月墙相隔，并有景门形成层层递进的三个小小的庭院，显得幽静、简洁。

房屋修建过程中，朱德利用楼房后坡前的空地，修建了一座花园。花园虽小，但石山累叠，池水漾波，小桥通幽，玲珑秀丽。朱德的友人中，不乏儒雅之士，他们为之题名助兴，池曰"凝香池"，桥曰"渡春桥"，石山上则有"云岫""溅玉"题刻。花园中遍植朱德喜爱的梅、兰、竹、菊，题名为"洁园"，表达了朱德洁身自重的理念。据目前的资料看，水晶宫的朱德旧居，是朱德一生中唯一自建的住房。

十年的军旅生涯，朱德大部分时间是在枪林弹雨中度过的，此次回昆，改任宪兵司令，尽管公务繁忙，但是较之枪林弹雨、血战沙场，显得较为轻松。加之去意已定，对云南政局有一种超然的心态。故闲暇之时，他常去昆明育贤女子中学向英文教师许岫岚学习英语，做出国的准备，也不时游览昆明的名胜风光。在东郊昙华寺，他与方丈映空和尚结为至交，两人以兰花为伍、棋盘为约，留下了一段佳话。在赠给映空和尚的一篇诗文中，朱德抒发了自己在"清末叶，内讧未息，外患频来"的情况下，"奋身军界，共济时艰。初意扫除专制，恢复民权"的抱负，流露了对"国事日非，仔肩难卸，戎马连绵，转瞬十稔"的无奈，他看到军阀混战、打来打去没有出路，决意寻找出走时机，离滇寻求新的革命真理。

1921年8月，孙中山委任顾品珍为云南北伐讨贼军总司令，顾品珍慨然应允，遂让滇军总司令职于金汉鼎，让省长职于刘祖武，自己带兵北伐。1922年1月，金汉鼎任命朱德为云南省警务处处长兼省会警察厅厅长，承担起全省特别是昆明治安的重任。1922年2月12日，唐继尧不顾孙中山劝阻，率部从柳州向云南发起反攻。24日，云南北伐讨贼军指挥部遭到匪部偷袭，顾品珍阵亡，云南局势逆转。而此时，朱德的养父病故，所建楼房尚未完工。3月10日，唐继尧部兵临城下，朱德与金汉鼎等带领一连士兵踏上了逃亡之旅，从而离开了他那未竣工的自建楼房和精心打造的"洁园"，并于当年9月远赴欧洲。11月，经中共旅欧组织负责人周恩来等介绍，加入中国共产党，实现了他人生中最重要最伟大的转折。

朱德离昆后，房产被唐继尧没收，朱德母亲携小孩回了四川老家。抗日战争时期，国共第二次合作，云南省政府主席龙云与已为八路军总司令的朱德在赴南京开会时建立了联系，帮助朱德找到了在滇军中当兵的儿子朱琦。大约也在此时，云南当局将朱德当年在昆明的房屋归还，朱德则将房宅委托护国军时的同事李云谷代管。新中国成立后，朱德又委托李云谷将房宅交给云南省人民政府。

这些年中，水晶宫的巷道名称和门牌有所变化，朱德建盖的中西式楼房包括"洁园"门牌是小梅园巷3号。云南省人民政府对房宅进行维修之后，拨给圆通小学作附设幼儿园。

　　1954年，这里被正式定名为"昆明市第六幼儿园"，现在成为韶山小学的一部分。庭院的老屋部分则为红花巷4号。

　　1957年，朱德到云南视察时，和夫人康克清一起回访了红花巷4号旧居。想当年朱德在这里，度过了等待、希望的一年，这里见证了朱德的亲情和友谊：在这里，朱德脱下了旧式将军制服，脱离了为之浴血奋战十余年的滇军，告别了朝夕相处、铁血与共、情同手足的"讲武"同学，结束了他作为一个旧民主主义革命者的人生，投身到伟大的共产主义革命历程中。

　　1983年，五华区人民政府将水晶宫朱德旧居公布为区级文物保护单位，1987年升格为云南省文物保护单位。

朱德与讲武堂同人合影（朱德：第一排右二）（照片由李晓明提供）

金马碧鸡老城厢
昆明城市文化的历史镜像

20世纪80年代的朱德旧居（刘济源摄）

2010年修缮后的朱德旧居洁园（刘济源摄）

袁嘉谷旧居

卜保怡

在科举制度寿终正寝前两年，即光绪二十九年（1903），清廷迫于变法维新的压力，仿照清康熙、乾隆年间开博学鸿词科的先例，举行了一次经济特科考试。经济特科虽然也属于科举的范畴，但又与传统的科举考试不同。参加考试的人，除必须具有一定的"功名"，如进士、举人外，还须有名望之士的举荐；内容不以四书五经为主，而是以经世济民、治理国家的方策为主；形式上也摒弃了八股文、诗词、骈赋；而且录取的名称也不相同，第一名叫一等第一名，而不叫状元。

在这场特殊的科举考试中，云南石屏人袁嘉谷一鸣惊人，其考卷以富国图强的立论、精辟严谨的论证及文采斐然、书法工雅而博得了阅卷大臣的交口称赞，也得到慈禧、光绪的赏识而荣登榜首。虽然这第一名不按惯例钦点状元，但仍以"大魁天下"而成为事实上的状元。对数百年来一直期盼本土能出一位状元的云南来说，这是一个天大的喜讯。欢喜若狂的云南士子自然将取得一等第一名的袁嘉谷当作状元看待。

袁嘉谷（1872—1937），字树圃、树五，晚号屏山居士。自幼便勤奋好学、见解超群，中经济特科一等第一名后，授职翰林院编修。第二年，奉派到日本考察政务和学务，任云南留学生监督。一年后归国，在北京、浙江等地任职。辛亥革命爆发后的1912年，袁嘉谷携家眷回到故乡云南，因无一椽之屋，只得辗转租房居住。后为让亲属子女就学方便移居省城，人口增多，经多方筹集，并得友人相助，于1919年在昆明翠湖北岸玉龙堆建盖住房，1920年建成。

袁嘉谷旧居占地面积510平方米，建筑面积756平方米，坐北朝南，为一土木建筑结构二进式院落。大门形态舒展，翼角飞扬，进入大门是花园，宅院左右对称，布局紧凑，石板铺地，北面正房五间，明间和次间为三层，为三重檐歇山顶；梢间和其他三面建筑皆为单檐两层，硬山顶。全为青灰色瓦顶。各层朝天井方向均设走廊，一、二层构成回廊。悬匾为"卧雪堂"，楹联语云："座里光辉花萼瑞，堂明气象燕泥春。"袁嘉谷书房在顶楼，题名为"颐寿楼"。

东侧厢房下部明间为门厅，二楼外侧亦设有走廊。除东厢房下层明间外，各楼层明间设隔扇门6道，两侧均为木槛窗槛墙，传统中式做法；装饰木材面皆刷黑色油漆，不施冗丽的彩画，仅有外墙二楼对外开窗为半圆拱顶，有西式风味。

　　三年后，袁嘉谷又在楼房的东边开拓了一个小小的花园，取名"树园"。园中堆土为山，名"金钟山"，盖一小亭，名"课经亭"，又种些花草、菜蔬以赏心悦目，悠然自得。并以"园愈狭，心愈惬；园愈隘，身愈泰"自慰自勉。

　　新居建成三年后，1923年东陆大学（云南大学前身）创办，袁嘉谷便被聘为教授，直至1937年12月23日溘然长逝，走完了他由书生到状元、官吏，再到学者、教授的人生历程。

　　袁嘉谷作为著名教育家、书法家、史学家，一生以"大魁天下"最富传奇色彩，也最为荣耀，所以其故居也被很多人称为状元居。现在云南人民怀念他，主要是因为他经历了宦海生涯之后，把才华和智慧倾注于云南历史文化事业，并做出了独特的贡献。新中国时期，袁嘉谷旧居被云南大学收购，作为教职工和学生宿舍，花园已不存，但楼房保存完好。2003年五华区人民政府将其公布为区级文物保护单位，2011年被昆明市人民政府公布为市级文物保护单位。

2010年修缮后的袁嘉谷旧居（刘济源摄）

灵源别墅

卜保怡

1928 年，龙云登上云南王的宝座后，为了营造新的住宅，从各地请来风水大师多方测算、观看风水，把威远街原藩台衙门旧址改建为公馆，同时又在西郊玉案山下的海源寺旁建造了别墅，即灵源别墅。

灵源别墅位于海源寺南侧，与海源寺仅一墙之隔，原为龙云副官方家治家族祠堂。这里背山临水、环境清幽，距市区仅六七公里。发源于山后花红洞的龙打坝暗河由此涌出，注入滇池草海，故名海源河。

1932 年别墅竣工后，以"水不在深，有龙则灵"之意，取名灵源别墅。在建造别墅时，踌躇满志的龙云在别墅的建筑风格、装饰和布置方面，嵌入他的思想理念和审美情趣，显得别具一格。

灵源别墅南北各有拱门一道，汽车可以出入，像城门。朱红色大门镶嵌着金色的大铜钉和龙头铺首。门上有城垛，但上面建的不是楼，而是玲珑剔透的琉璃瓦八角亭，又称风凉亭。南边北头上"灵源别墅"大理石匾额系李根源题写。

走进别墅大门，有一个长方形的花园。穿过一座精雕细刻的石栏拱桥，跨越碧水明净的池塘，便是一个四合五天井的宽大宅院，前后自成院落，房舍 30 多间，虽然采用民居建筑格局，但与一般民居有显著不同，其特点在于房屋建构采用传统官式建筑，貌似一座宫殿。前厅建于九级台阶之上，面阔五间，进深两间，有前廊，穿过前厅是一个长方形的大天井。气宇轩昂的正堂即主建筑"燕喜堂"，坐落在天井西面约 1 米高的台基之上。

燕喜堂有白鹤飞翔的藻井和地笼，厅檐下高悬"燕喜堂"三字匾，为龙云亲书，面阔五间，单檐歇山顶，屋顶为一片光灿灿的琉璃瓦，形如龙舟。支撑抱厦的六根石龙抱柱，直径各为 74 厘米，饰以水、云，借喻"有龙从云"，门窗上都有龙图浮雕。龙云下榻处还有一幅九龙壁画，显示了主人叱咤风云的抱负。鼓式柱础上则饰以螺蚌戏水、鱼虾争游、荷花牡丹等浮雕，充满生活情趣。在中间的一个柱础石上，罕见地留下了这位雕刻家的题名——"石匠：河西郑家兴做"。

当年，燕喜堂是主人的会议室、会客室和居室。与众不同的是，正堂的明间向后再延伸出一室。这间房屋的功能颇神秘，但这种前凸后延的布局，使正堂显得深邃而威严。

两侧厢房内部空间宽大高敞。尹吉在《海源寺和灵源别墅》一文中记述了两侧厢房当年的布置："南面 3 间厢房连通一体，为习武室，西端墙上挂着唐继尧大元帅身着制服、手持指挥刀、十分威武的巨幅站像一张。下面兵器架上摆着刀、叉、剑、戟、弓等练身武器……北厢房 3 间，中间为佛堂供着观音菩萨，两旁是龙家的牌位，常有一佛家弟子在此供奉诵经。西边是藏经室、藏有《万有文库》文集及其它经典书籍，东边是生活住房。"

在这个宽大的宅院里，会议室、电话室、卧室、厨房、储存室、洗澡间、副官住房及厕所等配备齐全。所有门窗皆采用西式做法，安装了玻璃，室内更显明亮。宅院以南，有一个操场。为通行便利，1932 年修筑了由黑林铺到灵源别墅的公路，并铺上了柏油，为云南较早的一条柏油公路。

抗日战争爆发后，龙云为确保安全，特地在灵源别墅内的西北角增筑了三层方形碉堡一座，上置高射机枪以防空袭，又在大悲阁后面的罗汉岩下开凿了防空洞，洞有 20 多平方米，配有办公室、发电机室，装修十分考究。由于此时他公务繁忙，经常变换住所，只是夏消或躲警报时来此居住。其他日子里，偌大的别墅一片寂静。

倡修云南通志，是龙云对云南文化事业的重要贡献之一。至抗战军兴，《新纂云南通志》的工作已有八个年头，但还需要三年才能完成，龙云不希望此项工作因空袭疏散等缘故而中断，为了保证修志工作如期完成，他干脆把云南通志馆搬到灵源别墅内，让修志的老先生住在里面，静心工作。于是 1939 年至 1940 年，灵源别墅成为云南通志馆的办公地。

后来，这里发生了一个有趣的故事。1942 年 1 月中旬，蒋介石由重庆飞来昆明，拟稍稍休息几天，再启程出访印度。龙云不敢怠慢，决定请蒋介石住到环境幽静、交通方便的灵源别墅内，并先期架设通信线路，派出警卫和各种服务人员，严加戒备。

当熄灯就寝后，蒋介石在深沉寂静的夜晚听到附近林丛间传来鸦雀的噪啼声，其情景使他猛然忆起西安事变时华清池的那个夜晚，而且警卫部队也不是自家人。蒋介石忐忑不安，紧张起来，决定马上调换住所。他急忙披衣起床，从深夜到凌晨，在不同的时段分别向外摇了四次电话，进行安排部署。第二天一早，彻夜未眠的蒋介石由空军少将王叔铭接往安宁，住进了第十一集团军总司令兼昆明防守司令宋希濂派重兵把守的卢汉温泉别墅。

从蒋介石在灵源别墅一夜惊魂，留下过短暂踪迹的这件事中，可以看到他多疑的性格及对龙云的防范。

1945 年 10 月初，抗日战争一胜利，在蒋介石的命令下，杜聿明指挥中央军包围昆明城，解除了龙云警卫部队和滇军地方武装。龙云被迫离开云南到重庆，就任军事参议院院长的虚职。此后灵源别墅虽有人看守，但花园渐渐荒芜。新中国成立后，这里一度开放，供游人憩赏，后长期为部队使用，灵源别墅的南北大门、八角亭、东照壁、池桥围栏等相继被拆除，但主体建筑仍得以保留下来。由于这座建筑是以中国传统风格为主，以西方元素为辅的优秀建筑，房屋形制规格比普通民居大而豪华，占地面积宽大且环境优美，又是历史名人龙云的旧居，作为一栋别具一格尽显豪华的别墅，有很重要的历史价值和建筑艺术价值。1986 年 11 月被西山区人民政府列为第一批区级文物保护单位，1987 年 12 月 10 日被昆明市人民政府列为市级文物保护单位，1992 年部队把灵源别墅正式移交地方人民政府。现由五华区政府管理。

20 世纪 80 年代的灵源别墅（刘济源摄）

卢汉公馆

卜保怡

卢汉将军戎装像（照片由卜保怡提供）

在风光旖旎的翠湖东侧翠湖宾馆旁，绿树掩映着两幢充满异国风格的建筑，此乃民国时期云南最后一位省主席卢汉的住所。

卢汉（1895—1974）原名邦汉，字永衡，彝族人。1895年2月6日生于云南昭通炎山，是龙云的亲戚，与龙云家仅一山之隔。他与龙云一起于辛亥革命后参加滇军，在云南地方派系的激烈斗争中，坚定地跟随和支持龙云，为龙云登上云南省主席的位置立下汗马功劳。

1931年3月，由于他不赞成龙云"废师改旅"的整军计划，而被龙云解除军职，仅任省政府委员、云南全省团务督练处督办。此时的卢汉比较清闲，于是选址翠湖畔，建造了这座公馆。卢汉公馆西、南两面较为开阔，这两面及北面有围墙，构成院落，占地约2500平方米，有一大片绿地和树木，特别是楼房旁边的一大片竹林，竹子随微风徐徐摇曳。

卢汉公馆的设计师和主要工匠来自法国殖民地越南，建筑具有浓郁的法式风格，体现了那个时代西方文化对昆明建筑的影响。

卢汉公馆共两层，砖、木、石结构，钢构屋架，为当时最先进的建筑技术，支撑力强，抗震性能好，墙体轻盈，美观实用，顶为陡坡红色平瓦。窗框、门框和墙体立面转角皆为石嵌，石件多为浮雕装饰，上层设外走廊；两侧开三面，立面石嵌凸窗，为居住和办公用房。整个建筑为八角形，其上系半六角亭形式建筑，16个立面墙体，外观显得简洁明快；客厅、书房宽大，内装饰全用进口柚木、进口地砖和进口灯具、灶具、洁具及浮法彩纹玻璃，并设壁炉，主、次卧室皆由落地式门窗与阳台相通，一切都显得豪华而高贵。另外，卢汉公馆有一个1米多高的地笼，面积等于一楼平面的面积，可通风防潮，成为这栋建筑结构的一大特点，又是主人财富和地位的一种显示。

这座舒适豪华的公馆于 1933 年完工。抗日战争全面爆发后，卢汉出任滇军精锐组成的国民革命军第六十军军长，指挥部队出征抗日。1938 年 4 月，六十军首战台儿庄，浴血二十七昼夜，重创倭贼，卢汉功勋卓著，声名远播，于 1939 年 5 月授陆军上将衔，晋升为第三十军团军团长、第一集团军总司令。

1940 年 9 月以后，日军占领河内，威胁云南。第一集团军一分为二：六十军调回云南，担任滇南防御作战，卢汉率第一集团军总部坐镇云南蒙自。

1945 年初，云南的第一集团军扩编为第一方面军，卢汉为总司令，指挥第一、第九集团军共五个军及三个独立师，统筹滇南防御。

日本无条件投降后，第一方面军奉命入越接受北纬 16° 以北地区日军的无条件投降仪式。卢汉于 1945 年 9 月 20 日率领总部人员直飞河内，9 月 28 日在河内总部举行了受降仪式，卢汉成为抗日战争胜利后唯一在境外接受日军投降的中国军官。

当卢汉率部入越后，蒋介石即以武力改组云南省政府，免除龙云的云南省政府主席等正职及兼职，调重庆任军事参议院院长。任命卢汉为云南省政府主席。之后，蒋介石将滇军主力六十军、九十三军从越南调往东北参加内战。卢汉除了兼任云南省保安司令外，基本失去兵权。他一方面要听命于蒋介石，加大对云南爱国民主运动和中共地下党组织的镇压；另一

20 世纪 90 年代的卢汉故居（刘济源摄）

方面则扩编保安团队，恢复和重建云南地方军事实力，以图"保境安民"。

在这一复杂的历史过程中，卢汉公馆既是卢汉居住生活的地方，也是他重要的办公场所。许多重要的会议在此召开，许多显要的人物在此进出，成为当时云南政治、经济、军事风云动荡的中心之一。由于公馆内的法式建筑临街过于显露，而且内部空间不复使用，出于安全和方便的考虑，1948年卢汉又在庭院的东北角建盖了一座两层西式楼房，同时用墙与原公馆分隔。公馆分为两个部分，原来的称为老公馆，新建的称为新公馆。新公馆比较隐秘，也有一个地笼，不过只有0.8米高。

1949年底，随着国民党政权的土崩瓦解，卢汉的思想发生了重大变化，决定投向共产党，准备举行起义，走上光明之路。12月9日，卢汉以西南行政公署长官张群到昆，召开重要军事会议为名，发出通知，设计在这座漂亮的公馆里将国民党中央军驻滇军事首脑"悉数扣押"。这惊心动魄的一幕为云南起义扫平了道路，粉碎了蒋介石企图利用云南险峻的地理优势顽固坚守，做最后抵抗的美梦，加速了蒋家王朝的灭亡。

新中国成立后，卢汉调中央工作，将其在昆明的三处住宅——翠湖公馆、西苑别墅和温泉别墅捐献给云南省人民政府。卢汉公馆留下了云南起义时极富传奇色彩的一笔，其建筑价值和历史意义非同凡响。2003年被列为云南省文物保护单位，现作为云南省人民政府接待处办公室使用。

崇仁街庾园

徐甘蒂

庾恩旸将军戎装像
（照片由徐甘蒂提供）

位于昆明崇仁街的庾园，是辛亥云南重九起义名将庾恩旸于民国二年（1913）修建的住宅。庾恩旸对这处宅院十分钟爱：一则来自墨江碧溪的庾氏三兄弟——庾恩荣、庾恩旸、庾恩锡终于在省城有了一处像样的家；二则庾恩旸正处在人生旅程中意气飞扬的上升时期；三则庾园风格独特、建筑精美，堪称名苑。所以，庾恩旸在自己撰写的《云南首义拥护共和始末记·云南名胜》一书中将庾园以云南名胜之十九予以收录。

从该书收录的照片看，庾园的大门可谓是绝对的中国传统风格建筑，还多少有些官衙味道。八字开的砖砌镂空围墙，拱着一面青砖砌成的大照壁，白地黑字楷书"庾园"宅名。照壁两侧各开一个拱形门洞，镶两扇对开的厚实赭色木门，门楣上左右楷书楣额。门顶上都嵌有精美的砖雕和歇山形拱顶。照壁的拱顶做成荷花莲瓣形，配上照壁砖柱柱头上的两盏空心石门灯。庾园大门前还立着一座四柱三门的庾老太太李氏夫人的贞节牌坊，牌坊两端还有拱卫贞节牌坊的大石狮子，显出滇南大户宅第的气派。

庾园青石铺地的前院，两厢建有两层排楼，北楼设有办公室、接待室、会客厅；警卫、外仆都安置在南楼，随时听候差遣。北楼西侧连着一栋土木结构的两层楼，下层是十来间养马房和马车库，楼上有马夫房间及用来存放马具和饲料的房间。每间马房面积 15 平方米，前为可以透气的雕花木窗，后为双开玻璃窗。房门都是双开实木门，就连门上的"老鸹嘴"铁门扣都是意大利货。

南、北排楼前有形态各异、造型别致的砖砌花圃。错落有致的长形花圃间夹插着菱形或双菱形的花圃，根据季节种植着美女樱、香雪球、汉宫秋（剪红纱花）、福禄考、桂枝香、醉蝶花、半枝莲、松叶菊、香石竹、晚香玉、朱顶红等云南罕见的花草。排楼廊上摆置着种有四季海棠、彩纹秋海棠、莲叶秋海棠、珍珠海棠的彩绘瓷质大花盆。排楼的两端爬满爬山虎和银边常春藤，一片葱郁。院子的四角修有八角形大花坛，按东春春绿、南夏夏红、西秋秋紫、北冬冬白的讲究，从滇东、滇南、滇西、滇北各移植了几株十年以上的茶花恨天高、童子面、朱砂紫袍和雪皎，给堂前及前院增添了许多高雅的气息。

庚园的大门开在崇仁街上，坐西向东。对着大宅门的前院西头，就是宅院的主要建筑区的入口处，迎面是一座横亘眼前的砖砌花墙，掩住了府邸的庭院深深。

在花墙开的两道圆形拱门里面，以坐北朝南的一幢"丁"字形两层楼房为主要建筑，构成了一个中心院落，同时可以通往南园、西园和北园三个庭院。这幢两层"丁"字形的楼房有采光讲究的大玻璃窗，一层和二层都有很大的露台，卧室的西式单开门和客厅室的对开推拉门简洁轻巧，客厅里还有壁炉。庚恩旸的居室也设在这栋楼里。

小洋楼卧室窗下的西园，在略微偏西的地方垒起了一座十多米高的土山，移栽了数十株大小不一的华山松，又在松林间用石林石摆置成几组不同的附石造型盆景。南面置有一副嶙石围棋棋盘和数块上端平整的奇石，并伴一座八角小亭。小洋楼的一层露台下种有几株桂花，书房窗外是一蓬紫竹和一丛斑竹，竹影被西下的阳光投进窗来，印在雪白的墙上，清幽雅致。而西园的枇杷、李子、杏子和梨林，花开时节春风吹拂时总会卷起一片"花雪"，飘飘扬扬地飞向不远处玉带河边蓄水待植的田园里。果园中有一口浇园的水井，一年四季总有清洌的井水，沿着纵横相连的沟渠四处流淌，涓涓细流给庭院带来一片清凉。

南园是一块等待建设的土地，搭起一些土墙茅屋，不仅有花坛、花圃，还种植着香椿、核桃、松树、侧柏、海棠、樱花，以及白菜、苦菜、刀豆（扁豆）、丝瓜、辣椒、番茄、茄子、莴笋、芫荽、韭菜等菜蔬；散养的土鸡在匆匆啄食，几只鸭子在水塘里嬉戏，看园的土狗跑来跑去，充满田园风情和乡土气息。南园与西园、北园、前院并不相连，与正院之间只有一道在需要运送花卉、蔬菜时才会开启的小木门。南园的主要通道开在靠近玉带河朝向鸡鸣桥西头的背巷上。

庚园最出彩的是北园，是庚园的园中园，在主楼北侧偏东的地方开了一扇中国传统样式的圆月形对开门，门楣与一条长长的木质瓦顶圆柱曲廊相接。曲廊两边、圆柱之间有带靠背的长条木凳，凳下是精雕细刻的镂花踢脚。在每条长木凳之间设有可以进入曲廊两侧花园的石阶，与彩色鹅卵石铺就的花间小径相接。西面植着紫薇、磬口蜡梅、素心梅和杜鹃，围墙边则有修竹数竿，用珊瑚树树篱围绕着。东面贴着墙的则是一排红梅和雪梅。冬日里，院中几个圆形花圃中盛开着雍容的牡丹和华丽的芍药，与墙边红红白白的梅花融成一片。

花园的北头有一座置于高高的石台之上，配有石桌、石凳和亭柱间靠凳的五角凉亭，也由曲廊连接着，两头是镶有大玻璃窗的古香古色两开间房，房内置有茶具、茶几供主人和宾客品茗赏花。凉亭北面是一个下沉式天井，置有四只很大的雕有福、禄、寿、喜的石鱼缸，养着玉顶银狮、金头黑白狮、紫兰花狮、红顶五花狮、乌云盖雪、文种珍珠鳞、鹤顶红、龙睛金鱼。这四只大鱼缸亦有储水灭火的功能。下沉式天井的四方六角都精妙地造有隐蔽式落水口，将雨水和生活用水由专修的下水管道导向顺城街北的护城河。所以，哪怕是昆明下再大的雨，庾园也没有被淹过。暴雨后最多一个时辰，所有的积水就会排光。

下沉式天井的北面砌了一个近 2 米高的大青石台基，台基上建了一幢坐北朝南间架很高的两层闺阁绣楼。这幢有 24 间房间的两层双面楼房，由砖墙承重，再用 18 根粗大木柱支撑二楼的外挑式走道和大歇山屋顶。承重墙刷成白色，木柱涂成黛色勾白色砖缝，木质栏杆则漆成黛蓝色，檐下的雕梁涂成深靛青色，透着素洁淡净的儒雅和纯粹。这幢楼的通道和楼梯也是很有讲究的，也许是为着隐蔽闺阁的私密，要上二楼必须走通到楼梯口的曲廊，通过仅容一个人通行的两间门房才能走到二楼的楼梯口。楼上每间房间都有很高很大的门窗，门和窗上都精巧地镶嵌着圆形线条，单开或双开的门窗上的插销都是铜制舶来品。屋里地上铺着宽条的地板，顶上是雪白的天花板，天花板四周镶着漂亮的石膏装饰条，悬挂着吊灯，朝北的房间还有御寒的壁炉。

这栋两层楼房的北面的围墙前长满了刺竹，在竹林前面又建有一座砖塔，顶层有一个蓄水池，蓄水池的下面是一个高高的瞭望哨，可以把整个庾园和周边的街巷尽收眼底。

民国六年（1917）六月，张勋在北京复辟，云南组成以唐继尧为总司令的靖国军，庾恩旸出任总参谋长兼第三军军长，后率滇军北上讨逆，连战连捷，声名鹊起，被推举为贵州都督，却不幸于民国七年（1918）二月十八日晚在贵州毕节联军总司令部后院遭刺杀。

为了纪念和告慰兄长，在日本完成城市园艺学学业回到云南的庾恩锡，在云南省水利厅厅长任上，花了一年的时间将庾园重新设计整修。在土山东侧草地上增建了一个法国宫廷式交际大厅。镶着落地玻璃的六扇对开木质大门，门内两旁设有衣帽间的半圆形前厅，前厅屋顶是撑着太阳伞的西式露台，露台的前厅顶层多为包厢。整个大厅中仅在外侧走道设有柱子，大屋顶全凭大跨度的横梁支撑着。大厅外墙是长条形的玻璃窗，挂着下垂的金丝绒枣红色大窗帘，既能保证大厅里空气流通，又能在需要时避光。大厅天花板上有可以调节光照亮度的隐形日光灯，水磨石地面可做光滑平整的舞池。大厅的南头有一个很大的灯光音响齐备的舞台，红色的大幕和墨绿色的底幕优雅而雍容。大厅里有许多的活动座椅，升起大幕和底幕露出一块银幕，可以放电影。在相当长的一段时间里，这个大厅都引导着昆明的娱乐和交际时尚。

庾恩锡在征得大哥庾恩荣的同意后，将闲置的南园和西园售出。一则是为发展烟草工业筹集资金，二则也是想对庾园做一些更时尚的改造。庾恩锡对以"丁"字形楼北楼为主的院子重新做了规划和布置，把它建成了更加简洁紧凑的园林式宅院。在后院东边花园的花墙前

20世纪30年代的庾园（照片由徐甘蒂提供）

20世纪70年代的五华区政府（照片由徐甘蒂提供）

垒了一组太湖石假山，栽上不会长得很高很茂密的细竿紫竹，与彩绘的回廊色彩互衬、情趣相映。在廊柱前种上攀缘植物，让紫藤、素馨花、凌霄花，依墙怒放，使院子里的每一个角落碧绿常青，鲜花不败。北楼在绿荫、花影中更具韵味。

遗憾的是，庚恩锡投资的云南亚细亚烟草公司经营失败后，终因债台高筑不得不把倾注心血修缮的崇仁街庚园，包括房产、家具、花木在内的所有财产，抵偿给了贷款给他开办云南亚细亚烟草公司的云南劝业银行。

从此，庚园成了劝业银行的临时会所和宿舍，后又成为民国时期的云南省政府招待所。抗日战争中还一度成了美国空军开设的同盟联欢社，就是市民俗称的美军招待所。新中国成立后，庚园为人民政府接管，前院最先成为昆明市委机关驻地，昆明市委迁至书林街静园后，庚园做过外贸机关、房地产管理机构的办公场所，又拨给五华区委、区政府作为办公楼，直到五华区委、区政府搬迁到华山西路新大楼。后院先是拨给了昆明市文工团，1956年3月云南省话剧团成立后成了话剧团的驻地，跳舞厅也改建为云南省话剧团的小剧场，后院开了云龙巷3号门独立成院。后来，平了剧场旁的土山，拆了小剧场，盖了新剧院。再后来，庚园全被荡平，融进了现在的顺城街王府井商业区。

周公馆

徐甘蒂

　　在袁嘉谷先生府邸斜对面、玉龙堆街口的北面，有一条窄窄的巷子，大家叫它若园巷。别看若园巷不长，却有些名气，原因是一位云南的名人周钟岳先生曾经在这里居住过，还因为西南联大吴宓教授在文章中多次提到这条若园巷和这座周公馆。

　　这条巷子之所以叫若园巷，早先是以居住在巷中的张若园的名字命名的。张若园在若园巷里建造了一座带有很大圆形阳台的三层西式洋房。这座三层西式洋房为一栋"凹"字形的砖混建筑，每层五间，正中三间，左厢、右厢各一间，共有十五间房间，多数房间高大宽敞，舒适宜人。主楼外走廊面对翠湖，楼房前面还有一个很大的花园，接至翠湖路边，院子里甚至设有车库。若园巷虽然不长，但总体比较宽，因为张若园的小汽车要沿着有点陡的短坡开进院子，停到车库去。只是若园巷从张若园公馆铁大门的前面向西拐去，与相邻的小吉坡相通的那一段巷子则仅能容行人通过，两个推自行车的人相遇，错身便有些困难，是一条地地道道的羊肠小巷。

　　这是一幢反映了昆明建筑时尚的代表性建筑，若园公馆在同一时期建造的那批中西合璧式的小洋楼里属于上乘之作，设计前卫新颖。张若园本可以把私宅建在街边，但他偏要把宅院建在比玉龙堆街面高出许多的贡院坡半坡边，取的是背靠山之意，而且要朝着湖水盈满的翠湖。主楼采用的是"凹"字形设计，两边的副楼较主楼突出，并设有宽大的露台，使得整座建筑特别气派。不要说站在三楼，仅站在二楼外凸式露台上便能将翠湖尽收眼底。为了防潮，地基垫得很高，需要上六级台阶才能进门。所有的门和窗都显得很宽很大，砖混结构的外立面比例和谐、搭配适当、明亮宽敞，建筑显得大气不俗。灰白色马牙石外墙和青灰色石脚则增加了建筑厚重沉稳的感觉。浅色的平瓦大斜面屋顶，爬满西墙和东墙的绿色爬山虎；屋子是木地板、木楼梯、木扶手、木墙裙、木挂画条……就连门把手、窗户配件也都是进口的纯铜货色。一楼过厅有衣帽角，客厅有壁炉，每层楼都有带抽水马桶的卫生间。一楼还有通向主楼后面的厨房、仓库和用人房的小门，主楼西头是车库，车库前面是车道，一切都显得井井有条，规整有序，整幢小楼真是"洋"到家了。

　　若园巷的公馆虽好，毕竟还是小了些，当时昆明的达官贵人正兴起一股出城建别墅的风潮，张若园也在小西门外大观路旁购买农田兴建自己的郊外别墅。他乔迁新居后，这座私宅也就闲置下来。

　　周钟岳先生得知此事后，几经协商买下了张若园的旧宅，原先的张公馆就成了周公馆。再后来，周钟岳公馆变成了现在的云南省群众艺术馆，通往小吉坡的小巷也被封堵了。现在若园巷重建后的新楼外墙上还赫然钉着小吉坡第三栋的标识牌，很是让人不解。

　　周钟岳（1876—1955），字生甫，号惺庵。云南剑川人，是一位白族俊杰。1904年官派赴日，先后就读于日本弘文学院和日本著名的早稻田大学法政专业。1907年学成归国，历任云南省两级师范学堂教务长、云南教育司长和滇中观察使，护国运动中任云南督军公署秘书长，后又做过靖国联军总司令部秘书长。从20世纪20年代起，担任过云南省代理省长、省长，云南省内务厅长、文官高等惩戒委员会委员长和云南通志馆馆长。抗日战争时期任过国民政府内政部部长和考试院副院长。周钟岳之所以很有名气，不是他曾官居高位，而是他极有学问并写得一手好字！五华山上当年的云南都督府大楼墙上镌刻着的"光复楼"三个大字就是蔡锷将军请周钟岳先生专门题写的，昆明护国门上高高悬挂的"护国门"题额也是周钟岳先生的大手笔。就连云南石林风景区主峰上深深刻印的两个遒劲而柔韧的大字——"石林"，落的虽然是云南省政府主席龙云题写的款，其实是周钟岳代笔。可见龙云对周钟岳书法的赏识。最有意思的是，中华民国国民政府南京总统府大门上"总统府"三个大字，也出自周钟岳之手。他为南京政府总统府题写门额后，一时传为美谈，坊间多有议论，猜测蒋介石赠给周钟岳先生多少润笔，有人说三十两黄金，也有人辩称是五十两黄金。事实上，蒋介石送了"润笔"四千块大洋，他说什么也不肯收，最终婉谢了。周钟岳著有《惺庵诗稿》《惺庵回顾录》等著述，主编《新纂云南通志》《续云南通志长编》，为云南留下了十分珍贵的文化遗产。1949年，周钟岳先生全力支持卢汉将军起义，为云南省的和平解放做出了积极的贡献，新中国成立后他曾任云南省文史馆馆员和全国政协委员。

　　抗战时期，西南联大物理系吴大猷教授一家和数学系的程毓淮教授一家，租住了周钟岳公馆的一楼。吴大猷门下有许多出类拔萃的优秀弟子，诸如李政道、杨振宁、黄昆、朱光亚等成就卓著的科学家。

　　吴大猷的入住使整个玉龙堆都活跃了起来。北京大学的同事和清华大学的朋友都常到吴大猷租住的周公馆聚会，尤其是住在若园巷对面西南联大单身教授宿舍里的外文系教授吴宓和数学系的教授陈省身走得很是勤快。说来也巧，吴大猷先生在南开大学的同学袁丕济，竟是袁嘉谷先生的三公子，也就是周钟岳先生长儿媳袁转芝的三叔，七绕八绕地牵出了许许多多亲友关系，使得玉龙堆更为热闹。这从吴大猷先生的回忆录中可以见到。

1940 年 10 月 13 日，日本飞机轰炸五华山、云南大学和西南联大，周公馆也中了四枚 40 磅的小炸弹。吴大猷先生的家当都被埋在了废墟中，好在此前吴大猷先生已经举家疏散到昆明北郊岗头村，当天吴大猷先生虽然回城上课并打算回周公馆住宿，却让空袭警报拦在了城外，没回到若园巷。经此一劫，吴大猷先生也就彻底搬离了若园巷周公馆，到郊外岗头村落脚。

周公馆直到抗战胜利后才重新做了较大修缮。2011 年，被公布为昆明市级文物保护单位。

20 世纪 90 年代的周公馆外景（刘济源摄）

20 世纪 90 年代的周公馆内室（刘济源摄）

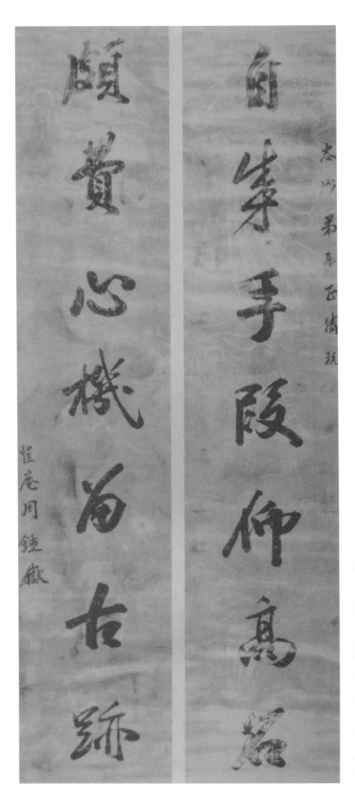

志城弟属正濟玩

自出手段仰高躅

颇费心机有古迹

惺庵用鍾巖

周钟岳先生行书自成颇费联（照片由李晓明提供）

马家大院

杨安宁

　　马家大院坐落于昆明市文明街片区内小银柜巷 7 号，因景星街方向也开有一门，所以又挂景星街 136 号的门牌。大院 1923 年由大理洱源人马金墀老先生及其三个儿子马鋆、马锁、马崟建造并一直在此居住，故称马家大院。20 世纪 40 年代初马锁、马崟先后搬出，马鋆一家一直居住到 1949 年。新中国成立后为居民院，20 世纪 90 年代后期由昆明金沙房地产公司使用并开设一家名为金兰茶苑的茶室。现由昆明之江置业有限公司管理使用并于 2011 年对其进行了修缮。

　　马家大院的主人马鋆、马锁、马崟三兄弟都是云南陆军讲武堂的毕业生，在云南军界、政界均有一定影响，被百姓誉为"一门三将"。马鋆还是昆明市的首任市长（1928 年）。作为民居建筑，像马家大院这样基本保存完整的建筑目前在昆明已是少数。由于其具有一定的艺术价值和科学价值，2003 年 5 月被昆明市人民政府公布为市级文物保护单位，2012 年 1 月被云南省人民政府公布为省级文物保护单位。

　　马家大院为坐北朝南土木结构两层四合院式建筑，整个建筑基本呈方形（倒座后檐墙靠东处向里收窄，可能是受所处地势因素的影响），占地面积 772 平方米，由正房、倒座、东西厢房四个单体建筑围成院落，建筑面积 1142 平方米。其一、二层有回廊可相互连通，四角均有小天井，称"漏角天井"。主建筑正房倒座在南北轴线上，东西厢房在东西轴线上。原大门开在东南角处，有一小天井连接建筑。过去的人开门常讲究吉向，有东向"紫气东来，南向吉祥"之意，所以民居大门多开向东南方向。同时大门也是重要的防卫建筑，更是一个空间的界定，门外是外部世界，门内则是私密重要的家族世界。门内的空间又有主次、用途之分，所以内部空间的尺度大小、高低都不同，如正房最大最高。马家大院正房面阔五间，进深两间，下有地笼及气窗；东、西厢房面阔三间，进深两间；倒座面阔五间，进深三间。正房、倒座均有东、西耳房计四间，形成小漏角天井。正房台基明显高于东、西厢房及倒座 30 厘米，天井又比东、西厢房及倒座低 15 厘米，形成正房一个平面（最高），东、西厢房和倒座一个平面（中间），院内天井一个平面（最低）的上、中、下三个平面格局，从中折射出建筑中的主次关系，即主要建筑与次要建筑的关系。开在正房中的小银柜巷 7 号大门为后开大门。

　　作为土木结构建筑，马家大院梁架部分的材料为本地的云南松，门窗和房间的隔断木板壁也为本地松木，主要墙体基本为土坯墙，墙体多为 60 厘米厚，倒座后檐墙稍薄。除土木外，砖、瓦、石也是建筑中的主要用材，如台基、天井铺设均为青石，柱础均为方形青石柱础。正房两边墀头均为青砖所砌，部分下域上五层也为青砖所砌，部分山墙也为青砖砌筑，外窗均有青砖窗套装饰。屋面有板瓦和筒瓦，全部为青瓦履面。

　　马家大院东南、西北角各有一个漏角天井，加上中间的大天井又称为四合五天井式宅院，梁架结构为抬梁式五架梁，也称叠梁式构架，是常用的木构架形式：它将梁放在柱子上，梁上放短柱，短柱上放梁，虽结构复杂，但稳定牢固，内部空间大，经久耐用。屋面为双坡硬山屋顶，接山面处用一砖三瓦（二砖三瓦）做法封檐。院内天井用 40 厘米的方形石板斜铺成菱形地面，具有实用性和艺术性，并有三级踏跺（台阶）与正面相连。先人普遍认为住房为阳宅，所开间数（如五间、三间）、楼梯的踏步（如三跺、五跺等）多为奇数即阳数，这样才吉祥，所以马家大院许多为单数。屋檐的抱头梁均做龙头状，檐下有灯笼形垂花柱，并有二至三层的挂落，多雕花草、鸟兽、几何纹等吉祥图案。二层走廊栏杆为瓶式栏杆，是典型的民国式样，栏下檐口用雕花草的滴珠板装饰，增加建筑视觉的美感。檐柱（廊柱）全部为方形四角半圆的抹角柱。柱础边为四角半圆的方形柱础，并且较高，除美观外，还有防止湿气和防潮防虫的作用，用以保护建筑本身；其余的柱式（包括后檐柱）均为圆柱，并且柱径大于檐柱，这也是"天圆地方"哲学思想在建筑中的体现。整个建筑的楼楞也是用青松方木做成。正房，倒座，东、西厢房的各间均采用木板壁隔断，这样可增大房屋空间，增加使用面积，减轻房屋自身重量，又不影响结构安全。一、二层屋顶均用条形木板拼成天花装饰。正房左右和西南角各有一楼梯直通二楼，计三部楼梯，方便就近上下。马家大院的正房总高为 10.4 米，其中一层高 3.9 米，明间面阔 4 米，进深 5.32 米，次间面阔 3.5 米，二层层高 4 米。倒座及东、西厢房总高 9.33 米，其中一层高 3.7 米，二层高 3.8 米。倒座正房面阔 4 米，次间面阔 3.5 米；东、西厢房每间面阔均 3.3 米，进深均为 2.38 米。整个合院体现了主次、对称均齐的布局。

　　大院的门窗装修均采用了较为传统的做法。正房一楼明间由于改为通往小银柜巷的大门，故将原有六扇隔扇门拆除。倒座一楼明间为六抹六扇隔扇门，隔心分成上下"回"字形方框，雕有缠枝花、兰花和蝙蝠等动植物图案，绦环板有几何纹、花草纹和造型不同的花瓶、花卉，寓有多福多寿、富贵平安之意。裙板分别雕有安居乐业（鹌鹑和荷花）、富贵牡丹（富贵鸟和牡丹花）、松鹿延年（松树和鹿）、丹凤朝阳（凤凰和牡丹）。东、西厢房和正房的隔扇门，图案相同，均为双福双寿门；绦环板分别雕有花卉（富贵花开）纹、几何纹，隔心分成上下部分，并且雕有蝙蝠等吉祥之物（福福相连），裙板雕寿字带如意（如意长寿），一楼的一层窗为步步锦绣图案带蝙蝠、石榴、花瓶，意为步步高升、锦上添花、多子多福、平安富贵。马家大院的大门作为建筑中的重要部分，从其采用的屋宇式大门形制及尺度装饰，可见主人的富贵，大门的门墩石采用了整石雕成须弥座形式，以青砖砌筑，门头挂檐板等处雕有团寿、如意、花草、松鹰等图案。

总之，马家大院建筑从布局、实用、装饰等方面考量都是昆明地区民国建筑的一个缩影，同时从局部的简约风格来看也受到西方建筑文化的影响。这种合院式建筑过去在昆明的民居院落中并不少见，由于现在所剩无几，显得弥足珍贵，可谓是一笔宝贵的建筑文化遗产。

2010 年修缮后的马家大院（刘济源摄）

20 世纪 90 年代的昆明老街（刘济源摄）

王九龄旧居

卜保怡

在云南省近现代史上，王九龄是个有点神秘的人物。

他出身贫寒，仅读过几年私塾，却能考取云南高等学堂，继而官费留学日本。在他令人眼花缭乱的一大堆职务中，北洋政府教育总长一职最为显赫，但却昙花一现，瞬即在北京政坛上消失得无影无踪。他长期担任东陆大学名誉校长、董事会董事，却没有任何从教的经历。他留学日本学的是法政，并加入同盟会，仕途也算通达，但其后又醉心于佛法，与虚云法师过从甚密，在云南佛教界，也是一位有影响的人物。

时光流逝中，历史名人王九龄早已被岁月冲淡。倒是他在翠湖边一度荒芜衰落的旧居，得到修复。于是，王九龄再度走入人们的视野。

王九龄，字竹村，号梦菊，1880 年 9 月生于云南云龙石门。辛亥革命后，进云南省都督府供职，1920 年受唐继尧之命与军都督秘书官董泽共同负责筹办东陆大学。不久，因顾品珍驱逐唐继尧，大学筹备工作中断。1922 年 3 月，唐继尧回师云南，重主滇政，王九龄复任靖国军总司令部参议官、省政府财政司司长兼东陆大学筹备官员，继续大学筹备工作。

王九龄之所以参加筹办东陆大学，是他财政司司长的身份使然，主要负责筹集办学经费。为落实建校资金，他建议从东川矿业官股中拨款十万元，建议得到了唐继尧的批准。东陆大学宣告成立后，唐继尧和王九龄任名誉校长。东陆大学即今云南大学前身，王九龄作为初创者之一，载入云大史册。此后三年，他出任云南省禁烟局督办，代表云南省和唐继尧，参与全国纷乱的谈判事务。段祺瑞到北京成立执政府后，为了拉拢唐继尧，于 1925 年 3 月任命王九龄为执政府教育总长。这时正值以北京女师大为首的学潮风起，王九龄自感无力应对，4 月底辞职。回到云南后，买下了翠湖北岸上的一片沼泽地，利用修造东陆大学时产生的废土填平后，建盖了一座住宅，为民国时期昆明地区有代表性的传统民居之一。

王九龄故居是一座土木结构的传统四合五天井式宅院，整个院落占地 384 平方米，建筑面积 552 平方米。坐北向南，坡面青瓦悬顶。中轴线从大门至中堂，左右对称。宅院建筑颇有苏州园林沧浪亭的味道，最大特点就是将传统四合院相对封闭、内向型的建筑布局，改进为相对开敞、外向型的"一正两厢"，也就是紧靠翠湖大门处仅建了平房，其他三面均为两层楼房。北面正房稍高，"明三暗五"，两侧耳房皆为三间。与众不同的是，三面楼房一、二楼间，建有雨檐，而且两侧耳房二楼的外走廊延至南面。站在二楼外走廊上，视线不受遮挡，有极佳的观景视角，正面可欣赏翠湖风光，东可望五华山，西南可远眺西山睡美人，可谓匠心独运。王九龄旧居房屋虽然宽大，但木构件装饰则简朴大方。南面围墙转角为石嵌，大门两侧有边长1米许外方内圆的石砌作为装饰。

住宅前原有宽大的庭院，广植花木，配有鱼池，甚为优雅。此时的王九龄，已经淡出官场，开始沉醉于妙香佛国。如此清静的环境，倒也与他的心态相符。"且坐玉案宝楼，领取百城烟水""云归故山，菊香晚节，因缘曾感梦，试登高眺望，劫灰飞过，三生石上好安禅"。他题写于筇竹寺、华亭寺的这些联句，道出了他安居于此的思想。抗日战争时期，为了躲警报，王九龄在堂屋正中修筑了一条通向云大的地下通道并将重要用品放入地下通道内。

1950年，他将毕生珍藏的文物古籍捐献给云南省人民政府，并以宗教界人士身份，参加了云南省第一届政治协商会议。1951年9月17日，王九龄去世，这座宅院由云南大学收购。1953年，国学大师、云大教授刘文典在此设有研究室，此后被用作云大预科教学用房和幼儿园。2000年后一度空闲，院内杂草丛生。云大引进资金，按"修旧如旧"原则，对其主体建筑进行修缮。2003年被公布为五华区区级文物保护单位，2011年被公布为昆明市市级文物保护单位。

2010 年修缮后的王九龄旧居外景（刘济源摄）

2010 年修缮后的王九龄旧居内景（刘济源摄）

何氏宅院

杨安宁

何氏宅院坐落于昆明市五华区大富春街 83 号（原 51 号），紧临东风西路，原是滇军将领何世雄的宅院。何世雄是云南大理云龙人，从云南陆军讲武堂毕业后，在滇军中任职。何宅建于民国十九年（1930），当时为何家人居住；1945 年何家将宅院转卖给著名人士舒子烈先生；新中国成立后先后变成单位宿舍；20 世纪 90 年代被昆百大房地产公司收购，出租开"将军府"餐厅；现产权已被私人购买，并进行了宅院的维修。2002 年起，相继被公布为五华区文物保护单位、昆明市文物保护单位和云南省文物保护单位。

何氏宅院占地 450 平方米，建筑面积为 661 平方米。整个宅院坐北朝南，为土木结构的两层三合院建筑，东、西、北的建筑加上南边高院墙围成了一个传统的三坊一照壁合院式建筑。合院由正房、东西厢房及院墙、天井组成，是昆明地区较为常见的建筑形制。从建筑的平面布局来讲，何宅同样遵循了传统的建筑模式，如石基，正房最高，厢房其次，天井最低。开间也是正房大、厢房小。建筑高度也是正房最高（9.3 米），厢房其次。一、二楼朝院内均有外走廊，院内有假山喷水，植有紫藤。因受地形影响，东、西厢房面阔屋大，这样盖出的院子和房屋与传统形制的建筑不相适，建筑比例也会失调。故主人还是依正房三间、两边还各有稍间一间（俗称"明三暗五"格局）、厢房三间的形制来建。东、西厢房的南端各建有一间独立的配房，从而完善了建筑的协调性，也增加了实用性。

何氏宅院梁架结构为抬梁式五架梁，檐柱（廊柱）均为方形抹角柱，其余为圆柱。柱础均为青白石四角半圆方形，天井为长方形石条铺设，后檐墙厚 60 厘米，多为土坯墙体。外窗窗套为青砖砌筑装饰。屋面为双坡顶，屋面采用板瓦、筒瓦履面。屋檐的抱头梁均做成兽头状，檐下有灯笼形垂花柱，既是受力构件，又起装饰作用，并有二踩挂落，多雕花草图案，两层走廊栏杆为瓶式栏杆，栏下檐口用雕花草的滴珠板装饰，增加了建筑的视觉效果。厢房一层明间隔扇门为六扇六抹双字菱花门，裙板为花鸟图案，正房一层为六扇六抹寿字门，二层为六扇双字菱花六抹隔扇门，正房一、二层窗均为内圆外方、回字形花草设窗，厢房上下均为简单的横直相交十字窗。从中可看出，建筑的装饰已受西方建筑文化的影响。一楼的槛墙用青砖砌筑，二楼地面全部用木地板。天花板用长条木板吊顶。大门门墩石雕有几何花卉图案，非常规整，门墩用青砖砌筑。

何氏宅院从建筑平面布局、制式到所用材料、装修到装饰都体现了 20 世纪 30 年代典型的昆明民居建筑元素，体现了昆明民居的建筑文化，是昆明历史文化名城重要的组成部分，是先人为我们留下的宝贵文化遗产。

2012 年修缮后的何氏宅院（刘济源摄）

欧氏宅院

李国庆

欧氏宅院坐落于昆明文明新街 11 号，创建人名叫欧阳永昌（1887—1942），字职斋，祖籍南京柳树湾高石坎，先祖于明洪武年间随沐英大军征伐云南，随后驻守临安府（今建水）欧旗营，遂世代落籍于此。欧阳永昌少有大志，1904 年，17 岁的他虽然已经结婚，但目睹国家遭难，内忧外患，毅然投身滇军。后又考取云南陆军讲武堂，在辛亥革命、护国战争、护法战争中英勇作战，屡立战功，不断擢升，曾任云南督军唐继尧手下"建国联军"陆军第六混成旅旅长。1927 年 2 月 6 日，龙云、胡若愚、张汝骥、李选廷四镇守使发动"倒唐"事变，唐继尧垮台，不久死去。欧阳永昌改任胡若愚部旅长，在与龙云争夺云南统治权的战争中失利，遂与同为旅长的至交好友徐昭武一起解甲退隐。两人约定，在昆明买地统一建房，建筑设计、形制一模一样，比邻而居，世代友好。

欧氏宅院由于得到妥善保护，现基本完好；而紧邻的徐氏宅院则几经变故，破败衰朽，面目全非。

自欧阳永昌离家后，全家生活重担全落在欧阳夫人一人肩上。这位贤内助特别能干，里里外外一把手，建房主要就由欧阳夫人操持。她虽然文化水平不高，但禀赋特异，精明能干，在建房的过程中也得到充分体现。为了保证房屋的建筑质量，她特意回故乡建水，一座山头一座山头地亲自挑选优质木料，然后设法运回昆明。她还派人专程前往滇西剑川、鹤庆等地，高薪聘请精于雕刻的能工巧匠，使整个建筑的雕刻工艺尽善尽美。在装修房屋门窗时，她指定一律用法国彩色玻璃，一楼铺设的彩色地砖也全部是法国货。在那个年代，作为一个普通的家庭主妇，在建宅院时，能够有意识地做到中西结合、洋为中用确实见识不凡，难能可贵。

建成后的欧氏宅院为毛石基础，土木结构，单檐硬山顶，三坊一照壁式二层楼房。整幢建筑坐北朝南，东厢房南为过厅，通大门，大门向东。正房明三暗二共五间，西厢房两间，东厢房一间。正房东西侧均有楼梯通二楼。在西厢房的楼梯口建有一条暗道，直通里面的地道。据推断，这条地道应该是 1940 年以后挖的，为的是防避日军空袭。

二楼正房、厢房均有走廊相通。正房楼上、下及楼下东西厢房均为紫檀木雕花隔扇门，全用透雕、贴金，上面雕刻着"金凤""金兔""金鹿""金蟾""飞马""飞象""飞狮""春燕""松鹤""蝙蝠""麒麟""竹子""兰草""牡丹"等中国传统吉祥物以及"仙鹤伴寿桃""刘海戏金蟾""金鼠偷葡萄""二十四孝图"等。透雕工艺精细，人物、动物造型栩栩如生。隔扇门上段透雕后镶嵌进口法国有色压花玻璃，每间房的天花板上均饰有浮雕彩色图案。

正房及耳房楼上贴金雕梁画栋。正房檐下是"双凤朝阳"透雕，檐柱顶端龙头下雕"四鸟衔兰草"，挂脚为石瓶形，正面各刻"富贵""康宁""延年""益寿"等字，其余三面刻花卉图案；四周檐下绘浮雕飞禽、走兽、人物、花卉等图案，为整个院落增添了浓郁的文化气息。

底楼南面为照壁。照壁前为长方形石砌花台，紧接花台中部为石砌六角形水池，以供消防之用。池壁上端为石雕凭栏，北面凭栏两头有石狮一对；水池五面外壁特装饰国画、书法浮雕各一幅。天井方形，青石板铺就，天井西南角有水井一口。此民居建筑，具有20世纪二三十年代中等官僚、军阀、富商房屋的特点。

欧阳永昌与其夫人共生育五个子女。其长子欧阳师吉与云南著名的钱王王炽的孙女王如琛联姻，曾于20世纪40年代初在昆明举办了一场乘坐英国名车"麦格瑞"绕市区一周、轰动整个昆明的婚礼。

欧阳永昌的小儿子欧阳师表则迎娶云南四大名医之一姚贞白的女儿姚克敏为妻，也可称作门当户对。

有识之士曾建议，有关部门应对欧氏宅院这座老条街深处的特色民居进行修缮，作为传统民居纪念馆予以保存，发掘其珍贵的历史文化价值。

20世纪90年代的欧氏宅院内景（照片由盘龙区文化馆提供）

聂耳故居

徐继涛

每当五星红旗冉冉升起时，总会听到那激动人心的中华人民共和国国歌《义勇军进行曲》，而当唱起国歌时，就不禁想起它的作曲者聂耳。而令每个昆明人感到自豪的是，人民音乐家聂耳就出生于昆明五华区甬道街 72 号。

聂耳祖籍玉溪，父亲聂鸿仪是中医。清光绪末年，聂鸿仪举家由玉溪迁到省城昆明，在甬道街 72 号开设名叫"成春堂"的小中药铺。这间小铺子是只有一楼一底的两层楼房，中间搭出一个腰厦。房屋分前屋和后屋。前屋是临街的铺面，用于门诊，看病抓药。穿过前屋的铺面，是个上天井，旁边就是卧室和厨房。这里住着聂鸿仪全家。

1912 年 2 月 15 日（农历腊月二十八），人民音乐家聂耳就出生在这个中药铺的楼上，并在这里度过了他的童年。聂耳有两个姐姐、三个哥哥，他最小。聂耳 4 岁时，父亲病逝，从此家境贫困，全家的生活重担落在母亲一个人身上。

聂耳母亲彭寂宽是一个勤劳而倔强的傣族妇女。她随丈夫学会了一些医药知识，帮助丈夫配方制药。丈夫去世后，她一面继续经营成春堂药铺，行医卖药，一面帮人做针线、洗衣服，依靠微薄的收入养活全家。她把自己的欢乐和幸福全寄托在孩子身上。

聂耳 6 岁进入昆明师范附小读书。为供聂耳上学，母亲忍痛将丈夫留下的心爱遗物——一架旧八音钟送到当铺当掉，才凑够他的学费。聂耳学习刻苦用功，各科成绩都很好。

在聂耳读书二三年级的时候，由于家中承担不起房租，他家搬到房租比较便宜的地方，先搬到威远街，后来又搬到端仕街。这里离昆师附小和后来读高小与初中的学校都很近。

聂耳初小毕业后，因家里拿不出 10 多元钱来做当时学校规定的"童子军"制服，只好转到位于文庙内的私立求实小学去上高小。

童年时代的聂耳就受到云南丰富而优美的民间音乐和地方戏曲文化的熏陶。母亲是他第一个民间音乐启蒙教师。她会唱许多民歌，在给孩子们讲故事时，有时情不自禁地唱一些优美动听的曲调。这些民间曲调好像种子，深深地播种在聂耳幼小的心灵里。幼年的聂耳也常去茶馆听滇剧清唱，逢年过节又跑到近郊去看农民表演花灯，还常常一个人到郊外去听农民"对歌"。他的记忆力特别好，当天听别人唱的调子，晚上就能原原本本地唱给家里人听。聂耳 10 岁时，跟一位姓邱的邻居木匠师傅学会了吹笛子，后来又学会了拉二胡、弹月琴和三弦。在求实小学，聂耳参加了学生音乐团，并担任指挥。

1927 年，聂耳初中毕业后考取省立第一师范学校。这是当时昆明唯一的公费学校，因而报考的人很多，录取的比例只有十分之一，聂耳仍以优异的成绩考取了该校高级部（相当于现在的中等师范）英文组。他非常珍惜这一难得的机会，除认真读书外，他对音乐、戏剧、文学、美术、体育都有着广泛的兴趣。在学校里，他是文艺活动的活跃分子，演戏时常扮演女角（因当时实行男女分校）。当时云南已建立了中共云南省临时委员会和共青团省委，省一师是党团组织秘密活动的重要据点。聂耳积极参加中共地下党领导的青年读书会和音乐戏剧的演出，参与散发传单等秘密活动，并加入了共青团组织。1928 年 11 月，经地下党组织同意，他竟瞒着母亲，和几个进步同学报考驻湖南郴州的国民革命军第十六军（滇军）学生军。他原以为参军后可在部队进行革命宣传活动。可是到部队后，聂耳才发现情况并不如他预料的那样，军队受到严格的控制，根本无法开展革命活动。于是他利用部队整编的机会离开部队，于 1929 年 5 月回到昆明，仍到省一师原班就读。同时参加党团组织领导的各种革命活动。这以后，他特别加强了对马克思主义著作的学习。

1930 年 7 月 1 日，聂耳由省一师毕业。因参加学生运动暴露身份，随时都有被捕的危险。刚好这时有个商人邀约聂耳的三哥去上海的一家名为云丰申庄的商号帮忙，征得这位商人的同意，家里决定让聂耳顶替他三哥去上海。7 月 10 日，聂耳告别亲人，取道越南前往上海。

1930 年 7 月 18 日，聂耳只身来到上海，在云丰申庄当伙计。1931 年 3 月，云丰申庄因漏税的事情败露，受到巨额罚款后倒闭。4 月，聂耳考入明月歌舞剧社，任小提琴手，正式开始了他的艺术生涯。1932 年 8 月，聂耳离开明月歌舞剧社前往北平。同年 11 月，他从北平又回到上海，先后在联华影业公司一厂、百代唱片公司、联华影业公司二厂为电影配音和作曲。

1933 年初，经田汉介绍，聂耳加入了中国共产党。从此，他获得了新的政治生命，艺术才华也得到进一步发挥。从 1933 年 8 月为电影《母性之光》创作电影插曲《开矿歌》起，在不到两年的时间里，他创作了《大路歌》《开路先锋》《码头工人歌》《新女性》《卖报歌》等 30 多首歌曲。这些歌曲具有鲜明的民族风格，表现了中国人民要求抗日救亡、不畏强暴、英勇奋斗的革命精神。

1935 年，中国共产党领导的电通影业公司决定拍摄《风云儿女》。聂耳听说这部影片有一个主题歌需要作曲，便主动跑去找担任编剧的夏衍。夏衍后来回忆说："我给他看了电影台本，这个剧本的故事是他早已知道的，所以一拿到手就找最后那首歌，他念了两遍，很快地说：'作曲交给我，我干。'等不及我开口，他已经伸出手和我握手了。"这个主题歌就是后来震撼中华大地、世界闻名的《义勇军进行曲》。《义勇军进行曲》是聂耳到日本定稿后寄回来的。这首杰出的革命战歌表达了亿万人民的共同心声，喊出了中国人民要求奋起抗战的呼声，发出了中华民族的怒吼，因此深受民众喜爱，很快传遍全国，而且经久不衰。新中国成立后，被定为中华人民共和国国歌。

随着《桃李劫》《大路》《新女性》等影片的放映和唱片的发行，聂耳创作的《大路歌》《开路先锋》《毕业歌》《新女性》等优秀歌曲，很快不胫而走，传遍长城内外、大江南北，成为鼓舞人民、教育人民、打击敌人的有力武器。因此，聂耳的名字也引起了反动派的恐惧和仇恨。1935年4月初，突然得到反动派要逮捕聂耳的消息，党组织为了保护这位奋发有为的青年革命战士，同时考虑他渴望得到进一步深造的要求，决定让他取道日本，去苏联和欧洲其他国家学习、考察。

1935年4月18日，聂耳到达日本东京。一落脚，他就马上开始了对日本音乐的考察和研究工作，并给自己制订了四个"三月计划"。第一个"三月计划"的重点是突破语言关，同时进行大量的社会调查。

1935年7月17日，正当他准备实行第二个"三月计划"时，他与友人去藤泽市鹄沼海滨游泳，不幸溺水身亡，年仅23岁。聂耳的骨灰和遗物由他的生前好友张天虚、郑子平护送回上海。1937年10月1日，聂耳被安葬在风景优美的昆明西山。

聂耳短暂的一生，有三分之二的时间是在昆明度过的。昆明甬道街72号是他出生和度过童年的地方，作为聂耳故居，这里是广大人民群众纪念和缅怀人民音乐家聂耳的重要场所。聂耳故居先后被公布为区、市、省级文物保护单位。2011年，文物部门对该建筑进行了维修。

聂耳出生时，甬道街72号是一个独立的四合院的前楼。楼的前面还有一层临街的腰厦。1943年，因扩建道路，临街的腰厦被拆除，门牌也由72号改为73、74号。2011年对聂耳故居进行维修时，恢复了外立面上的腰厦与正房两侧的楼梯和步架式的屋顶，恢复了天井小院及南北厢房，总体布局回归到聂耳出生时的原貌。因此，聂耳的侄女聂丽华说："聂耳故居修得就跟小时候奶奶给我讲的，一模一样。"

2012 年修缮后的聂耳故居外景（刘济源摄）

2012 年修缮后的聂耳故居内景（刘济源摄）

华罗庚旧居

卜保怡

昆明西北面，在长虫山和玉案山之间，有一片平展的坝子。坝子的北边，有一个大村子——大普吉。"普吉"二字是彝语的音译，意思是庙旁的岔路口。大普吉三面环山，没有公路，一片农村田园风光。抗日战争时期，为了躲避敌机轰炸，大普吉附近的许多村子里，曾居住了一批以清华大学为主的西南联大教授。华罗庚及其家人，就住在离大普吉不远的陈家营村一所杨姓宅院里。现在，这所农家宅院依然存在，门牌是114号。

杨家宅院是昆明地区典型的一颗印民居。一颗印民居是云南地区传统住房样式之一，源于北方的四合院，是中原文化与西南地域文化交融的产物。它与客家围龙屋、北京四合院、陕西窑洞、广西栏杆式共同被中外建筑学界称为中国五大特色民居建筑。因为昆明四季如春，无严寒，但多风，加之就地取材，用土墼筑墙，故一颗印住房墙厚重；又由于多山区，地方小，为节省用地，加之多雨、潮湿，故建为楼房；外墙（二楼）为了挡风沙和防火防盗，只开小窗。内院为改善房间的采光并让室温更为凉爽，采用了内开大窗形式。方向因地势关系随宜选择，颇为自由。

昆明的一颗印民居，亦俗称"三间四耳倒八尺"。即正房三间、耳房（厢房）东西各两间、倒座进深八尺。大门设在倒座正中檐墙上，中为天井。正房三间，底层明间用作客堂，其前构走廊，旧称为游春。廊之两端，各设楼梯，以达上层。

按照一般的规矩，上层正房之明间作祖堂或佛堂之用。次间供主人居住。天井左右耳房上层，供主人子女居住。下层则是灶房、猪圈、马厩等，倒座上层储存粮食和物品。这样的布局，符合封建社会的家庭礼制，最能体现这一点的，是耳房到正房，必须上几级台阶，以示尊卑。

抗日战争爆发后，华罗庚放弃留在英国继续做研究工作的机会，毅然回国，到西南联合大学任教，他的夫人吴筱元和两个子女也从老家来到昆明。当时，西南联大理学院设在西站昆华农校内，华罗庚便在离学校不远的黄土坡村租房居住。由于日机空袭日渐频繁，警报响起时，华罗庚一家便跑进防空洞里躲避空袭。就是在防空洞里，华罗庚也不肯让时间白白地流掉，仍然抓紧时间看书。炸弹震得防空洞里的土落了满身，书籍上也落满灰土，他抖一抖灰土，又继续看书或演算，大有泰山崩于前也面不改色心不跳的气概。有一次，防空洞被震塌了，他在别人的帮助下，费了很大劲才从土里挣扎出来。

死里逃生后，黄土坡不能再居住。闻一多教授急人所难，邀请华罗庚一家人到他家所在的陈家营杨家宅院居住。于是，华罗庚一家也就迁居到离城七八公里的陈家营，与闻一多家共住在了杨家宅院里。

闻一多家租住正房楼上三间。华罗庚家搬来后，闻一多腾出一间给华家。因为中间没有墙，只好挂条床单隔开。闻、华两家相处甚洽，情同一家人。

华罗庚曾写过一首小诗，记述了居住于陈家营村的生活工作状况和心境：

挂布分屋共容膝，岂止两家共坎坷。
布东考古布西算，专业不同心同仇。

"挂布分屋"，就是在房屋的中间，挂上布帘，将房屋分为两边，"共容膝"，说明地点的狭窄。"布东考古"，指的是闻一多居住在布帘东边，进行古籍的研究与考证。"布西算"，就是华罗庚住在布帘西边，继续着他的数学演算。当年，像他们这样艰苦的"岂止两家"，但对日本侵略者的共同仇恨，使他们团结一心，发愤图强，共度艰难岁月。1944 年，闻一多为华罗庚刻石章一枚，并附铭文。铭文风趣而幽默："甲申岁晏，为罗庚兄制印兼为之铭曰：顽石一方，一多所凿，奉贻教授，领薪立约，不算寒伧（碜），也不阔绰，陋于牙章，雅于木戳，若在战前，不值两角。"

1941 年 10 月，闻一多一家搬迁到清华文科研究所所在的北郊龙泉镇司家营。华罗庚一家继续在杨家宅院内居住，他们移到耳房楼上两间小屋里，一住就是四年。

陈家营离城有七八公里，白天，腿脚不便的华罗庚走路进城去给大学生上课。晚上，就着昏黄的小油灯埋头读书，钻研数学。家务全靠妻子吴筱元操持。每天，她要跑好几里路去买菜、买米，然后自己背回来。她精打细算、省吃俭用地过日子。几年里，她几乎没有为自己缝一件新衣服，穿破了补了再穿，大孩子穿过的衣服改了给小孩子穿，一家老小几口人穿的鞋子，全是她亲手做的。稍有空闲，她就刺绣一些小手巾出售，帮助丈夫分担家庭重担。

华罗庚回忆这段生活时写道："想到了四十年代的前半叶，在昆明城外二十里的一个小村庄里，全家住在两间小厢楼（还没有现在我的办公室大）里，食于斯，寝于斯，读书于斯，做研究于斯。晚上一灯如豆，所谓灯，乃是一个破香烟罐子，放上一个油盏，摘些破棉花做灯芯；为了节省菜油，芯子捻得小小的。晚上牛擦痒，擦得地动山摇，危楼欲倒，猪马同圈，马误踩猪身，发出尖叫，而我则与之同作息。那时，我的身份是清高教授，呜呼！清则有之，清者清汤之清，而高则未也，高者，高而不危之高也。"

然而，就在这样艰苦的环境中，华罗庚以坚强的毅力，先后写了 20 多篇论文，完成了他第一部专著《堆垒素数论》的手稿，又在函数论、矩阵几何学等方面取得了杰出的成就。《堆垒素数论》是数学经典著作之一，他在这本书中讨论了华林问题、哥德巴赫问题和一些相关联的问题，统一并改进了他以前论文里的结论，该书于 1946 年 4 月出版。

华罗庚并不是埋首书斋，不问世事的学者。他对战争时期后方贪官奸商横行，十分义愤，毅然写道：

> 寄旅昆明日，金瓯半缺时。
> 狐虎满街走，鹰鹚扑地飞。

1945 年"一二·一"惨案发生后，他满怀悲愤之情，到灵堂悼念。1946 年，当他得知闻一多教授被暗杀的消息后，心中怀着强烈的仇恨，写道：

> 乌云低垂泊清波，红烛光芒射斗牛。
> 宁沪道上闻噩耗，魔掌竟敢杀一多。

1946 年华罗庚应邀去美国讲学，并于 1948 年被伊利诺伊大学高薪聘为终身教授，他的家属也随同到美国，从而离开了昆明，离开了与他结下一段佳缘令他终生难忘的陈家营杨家一颗印民居。

1992 年 11 月，华罗庚的女儿华苏与清华大学原党委书记李传信一起来滇出席熊庆来百年诞辰活动，同时奉母命寻访当年华家住过的地方。黄土坡村故居早已没有留下任何踪迹，而陈家营的杨家宅院却保留下来。2003 年，西山区人民政府将其公布为区级文物保护单位，现由五华区政府管辖。

2012 年修缮后的华罗庚旧居（刘济源摄）

图索老昆明·南强片区

范 丹

南屏街：在市区中部，东起护国路，与东风东路相通，西至近日公园，与东风西路相望，长 500 米、宽 20 米。清末民初时为南门旧城墙和护城河，1932 年始拆除城墙，填平护城河，改建为新市场，后逐渐修筑道路，建盖楼房，形成街道。因地处城南，取城南屏障之意而得名。

昆明大旅社是民国时期昆明地区最豪华的酒店之一，它的餐饮部烹饪的传统滇味以味道正宗、制作精细而著称。梁思成、林徽因夫妇抵昆后，西南联大教授燕卜荪和香港大学教授诺曼·法朗士携手在昆明大旅社设宴为梁、林洗尘，作陪的嘉宾有西南联大教授吴宓、叶公超，还有美国驻昆总领事万耶夫妇。抗战时期，著名社会学家吴文藻、著名作家冰心伉俪来昆后就下榻于南屏街的昆明大旅社，后又相继搬到维新街 8 号、螺峰街 13 号寓所居住。

南屏街是昆明地区的商贸中心，民族贸易公司原址在今南屏街新华书店附近，改革开放之前民族贸易公司与昆明百货大楼、东风百货商店是老昆明的三大百货公司。

20 世纪 70 年代的南屏街鸟瞰图（张卫民摄）

20世纪70年代的南屏街（张卫民摄）

高山铺： 在市区中部，近日公园东北侧，东起庆云街，西至安宁巷，长491米、宽4米。明初，由于地处城南，地势较高，因而得名高山铺。清初，因巷邻近南城脚，故改称南城脚巷。民国时期，复名高山铺。

20世纪70年代的高山铺（左下图廖可夫摄、右下图张卫民摄）

　　安宁巷：在市区中部，近日公园北侧，南起南屏街，北至庆云街，长182米、宽8.2米。清光绪年间，在巷内建有天宁庵，故称天宁庵巷。抗战时期，日机轰炸昆明时将天宁庵震垮，人们企盼和平安宁，遂更名为安宁巷。

20世纪70年代的安宁巷（杨红文摄）

　　宝善街：在市区中部，近日公园东侧，西起正义路，东至盘龙江宝尚桥，与尚义街相连，中与护国路成十字相交，长692米、宽17.5米。清代街东头有一座石桥，桥上为珠宝玉器交易市场，故称珠市桥，亦称珠市街，1940年改称宝善街。北厢：有温泉巷往北与南屏街相通。

　　宝善街北厢西口有同乐园，专营水煎包子、胡辣汤，原址在今宝善街口云南白药专卖店附近。宝善街的南厢转南华街东口是始建于1938年的福华园老店，福华园是经营滇味煮品的名店，主要经营肉米线、饵丝、卷粉、面条等各式煮品，罩帽汁有杂酱、焖肉、鳝鱼、叶子（肉皮）、三鲜等，由于制汤考究，罩帽鲜香，炽烂软糯，味道浓郁，深得老昆明食客的青睐。宝善街转南华街西口是宝善街破酥包子老店，宝善街破酥包与少白楼赖八破酥包、仁和园破酥包、卫家巷解氏荷叶破酥包、劝业场鲜美园车海云破酥包、四方亭破酥包、北京饭店杨宝贵破酥包并称老昆明的七大破酥名包。宝善街的北厢195号是始建于1906年的建新园老店，建新园是经营滇味煮品的名店。宝善街北厢温泉巷左侧有豆花村，以经营豆腐菜肴最为出名，原址在今宝善街160号雪丽丹服装店附近。宝善街转鼎新街拐角处是著名西医内科及小儿科专家甘烈民先生的旧居，甘烈民先生高尚的德行、精湛的医术获得了昆明市民的广泛赞誉。

20 世纪 70 年代的宝善街口（廖可夫摄）

20 世纪 70 年代的宝善街（张卫民摄）

20 世纪 70 年代宝善街口的昆明银行大厦（张卫民摄）

南强街：在市区中部，近日公园东南面，东起护国路，西至祥云街，长 245 米、宽 11 米。民国时期，因邻近南教场，故称南教场街。后为唤醒民众，振兴中华，取自强不息之意，遂更名为南强街。南厢：有履善巷与金碧路相通，又经端仁巷，过营门口与金碧路相接。

南强街是始建于清末民初的老街，曾是珠宝、玉器、毡子、木材、竹器等行业的聚集地，后逐渐发展成为餐饮和娱乐中心。经过全面整修后命名为南强街巷，成为昆明历史文化保护街区之一。经过有关各方的精心打造，该街区业已成为昆明夜间文化和旅游消费集聚区。现入驻南强街巷的商家有德和罐头公司、夯嗦榴梿米线、啫啫酒馆、上山喝茶、边境拌水果、麒麟大口茶、热火朝天火锅、云南道过桥米线、彩云姥姥、百集乐冰淇淋、现烤云南小粒咖啡、老浦家高端黑猪火腿、路过童年杂货铺、云海肴蒸汽石锅鱼、民生街巷老昆明涮菜、千鳗鳗鱼饭、佳禾欧包、山山茶茶、蜜雪冰城、霸王茶姬、七步香、茄子恰恰、云阿蛮生烫牛肉米线、阿萨中东料理、南翔生煎等 30 余家商铺，展示了昆明老街坊的别样风情。

20世纪70年代的南强街（张卫民摄）

　　北后街：在市区中部，金碧路北侧，东起营门口，西至南华街，长188米、宽3米。民国初年，以该地房屋建筑多面向北而得名。抗战时期，西南联大土木工程系陶葆楷教授住北后街51号。

20世纪70年代的北后街（张卫民摄）

金碧路： 在市区中部，东起得胜桥，西至环城西路弥勒寺，长 1700 米、宽 16 米。民国初年，因两广人士多聚居于此，时称广聚街。1937 年，以街中的金马坊、碧鸡坊命名金碧路，是市区主要街道之一。

金碧路南厢的鸡鸣桥旁云南省第一人民医院五号住院楼至昆明军区司令部机关大院一带，旧时称为复兴村。在民国时期复兴村是昆明布尔乔亚的聚居区，复兴村有民国时期军事委员会参谋次长、中央陆军大学校长、驻苏联大使杨杰先生的故居，杨杰先生曾说过："学习是一种生命的现象，是一个人还活着的标记。"

西南联大迁昆后，南开大学由于经费相对宽裕，为教授租用了条件较好的复兴村洋楼供他们居住，西南联大教授、著名社会学家陈序经就住在复兴村的一幢二层楼洋房内，他们家住在二楼，楼下住的是吕学海夫妇和岑家梧夫妇。

西南联大法律系戴修瓒教授住在金碧路寰瀛药店。商学系丁佶教授、李卓敏教授住复兴村 69 号。地质气象系赵九章教授住履善巷 3 号。算学系赵访熊教授住履善巷 20 号。土木工程系蔡方荫教授住履善巷苍庐。

抗战爆发后，冼冠生先生几经辗转于 1939 年在金碧路开设冠生园，专门经营粤式菜肴，原址在今金碧路大德大厦附近。旧时冠生园与陈龙记、曲园并称老昆明的三大粤菜馆。

清代末年的金碧路（照片由廖可夫提供）

20 世纪 70 年代的金碧路（一）（张卫民摄）

20 世纪 70 年代的金碧路（二）（廖可夫摄）

20世纪70年代金碧路上的山西小吃（杨红文摄）

20世纪60年代位于金碧路中段的曲焕章大药房外景（廖可夫摄）

20世纪60年代位于金碧路中段的曲焕章大药房内景（杨红文摄）

德馨巷：在市区中部，南起金碧路，北至南华街，长54米、宽3米。清末，巷内聚集众多文人，以传播道德文章为己任，故起名为德馨巷。

20世纪70年代的德馨巷（杨红文摄）

司马巷：在市区中部，近日公园南侧，南起石桥铺，北接金碧路，西通鱼课司街，长140米、宽2～4.8米。清道光年间，因巷内有司马李际春的宅第，故得名司马第巷。民国时期，简称为司马巷。

香油巷：在市区中部，北起金碧路，南至云津市场，长80米、宽3米。清代，在巷内建有香油会馆，故起名香油巷。

20世纪70年代的司马巷（杨红文摄）　　　　　20世纪70年代的香油巷（杨红文摄）

端仁巷：在市区中部，东起履善巷，西至营门口，长145米、宽4米。清代，该区域是南教场西部边沿。民国年间，因安南侨民多聚集于此，故称为安南巷。1940年，以端正仁爱之意命名为端仁巷。

20世纪70年代的端仁巷（一）（杨红文摄）

20世纪70年代的端仁巷（二）（刘建华摄）

营门口：在市区中部，南起金碧路，北至北后街，长 105 米、宽 7.2 米。清初，云贵总督卫队曾驻扎在南营门，因该巷正对南营门，故得名营门口。

20 世纪 70 年代的营门口（杨红文摄）

木行街：在市区中部，南太桥南侧，南起宝善街，北抵南太桥，长 205 米、宽 5.2 米。清光绪年间，街内居民多从事木材及木制品生意，故以此得名。

抗战时期，同济大学王玉章先生来滇任云南大学文学系教授，住木行街联芳巷 3 号。玉章先生系词曲研究大家吴梅先生的入室弟子，潜社的主要成员，著有《元词斠律》一书。西南联大电机工程系严晙教员住木行街 98 号。

20 世纪 70 年代的木行街（一）（张卫民摄）

20 世纪 70 年代的木行街（二）（廖可夫摄）

　　维新街： 在市区中部，南太桥南侧，北起南太桥，南至金碧路，长 349 米、宽 4.2 米。清初街内，居民多以制作翠花为业，故称翠花街。清末康有为、梁启超提倡维新变法，故改称维新街。西厢：有头道巷往西北与护国路相通。

　　抗战时期，西南联大社会学系教授周叔昭住维新街 74 号。女生导师兼师范学院教育学系陈意教员住维新街 79 号，校医室郑信坚医师住维新街 105 号。

　　护国路： 在市区中部，昆明工人文化宫西侧，南起金碧路，北至长春路，长 900 米、宽 8～24 米。清代从长春路至威远街一段称为绣衣街，威远街至庆云街一段称为白鹤桥。1915 年袁世凯复辟称帝，云南唐继尧、蔡锷、李烈钧首先发起讨袁护国运动，为纪念护国首义，将白鹤桥更名为护国街。1927 年扩修道路后，以小南门为界，小南门至长春路为绣衣街，小南门至金碧路为护国街。1937 年后统称为护国路。东厢：由北至南有福昌巷、穿城巷、头道巷横贯其间。其中，穿城巷往东经大东城脚与青年路相通，往北与长春路相接。头道巷往东与维新街相连。西厢：由北至南有青龙巷、宝华巷、文星巷横贯其间。其中青龙巷往南与威远街相通。宝华巷往西与南昌街相接。

20 世纪 80 年代的护国路（廖可夫摄）

20 世纪 90 年代的护国路（刘济源摄）

　　为了促进抗日战争时期文化的发展，著名作家茅盾受云南省文协分会的邀请来昆考察指导工作，茅盾一行从香港启程经越南转乘滇越铁路火车于 1938 年 12 月 28 日抵昆，就下榻在护国路的西南旅社。

　　晓东街：在市区中部，近日公园东面，南起宝善街，北至南屏街，长 88 米、宽 6 米。民国初年，滇军朱晓东将军在此建盖公馆，1937 年以其名改称晓东街。

　　1944 年 9 月，著名音乐家马思聪、王慕理伉俪曾在南屏大戏院举办过四场音乐会，演出十分成功，盛况空前，当时云南省政府主席龙云也亲临音乐会现场表示祝贺。1943 年山东鲁菜名馆福顺居在晓东街正式开店，行政总厨张振昌技艺精湛，他烹制的油爆肚头、九转大肠、滑熘里脊、山东烧鸡最为有名。白宫冷饮店、胜利冷饮店也坐落于此，抗战时期，是西南联大师生经常光顾的地方。朱宝源先生在此开设南京公司，是旧时昆明最豪华的美发厅。

20世纪70年代的晓东街（张卫民摄）

20世纪80年代位于晓东街的南屏电影院（廖可夫摄）

　　鼎新街：在市区中部，近日公园东南面，南起南强街，北至宝善街，长107米、宽12.5米。明清时期，该地属南教场，1934年形成街道，取《颜真卿集》中"于是鼎新轮奂，其兴也勃焉"，命名为鼎新街。西厢：有公安巷往西与祥云街相通。

20世纪70年代的鼎新街（照片由李晓明提供）

　　祥云街：在市区中部，近日公园东南面，南起金碧路，北至南屏街，中跨宝善街，长403米、宽13米。东厢：由北至南有四荫里、德昌巷、公安巷横贯其间。其中公安巷往东与鼎新街相通。西厢：有崇德巷镶嵌其间。

　　现祥云街北段49号至53号是著名民主人士范子明先生于1954年创办的北京饭店，北京饭店以京鲁、滇味为主，以川黔、淮扬为辅。为了将北京饭店打造成滇省的美食之都，他延揽名厨，先后聚集了朱维翠、张逢安、解德坤、彭正芳、邢琢岚等名厨分块支撑和把关整个厨房的运作，又聘请淮扬名厨田金龙、崔承朝，滇味名厨王富、罗富贵为顾问。他尤为重视青年厨师的选拔培养，培养了数十名优秀厨师，其中红案以王崇仁为魁元，白案以杨宝贵为翘楚。范子明先生始终坚持"理清源流、发掘本味、突出特色、兼收并蓄、融会贯通"的经营思路，经过十年的打造，把北京饭店打造成了滇省京鲁菜肴的重镇，滇味美食的集大成者，春城昆明这座历史文化名城的香积厨。

　　祥云街36号是建于1930年的仁和祥宅院，该宅院系砖、木、石结构，单檐硬山顶，清水砖墙，是一座由两座四合五天井建筑对连组合的传统民居，2002年被公布为区级文物保护单位。现已辟为云和祥食府，专营滇味美食。祥云街西厢靠宝善街口是 1943 年北方清真名厨朱维伯先生开设的东来顺，专营涮羊肉、烤羊肉串、牛肉馅饼，原址在今祥云街 42 号福林广场一楼阿玛施旗舰店附近。

20 世纪 70 年代的祥云街（一）（廖可夫摄）

20 世纪 70 年代的祥云街（二）（张卫民摄）

　　南华街：在市区中部，近日公园东南面，直街南起北后街，北至宝善街；横街为东西走向，东起祥云街，西至直街，长282米、宽4米。民国初年，街内建有毡子市场，故称毡子街。后与相通的南华街合并统称今名。东厢：有崇德巷往东与祥云街相通。西厢：有福生巷镶嵌其间。

20 世纪 70 年代的南华街（张卫民摄）

20 世纪 80 年代的南华街（张卫民摄）

　　同仁街：在市区中部，近日公园东南面，北起宝善街，南至金碧路，长293米、宽6.8米。
西厢：由北至南有先知巷、盐店巷、二允巷，往西与三市街相通。

　　同仁街西厢中段原昆明市交通队旧址，是滇军名将马锳先生的故居。同仁街东厢北段原
盘龙区百货公司旧址，是著名中医妇科、血液科专家袁怀珍先生的旧居。

20世纪60年代的同仁街口（张卫民摄）

20世纪70年代的同仁街（廖可夫摄）

金马碧鸡老城厢

昆明城市文化的历史镜像

下卷

中共五华区委党史研究室
五华区地方志编纂委员会办公室　编著

生活·讀書·新知三联书店

图书在版编目（CIP）数据

金马碧鸡老城厢：昆明城市文化的历史镜像 / 中共
五华区委党史研究室，五华区地方志编纂委员会办公室编
著；龙发昆主编；蒋赟副主编；范丹，李晓明执行主
编 . -- 北京：生活·读书·新知三联书店，2025. 7.
ISBN 978-7-108-07898-8

Ⅰ . K297.41-64
中国国家版本馆 CIP 数据核字第 2024QP2243 号

选题策划	知行文化	
责任编辑	马　翀　朱利国	
封面设计	陶建胜	
责任印制	卢　岳	
出版发行	生活·讀書·新知 三联书店	
	（北京市东城区美术馆东街 22 号）	
网　　址	www.sdxjpc.com	
邮　　编	100010	
经　　销	新华书店	
印　　刷	河北品睿印刷有限公司	
版　　次	2025 年 7 月北京第 1 版	
	2025 年 7 月北京第 1 次印刷	
开　　本	787 毫米 ×1092 毫米 1/16　印张 51.5	
字　　数	1017 千字　图 546 幅	
印　　数	0，001—1，500 册	
定　　价	450.00 元	

（印装查询：010-64002715；邮购查询：010-84010542）

目录

文艺纪闻

民俗风情

滇味珍馐

往事拾遗

古城风韵

文艺
纪闻

九五至尊与会泽院

金子强

由青云街的平地而上，举头可见会泽院依坡势而建。如果说至公堂是云南古代贡院的标志性建筑，那么会泽院则是现代云南大学（原东陆大学）的标志性建筑。

1922 年，唐继尧选址建东陆大学时，以他为代表的几位云南"大脑壳"，否定了选址于大观楼和翠湖的两个拟议案，最终确定以贡院为东陆大学的校址。除考虑文脉连缀的历史意义，及"略加改进，即可便用"，以期事半功倍的物质基础的实利抉择外，还有古人在选择贡院地址时的那一片"心机"：该地充满景宜气和、木森柏沁的盎然生机，是中选首因。所以东陆大学刚一建立，北京前来视察的大员禁不住称赞道："四周风景绝佳，以其建筑之庄严灿烂，并擅此湖光山色，不啻在中国西南方面辟一新世界焉！"

东陆大学继承古代贡院开建会泽院时，拆毁了至公堂前的明远楼，评卷之地的衡鉴堂则改为图书馆，给人以革故鼎新，昭示"新主"之感。会泽院于 1923 年奠基，1924 年建成。建筑体长 78 米、高 23.3 米，坐北朝南，通面阔 18 间，76 米；进深 5 间，20 米；砖石结构。初建时"纵七丈，横二十三丈四尺"，为二层法式建筑，层高 4.5 米。"屋顶为露天平台，可登高远望"，之后顶上加盖一层，方成今日之状貌，建筑面积约 4000 平方米。由留学法国、比利时的张邦翰先生设计，为当时昆明最大的著名西式建筑，在时间段上几乎与当时留学西方的中国学生在京、沪、津设计的西式建筑相同，并在风格与造型上自成个性，为 20 世纪 20 年代初同类建筑在西南地区的代表作，在中国近代建筑史研究中当有一席之地。

作为西学东用的一个象征，会泽院通体为直线外形结构，外墙砌法国红砖，形象突出。外墙的转角、门窗框和角均用石头砌成，门窗上缘采取富于变化的弧形，刚直而不呆板，宛转却不轻浮。中部门堂月台突出，正面四根粗壮的罗马圆柱，柱顶为叶形浮雕，下为法式铁栏杆，颇有气势。石嵌窗框，以很具法式色彩韵味的酡红色粉饰墙体。室内地面用法国进口地砖铺筑，其余为木楼面，木踏步板台阶。前、后、左、右的铁门呈深色，用曲弧形的空灵纹样作装点，使门的形制沉稳却不显沉重，庄严中透出灵动，这正是大学气韵的一种象征。

会泽院坡前那砌筑的 95 级石阶，坐北朝南，从校门口往上，石阶逐层叠砌，上端楼台巍峨，巨柱耸立，使人有学府殿堂仰之弥高、至上至尊的感觉。《易·乾》中有"九五，龙飞在天"之说，有人人皆可登上九五，与皇帝专享的帝制传统"决裂"之意。东陆大学的主要创办人唐继尧为云南会泽人，即以他的籍贯"会泽"二字命名会泽院。而且唐继尧本身为护国反帝制复辟名将，他早年在日本留学时就自号"东大陆主人"，故将这座大学称作东陆大学，明示自己不要专制帝制，提倡庶众平民也可做主人，这95级石阶在当时更有了非同一般的意义。东陆大学的首位校长董泽则称："是东陆大学，非一人之所专有，更非云南的、中国的，实世界的也！"其含义或许更符合"大哉东陆，为国之珍，群英济美，中华主人"的现代大学主旨。95级石阶两侧饰以空心栏杆，均为红色弧段砖，色彩灿然。西方建筑构式，叠加中国传统元素，二者融为一体，依稀使人领悟东陆大学"发扬东亚文化，研究西欧学术，造就专才"的建校宗旨。

会泽院不仅在艺术形式上不同于以往古建筑，以形态的美威飨之于目，而且建筑品质令人叹服。抗日战争时期，日本飞机两次轰炸会泽院，如1941年5月12日一颗炸弹穿透两层楼板呼啸落地，大楼受损仍安然屹立。直到7年后才进行较大规模加固修茸并加盖了一层楼，至今，依然雄姿巍然，为而今云南大学形象设计的标志物。

1935年，蒋介石到昆明指挥对红军的"围剿"，就以会泽院为其行辕。毛泽东以声东击西的韬略，兵临贵阳逼昆明，惊慌失措的"蒋总司令"急调滇军回昆救驾。红军虚晃一枪，调虎离山袭金沙，最终渡过金沙江，打破了敌人的围追堵截，赢得了战略主动。会泽院见证了蒋介石的失败，宣布了"红军都是英雄汉"和"毛主席用兵真如神"。

1948年，由昆明师生掀起的"七一五"爱国民主运动中，会泽院作为战斗堡垒，续写了光辉的一笔。

云大校园内矗立的至公堂与会泽院以及95级石阶，连缀了从500多年前的古代一路风雨走来的云南教育史。云大人将本校之精神概括为"会泽百家，至公天下"，前者表达学术情怀，后者表达人文追求。如此贴切的个性化警句，不仅使这些建筑达于文化升华，而且活化了云大的治学精神。

20 世纪 70 年代的会泽院外景（一）（廖可夫摄）

20 世纪 70 年代的会泽院外景（二）（廖可夫摄）

20 世纪 70 年代的会泽院外景（三）（廖可夫摄）

20世纪90年代的会泽院内景（一）（刘济源摄）

20世纪90年代的会泽院内景（二）（刘济源摄）

20世纪90年代的会泽院内景（三）（刘济源摄）

贡院文化

高　旗

　　作为云南最高学府的云南大学，迄今已有 100 多年历史，这座现代大学的地盘上，承载着一段 500 多年的历史文脉，这就是云南的贡院文化。现存云南大学校园的贡院，是明景泰四年（1453）的老贡院。当年贡院设在此地，据说是因为这里的风水独特，概括起来讲，就是依山傍水即藏风得水，同时风景优美，空气流通，并且地处昆明老城北门之右，背城墙，面翠湖，居高瞰下，视若踞虎，是难得的钟灵毓秀之地。同传统的中国建筑一样，云南贡院非常讲究沿建筑中轴线延伸，即注重进深布局。旧时，从前至后，从明远楼、至公堂到衡鉴堂，前为外帘，后为内帘，建筑物左右对称，明远楼的东、西两面为考场，即考生考试、居住的地方，也建在中轴线两侧，显示一种极为严谨和端凝肃重、沉稳厚实的气度。

　　云大贡院中现存最具古风也是最大的单体建筑，当数明弘治十二年（1499）建成的主体建筑至公堂，建筑面积 564 平方米，硬山顶，双联土木结构，面阔 5 间，宽 27 米，进深 5 间，宽 18 米，前出廊，廊檐为卷棚式，明间稍大。1987 年重建时，改为仿木钢混结构建筑。堂内存清康熙三年（1664）《重建贡院碑记》碑一尊。1987 年 12 月被公布为省级重点文物保护单位（保护内容包括东号舍、映秋院和会泽院）。

　　作为当时披露张榜、决定考生命运的重地，全国各省贡院中进行乡试大典的建筑都依中央颁定的名称，命曰至公堂，展示考试面前人人平等之意。因此，云南至公堂楹联上、下联分别为：立政待英才，慎乃攸司，知人则哲；与贤共大位，勖哉多士，观国之光。意即慎选才士，为君辅佐。那是王朝时代何等神圣的经邦之大事。从而"至公堂"三个字当然一定要庄严稳沉，凝重端方，才可与建筑的标榜相匹配。

　　云大至公堂建于一个垒高的台上，有台阶四级。台突兀而高出地面，体现了学而优则仕的堂宇居高临下的社会地位，是一种既显又隐的社会地位在建筑物上的象征，台高而气爽，气爽则雅静。至公堂从地面至屋脊近 7 米之高，楹柱四根，粗硕浑实，宏畅舒朗。由于坐北朝南，更是尽得阳光照拂，展示了贡院中心建筑的威仪与丰姿。

　　此外，至公堂的梁、枋、斗拱等处的彩画，因为古代中国建筑基本是土木结构，而木头易在风雨侵蚀中受损，故对梁、枋、斗拱等木构件用油漆进行粉刷、装饰、彩画，具有保护

与审美双重功效。

至公堂采用黄色琉璃瓦，那是因为这里曾为南明永历帝驻跸之地，为滇都皇宫所在之处，据《滇云历年传·卷十》载：1656年，李定国等执行联明抗清政策，奉迎永历帝朱由榔入滇，"过金马山，百姓遮道相迎"，既入昆明城，以至公堂等处为行宫，"群臣朝谒"，因色彩上的讲究，用艳丽夺目的金黄色。

值得一提的是，清代大名鼎鼎的民族英雄林则徐，于清嘉庆二十四年（1819）典云南乡试，坐镇至公堂，留下"滇中四时常见花，经冬尤喜红山茶"的名句。令人钦佩的李澄中，于康熙二十九年（1690）为云南乡试正考官，这位博学鸿儒治罢至公堂公事，他离开云南时，行囊中仅一片松子石，一部《滇行日记》，携一根云南竹杖。真是端端肃肃地来了，清清白白地走了，不带走一个铜板。人格真如石一般坚卓刚毅，人品恰似竹一样气节盎然，给至公堂镌下了至公的风骨。

东陆大学成立后一直到抗日战争爆发，至公堂成了开展讲座论坛的圣地：培养自尊人格，追求正义目标，抗击民族敌人，憧憬民主自由，充满泱泱学府的大气。一大批著名学人如茅盾、尚钺、楚图南、姜亮夫、朱自清、潘光旦等都在这里发表过脍炙人口的演说。1946年7月，闻一多拍案而起，在至公堂发表了震古烁今的《最后一次讲演》，更为这座古建筑增添了不朽的历史价值。

在云南贡院保护完好的建筑中，目前尚存清代科举考试的一溜东号舍，坐北朝南，上、下两层，共60间，高7.92米、长53米、宽11.3米，建筑面积1199平方米。单檐歇山顶，砖木结构，房屋外侧均有外廊转通。将现代大学校址与古代贡院号舍赓续并存于同一空间内，在全国高等院校中不说独一无二，亦属稀少罕见，它在隐隐提示：从古代的士到现代的知识分子，其身份既迥然不同又似断若连。

古代各地贡院的考棚号舍，大抵为平房，云南贡院的号舍却是两层楼房。据耆宿罗养儒老先生言，直至20世纪三四十年代，昆明城内依然是平房多，还有草房，两层之屋不多，三层乃少见。贡院的两层号舍在古代，就更显壮观。这也给监考巡视带来新的要求：考试之时，分管所属号舍的巡绰官要在号舍前随时巡视，即使在有风雨的时候，也要"坐于明远楼下，遥遥瞻视"。那时的考棚无门无栏，号舍内两块长三尺余、宽一尺六七的号板，提供给士子铺床架桌，考生的一切举动，几乎都可以监而察之，今日可以看到的有门有窗的号舍，究非以往原样，不过凭之可以想见当时科考的大略情况。

这里的每间号舍面积约五尺见方，走廊宽约三尺，依《千字文》诸字按序编号：天、地、玄、黄、宇、庙……"洪""荒"两字弃而不用，盖因撰写大块文章落笔怎能洪水成灾或荒乏瘠贫。这也是古人文字神秘的心理作祟。一排排考棚列于明远楼两侧，名曰东号舍、西号舍，形成一个洋洋洒洒的科考建筑群落。号舍的建筑尽管简约，但作为鱼跃龙门的平台，却也庄严。遥想当年，每排号舍前，都悬纱灯一罩；至公堂檐下，明远楼及两龙门檐下都悬满红纱灯，农历八月的月光与红灯的光晕交织，给寒窗苦读的士子一丝丝对未来的憧憬。

追溯这段历史，在 600 多年前的明代初年，云南的秀才为求得举人的身份，必须千里迢迢赶到应天府（南京）参加乡试，道远路艰，花费不菲，贫苦士子们只能"望宇兴叹"。随着云南文教事业的发展，士子日增，明永乐年间，云南取得在昆明举行乡试的资格。此后，贵州考生也规定必须到云南参加乡试，于是弘治十二年贡院在今云南大学校址上兴建，成为云贵两省的重要教育与考试中心，设置了 1000 多个考棚，颇具规模，以往士子的录取大体与该地财税上缴额有关，云南边远贫穷，因而云南贡院中举的人数在全国的定额数被限得极少，但明末云南录取的人数已为明初的 2.75 倍，在明代 200 多年间昆明地区中举者 707 人，其中上京取进士者 79 人。

清朝建立后，云南仍以这座贡院为乡试考场，建筑面积还有所扩大。康熙年间，考棚由当初的 2800 多间增至 4800 多间，到光绪时超过 5000 间。昆明历史资料统计，清代云南文科举人共 6144 人，上京会试有 671 人取为进士。明清两朝，云南举人与进士之比大约为 10∶1。这些枯燥的数字，映照出云南文化教育与社会发展的侧影。至公堂前有对联曰：文运天开，风虎云龙际会；贤关地启，碧鸡金马光辉。尽管科举的内容及气息是陈旧的，科举制发展到明清的八股取士已透露出陈腐之气；云大考棚中，而今塑了四个明代科举老式的号舍人物蜡像：两名官员，两名考生。一名考生年约十七八岁，一名考生年约六十七八岁，可谓皓首穷经。这倒怪不得他们那种追功名、逐官场的价值取向，因为古代读书人要么十年寒窗，一举登第，光宗耀祖，志得意满；要么秀才没落，下乡教书，当个孩子王，潦倒度日。他们的社会选择面十分逼仄。站在这间号舍前，很容易使人想起范进中举的故事，功名富贵常常会扭曲读书人的良心与操行。号舍考棚岂止是一间间木头结构的房子，也演绎着人间的爱恨情仇。然而这些考生士子能在八股的束缚下铺排出所谓锦绣文章，那是戴着脚镣跳舞，也足以令人慨叹。站在历史的角度上看，建考棚、兴贡院作为当时云南的一件大事，可谓边陲之地的滇省文化与教育沧桑的一个写照，真是让人遥想当年，遐想联翩。

清代末年云南贡院的明远楼（照片由廖可夫提供）

20世纪70年代的贡院考棚（廖可夫摄）

20世纪90年代的贡院考棚（刘济源摄）

20世纪90年代的至公堂（刘济源摄）

映秋院与泽清堂

高　旗

　　云大校区内由中国建筑大师梁思成、林徽因伉俪设计的既实用又别致的一院一堂即映秋院和泽清堂，历时几十年，至今仍是校园中令人赞赏的建筑佳作。

　　在抗日战争的艰苦岁月里，云南大学由省立升格为国立，名声渐隆，女生数量也在增加，而学校没有女生宿舍。校长熊庆来征得两位颇有声望的知识女性的同意后，她们慨然捐款建起了云南大学第一幢女生宿舍——映秋院，又建起配套的女生食堂——泽清堂。

　　这两位知识女性，一是捐款 2.5 万元后又追加 4 万元使得映秋院、泽清堂得以动工运行的云南王龙云的夫人顾映秋，二是捐款 4 万元作为襄助的军政要人、后任云南省主席卢汉的夫人龙泽清。云大两次遭日本飞机轰炸，边修边建中历经 4 年岁月（1938—1941），加上学校筹捐，共耗资 17 万元，最终建成。可以说，它们是烽火岁月中建盖的建筑，透露出不屈于倭寇与坚守教育事业的风骨。无声的建筑诉说着艰辛的年代与坚强的品格。梁思成、林徽因抗战到昆明后，即对昆明的古建筑进行了调查研究，经他们调查的古建筑有圆通寺、筇竹寺、文庙、真庆观、松花坝、金殿等 50 多处；又对云南的民居建筑做了深入的研究，这使他们眼界大开。所以，梁思成、林徽因夫妇为云南大学设计这两座建筑时，得心应手地糅进了很多当地建筑特征的元素。它们分别以两位捐款人的名字命名，一曰映秋院，二曰泽清堂，铭记她们的柔情侠骨。而今，两位捐款人已香消玉殒，但由梁思成、林徽因设计的这两座建筑，成了云大校内的楼宇典范，也成了云南建筑史上的一种莫大的机缘。

　　映秋院是一个四合院形式的建筑，看似四合却合而不闭，构思奇巧。由平房、楼房、塔楼、回廊、走道错落有致地结构而成。其北楼设计内走廊，阻北风，保温度，寝居温暖；西楼用外走廊，敞亮采光，延纳朝阳；东部以"T"形过廊将建筑物与校园景致连接，开阔通透。各楼可以贯穿，建筑的公共部分相互借延，使体量不算太大的整个建筑体显得空间阔达，毫无压抑气憋的窒闷感，与女大学生开朗豁达的气质要求相吻合。东北方向别出心裁地设计一道月洞门，柔美的曲线与门外婆娑的花影树形相衬托，很有"拂墙花影动，疑是玉人来"的朦胧诗情画境。西边则出人意料地建构一座瞭望塔，在高下参差相形中形成一道非对称的平衡美，而且瞭望也含有保护之意，在下意识中给住宿者一种起居的安全感。如果在此登高一看，西北边数丈以外便是以往的护城河旧界，其外错落的杂树在墨绿中显出几许苍凉与旷达；西边不远处是有名的云南第一天文点，为 1934 年对昆明在地球上的经纬度测量后的定位镌刻点，即东经 102°41′58.88″，北纬 25°3′21.19″。观斯处，常使大学生联想与思考自己的人生该如何定位；东南边十数丈外便是端庄的风节亭；东边的至公堂周围是挺立的古柏与遒劲的老松，因此而今云大校园内有古柏道与旧院读松的景致。那些树干、斜枝上，也许还渗透着昔年科考生的汗渍，暗留着他们细微的掌痕。那时到贡院应考，是男人的专享，而映秋院内的巾帼，以新的姿态打破了这块古老地上曾经的男人一统天下的局面。

精致典雅的映秋院，徐悲鸿先生在此下榻过，"两弹一星"获奖者彭桓武院士等亦在此居住过。1955 年周恩来总理到映秋院看望过那时作为"天之骄女"的女大学生，后对云大的发展作出"要办成接受东南亚各国留学生的重要基地；加强少数民族历史的研究；云南植物多，要好好研究；办出特色"等指示，这是学术文化发展的高瞻远瞩。

泽清堂设计为传统大殿样式建筑，风格上与映秋院既有区别又有联系，功能上作为学生食堂与映秋院相配套，建筑筹划上属单体却又与映秋院连为一气，原先其花窗的形制与映秋院南边的会客室花窗格调和色彩相一致。有人说，这一组建筑透出的旖旎之气，与美女建筑家林徽因的设计气质颇有关系。

熊庆来校长对这一院一堂有很高的评价："梁氏夫妇苦心经营……营造设计另辟蹊径，在云南建筑史上亦可放一异彩。"

不得不说的是，"苦心经营"的梁思成夫妇是以纯友谊的协助态度参与其事，换言之，就是不收取设计费的。而此时住在昆明的梁氏夫妇正病痛缠身：林徽因由于急性肺炎导致肺结核复发，身体虚弱；梁思成原已患脊椎间软组织硬化症，"到昆明后病情恶化，时常背痛难忍，昼夜不能入睡，几乎有一年时间不能在床上平卧"。他们需要钱，但他们没有要钱。伫立于此地，睹物思人，思绪万千，也让一代又一代的云大学子铭刻在心，砥砺自己，书写风流，创造人生的辉煌！

20 世纪 70 年代的映秋院鸟瞰图（廖可夫摄）

20 世纪 70 年代的映秋院内景（一）（张卫民摄）

20世纪70年代的映秋院内景（二）（张卫民摄）

20世纪90年代改建后的映秋院外景（一）（刘济源摄）

20世纪90年代改建后的映秋院外景（二）（刘济源摄）

20世纪90年代改建后的泽清堂（刘济源摄）

云大的坊与亭

金子强

　　云南大学内至今保留着按照旧貌恢复的两座老牌坊。顺带说一句，前人将单排立柱上加额枋等物件而不加屋顶的建筑小品称为牌坊。像昆明人惯称的金马坊、碧鸡坊，是在单排立柱上加额枋、斗拱等物件，上面再加屋顶，应该叫"牌楼"，只不过昆明人约定俗成叫"坊"罢了。云大这两座老牌坊，其实是贡院大门外的旗台，左曰腾蛟，坊额的另一面题"为国求贤"；右曰起凤，坊额的另一面题"明经取士"；屏垣颇为严固，气势极其宏壮，体现的正是贡院的职能与愿景。

　　坊额题字的典故，出自初唐四杰之一王勃的《滕王阁序》："腾蛟起凤，孟学士之词宗。"这寄寓着期望考生都有龙飞凤舞的文采，都是文章能手的祝愿，用意贴切。而昆明许多街巷的命名，都与这贡院情结有关，如附近的龙翔街、凤翥街，正是对腾蛟、起凤的同义反复。因有贡院，于是有贡院街之称；因秋闱之时，此地文人如林，遂有文林街之名；因"一登龙门，身价百倍"的憧憬，贡院门首有龙门桥、龙门道；因希望通过科考能"好风凭借力，送我上青云"，由是贡院街后来改名青云街；因切望腰紫衣玉，龙榜高中，贡院旁又有玉龙堆……牌坊之名应和着科举年代的社会风气，街名人望也附丽了贡院旨要。在读书人只有仕途经济为阳光之道时，贡院两座牌坊标榜的精神，就是那个时代的风向标。

　　在屡毁屡建中，云南大学现存的风节亭是一个八角攒尖亭，蕴含着多重韵味。亭是最能代表中国建筑特征的一种建筑形式，一般体积不大，却具有独特的魅力和深厚文化内涵。亭从功用来分，有因景而设的观景亭，有因地而设的休息亭，有因物而设的庇护亭，有因人而立的纪念亭，等等。风节亭显然属于因节而立的昭喻亭。因在明代天启年间任吏部尚书的云南禄丰人王锡衮，明亡后效命于南明王，被叛乱的土官沙定洲囚禁于贡院。王锡衮坚拒与沙定洲合作，写《风节亭恭记》，以诗言志："臣衮血性存""安能死魑魅"，终被沙定洲杀害。风节亭在王锡衮之前已建于贡院，是勉励考生做有风骨气节的清正刚直之人。这座八角亭所昭示的高风亮节精神，也使"兀坐风节亭"的王锡衮以"臣衮复何言"的从容彰显，坚守着自己的信仰。因此，亭上的对联云："翠柏高风昭后也，苍松劲节励来人。"无疑有着意义恒久的价值。

风节亭亦不失为云大校园内的景观建筑。亭的构式常常以空间环境主体的形式出现，以小巧的姿态成为视觉景物的一个观赏中心。亭没有墙，仿佛不是一个实体，它八方空灵，把远近目力所及的景观连缀成一片和一体，尽收眼底。在以往很长时期昆明基本没有高层建筑的年代，立于贡院居高临下的风节亭举目四望，真是恰以虚空纳千景，将空间的有限与无限有机地统一起来。

明代程羽文在其《清闲供》中提出"亭欲朴"的建筑与审美理念，风节亭的造型、制式正暗合于这个思想。它以青绿之色为主调，不张扬，不炫耀；它以红色亭柱表主题，讲热血，讲丹心。它质朴而不简陋，挺拔而又收敛，讲风采，言风骨，寓庄于朴。形即为质，风节亭这座八角之亭有翘角，但不似苏州虎丘亭那么轻飞灵动，而显沉静。它属攒顶，却不似山西晋祠善利泉亭那样陡峭，而显稳健；是儒家中和气质的显现，是传统沉稳人格的借喻，具有人文审美与景观审美的双重作用。

风节亭与牌坊、至公堂、考棚这些老建筑在云大校园内形成的颇具规模的贡院古建筑群，在五华区乃至整个历史文化名城昆明的古建筑中可称一个重要部分，也让人领略到这块土地上历经数百年风雨剥蚀而源远流长的文化脉络。

20世纪90年代云南大学校园内的风节亭（刘济源摄）

云南大学校园内的腾蛟坊（刘济源摄）

云南大学校园内的腾蛟坊另一面"为国求贤"（刘济源摄）

云南大学校园内的起凤坊（刘济源摄）

云南大学校园内的起凤坊另一面"明经取士"（刘济源摄）

国立昆明师范学院

张云辉

1938 年 5 月 4 日，西南联大正式上课。同年 8 月，应云南社会各界的强烈要求，根据实际需要，按国民政府教育部训令，西南联大增设师范学院，于 12 月 12 日正式开课。新增设的联大师范学院为全国 6 所师范学院之一，也是当时西南地区唯一培养中学师资的院校，为云南中等教育培养了大批骨干力量，在教育、经济发展中做出了巨大贡献。

联大师范学院组建时，将联大文学院哲学心理教育学系（由原来北大教育系和南开哲学心理教育系组成）所属的教育组及云南大学教育系师生划入。共设国文学系、英语学系、史地系、算学系、理化系、教育学系和公民训育系，面向全国招生。黄钰生为师范学院院长，系主任及任课教师多由联大其他学院教授兼任。建院之初，校舍租用大西门内文林街昆华中学北院校舍旧址，1940 年 10 月日机轰炸，北院校舍几乎全毁，即迁往大西门外龙翔街昆华工校旧址，直到联大结束北返。与联大其他学院一样，师院也以 11 月 1 日（长沙临大开始上课日）为校庆日。1940 年 11 月，联大师院附属学校成立，包括中学、小学两部分。联大重视学生基础理论的学习，主张通才教育和教授治学，实行选修课制和共同必修课制。由于将为人师表作为培养目标，所以师院在管理上严于其他学院。联大实行学分制，文、法、商、理、工学院学制本科为四年，学生要修满 136 个学分；师院本科为五年，学生要修满 170 个学分。联大师范学院为给云南培养更多的师资，除办好本科外还开办了三年制的专修科。专修科是以大文科、大理科的方式设置，是根据云南省中等学校师资严重缺乏，要求学生一专多能而决定的。8 年间，联大师范学院共培养本科生 200 余人、专科生 80 余人。此外，西南联大师范学院十分重视在职中等学校教师的培训，从 1939 年开始，与云南教育厅合作，先后举办了中等学校在职教员进修班、中学理化实验讲习班、中等学校各科在职教员讲习讨论会等在职师资培训班。

1946 年 5 月，西南联大完成了它的战时使命，组成联大的北大、清华和南开三校北返，联大在滇期间深得地方当局和云南人民的支持、帮助，为答谢云南人民的厚爱，将师范学院留下独立设置办学，更名为国立昆明师范学院。原联大师范学院所有校舍校具、图书仪器及其他校产、学生成绩及有关问卷交拨使用。

　　1946 年 8 月，国立昆明师范学院正式独立设置办学，查良钊任院长（查良钊原为联大师院主任导师，曾任联大训导长）。共设国文、英语、史地、数学、理化、博物、教育 7 个系，以及附属中小学校。国立昆明师范学院院长负责主持全院院务，设教务处、训导处、总务处，处下分设若干组室。在院长领导下成立类似联大常委会的国立昆明师范学院谈话会，商讨及处理学院教务、总务、训导等方面的重大事宜。院庆日仍为 11 月 1 日，体现其同联大的亲缘关系。仍定 12 月 12 日为成立纪念日，体现与联大师院的承继关系，也昭示联大师院的传统和学风将得到发扬光大。

　　师院学生层次较联大其他学院复杂。以五年制本科为主，始业时北大、南开、云大并入的多为高年级学生，后来接收过云南、贵州、西康和江苏的保送生。1949 年曾招收过一些研究生，同年始设三年制的专修科。此外还有短训班等。

　　国立昆明师范学院以为云南培养优良师资为宗旨，贯彻通才教育的思想，传承联大认真教学、自由研究的办学精神与学术传统，延聘联大知名学者教学，并制定了与三校具体的合作办法，因时因地制宜实行学分制，继续培养了很多高水平的优秀教师，并采取多种方式培养云南师资，对云南的文化教育、社会经济、科学技术产生了巨大影响。

2010 年的云南师范大学（刘济源摄）

　　新中国成立后，国立昆明师范学院改称昆明师范学院，是时共设有 7 个系，在校学生 1000 余人。20 世纪 60 年代初，云南体育学院、滇西大学、滇南大学撤销，相关专业并入昆明师范学院，学校发展成 8 个系 12 个专业，在校学生 2800 余人。1984 年 4 月 11 日经云南省人民政府批准更名为云南师范大学。新组建的云南师范大学是云南省培养教育师资的一所综合性师范大学，也是云南省唯一一所省属重点师范大学，建校以来为国家培养各类人才 10 万余人，被称为红土高原上的教师摇篮。

2010 年云南师范大学校园内的"一二·一"运动纪念馆（刘济源摄）

2010 年云南师范大学校园内的"一二·一"运动四烈士墓（刘济源摄）

2010 年云南师范大学校园内的西南联大纪念馆（刘济源摄）

2010 年云南师范大学校园内的西南联大纪念碑（刘济源摄）

梅贻琦题"国立师范学院"及"教学相长"石柱（刘济源摄）

云南师范大学校园内的国立西南联大和昆明师范学院革命烈士纪念碑（刘济源摄）

云南师范大学校园内的李公朴先生墓（刘济源摄）

五华书院

钱　俊

　　五华书院号西林学舍，可称得上培养云南人才最早的官办教育机构之一。书院始建于明嘉靖年间，由云南巡抚王启上疏而建，迄今已有 500 年左右的历史，旧址最早在今五华区文林街云师大附小西北。

　　清雍正时，云贵总督鄂尔泰将其改建于五华山南麓，"构置经史子集万余卷选士课读"。雍正十一年（1733），清廷命各省会设立书院，各赐币金千两作营建之用，云南省会对这座书院赐名五华。后多有增修扩建。同治二年（1863），书院东、西两大院和藏书大部毁于战乱。1886 年重建，至 1872 年云贵巡抚岑毓英等人再次重修并增建东、西园书舍 39 间，书院配置更加完善。

　　五华书院规模宏大，格局典雅，环境清幽，建筑精巧。前承学宫，后枕五华山，门临西华街，入门古柏参天，中间一条道路直通大讲堂，两旁斋房，堂后为藏书楼。库藏御赐四库全书，左右两侧即为东园与西园，是学生寄学之所，可供数百人生活学习。

　　据史书记载：书院课程分官课、堂课两种。官课每月初三、十八日由督抚司道官员主课，以首府县轮流命题，考试制艺一篇，律诗一首。考试结果评甲乙列榜，优者可获奖资；堂课则每月诗文一次，辞赋一次，由书院院长（即山长）主持，优者亦有奖资。书院院长均由总督、巡抚选聘，多系在籍获科举者乡绅。值得一提的是，名噪云南一时的戴䌹孙、李于阳、戴淳、杨国翰、池生春，均出于五华书院，故五人并称"五华五子"。

　　随着科举制度废除，光绪二十八年（1902）清廷下令创办新学，钦定各省省会书院改作高等学堂，同年，五华书院改称云南方言学堂，并于次年二月开课，书院即废止。此后其原址被改作国民党云南省党部，新中国成立后曾先后作为云南省档案馆、云南省经贸厅等机关驻地。原建筑现早已不存，但数百年来五华书院培养的大批人才，对云南地方文化、教育发展所起的作用，是应该肯定的。

私立五华文理学院

夏强疆

　　抗战胜利后，随着西南联大等教学和科研单位先后复员，云南的高等教育仅有云南大学及昆明师范学院，高中毕业生升学开始显得困难起来。云南教育界人士急谋对策——非提倡学术，不足以建国；非致力研究，即无以建学——成为人们的共识。私立五华文理学院正是在这样的背景下应运而生的，为云南历史上第一所民办私立大学。五华文理学院的成立成了云南教育、文化界的一件盛事。

　　1946 年 5 月 20 日，创办私立五华学院的要求得到教育厅准予，同时办学倡议得到社会各界的热烈响应。在发起人中，有李根源、于右任等民国元老，翁文灏、陈果夫、卢汉、霍揆彰等军政要员，梅贻琦、陈寅恪、蒙文通、熊庆来、钱穆、华罗庚等学界精英，周钟岳、秦光玉、由云龙等云南知名学者。

　　1946 年 6 月 7 日下午，发起人秦光玉等 34 人在省立昆华图书馆举行第一次会议，对学院创办起因、筹备人员、院址、工作推进事项、院董选举、学院规章等重要事项举行决议。这天也成为学院成立纪念日。后推周钟岳领导，于乃仁、于乃义等具体负责，筹备工作有序展开。

　　1949 年 8 月 1 日，五华学院在昆华图书馆召开植物研究所和文史研究会成立典礼，植物研究所拟订 3 年研究计划，开展工作。文史研究会除决定研究计划外，每周 1～2 次定期或不定期设立讲习会，邀请西南联大、云南大学等高校知名教授如贺麟、罗庸、钱穆、刘文典、方国瑜等及地方知名学者如方树梅、由云龙等讲授。其中，钱穆的中国思想史深受欢迎，听众踊跃。文史研究会出版《五华》月刊，登载各部门研究论文、文史稿件、评论和一些重要的、系统的学术报告。此外，出版了《屏山学案》等文史丛书。

　　1946 年 10 月，五华学院租用的龙翔街 147 号昆华工业学校旧校舍修缮完毕，迁址办公。1947 年 4 月 5 日，学院召开第二次发起人会议，推选周钟岳为董事长、秦光玉为副董事长、于乃仁为院长，筹备委员会工作结束。6 月 10 日，私立五华学院更名为私立五华文理学院，设教务、训导、总务三处，决定招收人文科学研究班，修业期限 3 年，毕业后成绩优良者，由学院介绍到教育界、实业界或行政界服务。学生概不收费，每月择成绩优良之前 10 名各发奖学金 10 万元，目的在于使他们入学时即立定志向，以治学为终身事业。

1947 年 8 月，学院举行招生考试。由于报名人数众多，又增设先修班，课程与各大学先修班相同，修业 1 年，成绩优良者免试升学。此次招生，共录取人文科学研究班学生 30 名、先修班学生 200 名。男女生兼收。10 月 1 日，举行开学典礼。

办学之初，董事会就聘请一流师资授课，学院文科研究所所长钱穆兼任人文科学研究班导师，其他教师如刘文典、李源澄、诸祖耿、罗庸、由云龙、陈一得、方国瑜等均为国内或本省学养深厚的学者。学习课程除授大学文科必修科目外，侧重专业选读。学习方法因材而教，分科指导。试行学长制，学生概须住院。每日讲课及起居作息均有规律，并设有各科研究室，自修时间由学长领导研习，寒暑假则分赴各地考察与做专题研究。

1948 年 4 月，省政府拨借翠湖省参议会原址归五华学院使用。5 月，学院经教育部批准立案，取得合法办学资格，开设中国文学、外国语文学、历史学、物理学、数学、地质学及生物学 7 个学系。至此，学院校舍扩大为翠湖南院和龙翔街北院，专业设置渐具大学规模。在办学高峰期，录取新生达 338 名，在校生 600 余名，教职员 80 余名，藏书 3 万余册。

学院以人文学科为特色，设有云南边疆问题、方志研究、东南亚研究、史料学、云南文化史、云南地方文学、云南民族志等课程，其他如人种地理民族学等在当时的全国高校中尚不多见。

学院环境虽显狭小，但不失优美，而且校风健康活泼。晚上，学生们拾级而上到学山堂自习。师生生活丰富多彩，常有郊游、歌咏、舞蹈、音乐晚会、同乐会、观看影剧等活动。每逢校庆，举办各种文体活动。

办学经费方面，主要靠于氏兄弟捐助的一千万元办学基金的利息、于氏所捐房产租息以及所持股权企业收益、于氏祖遗产业的陆续捐献及部分社会各界捐助、学生缴纳的学杂费开支。图书馆书籍，主要为于氏兄弟捐献家传图书万余册，部分为地方人士捐助或寄存。虽然经费拮据，学院仍坚持有教无类的办学思想，不断吸收清寒优秀学生，尽量接济或减免贫困生费用，提供工读职位。1950 年上学期，清寒学生比例达 35%。1948 年和 1949 年，物价飞涨，四川大学、云南大学等全国各公立高校常有教师因生活艰难而停教、抱书携物出外典卖等事，学院仍能设法维持教师基本生活开支。

昆明民主运动的发展，学院政治倾向进步，学生参加了昆明学联组织的各项民主运动。五华师生还积极参加了反对桂军入滇、昆明保卫战、迎接解放大军、保卫世界和平签名活动、第一届国庆活动、中苏友好协会、选举人民代表等重大活动。

20 世纪 50 年代初期，学院按照教育部《关于实施高等学校课程改革的决定》，贯彻民族的、科学的、大众的新民主主义文化的文教政策，积极进行教学改革，将办学宗旨由发扬中国文化、推进科学研究，改为发展民族文化、推进科学研究，实行理论与实际一致的教育方法，培养具有高度文化水平、掌握现代科学技术成就，全心全意为人民服务的高级建设人才。如将人文科学研究班改为云南边疆文化学系，加强了地质系的教学工作，以适应新中国建设需要。

1950 年 8 月，云南大学、昆明师范学院、五华文理学院联合招生时，正值国家财政经济困难时期，私立学校没有政府拨款，其学生也未享受人民助学金，经费拮据的五华文理学院陷入困境，学生纷纷提出转往公立学校的请求。11 月 16 日，院政委员会第九次会议赞同全体同学转入学习环境较好的公立大学学习。并且，制定《五华文理学院学生转学办法》，成立了五华文理学院同学请求转校委员会，由昆明市军管会文教接管部致函云南大学、昆明师范学院。经甄别考试，学生大多转入云大，部分转入师院，一些教师也另谋他就。

1951 年，随着全国高等学校的调整，五华文理学院结束了 5 年的办学历程，共计培养学生 1065 名。

作为一所私立大学，尽管在办学经验上存在诸多不足，失去长久办学的优势。但是，这段历史凝结着前人为振兴云南文教事业所做的努力，在云南教育史上写下了应有的一页。

20 世纪 40 年代五华文理学院的翠湖南院大门
（照片由李晓明提供）

20 世纪 40 年代五华文理学院的龙翔街北院大门
（照片由李晓明提供）

百年昆一中

段之栋

昆明一中迄今已有110多年的历史。始创立于1905年，初名省会中学堂，进入民国时期，相继更名为云南省立第一中学、云南省立昆华中学。1949年12月9日昆明和平解放，翌年6月，省立昆华中学、省立龙渊中学、私立南菁中学合并，改定校名为云南省昆明第一中学（简称昆一中），校址选定在潘家湾原昆华中学校址。1984年，学校再次易名，去掉"云南省"三字，定名为昆明市第一中学至今。

昆一中作为昆明历史最为悠久的一所中学，经过几代一中人的努力，现成为云南省一级一等高级中学，享誉三迤，并成为在西部地区有一定影响的国家级示范性百年名校。

位于五华区潘家湾的昆一中，占地200余亩。早在昆华中学时期，校园内就建成了教学楼、办公室、实验室、图书馆、宿舍、操场、篮球场、足球场，规模之大，冠于全省。特别是足球场，经常被用作省、市足球比赛的场地，球王李惠堂父子都曾在此举行过表演赛。民国时期和新中国成立初期，昆明教育界就有大昆华、大一中之说。改革开放以来，随着教育经费的增加，昆一中开始大兴土木，对校容校貌进行了彻底的改造，一幢幢现代化的新楼拔地而起。30多年来，先后建成了多幢教学大楼、科技楼及报告厅、图书馆、行政综合楼、学生食堂和宿舍，又在原足球场的基础上建成标准400米塑胶田径运动场。近年又新建了地下双层体育馆，为了让师生课余有休闲的地方，又在校园内建了两个小花园——桃李园和昆华园，这是校园中的园中园，还在校园内修筑了一条几百米长的宽敞的百年大道，便利师生上下课行走。校园内高大的建筑群交相辉映，巍峨壮观，布局合理，道路平整，花团锦簇，绿树成荫，曲径通幽，整所学校变成了一座大花园，学校的建设蒸蒸日上，校容校貌焕然一新，真可谓旧貌变新颜，其学习环境和教学氛围堪称全省一流。

关于昆一中建校以来各方面取得的成就，已有很多人作过论述。而作为毕业于该校的一位老校友，笔者认为昆一中最让人骄傲和自豪的就是，该校一贯重视教师队伍的建设，精心打造名师队伍，曾有不少大师来校任教，如著名诗人、学者闻一多，著名历史学家吴晗、何炳棣、方国瑜，著名植物学家蔡希陶，著名文学史家萧涤非，著名物理学家黄昆，著名作家、翻译家楚图南，著名翻译家罗稷南，著名文史学家徐嘉瑞等。

　　建校百余年来，昆一中共培养出 10 余万名高中、初中合格毕业生，为国家输送了大批优秀人才，历届毕业生大多成为教育战线、科研战线、医疗战线、文化战线的骨干力量、学术带头人。其中不乏众多拔尖人才，代表人物有：享有世界声誉的著名物理学家、诺贝尔奖获得者杨振宁，著名数学家、教育家熊庆来，著名哲学家艾思奇，著名左联作家张天虚，著名诗人柯仲平，著名历史学家、教育家李埏，著名冶金专家、中国工程院院士戴永年，著名左联诗人雷溅波，著名国画家、雕塑家袁晓岑，著名版画家郝平，体育专家杨伯镛和马克坚，中科院院士董韫美，地质专家王秋明，太阳能专家方宝贤，计算语言专家冯志伟，三届残奥会世界冠军熊小铭，打破世界纪录的海模运动员许建峰，全国五四奖章获得者——康佳集团总裁侯松容，著名女作家张曼菱……近年来，该校又在文体方面培养出一批新星，如游泳名将、全国游泳比赛冠军谢智，小提琴演奏家李平昌，小号演奏家、指挥家尹晓晖，青年大提琴家王艺洁，青年长号演奏家王岸，青年钢琴演奏家周玥，青年合唱指挥家陈婷婷等。这些名宿和新星，为百年昆一中增添了最为亮丽的光彩。

20 世纪 50 年代的昆一中教学楼（照片由段之栋提供）

南菁学校

段之栋

　　南菁学校始建于 1931 年，是时任省主席龙云和教育厅厅长龚自知为发展云南的教育事业，决定建立的一所具有示范性质的全日制住宿学校。龙云亲任学校董事会主席、校董，卢汉、胡瑛、张冲、缪云台、陆子安、龚自知、周钟岳等上层人士为校董，龚自知等为常务校董，并请周钟岳先生为学校命名，周老取"天南菁莪"之义，命名南菁，意为为云南乐育英才。

　　学校接收昆明市北门街旧书院（现昆三十中）为校址，即开始招生上课。创建之初，仅打算办一所完备的小学，定名南菁小学，于当年 11 月 22 日举行开学典礼。1933 年秋，添办初中，更名为南菁学校。1938 年学校再次扩大，添办高中。同年 9 月，因躲避日机轰炸，学校疏散至昆明北郊岗头村的永丰、涌泉、永胜三座寺庙中继续办学。1944 年 2 月，学校从岗头村迁入建于莲花池畔、商山之巅的新校舍。此时，幼稚园（今称幼儿园）、小学、初中、高中均已齐备，成为一所"十三年一贯制"的完备学校，但昆明市民习惯称它为南菁中学。

　　新校舍位于当时的环城北路北侧，坐北朝南，是清一色的大屋顶中式建筑，布局也是中国传统的对称式。校门上端嵌着"南菁学校"4 个大字。进入校门，一条通道沿中轴线缓缓而上，迎面耸立着一根旗杆，墨石基座上写着"百年树人"贴金大字。绕过旗杆走上去是校舍群体，四幢二层建筑摆在四角，构成正方形的校舍主体，分别是教室、宿舍、饭堂、室内健身房等。正方形中央是一排二层楼房，为教职员工宿舍和办公大楼，办公楼的一楼中间留有过厅，穿过过厅，有两层各十数级的台阶，拾级上完第一层台阶，有正方形的休息平台，两旁砌有花岗岩的标杆和休闲坐凳。登上第二层台阶是斗拱飞檐、豪华雄伟的礼堂——志公堂。整个校舍配套设施齐全，为当时昆明中等学校之首。

　　新校舍内体育设施很齐全，室内有健身室、旱冰场，室外可打篮球、打排球、踢足球、打垒球等；上音乐课时还有钢琴伴奏，设施堪称全市一流。

　　南菁学校校董会本着"广育人才、为国植基、百年树人"的宗旨，制定的校训是"刚毅仁勇，敬业乐群"，校歌的歌词言简意赅，古风盎然，朗朗上口："金碧苍苍，滇水茫茫。巍然吾校，翼彼山岗。莘莘济济，弦诵一堂。夙兴夜寐，无间炎凉。国步方艰，任重道长。刚毅仁勇，蔚为国光。"这首词经谱曲后，优美的歌词和旋律，不仅在当时的历届师生中广为传唱，直到今天，那些已届耄耋之年的南菁校友仍记忆犹新。

学校还十分重视学生的起居饮食，学生全日制住校，每间学生宿舍都摆放着两排铁皮床，夏天挂有吊顶薄纱蚊帐，床上一律用白床单铺得轮廓四现；一日三餐营养丰富，搭配合理，清洁卫生，有利于学生的健康成长。学校要求学生重视仪容仪表，童子军制服采用米黄色的卡其布缝制，下身是短马裤，上身是美军便装式军衣，头戴咖啡色的皮革宽边牛仔帽，在全市中小学的各种集会中显得十耀眼；南菁学生组成的各种球队，队服也十分时髦，在比赛场上出类拔萃。

校董多为军政要员，他们的子女多就读于这所学校，如龙云的女儿龙国璧，儿子龙绳勋、龙绳德、龙绳文、龙绳元；还有远征军司令卫立煌的女儿卫道蕴；旅缅爱国侨领梁金山的儿子梁有为；缪云台的儿子缪锐成；龚自知的女儿龚景嘉等，所以它被外界称为贵族学校。但一般平民百姓的子弟在南菁就读的也很多，如后来成为著名花灯表演艺术家的袁留安，就是学校附近小菜园菜农的儿子，当时也是这所学校的学生。此外，该校还招收了一些外籍学生，如英国、法国以及白俄罗斯和有外国血缘的华人；又招收了一些边疆民族上层人物的子弟，享受公费待遇。

这所学校学风严谨，校风良好，学校对学生一视同仁，谁也没有特权，不管你是来自朱门还是柴门，犯了校规，都要受到严责。教师爱岗敬业，有教无类，学生刻苦好学，团结友爱，学校越办越好，誉满全省。

南菁对教师择优延聘，聘请的教师多为西南联大的优秀毕业生和研究生，还聘请了一批教授学者、社会名流到学校兼课，如著名数学家、天文学家王士魁以及葛秉曙（后改名王士菁，为鲁迅作品研究专家）、韩德馨（后来成为中国工程院院士）、赵瑞蕻（翻译家，后来成为南京大学的著名教授、德国莱比锡大学的客座教授）等。南菁的学子在这些名师的培养、教诲下以升学率名列前茅而闻名全市中学。1942年，该校有4名高中毕业生考取云南省公费留美预备班，当时社会上就有"重庆有南开、昆明有南菁，二南是南方之强"的赞誉。重庆的南开指的是早就享誉全国的南开中学，抗战期间从天津西迁重庆，新中国的两位总理周恩来、温家宝就是这所学校的毕业生，而南菁作为一所诞生于抗日烽火中，地处边陲的学校，能与历史悠久的名校南开并列，足见其成绩斐然。

南菁学生的生活也丰富多彩。当时，学校曾请著名学者熊庆来、朱自清、潘光旦等来校演讲，请小提琴圣手马思聪来校表演，使学生的思想、视野更加开阔。学校要求学生德、智、体、美全面发展，十分重视学生的体育锻炼，利用校内较为完备的体育设施和场地，经常开展各种田径、球类比赛，尤以排球、篮球、垒球、足球最为盛行。这里需要提及的是该校有个女子排球队，名叫水贞队（"水贞"即"滇"），经常在全市大、中学生的女排比赛中打出威风，赛出水平，是当年驰骋昆明排坛的常胜军，龙云的女儿龙国璧就是其中一员。学校还在学生中倡导戏剧（话剧）和歌咏活动，尤以戏剧活动成绩更为显著，曾在校内外演出的话剧《北地狼烟》等在社会上好评如潮。出了不少戏剧人才，如新中国成立后成为昆明军区国防话剧团台柱子的钟耀群、钟耀美姊妹，就是这批人才中的佼佼者。学校每学期还组织学生旅行、郊游，举办节日联欢会等多种有益活动，以增进师生的身心健康。

南菁不主张学生闭门读书，为了获得更多的社会知识，还派车送学生到马街、海口参观工厂，到法院旁听一些重大案件的审判，实行书本与社会实践相结合。当时昆明发生的学生运动，该校的师生都积极参加，如1945年的"一二·一运动"，南菁的地理教师于再即为四烈士之一。"一二·一四"烈士出殡那天抬着横布标的排头兵就有龙国璧和她的同班同学罗蕴璞，后面跟着四烈士的像牌，背面写着"党国所赐"四个大字。

在南菁的历任校长中，以第三任校长张邦珍（1906—1997）任职时间最长，贡献最大，办学成绩最显著，最受师生尊敬和怀念。张校长是位新女性，她出身名门，早年就读于北平女子师范大学，是鲁迅的学生，与鲁迅夫人许广平是同学，她1929年考入巴黎大学，在法历时7年。回国后应聘担任南菁校长，一干就是八年。她戴一副金丝眼镜，穿一身笔挺的西式套裙，着一双一尘不染的黑皮鞋，走起路来腰板挺直，面孔严肃认真。她终身未婚，吃住都在学校，一心扑在工作上，是一位学贯中西的教育家。她既以中国固有的道德教人，又汲取欧美教学的长处来提高教学质量。她擅长书法，学校大门"南菁学校"、礼堂"志公堂"以及旗杆基座"百年树人"的雄劲大字就是她的手笔。担任校长期间，她治校有方，是位敢想、敢干、敢作为、敢探索、敢负责、敢担当的女强人。她自己没有儿女，却爱生如子，形同慈母，一旦学生违反校规，她决不容忍，即便是当时省主席龙云的千金、公子，她也是敢管敢骂的。在师生眼中，她既是一位声色严厉的长者，也是一位心慈可敬的贤达。尽管后来由于云南政局的变动，她去了重庆，后又去了台湾，但都从事教育工作，她把一生的精力都奉献给了海峡两岸的教育事业。

南菁办学20年间，曾为国家培养了大批优秀人才，这些栋梁之材遍布海内外。新中国成立后，南菁的历届毕业生大多成为教育、医疗、科研、文化等战线上的骨干力量、学术带头人。如中科院院士庄育智、严陆光，"两弹一星"专家黄敞，清华、北大等名牌高校教授陆祖荫、刘自强、黄敦、孔令智、顾桂菁、王汝丰、王爱莲、赵履宽等，气象专家章淹，中国社科院美国研究所研究员严四光，中科院高能物理研究所研究员严武光，皮肤科专家孙穆雍，骨科专家也静宜，肿瘤专家陈明津，经络研究专家胡翔龙，妇产科专家罗光华，高级农艺师、全国三八红旗手卢开瑛，著名女作家宗璞，翻译家、丹麦国旗骑士勋章获得者林桦，著名画家刘自鸣、张彤云，著名律师曾孝纯，著名声乐教育家余群，著名花灯表演艺术家袁留安，著名话剧表演艺术家钟耀群、钟耀美等。此外，该校还为云南省培养了一批党政干部，如中共云南省委原书记普朝柱，云南省教育厅原厅长张继康，云南省文化厅原厅长王炜、白祖诗等。

1951 年 3 月，南菁学校结束办学，师生分别并入昆一中、昆女中等校，原校址改办云南民族学院（现云南民族大学）。

20 世纪 30 年代的南菁学校师生合影（照片由段之栋提供）

昆明第一所平民职业学堂

徐甘蒂

  箧子坡位于昆明华山西路。明弘治十二年（1499）云南府贡院由长春观旁迁至螺峰西麓，贡院东门前的左哨街改名青云街，青云街正对着的箧子坡也就对应改称为升平坡。到了清代，因为南明永历皇帝一家40余口在箧子坡西侧的金蝉寺惨遭吴三桂杀害，悲戚之下，人们便借箧子坡的谐音将这条坡称为"逼死坡"，直到近代才将这坡上的路统称为华山西路。箧子坡头有一座承袭南诏遗风的土主庙，100多年前就在这座不算大的土主庙里，昆明办起了第一座平民职业学堂——省会艺徒学堂，给了广大平民子弟一缕求学的希望。

  清朝末年，中国处在内外交困的艰难时局中，昆明市民生活无着，加之避祸的流民不断拥入，大众更是求生无门，谋生无法，市井凋敝，民生益困。国运的艰难，逼使中国近代先进知识分子发起变革运动，以求图强抵御外辱，这场变革必然地涉及教育的变革。清廷当时实行的新政中就包含了废除科举、兴办新学的内容。兴办新学有两个与科举教育不同的亮点，那就是突出了实业教育和师范教育，而且尤以兴办实业教育最为显著。光绪二十九年（1903）颁布的《奏定实业学堂通则》中就将"实业学堂所以振兴农工商各项实业，为富国裕民之本计"立为设学宗旨，并专门制定了《艺徒学堂章程》，其被次年颁布的旨在推行适应近代资本主义农工商发展的癸卯学制纳入其中。

  于是，各省的劝业道就多了一项职责和任务：推行和兴办实业教育。继张之洞、袁世凯先行创办艺徒学堂之后，经云贵总督锡良核准，云南劝业道下令命云南劝业公所在昆明择地创立省会艺徒学堂。就当时的情况而言，由于银款紧缺，要想建盖校舍是不可能的，唯有征用现成的房舍才能办学。光绪三十三年（1907），劝业公所省会艺徒学堂借新文化运动的拆庙办学之风，在箧子坡头的土主庙诞生了。

  昆明省会艺徒学堂校如其名，为一所专门教习手艺的学徒式学堂。艺徒学堂开设了学成后能够谋生的纸笺、织布、靴鞋、裁缝四门最初级的手艺专业课程，采用的是教学与实习相结合的方式，学生半天在教室学习相关的专业知识，半天到学校的实习工厂结合所学知识实际操作。这样的教学方式有别于手工作坊的学徒，可以学到许多学徒不可能学到的相关专业理论和基础知识；也有别于普通学校的学生，能够在理论学习的基础上学到实际的谋生手艺和系统的专业技能。最重要的是，这所省会艺徒学堂面向城市平民招生，而且切实实行免费教育，甚至供应伙食，让许多的城市贫民子女拥有了难能可贵的学习谋生技能的机会，可以成为能够自立于社会的劳动者。许多城市贫民的子女就是靠着从这所艺徒学堂学到的手艺养活父母、养活自己、养活家庭的。应当说，省会艺徒学堂的职业教育，是一种民众最需要的教育，尤其是最底层的平民最需要得到的教育，可以说是成了当时的一项普惠举措，深得昆明市民特别是贫民子弟由衷喜爱和拥戴。清末，昆明的手工业能够得到较快较好的发展，与这所省会艺徒学堂的开办和存在密切相关。所以，宣统二年（1910）当局试图将省会艺徒学堂改建为省会初等工业学校时遭到了强烈的反对。因为大家担心这将改变艺徒学堂的性质和宗旨，所以当局不得不恢复原来的省会艺徒学堂之名称。

　　1911 年，省会艺徒学堂更名为省会艺徒学校。为更好更全面地提高学生的整体素质和专业水平，省会艺徒学校增设了国文、算数、物理、化学等现代基础学科科目，甚至增加了旨在培育和养成学生基础道德修养的修身课，以及旨在提高学生身体素质的体操课，使昆明的近代职业教育得到很大进步，培养出了高水平的职业技工。民国之初，军阀割据，战乱不息，云南连年用兵，财政赤字巨大，经济形势堪忧，省会艺徒学校苦苦支撑十年多光阴。它按照国民政府颁布的《整理校务改良条例》明确指出的"使贫民子弟略具工业普通知识，学成平等技艺，以能自立谋生"的宗旨，始终根据昆明的社会需求和经济形势适时调整自己的学科设置，尽可能地满足经济社会发展对职业技工的要求，努力完成历史赋予职业教育的使命，让数以千计的贫民子弟得以终身受益。学生从省会艺徒学校毕业后，无论是自己创业还是入行做工，都能有一份收入，大多数同学能挣到相当于八钱到一两二钱银子的月收入。当时昆明一间房子的月租金也就是一钱银子左右，八钱到一两二钱银子的月收入足以让省会艺徒学校的毕业生安身立命和养家糊口。随着时间的推移和工作经验的累积，从艺徒学校走出来的绝大多数人成了许多行业精通业务的技术工人，成了昆明近代工业生产的基础力量。曾经有些名气的光华街的皮匠、华山西路的裱匠、武成路的裁缝、文庙横街的鞋匠、文庙直街的帽匠、钱局街染布巷的师傅……都与篦子坡头土主庙里的省会艺徒学校有着千丝万缕的渊源。庾恩锡的亚细亚烟草公司、王少岩的茂恒商号、云茂纺织厂以及火柴、面粉、玻璃、印刷、肥皂、造纸和日用品等以手工操作为主的新兴近代企业也都有省会艺徒学校毕业生。他们中有的人还进入市政管理、园艺栽培的行业中。

　　民国十一年（1922），唐继尧二次主政云南后，昆明获得了六年相对平稳的时光，云南

省教育厅认为有必要进一步确立省会艺徒学校的公立身份，于是决定将艺徒学校改建为昆明市立职业学校，正式划归昆明市政公所直接管辖。学校从十分破败的土主庙迁往大西门附近龙翔街上宽敞得多的警察忠烈祠内，学科设置也由原来的手工制作，改为园艺、印刷、文事、音乐乐工、市政管理、商业补习等有近代经济文化色彩的学科。从篦子坡头起步的艺徒学校推动着昆明职业教育由此进入又一个新的发展阶段。

昆华医院

张　骞　秦惟鸣

　　历史上的云南虽然地处中国西南边陲，但由于靠近英、法殖民地的缅甸和越南，西医传入较早。

　　民国二十一年（1932），云南省政府主席龙云夫人李培莲因病逝世，留下了盼望建医院的遗言。为此龙云变卖了其夫人的首饰，得国币5万元，捐作建立昆华医院的基金。云南省当局在国难当头、人财两乏的艰难时期，于民国二十八年（1939）4月1日，正式成立云南省最早的自办综合医院——云南省公立昆华医院，结束了云南无省立医院的历史。时任院长是秦光弘，徐彪南及缪安成任副院长。医院之所以以昆华命名，与云南教育家龚自知有关系，作为才子的他，时任省教育厅厅长，由于他特别喜好将设在昆明的省立文化、教育和卫生机构及单位均冠以"昆华"二字，经他提议，医院被命名为昆华医院。1958年改名为云南省第一人民医院后，人们仍按旧习惯将其称为"昆华医院"。

　　1949年卢汉将军宣布起义，昆明市的各医务人员和开业医师组成了医疗队参加昆明保卫战，如著名外科专家苏树言等不顾自身安危，亲自前往前线抢救伤员。1950年初，接到云南省临时军政委员会的命令，昆华医院等单位派员组成医疗队开赴开远、蒙自两县迎接入滇的中国人民解放军，至此医院走上了新时代的发展之路。新中国成立后，医院设备得到更新，医疗水平逐步提高，社会声誉不断提升。改革开放后，特别是进入21世纪以来，医院实现了全方位、多层次、宽领域的跨越式发展，成为一所专业人才密集、学科配置合理、设备仪器先进、综合实力增强、专科特色鲜明、整体医疗水平高，承担医疗、教学、科研、预防、援外及保健等任务的大型综合三级甲等医院，并步入全国百佳医院行列。目前，医院设有业务科室52个，其中呼吸内科、血液内科、内分泌科、心血管内科、神经内科、肝胆外科、胸心外科、普外科、骨科、眼科、耳鼻喉科、生殖遗传科等12个科室是省内重点专科；有病床2000多张，仅2012年总诊疗约220万人次，进行手术3.83万台次，综合医疗服务能力居全省的前列。

　　昆华医院的发展离不开人数众多的医务工作者。早在20世纪之初建院时，医院就十分注重人才的引进与使用，曾经会集了徐彪南、王承烈、苏树言、于兰馥等一大批全国著名专家。

如首任院长秦光弘先生毕业于同济大学医学院，为中国医药研究所研究员，先后在上海等多家医院任职。后他应云南省政府之邀，回滇参与医院的筹备工作，还是该院的三任院长，并且参与了由云南大学医学专修科组建云南大学医学院，即今天昆明医科大学前身的筹建。他在云南工作了几十年，是著名的滇中名医。此外内科专家徐彪南先生 1929 年毕业于圣约翰大学医学院，获医学博士学位。他从南京中央医院来昆，参加筹备建立昆华医院，后任昆华医院副院长。新中国成立后，他历任云南省第一人民医院副院长、云南省卫生厅副厅长、中华医学会理事和云南分会第六、七届副会长，是第五届全国政协委员。又如于兰馥 1945 年毕业于云南大学医学院，长期从事妇产科疾病诊治并取得了显著成绩，主编妇科权威名著《妇产科临床手册》。她曾任云南省第一人民医院妇产科主任医师、副院长，云南省第五届人大常委会副主任，是第五、六届全国人大代表。他们以高尚医德和精湛医术，为医院的建立和发展奠定了坚实的基础，为云南省的医疗卫生事业做出了不可磨灭的贡献，也为今天的云南省第一人民医院赢得了良好口碑。

抗战时期的昆明话剧

段之栋

　　话剧早在清朝末年即已传入云南，迄今已有 100 余年的历史。早期的话剧称新剧、文明戏。1928 年，经我国现代戏剧的开拓者之一洪深提议，将这一剧种定名为话剧，立即得到全国同行的赞同和认可。自此，云南也将这一新兴剧种改称话剧，一直延续至今。

　　1937 年 7 月抗日战争全面爆发后，一大批著名文人和戏剧家相继来昆，遂使春城的话剧活动如火如荼，演出空前活跃，进入了一个繁荣鼎盛时期。由于昆明与重庆、桂林并列为大后方的三大文化中心，话剧演出的盛况也仅次于战时陪都重庆。

　　当时，昆明市内专业和业余话剧社团如雨后春笋般涌现，大中学校、机关团体、军队、工厂、企业纷纷成立剧社，宣传抗日，唤起民众，全市的话剧社团已有近百个之多。

　　抗战期间和胜利以后，不少"五四"以来的名剧都曾在昆明上演过，如流行全国的街头剧《放下你的鞭子》，曹禺的《雷雨》《日出》《原野》《北京人》《家》《蜕变》，郭沫若的历史剧《孔雀胆》《棠棣之花》，曹禺、宋之的合写的《黑字二十八》（又名《全民总动员》），吴祖光的《凤凰城》《风雪夜归人》，田汉的《名优之死》，洪深的《鸡鸣早看天》、《少奶奶的扇子》（改编自英国剧作家王尔德的《温德米尔夫人的扇子》），夏衍的《心防》《离离草》《芳草天涯》《法西斯细菌》《上海屋檐下》，老舍、宋之的合写的《国家至上》，阳翰笙的《天国春秋》《草莽英雄》，陈白尘的《群魔》《升官图》，宋之的的《雾重庆》，沈浮的《重庆二十四小时》，石凌鹤的《黑地狱》，等等。

　　这里着重要提的是，1939 年，国防剧社邀请曹禺来昆亲自导演他的名作《原野》和他与宋之的合写的力作《黑字二十八》两个剧目。这两出戏均由闻一多担任舞美设计，《黑字二十八》还成立了以曹禺为首的导演团执导，两剧由金马剧社、昆华艺师戏剧电影科、西南联大剧团联合演出，开了昆明话剧界大联合的先河。《原野》由凤子领衔主演（饰演金子），曹禺本人也在《黑字二十八》中担任重要角色，两剧于 1939 年 8 月在龙井街新滇大戏院公演，当时正值雨季，大雨滂沱，但观众仍然争睹如潮，场场满座，两剧一再延期，增加场次，共演出 33 场，其中仅《原野》就演出了 18 场，演出盛况在昆明的话剧演出史上可谓空前。著名作家朱自清看了两剧后在报刊上撰文称赞。《原野》在昆明的演出，被云南文化界誉为昆明话剧演出史上的第一个里程碑。

　　除《原野》外，还有几个历史题材剧目在昆明也受到观众的欢迎和评论界的好评。首先是 1944 年 9 月射日剧团在昆华女中礼堂（旧址在今人民中路昆明市第二职业中专校园内）演出了杨村彬的《清宫外史》——这是抗战期间昆明话剧舞台上公演的第一个历史剧，此剧连演 20 场，场场客满，轰动昆明，是继《原野》演出后昆明话剧舞台上的又一盛况，被誉为昆明话剧演出史上的第二个里程碑。同年 10 月，大鹏剧社在大光明戏院上演了郭沫若的《孔雀胆》，参演的演员多是从重庆聘请来的著名影星和国立艺专的毕业生，由陶金饰段功，王人美饰阿盖公主，该剧连演 20 场后，又加演 5 场，在观众中引起强烈反响，就连远在重庆的剧作者郭沫若都寄出《〈孔雀胆〉归宁》一文，表示对该剧演出成功的祝贺，《孔雀胆》的上演被誉为昆明话剧演出史上的第三个里程碑。此外，国防剧社 1945 年 1 月在云南大戏院上演阳翰笙的《天国春秋》（演员以《孔雀胆》原班人马为主，王人美饰洪宣娇），同年 2 月军医二分校政治部话剧团在昆华女中礼堂演出了郭沫若的《棠棣之花》，连续演出了 19 场，这两出戏均受到了观众的热捧。

　　抗战期间，除昆明本地众多的话剧社团不断演出外，还有一些先后来昆的外地专业话剧表演艺术团在昆公演，如上海影人剧团、中国电影厂剧团（简称"中电剧团"）、西南旅行剧团、新中国剧社等，活跃了昆明的话剧舞台，其中以新中国剧社在昆的时间最长，影响最大。新中国剧社于 1945 年 5 月初来昆，直到 1946 年 9 月底离昆，在昆长达 1 年零 4 个月，先后公演 10 次，演出了近 20 个中外优秀剧目，每次演出都轰动全城。新中国剧社在昆期间，著名戏剧家田汉、洪深相继到昆指导该团的排练和演出，洪深还亲自执导了阳翰笙的《草莽英雄》和自己编写的《鸡鸣早看天》两个剧目。该社娴熟的演技和极高的专业水平，令春城的话剧观众倾倒。还须一说的是抗战期间，著名影星白杨、魏鹤龄、顾而已以及前面提到的王人美、陶金等都先后随团来昆演出，让昆明观众大饱眼福。

　　另外，从抗战开始以来至昆明解放前夕，春城的话剧舞台上涌现了一批具有较高专业水平的职业演员，如李文伟、郎惠仙、钟耀群、钟耀美、吴南山等，对昆明话剧的繁荣，做出了不可磨灭的贡献。

滇剧在五华区

段之栋

　　滇剧是云南的主要地方剧种之一，自形成以来已有200多年的历史，共有近2000个剧目，具备丝弦、襄阳、胡琴三大类声腔，历年来名角荟萃，在全国均有一定影响。

　　进入民国时期，昆明有了3个较有影响的滇剧营业性演出场所，即群舞台、云南戏剧改进社、实验剧场。

　　群舞台原址在今龙井街与东风西路交会处，即今云南人民艺术剧院一带，原为两湖会馆，1912年开业。1920年，由著名滇剧表演艺术家罗香圃租来经营，称为罗记群舞台，它组织阵容强大的滇班在此专演滇剧，是民国初期昆明最大的一家滇剧班社和营业性演出场所，直至1936年始散班，其演出盛况持续了16年之久。

　　改进社全称叫云南戏剧改进社，建立于1942年，原址在武成路下段的补天寺。1946年9月，该社解散停演。

　　实验剧场建立于1947年冬，当时的省教育厅收回了大众电影场（旧址在今五一电影院），改称实验剧场，专演滇剧，负责在此演出的戏班子叫复兴滇剧社。该社在此剧场一直演出到1949年12月9日卢汉宣布云南起义那天晚上为止。

　　这3个演出场所有许多共同的特点：一是演出场次多，每天都演日夜两场。二是名角荟萃，争奇斗艳，先后在这3个演出场所演出过的名角就有栗成之、张禹卿、李少兰、碧金玉、周锦堂、李文明、哈咏天、张吟秋、赵吟涛、刘菊生、夏俊廷、筱兰春、筱艳春、张明州、吴三元、向楚臣、杨九皋、邹学卿、白素叶等。三是上演的剧目丰富，既演折子戏，也演单本戏和连台本戏，仅挖掘、整理、上演的传统戏就有近千出，其兴盛程度由此可见一斑。

　　抗日战争胜利后，昆明出现了一些专门演唱滇剧的彩排茶室，如劝业场（今五一电影院一带）的集成茶室、民生街的百乐门茶室、宝善街的大佳丽茶室、光华街的光华茶室、金碧路的金碧茶室等，这些彩排茶室是一些小剧院，但有不少名角来演出，茶室既演戏，又卖茶，很受观众欢迎。

　　除舞台演出外，20世纪30年代后期，上海百代（法商）和胜利（美商）两家唱片公司曾在上海和昆明两地先后三次录制了大批滇剧唱片共100余种，均为78转的紫胶唱片，可供手摇唱机（当时叫留声机）使用。举凡当时的滇剧名角、名票都应邀灌制了唱片，所唱的都是他们的代表唱段，使滇剧在云南省内外广为传播。这批唱片的录制，既体现了当时滇剧发展的新水平，同时也在听众中起到了推广普及的良好作用，并为兴盛时期的滇剧保留了一大批可贵的声腔资料。唱片中如李少兰的《春花走雪》《女盗令》，周锦堂的《渡泸江》等，不仅在滇剧观众中广为流传，至今在中国香港、南洋、澳大利亚等地的电台还时有播放，影响十分深远。

1949年12月9日昆明和平解放，次年3月昆明市军管会成立，接管了实验剧场，原在实验剧场演出滇剧的复兴滇剧社转移到东寺街西南大戏院继续演出。1951年人民政府接管了复兴滇剧社，剧团改为公办，名云南人民实验滇剧团。1953年又更名为云南省滇剧团。后更名为云南省滇剧院。

从此，滇剧也和其他戏曲剧种一样，呈现出欣欣向荣的景象。以剧作家杨明为代表的一批新文艺工作者与滇剧老艺人通力合作，挖掘、整理、改编出一批具有较高艺术水平和审美价值的滇剧剧目，如《闯宫》《烤火下山》《荷花配》《送京娘》《打瓜招亲》《牛皋扯旨》《借亲配》《京娘送史》《鼓滚刘封》《打小桃》等，受到了专家和广大观众的好评。其中，《闯宫》（系滇剧整本戏《秦香莲》中的一折）因有特点，被京剧、评剧等多个戏曲剧种移植进该剧种的《秦香莲》全剧中；《牛皋扯旨》于1957年获得了文化部颁发的全国优秀戏曲剧目奖；中国剧协主办的权威刊物——《剧本》月刊先后刊载了《闯宫》《牛皋扯旨》《打瓜招亲》的剧本；《戏剧报》刊载了《送京娘》的剧照；《人民文学》刊载了《借亲配》的剧本。《借亲配》于1959年由长春电影制片厂摄制成舞台艺术片，由彭国珍、万象贞领衔主演，作为向国庆十周年献礼的影片在全国放映，滇剧首次通过银幕与全国观众见面，扩大了影响。上述优秀剧目被省滇剧院带到首都北京演出，获得了首都观众和专家的赞赏。

1958年5月，在光华和大观两个彩排茶室的基础上，又组建了昆明市滇剧团，该团先在光华街光华茶室演出，后迁至长春剧院上演。自此，昆明市内又增添了一个国营的滇剧专业表演艺术团体。

随着一批优秀滇剧剧目的上演，通过舞台演出，涌现了一批在全国、全省均有一定影响的著名滇剧表演艺术家，如戚少斌、彭国珍、万象贞、周惠侬、邱云苏、李廉森、惠瑶屏、李少虞等。

1965年9月至10月，省滇剧院创作了《厨娘》等剧目参加了在成都举行的西南区话剧、地方戏观摩演出。《厨娘》因获好评，又被调到北京演出，其演出者受到了中央领导的接见。

1978年以后，滇剧舞台恢复上演传统剧目，这些曾经被观众熟悉的老戏在剧场上演时出现了门庭若市、车水马龙、一票难求的繁荣景象。新编创作的剧目也佳作迭出，如省滇剧院创作演出的《关山碧血》《古琴魂》，昆明市滇剧团创作演出的《南诏奉圣乐》《瘦马御史》，在全国的戏剧展演中，均获得多项国家级的大奖，《南诏奉圣乐》还被拍摄成电视连续剧，影响不小。

从演员阵容来看，30多年来，昆明滇剧舞台上后起之秀层出不穷，群芳争艳，异彩纷呈，先后涌现了一批批中青年表演艺术家和优秀演员，如王玉珍、周卫华、唐朝观、陈荣生、陈婷芸、陈亚萍、王润梅、王树萍等，他们多在全国性的戏曲赛事中获得大奖。其中，王玉珍、周卫华、陈亚萍先后获得中国戏剧界的最高个人表演艺术奖——梅花奖，为云南争得了荣誉。

花灯从五华区登上昆明城市舞台

段之栋

　　云南花灯，原是云南的民间歌舞小戏，是云南汉族主要的两个地方戏曲剧种之一，另一个是滇剧。它大体形成于明朝万历以后，迄今已有 400 多年的历史。该剧种有 200 多出传统剧目、1000 多首曲调，它流行于云南全省，特别是汉族聚居区与汉族、少数民族杂居区的农村。在昆明，可以说凡是有烟火的村子就有花灯，它深受广大农民群众喜爱。通过新中国成立后几十年的飞跃发展，它已成为具有地方特色、乡土气息浓厚的歌舞剧，被省内外专家和观众誉为"一朵绚丽的山茶花"。

　　昆明郊外的农村，都是花灯"窝子"，几乎每个村子都有灯会（农民自愿组织的花灯业余演出队），每年春节期间都要大唱花灯，从正月初一一直唱到十五，有时要唱到栽秧前。村子里演出花灯，多数时间是在打谷场上让观众围成一个大圆圈，中间区域供演员表演，这种演出形式叫团场花灯，又叫簸箕灯（形容其演出的形式是圆形的），有时也在打谷场上搭临时戏台，让演员在台上演出，观众在台下观看。演出的内容为小唱、歌舞、小戏等。团场花灯，演员出场往往以龙舞、狮舞、蚌壳舞、跑旱船、踩高跷等开始，吹吹打打，热热闹闹，以营造气氛，吸引观众，然后才转入正式的节目。

　　1937 年 7 月抗日战争全面爆发后，时任省教育厅艺术专员、戏剧家王旦东，邀约了一批著名花灯艺人如熊介臣、李永年、李润、郭善等组成农民救亡灯剧团，在五华区文庙大成殿前的露天剧场演出了一批宣传抗日的现代花灯剧目，如《茶山杀敌》《张小二从军》《汉奸报》《新别窑》等，这是花灯第一次登上城市的舞台，受到专家和广大观众的交口称赞。

　　抗战胜利后，1946 年昆明闹市区的庆云街开办了一个庆云花灯彩排茶室，这是花灯打响营业性演出的第一声，继而在昆明主城区内又出现了华丰、聚盛、大观、昆明、太和、太华春、新滇等多家花灯彩排茶室。这些彩排茶室都是小剧场，设备简陋，但可以边看戏，边喝茶。花灯的演出也向专业化发展，演出的剧目更加丰富。这个时期常演出的剧目有《柳荫记》《槐荫记》《蟒蛇记》《白蛇传》《白扇记》《四下河南》等，观众多为近郊农民和基层市民。

　　1949 年 12 月 9 日昆明和平解放，花灯登上了大雅之堂，进入了一个新的时期。在党的百花齐放、推陈出新，改人、改戏、改制等方针政策的指引下，1951年，在昆明市文庙内建立了一个集体所有制的民营花灯专业剧团——昆明人民灯剧团，主要演员都是著名的花灯艺人，如熊介臣、李芹、李永年、李润、蒋世凯、郭善等，青年演员有后来成为著名花灯表演艺术家的袁留安等，还招收了一些青年女演员参加演出，如后来成为著名花灯演员的蒋丽华、张惜荣、夏曼仟等，从而逐步改变了花灯旦角一直由男演员扮演的格局。该团除了上演一些花灯传统戏外，还移植上演了不少现代戏，如《王贵与李香香》《罗汉钱》《春风吹到诺敏河》等，这些戏多由男女青年演员领衔主演，给春城观众带来新的感受。

1954年1月，国营的云南省花灯剧团正式成立。1956年4月，省文化局决定，昆明人民灯剧团与省花灯剧团合并，定名为云南省花灯剧团，隶属省文化局。

新中国成立以来，由于有一批新文艺工作者，如金重、黎方、戴旦等参加了花灯剧目的挖掘、整理工作，云南花灯舞台上出现了一批经过整理改编的优秀传统剧目，如《大茶山》《游春》《探干妹》《闹渡》《三访亲》《喜中喜》《锤金扇》《十大姐》《玉约瓶》《绣荷包》《双采花》《刘成看菜》等，这些剧目载歌载舞，短小精悍，颇受观众欢迎。除小戏外，还创作、改编了《依莱汗》（改编自电影文学剧本《摩雅傣》）和《红葫芦》《孔雀公主》等几个大戏。这些大小剧目均有较高的思想和艺术水平，被省花灯剧团带到首都北京和多个大中城市演出，均获好评。在北京该团曾3次进中南海怀仁堂、紫光阁为党和国家领导人以及文艺界知名人士做汇报演出，受到他们的肯定。首都文艺界赞誉云南花灯是"艳丽的红山茶"。

新中国成立后17年中，省花灯剧团除创立、整理、改编并上演了一批优秀剧目外，还培养、涌现一批在观众中颇有影响的优秀演员，如史宝凤、袁留安、张惜荣、蒋丽华、吴继贤、夏曼仟、马正才、黄仁信等，可谓出戏又出人才。

1958年7月，昆明地区又新增添了一个国营的专业花灯剧团——昆明市花灯剧团。建团初期仅能上演一些小戏，1959年10月以后，该团陆续整理、移植、改编并上演了一批大型古装戏和现代戏，如《隔河看亲》《刘三姐》《小二黑结婚》《江姐》《红珊瑚》《蝶恋花》等，开始在昆明观众中显现其实力和水平，得到了观众的充分肯定。其中，《江姐》持续上演了一个多月，场场爆满，《光明日报》《云南日报》等多家媒体竞相报道，饰演江姐的演员黄美容还受到当时正在昆明的著名电影表演艺术家王心刚等的赞扬。另外，移植自评剧的《小二黑结婚》也得到了评剧表演艺术家新凤霞的充分肯定。该团还多次为中央首长、中外贵宾演出。随着大批剧目的推出和上演，该团也培养和涌现了一批在观众中具有知名度的演员，如王玉霞、黄美容、熊长林等。

1966年5月"文化大革命"开始后，花灯也和全国其他剧种一样，万马齐喑，停止了演出活动，云岭山茶凋零萎落。直到1970年，因当时中央发出"样板戏要普及、要提高"

的最新指示，省花灯剧团才开始移植排演样板戏《沙家浜》《海港》，昆明市花灯剧团则改排芭蕾舞剧《红色娘子军》等样板剧目，花灯又开始重新回到昆明的舞台。

1976年10月粉碎"四人帮"后，花灯也和其他剧种一样，开始复苏。接踵而来的改革开放，使花灯迎来了第二个春天，并且迅速进入了一个辉煌发展的时期。

省花灯剧团首先改编、移植上演了《报春花》《五女拜寿》《芳草心》《状元与乞丐》《张灯结彩》等一批享誉全国的优秀剧目，接着又创作演出了《玉海银波》《石月亮》《梭罗寨》等新剧目。这些剧目不仅受到观众的欢迎，而且在全国性的展演、会演中均获多项国家级大奖。新时期以来，该团又培养和涌现了一批优秀演员，如张琼华、叶玉华、张兆祥、李丹瑜、李爱荒、黄绍成、马玉洁等，很受观众欢迎。其中，李丹瑜因主演《玉海银波》获得了梅花奖，这是中国戏剧界的最高个人表演艺术奖。

昆明市花灯剧团也移植、创作演出了一批优秀剧目。其中，大型花灯歌舞剧《小河淌水》在第八届中国戏剧节上获得了8项大奖，又入围2003年国家舞台艺术精品工程30台精品剧目。

改革开放40多年的沧桑巨变，促进了花灯艺术的繁荣和发展，使这株生机盎然的"山茶花"，在云岭高原上绽放得分外娇美，更加鲜红。

新歌剧流行昆明的历程

段之栋

　　歌剧这种独特的艺术形式起源于 16 世纪意大利的佛罗伦萨，后来逐渐风靡欧美各国，经典剧目有《茶花女》《蝴蝶夫人》等。中国歌剧创作的拓荒者是黎锦晖（1891—1967），20 世纪 20 年代，其创作的《麻雀与小孩》《小小画家》等共 12 部歌舞剧，开中国歌剧创作之先河，在当时产生了巨大的影响。之后，田汉和聂耳于 1934 年又推出了《扬子江暴风雨》这类"话剧加唱"的歌剧结构模式。1943 年在新秧歌运动的基础上又产生了秧歌剧《兄妹开荒》等。1945 年 4 月在延安首演的《白毛女》是中国歌剧成形的标志，成为我国歌剧史上的一座里程碑，它标志着中国歌剧终于寻找到了自己的发展道路和自身的美学标准，具有中华民族特色的新歌剧终于诞生了。

　　歌剧是综合音乐、诗歌、舞蹈等艺术而以歌唱为主的一种戏剧形式，历来受到观众喜爱。新中国成立后，20 世纪五六十年代产生了许多新歌剧的优秀作品，如《小二黑结婚》《红霞》《春雷》《红珊瑚》《刘三姐》《洪湖赤卫队》《江姐》《芳草心》等。这些优秀剧目后来都拍成电影在全国放映，影响很大，许多新歌剧作品中的优美唱段，如《白毛女》中的"扎红头绳"、《洪湖赤卫队》中的"洪湖水，浪打浪"、《江姐》中的"红梅赞"、《芳草心》中的"我是一棵小草"等，均在观众中广为传唱。

　　民国时期，昆明市内的中小学校园也演出过一些小歌剧，如《麻雀与小孩》《幸运鱼》等，但影响不大。1950 年 2 月 20 日解放大军进驻昆明后，四兵团文工团首先在五华区内公演了《白毛女》《刘胡兰》《兄妹开荒》等一批从解放区带来的新歌剧剧目，令观众耳目一新。之后相继成立的省文工团、省歌舞团也排演了《刘胡兰》《春雷》以及外国歌剧《货郎与小姐》，昆明军区国防文工团演出了《红珊瑚》，云南艺术学院学生演出了《扬子江暴风雨》等。由于排演新歌剧对演员和乐队都有较高的要求，难度也较大，所以新中国成立以来在昆明上演的新歌剧屈指可数，新歌剧在昆明的普及主要还是靠电影。20 世纪五六十年代，拍成电影的新歌剧都先后在昆明的影院公映，如《白毛女》《小二黑结婚》《红霞》《春雷》《柯山红日》《红珊瑚》《江姐》《芳草心》等，深受观众好评。

　　另外，与新歌剧十分接近的云南地方歌剧——花灯，也移植上演了不少新歌剧，省、市花灯剧团和省艺校花灯科先后移植上演了《红霞》《刘三姐》《红珊瑚》《江姐》《芳草心》等，这些演出推动了歌剧在昆明的传播。

云南第一座广播电台

和丽琨

20世纪30年代初，为了迅速传达政令、新闻，加快信息传递的速度，适应新形势下政治、经济、文化事业发展的需要，创设广播电台一事被提上云南省政府议事日程。

1931年12月8日，在民国云南省府委员第268次会议上，筹设云南省播音机的议案被提了出来。会议通过了"令电政管理局长萧扬勋从速筹划架设无线电的决定"。可见，当时的省府委员都还不知道广播电台是什么东西，只称之为播音机和无线电。

这一消息在报纸上报道后，受到了全社会的积极支持，《民生报》就发表过这样的言论："无线电对于吾滇交通不便、民智低落之地尤为急需。所谓提高民智、宣传党义、教授学理，引导社会正当娱乐。其对不识字之民众亦得同受实惠，又不荒废正业，其功甚伟……"

当时，以龙云为首的省府，对创设广播电台的决心很大，特命建设厅拟出云南全省无线电计划，并付诸实行。昆明一家电料行闻风而动，呈请建设厅发给护照，俾便购运各种进口收音机，在滇发售。

创设广播电台一事，由云南无线电局承担，并决定台址设于五谷庙，称广播无线电台。建成后每晚播送新闻、气象、演说、商情。

为了解和明确昆明拥有收音机的情况，无线电局在军政工商和外国驻滇机构中进行了一次调查，结果显示昆明全市有收音机者计14家，除五华山省府、龙云宅、建设厅、电政管理局局长萧扬勋宅、耀龙电灯公司、邮政总局、逸乐影戏院外，都为铁路、海关、天主教堂的英国和法国人所有，其中滇越铁路云南府车站还附设有小无线电台。14部收音机都用真空管收检电波（交流电收音机）。从每天黄昏开始，可以收到日本、马尼拉、曼谷、加尔各答、西贡等国外电台的广播。南京国民党中央台虽然能收到，但声音反而不如国外清晰。

电台在正式成立前即由各县选送专业人才来省，进入无线电局开办的收音员训练班短期培训，结业后在省领取收音机，回县成立收音台，开始从事传递信息的工作。1934年初第一期学员结业回县后，广播电台安装竣工，同年3月16日开始试播。广播消息的来源，由省府秘书处召集各有关的机关团体，商定供稿内容和办法。3月20日《义声报》称："所有时间、节目，依照拟定章程，每日广播二次，第一次午后3至4点，播送政令及重要新闻；

第二次午后 6 点至 8 点 30 分，播放音乐、戏曲，并播放本省气象、商情、本省及国内外新闻。"试播情况良好。1934 年 7 月 3 日下午 7 点，无线电局广播电台恭请龙云主持揭幕典礼，同时邀请党政机关长官到会，共同庆祝广播开播。当晚播送的是龙云的讲话和特别音乐。

鉴于当时民间收音机稀少，无线电局特别在该局护国路营业处、文庙民众教育馆、近日楼设置了扩音器，不少昆明市民首次听到了广播。

广播电台在五华

段之栋

　　1910 年 4 月滇越铁路通车后，西方的一些先进科学技术迅速传入滇境，在当时还是稀罕之物的收音机也开始在昆明出现。至 1932 年，云南的广播事业终于蹒跚起步，在 80 多年的风雨历程中逐步发展壮大起来。

　　1934 年 3 月 16 日，云南的第一座广播电台——云南无线电局广播台正式播音，该台由云南省政府主办，后出于功率不大、设备简陋、技术落后等原因，于 1940 年停播。

　　之后，在抗战中期和抗战胜利后，在今五华区管辖的地域内，又先后诞生了两家广播电台：昆明广播电台、云南省教育厅广播电台。

发射功率居全国第一的昆明台

　　1940 年 8 月建成并开始播音，呼号为 XPRA（1949 年 1 月 1 日改为 BEFZ），发射机从英国进口，功率 50 千瓦，频率 690 千周（千赫），是当时我国中波发射电力最大的广播电台，射程比西迁到重庆的中央广播电台还远，在夜间，它的电波可以遍及整个东半球。系国民党中央广播事业局的直属台。当时，为了便于隐蔽和防空，该台的发射台建立在西郊普坪村公路北侧的山坳里，机器安装在山洞里两个车间内，耸入云霄的天线铁塔则建在普坪村的田坝里。今昆明水泥厂一带，播音室和办公室则建盖在当时还是郊区的潘家湾一带。2004 年 7 月后，潘家湾划归五华区管辖；电台旧址在今省广电局职工宿舍大院内。

　　昆明台面对全国（包括沦陷区）和南洋各地华侨广播，每天间隙播音 7 小时（后延长至 11 小时），除用国语（今称普通话）外，还用沪、粤、厦门、台（闽南话）等方言和英、法、日、韩、越、缅、泰、印尼、马来等 10 余种语言播音。除转播中央广播电台的国语节目和国际广播电台（在重庆，是抗战期间后方的第二大电台，电力仅次于昆明台）的英语节目外，还经常转播美国之音等外台的华语节目。该台的自办国语节目有新闻、商情、文艺、科学常识、广播邮箱、总理遗教、杂志文章、家庭生活等。文艺节目中除播放抗日歌曲外，还播放一些当时的流行歌曲、电影插曲、中国古典名曲、西洋名曲、广东音乐，以及评剧、滇剧、粤剧、川剧等选段。每逢星期六晚上都举办特别节目，邀请评剧、滇剧名演员和名票友到电台演播节目，有时还举办音乐会，请昆明音乐界的著名歌唱家、演奏家和歌咏团体演播节目。

这里还要提及的是，该台播音前的开始曲和节目播完后的终了曲，采用当时的国歌（即中国国民党党歌）；放开始曲时先反复播放该曲的第一段旋律，然后才播放全曲。这首歌的歌词是1924年6月孙中山先生为黄埔军校制定的校训："三民主义，吾党所宗。以建民国，以进大同。咨尔多士，为民前锋。夙夜匪懈，主义是从。矢勤矢勇，必信必忠。一心一德，贯彻始终。"歌词采用四言诗句式，十分工整，朗朗上口，歌曲的旋律缓慢有力，节奏分明，演唱时给人以庄严之感。每天播音，放完开始曲后，才由一个女播音员播报台名和呼号。那时的播音员，特别是女播音员，播音时总喜欢用娇滴滴的声音，语调总是过分温软、柔和、夸张，给人以矫揉造作之感。

抗战期间，是国共第二次合作时期，在中国共产党抗日民族统一战线政策的感召下，该台在宣传抗日方面还是比较积极的，它每天都要播放几首抗日歌曲，如《义勇军进行曲》《毕业歌》《铁蹄下的歌女》《松花江上》《长城谣》《大刀进行曲》《游击队歌》《到敌人后方去》《黄河大合唱》《在太行山上》《抗日军政大学校歌》《八路军军歌》等，很多抗日歌曲，市民们都是通过听电台的反复播放学会的。除了播放抗日歌曲外，昆明台还播放一些流行歌曲和电影插曲，尤以被誉为"金嗓子""一代歌后"的著名影星周璇演唱的电影插曲播得最多，如《四季歌》《天涯歌女》《送君》《何日君再来》《五月的风》《夜上海》等。此外，在20世纪40年代后期，还经常播放女影星白光演唱的《如果没有你》《假正经》；女影星龚秋霞演唱的《秋水伊人》；女影星欧阳飞莺演唱的《香格里拉》，昆明市民第一次从这首歌里知道了香格里拉。上述几位影星演唱的这些插曲，随着影片的放映和电台的播出，都非常流行。还有美国影片《魂断蓝桥》的主题曲《友谊地久天长》，被配译成中文，经电台反复播放后，也在市民特别是青年学生中传唱一时。周璇和白光分别演唱的《何日君再来》《如果没有你》则成为当时昆明市的营业性舞厅和各种舞会中不可缺少的伴奏曲。

那时的昆明市民，收听电台广播的人数还是比较多的，其原因是抗战全面爆发后，随着滇黔、滇缅公路相继全线通车及后来驼峰航线开辟，大批华侨回国参加抗战，内地和沿海一带的高等院校、科研院所、金融机构和工厂企业内迁昆明，省外人口大量拥入，昆明的人口从战前的10多万猛增至20多万，抗战后期已逾30万，无线电收音机也通过这些渠道源源不断地从省外、国外进入昆明（抗战前昆明全市仅有14台交流收音机），到了抗战中后期，昆明中产以上家庭普遍有了收音机，这无疑促进了昆明广播事业的发展。当时昆明各界人士对国内的战局极为关注，尽管抗战期间，昆明已先后出版发行了10余种日报、晚报提供消息，但新闻通过广播毕竟比报纸来得快，很多重要消息往往是电台抢在报纸的前面播出。除新闻外，人们还可以收听文艺和其他节目。1945 年 8 月 15 日，日本无条件投降的消息，也是经昆明广播电台和美国之音等外台及时播出，抢在全市各家报社发行号外之前，使整个昆明市立刻沸腾起来。

由于昆明广播电台地处云贵高原滇池之滨，接近东南亚各国，发射电波的天线塔高，且电力较强，故从 1942 年 9 月起，国民党中央广播事业指导委员会决定把该台改为对敌（日本）宣传之主要电台，特增设对敌宣传节目，并增加了播出的外语语种。

1949 年全国解放前夕，昆明广播电台的地理位置、发射电力和在未来对外宣传中的重要性，也引起了中共重视。1949 年 4 月，中共领导的中央广播事业管理处处长廖承志，就决定调派原济南新华广播电台台长黎韦等 6 名干部南下，参加解放军进军大西南的战斗，到云南接管昆明广播电台。同年 8 月 15 日，廖承志为此特地写了一封信给邓小平同志，信中阐述了接管昆明广播电台的重要意义，并对接管电台后的工作方针、任务以及组织领导关系等提出了建议。1950 年 2 月中旬，中央广播事业局派来接管昆明广播电台的黎韦率领一批南下干部到达昆明，与先期接收该台的中共地下党同志，统一领导对原电台的接管移交工作。1950 年 3 月 4 日，昆明市军管会成立，当天发布公告宣布：原昆明广播电台改编为昆明人民广播电台，并于同一天正式向全省播音，第一任台长兼总编辑为黎韦。1951 年 3 月 23 日，遵照中央广播事业局的决定，昆明人民广播电台改名为云南人民广播电台，沿用至今。

功不可没的云南教育台

1949 年 8 月建成播音，系公营电台，隶属云南省教育厅社会教育科和电化教育辅导处，台址在劝业场实验剧场（原系大众电影场，后为五一电影院）外侧厅内，发射设备有 100 瓦中波机、1 千瓦短波机各 1 部，定名为云南省教育厅广播电台。该台设置的节目有家庭教育、科学常识、儿童教育、名人传记、英语教授、音乐、戏剧等。因该台台址所在的实验剧场是当时教育厅主管的演出滇剧的专用剧场，每天都演出日、夜两场，所以该台每星期天在 14 点 15 分至 17 点、19 点 30 分至 20 点 30 分的节目里，为满足听众要求，直接转播实验剧场演出的滇剧实况。不仅如此，电台还拉了专线在剧场大门口安装上扩音喇叭，直接播放剧场内的演出，劝业场附近，满街都是滇剧锣鼓声，显得十分热闹。在当时，这些举措对滇剧的宣传和普及起到了一定的作用。1949 年 12 月 9 日卢汉将军起义后，在 10 日至 12 日这三天中，该台连续反复播送卢汉关于起义的广播词、手令和有关新闻，在其后一段时间，相关的报道也由该台承担，直到 1950 年 3 月 15 日才停止播音，其设备和部分人员并入昆明人民广播电台。

昆明最洋气的地方——志舟体育场

张　骞

今天的昆明，最为喧嚣的消费场所之一，是在国防路边上的昆都商城，里边的红男绿女、"小半截"摩肩接踵，堪比北京的王府井、上海的外滩等地。但是如果我们穿越时光隧道返回 70 多年前的昆明，这里却是时髦的场所——志舟体育场，时光流转，摩登依旧，令人感慨。

大约是 1944 年 5 月 7 日大观河畔的篆塘新村，由昆明营业股份有限公司建成了四块硬地网球场，成立了昆明网球会。要打球者，可先交 5 元半开的银圆，成为会员就可以。在那战火纷飞的年代，能够打网球和交会费的人肯定是些有头有脸、有钱有闲的人物，如上层人士、美军军官、银行业、商界高级职员等。说起来，这家公司还是由上海人张偻创办的。由此可见，昆明的消费水平也算不低。在这之前据说当时著名侨领梁金山先生曾经资助 30 万元，用于修建体育场。更早在 1942 年 7 月，重庆市体协为筹集基金兴建志舟体育场，特邀请旅昆的重庆银联篮球队与美空军篮球队举行表演赛，仪式异常隆重，由陈纳德将军演讲，卢汉将军开球，龙国璧小姐放信鸽，说出"校长是给教授搬椅子的"这句名言的西南联大校长梅贻琦先生的三女儿梅祖杉小姐献花。

1945 年抗日战争胜利后，昆明营业股份有限公司为纪念云南省政府主席龙云（字志舟）治滇政绩，成立志舟体育会，会址就设在昆明网球会内。1946 年 4 月 27 日，昆明营业股份有限公司提交第 14 届董监联席会议做出了赞助志舟体育会的来函，提倡体育及纪念龙志舟先生之意义："照本公司最低估价该房地产实值国币壹万万元，由公司捐助捌仟万元外，接受贰仟万元，向社会募捐的贰仟万元；该体育会一切设备让大众能共同享受，将来不得变更名称或转移产业，以资永久纪念龙志舟先生；公司不但乐于赞助此举，而且愿实际参加该体育会共襄盛举等。"

接着公司投资建设了 1 座 25 米 × 12 米的游泳池，1 座 3 米高的水泥跳台，又修建了土木结构的灯光篮球场 1 个，能容纳 1500 多名观众。同时修建了小足球场 1 块、旱冰场 1 块、网球场 2 块。其中，游泳池是当时昆明城内唯一的露天游泳池。

1946 年 9 月 9 日，志舟体育场建设完毕，还举行了隆重的开幕典礼，全省军政首脑出席祝贺，当时省主席卢汉亲临致辞，会后进行了溜冰及游泳表演，全场观众热烈喝彩。1947年12月23日，应新光体育会邀请，球王李惠堂及其儿子李育德到达昆明，在志舟体育场进行冬赈足球义赛和网球表演，球王的精湛表演在昆明引起了极大轰动。李氏父子还在《正义报》谈体育问题时表示，抗战前我国体育落后，抗战时谈不上体育；抗战胜利后，体育走下坡路，这是一个危机。

1949年12月9日，昆明和平解放，刚解放的昆明百废待兴，省政府在志舟体育场开了个农业展览会。后来成为中国一代鸽王的陈文广当时还是一个青年人，会上因为被聘为讲解员，他带上信鸽去展示。

1950年昆明市接管了志舟体育场。1953年，云南省体育会筹委会在志舟体育场内办公，并将其改名为昆明人民体育场。同年，省体育分会筹委会在昆明市人民体育场附近购地兴建田径场。1954年兴建昆明人民体育场灯光球场，能容纳观众3000人。1955年又将市体育场的25米游泳池扩建为50米的游泳池。至此，昆明人民体育场日臻完善。1957年云南省体委及云南省体训班迁到东风路新址——拓东体育场，云南省体委将昆明市人民体育场移交给昆明市体委管理使用。1958年当时的市体委根据中共昆明市委的指示，将体育场移交解放军使用，1959年昆明军区接收改称国防体育场。

在20世纪50年代，昆明人民体育场作为全省主要的体育活动中心之一，云南省体育干部训练班就在这里诞生。省、市的重要比赛，如云南省第一届工人运动会和云南省第一届农民运动会也在这个体育场进行。这里还接待过国家女排、乒乓球队、足球队、羽毛球队和八一足球队等，使广大观众有幸在家门口观看他们的精彩表演和比赛。1954年这里举办了工人篮球、排球、广播体操比赛，参赛队伍多达44家。

1956年，周恩来总理曾在体育场内亲切会见省级机关部分干部、《云南日报》部分工作人员，并与大家合影留念。

进入20世纪80年代后，这里发生了巨大变化。1985年，国防体育场建成能容纳10000名观众的新体育场，同时将原来的灯光看台球场改建成能容纳3500人的国防体育馆。馆内可供篮球、排球、体操、乒乓球、武术、拳击等训练和比赛，省、市一些大型文艺演出和集会也曾在馆内举行。该馆建成后，举办过全国武术精英赛、全国拳击邀请赛、昆明市老年运动会等。90年代许多大牌文艺明星，如那英、陈道明等隔三岔五到此演出，为昆明吹来了商业演出的新风。随着时代的变迁，纯粹意义上的艺术难以立足，到了1994年，昆明军区早已不复存在，国防体育场被改建为昆都商城，卡拉OK一时风行于世。在当时人人都是歌手、个个均会演唱的时代，很多昆明人尤其是小青年，都到这里引吭高歌，一展歌喉。而体育场除游泳馆外，其他体育设施不复存在。到了21世纪，随着自媒体大潮的涌现，各种新事物不断产生，成了春城最时髦的地方。

　　曾经的志舟体育场、昆明人民体育场、国防体育场，到现在的昆都商城，一直是昆明最现代的地方，也是昆明人享受的场所。

1956年，周恩来总理在国防体育场会见省级机关干部和《云南日报》部分工作人员（照片由张骞提供）

消失在历史尘埃中的云南省立民众光华体育场

张　骞

云南省光华体育场在今天光华街沙朗巷一带，是昆明市较早新建的体育运动场所，自龙云执政后，派系内斗逐渐平息，社会秩序由动乱走向安定，财政收入逐年好转，开始关注民生，体育运动也提上了议事日程。于是在民国二十年（1931）奉省政府之令修建，同年11月竣工。体育场的场地是沿着原省立第一师范学校（昆华师范学校）旧有体育场地来扩充的，全场面积约 3766 平方米，共投资 3 万元。首任场长是刘成宗（又名刘百川），机构下设指挥部、事务部等，该场每年工作经费 6432 元。

由于该场地处市中心，昆明市的许多重要纪念活动（如最令云南人自豪的护国首义的纪念）都是在此举行的。郎下士先生在《记光华体育场》一文中所述："1935 年 5 月中旬，蒋介石来昆部署防共。省方曾借光华体育场址，召集中学以上的学生，来此听他'训话'。"特别是 1937 年 9 月 18 日的纪念日本侵占东北六周年的"国耻纪念日"那天，经云南学生抗敌后援会发起，联合各界，举行扩大纪念会，借以宣传抗战救亡，抵御日本帝国主义的入侵。纪念会场选在光华体育场，9 月 18 日上午，就不断有校、团排队入场。参加活动的群众不下两万人，把平日多半空落落的场地挤得水泄不通。这是光华体育场空前绝后的一次盛大集会。会后，在鼓舞全民团结一致、共同对敌的激昂的抗战歌曲和抗日口号声中，两万多群众从体育场出发，走上街头，开始大游行。这是抗战初期在昆明爆发的一次振奋人心的活动，它对云南各族人民坚定抗战到底的信心，是一次极大激励。

民国二十七年（1938）三月省政府决定修建云瑞公园，该场遂奉令结束，所有场地设备交由云瑞中学管理。

随着时代的前进，光华体育场早已消失在历史的浓雾当中。但是在这里开设的一些与体育运动有关的店铺，也许还算是留下了一些历史的印记。

光华街书市

段之栋

　　20 世纪 40 年代中后期，昆明光华街是一条书市，从街东头到街西头，较大的书店就有商务印书馆昆明营业部（在文庙直街与光华街接合部西侧不远处，系 3 层楼的浅黄色西式建筑）、中华书局昆明分局（系弧形建筑，在抗战胜利堂斜对面）、开明书店昆明分店（在今云瑞公园西侧，紧挨市府东街，亦为弧形建筑）、正中书局昆明分局（在今省中医院对面，也是一幢 3 层楼的浅黄色西式建筑）、世界书局（在正中书局东侧，系 2 层楼的西式建筑）。虽然经过 70 多年的沧桑巨变，这 5 家书店除中华书局外，其他几家的建筑至今尚存，但几经修葺，均已改作其他商店了。当时除大书店外，抗战胜利堂对面的云瑞公园和甬道街一带，是昆明市旧书交易最集中的地方。旧书店中，以甬道街口、东卷洞巷西侧的万卷书屋规模最大，该店藏书很多，除了收购、出售旧书外，还出租书籍给读者看。

　　那时的几家大书店，除了出售本店编辑出版的教科书外，主要是销售总公司出版的独具特色的本版图书，如商务印书馆的《万有文库》《四部丛刊》《国学基本丛书》《二十四史》《汉译世界学术名著丛书》《小学生文库》；中华书局的《古今图书集成》《四部备要》；开明书店出版的"五四"以来著名作家的文学作品，如茅盾的《子夜》，巴金的《家》《春》《秋》，叶圣陶的《倪焕之》，曹禺的《雷雨》《日出》《北京人》，老舍的《骆驼祥子》等。正中书局是国民党中央宣传部直属的宣传发行机构，以出版政治方面的书籍为主，如孙中山的《三民主义》《建国方略》《建国大纲》，蒋中正的《中国之命运》等，但销量不多。除此之外，还出版一些古典文学作品选集，如《唐宋词选》《元明清曲选》《乐府诗选》等。商务印书馆出版的《辞源》《王云五大辞典》《王云五小辞典》，后两种都采用了四角号码的查字方法，很受欢迎，十分畅销，还有《中国人名大辞典》《中国古今地名大辞典》。中华书局也出版了《中华大字典》《辞海》，其中《中华大字典》收单字 48000 多个，超过《康熙字典》，是近代出版的收字最多的汉语字典，《辞海》是当时收词条最多的辞书。这些字词典中，《辞源》《辞海》影响颇大，被社会公认为权威工具书。此外，各家书店还经销全国各地出版的书籍、杂志，有的还兼营教学用品、仪器、标本、体育器材、乐器、书法名帖等。旧书摊、店则收购、出售古、旧书籍和已用过的教科书。

当时的书店多为开架售书，且营业时间很长，从早上 9 点一直开到晚上 10 点才关门。顾客在书店里可以随意翻看书刊，只要不把书刊弄脏、弄坏，店员是不会出面干涉的，不管顾客买还是不买，店员们总是态度和蔼，彬彬有礼。不仅大书店这样，旧书摊、店的书商们也是如此。

当时甬道街一带的旧书摊、店，是大书店的补充，特别受大、中学生的青睐，故而天天客流如织。旧中国的教育部虽然编辑出版了一套中、小学文史课程的统编教材，被称为国定本、审定本，但在教学中，昆明市的多数学校不采用，至于哪门课程使用哪家书店出版的教科书，完全由各学校自行决定。但有几种教科书，如开明书店出版的林语堂编写的《开明英文读本》（一至三册），叶圣陶等主编的《开明新编国文读本》（甲、乙种本各一套）、《开明新编高级国文读本》，周予同编写的《中国历史》，还有一些从国外翻译过来的数学教科书，如商务印书馆出版的《范氏大代数》，中华书局出版的《三 S 平面几何学》，以及世界书局出版的《朱吴两氏高中化学》等，在教育界均颇受好评，每年开学前都被订购一空，被昆明各中学广泛采用，学生学完后可以折价卖给旧书摊、店，学弟、学妹又可以低价买去再用，于是旧书摊、店成了一个图书交流的大市场。除教科书外，还可以到那里低价买到各种辞典、参考书、数学习题解析、古今中外的文学名著等，带给当时的学生和其他市民不少方便。

1953 年"一化三改造"开始以后，这些大书店经过公私合营，最终并入了新华书店，旧书摊、店也逐渐消失，但却永远留在了一些上年纪的老昆明人的记忆里。

20 世纪 80 年代的光华街（廖可夫摄）

抗战后期南屏街的书画展

陈立言

抗日战争时期，云南以通往四川、贵州和广西等地的航空及公路之便，作为大后方的文化重镇，吸引着许多著名金石、书画艺术家纷纷来滇讲学、写生、办展览。闹市中的南屏街便成为艺术家在昆明举办展览的主要地点之一，而且这些展览到了抗战后期，更是一拨接着一拨，让人大饱眼福。

昭通的刘昌运（克振）先生，工书善画，素以黑龙、松鼠、菊花等画著称于京沪，教育部举办全国第三届美术作品展，其作品数幅被选送伦敦及莫斯科展览。刘昌运 1944 年 11 月由重庆来昆明，于 26 日假南屏街昆明县银行展览画作。

时任立法委员的彭醇士先生雅擅丹青，以诗画驰誉海内，由云南军政界的胡瑛、袁丕佑、林南园、龚自知、张邦翰、杨文清等 19 人介绍，于 1945 年 4 月 2 日至 5 日，假南屏街昆明县银行三楼举办展览。

著名画家张大千先生 1945 年春旅昆，居住在曾从日本学习城市园艺回滇、曾任昆明市市长的庾恩锡以石头建造于滇池西岸观音山的别墅。1945 年 4 月 6 日，大千先生假南屏街光裕银行二楼举办书画展。在画展前言，他以"昆明小客，忽已五稔。俯仰岁华，清游如昨。爱此地之春喧，醉高情之美酒，三唐老本，写萼绿之苔枝；千锦朝霞，烂山茶之芳艳，龙门滇海实系所思比以阻关，久客石室始归，倦卧乡山，疲于行旅，辄以老去丹青之笔，寄古风，雁之音驰，存契好，实所愿言"之言介绍此展。张大千先生画作展出后，全部拍成照片，在马市口国际影社出售，轰动一时。

云南著名画家袁晓岑先生，1945 年 7 月 28 日至 31 日，也在南屏街昆明县银行举办了画展。

大师潘天寿先生曾随国立艺专迁至昆明。1940 年底又随艺专迁往四川，后任国立艺专校长。抗日战争即将取得胜利的前夕，潘天寿先生因公来昆携带近作精品 70 余件。由陇体要、朱晓东、华秀升、熊庆来、陈玉科、张西林、林南园、孙兵、杨竹庵等云南各界人士发起，于 1945 年 8 月 7 日至 9 日，在南屏街中国侨民银公司二楼举办潘天寿书画展览会。

抗日战争后期先后来滇的艺术家，在南屏街以及其他地点展出不同流派且各具风格的书画作品，可以说是大后方昆明的文化盛事，战地黄花分外香，对云南的书画艺术产生了深远的影响，培养了很多后来成名的书画新人。

20世纪80年代的南屏街（廖可夫摄）

图索老昆明·长春片区

范　丹

华山南路： 在市区中部偏北，五华山南侧，东起华山东路，西至华山西路，中段南侧通正义路，长 448 米、宽 12 米。清初东段华山东路至正义路称东华街，西段正义路至华山西路称西华街。后因五华书院声名鹊起，统称书院街，1937 年后统称今名。

20 世纪 70 年代的华山南路（张卫民摄）

道义街： 在市区中部偏北，东起报国街，西抵兴华街，长 91 米、宽 3 米。旧时该地居民多以挑扁担为业，流传有"扁担挑英雄，一头挑兴华，一头挑报国"的民谣，故称扁担街。1941 年著名中医李继昌先生在此设馆行医，人们认为继昌先生守道重义，遂以继昌先生的行状改称道义街。

长春路： 在市区中部偏北，东起北京路，西至正义路，全长 1200 米，宽 11 米。明清时期全路共分以下四段：由正义路至象眼街称长春坊，因有"长春观"得名；由象眼街口至兴华街口，元代叫树皮坡，清代又称熟皮坡，因该地手工制皮作坊聚集而得名；兴华街口至小花园，称大东门正街，因靠近旧城大东门得名；小花园至北京路，称咸和铺，因靠近旧城咸和门而得名。1937 年改称绥靖路，1951 年更名为长春路。北厢：由东至西有吹箫巷、龙泉巷、花园巷、如意巷、咸宁巷、东道巷横贯其间。有南起如意巷的祝福巷，有东起咸宁巷的达理巷镶嵌其中。其中，如意巷往北与华山南路相通。咸宁巷经柿花巷往北与华山南路相接，又经五华坊往西与正义路相连。南厢：由东至西有朱家巷、财盛巷，其中财盛巷往南与威远街相通。

1932 年滇味名馆鼎新园在长春路正式开业，因老板名岳鼎臣，昆明人俗称老岳家。老岳家专营粉蒸系列的菜肴，其中以粉蒸肉、粉蒸排骨、粉蒸鸡、粉蒸牛肉、粉蒸羊肉及剁蒸最为拿手。由于选料正宗，配方独到，烹制得法，肉质酥烂，吃完唇齿留香，在老昆明享有盛誉。1938 年滇味名馆东月楼在长春路 155 号正式开业，其烹制的酱汁鸡腿、麻辣鸡片、锅贴乌鱼最为有名。抗战时期，东月楼是享誉昆明的滇菜名馆，西南联大教授们是这里的常客。

1945 年 7 月，著名戏剧家田汉率领新中国剧社在长春路的昆华女中上演了话剧《蜕变》和《金玉满堂》，为孙起孟先生主持的昆明中华职业教育社募集资金。11 月 27 日晚率领剧社在现在位于长春路的云南大戏院公演了苏联作家奥斯特洛夫斯基的话剧《大雷雨》，颇受昆明观众的追捧。

抗战时期，西南联大外语系傅恩龄教授、图书馆董明道副馆长、体育组侯洛荀教员住如意巷 49 号，经济系周新民助教住如意巷 1 号，机械工程系殷文友教授住如意巷 8 号。

20 世纪 70 年代的长春路（一）（廖可夫摄）

20世纪70年代的长春路（二）（张卫民摄）

　　如意巷：在市区中部偏北，南起长春路，北至华山南路，长245米、宽7米。清代，人们企盼万事如意，故命名为如意巷。

20世纪70年代的如意巷（一）（张卫民摄）

20 世纪 70 年代的如意巷（二）（杨红文摄）

祝福巷：在市区北部，五华山西南侧，南起如意巷，北阻，长 104 米、宽 2.5 米。原名豆腐巷，1911 年辛亥革命后，取祝愿幸福之意，更名为祝福巷。

20 世纪 70 年代的祝福巷（一）（张卫民摄）

20世纪70年代的祝福巷（二）（杨红文摄）

　　吹箫巷：在市区中部，小花园东侧，南起长春路，北至桃源街，长260米、宽3.8米。清初成巷，巷中居民以做竹器手工业者为多，其中以制作洞箫较有名气，故名吹箫巷。

20世纪70年代的吹箫巷（廖可夫摄）

威远街：在市区中部，近日公园东北面，西起正义路，东至护国路，长500米、宽10米。清道光年间，街内建有藩台衙门，故称藩台街。1912年改称威远街。北厢：由东至西有青龙巷、回龙巷、财盛巷、三台巷、小柳树巷横贯其间。其中有东起财盛巷的劝学巷往西与象眼街相通。有青龙巷由北转东与护国路相连。有财盛巷往北与长春路相接。南厢：由东至西有云兴巷、大柳树巷往南与庆云街相通。

抗战时期，国立北京大学、国立清华大学、私立南开大学组成的西南联大于1938年迁至昆明，财盛巷2号曾是南迁后北京大学的办事处，北京大学校长蒋梦麟先生曾在此居住。青龙巷8号是云南学界名流于乃仁、于乃义昆仲的旧居。财盛巷有阚建民先生创办的长兴斋酱园，专门生产甜酱油，旧时老昆明的坊间俗称"甜酱油要买财盛巷高石坎长兴斋老阚家的才整得成"。青龙巷内有舒荣华、舒德生父子创办的荣华酱园，专门制作太和豆豉。荣华酱园的太和豆豉与木行街舒大嫫太和豆豉、永香斋太和豆豉并称为旧时老昆明的三大太和豆豉。

云南省政府主席龙云先生的公馆原址在今威远街166号的龙园豪宅。抗战时期，西南联大迁昆后，龙云主席腾出公馆的部分房舍供联大办公使用，一时传为佳话。云南宪兵司令禄国藩住大柳树巷7号。民国时期，云南省富滇银行的总部设在威远街中段。

20世纪70年代的威远街（张卫民摄）

20世纪80年代位于威远街的龙云公馆大门（杨红文摄）

20世纪80年代位于威远街的龙云公馆内景（一）（杨红文摄）

20世纪80年代位于威远街的龙云公馆内景（二）（杨红文摄）

20世纪80年代位于威远街的龙云公馆内景（三）（杨红文摄）

　　财盛巷：在市区中部偏北，南起威远街，北至长春路，长403米、宽3.5米。清初，巷内建有财神庙，人民企盼财源茂盛，故起名财盛巷。民国年间，将火腿巷、要致巷、石门坎巷合并，统称为财盛巷。

20世纪70年代的财盛巷（一）（张卫民摄）

20世纪70年代的财盛巷（二）（杨红文摄）

三台巷：在市区中部，南起威远街，向北延伸至巷底，长 27 米、宽 2 米。清代，因当时巷内地形呈现坡度，依次分为三个台阶，故得名三台巷。

20 世纪 70 年代的三台巷（杨红文摄）

庆云街：在市区中部，近日公园北面，西起正义路，东接护国路，长 400 米、宽 11 米。清光绪年间，官府属员多聚集于此，都企盼高登仕第，故称登仕街。1911 年推翻清廷，传说东方出现彩云，象征吉祥如意，1912 年改名庆云街。北厢：由东至西有云兴巷、福庆巷、大柳树巷、九成里横贯其间。其中云兴巷、大柳树巷往北与威远街相通。南厢：由东至西有太平巷、翠花巷、高山铺、安宁巷横贯其间。其中有南起高山铺的致果巷镶嵌其间。有东起高山铺的永升巷往西与正义路相接。有高山铺西经安宁巷与南屏街相通。有安宁巷往南与南屏街相连。

庆云街太平巷有著名民主人士、教育家龚自知先生的旧居。庆云街安宁巷的东侧有著名西医内科专家韩敬之先生的旧居。庆云街下段有著名骨伤科专家苏采臣先生的旧居。抗战时期，西南联大土木工程系王裕光、陈永龄教授住云兴巷 3 号。

20世纪70年代的庆云街（一）（廖可夫摄）

20世纪70年代的庆云街（二）（詹霖摄）

九成里：在市区中部，近日公园北侧，南起庆云街，向北延伸至巷底，长125米、宽4米。相传民国年间，有九户人家相继在这里建成了九个院落，并形成了一条里弄，故称九成里。

20世纪90年代的九成里（刘济源摄）

安宁巷：在市区中部，近日公园北侧，南起南屏街，北至庆云街，长182米、宽8.2米。清光绪年间，在巷内建有天宁寺，故称天宁寺巷。抗战时期，在日机轰炸昆明中损毁，后来人们企盼和平安宁，遂更名为安宁巷。

20世纪70年代的安宁巷鸟瞰图（詹霖摄）

20 世纪 70 年代的安宁巷（一）（张卫民摄）　　　　20 世纪 70 年代的安宁巷（二）（詹霖摄）

南屏街：在市区中部，东起护国路，与东风东路相通，西至近日公园，与东风西路相望，长 500 米、宽 20 米。清末民初时为南门旧城墙和护城河，1932 年始拆除城墙，填平护城河，改建为新市场，后逐渐修筑道路，建盖楼房，形成街道。因地处城南，故取城南屏障之意而得名。

20 世纪 70 年代的南屏街鸟瞰图（张卫民摄）

20世纪70年代的南屏街（张卫民摄）

青年路： 在市区中部，南起东风东路，北至昆明动物园，长1400米、宽32米。该路段原是小东门—大东门—护国门一段城墙和护城河。1952年，昆明市政府动员各界青年义务拆墙筑路；1955年，共青团云南省委又带领团代会代表在街道两侧种植行道树，故命名为青年路。

20世纪70年代的青年路街心花园（廖可夫摄）

20世纪90年代的青年路（刘济源摄）

东升街：在市区中部，小花园西北侧，南起长春路，北段西转报国街，长153米、宽2.9米。明清时期，由于地处东城脚，称为大东城脚，后更名东城街。1940年街内建有东升小学，故改称今名。西厢：有麒麟巷往西与报国街相通。

报国街：在市区中部偏北，祖遍山东南侧，南起长春路，北抵大绿水河，全长369米、宽4.5米。清康熙四十三年（1704）在此兴建报国寺，街以寺得名。东厢：由北至南有报国巷、麒麟巷横贯其间。其中麒麟巷往东与东升街相通。西厢：由北至南有双龙巷、裕裢巷横贯其间。

1946年7月5日在大绿水河1号成立了昆明市五华文史研究会，理事长：周钟岳，常务理事：秦光玉、罗庸、于乃义，理事：李埏、李希泌、李为衡、方国瑜、于乃仁、陈秉仁、曹钟瑜、虞籍、王七舞，候补理事：周均、廖尔纾、周锡年、张学智，常务监事：李根源，候补监事：周毓瑄。抗战时期，西南联大教授，著名翻译家、诗人冯至先生曾先后在报国街和财盛巷居住过。

李根源的公子李希泌从西南联大毕业后，在大绿水河创办了私立五华中学并出任校长。为了提高教学质量，他延聘了一批西南联大、云南大学的中青年才俊来五华中学任教，其胸襟、学养颇有其父之风。1946年五华中学高三班学生毕业，他恭请秦光玉先生在毕业典礼上发表演讲，光玉先生勉励道："一曰学无止境，宜终身勿忘进修也。二曰宜注重道德也。谓学者以学为人，如大行有亏，学复何益。三曰保存国粹、学习新知并重也。中国固有之学问，宜选择其精粹，保存而光大之。而科学则日进不已，宜充分学习而发扬之。"

20 世纪 70 年代的报国街（张卫民摄）

兴华街：在市区中部偏北，祖遍山南侧，南起长春路，北通大绿水河，长 128 米、宽 4 米。清代，称大、小绿水河，后有江西人在此经营瓷器，又叫瓷器巷。1911 年，辛亥革命胜利后，以复兴中华之意改称兴华街。西厢：由北至南有大绿水河、青宁巷、小绿水河横贯其间。其中有东起大绿水河的左家巷、南起大绿水河的大德山巷镶嵌其间。其中大绿水河经左家巷、大德山巷往西与华山东路相通。有东起小绿水河的好生巷镶嵌其中。其中小绿水河往北经好生巷与大绿水河相通；往南经如意巷与长春路相接。抗战时期，西南联大中国文学系罗庸教授住兴华街 28 号，物理系吴大猷教授、算学系刘沂年助教住小绿水河 8 号。

大绿水河：在市区北部，大德寺南侧，东起兴华街，向西转北至左家巷，长 330 米、宽 5.8 米。明代，该地因汇聚了五华、祖遍两山之水于山麓形成一条小河，河水向南经涂沙箐流入双水塘，再经双水塘过白鹤桥，出小南门转西注入玉带河，因河水在水草衬映下呈现绿色，故称大绿水河。后因城市的拓展，地貌发生了改变，河水断流，人们聚集于此，逐渐形成巷道，巷因河而得名。

20 世纪 70 年代的大绿水河（杨红文摄）

　　护国路：在市区中部，昆明工人文化宫西侧，南起金碧路，北至长春路，全长 900 米，宽 8～24 米。清代从长春路至威远街一段称为绣衣街，威远街至庆云街一段称为白鹤桥。1915 年袁世凯复辟称帝，云南唐继尧、蔡锷、李烈钧首先发起讨袁护国运动，为了纪念护国首义，将白鹤桥更名为护国街。1927 年扩修道路后，以小南门为界，小南门至长春路为绣衣街，小南门至金碧路为护国街。1937 年后统称为护国路。东厢：由北至南有福昌巷、穿城巷、头道巷横贯其间。其中穿城巷向东经大东城脚往北与长春路相通；往东与青年路相接。头道巷往东与维新街相接。西厢：由北至南有青龙巷、宝华巷、文昌巷横贯其间。其中有青龙巷由西折南与威远街相通。有宝华巷往西与南昌街相接。

20 世纪 20 年代的护国桥（照片由廖可夫提供）

20 世纪 20 年代的护国门（照片由廖可夫提供）

20世纪70年代的护国路（廖可夫摄）

20世纪80年代的护国路（廖可夫摄）

象眼街：在市区中部，近日公园北面，南起威远街，北至长春路，长220米、宽4米。清代中期，缅甸进贡的大象途经此地，就跪在街口，约半个时辰后，才起来走开，大象跪出了深深的眼窝口，当时人们认为是吉祥的象征，就在大象跪的地方用石头镶刻成象的头形以示纪念，将街名更名为象眼街。东厢：有劝学巷向东经财盛巷往北与长春路相通；往南与威远街相接。

象眼街劝学巷41号是著名实业家、美食家万雨苍先生的故居。万雨苍先生为人正直淳厚，淡泊恬静，重情讲义，雅量高识。他生性慷慨好客，常置酒席宴请亲朋故旧，以畅叙友情。在诸多菜品中有一款春卷，熔滇南中和殊味与安南精巧手工于一炉，堪称滇味小吃中的绝品。万氏春卷，以卷皮的制作工艺、馅料的荤素搭配、炸制的火候掌控、蘸水的精细调配而著称。其烹制的春卷呈现香鲜浓郁、色泽金黄、酥脆筋道、味道绵永的特色，国共两党的范子明、周赤萍将军品尝后一致认为万氏春卷当属天下第一春卷。

20世纪70年代的象眼街（廖可夫摄）

启文街：在市区中部，南太桥西北侧，南起东风东路，北至护国路。长242米、宽3米。清末以前，称绣衣后街；1915年以街南头城墙上的启文楼而改称启文街。东厢：有昆安巷往东与青年路相通。抗战时期，西南联大图书馆徐慧英助理住启文街11号。

南昌街：在市区中部，南屏街东段北侧，南起庆云街，北至威远街，长251米、宽4.2米。清末滇剧艺人在此建盖老郎宫祭祀戏神，后形成街道，故此地亦称老郎宫；1920年因靠近小南门，取南边昌盛之意，改称南昌街。西厢：由北至南有新平巷、白果巷横贯其间。

20世纪70年代的南昌街（廖可夫摄）

端仕街：在市区中部，近日公园东北侧，南起庆云街，北接威远街，长146米、宽4米。清初街内设有断事司衙门，故得名断事司街，后以"断事"与"端仕"谐音改称为端仕街。

1938年玉溪金官营人翟永安在端仕街开设永顺园，专门经营小锅米线，其罩帽有鲜肉、焖肉、焖鸡、鳝鱼、叶子等，后来又创制了小锅卤饵块，以新鲜剁肉，加脆哨、菜豌豆、豌豆尖、绿豆芽及作料卤制而成，是昆明标志性的小吃名品之一。著名中医小儿科专家康诚之先生在此开医馆行医，著名中医妇科专家吕重安先生也在此设诊所行医。

抗战时期，西南联大经济系周作仁教授住端仕街58号，图书馆主任兼外语系讲师严文郁住端仕街60号，经济系秦瓒教授住端仕街62号，师范学院樊际昌教授住端仕街16号。

20世纪70年代的端仕街（一）（杨红文摄）

20世纪70年代的端仕街（二）（杨红文摄）

20世纪70年代的端仕街（三）（杨红文摄）

正义路： 在市区中部，北起华山南路，南至金碧路，长 1450 米、宽 25 米，是城区的中轴线。明清时期，北段多为官府衙门，商业集中，牌坊林立，是老昆明市区历史较悠久的街道之一。自南向北分别由三市街、南正街、三牌坊、四牌坊、马市口组成。其中金碧路至近日公园一段为三市街；近日公园至景星街一段为南正街；景星街至光华街一段为三牌坊；光华街至文庙横街一段为四牌坊；文庙横街至华山南路一段为马市口。1915 年护国运动胜利后，为纪念这一重大历史事件，将南大门城门（丽正门）命名为正义门，1937 年以近日公园为界，近日公园以北至华山南路称为正义路，近日公园以南至金碧路称为三市街，后两段合并统称为正义路。东厢：从南到北有永升巷、五华坊横贯其间。其中永升巷经高山铺往南与南屏街相通。五华坊经柿花巷往北与华山南路相通，经咸宁巷往南与长春路相连。西厢：从南至北有小银柜巷、大银柜巷、孝子坊巷、居仁巷、四知巷、邱家巷、正义巷、文庙东巷、四通巷横贯其间。其中，小银柜巷、大银柜巷向西与文明街相通，文庙东巷往南与文庙横街相接，四通巷向北与华山南路相通。

20 世纪 70 年代的老昆明鸟瞰图（张卫民摄）

20世纪70年代的正义路鸟瞰图（张卫民摄）

　　滇味名馆豆蔻饭店原址在今正义路142号精益眼镜店附近，该店最拿手的是火腿豆焖饭，呈现出口味鲜甜软糯、香味醇正、色彩鲜亮的特色。其中，火腿红似玛瑙、青豌豆绿如翡翠、大米饭白如珍珠，十分诱人，可谓色香味俱全，在老昆明的食客中享有盛誉。

　　居仁巷：在市区中部，东起止于正义路，呈"匚"形，长156米、宽3米。清末，巷内建有小土主庙，故起名小土主庙巷。民国年间，巷内有居仁里，故改称居仁里巷。1979年将相连的庆余巷并入，统称为居仁巷。

20 世纪 70 年代的居仁巷（照片由李晓明提供）

20 世纪 70 年代的居仁巷鸟瞰图（詹霖摄摄）

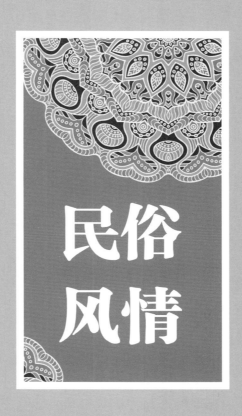

民俗
风情

昆明老茶馆

马海洋

　　新中国成立前，昆明的茶馆里常会有吃讲茶的人。吃讲茶也叫吃讲理茶，是老昆明的一种习俗。当事人有了矛盾，双方便约着到茶楼讲理，论个对错，讲个输赢，讲理的阵容有大有小，茶钱就由讲输了理的一方付。这是一种广泛流行于社会，调解民事纠纷的民间自发活动。

　　人世间总有不少麻烦事，如遗产继承、邻里纠纷、婚姻失和、权益侵占、人格侮辱等。而新中国成立前的贫穷百姓遇事往往投诉无门，无钱上法院，也不相信官府能够公正断案。所以四邻有了纠纷，行帮街痞不想暗斗，都愿意到茶馆泡壶茶，大家把事情讲开，届时往往有老长辈或德高望重者出面调停。

　　茶与酒不同，茶性平和，使人冷静理智，头脑清醒，能自我节制，所以碰上麻烦事需要调解，茶馆比酒楼合适。而且茶馆是公共场所，有公众才会存公理。凡态度诚恳、善于退让、甘愿吃一点亏的一方常常会赢得同情，博得好评，而蛮不讲理者往往受到舆论责难。因而茶馆也就成了民间议是非、判曲直、调解纠纷、息事宁人的去处。

　　茶馆是旧时昆明人最爱光顾的去处。茶馆里有说书、清唱、玩棋牌等娱乐活动，无论老少闲时都要去茶馆度日。茶水从同一把壶里倒出来，所有喝茶的人之间就有了一种亲和平等的关系。茶带给人的不是孤独，而是被群体接纳的温暖。

　　著名作家于坚曾经这样描述过昆明的老茶馆："茶馆的长条凳总是延伸到街面上，那里永远坐着一群老人，他们吸水烟筒，用发黄的缸子喝茶。四合院营业时间最长，早晨七八时开铺，晚上十一二时打烊。带讲评书，用锡壶供茶。三文一人，五文二人，十文五人。每天可卖二吊多钱，折合二两多银子。宣统年间修铁路，随着也开设了一些茶铺，较大的有息一亭和罗芝楼。息一亭在今火车南站对面，招呼过往客商，楼上楼下，五间茶室。每碗茶卖三个铜板。还带有打围鼓清唱，卖的食品很多，有包子、点心、炒面、烧烤等。云南的茶好，前几年价格更是被炒得翻了天，但奇怪的是云南的茶馆却并不出名。最早昆明人喝茶，要喝好茶，用好的茶壶茶杯，坐红木椅子。那时候我们就是悠悠闲闲地到茶馆里泡壶茶，一碟香蚕豆，听听说书先生讲故事，或者打打瞌睡。"云南地处边疆，以前茶文化也没那么多休闲雅趣，而是一派市井风范，喝的是红茶或者一般的绿茶，茶具用的是一个搪瓷杯，讲究点的有个小茶壶，坐的是木制方桌、高脚椅，人们下了工，满头大汗地到茶馆里泡杯茶解渴，边往嘴里灌，边与其他茶客高声聊天，说到激烈处几乎能吵起来，这就是老昆明人喝茶的常态。

比起其他地方的茶馆，昆明的茶馆还承担着许多喝茶聊天以外的功能。那时候的老昆明茶馆的区分非常清楚，各行各业都有自己的茶馆圈子，如设在如安街的工程师茶馆、交三桥的工人茶馆、巫家坝的专门说书的茶馆等，不同行业、不同喜好的人去的茶馆都不一样，大家也都心照不宣。昔日的景星文艺茶室中，说书人的高超说技常赢得阵阵叫好。茶馆曾经是老昆明重要的公共休闲和文化生活场所，馆内说书人大多讲的是三国、水浒等古代故事，许多"老昆明"便打着赤脚歪着身子蹲在凳子上喝茶听书。

后来，茶馆慢慢没有了唱戏说书的，蹲茶馆的人也渐渐少了。于是，茶馆被一个新的名字——开水供应站取代。老茶馆随着它的载体老街消失，已经离开人们的视线，但它承载的丰富的历史文化记忆，却让人不禁怀念那段蹲茶馆的日子。说起茶馆，首先想到的当然是老舍先生的经典话剧《茶馆》，但那是北京的茶馆。而茶馆在中华大地上却各有各的特点。作为一个生长在昆明的人，我所见识的自然是老昆明的茶馆。

第一次认识茶馆是跟老人去的，在很小的时候，我跟着家长从羊市口买完菜往南走，就在东寺街靠近鱼课司街的地方，有一家茶馆非常热闹。我一阵小跑冲上前去，只见茶馆里正在唱滇戏。茶馆里有一个小天井，正中间一个身着古戏装的女子正在卖力地唱戏，女子的后面是拉胡琴，弹月琴和打鼓敲锣的乐队。由于从小跟奶奶到不远处的西南大戏院（云南省滇剧院）看过许多戏，我听得出这里唱的是滇戏，甚至知道滇戏的锣鼓家什的节奏是"得听就听，不听吃茶"。过去在戏院里没感觉出来，而在茶馆里却是那样恰当。只见听戏喝茶的人各色各样，当然以穿着朴素的中老年男子居多。洗得黄生生的木桌子上，一人面前一个盖碗茶，喝茶的时候，大多数人都是左手呈兰花指端起茶碗，右手拿起茶盖一晃一晃地拨开沫子，然后对着嘴"嗞"地品上一口。喝茶人坐的凳子是如今很少见到的条凳，有的人干脆将剪子口状的布鞋脱了，直接打着赤脚歪着身子蹲在凳子上，回想起来，才知道昆明人所说的蹲茶馆大概便源于此。"喝茶对老昆明人来说，不光是休息，更是一种生活。"金永才说，老昆明的茶馆里有很多江湖规矩，比如盖碗茶的盖子揭开搭在托盘上，堂倌儿就会过来倒水；要出门一会儿，就把盖子盖上，上面再放个随身小物件，老板会把座位给你留着；在茶馆里卖东西，要先跟茶馆老板过场，就是得说明，当然茶钱也是要比别人高……这些规矩看似烦琐，但常去茶馆的必须弄清楚，一旦搞错，遭鄙视事小，有时惹出麻烦事大。

人们在茶馆里聊天，交流信息，放松。任何人，刚才在街上还衣冠楚楚，一迈进茶馆，他就把扣子解了，鞋子脱了，像是回到了家里一样。茶馆是一个最平等的场所，有着最低廉的消费，什么身份地位的人都可以进来。江湖上的龙头老大、赶马帮的马锅头、农民、骗子、小偷、老寿星、书生、商人、警察、军人……还有说书的，卖纸烟的，唱戏的，算命的……这是一个三教九流胡说八道的去处。在汪曾祺先生的散文里读过，昆明的茶馆是非常大众化的，当时的西南联大有许多穷学生就曾经将茶馆当作图书馆的阅览室，用很便宜的钱买一碗茶就可以坐上半天。许多闻名中外的毕业论文甚至都出自昆明最普通的大众茶馆，汪先生也声称之所以能够写小说就是在昆明的茶馆泡出来的。而如今除了麻将室之外，茶馆也慢慢有了，但那是十分高档的场所，茶馆成了洽谈生意、打牌娱乐的地方，盖碗茶没有了，取而代之的工夫茶，随便一个包间或一壶茶都是上百元的价格。

民国初年的昆明老茶馆（照片由李晓明提供）

老昆明的儿童游戏

张　俊

　　三四十年前，昆明大多数的家庭住的是四合院。四合院的邻里之间交流频繁，哪家有事，总有邻里伸出援助之手，相处融洽的邻里几乎亲如一家，甚至左邻右舍，有什么好吃的，都要东家一碗西家一碟，互送尝鲜。在那个环境中成长起来的青少年，物质生活虽没有现在的孩子优厚，但也有很幸福的一面。他们彼此亲如兄弟姊妹，课余时间，常在户外进行集体游戏，小伙伴们常玩的游戏丰富多彩，花样翻新，有的游戏极富创造性和冒险性，有的游戏很有情趣，真可以让今天的孩子羡慕不已。随着城市建设的发展，四合院渐次拆除，绝大部分市民迁入了如雨后春笋般冒起的高楼，住进高楼的孩子们相互接触少了，生活水平提高了，电视机普及了，玩电子游戏的孩子多了，加之电脑已走入千家万户，过去流行的儿童游戏渐自成了冷门，甚至被人遗忘。这里，笔者权当此文为一个童俗公园，简单地展示部分曾经流行于昆明少年儿童中的游戏。

揍揍包定输赢

　　小伙伴们玩许多游戏前，为了公平，都需要先确定输家和赢家，最简便的定输赢办法就是吼揍揍包。

　　什么叫吼揍揍包？男孩子们凑到一起，口中齐吼一声"揍揍——包！"并一齐出手：伸掌为包，握拳为锤，伸直食指、中指为剪。包克锤，锤克剪，剪克包，最后的输家，要吃点亏，比如玩捉迷藏，他就该去找藏家。

　　女孩子定输赢的办法更加有趣，有三种：

　　第一种是黑白手。类似吼揍揍包，大家口中齐吼一声"黑白手！"并一齐出手，手心向上为白，手背向上为黑，多的一方为赢家，每一轮的输家不止一人，就得在输家中再吼几轮，直至选出最后一个输家为止。

　　第二种是蹲的蹲，站的站。大家边跳边喊："蹲的蹲，站的站；哪边多，哪边赢。"喊声落时，大家或站，或蹲，哪边人少哪边输，淘汰下来的如果只剩两个人，就以吼搒搒包定输赢。

第三种是叉腿，是另类的吼搒搒包。大家齐呼"一、二、三！"并一起跳起来，落地时两脚或前后叉开为剪，或左右叉开为包，并住不动为锤，以最少的人为输家。

后两种办法，比吼搒搒包更活跃、热烈，所以有时男孩子们也跟着学。

跳小黄牛

过去儿童的游戏中就有一项跟跳鞍马十分接近的玩法，叫跳小黄牛。小黄牛由玩游戏者轮流充当。

搒搒包吼出的输家，弯腰缩头垂手，把手依次抵在脚面、膝盖、大腿上，充当小黄牛，其他人从七八米外的距离助跑过来，双手垂直，撑住黄牛的脊背起跳，飞身跃过。跳时只要别碰得"黄牛"明显移位或碰倒"黄牛"，如果只是屁股擦着牛背，也算过了，否则就是没过，没过的人就要来当牛。小黄牛从手抵脚面开始每跳完一轮，牛就升高一截，跳的难度也越来越大，亦越来越精彩，直升到牛抵着大腿，头向前微垂，身体接近直立。有的孩子面对如此高度也能撑着牛肩跳过去。为博得越过高难度的掌声与荣誉，小伙伴们都玩得十分卖力。显然玩小黄牛这一游戏，不论扮牛还是跳，都是高个子占优势。曾经有两个小学生，两人个子相差半个头高，高个子多次跳过接近直立的矮个子的头顶，十分得意。矮个子个性很强，有一次竟当着众同学，说高个子没本事，完全是占个子高的便宜；又打赌说自己可以跳过跟他一样高的同学的头顶，众人不信。结果这一跳，打赌者的屁股猛地撞在"牛"头上，因用力过猛，两人一起跌倒，这位不服输的"英雄"，跌得头破血流，幸得校医及时救治。

有时跳小黄牛的孩子太多，排队跳太慢，不过瘾，如果场地宽，有操场或宽敞的巷子，还可以玩得更精彩，变成一条龙小黄牛。这种玩法是：凡跳过"牛"背的人就和原来的"牛"一起弓身当牛。于是"牛"越来越多，摆成长龙阵，直到全部人都成"牛"了，最后的牛才起身继续跳，这样循环往复跳，真是过瘾，直累得一头头"牛"气喘吁吁，玩得又喊又叫又笑。

"拉人"与"打死救活"

昆明过去的小男孩几乎都玩过"拉人"与"打死救活"游戏。"拉人"的游戏，首先要有"拉家"与"被拉家"，一般用吼捹捹包产生，输家是"拉家"，赢家当"被拉家"，游戏中你拉我躲，到处是欢声笑语。

"吼"出了"拉家"，"被拉家"立即四处奔逃，"拉家"随后猛追，跑得大汗淋漓。拉住谁，谁就成了为新的"拉家"，原来的"拉家"转身又变成了"被拉家"，游戏中你拉我躲，到处是欢声笑语。

另一种玩法是"拉家"和所拉到的人都当"拉家"。玩到后面，"拉家"越来越多，最后一个"被拉家"就得当下一轮的"拉家"。

"打死救活"是"拉人"的变种，玩法更精彩。"拉家"拉着谁，就把谁"关"起来，怎么关呢？就是被拉到者，必须双手抬平定住不动，等于"死"了。往往逮到一个"被拉家"，"拉家"就不主动追捕其他人了，只守在附近，以这个人为诱饵，等其他人冒"死"来救。所有"被拉家"只要有勇气，都有资格来救被关的"死者"，只需跑过来碰一下"死者"的手，就算救活了，被救活者可以马上逃跑。但如果营救时勇士先被"拉家"摸着，则勇士也"死"了。这种玩法很刺激，气氛特别热烈，被捉住的垂头丧气，遇救的如死里逃生，兴高采烈。有的小孩还得意地叫喊着顺口溜："打死救活，你死我活，你进棺材，我敲大锣！"如果"被拉家"太多，"拉家"的难度大，就要多设几个"拉家"才守得住被关的人。

"挤油渣"

遇上天气冷，孩子们一下课，立即就会在教室一角、庭院或巷道角落，开始玩挤油渣。这种玩法不计较谁是赢家与输家，大家凑在一起拼命往墙角挤就行了。边挤还边喊："挤油渣，炸麻花，榨出油来打嘴巴！"谁被挤出人堆，就算榨出的油，大家就一起笑他，但并不会真的被打嘴巴。被挤出者马上又可以转身再挤进去。即使是冬天天气很冷，只要这样多挤一阵，也会叫你气喘发热，甚至满身大汗，用今天的话来形容，可称为用力抱团取暖。

"背牛"猜谜

"背牛"，是一种类似猜谜的游戏，这名字似乎叫"背人"才对，人怎么能背得动牛？应当叫"骑牛"。这种游戏适合人不多的时候玩：一个人面墙站好，身稍前倾，双手抵墙。另一个人跳上他的背，骑在腰上，左手扒住他的肩膀，右手轻轻地拍他的背，嘴里有节奏地念道："揍，揍，什么羊？"随即用手比出一种形状，藏在身后，表示一定的意义。比如用手摸着自己的下巴是"胡子小山羊"等。

什么手形表示什么意思都是事先约定好，得到公认的，不然怎么猜？好笑的是 20 世纪 50 年代末刚放过《平原游击队》后，有个机灵的调皮鬼，双手比画着双枪，用谐音编出了"双枪李向阳"的说法。这谜刚一发明时，谁也猜不中，发明者那得意样，仿佛自己成了抗日英雄李向阳。后来这一说法竟流行起来。

玩"背牛"的时候还有个游戏规则，"牛"不得偷看"牛"背上人的手形，骑"牛"者一手既出，不得中途变换，也不得欺"牛"的背上没长眼睛，人家猜对了也说不对。玩的人多时有人监督，被别人发现作假，就是"骗脸"，不仅算输，小伙伴们还会叫他骗脸鬼，以后就没人再和他玩了。"牛"猜中了就可以和人交换位置，猜不中就得继续当"牛"。如果骑"牛"者老是赢，时间长了，支持不住掉下"牛背"，也算输。如果"牛"老是输，时间长了，驮不动了，就会忍不住地大声喊："得了，得了，下来了！"惹得伙伴们大笑不止。

"仙人针"

"仙人针"是一种有趣的用技能扩张土地面积的游戏：找半截筷子稍稍削细，剖开一端，扎上一根缝衣针或大头针就成"仙人针"了。玩的时候要找一块土泥地，过去庭院中和小巷里到处都是，游戏时，针尖朝下，然后松开手，或稍稍用力一推，让"仙人针"落下，针头扎地站稳为赢，倒地为输。有的还在泥地上画圈，必须扎到圈内并且站稳才算赢。

另一玩法更有趣，两人比谁圈的地多。每人以第一次针落的位置为起点，如第二次落点在各人两掌距离内为有效，就可以画线连接到第一个针点，如所落距离超出两掌为无效。之后，照此连续玩下去，最后把线与第一个点连接，绕成环形，比谁圈的土地面积大。为满足土地占有欲，"开拓者"们一个个全神贯注，十分认真。

可以乱真的窑泥枪

黏土可以做多种泥巴玩具。今天已不时兴用黏土做泥巴玩具了，现代的孩子一般用橡皮泥来做，不会弄脏手，且十分方便，可以反复改变形状。用黏土做玩具复杂点，但有个好处，成型后待干了不再变形，而橡皮泥不会干，稍一碰就会变形。

昆明人把黏土称为窑泥，这种土通常是窑里烧盆、烧罐、做砖瓦的材料。男孩们为了找窑泥，不怕跑路，常到城郊的砖瓦厂附近去找，或遇上家附近盖房子挖地基有时也能抠到窑泥。好的窑泥黝黑发亮，杂质少，但都要先拣去泥中掺杂的沙砾、石子，然后在平滑的石板上反复掼"熟"，再把窑泥拉长拉匀，让气泡跑掉，再用力捏，这样做出来的东西不容易裂，保存时间长，而且表面光滑漂亮。最后再根据要做的玩具把窑泥捏成一定形状。

孩子们最常做的是窑泥手枪。做手枪需要把泥捏成十几厘米见方的板块。稍稍阴干，即可画线，手枪的式样不少，有"盒子炮""小拉七""双管信号枪""左轮"等，根据不同式样用小刀把多余部分切下，大体切出轮廓，等继续阴干后再切削出枪管、准星、枪把、弹仓等。为了逼真，制造者不怕花工夫，有的还用墨汁精心涂描一番，干后闪闪发亮。据说有的"能工巧匠"参考图片把手枪做得十分精致，简直可以乱真。拿着这样的枪串街走巷，打野战，常被警察追来"缴械"，缴到手中才知道上了孩子们的当。警察大声警告说："以后不准像这样做枪，再被抓到要掼碎。"孩子们则笑道："警察叔叔，我们要用这把枪帮你去抓坏人。"

窑泥的确好玩，当初对开发少年儿童的想象力与创造精神功不可没！孩子们各自挖空心思，别出心裁搞创造，有的用窑泥做冲锋枪，但长了容易断，就给它加"筋"——在泥里插入粗铁丝。有的用窑泥捏攒钱罐、小坦克、小汽车，心灵手巧的孩子还做成形形色色的小动物、小泥人，有的孩子还因为这门手艺好，成年后成了专业的雕塑家或手艺人。

吹 "青蛙"

吹"青蛙"，吹的是纸青蛙，用纸可以折成几十种模样不同的青蛙。玩时两个孩子对战，一人出一只"青蛙"，头对头放好，两人各自猛吹自己的青蛙屁股，两只青蛙迎头相撞，谁的青蛙被撞翻了就算失败。为了让自己的"青蛙"在"吹战"中不被轻易掀翻，大家都想方设法给自己造的"青蛙"增加体重，或尽量找厚纸折，或用长形的纸折让"青蛙"体形变长等。而有的人耍小聪明搞歪门邪道、弄虚作假，往"青蛙"肚子里塞铁片、石子，占了几次便宜，却成了被众人取笑的骗脸鬼。为了追求胜利，每当有一种新面目的"青蛙"诞生，大家就争相模仿，所以那年月孩子们到底为"青蛙王国"创造了多少种"青蛙"，也许连昆虫学家都统计不清！

孩子们不仅为"青蛙"创造新种类，还搞"高科技"——生产飞机、火箭，当然也是以纸为原料。这种纸飞机、纸火箭的制造方式和创造纸青蛙差不多。这两种手工现在的孩子还常做，不过用橡皮筋弹射的纸火箭却少见了。可弹射的纸火箭其实并不难制造，只需在普通纸火箭上剪一个口子就改装成了，玩时用橡皮筋钩住缺口，拉开一放，纸火箭马上冲到空中。有的孩子还试验成功了"高级远程火箭"，制造时选用更高档的材料就行了：要点是增加纸的硬度，缺口再加固，换上更粗、更大、更长的橡皮筋，像打弹弓一样，三个人联手，两个人固定橡皮筋，一个人放火箭，这"远程火箭"可以冲到离地近百米高的空中，真让人瞠目结舌。

打"得螺"与扯"响簧"

打"得螺"，准确地说应当叫抽"得螺"。"得螺"是昆明方言，其学名就是陀螺。陀螺其实并非昆明首创，也并非昆明一地独有，它有悠久的历史，流行于较广的地域，是古老的民俗体育游戏。得螺由木头制成，形状为圆锥形，上大下尖。将尖头着地，用绳绕螺身，然后旋转放开鞭绳，使得螺旋转；或用手直接旋转得螺，待得螺转起来后，立即用鞭绳抽打，使之持续旋转。

过去有的男孩家里常锯一截柴棒，拿一把小刀，自己削得螺，有时用力过猛，刀一滑，削下手上的一片肉，小小得螺竟成了用汗水加鲜血换来的玩物。手巧者凭双手把得螺削得又圆又尖，因为削得艰难，为了让它的尖经久耐磨，不容易变秃，还常常在得螺尖上钉一颗钉子，有的木质不好，一钉子钉下去，浸着血汗的得螺立即裂开一条缝，只得另外再做。

冬天打得螺，是一种取暖的好游戏，连续打上一阵，就会全身暖烘烘，忘记天寒地冻，所以近些年不仅有小孩在玩，一些中老年人也似乎忘记了自己的长辈身份，像小孩一样抽得开心、着迷。

在打得螺的广场上还会远远听到一种"嗡嗡"之声，系"鸣声得螺"发出，其是用竹木制成的中空圆筒，中间贯以旋轴，圆筒体开有狭长裂口，转动时由于气流作用能发声。

还有一种应当算得螺的亲戚，名叫响簧，它的叫声更响亮。响簧是由木头制成直径6～10厘米、厚度为1～2厘米的圆盘，中间打孔洞，嵌入一长木条圆锥做成。圆盘外边刻有几道风门（一般为5～8道），用约50厘米长的棉线拴在两根细竹竿上扯响簧。扯的时候，两手握竿，把响簧带锥一侧放在地上，将竹竿一头的线绕上两圈，向上一提，松一圈线，响簧便转了起来。近些年扯响簧的中老年人比孩子还多，他们玩的响簧更精致，扯的花样更多，什么抛天挂、地转转、弹棉花、放地老鼠等，常常引得不少人围观。

躲猫猫

老昆明人所说的躲猫猫比捉迷藏的叫法有趣，更符合儿童心理，也更生动形象。躲猫猫，男女不分界，可男童女童混玩。

躲猫猫为多人游戏（两人以上），通过吼搂搂包、黑白手等方式找出一个输家当老猫，全体赢家当耗耗（老鼠）躲起来，等老猫来捉。耗耗这一角色似乎很不好听，但却是赢家；当老猫的作为输家，捉起耗耗来很辛苦。

游戏开始前"耗耗"们口中喊着（逐渐降低声音，以防暴露目标）："躲猫猫，拿耗耗，耗耗快快躲，老猫来拿喽！"也有的是先同时念，"冷酒热酒，吃了好躲""冷茶热茶，吃了好拿"。然后一问一答，"老猫"高声叫："一 —— 二 —— 三，可来得了？""耗耗"答："来得了！"

在念童谣的时候"老猫"必须趴在墙上不准看后面，待"耗耗"们念完一会儿后，全部藏好了，才开始拿"耗耗"。一个个旯旮儿里找，藏在走廊边等显眼处的"耗耗"会先被找到，而老练的"耗耗"则不好找，每找到一个"耗耗"，便会传来一片响亮的欢呼声。

如果"老猫"把藏着的"耗耗"全部找到就算赢了；如果一直找不完"耗耗"，而是"耗耗"自己出来的，那么藏着的"耗耗"就赢了。如果"老猫"赢了，就当下一轮的"耗耗"；第一个被拿到的"耗耗"接替他当猫。如果"老猫"一直输，就一直当猫。

这是一款斗智的游戏，所以孩子们特别喜欢，有时候从天刚黑直玩到该睡觉的时间，孩子们还不愿归家，于是大院里便会不断听到家长们此起彼伏的呼唤子女们的叫声。

斗 鸡

这里所说的斗鸡游戏可不是以公鸡相斗比输赢，而是一种斗腿的儿童游戏。这是一种锻炼平衡和耐力的游戏，也是一种炫耀武力激烈而有男子汉气概的游戏，需要以体力为基础，所以男孩子最爱玩，少数身材魁梧的女孩子也喜欢这种游戏。这种游戏最适宜冬天玩，经几轮决斗，就可全身暖和。

游戏至少要两个人，参加者一脚独立，另一脚由手扳成三角状并钩住，脚尖、膝盖朝外，如金鸡独立状。双方单脚蹦跳，另脚膝盖对撞，若哪方被撞得失去平衡，双脚落地，就输了。一般玩法是两人互攻，或三人互撞；也可组成两队人马——四人双播或多人混战，富有攻击性。

打水枪

小时候，每逢夏天，就会玩一种打水枪游戏。打水枪显然是模仿战争的游戏，这游戏攻击性很强，很刺激。

这里所说的水枪也叫水吸，其构造非常简单：锯一节竹子，一端留节，一端去节，留节一端，在节的截面中间钻一个小洞；削一根竹条，在一端牢牢扎上棉球，大小以能塞进竹筒为准。试枪时，将留节一端伸进水里，抽动绑了棉球的竹条，水就会被吸进竹筒里。所谓打水枪，就是把抽进的水喷射出去。如果说窑泥枪是一种仿真的假枪的话，那么水枪则是一种最不像真枪的枪，它以水为子弹，用它攻击别人，虽能击中目标，但没有杀伤力。

水枪的构造虽然简单，但打水枪的技巧却不简单。能否射中目标，取决于对水枪射程的基本判断，目标太远，射程不够；同时也取决于推压竹条的速度和力度，推速太慢，压力不强，影响射程；还取决于举水枪的角度，角度偏差，等于放了空枪。

水枪的玩法多种多样。可以一个人自娱自乐，玩打靶。举起枪，对准目标，用力推压竹条，竹筒底端就会喷射出一根垂直的水线，并迅速朝目标射去。水枪的靶子广泛得多，墙上的斑点，房梁上的旧燕窝，甚至飞翔的蜻蜓等都可作为射击的目标，只是能射中蜻蜓的高手非常少。

如果是一群人打水枪玩法就更多了：可以向天空打，比高度；也可以向前方打，比射程；还可以指定目标看谁打得准。打水枪，并不是每个人都能射中目标的，哪怕是高手也不能每次出手都射中目标。手艺差的，会为屡射屡败而心有不甘，也会为偶尔射中一次目标而手舞足蹈；手艺好的，会为偶尔的失手而大叫，也会为连发连中而欣喜若狂。正是这种射中的难度和个体的差异，使打水枪游戏变得妙趣横生，百玩不厌。

玩更刺激的，可以把水枪玩成类似过泼水节的游戏，伙伴之间互为靶子喷射。软绵绵的水虽没有杀伤力，但中弹后是凉飕飕的，所以必须选择特别热的天气，还要参战者保证甘当落汤鸡。另外喷出的水一定要干净，也不要对着头部射击，因为水弹虽软，人的眼睛比它更软。

爱惹祸的弹弓

男孩爱玩的游戏中，最容易惹祸的莫过于弹弓，如搞一个肇事排行榜，弹弓肯定居于榜首。

　　小男孩手握弹弓，都想寻找攻击目标，而弹弓的"子弹"都是具有一定杀伤力的石子甚至钢珠，所以许多房屋的玻璃窗经常成了被损坏的对象，包括人、畜，特别是鸟类也不时被击伤。肇事的原因除了这种"武器"本身具有一定杀伤力外，还跟小射手的素质有密切关系。有的年纪较小，对射击目标不善于选择，对"子弹"射出的后果缺乏判断力；有的小射手在射击时因种种原因失手，以致目标打偏；还有少数顽皮孩子故意恶作剧。

　　弹弓一般是木制或金属的。过去的男孩一般自己动手做，木弹弓多在郊外寻找天然的坚硬有韧性的"人"字形树杈进行加工，街上也可买到用坚硬的木料做出来的弹弓叉；金属弹弓叉多是自己用粗铁丝窝成，市场上也有用铁或铝等金属铸成的弹弓叉。

　　有了弹弓叉，下一步就好做了，弹射弹丸的"动力系统"是两根长约40厘米的橡胶条，以高韧性、高弹力的橡胶条为最好，把它分别绑牢在弓叉的顶端，再在两根橡胶条的另一端拴上一小块包弹丸的牛皮，弹弓就完成了。

　　弹弓虽简单，要当"神弓手"准确命中目标却不容易，必须掌握瞄准的诀窍。有什么诀窍呢？一抵，二靠，三塌，四绷紧。一抵：食指和拇指要尽可能抵住弓眼，这样可以获得发射瞬间的稳定性，减少弹道的左右偏差。二靠：上弓臂要牢牢靠在食指和手掌间的关节上，下弓臂要牢牢地靠在大拇指的内侧面上，这样可加强前手的稳定。三塌：持弓那只手臂的肩膀要塌（下沉），才能使持弓的整个手臂与身体保持稳定的角度，减少瞄准时忽高忽低的摆动。四绷紧：握弓的手整个手掌要挺立，不能软绵绵的，这样可避免在发射时发生较大的晃动。

　　20世纪70年代前保护自然生态的意识还未出现，所以那些年玩弹弓的男孩都以能击中小鸟为荣。近年来已不允许打鸟，玩弹弓的人少了许多乐趣。然而，有些成年人似乎在少年时代尚未过足弹弓瘾，此时还结伴进行弹弓比赛，市场上也有人抓住商机，为这些人提供高档的换代产品，所以"大顽童"们的装备十分讲究，一个弹弓价值一两百元，"子弹"都是专用的钢珠，这是不值得倡导的。

滚铁环

　　昆明过去有《滚铁环》的童谣道："青石板上滚铁环，坑坑洼洼走不完，我呢滚上黄土坡，你呢还在西仓坡。"滚铁环这一儿童游戏，在20世纪50年代至80年代初盛行于昆明。五六十年前城市里不仅汽车少，连自行车都不多，给滚铁环创造了广阔的空间，当时人们羡慕汽车驾驶员，铁环具有轮子的形状，也是车辆的象征，滚铁环可谓儿童对驾驶车辆的一种向往和追求。孩子们驾驭着铁环，其乐趣可跟成人驾车飞驰相比。

铁环由两部分组成：一是铁皮构成的圆圈，一是推动铁环前进的长柄。铁环的制作只要用胶钳将铁皮或粗铁丝弯曲成圈即可。为便于控制，圆圈不可太大或太小，直径宜在50～70厘米，尽可能做得圆些，才有利于滚动。有的人还在铁环上套两三个小环，滚动时很响亮。长柄可用一根60厘米左右的小木棍或竹鞭充当，顶端嵌一个"U"形的铁钩子，或干脆用一条尖端窝弯成钩子的铁丝做柄更省事。

滚铁环的动作有一定的难度，不但要眼明手快，更要身手敏捷，有一定的技巧。关键在于掌握好平衡，否则铁环就会"哐啷"倒地。滚铁环时以右手持着长柄，用其钩住铁环，手上的力量通过长柄的钩子传递到铁环上，钩子起到了轴承般的作用，促使铁环快速地滚动。钩子像方向盘一样控制着铁环的方向，还可以通过手上力量，控制铁环滚动的速度。有的孩子不仅能使铁环高速滚动，宛若飞翔，还能使铁环倒退着滚动。

滚铁环的场地最好在平坦的路面，或坡度不大的草坡地。坡度大的路，奔跑的速度跟不上，铁环就成了"脱缰的野马"，乱冲乱撞。当然，如果是滚铁环的高手，即使是崎岖的山路或凹凸不平的村巷，亦能行走自如。

滚铁环的方式十分灵活，可个人活动，也可集体竞赛。单独滚铁环的乐趣犹如独自开车，一群人比赛，则好比赛车。集体竞赛时设定一个目的地后，孩子们一齐出发，看谁最快到达终点。场地上，尘土四起，铁环在快速滚动，孩子们大呼小叫，奔走如飞，场面煞是热闹。有时赛手们手上的铁环还会有意或无意地互相碰撞，若谁的铁环跌倒在地或停滞不前，则马上被淘汰出局。有时候在放学的路上看到也颇为壮观。一群群背着书包、满头大汗的男孩，手里拿着铁柄，推着铁环在马路上、胡同里疯跑，"哗啦哗啦"的声音响成一片。自以为在开着汽车，嘴里还不时发出汽车喇叭的"嘀嘀"声，似乎在提醒路人要小心。

弹玻璃弹

弹玻璃球，昆明人多说为"弹玻璃弹"（第一个"弹"读 tán，第二个"弹"读 dàn）。弹玻璃弹，这是男孩子爱玩的游戏，不知始于何时，显然是近代广泛使用玻璃制品以后才产生的。玻璃弹有两种：一种是纯透明的，另一种是里面有花瓣的。两种玻璃弹的直径一般比成人的大拇指甲稍大。

弹玻璃弹的基本功一要力度，二要准确度。将右手的食指勾起来，同时将拇指弯曲，使拇指尖与食指肚相抵，把玻璃弹夹在拇指指甲前面，弯曲的拇指和食指之间。瞄准目标后，弯曲的拇指用力向前弹直，同时其余四指收握紧，产生一爆发力，玻璃弹沿着拇指指甲弹出的方向朝目标射去。

弹玻璃弹的玩法很多。一般在平坦的土地上玩。常见的玩法有三种。

玩法一：在地上画两条平行直线，参加者站在同一条直线后，每人把自己的玻璃弹弹向另一条直线。谁的玻璃弹距离那条直线最近，可以优先用自己的玻璃弹去弹射别人的玻璃弹，如弹中了，被击中的弹就归他，然后继续从自己现在的位置去反复弹射其他的玻璃弹，直到没击中为止。接着，由剩下的弹中距离未击中的弹直线最近的弹的弹主弹射。以此类推。

玩法二：在地上画一个长方形的格，在格外适当距离处画一条平行线。参加者站在这条直线后，每人把玻璃弹弹向格里，看谁弹得最远，又不出格，谁的玻璃弹在前，谁就先用自己的玻璃弹去把别人的玻璃弹弹出格外，被击出去的弹就可以归进攻者所有。这种小游戏与现在流行的台球和沙狐球的进攻技巧与对策相近。

玩法三：在泥土地上沿一条直线挖 3 ~ 4 个小圆坑并标号，在 1 号坑的适当距离处画一条直线，参加者在这条直线后，依次把玻璃弹向 1 号坑，进了 1 号坑，可以继续进 2 号坑，以此类推。看谁用最少的次数进完所有的坑。进坑的过程中还可以用自己的玻璃弹攻击对手的玻璃弹，将其击得远离圆坑，而自己的玻璃弹尽量靠近圆坑。这种玩法类似于今天打高尔夫球的玩法。

滑滚车

当时男娃娃玩的滑滚车只需找一块木板（多用旧搓衣板，齿棱朝地），固定上三四个较大的轴承即"滑滚"当车轮。其中两个轴承做后轮，一个或两个轴承做前轮，前轮方向的轴芯一般用铁螺丝松动连接在木板前端凿孔处，在做方向盘的木条下装两轮，若是用铁柱叉做方向龙头，在叉下装一轮。一辆滑滚车就造成了。

滑滚车因为自身无动力，所以必须选择车道，最佳车道应是坡度不大的小坡。"驾驶员"坐在方向盘前，后座上还可搭载一个乘客，一般是稍小一点的男娃娃，两人从坡道上随着惯性冲下来，体验飙车的速度与激情。当然，坡较陡，或"驾驶员"初上路，翻车也是常事，但是"驾驶员"们通常都是爬起来连身上的灰都来不及拍又开始下一轮"飙车"。

放风筝

春天的昆明，在蔚蓝色的天幕衬托下，飞舞着巨龙、燕子、老鹰、蝴蝶、蜜蜂……简直成了飞禽们欢聚的天堂，热闹而壮丽。这迷人的景观其实只是些由纸糊成的风筝在竞技表演。春风劲吹，给人们放风筝提供了无穷的动力，所以春城人老老小小大多爱风筝。20世纪50年代，玩风筝者最喜欢的地方是昔日的东门城墙上，后来城墙被铲平，成了青年路，于是人们又转移到圆通山、东风广场和翠湖周边。

昆明的儿童与成人玩的风筝大同小异，只是成人玩的体积更大，档次更高些罢了。街上卖的风筝做工很精致，体积也大，有的几乎有成年男子高，造型多样，色彩艳丽，常见的有寿星、孙悟空、蜜蜂、蝴蝶、老鹰和寿桃等。过去，娃娃们会自己动手做豆腐块之类造型简单的风筝。他们自制的风筝一般要先削两根稍宽稍厚的竹条，一横一竖捆紧成"十"字形骨架，然后再用几根细篾条，把它弯曲成想做的造型，再把篾条的接头处用细线捆紧。不管风筝的造型如何，重要的是风筝千万不能头重脚轻，只能头轻脚重，否则头会往下沉；另外左右大小尺寸要严格对称，否则它会在空中不平衡，严重时还不易起飞，或是飞起后一个跟斗栽下来。有了骨架后，再糊上纸或绢，用颜料画上图案，系上线，风筝就完成了。

放风筝也有诀窍：放飞前要先知道风向和风力强弱，可看附近的旗帜或炊烟，或把一些小纸片向空中抛去测风。在风力适中的时候，只需拿起风筝的提线，逆风向前跑一段路，风筝就会飞升。风筝升空后感觉风筝线有拉力时，就要把握时机放线；当风力减弱，风筝有下降的趋势时，须快速向后收线，直到风筝能在天空挺住不坠。

有的风筝在蓝天上越飞越远，越飞越高，吸引了地上的众多眼球，"筝主"也十分得意，有时突然出现意外：要么有去无归——被空中的什么障碍物挂住了；要么"打架"了，"接吻"了——两只风筝缠在一起。所以放风筝还要善于选择场地，避开高楼、高压电缆等物体，除了避开这些不动的"死敌"外，还要注意"活敌"，要与另外的放风筝者拉开距离，才能避免两只风筝纠缠住。当然一旦它们缠线时，也不必惊慌，只要纠缠的双方靠近，互相交换位置，进行调整，便会使线分开。

到目前为止，放风筝依然是昆明儿童最爱的一种户外活动，节假日经常可见他们放风筝的身影。

冲"牛屎拱拱"

过去昆明的男孩们，夏天都喜欢到郊外的一窝羊、金马寺等地冲"牛屎拱拱"。

"牛屎拱拱"学名为蜣螂，又名屎壳郎、铁甲将军、牛屎虫、推车虫等。它体短阔而黑，椭圆形，背面十分圆隆。据说牛屎拱拱是这样生长的，当它发现一堆牛粪后，就会用脚将粪搓成球滚着走，藏起来慢慢享用，或将卵产在粪球里。虫卵也以粪球为食，等到粪球被吃光，它们长为成年牛屎拱拱，就破土而出了。因为牛屎拱拱以动物的粪便为食，故有"自然界清道夫"的美称。这虫还能用头在土中拱出洞来，所以昆明男孩们十分传神地称它为"牛屎拱拱"。它还是一种有益于人体健康的药用昆虫呢！2000多年前的《神农本草经》中即有蜣螂入药的记载。入药者为雄体，含有1%蜣螂素。它主治癫痫、小儿惊风、痢疾等，外用治痔疮、疔疮肿毒等病。

要想逮捕牛屎拱拱，必须寻找有牛粪的地方。发现较干的牛粪，把它扒开，如果地上泥土较松，甚至还明显有洞，那就大有希望冲到牛屎拱拱了。

之所以叫"冲牛屎拱拱"，是因为要请它出来，只有朝这小块松土或洞里灌水冲。娃娃们冲牛屎拱拱大多从家里用旅行水壶或大瓶子装着水去，或者带着盛水的口缸到附近找水来灌冲。实在找不到水，小伙伴就一起帮忙，几泡尿冲下去。不管灌的是水还是尿，只要量够，5分钟内便见这些黑家伙带角的头拱出来了。

为什么要拿水和尿冲牛屎拱拱？因为水和尿一冲，洞中的空气被排出来，牛屎拱拱喘不过气来，只好钻出来。

看到牛屎拱拱拱出来，小伙伴们就会高兴得叫喊起来："哟，还是个'官'！"

怎么牛屎拱拱还有"官"？牛屎拱拱不仅有"官"，还有"戏子"和"丫头"呢！

"官"最受欢迎，它虽然是"官"，但最爱劳动，头上长着角，似顶着一顶"乌纱帽"，力气又大，可以用火柴盒或薄罐头筒做成有小孩的半个巴掌大的车，用纸板或纽扣做一对轮子，让它们拉小车。如果有两个以上的"官"，还可以比哪个拉的东西多，跑得快。"戏子"体形比"官"小，它也有特长，一到晚上能哼哼唧唧地唱"戏"给人听。"丫头"体形小，又没特长，最不逗人喜欢，所以被取了个贱名字。

别看牛屎拱拱的体形显得笨，像辆装甲车，动作又慢，可一旦玩不好，它就逃跑了。因为它有"航空技术"，它的甲壳就是一对翅膀，在跑道上，头一上昂，翅膀一张，立马就起飞了，所以这家伙很好玩，冲"牛屎拱拱"就成了很多孩子喜欢做的事。

每年的6月到8月间，是昆明小男孩冲牛屎拱拱的最好时间，尤其是天气闷热、下暴雨的晚上，无须拿水、尿冲，也很容易逮到牛屎拱拱。

斗蟋蟀

斗蟋蟀是中国民间的一项重要民俗活动，蟋蟀又名蛐蛐（昆明方言读 qi quan），斗蟋蟀亦称"秋兴""斗促织"。蟋蟀的寿命仅百日左右，所以捕捉它只能在夏末至秋季。

秋天的夜晚，在翠湖公园、文庙、大德山或城郊的草地上，经常见到少年们的身影。他们两三人结伙同往，带着手电筒、兜捕网和存放蟋蟀的纸筒或小竹笼，静静地聆听蟋蟀的叫声。善于捕蟋蟀的少年除了能很快辨别出蟋蟀的位置循声捕捉外，还能辨别出哪种叫声是善于打斗的优质蟋蟀。一般声音微弱、轻飘而刺耳的属次等品；鸣声虽较响亮，但不够凝重，属中等品；鸣声似钟，圆润、凝重有力的才是上等品。蟋蟀的品种很多，在中国已经确定的就有 30 多种。昆明常见的是黑色的，背上靠近头部处，有两点金黄色，昆明人称金蛐蛐，另外有种灰色的不善斗的蟋蟀，叫土蛐蛐。

捉蟋蟀，不容易，但很刺激。据说有个初中生晚上来到翠湖公园的草地上，发现了一只乌黑的蟋蟀，长着一对长长的触须，瞪着两只圆溜溜的眼睛。他蹑手蹑脚地走过去，用网瞄准好，使劲一罩，罩住了。他却一不小心踢动了网，蟋蟀逃了。之后他又发现一只蟋蟀，便悄悄绕到蟋蟀前方，挖了一个小坑，接着拿起一块小石头，对准它的后面砸去，蟋蟀听到响声，以为有人在后头攻击它，向前一跳。他又砸了一块石头，它又向前一跳，正好跳到陷阱里，于是他轻轻松松地罩住了这只大蟋蟀，真是太有乐趣了。

蟋蟀喜昼伏夜出，有恶水、畏烟的特性。有的少年白天也去捉蟋蟀，翻石捣洞，找到蟋蟀躲藏的洞隙后，用烟熏、水灌之法"围剿"。刚刚捕捉回来的蟋蟀有较强的野性，它在罐里或笼内不肯安定片刻，常常是不停地满笼乱蹦乱跑。经过三五天的喂养后，它才会定下性子来，这时就可让它进行打斗了。

蟋蟀的打斗，主要依靠其锋利的牙齿，所以门牙是否坚硬锐利是判别其是否具有战斗力的重要标志。从外观上看，牙齿干亮而不软润，就是善于打斗的，特别是牙钳中的锯齿要尖锐而锋利。

青少年们一到星期天，便各自带着自己的"精品"相聚一堂，尽兴"厮杀"。格斗多在陶制的或瓷制的蟋蟀罐中进行。主人先用蒸熟后的千金草（又称蛐蛐草）或马尾鬃轻轻挑逗蟋蟀的两扇大门牙。只要几个来回它们的大牙便张开了，两条有力的大腿前后抖动，一对纤细的触须不停地摇摆，摆出一副好斗的架势。有的猛烈振翅鸣叫，一是给自己加油鼓劲，二是要灭对手的威风，以此来吓倒对手。其实，这种虚张声势的蛐蛐并不见得是好蛐蛐。龇牙咧嘴的决斗开始了。双方头顶、脚踢，卷动着长长的触须，不停地旋转身体，寻找有利位置，勇敢扑杀。几个回合下来败者垂头丧气，落荒而逃，胜者紧追不舍。

精明的少年，比赛时先让别人放入一只蟋蟀，观其形态是好品种后，故意投进一只二等品。不到 5 分钟二等品便败下阵来，引得围观者一片讥笑。他这一招既试探了对方的实力，又消耗了对手的体力。之后他把他的大将军投进罐中，两雄（雌的不斗）相遇，立马张开铁锈色的巨牙，紧咬不放，侧过去又翻转来，一忽儿构成麻花扣状，一忽儿是狮子滚绣球。观战者全都屏住了呼吸，连眼也不敢眨。突然，大将军怒目凝视对手片刻，猛地转身咬住对手的一条后腿，歪了下头，这大腿便被卸了下来。观战者直看得目瞪口呆。战胜者两片透明色的翅膀张开成90°，发出了"嚯嚯嚯"自鸣得意的叫声。

斗蟋蟀从古至今，不仅能迷住男孩子，也能迷住成年人。所以全国各地几乎都有以捉蟋蟀为生的专业户，四下捕捉、寻访蟋蟀中的将军，再高价卖给斗蟋蟀之人。据说当年有的蟋蟀身价已达百元，近年更是卖到千元之上。昆明卖蟋蟀的市场20世纪80年代之前主要在祥云街的红旗电影院旁和光华街的云瑞公园，之后甬道街成了正规的花鸟市场，痴迷斗蟋蟀的少年与大人又移到了新址。

拍洋画

拍洋画，是一种在20世纪50年代至80年代流行很广的儿童游戏。参加者每人拿出一些洋画，把它合在一起，轮流用巴掌去拍，让它翻转过来即可赢走。

最早的洋画，是第一次世界大战前后，欧美烟草公司向中国促销香烟的一种手段。在每包香烟内放一张用厚纸片制成的长方形画片，上面印有精美的洋人、洋楼、洋船，还有洋枪、洋炮，面积略大于火花（火柴盒封面画）。购烟者集齐若干枚规定的图案，可以免费领取一包香烟。后来，中国烟草公司洋为中用，香烟店内常常有专门印制的洋画出售。一幅整版洋画的尺寸约为25.5厘米×18厘米。每一整版横纵各排5小张，全版共25枚。

洋画价廉物美，日益博得众多小孩的青睐。昆明的儿童们渐渐爱上了收集洋画，除了作为启蒙读物来欣赏外，还把它变为了一种拍洋画的游戏。

拍洋画的游戏不讲究场地，也不需邀约众多伙伴，所以广为流传，从庭院、教室到街头巷尾四处可见。早期的玩法，一般是两人玩，通过吼揍揍包等方式，决定先后次序，赢家先拍。洋画可正拍也可反拍。正拍是将洋画的画面朝上，背面朝下，用手在画旁拍打，使正面翻转向下者为胜，否则拍击权即转交对方。反拍是将洋画的画面朝下，背面朝上，拍打后，使正面重又向上者为胜，否则拍击权即转交对方。如嫌这两种玩法显不出本事，还有更考验人的"双翻"。双翻必须通过一次拍打，让两张洋画同时翻转才能获胜，如只有一张翻转，拍击权只得乖乖地交给对方。

后来出现了更有创意的种种玩法，其游戏规则颇为丰富，可两个以上的人一起玩。一种是扇洋画，每人各出两张，轮流用自己的洋画扇对方的，以翻过另一面为胜。

让人赢得很过瘾的玩法是"一条龙"，又叫"清一色"。有本事的，可以一鼓作气依次将台面上所有洋画一张连一张"拍反",一次赢得桌面上的全部洋画。可是在连续获胜中稍有疏忽或运气欠佳,有时也会拍到最后一张,翻不过来,则满盘皆输,前功尽弃。

"满堂红"是一种很新鲜也很难的玩法,又叫"过三关",可以四五个人一起玩,玩得更热闹。游戏参与者每人每次只能出一或两张洋画,拍击者需将台面上所有的洋画"拍反",然后再将这些已翻转的洋画全部"拍正"。此后,还需挥手扇风,利用气流之力将洋画"掀翻",连续通过三关者,方可赢得台面上全部洋画。这种玩法手掌很辛苦,不停地拍,有时拍的是石桌子或水泥地,直拍得手掌火辣辣的。

老鹰叼小鸡

老鹰叼小鸡这一游戏的产生也许比躲猫猫还古老,大概是从原始社会一直玩到今天,是还仍然保留着原始味的游戏,也最被昆明的很多大人和娃娃们热衷。

玩老鹰叼小鸡,不需准备道具,说玩就玩,只要有一块空旷的场地就可以随时开始。这一游戏重要的是两个关键角色,扮演老鹰和母鸡者必须较有能耐,一般是年纪较大且机智灵活的哥们儿、姐们儿。

有了老鹰和母鸡,小鸡的人数虽然可多可少,但也不可太多或太少。太多则母鸡再强悍也难以保护全体;太少则老鹰再刁钻也难以得手,且没有热闹气氛。所以小鸡以 4 ~ 7 只最适宜。

游戏开始时,母鸡发现老鹰朝鸡群飞来,立即叫小鸡们躲到自己身后,于是第一只扮小鸡的拉住扮母鸡的衣服后摆,其他仿此一个接一个,一连串拉着衣摆。

老鹰开始避开母鸡的阻拦,凶猛地叼小鸡,使出跳、闪、挪、抓种种招数。母鸡充满母爱,奋不顾身地抗拒敌人,用尽跳、闪、拦、堵浑身解数招架。老鹰费尽心思力气一只小鸡也没碰到(只要摸到任何一只就算叼到),狡猾的老鹰突然往左猛扑,母鸡立即朝左阻拦,此时老鹰猛一掉头扑向右侧。母鸡身后毕竟队列长,变换方位时,首尾有时间差,不便左右闪动,所以尾部最后一只小鸡还来不及跟到左侧,正好暴露在右侧。说时迟,那时快,还没等到母鸡冲回右侧阻拦,这只小鸡已落入鹰爪。占到便宜的老鹰不断用声东击西的战术袭击,直累得鸡们气喘吁吁,结果 7 只小鸡被老鹰叼去了 4 只。叼到半数以上老鹰就是赢家。然后,老鹰与母鸡又互换角色继续游戏。

这一游戏虽简单,但要玩好,既要体力,也要智力,更需要反应灵敏,还要紧密配合。

跳　绳

最早出现的跳绳史料是汉代画像石上的跳绳图，古代称跳绳为跳马索和跳百索，可能它的起源与当时战争中使用的绊马索有关。也许古人是在绊和避绊的军事训练中，改骑马跨越绳子为单人跃绳而过，从而发明了跳绳活动，之后又传入民间，成了一种游戏。

跳绳可一人双手握绳自甩自跳，这种跳法可原地跳，如场地宽，也可以边跳边往前慢跑。也可以两人各握一绳，比谁跳的时间长，而不绊绳。也可两人站在一条线前，边跳绳边跑向终点，比谁的速度快。

如果要跳得热闹，可换为长绳，两人各执一端同时摇动，在绳子的上下翻飞中，数人至十数人排着队如冲锋陷阵连续跑入，跳着穿越"封锁线"，可谓壮观！也可两三个人站在绳下原地连续同时跳跃，让绳子时而越过头顶，时而穿过脚下。

跳绳的方法多种多样，分为单脚跳、单脚换跳、双脚并跳、双脚空中前后与左右分跳等。跳时，摆绳与跳跃动作要合拍，可一摇一跳，也可一摇两跳乃至一摇三跳。摇绳的方向可前可后。跳跃时还可按不同情况编排各种动作花样，也可用节奏与旋律适宜的歌谣伴唱。

跳绳必须把握大绳晃动的节奏，跳时宜前脚掌着地。绳的长短粗细也要合适，还不宜穿皮鞋及硬底鞋。掌握了技巧，则跳得十分轻松、潇洒，如不得要领，那"绊马索"总是跟你过不去，要么把你的帽子掀飞，要么把你的脚当马来绊，轻则把绳弄停了，搅了大家的兴，重则把你绊翻，跌个"狗抢屎"，引来一阵哄堂大笑。

跳绳四季皆宜，冬天御寒更是速效，只消连续跳上十来分钟，立即全身温暖。跳绳不仅可以促进少年儿童身体正常发展，而且对发展其灵敏、速度、弹跳及耐力等身体素质也有良好作用。这一古老的游戏，因娱乐性很强，所以千百年来经久不衰，至今还保持着原始面貌且深受昆明广大青少年喜爱。

弹酸角核与丢小胰子

过去，手巧的昆明女孩几乎人人擅长弹酸角核。酸角是常吃的一种零食，过去市场上还没有甜角，所以酸角是名副其实的酸味，吃多了，牙齿都咬不动其他东西。在没有"甜角"的年代，最能吃酸角的是女士，尤其是女孩。而昆明又是植物王国的省会，酸角比其他任何地方都多，也许正是这一原因促成了女孩"发明"弹酸角核的游戏。

为了玩这一游戏，一放学，一群女生就会叽叽喳喳地找一张石桌子，围成一圈，大家各自拿出一小把酸角核来比多少，出得最多的能第一个开始游戏，以此类推。玩时比谁"吃"的核多。酸角核全部集中在一起，一把撒下去，拿一颗去弹击另外一颗，当然不能乱弹，要弹哪一颗，须先在要弹的两核间用手指画一条线，就可以用大拇指弹了，击中就可以"吃"这颗核。如果击中的不是画过线的那颗，则不能"吃"，就算输。

另外民国时期昆明人称肥皂为胰子或洋碱。女孩子们把沙子或小石子缝入一寸见方的小布袋内，因布袋有小肥皂那么大，所以叫它小胰子。玩的时候把四五个小胰子抓在手心，抛起一个，马上放一个在地下，再接住被抛起的小胰子。接住的就继续玩，失败的就得让对方来。别看小胰子玩法简单，却对训练手、眼、脑的协调配合，培养敏捷性作用不小！

踢毽子

老昆明人称毽子为鸡毛毽，因为制作它的材料以鸡毛为主。男孩、女孩都能做，材料也随处可找。只需用一小块布，包上一枚铜钱和一小截下端剪成"十"字形开口的鹅毛管子，用针线缝牢，成为底座；再在未剪开的鹅毛管子上端里，插上七八根鸡毛就做成了。鸡毛最好是雄鸡的，又长又好看，也好踢。近些年毽子制作的种类繁多，可以自己制作的还有两种：其一，用金属片为底，以纸剪成各种花色缨的纸毽；其二，以各种颜色的布条为缨，以大纽扣为底的布毽。另外两种出自工厂：其一，用橡胶制作毽座，毽底和毛筒一次成型，在毛筒上套金属片和塑料片，在毛筒中插上各种禽类羽毛，可分为大毽、中毽、花毽和毽球毽；其二，完全用塑料做成的各色装饰性毽子。

毽子人人会做，毽子人人能踢，可是踢好毽子的功夫可不是人人都能学成的。用脚内侧在身体前或侧面踢，叫内踢与盘踢；用脚面在身体前方或侧面踢，叫直踢与蹦踢；小腿向身体侧后方弯起，用脚外侧或脚后跟在身体侧面或侧后踢，叫外踢与拐踢……此外还有膝击、磕踢、叉踢、背踢、倒打、倒钩、踹毽、踏毽等十多种踢法。还有难度更大的在跳跃中的踢毽动作。最常见的是"打跳"，即毽子一抛，双脚同时跳起，用一只脚踢它。可以连续跳，也可以跳了踢，踢了跳。还有"打偷"，即一只脚着地，另一只脚从背后"偷偷"去踢；"打环"，双脚跳起，一条腿弯曲起来，另一只脚踢；"打翘"，双脚跳起，一条腿向前伸直，另一只脚踢；等等。

昆明女孩们玩踢毽子的游戏，大多还加上儿歌伴唱，唱一句，踢一下，做一个动作。用来为踢毽子伴唱的儿歌也有许多种，常唱的如：里和，外拐，漂洋，过海；一锅底，二锅盖，三酒盅，四牙筷，五钉锤，六烧卖，七兰花，八把抓，九上脸，十打花；等等。这种边说唱，边跳跃的游戏融入了一些歌舞的成分，难怪姑娘们比小男孩对它更着迷。

跳橡筋舞

从前，无论是在下课十分钟的操场上，还是在小小的庭院里，都能看到昆明女孩子脚抬得比头高，口中还唱着："小皮球，香蕉梨，一五六，一五七，一八一九二十一……"这些欢乐的女孩是在跳一种特殊的舞——橡筋舞。

昆明人为什么一直把跳橡皮筋称为跳橡筋舞？如果说踢毽子边说唱，边跳跃，是融入了一些歌舞的成分，那么跳橡筋舞的游戏直接就是在跳舞，而且也是直接用歌曲伴舞，《北京的金山上》《小皮球》就是伴舞率最高的歌曲，所以这一游戏称为跳橡筋舞名副其实。

跳橡皮筋这一游戏，女孩们虽未申报过专利权，但在现实中一直是她们的专利，从来没见过有男孩模仿或混入女孩的游戏行列。橡皮筋的主要原材料是汽车轮胎废了的内胆，一把大剪刀，咔嚓咔嚓几下，一根橡皮筋就出炉了，几乎每个女生的书包里都会揣着一根，跳橡皮筋不受时间地点限制，只要愿意，随处都能跳。把皮筋拴在树干、家具上，一个人也可自得其乐！

跳橡皮筋最早是单线，两人负责撑皮筋，跳者若失误就得变换角色，去撑皮筋。撑皮筋的高度随着游戏进程逐步提升，先从小腿开始，然后顺着膝关节、大腿、髋关节、腰、胸、肩、耳、头顶，直到手指缠绕皮筋，手臂伸直高举过头，能跳至最高者为王。太高的时候允许用手将皮筋拉到地面，利用弹力作用脚可钩住。后来有人发明了玩双绳，就是同时跳两根橡皮筋。无论单绳还是双绳，基本动作都以跳跃为主，穿插着点、迈、钩、绊、搅、绕、盘、踩、掏、摆、顶、转等十几种派生动作，同时还可组合跳出若干个花样来。在轻松、有趣的玩耍中增强了腿部和腰部的灵活性。

跳海牌

昆明人称一种女孩爱玩的游戏为跳海牌。这种游戏为何叫此名，已不得而知。但在跳之前，先在地上用粉笔或瓦片等有色石块画出连在一起的十来块方格，有正方形、长方形，每块每条边为 40～60 厘米长。玩伴多为两人轮换跳，也可四五个人轮流跳。跳时先将一片状石块或用粗瓦片磨成的圆片（也有用沙包的）放在第一方格外，用一只脚将它轻轻踢进第一格内，然后单脚跳进第一格内，用支撑的单脚将石块踢进第二格。依次往第三、第四格踢下去，直至将石块踢过全部方格为赢家。如果中途累了，允许在规定的方格内休息片刻。如果有人在踢的过程中出现石块压线、出格或石块连穿两格的现象，算失败，下一轮重新从第一格跳起。先到达终点的，要把石块放在脚背上，轻轻地走出方格。胜者可以对败者给予一定处罚。

花绷绷

　　过去昆明的许多女孩会用魔术绳，变出众多的花样来，如变蜘蛛，变蚊子，搭大桥，做降落伞。双手翻飞片刻，还能让某些动物形象地展现在眼前。这种魔术绳叫花绷绷，也叫翻花绳、绷绷绳、解绷等。别看它能变许多东西，其实这神奇的"魔术绳"材料与构造简单得不能再简单了，只需找一根半米左右的彩色毛线结成绳套就行了，接着就看各人手上的功夫。

　　这个游戏可以一个人玩，也能两个人玩，最大的乐趣在于翻出新花样，展现自己的聪明才智。玩花绷绷必须双手齐上阵，伴以复杂的穿插和翻转，10 个手指各司其职，一个手指的动作不到位，绷出的图案就可能走形。玩时一人以手指编成一种花样，另一人用手指接过来，翻成另一种花样，相互交替编翻，直到一方不能再编翻下去为止。谁挑散架了，谁就算输。

　　花绷绷的起手式一般是面条形，常见的花样大概有五六种，比如降落伞或花手绢，高手甚至可以翻出 30 种花样。

　　这看似简单的穿插翻转，其实不简单，需要脑、眼、手协调一致才能完成。花绷绷这一流传了上千年的古老游戏，近年被国外专家誉为最佳亲子互动游戏之一，据说它对开发大脑潜能、促进左右脑发展很有益处。

昆明童谣

马海洋

昆明童谣概说

　　昆明童谣又称儿歌，是民谣的一种，在多民族杂居的昆明，勤劳智慧的春城人民在长期创造赖以生存的物质财富的同时，也创造了丰富的精神财富。伴随着寓言故事、神话传说而产生的民间口头文学歌谣——童谣更是其中一颗不容忽视的明珠。它是劳动人民根据儿童的心理、想象、趣味、理解力、思想感情、生活经验、语言特点与表现手法编唱的口头短句。同时也是处于社会底层的广大劳动人民表现情思、直抒己志和传达知识的自然之作。因此，童谣往往能够广泛而正确地反映出社会生活的真相，反映出广大人民的思想感情和愿望，是后世人了解当时社会状况的宝贵资料。昆明童谣地方色彩浓厚，形象通俗，生动活泼，最具活力与潜力，昆明童谣以人民喜闻乐见的文学形式存在于我们身边：古代的《诗经》《楚辞》中那些优秀的华章无一不是源于民间宝贵的文学创作。今天正逢大力弘扬民族文化的伟大时代，分析研究和保护整理昆明童谣意义深远。

昆明童谣的分类

（一）按内容来分

　　1. 边玩游戏边唱的游戏歌：几个儿童或者还有大人参加，在做游戏时用来伴唱或者诵述的童谣，比如《滚铁环》："青石板上滚铁环，坑坑洼洼走不完，我呢滚上黄土坡，你呢还在西仓坡。"这首童谣讲的是将用铁丝做的圆环放在地上，用带钩的棍子赶着滚动起来，是一种很好的健身游戏。再如《拉人》："我们要求一个人——你们要求什么人？我们要求×××（人名）——什么人来同他去？就是我来同他去。"还有："一二三，砍竹竿，四五六，掐你呢肉，七八九，送你上山喂老虎。"每当天色作黑，小孩子们回家时相互告别，也有一首必念的儿歌："一把山林果，撒下河，漂呢漂，落呢落。不漂也不落，扁担开花，各回各呢家，散伙喽。"

2. 启智谐趣的猜谜歌：谜语的设置是通过形象特征来表现悬念，十分符合儿童的好奇心理，猜谜不但可以训练他们的推理判断能力，而且可以训练他们的语言能力和联想能力。例如，有关动物的歌谜："山上有盘磨，放牛娃娃不敢坐。"（谜底：蛇）有关生活用品的歌谜："我家有个小姑娘，出门喜喜欢欢，进门眼泪汪汪。"（谜底：水桶）有关食物的歌谜："麻屋子，红帐子，里面躲着个白胖子。"（谜底：花生）

3. 帮助儿童认路的地名歌："梅花开在黑龙潭，昙花开在昙华寺，菊花开在菊花村，莲花开在莲花池。梁家呢河，王家呢桥，潘家呢湾，苏家呢村，张家呢庙，严家呢地。"有些地名歌既讲述历史又介绍地名由来："朱家大兵进昆明，一箭穿心到鼓楼。到鼓楼，大点兵，当官呢姓张有一营。一个营，抬王旗；一个营，擒金刀。一个营来搓麻线，一个营来铺席子，一个营来做豆腐，凉拌黄瓜一个营。"

4. 反映天气风物的歌谣："云朝东，有雨变成风；云朝南，有雨下不长；云朝西，骑马披蓑衣；云朝北，有雨下到黑。"

5. 趣味盎然的风俗歌：描写长期以来形成的民间风俗的歌谣。这些约定俗成的风俗留下了历史的某种真实影子，如："小刀刀，八月十五划粑粑，毛豆栗子供菩萨。"讲的就是中秋节的情景。

6. 传统美德歌："羞羞羞，把脸抠抠，抠下田园种豌豆，人家豌豆打一石，咱的豌豆打一碗，你说害羞不害羞。"劝勉人们要勤劳。

（二）按形式来分

1. 首尾蝉联的连锁歌：运用顶真的修辞手法结构全歌，逐句相连，易念易记。例如："野牵牛，爬高楼；高楼高，爬树梢；树梢长，爬东墙；东墙滑，爬篱笆；篱笆细，不敢爬。"这种童谣具有训练儿童记忆力和话语连贯性等功能。

2. 训练语言的绕口令，由读音相近又易混淆的字组成儿歌，可以训练儿童的发音能力。例如："妈妈摘瓜瓜，花花捧瓜瓜，花花追瓜瓜，瓜瓜落地下。"这种童谣具有帮助人们辨音识词的功能特点。

昆明童谣的结构特点与表现手法

（一）昆明童谣的结构特点

童谣的结构多种多样，不同的句式产生不同的节奏。句式和节奏的变化，主要依据不同年龄对象和内容而创作，常见的格式有以下几类。

1. 三言句式："一丘田，二蘲街，三转湾，四积堆，五华山，绿水河，麒麟寺，八角亭，韭菜园，石桥铺。"这种童谣字数少，节奏感强，用一到十的谐音教幼儿数数字。

2. 四言句式："月亮公公，打把鸡埘，鸡埘买马，买着白马，白马跳沟，踩死泥鳅。"这类童谣包含的事物较多，帮助年龄较大的孩子认识事物的特征。另外，还有五言、六言、七言和杂言句式。通过以上对结构的分析可以总结出昆明童谣所具有的特点。

世界上许多国家和民族都有童谣，甚至没有文字的民族都有童谣。传统童谣属于民间文学，包含在民谣中，童谣基本上没有很明确的范畴和界限，凡是民间谣曲中适合孩童听的和唱的都可以归为童谣。许多著作中都有不同的说法，但最朴素、最通行的还是《诗经·大序》中说的"情动于中而形于言，言之不足，故嗟叹之。嗟叹之不足，故咏歌之"。可见，童谣是人类企图强化表达喜怒哀乐等情绪，借由语言的自然节奏所表达出来的儿童思想感情。

昆明童谣中众多的歌谣都生动地再现了人们的喜怒哀乐，如："娃娃鱼，红肚皮，会淌眼泪哭兮兮，它像你家呢小弟弟，哪个狠心要钓你。"表现的是孩子纯洁的爱心，同情被人伤害的娃娃鱼，似乎人和鱼都融合在一起了！可见昆明童谣的特点之一就是具有丰富的情感意蕴，加上由方言语体造成的语言风格的不同使童谣的感情色彩得以强化。然而，将语言的自然节奏演化为具有音乐结构的歌曲，却不是儿童所能胜任的。因此，不论自发或模仿儿童情感的也应止于"谣"的阶段，成人经配曲制作的便是"童谣"。当然童谣的作者未必是儿童，不论是成人为儿童创制，还是本属于成人的谣曲，只要儿童乐于接受或模仿，传唱于儿童口耳之间的都可视为童谣。昆明童谣种类多，来源广，形成和流传的时间长且大多广为传唱，这是昆明童谣的第二大特点。另外，内容浅显，思想单纯，篇幅简短，结构单一，语言活泼，节奏明快易唱，均是昆明童谣突出的特点。

（二）昆明童谣的表现手法

昆明童谣常见的表现手法有比喻、拟人、夸张、起兴、摹状、反复、设问等。如："大海连青天，山高接蓝天。我来种瓜子，种满西山顶，我呢葵花高又大，要砍葵花盘，需乘大火箭，掉下一粒子，渔人当小船。"这首童谣由于用了夸张的手法，小孩子读来有一种巨大的惊喜和离奇的幻想。还有用拟人手法写的谣曲："小雨点，爱干净，马路洗呢亮晶晶。"把小雨点比作一个爱干净的孩子，这在儿童看来是十分有趣的事。拟人手法符合儿童的思维特点和审美情趣，因此在儿歌创作中被广泛运用。另外，起兴一般用于儿歌的开头，营造一种气氛。如："板凳歪歪，菊花开开，开几朵？开三朵，爹一朵，娘一朵，还有一朵给白鸽。"开头一句是起兴句，看似和后文没有联系，仔细品味却可以想见小主人原先坐在板凳上摇着玩，突然见到旁边菊花盛开的情景，起到营造全篇环境气氛的作用，艺术特色更鲜明。

昆明童谣的文学价值

所谓文学价值，是指凝结在人们经过实践活动创造的物质产品和精神产品中，能够满足人们精神文化需要的价值。人们对文学价值的认识达到一定的理性形式和社会形式就形成文学价值观。

（一）昆明童谣的历史性

昆明童谣以它的独特魅力影响着一代又一代的儿童，反映了一定时期的政治、经济状况，记载了历史的变迁。一是昆明童谣充分体现了昆明人热爱祖国、热爱家乡和不屈不挠的民族精神。例如，很多童谣表现了人民争取自由民主的思想。有的纪念"一二·一"运动，歌颂烈士，揭露反动统治者丑恶本质；有的拥护唐继尧护国运动。二是昆明童谣体现了社会生产生活进步的历程。有些童谣把人们在生产生活中发明创造和改进使用的器物记载下来。歌唱古滇文化精粹的青铜用具的童谣就是这类童谣的代表。还有反映社会现代化进程，歌唱我国第一座水电站在昆明落成的童谣就是最好的佐证。三是记录和描绘昆明秀丽的湖光山色以及得天独厚的自然条件。昆明童谣部分篇章不仅介绍了昆明的自然风光、文物古迹，而且把昆明的大街小巷数得清清楚楚，深受游客青睐，远播世界。可以说昆明童谣的历史价值十分耀眼，未来将会展现出更加夺目的光辉。

（二）昆明童谣的社会功能

昆明童谣的社会功能也不容忽视。儿童最早接触的文化样式就是童谣，昆明童谣总是和儿童游戏相伴相随。因此，童谣对孩子的作用也就和游戏的作用联系在一起，童谣是对儿童进行情感教育的手段，也是启迪儿童心智的需要，还是训练儿童语言的需要。除上述三种教育作用外，昆明童谣还有特殊的功能：一是传承城市民间文学。昆明城市文化以童谣的形式代代相传。二是记录人们的生活方式、精神状态以及情感诉求。据中山大学中国非物质遗产研究中心 2006 年发起的"声音文化记录行动"调查发现，童谣已成为继叫卖声、号子、口技之后城市最濒危的声音。"小时候，我最喜欢卖梨膏糖的叫卖声和耍猴人的吆喝声。"云南大学马列学院教授金子强指出：声音是一种文化，一个记忆，一段感情，什么样的声音诉说什么样的城市记忆。如今，城市的声音比建筑消失得还快。童谣所代表的老昆明人的生活方式、生存状态和情感，也随着声音的消失而消失。声音也是一种需要保护的文化遗产。中山大学中国非物质文化遗产研究中心宋俊华副教授作为"声音文化记录行动"发起者，认为："声音是随着生活方式的变化而变化消失的。生活中，一些声音正在离我们远去，而这些声音都与民俗地区和文化有关，是民俗文化的一个层面。街头的童谣，集市的喧闹是一个城市的生命跳动。童谣代表着一个城市活力的表达，代表了许多人对城市的感情，它们消失了，城市的一部分也就消失了。"可见昆明童谣的社会功能十分重要。那么昆明童谣的文学性又体现在哪里呢？怎样去认识它的文学价值呢？

（三）昆明童谣的文学性

所谓文学性，即文学之为文学的本性，文学是人学，文学作品表现的内容必然涉及基本的社会价值关系。大而言之，是人与自然、人与社会之间的关系。小而言之，是人与他人、人与自我之间的关系。作为文学现象、思想概括和总结的文学理论在研究中同样无法回避这些问题。对这些问题的研究构成了文学价值的重要内容。城市文化属性强的昆明童谣，体现了昆明人的精神价值、生活方式、思维方式和心理向往，是昆明人的心理诉求和精神家园。其文学性主要体现在：第一，时代感强烈。不论童谣反映的是哪个时期，都突出了这一时期的社会特点。有的直接描绘城市中有代表性的精品建筑，有的则从衣着服饰、饮食起居来表达对生活的感受。第二，开放程度高也是昆明童谣的文学的体现。童谣描绘了市井中的音乐曲艺、杂耍把戏，汇集了古今多种艺术形式。如这首《看戏》："手拿戏票，脚踏戏台，一声雷响，唱戏老倌就出来。"反映的就是滇剧开场时的情景。有描绘街头耍猴的，有表现路边拉二胡的，有记录巫术骗人把戏的……

在文化资源十分密集的昆明，小小的童谣就是个聚光的放大镜。虽然它不能反映昆明文化的整体，但是它犹如城市路边的小酒馆一样浓缩了民间文学的精华。不仅丰富了市民的文化生活，而且增强了民众的凝聚力，形成文化向心力，传承了一种生动温情的城市文学价值观。

情有独钟的水烟筒

詹 霖

"嘴巴对着你的嘴，手杆搂着你呢腰，搂得肚子噜噜叫，亲得嘴儿被火烧。"这首打油诗说的是云南十八怪之一的水烟筒，亦称烟筒。

在云南，人们把使用烟筒吸烟叫作吹烟筒，它源于农村和山区，人们为了消除不适感，在实践中摸索经验，利用天然竹木创造了水烟筒。烟气在烟筒里经过水循环，滤掉部分有害物质，使入口的烟比旱烟更加平和醇香，同时降低了对口腔及喉部的刺激，一举多得，乐在其中。但用它过烟瘾很"考人"，初碰烟筒者不懂技巧，嘴巴紧贴筒口而拼命地吸，结果烟吸不出来却被呛得眼泪直流，烟筒水也会因用力不均从竹管喷出而熄灭烟火。老烟民则得心应手，筒内灌入清水，粗糙手指抽出烟丝，轻轻捏成小团，在烟锅里按压几下，引火纸捻将其点燃，下巴颏儿和半个腮帮子把筒口封住，大力猛吸，烟锅上火星明明灭灭，烟气下行入水，气流振动，水声噜噜，上下循环，入口前已得到过滤净化，随后缓缓呼气，吐纳之间拿捏得恰到好处，张弛有度，不疾不徐，缕缕青烟冒出，煞是让人艳羡。当口鼻中烟雾喷涌，浓烟刺激神经，疲劳与苦闷一扫而光，烟筒的魅力或许在此，烟民自然难舍难分。

烟筒制作较简单，山间砍来一段竹筒，长约 80 厘米，直径 10 厘米，打通当中各个竹节而只留底节，距底部 25 厘米处挖一小孔，斜插竹管成 45°，上端嵌入"V"形羊角状铜片镶口，做成装烟丝的烟锅，一支普通烟筒做成。随着烟筒的广泛使用，人们也在提高质量和外观，甚至成了身份的象征，把吸烟乐趣发挥到极致的同时，还要体现出一种气度，专制烟筒的行当应运而生，精细产品满足了民众需求。匠人砍来粗大的竹子，劈出若干呈弧度竹坯，浸泡后风干，根据所需尺寸修整拼凑成圆筒，接缝处涂抹牛皮胶，底部嵌入严丝合缝的竹节或木制底盘，并在筒底、烟嘴插入处和筒口加上三道铜箍，如此加工，结实耐用，时日延长也不会漏水。

手艺精湛者更是把它做成工艺品，材料并非竹子，而是选用高档木料，经过纯手工精雕细琢，木质水烟筒成了上乘之作。笔者曾在五华区市府东街和一位老板聊天，他祖上专做烟筒，手艺好，有名气，人称"烟筒王"。

烟筒王是思茅人，烟筒是当地男人必备之物，他从小跟家中长者学手艺，多年实践使他成了业界高手，名气很大，专做客户定制生意。用料多选秃杉、清香木、紫檀等名贵木料，高档木料木质细腻，木纹漂亮，散发阵阵清香，沁心润脾，还能减少烟草对人体的危害。

用高档木料制作水烟筒的工艺较为复杂，一根2米多长的"钢管刨子"倾斜着固定于工作台，犹如小钢炮。把掏空的木筒套上去，均匀来回拖拉，在刨子的作用下木屑纷纷飞出，这种做烟筒的专用工具已有100余年历史。质量上乘的烟筒要经30多道工序，铜箍、银箍固定其上，状如虎爪的铜烟嘴突兀而出，各部件用胶黏合，桐油精细涂刷，持续4天，烟筒才基本成型。好烟筒讲究壁薄嘴空，有的得按客户要求，镶嵌或佩挂银链、宝石、玉器，以显主人高贵儒雅。

上吞云，下吐雾，水波翻滚送暗香，这是对水烟筒魅力的描述。当年烟筒王的店铺让人震撼，一支支精美作品摆放于橱柜等待主人取货，或乌黑发亮，或浑身通红，筒身自然天成的木纹直比名家水墨画，用白铜或纯银打造的筒箍上龙飞凤舞，淳朴的手工艺品让人咂舌。今天，采用高档纯木料纯手工制作的烟筒已越来越少，偶尔在五华区的古董市场上见到有售，就有玩家购买收藏。

烟筒的价值最终还得回归实用。多年前，我曾在路南（今石林县）赶乡街子，见过有趣现象，某地段摊位连连，一支支金黄色烟筒整齐靠墙而立，甚是壮观，而且连同烟丝一起销售。烟筒前的地上，一堆堆细如头发的烟丝摊在青菜叶上，润眼得让人想入非非，跃跃欲试。后来发现云南的乡街子都有此风景，摊主为招揽生意，可免费为烟客试用烟筒及各等级烟丝。选择烟丝颇有讲究，行家在众多品种前摸摸闻闻，马上就知优劣。黄黄的烟丝入烟锅，点燃后深吸一口，伴着翻腾水声，青烟悠然涌出，似云似雾，烟客如品醇酒，如饮甘露。

出于好奇，和摊主攀谈，吹牛闲聊中竟然长了不少知识，健谈的摊主懂些历史，吹嘘他的烟丝来头大，夸耀有清、甜、香的特点，即清新自然，有甜味，香气优雅。说到烟叶，产自当地路美邑村，据说是美国飞虎队队长陈纳德带来推广种植的，称为"美国大金元"。它在云南生根后发生变异，经后来科研机构的测试，此烟的烟碱含量适中，糖分比例协调，香味纯净醇正，燃烧性好，烤出的烟叶颜色金黄而略微泛红，用它做卷烟，清香飘溢，有害物质也有所减少。

许多用久了的烟筒被熏磨得光滑、乌黄，透出一种岁月风骨和本土文化，也演绎出许多流传至今的故事。

马帮，艰苦而玩命的行当。赶马人日子简朴，两口锅煮糙米、青菜，一块特咸的腌肉或牛肉干巴，虽不丰盛，但途中吃来确实很香。夜幕降临，他们山中"打野"，火塘旁吹烟筒，喝浓茶，吹散牛，弹月琴，唱着赶马调，自娱自乐，结束一天辛劳。赶马人很强调夜间吹几口烟筒，可以避瘴毒，驱蛇虫，除风寒。

　　茶馆，很有乐趣的休闲之地。常见如此闲情：慢品香茶，静听滇戏，脑袋随拍子摇晃，瓜子和花生米从口中冒出香味。这边悠悠点燃刀烟，深情吹烟筒，那边漫无边际闲聊摆古，反正吹牛不打草稿。茶水喝够，烟瘾过足，饥肠辘辘又何妨？门口小吃摊，卤猪脚、烧豆腐、煮芽豆，所有香味诱得茶客点上两样，打上一碗扁担酒……这就叫清福，人间极乐。茶铺老板备有多支烟筒，供茶客享用，但见一人抄起，来回晃动，信手往外一泼，倒出又黄又浓的烟筒水，然后添加净水，独乐其中，整套动作潇洒自如。这种情形至今在五华区的很多老茶馆里仍然可见。

　　乡间生活，烟筒更是必不可少。农人劳累一天，晚饭过后，三五成群聚在村头树下，地上摊上一包烟丝，咕噜咕噜，怀中烟筒传递着，你吹几口，我吸几下，呼吸之间，心醉神迷。或聊田间庄稼长势，或议左邻右舍的婚丧嫁娶，看似土得掉渣，实则充满怀乡情与人情。特别是阅历深厚的老爹总爱凑热闹，吐着烟雾，夸夸亲家的母猪一窝下了10胎，讲讲新媳妇眼上的"萝卜花"，谈谈雷公打了某家忤逆种，不时也叹口气：世风日下，人心不古……

　　抗战时期，云南烟筒更是显现神威。六十军出征北上抗日，滇军曾有"锅盖双枪兵"戏称，外地人只认识将士肩上扛的枪，误把斗笠当锅盖，视烟筒为独特兵器，云南官兵感到可笑："你们懂个屁，斗笠用来挡风雨，烟筒吹烟，比咂纸烟还攒劲！提神过瘾！"

　　曾有这样传说：禹王山阻击战的夜晚，184师的官兵摁上黄生生的烟丝，抱着烟筒过烟瘾，阵地上一片"咕噜噜"的响声，点烟的火光也忽暗忽明。日寇以为我军要反击，乱喊乱叫地放起枪，滇军趁机打几发迫击炮，敌人更是乱成一锅粥。后来日军自嘲：他们攻不下禹王山，是因滇军每人都有新式小钢炮，火力太猛。滇军官兵听后"哈哈"大笑，乐不可支，谈笑间不费一枪一弹，竟让敌人成了惊弓之鸟……

　　一方水土养一方人，云南这方人有着独特心智，这方水土也有了烟筒的身影。边地的生活与习俗养成了独特的民族性格，生成了自己浓重的口味：甜要最甜，香要最香，辣要最辣，吹烟筒也要最浓醇、够力和攒劲。有打油诗唱道："竹筒半腰斜插嘴，烟锅装烟肚装水；点火一吸咕噜响，吞云吐雾神仙美。"云南的水烟筒还在续写着自己的传奇，团团烟雾，飘飘荡荡，映照出烟草文化的前世今生……

烟锅里散出民风

詹　霖

烟锅在云南传统烟具中最为普遍，各民族都有使用。烟锅虽然历史悠久，但在如今五华区的坊间，既有店铺专卖，也有地摊销售。烟锅构造简单，短者六七寸，长者二三尺，中段由一根打通的竹管、木棍或铜管连接，烟嘴和烟斗分置两头，烟斗酷似小铜锅，故名烟锅。区别之处在其长短粗细及所用材料，这也给其制作提供了很大空间。

俗语道：天干三年饿不死手艺人。云南历史悠久，人文底蕴厚重，民间手工艺如点点繁星，璀璨夺目，烟锅同样有着独特魅力。市井即江湖，有人爱摆谱，讲究哪样阶层用哪样烟锅。平民百姓要求不高。在其三段组合中烟斗多以黄铜浇铸，若口径较大，则用铜皮镶嵌其中。烟嘴或铜或锑或玉，简单粗糙，能用就行，使起来随意，经济实惠，口袋里一揣，便于携带，无须刻意精心呵护。

烟锅的魅力主要表现在烟嘴和烟杆。烟嘴用料分高、中、低档，高档者十分考究，金、银、玛瑙、宝石、象牙，达官显贵痴爱，财东商贾嘚瑟，"高大上"之物俨然是身份的重要标志，场面上体面、风光，无不招引羡慕目光。

常见云南烟锅的烟嘴多用玉石，其中又分翡翠、碧玺、和田玉。玉石有光泽而性温，质坚且细润，用它做烟嘴是烟民的乐事，很受追捧。含在口中，冬暖夏凉，润唇生津，色泽清碧，品质高雅，拿在手中温文尔雅，给主人添了无上品位和风光。民国期间，一般人家也都会有一两根带玉嘴的烟锅，玉质虽有差别，追求皆尽人意。

说到烟杆，五花八门。滇省多竹，烟锅用其较多，山间砍来手指粗细的竹子，根据长短而通节制成，时日一久，光华细润，本色包浆厚重，沁出岁月痕迹，更会流露主人心境。比如斑竹，让人想起刘禹锡诗句："斑竹枝，斑竹枝，泪痕点点寄相思……"又如罗汉竹，似乎能闻久远禅诗："临风根定跏趺坐，寒雨枝随面壁深。难得素贞无俗气，静心领悟听磬音。"笔者曾见过一支紫竹烟杆上刻有诗词："鹤发老翁携紫竹，往来花下歌春曲。春去春来花自开，一声清歌苍山绿。"烟杆表现着主人的性格与情趣，必是心爱之物。

烟杆也有用上乘木料制作的，阴沉木、金丝楠、鸡翅木、酸枝木、小叶紫檀、红豆杉及榉木都是可选材料。其中上上品为阴沉木，又叫阴杉或乌木。此木材得来不易，大树埋于地下深层，经千年衍变，树干变得坚实且木质细腻，神奇的是，若含于嘴里咀嚼却是软的，用刀来刮削也随刃而卷。阴沉木散发淡淡香气，民间认为有辟邪功能，"家有黄金万两，不如阴沉一方"，足见其稀罕而珍贵。

乌铜走银是烟杆另一高档用材，这是云南独特的传统工艺品，匠人须掌握冶炼合金、器物造型、书法绘画、微雕等诸多技艺。乌铜合金碾片、敲打造型、胎底铸造、铜胎表面镂刻精美纹饰，每道工艺无不出神入化。银屑填入阴刻纹饰细槽，加热铜胎使其熔化，自然填满纹槽，再经细致打磨，显出银亮图案。或受材质和工艺局限，烟杆一般不太长，多在 20 厘米以内，黑质白章，显现古朴气质，常见纹饰有几何图形、山水人物、花鸟鱼虫和吉祥物。价格自然不菲，一般人等不敢问津，上流社会送人的礼物中大多以此为首选。省城的大官、大商人和大文人时常定制，甚至烙下对方和自己的名号，相互馈赠，走动关系，增进友情，来滇旅游或办事的外地人也会购置乌铜走银烟锅，带回去送人。目前，这种乌铜走银的烟杆已成了不多见的古玩珍品。

烟锅也有民俗特征，打上了文化烙印。它的长短就有讲究，云南多地是按年龄和地位尊卑而使用，不能随心所欲，必须遵守规矩。小辈人的烟锅杆不能比老一辈的长，这个仪轨绝不准违反，否则视为大不敬。年轻人就用短小之物，年纪越轻烟杆越短，四五十岁的中年壮汉，烟杆有一二尺长。七八十岁老者的烟杆有四五尺长，坐于高凳，烟杆几乎拖到地上，故有"当街对坐，隔巷借火"之说。即使如此，哪怕白发苍苍的老者，只要家中长辈健在，也绝不敢把烟杆做得太长而充"老大"。另外同辈之间，烟锅可互用，儿孙晚辈则绝不能动用长辈之物，那可是老人家尊严的标志。公众聚会，烟杆最长辈分最高，人们给他让座，他那玩意儿比胳膊还长，装烟点火自己够不着，真得靠别人伺候。长长烟锅在手，既显示辈分和地位，平时走村串寨也是拐杖和镇狗棒，累了歇息可过烟瘾，野外则是防身之器。这玩意儿也成了教育小孩的"武器"，小孙孙不听话，爷爷斥声未到，老手一举，兜头一下，脑袋挨了一烟锅，捂着头龇牙咧嘴，不敢喊疼。

说到大烟锅，用粗木棍制作的算是龙头老大，那简直就叫烟棒，木料是老疙瘩树根，短者二三尺，长者四五尺，比普通烟杆更加粗大。老木疙瘩削凿出烟锅头，个头粗如酒杯，烟杆由粗到细，逐渐收缩，烧红的铁丝烙通烟杆，两端分别嵌上黄铜烟锅烟嘴，认真打磨光滑，镶嵌几截黄铜皮，一根质朴的烟棒做成。如此器物在手，颇有仗剑走江湖的豪气。

烟锅自然是用来吸烟，烟叶整片加工，经过晒、烤、晾，呈现颜色或黄或褐，草绳捆扎整齐，一公斤一捆，直接在街上售卖，人们形象地称其为叶子烟，也有人叫它老板烟，这或许是抽烟之人认真按尺寸板扎地节制和卷裹之故。老板烟整齐入牛皮烟盒，鲜菜叶盖其上润着，烟盒外涂黑漆，很古朴，现在已见不到了，后来洋货入滇，烟盒也开始洋派，多是翻盖铁皮盒，老板烟装进去，土洋结合，中西合璧。

　　抽老板烟很费劲，用气力会咂出"吧嗒吧嗒"的响声，云南方言中都不叫抽烟或吸烟，而叫咂烟，好这一口的多半是老者、农民、外县客商、跑脚的马锅头及卖柴的山民。市井常见此景：老人家闲来无事，蹲茶铺窝子或靠家中藤椅，烟锅一抬，既解闷又悠哉，看他咂烟是种享受，那模样、表情、神态，如饮老酒，提神解乏之间也映出他的人生写照。

　　应该承认，咂老板烟弥漫着辛辣呛人的烟气，它是老派男人的至爱，一根烟锅的形象几乎与平和、满足的心境连在一起，劳累之余，茶余饭后，于天井中，在花园边，或门前树下，随便靠着哪儿，泡一罐浓茶，悠悠然"吧嗒吧嗒"，吐出缕缕青烟，神清气爽，意境朦胧，老烟客有着怡然的境界："饭后一锅烟，赛过活神仙。"

小茶几上摆放着主人使用的水烟筒（照片由李晓明提供）

朴素自然对襟衣

詹 霖

穿衣戴帽不仅是个人爱好，也是一种文化象征，滇云地区历史悠久，古老深厚的服饰文化使得民族服饰形制独特，样式、色调和质地多样，而且不同场合有不同的服饰与穿法。传统服饰中，对襟衣是汉服上衣的一种，大约从清代开始，云南出现对襟衣，到了民国，男装从长袍马褂演变为对襟衣"短打"，为男人主要服饰，昆明地区尤其多见。

顾名思义，对襟衣是两襟相对的衣裳，胸前对成直缝，用布纽联结，布纽6～8对，称为盘扣，也叫中国纽。此服装为立领、中袖，左胸有小明包，腹部两侧正面各有明包，包上无盖，衣长至下腹。与长衫的不同点还在于手袖较短，短至胳膊肘，云南话称为手拐骨，如此原因是干活方便，不用挽袖。下配长裤，裤腰不收束，裤裆前面不开口，裤筒、裤裆和裤腰宽松，民间称其为扭裆裤，也叫缅腰裤，即穿时不系腰带，只需将裤腰缅两道后扭结塞紧即可。

新中国成立前，三教九流、各色人等虽然都喜欢对襟衣，但也讲究高档与低端，从布料选择和做工精细程度可看出穿者身份。有地位者多选绫罗绸缎，请大裁缝精心缝制，如此穿上显得大度从容，神采飘逸，若配上向后梳且油光锃亮的大背头，手指上套个沉甸甸的金戒指，是啥身份？不说也能猜出六七分，或商贾巨富或江湖老大。

寻常百姓则以粗布衣裳为主，20世纪60年代以前，乡村里穿对襟衣的举目皆是，有些城镇居民也穿此服，而且大多是用手工织的土布缝制。所谓土布又称家织布，是木制织机织成。这种手工布料虽易发现线头、断线和小疙瘩，但经过修布机修整，布面也还平整、挺括、耐看，寻常人家所以喜欢，主要是耐用和便宜。

说到缝制对襟衣的布料，云南人对通海土布情有独钟，通海地域早先叫河西，云南有"新兴姑娘河西布，通海酱油禄丰醋"的谚语，可见通海女人擅长织布。民国中期，河西土布盛行，除销往省内多地，有人还沿红河流域把它卖到东南亚国家，经滇西南一带进入缅甸，时有河西土布出口一说。土布所以受欢迎，在于以棉、麻为主，纺织女心灵手巧，技艺娴熟，操作节奏适中，压实得当，经纬分明，密度均匀，质量较高，禁穿、耐磨，另外就是价格便宜。河西土布有粗细之分，按照经纬用线，分为"粗三二"和"细三二"两种，"粗三二"布厚实，据说厚如铜板，过年前制一套衣裤，历经春夏秋冬，缝缝补补，浆浆洗洗，总能穿上两三年；至于"细三二"布，档次相对高些，质地细密而美观。

土布颜色有多种，受农民青睐的有本色、深蓝、浅蓝、藏青及印花。人们习惯把织好的布匹叫"一个布"，也直白称为"小布"。据河西老人讲，一个河西布长约二丈八尺，幅宽一尺或一尺半，用它缝制衣裤、做被里被面都方便顺手，特别适合做对襟衣，丢头少，刚好够缝制一套成人衣裤，也使对襟衣俨然成了纯朴自然的化身。

五华区早先的顺城街有几家土布店，所卖布匹由城内通海、新兴（玉溪）、江川和澄江等会馆供应。进城的山民大多来自禄劝、武定、沙朗、谷律、律则和龙潭等地，肩背马驮，把柴火、栗炭及农副产品运到东寺街、石桥铺一带售卖，回家前都会买些土布做衣裳，有的直接把扯来的布送到街上裁缝铺，按身材定制，下次进省城时取回。

受汉族影响，对襟衣也成了多民族共用的衣型，白族、彝族、纳西族和满族男子也穿此服，有的罩一件坎肩，有的外披羊皮或毛毡。你中有我、我中有你的服饰体现出民族间的亲密交往。

目前在农村，老年人穿者尚有，中青年较少穿了，但云南省旅游区的若干景区乃至五华区的一些服装店仍有用扎染、蜡染、彩色条纹粗布缝制的对襟衣，作为一种艺术品，销路还可以，不仅外省、外国人爱买，而且本地人，特别是年轻人视它为传统与现代结合的个性衣装，也会买件穿着以显时尚。

对襟衣似乎离我们远去了，在我们的潜意识中，总觉得那些穿对襟衣的人就如真正与土地、庄稼和牛羊打交道的农民，勤劳敦厚。他们穿着深蓝色对襟衣，肩扛锄头，牵着耕牛走过田野，我都感动得心在颤抖，那是一种朴素、和谐与自然的美。

乡野魅力姊妹装

詹　霖

　　服饰变化以社会经济的发展为前提，它反映着人们的思想观念随时代变化而变化，是生活水平的具体表现。中华民国成立后，清朝服饰逐渐退出历史舞台，新式服装出现，在原先旗袍的基础上，女式服装去其下段，减短了尺寸，出现了所谓的姊妹装，在云南广大地区流行了好多年。

　　该服装主要特征是右侧开襟即所谓右衽，从衣领开始，一排盘花扣从上斜扣而下，小立领，长袖，衣长至下腹或大腿中部，无包或缝有暗包。衣料多选用蓝布、花布、雅布和灯芯绒等，也有用绸缎缝制的，但多为富家妇人所穿。姊妹装得体轻便而雅致，适合不同年龄女子。20 世纪 60 年代以前，它是云南农村和小城镇汉族妇女的普遍服饰，白族、彝族、满族和布依族等少数民族女子也有穿着。

　　姊妹装一说，源于本地方言，云南人习惯把帅气英俊的男子称为子弟，把美丽漂亮的女子喊作姊妹。由此可见，穿上此衣，特别是再镶花边加绣饰，配上一块绣花围腰，那真是锦上添花，女子的灵秀与俊俏得到充分表现。

　　姊妹装虽是女性服装，但外形与颜色也按穿者年龄有所区别。笔者在玉腊编著的《百彩千辉——云南民族服饰》一书中了解到，就年龄而言大致分两种。

　　姑娘姊妹装与少女苗条轻巧体形相适应，是衬托秀美身材的衣型。剪裁适体，袖筒稍窄，收腰，衣摆平或呈弧形，用轻薄素净或雅致花布缝制，布纽扣的纽脚为直条状，有的也将一对纽脚绞盘成两个反向的卷芽图形，穿时下配长裤。由于干活需要，也为了增加美感，常系一块绣花短围腰。姑娘装也非只针对未婚女子，一些少妇和其他年龄段的女子也会穿着。

　　随着结婚生子和年龄渐长，女子身材有变化，姑娘装不大合适，于是也做适当改变：放宽衣袖尺寸，不收腰，衣服变得宽松长大。颜色多选择净色，使用花布较少，更多的是阴丹蓝布；所系围腰或短齐腰间，或长而兜胸，颜色多为蓝与黑，上绣素雅图案点缀，显得匀适自如，有的地方把它叫作老奶装或大妈装。

　　姊妹装多是村妇自己缝制，农家大多清贫，女人几乎都会点针线活，女儿长到十二三岁，母亲要教她学做缝纫与刺绣，显出贤妻良母本色。小姑娘自幼学女红，针线活的优劣，与她们未来恋爱、婚姻的成败有极大关系。

经济窘迫的年代，去商店买成衣的人不多，自己买布料做衣服较普遍，不擅缝纫的就请裁缝帮忙。因此缝纫行当较发达，城乡间制衣店举目可见，裁缝按当地人穿着习惯，春夏秋冬随季节而变，所缝衣裳既传统又时尚，与大众审美和心理需求吻合，确实是生活中不可缺少的行当。

笔者曾采访过五华区沙朗乡一位老婆婆："我做媳妇那些年，干完农活，就跟村首小伴儿凑在一起缝衣裳、绣东西。自家穿的姊妹装、鞋子、围腰，娃娃的虎头帽、背被，公公婆婆和娃娃家爹的穿戴，都是自己做。"她手艺好，家庭又有实力，人到中年曾在街上开了间缝衣铺，根据客人要求定做，推荐流行款式，也会根据经验和客人具体情况提出中肯建议。服装是时代文化和审美的体现，农村裁缝会打造自己的品牌，那位老婆婆靠做姊妹装有了名气。

淳朴的性格在裁缝身上表现得特别充分，他们大多有悲天悯人的心肠，只为自家生意做得长久，使其名号口碑更好。大姑娘、小媳妇把布料往案板上一放，总要明知故问："布料够不够？"其实心里早有"谱气"，一般相差不多。裁缝量完布料就来上一句："够啦，足够啦！"留下料子，承接生意。她会为客户盘算，常见如此情景：交付衣裳时，裁缝会给客人一个惊喜，她多做了件小娃娃的衣裳，然后淡然说道："我裁的时候挨你家留下两块大点的布料，又凑了别的布头，勉强挨你家娃娃做件小衣裳。颜色嘛，不一样，走亲戚串门子就莫穿啦，在屋头将就着穿穿啦！"主妇自然连忙道谢："谢谢你家啦！这个嘛等于是你家送给娃娃一件衣裳啦，小娃娃穿衣哪有那多讲究？能遮丑就行！"

有时还有此情形：某件姊妹装的布料紧张，裁缝会笑呵呵地说："算来算去，你家呢料子还是差一小点。某家前日嘛来做衣裳剩了块布，跟你的颜色、料子一样，反正没得用处啦，我帮你讨来，你瞧瞧，没得多影响嘛，就将就点啦。改日你见着她家就多谢一声！"

人敬我一尺，我敬人一丈，得了照顾的妇人会不时地送块腊肉，端碗腌菜，两家人渐渐交成朋友，甚至还有成亲家的呢。

今天，姊妹装已不再是城乡女子的主要服饰，但依然有人对它情有独钟，特别是农历三月初三昆明"耍西山"时，山间唱花灯、对歌、跳舞和入庙进香的人群中，穿姊妹装的妇女比比皆是，非常抢眼。得体的姊妹装，立领右衽的灯芯绒紧身小领褂，衣裤镶花边，绣花围腰缝缀上亮光片，头上插朵山茶花或戴精巧小篾帽、小草帽，人靠衣装，如此打扮显得精神、清爽，使姊妹装的魅力获得新的传扬和演绎。

沙朗白族歌舞

张国启

沙朗乡是五华区唯一的白族乡，这里的白族群众能歌善舞，目前还保留了霸王鞭、对调子等白族歌舞以及云南传统的滇戏、花灯等剧种。全乡现有3个狮子队、6个文艺队，每年春节都要演出五六天的节目。近几年编排的《霸王鞭》等舞蹈多次参加市、区的大型节庆活动。作为一种民族风情，沙朗当地一直流传着"东村的灯、大村的戏、桃园的狮子舞"的佳话。

花　　灯

沙朗东村、龙庆、陡坡一带的白族人民十分喜爱花灯艺术。逢年过节，各村群众都要演唱三四天的花灯，欢庆节日。沙朗的花灯源于1933年，由于风调雨顺带来了好年景，在农历二月十九日，太平寺盛会时，当地百姓从昆明请来的花灯戏班，演唱了三天太平戏，庆祝沙朗坝子的丰收年景。

随后（约于1940年），东村的白族青年开始拼凑经费，从外地聘请师傅传艺，求学的男青年有30余人，取名灯会。当时没有剧本，经过师傅的言传身教，学员勤学苦练，掌握了花灯表演技艺的基本功。逢年过节搭台为群众演出，男女老幼来观看花灯的络绎不绝。由于表演朴实生动，赢得群众好评。1951年，东村成立了文艺组，吸收女青年同台演出。1978年，改称东村文艺宣传队，由30多名男女青年组成，演出了多个传统优秀花灯剧目及结合大政方针编演的剧目，活跃了白族人民的文化生活，促进了白族乡的精神文明建设，有的节目还荣获过乡（公社）及区文艺会演的一等奖、三等奖和创作鼓励奖。

除东村外，龙庆、大村、三多、陡坡、桃园等村的群众也十分喜欢花灯歌舞。各村都有自己的花灯戏班，每逢节日，除自己的文艺宣传队演出外，有的还邀请省市花灯剧团来演，使群众节日文化生活更加丰富多彩。桃园六村、沙靠、大村还分别建盖起了室内俱乐部，为农村文艺活动提供了良好的场所。

滇　戏

　　1940 年，在李恩的倡导下，始建大村滇戏班子，有滇戏爱好者 50 人。聘请昆明、禄劝的滇戏名师来大村传艺，戏班子边学边演，演唱技艺逐步提高，并通过大家捐款捐物，制作了道具和部分服装。戏班子逢年过节都要先在本村演出两三天。除在沙朗地区演出外，还应邀到普吉、马街、龙泉以及富民等地演出，很受群众欢迎。党的十一届三中全会后，由大村青年滇戏爱好者和老艺人组成滇戏文艺组，在省文艺干校毕业的段朝老师的精心指导下，演员苦练基本功，演唱技艺得到很大提高。加之大村党政领导的重视，筹款建盖了戏台和大村俱乐部，开展文艺活动的条件不断改善。每年春节，都要请省、市滇戏团到大村，与滇戏班子交替演出。大村滇戏班子由此培养锻炼出一批滇戏表演人才。

狮子舞

　　桃园的狮子舞历来享有盛名。清初，桃园大村喜欢武艺的青壮年组建了狮子会。集资制作了道具服装，聘请沙靠村懂武术的艺人传授技艺，每人学习狮舞中的一门舞技。并且每年秋收后都要集中学习练功，切磋技艺。农历正月初九，要到金殿朝山；三月三要到黑龙潭朝会；八月十八在红石岩朝山，均受到各界群众的热烈欢迎。党的十一届三中全会以来，桃园狮子舞有了新的发展，由爱好文艺的青年重组了狮子班，添置服装，自制了"狮子"道具，通过村里老人的传帮带，舞技有所创新。每到春节，他们为本村、外村演出，深受群众的喜爱；并参加上级安排的文艺调演，得到了好评。

民　歌

　　沙朗各族人民自古喜爱编唱民歌民谣。民歌的对唱流传十分广泛，男女青年在农事活动或农闲时节，采用大理白族调，唱出地方风土人情。男女青年也用情歌对唱来倾诉彼此间的爱慕之情。新中国成立后，通过对唱民歌调子来歌颂共产党的好领导，表达人民过上美好生活的喜悦心情。

霸王鞭舞

霸王鞭舞是沙朗白族的一种传统歌舞活动，作为一种歌舞活动的形式，出现于春节、火把节等重大节日和庆祝活动中。这一歌舞传说是为纪念白族的英雄段宗榜而创作的。段宗榜是大理白族地位最高的本主。追其渊源是古代原始社会时期氏族成员举行社祭的遗风。以后屡有改编、加工，舞蹈亦随之不断得到丰富和提高。目前沙朗乡皆能以村为单位组成20～40人的表演团队，身着白族服装进行表演，不仅受到白族人民的欢迎，而且得到游人的好评和积极参与。现在已被列为昆明市包括五华区大型群众文艺活动的首选节目。

霸王鞭舞在沙朗白族中具有广泛的群众基础，有很强的艺术性、观赏性及集体性。为了在当地传承这一白族歌舞，沙朗民族实验学校从2006年开始，把霸王鞭舞列为学校学生的大课间操，每天都要演练两次。

沙朗白族姑娘表演的霸王鞭舞（照片由张国启提供）

昆明市花——云南山茶花

石玉顺

1983 年 3 月 10 日，昆明市人大常委会通过决议，将云南山茶花定为昆明市花。

山茶花原产我国，4000 年前我们祖先就发现了山茶花。到唐代，山茶花已作为珍贵花木在庭园栽培。南宋诗人范成大在《桂海虞衡志》中把山茶花分为南、北两类，北山茶即中原山茶，南山茶就是云南山茶。

史籍记载：云南山茶花传统品种有 36 个，到明代《茶花志》记载的品种"七十有二"。经过多少代人不断培育，现在云南山茶花品种已过 200 个，新品种还在不断被培育出来。以花瓣分，有单瓣、半重瓣、重瓣三类；以花型分，有单瓣型、喇叭型、玉兰型、半曲瓣型、五星型、荷花型、松球型、蝶翅型、托桂型、菊花型、芙蓉型、皇冠型、绣球型、放射型、蔷薇型、牡丹型等；以花色分，有粉红、银红、桃红、紫红及稀有白色。云南山茶花花期为 12 月至次年 3 月。

云南山茶花分布于云南、四川西南部和贵州西部，多生长于海拔 1500 ~ 2800 米的阔叶林或混交林中，适宜温暖湿润气候，半阴半阳环境，喜散射阳光，畏烈日暴晒，适合在排水良好的微酸性腐殖土、红土中生长。

云南山茶花栽培历史悠久。在战国至西汉时期，昆明、楚雄、大理等地就有单瓣滇山茶花原始类型。东汉至魏晋南北朝，山茶花已植入宗教的寺、观。唐代云南南诏时期，云南山茶花广泛栽培于庭院。南诏中兴二年［（唐光化元年）898］南诏画师王奉宗、张顺绘制《南诏中兴二年画卷》长卷，南诏奇嘉王细奴逻庭院里，有两株高逾屋檐的山茶花古树，开着硕大红色花朵。画卷文字："奇王之家……瑞花两树，生于舍隅，四时常发，俗云橙花……"橙花即白族话茶花的汉字记音。以两树茶花高出屋檐推算，树龄至少是 200 年，应该植于南北朝时期，那时云南已广泛种植山茶花。

云南山茶花是吉祥瑞应的象征。《滇史》记载，明洪武十六年（1383）春，大理感通寺法天（号无极）和尚赴南京朝觐明太祖朱元璋，献上由云南带去的白驹和山茶花。次年到了京城，马嘶花放，法天面君献诗，朱元璋认为马嘶花放是吉瑞征兆，龙颜大喜，授法天大理府僧纲司都纲，亲赐御制诗：

碧鸡莺啭恋花柯，影射滇池鱼尾过。

毓秀两间磅礴盛，英华三界屈蟠多。

诸葛六军擒孟获，颍川一鼓下牂柯。

僧修百劫超尘世，抚鹿松阴卧绿莎。

　　昆明山茶花之盛历史记载不可胜数。明初黔宁王沐英的近华浦西园山云乡，即以山茶花著称。顾养谦《滇云纪胜》载："山茶花在会城者，以沐氏西园为最。西园有楼名簇锦，茶花四面簇之，凡数十树，树可三丈，花簇其上，数以万计，紫者、朱者、红者、红白兼者，映目如锦，落英铺地，如坐锦茵。"明崇祯年间，《徐霞客游记·滇中花木记》记载："滇中花木皆奇，而山茶、山鹃为最。山茶花大逾碗，攒合成球，有分心、卷边、软枝者为第一。省城推重者，城外太华寺。城中张石夫所居朵红楼楼前，一株挺立三丈余，一株盘垂几及半亩。垂者丛枝密干，下覆及地，所谓柔枝也，又为分心大红，遂为滇城冠。"徐霞客在昆明结交的好友——画家、诗人担当和尚在《山茶花》一诗中赞颂道："冷艳争春喜灿然，山茶按谱甲于滇。树头万朵齐吞火，残雪烧红半个天。"清道光年间云贵总督林则徐于"己酉（1849）上元后二日……万寿寺看山茶花"，作七言长诗五十六句，盛赞昆明的山茶花，开篇即云："滇中四时常见花，经冬尤喜红山茶……"

　　云南山茶甲天下，富丽堂皇的云南山茶花，凌霜傲雪怒放，花大色艳，艳而不妖。明万历年间云南巡按邓渼在《茶花百韵并序》中称誉云南山茶花为"十德花"。云南山茶花"十德"，象征云南各族人民不畏艰难、纯朴热情的精神和气概。山茶花被定为昆明市花后，为集中展示它"树头万朵齐吞火，残雪烧红半个天"的风姿美景，1988年鸣凤山金殿园林植物园开辟占地五十亩的山茶花专类园。1989年举办昆明市首届茶花展，1990年时任国务院总理李鹏题词："春城茶花甲天下，试问谁家甲春城？"1991年举办的中国第二届茶花展，更以空前盛况轰动全国，金殿茶花园迅速发展到百亩。1992年评选昆明新十六景，鸣凤山茶被选为十六景之一。经过20多年的努力，鸣凤山金殿山茶花种植面积扩大到千亩，在茶花专家、金殿主任李溯的带领下，云南山茶花新品种不断涌现。

　　值得一提的是，1961年1月，郭沫若出访东南亚回国抵昆，见到昆明公园名胜处处山茶花盛开，欣喜题诗：

艳说茶花是省花，今来始见满城霞。

人人都道牡丹好，我道牡丹不及茶。

昆明最早的市徽

詹 霖

　　市徽是城市文化的必备要素，代表着城市的面貌和精神，与市花、市树、市旗共存。1922 年 8 月，昆明市政公所成立后，随着阵阵西风吹来，为了彰显城市形象，昆明第一任督办张维翰履职之初就认为：昆明应有自己的符号——市徽、市花和市歌，市徽是代表本市的"声名文物"，可引起市民之团结互助，建议但凡旗帜、服装、器具、货品、一切市政机关及本市生产的商品，都可用市徽做标识。于是，效仿西方文明，一场征集评选市徽、市花和市歌的大戏展开了，设计原则是形式简单，寓意深刻，能代表昆明形象与精神。最后因春城四季花开，选择太多，市花难成共识；词曲选定意见分歧大，市歌也没圆满结果。唯有市徽经多方征集和商议，1922 年 8 月 31 日，市政公所行政会议就市徽一事开始讨论定夺，同年 9 月，省长唐继尧核准，市政公所确定了昆明的市徽与市旗。

　　昆明市徽确有特色，设计者用两个相连相扣的圆球做足了文章。圆球相扣取像"昆明"二字，"昆"字乃"日"与"比"二字合成，其图形含日日相比之意，象征昆明将一日比一日进步；"明"为"日"与"月"二字组合，如此两球相衔，就像一日一月，有日月合璧、光明无限的美寓，借以预示前途发达，如日升月恒。两球相交的中间嵌有"市"字，取自《易经》"日中为市"之意，进而推演昆明能沟通东西两半球文明，成为模范城市。

　　市徽颜色也有讲究，底色为蓝，球线为白，其圈边是红色，中间的"市"字为黄色。云南地处我国南方，按五行学说，南方属火，是为红色；昆明位居滇省中部，中央属土，颜色为黄；底色为蓝，代表雨过天晴，万象清明。市徽整体紧密而匀称，构成了较为完美、简洁、明快和庄重的图案。

　　可以看出，如此设计确实煞费苦心，人们用今天的眼光来看，这个创意不太完美，有时代审美观念的局限，但不难看出市政公所对昆明的独到认识和深刻诠释。它表现出了当时昆明人希望沟通中西文明、促进社会发展、力求使昆明成为模范城市的良好愿望。

　　唐继尧当政时，但凡有重要节日，他都会在五华山接见各界人士和中小学生代表，同时也是展示市徽、市旗的好时日。笔者在一张老照片上看到了这样的画面：开武亭前旌幡飘扬，亭匾下交叉着两面民国初期的五族共和旗。唐继尧立在中央，教育官员陪伴左右，后面肃立着陆军小学学生。市立第一小学至第五小学的学生八字排开，在老师带领下，学生举着三角校旗，头戴礼帽，身着校服，显得特别精神。仔细观察，那校旗上都是昆明市徽标识。在那个年代，只要有吉庆活动，昆明街道上都会挂出印有市徽的旗帜。

在当时的社会环境里，应当说这个市徽确实提高了昆明的知名度，激发了市民的自豪感和热爱家乡的热情，进而倡导民众爱国爱乡、团结互助的社会风气，使城市精神与魅力得到彰显。

昆明最早的市徽图案（照片由詹霖提供）

昆明市徽的新图案

小　昆

　　1988 年，金马碧鸡日月交辉被定为昆明市徽的新图案。

　　正义路上的"金马""碧鸡"坊最早建于明代沐英主滇时，坊高 12 米、宽 18 米，三门四柱，琉璃瓦，青石基座和柱子两边抱鼓石，建成后曾两次毁于战火。清光绪年间云贵总督岑毓英又重建，坊为斗榫木结构，雕檐彩绘，金碧辉煌，雄浑壮丽，巍峨挺拔，成为昆明当时的标志性建筑物。

　　"金马""碧鸡"坊自立起后，一直流传着一个神奇的故事：相传两坊会出现金碧交辉的独特景观，即每隔一个甲子年，春分或秋分两节令又适逢农历十五时，东升明月照金马，投影向西；西落夕阳洒碧鸡，投影于东。两坊之间，双影渐逝，最后相接，相交，重合，在牌坊上的五彩奇光中，瞬间形成金碧交辉的胜景。这个传说也使"金马""碧鸡"成了昆明最负盛名的两座牌坊。

　　可惜的是，"文化大革命"中两坊再次遭到厄运被拆毁。1991 年，根据广大市民的要求，昆明市人民政府在原来的地址上又重建"金马""碧鸡"两坊。而新的昆明市徽上金马、碧鸡欢快地迎面走来，相互靠拢，重现日月交辉的图案，既显示出昆明的古老、美丽和文明，也代表了昆明各族人民团结奋进的美好感情和企盼。

图索老昆明·五华山、祖遍山、圆通山片区

范　丹

　　圆通街：在市区东北部，圆通山南面，东起青年路，西至翠湖东路，中通平政街、螺峰街、北门街、青云街和华山西路，长790米、宽10～20米。明清时，东段靠近小东门，故称为小东正街；中段有古刹圆通禅寺，又更名为圆通寺街；西段为积善街和大兴街，1933年后统

20世纪70年代的圆通街（张卫民摄）

称今名。北厢：由东至西有小堆子巷、打水巷、初地巷、圆通西巷、连云巷横贯其间。其中，圆通西巷往西与连云巷相接。南厢：由东至西有马家巷、四合巷、肇庆巷、远照巷、高地巷、姚家巷、张家巷、缘忠巷、积善巷横贯其间。其中，马家巷、远照巷向西经新民巷与平政街相通，高地巷往西南与螺峰街相接。

连云巷： 位于圆通山南麓，南起圆通街，向北延伸至巷底，南北走向，长 210 米、宽 6 米，中与圆通西巷相通，其旧址在现圆通街 58 号连云宾馆一带。1936 年云南省教育厅厅长龚自知先生在此营建私家别墅，颇具规模，因地势高，又与圆通山相连，似有接云之状，故名连云巷。

西南联大迁昆后，为了缓解联大师生校舍、住宿紧张的问题，龚自知先生多方奔走，广开渠道，寻找房源，统筹安排，并主动腾出自己在圆通街 145 号的连云巷公馆给西南联大陈梦家、赵萝蕤夫妇和云南大学林同济、黛南·格雷夫妇居住，以尽地主之谊，一时传为佳话。龚自知先生是促成西南联大迁昆的关键人物，自知先生为人真诚，胸襟开阔，处世稳重，行事大方。为了使西南联大顺利迁昆，他殚精竭虑，精心组织，周密安排，统筹协调，做了大量艰苦细致的工作。他既是整体筹谋的策划者，又是沟通联络的协调者，还是组织实施的操办者，更是具体落实的执行者。西南联大顺利迁昆在中国教育史上谱写下一段华彩的乐章。抗战时期，西南联大生物系彭光钦教授住圆通街 177 号。外语系潘家洵教授，化学系张子高教授、朱汝华教授住初地巷 5 号。

螺峰街： 在市区东北部，五华山东北隅，东起平政街南口，西北至圆通街，与北门街相望，长 424 米、宽 6 ~ 9 米。东段因紧邻南明永历皇宫，后为清初吴三桂王宫东北角，故称皇城角；西北段在清道光年间取喜庆丰收之意，称乐丰街；因靠近螺峰山，1938 年统称今名。北厢：由东至西有宝兴巷、罗家巷、高地巷、太和巷、桂花巷、都成巷横贯其间。其中，有高地巷往北与圆通街相通。南厢：由东至西有大梅园巷、小梅园巷横贯其间。其中，大梅园巷、小梅园巷往西经水晶宫与华山西路相通。抗战时期，西南联大法律系燕树棠教授住在螺峰街太和巷 4 号。

20世纪70年代的螺峰街（张卫民摄）

华山南路：在市区中部偏北，五华山南侧，东起华山东路，西至华山西路，中段南侧通正义路，长448米、宽12米。清初东段华山东路至正义路称东华街，西段正义路至华山西路称西华街。后因五华书院声名鹊起，故统称书院街，1937年后统称今名。北厢：由东至西有布珠巷、楚姚镇巷、嵩呼巷、浙江巷、吉安巷、华国巷横贯其间。其中，楚姚镇巷经布珠巷、黄河巷往东与华山东路相通。嵩呼巷经楚姚镇巷、布珠巷、黄河巷往东北与华山东路相接。南厢：有大树巷横贯其间。

华山南路在民国年间是报馆扎堆的地方，在不足500米的街道上集中了《中央日报》《云南民国日报》《中兴报》《观察报》《朝报》5家报馆，被称为报馆一条街。华山南路又是裱褙店比较集中的地方，有刘星辉先生始建于清同治年间的含英阁，刘星辉先生的次子刘文韶先生于1915年创办的绘芳阁，张宝善先生于1938年创办的宝翰轩。著名西医内科专家何光周、万子美先生分别在此开设了自己的私人诊所。

　　楚姚镇巷 26 号是清道光进士、兵部左侍郎、五华书院山长黄琮先生的故居。他生前将自己的诗稿埋在西山华亭寺的山上，称之为诗冢，笔者 2015 年在省委党校进修时从党校侧门登华亭寺，在半山腰拜谒了黄琮的诗冢。楚姚镇巷 27 号是清川南道按察使、民国广州军政府交通总长赵藩先生的故居赵庐。赵藩先生还是撰联的巨擘，他为成都武侯祠题写的"能攻心则反侧自消，从古知兵非好战；不审势即宽严皆误，后来治蜀要深思"一联受到了毛泽东主席的激赏。赵庐以楹联匾额构思精巧、对仗严谨、文辞典雅而名扬三迤。楹联计有："剑湖渔隐，滇池寓公""轩黄神灵民主之国，金碧壮丽寓公所家""慕楚齐园养生齐物，景姚姬川耄学惜阴；城市山林地接五华绕秀气，琴书岁月天留此老系斯文""弱冠举孝秀耆艾历监司告归养严亲再出讨洪宪，踏雪三峨山观日大瀛海立马高黎贡仗策依吾闾"。匾额计有"赵庐""诒安""抱膝堪""频罗室""经鉴楼""诗境轩""观复台""陶陶斋""还读书堂""东华别墅""琴鹤家风""式是南邦"等。

　　1938 年，西南联大外语系主任叶公超先生在华山南路的云南服务社设宴款待参与大一英文试卷批阅的李振麟、姜桂侬、叶柽、王还、王佐良、杨西昆、廖福、鲍志一等助教，吴宓先生也参加了当天的宴请。

　　柿花巷：在市区中部，五华山东南麓，北起华山南路，南至五华坊巷，长 175 米、宽 4 米。清代成巷，因巷中广植柿花树而得名。抗战时期，西南联大迁昆后，北京大学教授寓所、北京大学图书馆、联大欧美同学会都设在此巷内。西南联大物理系叶企孙教授、外语系李华德讲师住欧美同学会。中文系罗常培教授、魏建功教授，外语系黄国聪教授，哲学心理学系汤用彤教授、容肇祖副教授，历史社会学系姚从吾教授、毛准教授、郑天挺教授、钱穆教授，政治系张佛泉教授，经济系赵迺抟教授，法律系蔡枢衡教授，算学系刘晋年教授，地质气象系谭锡畴教授，化学系刘钧助教等诸位先生均住在柿花巷 4 号。师范学院陈雪屏教授住柿花巷 3 号。政治系崔书琴教授住华山南路的云南服务社。土木工程系张泽熙教授住楚姚镇巷 2 号。法律系罗文干教授住楚姚镇巷 7 号。

20 世纪六七十年代的华山南路（张卫民摄）

20 世纪 70 年代的华山南路（杨红文摄）

20 世纪 90 年代的华山南路（刘济源摄）

20 世纪 70 年代位于华山南路的胡志明旧居（廖可夫摄）

华山南路的吉庆祥老店（刘济源摄）

华山南路张宝善先生创办的宝翰轩书画装裱店（刘济源摄）

布珠巷：在市区中部，五华山东麓，南起华山南路，向北经黄河巷转东与华山东路相接，向西与楚姚镇巷相连。有关巷名的来历有两种说法：一是相传清代初年，有一位专门经营布匹的商贩在此置地建房，故得名布主巷，后因"主"与"珠"谐音，讹传为"布珠巷"。二是相传清代中叶，昆明县衙有一位担任主簿的官员在此购地建房，故得名"簿主巷"，后因"簿主"与"布珠"谐音，讹传为"布珠巷"。

20世纪90年代的布珠巷（刘济源摄）

青年路：在市区中部，南起东风东路，北至昆明动物园，长1400米、宽32米。该路段原是小东门—大东门—护国门一段城墙和护城河。1952年，昆明市政府动员各界青年义务拆墙筑路；1955年，共青团云南省委带领团代会代表在街道两侧种植行道树，故命名青年路。西厢：有节孝巷往西与平政街相通。

节孝巷：在市区中部偏北，五华山东侧，东起青年路，西至平政街，长297米、宽2.8～4.2米。清道光年间，该巷西高东低，形似牛角，称为牛角坡。清末民初，因巷内建有姜孝子祠堂，遂改名为崇孝巷，后更名为节孝巷。

20世纪90年代的青年路（刘济源摄）

20世纪80年代的节孝巷（刘济源摄）

　　平政街： 在市区东北部，五华山东侧，北起圆通街，南接华山东路，长 264 米、宽 11 米。清道光年间，知县庄锡礼将咸阳王和黔宁王庙由城南迁建于此，并改称报功祠，后更名为报功祠街；民国初年，取"倡导平政，反对苛政"之意，复名平政街。东厢：由北至南有新民巷、节孝巷横贯其间。其中，新民巷经远照巷、马家巷往北与圆通街相通；节孝巷往东与青年路相接。

　　抗战时期，西南联大教授闻一多、闻家驷昆仲曾住在节孝巷 12 号，此处为著名民主人士、武术大家邹若衡先生的公馆。西南联大经济系教授徐毓枏、姚谷音夫妇住平政街 27 号。东吴大学教务长、燕京大学宗教学院院长赵紫宸先生受香港圣公会委派来昆文林堂传道，与女儿赵萝蕤、女婿陈梦家住平政街 68 号。

20 世纪 70 年代的平政街（杨红文摄）

　　华山东路： 在市区中部偏东北，五华山东侧，南起华山南路，北接平政街，长 396 米、宽 11 米。清代，南段称四吉堆；北段因有永宁宫，故称永宁宫坡，1937 年后统称今名。西厢：有黄河巷经布珠巷往南与华山南路相通。

　　华山东路 7 号的东苑别墅是民主人士、石屏县县长宋嘉晋先生的故居。华山东路黄河巷 37 号是著名民主人士、云南宪兵司令杨如轩先生的公馆，该公馆始建于 1932 年，是一幢法式风格的两层砖木结构建筑。

华山东路的宋嘉晋故居（刘济源摄）

　　黄河巷：在市区中部偏北，位于五华山东麓，东起华山东路，南通布珠巷，向北延伸至巷底，长 190 米、宽 2～4 米。清代，巷北端毗连螺峰街东头，是一片洼地，积水成潭，荒草丛生，俗称黄河心，后改称黄河巷。

20 世纪 70 年代的黄河巷（廖可夫摄）

20世纪70年代黄河巷的杨如轩故居（杨红文摄）

华山西路：在市区中部偏北，五华山西侧；南起武成路东口，与民权街相接，北至圆通街，与青云街相望；长650米、宽11米。明清时，由南至北分段称卖线街、瞻华街、篦子坡和青云街；1937年后统称今名。东厢：由北至南有石印巷、青云巷、水晶宫、三棵树巷、大饼巷横贯其间。其中，水晶宫经大梅园巷、小梅园巷往东北与螺峰街相通，有南起水晶宫的红花巷镶嵌其中。西厢：由北至南有海潮巷、利昆巷、华西巷横贯其间。其中，海潮巷往西北与翠湖东路相通。

原华山西路41号是民国时期云南省省长兼滇军总司令顾品珍先生的旧居，该幢房屋是一座三坊一照壁、两层土木结构的合院式建筑。云南大学教授、著名学者楚图南先生曾在大梅园巷2号居住。华山西路海潮巷有云南名医姚贞白先生的旧居。

抗战时期，华山西路驻有法国领事馆及法国医院，由此带动周边西餐的兴起，其中以卡尔登西餐厅最为有名，该店烹制的法式大餐较为正宗，受到在昆外籍人士的青睐，西南联大的许多教授也是这家餐厅的常客。

20世纪70年代的华山西路（一）（张卫民摄）

20世纪70年代的华山西路（二）（詹霖摄）

20 世纪 70 年代的华山西路（三）（詹霖摄）

20 世纪 70 年代的华山西路（四）（詹霖摄）

　　水晶宫：在市区北部，五华山北侧，西起华山西路，东至大梅园巷，北通红花巷、小梅园巷，长 150 米、宽 3 ~ 3.5 米。清乾隆四十四年（1779），附近居民在此掘井一口，水如泉涌，清澈似镜，味甘沁腑，遂在井旁盖一小庙，供奉龙王，匾题"水晶宫"。后房舍增多，逐渐形成巷道，便以庙名为巷名。

　　水晶宫里的梅园巷是清康熙年间著名诗人孙髯翁先生的隐居之地，他在寓所的庭院中广植梅花，自号"万树梅花一布衣"，后该巷以梅园为名。孙氏是集联的圣手，他撰写的大观楼长联，180 个字，字字珠玑，被誉为"天下第一长联"，云贵总督阮元曾修改此联，毛泽东主席亲阅后品评曰："阮芸台点金成铁。"

20 世纪 70 年代的水晶宫（杨红文摄）

　　大饼巷：在市区中部偏北，五华山西侧，西起华山西路，向东延伸至巷底，长 42 米、宽 1.6 米。民国年间，顾品珍将军在巷中建盖府邸，故起名顾家巷。解放初期，巷口开设了一家专营大饼的小铺，声名远播，遂改称大饼巷。

　　华西巷：在市区中部偏北，五华山西侧，东起华山西路，向南延伸至巷底，长 20 米、宽 2 米。民国年间，巷内住有一户彭姓人家，专门制作销售香烛、黄纸、纸马等礼佛祭祀用品，故名纸马巷。因地处五华山西侧，1983 年更名为华西巷。

20 世纪 70 年代的大饼巷（廖可夫摄）

20 世纪 70 年代的华西巷（杨红文摄）

滇味珍馐

五华名餐馆

段之栋

五华区地域，无论是民国时期还是新中国成立以后，都是昆明市的主城区、闹市区，人口密布，商业繁华，集中了很多有名的餐馆，后因种种缘故，都已消失。现将当时的部分名餐馆做一简要介绍。

云生园

云生园先开在昆明景星街，后迁至正义路中段东厢，是一家闻名全市的滇味餐馆。在景星街时，餐馆系两层土木建筑，砖墙瓦顶，上下约有 300 平方米，到正义路时，铺面只有一层，三开间，占地约 200 平方米，摆设有 20 余张油漆圆桌、方桌，靠背椅，墙上有衣帽钩、风景人物画，整个餐馆十分讲究卫生，桌椅每天都抹得透亮，地面也打扫得干干净净，算得上是窗明几净，进店后就给人以舒适之感。堂倌热情大方，顾客一进门就招呼入座，上茶上水，紧接着就送上菜单，请顾客点菜，上菜迅速，井然有序，结账明码实价，绝不多收顾客一分，服务态度堪称一流，受到广大顾客的称赞。

该餐馆创建于 1940 年，自开业以来，生意兴隆，门庭若市，昆明和平解放后仍正常经营。1955 年经公私合营，国家仍保留其招牌，继续营业，直至正义路拆迁改造，始并入其他国营饭馆。

云生园的特色菜有气锅鸡、生炸五香乳鸽、白果炖粉肠（小肠）、生炸鸡、油爆肚、炒腰花等。最出色的是宫保肉、宫保鸡丁，先把猪肉、鸡肉切成肉丁，外加荸荠丁、大葱、胡辣椒，炒出来后非常鲜嫩，色、香、味俱全，十分可口。还有白果炖粉肠，所选用的小肠肥壮鲜嫩，可以清火、治眼疾，深受顾客欢迎。

该店的卤菜和凉菜也负有盛名，如卤鸡、卤猪肝、卤猪肚、卤鸭和卤鸭掌，凉鸡、凉白肉、凉火腿。凉白肉和凉火腿切得很薄，常常三片相连，从中可以看出厨师的功力；白肉蘸甜酱油，其味香嫩酥软。该店售卖的豆腐圆子，也得到顾客青睐。

海棠春·共和春

这两家是民国时期昆明市最大的结婚礼堂、酒席馆。

海棠春位于万钟街，旧址在今昆百大新天地至五一路交会处一带，门面向南，是旧式走马转角的两进、两天井的雕梁画栋的中式庭院，以承办婚丧嫁娶的包席为主。店房宽敞，院内还有大礼堂，有一段时间还附设剧场，表演歌舞。

海棠春菜肴高档，当家菜有饺底海参、锅贴乌鱼、油淋鸡、炒鱿鱼丝、鸡汤燕窝、虫草炖鸡、炖海参、炒螺黄、大拼盘、汤料八宝饭等。此外，该店制作的卤鸡、卤肚，因卤水由20多种香料熬成，所以十分鲜美。并另有滇味酒席，分为鱼翅席、海参席、十大件几个档次，均受顾客欢迎。

共和春最初开在大南门外的金碧游艺园（旧址在今云南省第一人民医院范围内），后迁三市街南口，主要是承接婚宴，也订一般筵席和接待散客。院内设有包间雅座如金碧厅、芙蓉厅、榴厅、桂厅、竹厅、菊厅、梅厅、兰厅等，每天可接待食客两千人次。20世纪40年代，还备有轿车，为前来举行婚宴的人家提供服务。共和春的菜肴为地道的老昆明口味，名菜有宫保鸡、生炸鸡、葱酥鱼、脆皮鱼、清炖鱼翅、菊花鱼肚、软炸猪肝、火夹乳饼、海参鱼肚、锅巴海参、海参鸽蛋、糯米鸡、绣球鱼肚等，还卖出堂菜，光顾者甚多，各国领事及当时省政府接待贵宾都来此包席。

东月楼·老岳家蒸肉馆

东月楼位于绥靖路（新中国成立后改名长春路，今为人民中路），为一幢两层砖木结构的中式楼房，临街，坐南朝北，系滇味餐馆。出名的菜肴有酱汁鸡腿、汤锅肉、金钱肚、锅贴乌鱼、火腿、红烧肘子、脆皮鱼、火腿炒玉兰片等。

东月楼除午餐、晚餐卖饭菜外，还卖早点、消夜，以供应各种煮品为主，如鸡肉米线、杂酱饵块、清汤鲜肉大馅饺等。卖煮品的汤水系用筒子骨、武定鸡、鸭子、宣威火腿熬制而成，其味鲜美无比。所售的清汤鲜肉大馅饺，皮薄、馅大，吃的人很多。

老岳家蒸肉馆开在绥靖路昆华女中（旧址在今昆明市二职中专内）对面，店主姓岳，铺面两间，前后两层。该店除卖蒸肉外，还卖蒸骨（猪排骨）、蒸鸡、蒸羊肉、蒸拐骨（附肉的羊脚拐骨）。其特点是，所卖蒸品一律采用略呈扁平的小土碗，碗底垫以洋芋等素菜，碗面铺肉，碗碗相摞，油多底香，出售时一律以小土碗为单位，每一品种都受顾客欢迎，很快就成为誉满全城的一道名食。

老岳家午晚两堂，以卖饭为主，晚间还卖清汤羊肉等煮品。

义和园与小胖子烧鸭

义和园位于景星街东段，文明新街东侧（旧址今为建新园），店铺是一幢两层砖木结构的楼房，店主姓余，因长得个矮体肥，人称小胖子。

这家鸭店烧鸭，用的是仔鸭，即出生35～40天的幼小嫩鸭，鸭宰杀后经过特殊加工，放入特制的大土炉内用松针火烤，烤出的鸭子散发出一股清香。小胖子家的烧鸭，以肥、壮、嫩见长，表皮呈棕黄色，色调鲜亮，入口滴油，味美可口。切成小块的烧鸭装盘上桌后，店家同时供应大葱和白甜酱，让顾客吃烧鸭时，拌大葱蘸酱而食。

该店另有两道名菜，即鸭油蒸臭豆腐和炸鸭肫。前一道菜是在烤鸭的过程中，把一个个装有臭豆腐的小碗放到土炉中上架的鸭子下面，承接从鸭身不断滴下的鸭油，待鸭子烤熟了，豆腐也熟了。出炉后的豆腐分外鲜美，别有风味。后一道菜是宰杀鸭子时，把鸭的胃（肫）剥离出来，经过清洗、晒干后，切成小片用油烹炸，十分香脆可口，是顾客下酒的好菜。每到开堂时，义和园三大开间店堂，一楼一底，座无虚席，买出堂烤鸭也要排长队。

小胖子烧鸭成为昆明名馆，它原来的招牌——义和园反而被人淡忘了。

兴和园——优质牛菜馆

兴和园开设在原小西门月城下，店铺是一座4间门面的两层楼房，土木结构，楼下设备较简陋，20余张白木条桌，每桌配备两条板凳，楼上较考究，雅座有油漆方桌，靠背椅，墙上有衣帽钩、风景人物画等。

该店为昆明著名的牛肉馆之一，老板叫马兴仁，一般市民又称此店为马兴仁牛肉馆。

兴和园出售牛肉冷片、清汤牛肉、红烧牛肉、牛蹄筋、牛杂碎等菜品，每种菜品都十分出色，叫人胃口大开，百吃不厌。牛肉冷片除牛肉的质量高外，蘸冷片的佐料也十分讲究，佐料装在一个小碟子中，以小磨麻油调芝麻酱为主，昆明特产甜酱油打底，芝麻酱浮在上面，金黄透香，牛肉冷片一经蘸水进口中，香甜可口，肉酱交融，味美难以形容。牛肉清汤也熬得色清味醇，端上桌前撒一把葱花，很受顾客赞赏。店门口有一个售卖烧饵块的摊贩，饵块不加佐料，专供店内的顾客买去，用手掰成小块，泡在肉汤里吃。兴和园可谓肉好、汤好、佐料好，因此它闻名全省。凡到昆明办事、旅游、经商的人，都要到兴和园品尝牛菜，作家巴金抗战期间来昆时，就曾多次光顾过该店。

德鑫园与过桥米线

昆华医院斜对面，原有一条通往顺城街的小街叫南通街（旧称羊市口），街南口与金碧路交会处，开有一家以经营过桥米线闻名的馆子，叫德鑫园。该店在昆明是老字号，建于1932年，是一座两层砖木结构的餐馆，铺面坐东朝西，餐厅面积约为500平方米，原楼已不存，今为益珑大厦所在地。这家馆子的过桥米线正宗优质，色、香、味俱佳，汤是用鸡、鸭、猪筒子骨、火腿混合熬成，原汁原味，清澈如镜，鲜醇可口。各种生片齐全，有里脊片、乌鱼片、猪肝片、猪腰片、鸡片、火腿片等，肉片烫熟后，甜嫩鲜香，滑润可口。配菜有豌豆尖、豆腐皮、黄芽韭菜、菠菜等，菜品鲜绿，富于营养，胃口好的还可打一个生鸡蛋（或打两个鹌鹑蛋）进汤里和生片一起吃，在民国时期和新中国成立初期，这里的过桥米线不兴卖套数，而是先吃后算账，除汤外，生片、配菜也均由顾客自主挑选，点多少最后算多少，米线也按碗计，吃几碗算几碗。

仁和园与破酥包子

仁和园铺面开在正义路三牌坊（抗战中被日机炸毁）底下，单开间，延伸进去很深，是地道的滇味馆，最出名的是破酥包子，买的人很多，几乎是熟一笼立刻卖光一笼，供不应求，店外经常可以看到排长队等候买包子的顾客。

破酥包子是昆明人首创的，它的特点是外边的皮是一层层过猪油的千层酥皮，特别香，馅有糖馅、肉馅等，味道鲜美，一传十，十传百，该店成了昆明卖破酥包子最出名的一家。

仁和园也卖过桥米线，名声仅次于羊市口的德鑫园，在全市过桥米线馆中可算得上是第二家。该店还卖饭菜，均系昆明口味，其中如红烧圆子、凉白肉、凉白鸡等，名扬全市。

燕鸿居与都督烧卖

燕鸿居是一家煮品店，开设在劝业场（今五一路北段）西厢，它售卖的煮品品种齐全，花样很多，但以晌午时分售卖的烧卖最受顾客欢迎。

烧卖作为一种面点，外形做成圆锥形，顶不封口，有意露出一点馅儿来勾人食欲，好像熟透微裂了嘴的石榴。它的馅儿系用剁细的肉皮和糯米，吃起来觉得特别融合香糯，烧熟后油而不腻，蘸着醋吃，真是越吃越有味，据说清末云贵总督李经羲，喜欢吃他家制作的烧卖，每天晚上都派护兵来买上几笼。当时的云贵总督衙门就在现在的胜利堂，离燕鸿居也不远；有时遇到总督请客，就把该店全天蒸出的烧卖都包了，一般市民来买都买不到，这种烧卖便被称作都督烧卖。

除烧卖外，该店的荠菜饺、大锅汆肉米线、桃花饵块（"帽子"用五花肉剁细，放适量的水焯熟，并在炒时加入色素，使其呈粉红色，饵块煮熟后再放生韭菜，使其红绿相映，尤其是"帽子"艳若桃花，色、香、味俱全，使人食欲大增，故而得名）也很闻名。

玉溪街——小吃一条街

玉溪街，旧址在今新建的昆明百货大楼一带，紧邻顺城街。玉溪街呈"丁"字形，分直街和横街，横街通近日公园，主要是卖玉溪小吃，从街头到街尾，小吃店一家挨一家，以卖小锅煮品最为有名。小锅煮品花样繁多，品种齐全，有小锅煮的鳝鱼、叶子、焖肉、焖鸡、脆哨、汆肉米线、面条、饵丝、卷粉，还有小锅卤饵块，各家都在色、鲜、味上下功夫，鳝鱼肉嫩，味醇，叶子、脆哨炸得酥松味香，汆肉、焖肉都是上好的脊肉，汤都用筒子骨熬出，味道鲜美。除售煮品外，各家都卖卤菜、凉鸡、炸牛干巴等下酒菜。

此外，各家都卖大锅煮品，其品种也很齐全，有鸡丝、白肉、焖肉、炸酱、叶子、脆哨等"帽子"，大锅煮品更注重在汤上下功夫，以鲜鸡、筒子骨为原汁汤，再辅之韭菜、葱花、豌豆尖，葱花白，韭菜细，豌豆尖绿，色、香、味俱全，美不胜收。

因玉溪街地处市中心，影剧院密集，南屏大戏院、大光明戏院、昆明大戏院、西南大戏院都在附近，散场后，观众大多来此吃夜宵，所以它的夜市特别兴旺。

南来盛——越式咖啡馆

在同仁街东侧、金碧路北厢，有一家咖啡馆叫南来盛（原名新越西餐馆），该店开业于20世纪30年代，老板是位漂亮的越南单身女子，叫阮民宣，据说是越南的太原望族。1940年2月，越南革命领袖胡志明来到昆明进行活动，也曾在南来盛当面包师作为掩护。

南来盛门面只有一间，店内装修考究，就餐桌椅布置成火车座，座位均为半软席沙发座，该店共有上、下两层，除卖咖啡、可可、牛奶一类饮料外，还卖越南小卷粉、牛肉卷粉、春卷、炒面等具有越南风味的食品。这里提到的炒面，是把稍微煮过的面条炒香，浇上一勺用肉丝、香菇等制成的盖浇汁，老远就能闻到香味。该店还卖各式西点，尤以法式硬壳面包最为有名。这种面包，外壳香脆，内瓤柔韧，口味略咸，稍带酵酸，颇受顾客欢迎，被市民称为"洋粑粑"。这种外形制作成长形的硬壳面包，天天摆在咖啡馆门口的玻璃柜里销售，往往供不应求。值得一提的是，南来盛的咖啡是用越南进口的咖啡豆烘烤舂细后制作成咖啡粉冲泡出来的，所以特别香。人们路过该店时，常可闻到店内烘烤咖啡豆时散发出来的香味。

南来盛在顾客来得多时，常供应滤壶滤过的咖啡，牛奶也讲究新鲜温润，吸引了不少回头客。华侨领袖陈嘉庚、西南联大教授沈从文都是这里的常客，就连当年流浪到昆明的作家艾芜都品尝过该店制作的"洋粑粑"。国外出版的《世界》旅游杂志上，南来盛是最早被该杂志推荐的昆明餐馆。

冠生园与粤式早茶

抗日战争时期，金碧路上开了一家著名的粤菜馆——冠生园。餐馆除卖广味菜肴、西餐外，还卖粤式早茶。这种早茶很有特色，顾客一入座，服务员就送上一瓷壶茶，还视顾客人数摆上几个小瓷茶盅，由顾客把茶水倒入小茶盅里慢慢品用。各式各样的粤式早点由服务员用小餐车络绎不绝地推入餐厅，任人挑选，有汤包、叉烧包、广式烧卖、春卷、蒸小排骨、纸包鸡、糯米鸡等。这些食品都用小盘、小碟装着，碟（盘）内的食品，少则放一个，多则两个，让顾客一样尝一点，先吃后算账，点几碟（盘）算几碟（盘）。冠生园出售的西餐也很正宗，咖喱鸡、猪排、牛排、三明治、果酱、黄油、西式面包、咖啡、可可等，都很可口。冠生园制作的粤菜，如广味香肠、叉烧肉、烤乳猪等也很精致、有名。此外，还卖快餐，如咖喱鸡饭、咖喱牛肉饭，也深受顾客欢迎。

白宫冷饮店

20 世纪 40 年代，晓东街南屏大戏院对面开有一家冷饮店，名叫白宫。这家冷饮店从内到外，完全装饰成白色，桌椅也是白色的。这是一家高档咖啡冷饮店，专售牛奶、咖啡、可乐、果汁、冰激凌、刨冰、西点、新鲜蛋糕等。这些食品，不仅质量好，花色品种很多，就连刨冰也有很多不同的果汁口味。店内宽敞明亮，装修考究，夏天开着吊在屋顶上的大电扇，男女服务员身着制服，头戴贝雷帽，端着托盘，来往穿梭，面带微笑为顾客服务。店内座席均为火车座（即两张高长靠背蒙皮软椅相对而放），中间嵌着一张长桌，隔成一小格，像火车上座席的摆设格局。白宫天天门庭若市，十分热闹，来这家店铺消费的多为等候看电影或电影散场后的观众，它仿佛成了南屏大戏院的配套设施。常有对对情侣在此相对而坐，边饮边吃边聊，情话绵绵，乐而忘返。该店制作的新鲜蛋糕，方方正正一大块，金灿灿的，现蒸出笼还冒着鲜美的热气。

气锅鸡专卖店

该店开设在福照街中段东厢，只卖气锅鸡和米饭，不卖其他菜肴，是一家气锅鸡的专卖店。

气锅鸡也是滇味名肴，它选用建水制作的紫陶气锅，将一只整鸡切成块放入锅内，配上作料，然后放在另一只装有水的砂锅上，将两锅接触处封严，防止漏气，置于旺火上炖三四个小时，直至鸡肉蒸熟，肉烂骨离。由于蒸汽沿气锅管内不断上喷，一些水珠凝于气锅内，成为汤汁，一道名菜便烹制而成，而后将装有肉和汤的气锅置放在一个大瓷盘上，端上餐桌，请顾客品尝。

该店所蒸的鸡，都选用武定壮鸡，连鸡的内脏如鸡肝、鸡肫、鸡心一并蒸在锅里，蒸出来后，肉嫩汤鲜，锅内还常加上三七、虫草、天麻一类的名贵药材，让顾客选用。

该店一年四季生意兴隆，就是来买出堂的鸡肉，也要排长队等候。

素酒店

民国时期，昆明市的城里城外都开有不少素酒馆，这种酒馆只卖各种酒和下酒菜，不卖饭，就连米线、饵丝一类的煮品也很少卖。下酒菜品种花样繁多，以炸的和卤的为主，如煮牙豆（把带内壳的干蚕豆泡到发芽，再用水煮烂，加入配料）、炸花生、炸荞丝、炸洋芋片、炸慈姑片、炸虾片、炸凉粉皮、炸蚂蚱、炸谷花鱼、炸抗浪鱼、炸金线鱼、炸蚕豆瓣、炸豆腐、炸虾巴（蜻蜓的幼虫）、凉拌灰蛋（皮蛋）、卤鸡蛋、咸鸭蛋、卤猪脚等。这些下酒菜都卖得不贵，多点几样也花不了几个钱，可谓价廉物美。顾客很多，被市民称为老酒鬼的俱乐部。

三六九排骨面和湖南面

抗战期间，有不少外省人流浪到昆明，外地的一些美食佳肴也随着传入昆明，如上海口味的三六九排骨面馆、湖南面馆、山东烧鸡馆、广东口味馆、江南口味馆、北京涮羊肉馆……遍布全城。

开在宝善街东段的三六九排骨面馆是上海人开的，罩帽是油炸的一块大排骨，邻近的湖南面馆也有它的特色，罩帽的数量特多，有鸡肉丁和牛肉丁两种，几乎铺满了整个碗面。排骨面和湖南面的汤都是原汁原味的鸡、鸭、猪骨头熬煮的混合汤，去南屏大戏院、大光明电影院看电影的观众，几乎都要去这两家吃上一碗。开在绥靖路西段的中华饭店，是北方口味，以卖锅贴、水饺、馒头、花卷、银丝卷为主。正义路的豆蔻饭店主要是卖各种面片。

抗战胜利后，外省人开的馆子有不少停业的，而三六九排骨面馆却留下了一些厨师，新中国成立后东风西路改造拆迁时，又在云南艺术剧院西侧开起了一家上海面馆，专卖上海口味的面条，罩帽有大排、小排、大肉、小肉、阳春、冬菜等，还卖上海的小馄饨。

凤翥麦饼店与摩登粑粑

20 世纪 30 年代，在昆明大西门外的凤翥街开了一家麦饼店，铺子以它所在的街名命名，叫凤翥麦饼店，主要卖椒盐饼，卖饼的是一对姊妹，长得十分漂亮、乖巧，穿着打扮也很入时。抗日战争时期，西南联大迁入昆明，校址就在该店附近，为了适应联大学生的口味和需求，该店在制作方法上做了一些改进，如把椒盐改为白糖，掺进奶粉、奶油、蜂蜜，揉面时再一层层抹上黄油，又擀成稍厚的圆形饼，再放猪油在平底锅中把两面煎黄熟透。这种饼子制作出来后，让人吃了感到又香又甜又软和，加之这种饼煎制时是用松针火，还有一种松针的香味。该店现煎现卖的这种麦饼，深受西南联大女生的喜爱，她们竞相到店购买，因卖饼的是两位美女，爱吃这种饼的又多是女大学生，女大学生也很时尚，于是市民们就把这种麦饼称为摩登粑粑。"摩登"一词来自英语"Modern"，为现代、新潮、时尚之意。由于这个名字取得十分贴切，很快就出了名，这种饼子也得到了市民的青睐，一时风行开来，成了一道名小吃。

灵源别墅最后的滇八碗

范 丹

1949 年 12 月 9 日，云南省政府主席、云南绥靖公署主任卢汉迫于南下解放大军的威慑和各方面的压力，顺应历史潮流宣布起义。为了挽回败局，蒋介石亲自坐镇成都调兵遣将，派遣陆军副总司令汤尧从台湾飞抵昆明，组建第八兵团，分别任命曹天戈、彭佐熙取代李弥、余程万出任第八军、第二十六军军长，责令他们率部从曲靖、沾益，蒙自、开远两个方向合击昆明，由此拉开昆明保卫战的序幕。当时，二野四兵团全歼余汉谋集团后正在两广休整，二野五兵团正在四川与胡宗南集团鏖战，远水解不了近渴。为了迟滞第八军、第二十六军的进攻，解除昆明之围，周恩来副主席派他在黄埔军校的学生范子明到二野四兵团出任军事特派员，在四兵团敌工部部长窦力新的直接领导下，秘密从香港乘机潜入昆明，通过黄埔同学赵定昌、裴存藩、周启贤与李弥、余程万取得了联系，向他们宣传毛泽东主席制定的"大迂回、大包抄、大歼灭"的战略布局，转告他们包抄合围之势正在合拢，让他们审时度势做出正确研判，第八军和第二十六军随即撤出了昆明，但拒绝接受改编并向滇南逃窜，二野四兵团昼夜兼程，倍蓰赶路，剑指滇南，于 1949 年 12 月 27 日至 1950 年 2 月 19 日发起滇南战役，历时 55 天，全歼残敌，使云南全境获得解放。

1948 年 9 月，龙云主席的三公子龙绳曾在南京受训结束后返回昭通，利用龙氏家族在当地的影响召集旧部，收编残匪，组织了一支由 3000 余人组成的私人武装，自称西南人民革命军尹武纵队，盘踞在昭通的巧家、永善、大凉山地区，沿金沙江布防，静观事变，伺机而动。如何对待和处置龙绳曾及尹武纵队，二野四兵团领导班子考虑到两个方面的原因：一是滇南战役刚结束，不宜再生战事；二是龙云已由香港抵京，站在革命的阵营之中。为此，决定采取统战政策，争取龙绳曾加入革命阵营，接受尹武纵队整编。四兵团领导班子决定由敌工部部长窦力新牵头负责组织实施，范子明、赵定昌、吕永桢、王之瀚等具体负责与龙绳曾进行接洽，开展统战工作。王之瀚与杨庭枢联合致函龙绳曾，邀其来昆面商，1950 年 3 月 8 日龙绳曾乘飞机从昭通抵昆，住在小吉坡家中，范子明拜会了龙绳曾并带去了陈赓司令员的口信，经过数轮的商洽，窦力新和范子明向陈赓司令员汇报了进展情况，陈赓司令员问："龙绳曾对改编的态度怎么样？"范子明回答说："龙三是犹抱琵琶另作别弹。"陈赓司令员说："这就麻烦了，刘伯承司令员反复告诫我们说'兵者，凶器也；战者，逆德也；争者，事之末也'。全国刚解放，人心思安，他指示我们谋交并施，不战而屈人兵，至于伐兵和攻城之法不到万不得已而莫为之。我们应该释放出最大的诚意，希望他改弦更张，站在人民的一边，只要他不拥兵自重，接受改编，什么条件都可以谈，我赋予你临机专断之权，可以先斩后奏。"随后，陈赓司令员又在治安大厦接见并宴请了龙绳曾，陈赓司令员素来豪爽，直抒胸臆，单刀直入，希望他效仿其父，回到革命的阵营中，率部接受整编。龙绳曾在昆明城郊海源寺的灵源别墅设晚宴回请陈赓司令员，陈赓司令员对范子明说："龙绳曾态度暧昧，举棋不定，这位青帮大佬的宴请我不便参加，你代表我去，听其言观其行，再做定夺。"随后，范子明与赵定昌、周启贤、吕永桢、王之瀚等按期赴宴。作陪的有杨庭枢、赵植生，龙三公子的姨夫人淑芳女士特来作陪助兴。酒席宴前龙三公子对子明先生说："子明公乃是共党的说客，打了这几天的交道我算是领教了，今天略备薄酒为子明先生接风，祝贺子明先生凭三寸不烂之舌说服彭佐熙、曹天戈两位将军撤离昆明，以解昆明之围，使昆明的老百姓免遭兵戈之苦。"子明先生说："我哪里有那么大的本事，还得靠李弥、余程万两位将军回去分别向彭佐熙、曹天戈转达陈赓司令员、宋任穷政委的旨意，晓以利害，请彭、曹两位将军审时度势，命令部队停止向昆明进犯，尽快将部队撤离昆明，才算是解了昆明之围。"子明先生接着说："我与公子虽初次谋面，却是一见如故，公子的秉性、举止、谈吐、做派都与我在闽中的一位旧识颇为神似，这位旧识名叫张河山，因其两眉之间有一颗痣，闽人送其外号张三目，他早年在南少林习过武，精通拳法，善使枪棒，腰间两把二十响，左右开弓，百发百中，甚是了得，名冠闽中。公子的名气可比他大多了，普天之下谁不知道孔二小姐龙三公子。"三公子对子明先生说："岂敢！岂敢！徒有虚名啊！今天算是为子明先生接风，请诸位尝尝我们云南的滇八碗，为诸公主厨的是我大哥的厨师彭正芳。"主人好客，以昆明地道的滇菜招待客人，菜单如下：一是滇八碗，共计八样，有红烧肉、粉蒸肉、千张肉、凉白肉、高丽肉、香酥肉、软炸里脊、红烧肘子；二是卤菜拼盘，共计八样，有卤肚子、卤猪肝、卤猪肠、卤猪舌、卤猪耳、卤猪头、卤猪脚、卤豆腐；三是油炸拼盘，共计四样，有炸蜂蛹、炸蚂蚱、炸腰果、炸花生；四是主食，共计四样，有破酥包子、米糕、荞糕、重阳糕。上述这些美食都用华宁窑绿釉大碗呈上，这种餐具胎粗釉厚，笨拙古朴，浑然天成，着实可爱。

席间，龙三公子问："子明先生，余听裴存藩秘书长介绍说你是位美食大家。"子明先生说："实不敢当，余早年黄埔军校毕业后到京城谋差事，入前清吏部主事王道元大人幕，为道元公打理书启知客事宜，因场面上要应付，在京城八大楼、八大居等著名饭庄泡磨了几年，跟京城勤行的爷们混了个脸熟，走得近些，久而久之对饮食增长了些见识，仅此而已。"菜过三巡，正值酒酣，三公子又调侃地问："我国素来讲究药食同源，近来，余心神不宁，胸闷气短，不知子明先生有何食疗方案推荐于我。"子明先生说："西汉文学家枚乘所作的《七发》，其中有一段文字可视为吴客为楚国公子开具的食疗处方：'刍牛之腴，菜以笋蒲。肥狗之和，冒以山肤。楚苗之食，安胡之饭，抟之不解，一啜而散。于是使伊尹煎熬，易牙调和。熊蹯之臑，芍药之酱，薄耆之炙，鲜鲤之鲙，秋黄之苏，白露之茹，兰英之酒，酌以涤口，山梁之餐，豢豹之胎。小饭大歠，如汤沃雪，此亦天下之至美也。太子能强起尝之乎？'吴客向楚国公子推荐了笋熬肥牛、炖扒熊掌、鲤鲙太羹、芍药大酱、兰英甜酒、楚胡饭食等美食。我乃晋客，为滇王公子草拟一份食疗处方，系分内之事，容我琢磨几日，再请赵兄转交公子，也还望公子强起而行之。"过了几日，子明先生对赵定昌说："三公子正值壮年，身体康健，无须什么食疗方案，我为公子开具一个韬光养晦、下潜收敛、以求自保的上方。我与公子初次见面，交情尚浅，有些话不好往深里说，公子江湖义气，落拓不羁，任侠骄纵，以公子的秉性根本无法融入新的格局之中，恐怕将来是要出大问题的，因为供其挥霍人生的社会基础即将土崩瓦解。公子倒是个率性豪爽之人，现在，其父龙志舟主席又站到了共产党的阵营之中，从维护公子的利益出发，我窃以为摆在公子面前的有三条道路可供选择：一是前往香港定居，此为上策；二是随其父进京，此为中策；三是留在滇省，此为下策。请定昌兄规劝公子决不可逆势而动，只能顺势而为，退一步有时候等于进两步。如果公子愿意到香港定居，我愿将公子的情况如实向陈、宋两位首长禀报，请两位首长核准让公子前往香港定居。"赵定昌将子明先生的建议转告了公子，公子不纳，曰："我生长在这里，云南是我的家乡，为何要让我背井离乡到香港生活，我倒要看看共产党究竟能奈我何。"为了争取龙绳曾，范子明又恭请周启贤进一步做他的工作，范子明对周启贤说："三公子只有区区三千人马，何以为继，真不知公子是怎么想的，请启贤先生务必劝其迷途知返，如若公子愿意赴港，我愿亲自护送前往。"周启贤先生苦口婆心也未能撼动其志，周启贤回复子明先生说："他执意要返回昭通。"子明先生说："此一去必始速祸焉。"后来的事实证明子明先生的上方确实可以疗命。

酒席宴间子明先生问："令尊龙公对于饮食有何偏好？"三公子答道："家父系行伍出身，对于饮食一向倒不是太讲究，平时以家常的饭菜为主，喜欢食用些新鲜的瓜果蔬菜、野生蕈菌、豆腐之类的东西。"子明先生又问："余听邱清泉将军说令尊喜欢食用一道称为长菜的佳肴，还要让其自然发酵至微酸后才食用，颇让人不解其中的玄妙。"赵定昌先生插嘴说："子明，志舟主席喜欢食用的长菜又称为年菜，与京城的火锅、安徽的徽州锅、山西的烩菜、广东的盆菜都大同小异，说穿了就是荤素搭配的杂锅菜。"三公子笑着说："的确，家父对这道年菜情有独钟，所以当我们家的厨师，烹制年菜的手艺必须过得了老爷子这一关才行，我们家的厨师黄炳章、解德坤都是烹制年菜的高手。"1954年，子明先生创办北京饭店，将解德坤从昆明市饮食公司调到北京饭店当厨师，并仔细询问过龙云府上年菜的烹制方法，又请解德坤按照龙府的样式烹制过一坛，由其试吃后感觉年菜汤汁浓郁，味道甘美，荤菜烂，素菜入味，味道独特。子明先生认为云南年菜系滇菜的核心菜肴，最能综合地诠释滇味的内涵，由于龙云主席最喜爱食用这道云南年菜，故以他的字命名为志舟年菜。为了提高志舟年菜的烹制水准，子明先生请解德坤、彭正芳、朱维翠、田金龙四位大厨进行集体研究，进一步规范了吊汤的程式、荤素菜肴的品种搭配等各个环节，把志舟年菜作为北京饭店的保留菜肴传承了下来。

家合人和楼飘香

张　骞

中秋之夜，合家团圆，赏月吟唱是中国人不变的情怀。在这乡愁时分，永远不能少的就是满嘴含香的月饼，天上的月亮、手中的月饼是我们的文脉源远流长的畅想。而地处祖国西南边陲的云南省，最有名的月饼就是人们嘴里所说的四两坨，是由近代滇式糕点的创始者合香楼创制出来的。

合香楼是生活在大清咸丰年间一个叫胡善的满族人所创立。胡氏为满洲正蓝旗的库雅拉氏。他携子增荣、增贵、增寿等在如安街开设了糕点铺，取名合香楼。胡善有在京城皇宫担任御厨的经历，来到西南这个边陲省城昆明开设店铺，展示其制作糕点的精湛技艺，他根据本地顾客的喜好，改良工艺，采用本地特有的原材料，制作出了本地人喜爱的产品，在合香楼最为鼎盛的时候有近百个品种供应市场，许多糕点如火腿月饼、回饼、萨其马等，至今仍为人们所津津乐道。

火腿月饼是合香楼的第二代传人胡增贵研发出来的产品，也最被今天的人们熟知。使用上等猪油与白面揉合在一起，以上等火腿仔细切为小丁与优质白糖共为馅料，制成硬壳火腿月饼。火腿月饼一个，旧秤重四两，方言一个即坨，故称其"四两坨"。这种新式月饼酥香皮脆，甜咸合口，且饼内掺有松子仁，食用时能闻飘溢清香。由于产品的质量过硬，可以放在合适的器皿内保存数月至半年不变质，便于长途运输，合香楼的名声不胫而走，产品畅销全省乃至北京、港澳等地。在每年的中秋时节，从省内外来的各地客商，亦纷纷前往合香楼订货，采购火腿月饼和其他口味的月饼与糕点，在如安街、三转湾等地曾有车水马龙、人头攒动的景象。合香楼为保证产品质量，始终坚持每生产一个月饼就称一次重量，为了保证当时的生产需要，大量从乡下招募临时工来店铺内做辅工一个半月左右，之后付给每人双薪报酬和五十斤的糕点，大家高兴而去，第二年又来工作，因而出现许多人每年都会来的情况。

此外，由合香楼创制的重油鸡蛋糕，用精炼猪油和鲜蛋，加入优质白糖，调成蛋糊状，加入油料，放入铜制四方形的模子当中，后将其放到铁烤炉上，由烧烤师傅掌握火候，制成后油香味足，色泽金黄，行销各地。成为今天滇式糕点代表的玫瑰鲜花饼，由于皮酥心甜，浓郁花香和玫瑰花的紫红色诱惑着人们的味蕾，故受到广大老百姓欢迎，成为畅销货，特别是传至今天更成为人们选购的经典糕点。

除了糕点外，胡家的合香楼还制作了用于治疗伤寒的中药制剂金汁水，以及从宫中带来的治疗中风的回天再造丸，以供病人治疗之用。可惜抗战时期的昆明曾经遭受日本飞机的疯狂轰炸，胡家深受战争之祸，其胡家大院也被炸毁，自家的药材几乎全部被毁，而秘方也消失在战火当中，令后人不胜叹息。

合香楼自清咸丰年间创立，一直是兄弟合伙，家族经营，在经营上一直坚持诚信经商，得到了社会信任和人们的认可，从而在同行业中获得较高的威望。随着其发展壮大，到20世纪40年代，已经从初来滇时的六口之家发展为百口之众；从初来乍到时的租房居住，一直到后来建盖了合香楼大院。1944年随着社会的变化，家族的兴盛，原来的经营模式已不能适应时代的要求，百年合香楼开始分家解体，出现了合香楼峰记、合香楼耀记、合香楼镒记等。而开设在光华街的合香楼炽记的老板胡炽中先生一如既往地继承先辈的经营遗风，帮助族人开业，成了糕点行业中的佼佼者，吉庆祥等十多家同业者还送了刻有"炽记"标识、写有"天南一家"大字的匾额一块，以示表彰。除了胡氏族人开设的各家合香楼外，许多合香楼原来的伙计、徒弟也在各地开设了多家糕点企业，从而带动了云南糕点行业的发展，如正香楼、翠香楼、清香楼等大多与合香楼有着千丝万缕的联系。

合香楼制作的精美糕点是北方饮食文化，特别是宫廷糕点技艺与云南边地特色饮食相结合的典型，是创新的产品，从而引起各方人士的兴趣。据说，有一次，曾经赞助胡善父子入滇定居开业的云南巡抚舒兴阿大人奉旨回京，就带上了胡善父子精心制作的火腿月饼四两坨敬献皇家，其精美和味道深得慈禧老佛爷的喜爱，遂御笔赐匾"合香楼"，胡家在悬挂红底黑字的御匾后，生意更加兴隆。

范氏四美羹

范　丹

　　1956 年 9 月，著名书法家范子明先生即将年满六旬，亲朋故旧闻知后都以各种方式表示祝贺，江淮名士李广平先生以淡墨挥就了梅、兰、竹、菊四条屏专程送到三市街银珠巷子明先生府上为其贺寿，子明先生说："来得早，不如来得巧，今天下午我请淮扬名厨田金龙来北京饭店传授'四美羹'的烹饪技艺，先生赠我四君子图，我只能送先生一碗'四美羹'略表谢意。现在时间尚早，不如先生去京剧院接上你的伊人一起来，我为你们俩准备一个单间，并备上茅台两瓶供你们小酌。"随后子明先生回到北京饭店，把田金龙、朱维翠、邢琢岚、杨宝贵四位大厨请到办公室对他们说："今天下午我邀请李广平先生吃饭，这位广平先生系出豪门，乃簪缨之族，他是晚清太子太傅、文华殿大学士、直隶总督兼北洋通商大臣李文忠公——李鸿章大人的曾孙。广平先生是著名学者、艺术品鉴藏家，他不仅精于书画，娴于辞章，达于文案，痴于皮黄，还是一位香积厨里浸润出来的一等饕客。孔子曰'食不厌精，脍不厌细'，广平先生是美食的大方之家，请各位拿出点手段来，精心制作，让他见识一下我们北京饭店厨师的手艺。"随后子明先生草拟了一份宴请李广平先生的菜单：请田金龙大厨为他烹制拆烩鲢鱼头、葵花大斩肉、软兜长鱼、凉拌莲藕四道菜；请朱维翠大厨为他烹制葱烧海参鸡坳、糟熘鸡片、口袋豆腐、油炸花生四道菜；请邢琢岚大厨为他做一笼淮扬汤包请杨宝贵大厨为他做一碗三鲜大连。这四位红白两案大厨烹制上述菜肴自然不在话下，这里我们要单表四美羹的烹制方法。

　　羹是我国最古老的食品之一，在我国烹饪史上，羹占有极其重要的地位。古代羹汤不分，古人更是每饭必有羹，从先秦到清朝名羹迭出，计有雉羹、牛逢羹、驼蹄羹、十远羹、道场羹、东坡羹、金玉羹、宋嫂鱼羹、台苗羹、爁鸭羹、鳝丝羹等，不胜枚举。我们把湿淀粉或面糊浆倒入汤中搅拌，使汤变得浓稠，称为起羹或勾芡。现在我们通常把用蒸、煮的方法做成的糊状食物称为羹。明代戏曲家李笠翁创制的四美羹在历代名羹中以雅逸清淡闻名于世，他在《闲情偶寄·饮馔部》中载："陆之蕈，水之莼，皆清虚妙物也。予尝以二物作羹，和以蟹之黄，鱼之肋，名曰'四美羹'。座客食而甘之，曰：'今而后，无下箸处矣。'"李氏四美羹主要用香蕈、莼菜、蟹黄、鱼肋四种食材。由于莼菜、蟹黄非滇中特产，子明先生宴请李广平先生烹制的四美羹依据滇中食材创制，主要食材有易门鸡枞、建水草芽、台州贻贝干鲞、江川大头鲤鱼肋肉。范氏四美羹是子明先生请田金龙大厨按照明代宋诩之母传授的古法仿制的，其中最核心的是清汁的熬煮。据明代宋诩著的《宋氏养生部·羹菽制》载："凡絮腥羹，先作沸汤，始少调以焯竹笋、瓜瓠、菜等清汁。后少调以烹鸡、鹅、猪等清汁。再少调以烹鲜虾清汁。炀火多烹，挹尽羹面之油，滤净羹下之滓。其溶化血水、水和鸭卵入羹，皆能取清。下酱油，下胡椒、川椒粉各少许。复挹油，滓须尽。视咸淡絮之，欲酸加醋，欲甜加甘草泡汤，渐尝滋味，渐以续入。若絮素羹，始用甘蔗煎汤，后用焯竹笋、菜、瓜瓠汁入汤。欲味鲜甘，则再调以蜜水。余如腥羹调和，淡豆豉研入羹，可以代酱，前后必须滤去其豉。"宋母烹制荤素羹的方法乃老饕之肺腑，制羹之极则，讲得尤为透彻，最为实用。子明先生将其归纳为"熬制清汁、挹油滤滓、扫吊取清、调和滋味"四个步骤。田金龙大厨严格按照宋母传授的古法并依据自己的实践经验按步骤依次进行，首先是熬制清汁、挹油滤滓：用排骨、筒子骨、扇子骨熬制成骨头清汁；用老母鸡、老鸭、老火腿熬制成鸡鸭清汁；用鲜虾、江珧柱熬制成海鲜清汁；用竹笋、黄豆芽、冬瓜熬制成蔬菜清汁。在熬制清汁的过程中注意挹去浮油，滤去沉渣。其次是扫吊取清、调和滋味：将熬制好的四种清汁每种取一斤混合在砂锅里煮开，把猪脊肉剁成末，加入葱姜汁调制成猪脊泥；把鸡脯肉剁成末，加入葱姜汁调制成鸡脯泥；把鸡血与葱姜水调拌融合制成鸡血泥。分别倒入煮开的清汁中顺时针搅动，扫清沉渣，澄清汤汁。再将鸡枞菌、鸡油菌、冷菌切成细丁装入纱布袋中放入汤中用文火吊煮一个钟头，敛定汤韵，调和滋味，最后熬制成清汁三斤备用。

田金龙大厨分别将范氏四美羹所用的四种食材进行了加工处理：一是取易门鸡枞纯茎秆二两，洗净晾干，切成碎丁；二是取建水草芽嫩尖二两，洗净晾干，切成碎丁；三是取泡发好的台州贻贝干鲞净肉二两，沥干水分，切成碎丁；四是取江川大头鲤净肋肉二两，漂净血渍，清洗干净，沥干水分，切成碎丁。上述四种食材加工处理完毕后，将砂锅置于火上，先注入熬制好的清汁，再放入鸡枞、草芽、贻贝碎丁，加入盐、胡椒粉、葱姜汁、黄酒用文火熬制一个半钟头。最后放入大头鲤鱼丁再煮半个钟头，临起锅时用湿淀粉勾以薄芡即可。烹制范氏四美羹成败的关键在于掌控熬制鱼丁的时间和勾芡的效果，熬煮鱼丁的时间要拿捏得恰到好处，才能保持鱼丁的鲜嫩爽滑；芡要勾出稀薄透亮的效果才能彰显范氏四美羹清逸、淡雅、醇厚、爽滑的特质。

宴请结束后子明先生把广平先生送到大门口，子明先生问："田金龙大厨烹制的四美羹味道如何？"广平先生回答："只可意会，不可言传。"时间荏苒，光阴似箭，子明先生和广平先生早已作古，北京饭店已是人去楼空，范氏四美羹竟成绝响。

气锅鸡

段　宇

　　昆明制作气锅鸡的餐厅很多，但最有名的当数五华区内现在的福照楼餐厅。对于气锅鸡的来历，有这样一个传说：清代乾隆年间，临安府（今建水县）福德居厨师杨沥发明了气锅鸡的吃法。那年皇帝巡视临安，知府为取悦天子，发出布告征求当地佳肴，选中者可赏银五十两。杨沥家中贫苦，老母亲身患重病，杨沥为获得奖赏，综合了当地吃火锅和蒸馒头的方法，创造了气锅，又不顾生命危险，爬上燕子洞顶采来燕窝，想做一道燕窝气锅鸡应征。就在杨沥一切准备就绪时，被其他应征者发现，趁杨沥熟睡后将气锅和燕

气锅鸡（段宇摄）

窝盗走，第二日杨沥无法交差被问欺君之罪，要杀头。幸而皇帝问明真相，免杨沥一死，并把福德居改名为杨沥气锅鸡。从此气锅鸡声名大噪，成滇中名菜，于清嘉庆年间传入昆明，其醇香鲜美的味道真是叫人品尝一次，一生难忘。

　　制作方法：首先气锅的选择很重要，建水土陶气锅制作的气锅鸡味道最为正宗。建水气锅外形古朴，构造独特，形状扁圆，正中有一根空心管，蒸汽沿空心管进入锅内，经过气锅盖冷却后变成汤汁滴入锅内，成为鸡汤。文火蒸制三个小时后，肉烂骨离，即可食用，鸡块鲜嫩，汤汁甜美。

　　烹制气锅鸡，鸡要选择武定放养的土鸡。鸡太大不行，太小也不行，太肥不行，太瘦也不行，大太老，小又嫌香味不够，肥太腻，瘦又显肉质太柴，需选用刚下蛋的嫩母鸡或刚开叫的小公鸡最好。做法很简单，将鸡肉洗净砍切成小块，放入气锅，几片生姜，几根小葱，少许胡椒、精盐，放置于压实的鸡块之上，每个气锅之间垫入绵纸上火蒸制，起初大火，以便锅内汤汁迅速形成并锁住鸡肉的鲜甜，40分钟后转入文火慢蒸3小时让鸡肉的香味达到最佳。

　　不知从何时起，流行在气锅鸡中放入云南的名贵药材三七、虫草、天麻，使鸡汤更有营养，还有润肺、补肾功能，对冠心病、虚弱贫血症有显著疗效，成为滋补佳肴。此后气锅鸡声名愈盛，外地人到昆明，气锅鸡是他们必尝的一道美食。

过桥米线

段　宇

传说蒙自城的南湖旧时风景优美，有位杨秀才，经常去湖心亭内攻读诗书，其妻子每天都做好饭菜送到湖心亭。由于秀才读书刻苦，经常会忘记吃饭，以致身体日渐不支。杨妻非常心疼秀才的身体，也没有好的解决办法。一天杨妻把家中母鸡杀了，用砂锅炖熟，给他送去。待她再去收碗筷时，看见送去的食物原封未动，丈夫仍在一旁看书。只好将饭菜取回重热，当她拿砂锅时却发现还热乎乎的，揭开盖子，原来汤表面覆盖着一层鸡油，加之陶土器皿，把热量封存在了汤内。以后其妻就用此法保温，另将一些米线、蔬菜、肉片放在热鸡汤中烫熟，趁热给丈夫食用。后来不少人效仿她的这种创新烹制，烹调出来的米线确实鲜美可口。由于杨秀才从家到湖心亭要经过一座小桥，大家就把这种吃法称为过桥米线。

说完了过桥米线的来历，再来说说坊间流传的龙云请陈纳德吃过桥米线的故事。抗日战争时期，一个美国大兵到五华区原羊市口的一家著名餐馆吃过桥米线，他一看砂锅上的鸡汤不冒热气，端起砂锅来就咕噜噜地喝了几大口，顿时被烫得捂住肚子，倒在地上打滚儿，好半天才透过气来。事情传到他的上司美国飞虎将军陈纳德那里后，陈纳德不由对过桥米线产生了不好的看法。时任云南省政府主席龙云得知此事后，一天，便请陈纳德来家中做客，龙云叫家中的大厨端上过桥米线。陈纳德不由眉头一皱，刚想说点什么，只见龙云倒上一小碟云南的甜酱油，放上点油辣椒，再捞起在砂锅中烫熟的食材，请他蘸着甜酱油吃。陈纳德品尝了一下，岂知好吃得不知该说什么好了。陈纳德在龙云的指点下，又慢慢地品了汤，更是鲜美得回味无穷，只顾舔着嘴唇，竖起大拇指连声赞叹："OK！ OK！"当他问过桥米线怎么做，为什么那么爽口时，龙云便请大厨向他介绍制作方法：烹制过桥米线最重要的就是食材的选择，鸡、鸭最好选择 2 年以上散养的老土鸡和老鸭子，火腿需选择 5 年以上的宣威火腿，这些食材炖煮的汤味才够纯正；容器也最好选择建水紫陶制作的陶碗，能有效地减少热量的流失，保证过桥米线鲜、烫的特点。

将猪筒子骨、老土鸡、老鸭、云南宣威老火腿、鲜草鱼、老姜、盐、白胡椒粉、鲜猪里脊用文火精心炖煮 12 小时以上。其汤色乳白，味道鲜美，口感香浓。再将鸡油、猪油在锅内炼烧至油渣呈深褐色时装入碗中，倒入调好的浓汤中，即完成了过桥米线汤底的制作。将鸡脯肉、猪肚、猪腰子、乌鱼肉、水发鱿鱼、油发鱼肚、火腿、香菜、葱头、鹌鹑蛋、鸡块、水发豆皮、白菜心、豌豆尖、葱、豆芽、蘑菇等切片，配上米线逐一放入汤内（汤要慢慢品），一碗口齿留香的过桥米线就完成了。据说，此后陈纳德爱上了过桥米线这道美食，隔三岔五就要吃一次。现在过桥米线历经几代滇味厨师改进创新，更是备受中外食客的青睐。

德鑫园的过桥米线（郝慧珈摄）

昆明饭店的过桥米线（郝慧珈摄）

小锅米线

陈立言

米线是昆明乃至云南固有的传统名特优食品之一。举凡到昆明的中外人士有不少食过米线，本地人对米线更是情有独钟。

米线的食法虽大同小异，但名称很多，诸如小锅米线、过桥米线、鳝鱼叶子米线、扒肉米线、鸡丝米线、焖肉米线、肠旺米线、牛肉米线、羊血米线、豆花米线、酸汤米线，以及不用汤汁的卤米线等。其中，最受人青睐的莫过于小锅米线和过桥米线了。

小锅米线过去称余肉米线，也叫玉溪米线。小锅米线是玉溪人瞿绍忠在昆明首创的。

20世纪30年代初，瞿绍忠在昆明大西门文林街南侧20号大门外的空地上，用白布搭棚经营米线、卷粉、饵块、面条、破酥包子，兼售凤翥麦饼。经营一段时间后，迁往文林街北侧211—222号开设同盛园玉溪风味餐馆。

同盛园以各种炒菜、卤菜为主，兼售原有小吃。其间，瞿绍忠常与在昆做餐饮的四川人交流烹调手艺，领悟到用高汤加鲜肉煮米线，其味可能会更鲜。于是以鲜腿肉剁细上浆配以豌豆尖、韭菜、酸菜及既上色又上香的南通街上太和园的玉溪或通海酱油。煮出来的米线吃后，感觉不错，与其他口味的米线比较则别具风味。随即将这种米线推出，颇受欢迎，食者渐多。当时煮小锅米线是用炒小锅菜的锅煮，偌大个炉子，每次只能用两口锅煮，三口又支不下，且不便操作，让许多食者久等。瞿绍忠苦思冥想，终于想出用直柄的小铜锅来煮，炉口上可放五至六口锅同时操作，既快又方便。由此小锅米线在昆明传开了。

瞿绍忠与武成路铁路局巷的正福园、端仕街翟记煮品店，以及金碧路营门口玉溪人开的米线馆的老板均有亲戚老乡关系。举凡在昆各米线馆后来都有小锅米线、小锅饵块出售。有的在昆玉溪人，随后到玉溪也经营起小锅米线。由于瞿绍忠是玉溪人，人们便把小锅米线称为玉溪小锅米线。

同盛园开设于大西门文林街，其周边名流云集，特别是抗日战争时期，可以说是老昆明最有文化的地方。作为人们日常所需的餐饮业，同盛园虽没有市区的东月楼、仁和园、玉春园、共和春、长美居、九华楼、复兴园、永芳、鼎新、中华饭店等有名气，但其不仅价廉味美，而且很适宜不同地域的口味，还很卫生，每天的桌椅板凳擦洗得黄生生的。那时最受昆华中学及后来迁滇的西南联大师生的喜爱。

著名作家汪曾祺先生在《沈从文先生在西南联大》一文中说："沈先生对学生的影响，课外比课堂上要大得多。他后来为了躲避日本飞机空袭，全家移住到呈贡桃园新村，每星期上课，进城住两天。文林街二十号联大教职员宿舍有他一间屋子……沈先生在生活上极不讲究。他进城没有正经吃过饭，大都是在文林街二十号对面一家小米线铺吃一碗米线。有时加一个西红柿，打一个鸡蛋。"汪曾祺先生那时住文林街民强巷，也与沈从文先生一起去吃过米线。

著名作家巴金先生来昆时，与沈从文先生在文林街 20 号聊天时忘了吃饭，待肚子饿了，沈从文就拉着巴金到街对面去吃小锅米线。西南联大常委梅贻琦有时家中来客人招待吃饭，梅太太就来同盛园买出堂菜。黄钰生教授在同盛园最喜吃的是猪脑花。潘光旦教授在昆中北院上课时，中午就在同盛园包饭吃。查良钊教务长以及许多师生也是同盛园的常客。

龙云的三儿子（人们称龙三公子）那时住文林街的小吉坡，也经常到同盛园吃小锅米线或卤饵块，蹲在板凳上吃。有时也派人来叫送到住处给他吃。瞿绍忠的两个侄儿争着去送，因为经常得小费，龙三公子给小费是不论多少，一抓一把塞给他们。有时为争送还吵嘴，瞿绍忠就规定每人轮流送一次。

云南名人周钟岳先生居玉龙堆，由云龙先生居小吉坡。那时周钟岳先生的孙女与云龙先生的儿子正谈恋爱，两人经常从西仓坡来同盛园吃小锅米线。

袁嘉谷先生的二儿子袁丕佑先生留美回国后，曾任云南省教育厅厅长、省政府秘书长。早年住玉龙堆时就熟知同盛园，20 世纪 50 年代初的一段时间，袁丕佑曾在同盛园搭伙。年节时瞿绍忠一家还邀袁丕佑先生同桌吃饭共叙家常。

同盛园的玉溪风味食品很受大西门周边人士的青睐，那时设在西站的美国空军招待所的盟军官兵在晚上也常光顾。美军吃的时候不用筷子而是用汤匙。

玉溪小锅米线（范丹摄）

端仕小锅卤饵丝

段　宇

民国年间，玉溪人翟永安在昆明五华区的端仕街开办永顺园，以小锅余肉米线、余肉饵丝著名。一天，因翟师傅劳累过度，余肉饵丝下锅后，他跑到外面抽水烟筒，回到厨房余肉饵丝里的汤全干了。恰逢顾客催得急，翟师傅只得忙下卤水和红油，翻颠几下后端上桌，顾客一吃，大为称绝，问这是什么饵丝，翟师傅急中生智答"卤饵丝"，其后成为昆明著名小吃。

制作方法：选用上好新鲜的官渡饵块为主材料，官渡饵块香软炪糯，口感黏香，将特制铜锅上火烧热，放入猪油，下饵块丝，注入肉汤、腌菜、肉丝、咸酱油、甜酱油后用碗翻扣在锅上。听到喇喇响声，汤汁快收干时，取碗，加入盐、豌豆尖，翻拌，下豌豆米、味精拌匀，淋入红油，出锅装碗。其口味鲜香甜辣，别具一格。其中，放置的甜酱油为昆明特有的调料，颇具地方特色。据说，云南旅居香港的人士回到昆明后必定要去品尝此味，有的人甚至临行前还专门买上几碗，装入保温瓶中，乘机带到香港让亲友品尝那油汪汪、红润润、香喷喷、滋润炪糯的小锅卤饵丝。

端仕小锅卤饵丝（范丹摄）

烧饵块

陈立言

饵块（范丹摄）

饵块夹油条（范丹摄）

早先被人们戏称为"云南十八怪"之一的粑粑叫饵块，是云南地道的传统食品。

饵块有着悠久的历史，《周礼·天官·笾人》注解"饵"时说"合蒸曰饵"，因为它是用粳米及糯米适当搭配合蒸而成，饵块一名可能由此而来。云南的饵块不同的是，它全以粳米制作而少有加糯米的，其形有二，其一是将快蒸熟的饭舂后用手搓揉成小枕头式样的。昆明人对饵块的数量不称个，而是叫"筒"，这种饵块切成丝或片可煮、炒、烧，可以说是人们日常应时的食物。特别到春节，居家少则购两三筒，多的购十多筒乃至数十筒屡见不鲜。购回家后用青松毛捂盖，一直吃到过年开街后。其二是烧饵块，这种饵块也是粳米蒸熟，搓揉成椭圆形或圆形，厚约3厘米，专用以烧烤吃的，故名烧饵块，尤以昆明的最具特色。早前的顺城街上有很多人家都以制作售卖烧饵块为生计，昆明还有很多街巷间也都留下他们的足迹。尤值一提的是，设在大西门府甬道菜市场，人称何饵块的烧饵块摊，那时昆华中学及西南联大许多师生和周边的人都爱买他家的烧饵块吃。特别是一些文化名人后来对烧饵块的美味还念念不忘。

20世纪80年代初，云南师大教授朱端强报考天津南开大学研究生时，面试他的是博导王达津、杨翼骧两先生。王先生开口即问："昆明现在还有烧饵块卖吗？抗战时期我们在西南联大，早点爱吃的是烧饵块，沏杯茶，边吃边喝，真是美味无比！"

云南大学教授李埏先生也曾回忆说："20世纪30年代初，我就读昆华中学，毕业后，官费保送北京师范大学。"七七"事变时又返回昆明转读西南联大。不时会买烧饵块作早点，也常见联大昆中北院的师生、昆中南院的女生在府甬道上的烧饵块摊前，买烧饵块吃。那时的烧饵块佐料有芝麻酱、花生酱、白甜酱、咸甜酱和油辣子，另外还备有油条、牛干巴、卤牛肉任人选食。"

烧饵块给很多人留下了美好的回忆。20世纪80年代，曾在昆明生活过的著名物理学家杨振宁先生从美国来云南大学讲学。云南大学为杨振宁先生准备了丰盛的午宴，杨振宁先生极有趣地说，想吃从前在昆明常吃的烧饵块，云大即派人买回，杨振宁先生吃得津津有味，一时成为美谈。

云南菌食

武　榕

云南野生菌一般生长在海拔 1600 ~ 4000 米的山地之上，云南特有的地形地貌，复杂立体的气候，适宜野生菌的生长。云南野生菌种类有 250 多种，占了全世界食用菌的半数以上，故云南也被称为"野生食用菌王国"。在云南最为出名的野生食用菌莫过于干巴菌和鸡㙡菌，配合云南厨师高超的厨艺，更是将此类菌的美味发挥到了极致。每到各种菌类成熟的季节，家里的长辈都会在早晨到集市买上一些应季的菌子，回家细细烹调出多样的美味野生菌菜肴，好犒劳在外辛苦了一天的孩子。这也就形成了在省外工作的云南人，每到菌子成熟时会加倍想念故乡的缘由之一。

干巴菌

每年 7 月至 9 月生长于松树下，呈黄褐色或黑褐色。菌子质地坚硬，含有钙、蛋白质、硫胺素（维生素 B_1）等营养成分，炒熟后菌子有一股酷似腌牛干巴的香味，加之色泽也颇像牛干巴，因而此菌得名干巴菌。干巴菌价格随其体积而定，体积越大，价格也就越高。新鲜的干巴菌顶部会形成一层类似白霜的物质，此物质越多其品质也就越好。干巴菌一般采取大火爆炒的烹饪方式进行加工，此方式可最大限度地发挥干巴菌的香味及锁住菌子的美味。干巴菌是云南野生菌里口味较为特殊的一类。

三丝干巴菌

此菜曾受到众多老饕客的追捧，也是为数不多的在国宴中出现过的滇菜之一。烹制此菜时应选用体积较大、长度较长的新鲜干巴菌，选用 3 年以上的宣威老火腿和放养 2 年以上的武定壮鸡鸡脯肉。火腿可以弥补和增加干巴菌的香味；鸡脯肉可以调和菌子和火腿的口感，此菜香味十足，口感层次突出。此菜是云南厨师历经无数岁月历练和总结得出的精品菜，是到云南必须品尝的美味之一。

首先将菌子用盐水洗净后用手撕成细丝，用力挤干水分，配上老火腿丝，下锅大火爆炒，当香味四溢时放入滑炒成熟的鸡脯肉丝和青辣椒丝，之后放入盐和白胡椒粉调味，再用大火快速爆炒拌匀，最后再放入少许熟猪油。一道香气四溢的三丝干巴菌就可以上桌了。

鸡枞菌

每年 5 月至 7 月产出，一般生长于白蚁穴附近或玉米地边，每年产量较少。鸡枞菌菇伞顶部有较为显著的突起，看起来很像渔翁佩戴的斗笠，鸡枞菌整体较高，最长可达 30 厘米。鸡枞菌肉质肥厚，质细丝白，脆嫩爽口，清香鲜美，营养丰富，尤其蛋白质的含量较高。鸡枞菌有着较长的食用历史，在《黔书》中就这样记载："纵地鸡枞……秋七月生浅草中，初奋地则如笠，渐如盖，移暑则纷披如鸡羽，故曰鸡以其从土出，故曰枞。"鸡枞菌多产于滇南，"鸡枞"一词在《本草纲目》《玉篇》《正字通》等典中均有记载。有人从《庄子》的"朝菌不知晦朔"里，推测早在两千多年前，云南人就已开始食用鸡枞菌了。据传说明朝的熹宗皇帝朱由校，最喜欢食用鸡枞菌。但是鸡枞菌娇嫩，很容易变质，时间一长便香味大减。为此，朱帝为了能吃上新鲜的鸡枞菌，便效仿唐玄宗千里骑行送荔枝。下令沿途驿站快马加鞭将新鲜的鸡枞菌送到京城。由于路途遥远和当时的保鲜技术不够完善，导致能完好无损送到京城的鸡枞菌变得异常珍贵，就连正宫张皇后都没有福分享用这一珍馐美味。鸡枞菌可炒、炖汤、油炸、煎食、烤制，食用方法多种多样，但都可以呈现出无比的美味。

油鸡枞

油鸡枞具有甜、香、麻辣的特点，是下酒佐饭的佳品，在记述云南风物特产的《滇南心语》《永昌府志》等书中，就提到过油鸡枞，被称为滇中珍品。油鸡枞便于储藏，很多旅居国外的云南人在出国前都会托家中老人制作很多油鸡枞携于身旁，在国外慢慢食用，以解乡愁。

鸡枞菌应选用新鲜的南华鸡枞，洗净后用手撕成细丝，将注入锅中的玉溪蔡家村菜籽油大火烧至冒起青烟，放入葱头、干辣椒、花椒、草果、八角微微炸至闻到香味，放入撕好的鸡枞，用小火慢慢炸至鸡枞呈金黄色且不脆时关火起锅。冷后放入土陶罐或瓷罐内密封储藏一月后，即可食用。

上天赐予了云南人这份特殊的馈赠，让云南人留恋家乡，也让外乡人爱上了云南。

鲜花饼

武　榕

鲜花饼是以云南特有的食用玫瑰花入料的酥饼，作为具有云南特色的云南经典点心代表，鲜花饼也是中国四大月饼流派之一——滇式月饼的经典代表。近代滇式鲜花饼是以1945年昆明冠生园生产的鲜花饼为起源，当年昆明冠生园还专门开辟一块地种植食用鲜花，用来加工鲜花饼和玫瑰糖。

据史料记载，鲜花饼由一位制饼师傅创制，由于其花香沁心，甜而不腻，美容养颜，早在300多年前的清代便广为流传。晚清时的《燕京岁时记》记载："四月以玫瑰花为之者，谓之玫瑰饼。以藤萝花为之者，谓之藤萝饼。皆应时之食物也。"可见，花期之异促就鲜花饼之别。随着鲜花饼声名大噪，经朝内官员进贡，使之一跃成为宫廷御点，深得乾隆皇帝的喜爱，并获得其钦点："以后祭神点心用玫瑰花饼者，不必再奏请。"

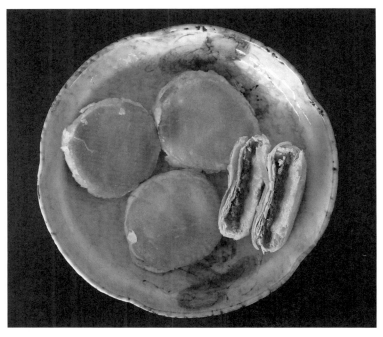

鲜花饼（范丹摄）

食用玫瑰花为蔷薇科蔷薇属落叶灌木，在我国大部分地区均有分布，但数云南种植的最为上乘。云南素有植物王国、鲜花国度的美誉，全国七成多的鲜花产自云南。正是因为拥有其他区域无法比拟的优势——四季如春的气候，优质充沛的日照，得天独厚的地理位置，云南为食用玫瑰花的生长提供了优异条件。

鲜花饼工艺可谓道道精心，层层考究。采摘：食用玫瑰花的采摘是一项十分考究的工作，必须在每天清晨伴着晨露开始采摘，采摘至上午9点前后便须结束。因为9点之后气温开始上升，鲜花的香气会随之挥发，进而影响品质。储存：采摘下的玫瑰花经过初步筛选，便需进入冷库储存或通过冷藏车及时运输至工厂进行后期加工。制饼：鲜花饼的大致做法是，用含苞欲放或者微微开放的玫瑰花的花瓣制作成玫瑰花馅，加之以面粉、香油、白糖、蜂蜜等配料焙烤制成，新鲜出炉的鲜花饼酥软爽口，花香浓郁，沁人心脾。

鲜花饼是美容保健的佳品，《本草纲目拾遗》记载食用玫瑰花有疗理功效。营养专家对食用玫瑰花进行微量元素分析，结果表明，食用玫瑰花比普通蔬菜含有更丰富的营养元素，具有较高的保健价值，食用玫瑰花味甘微苦，性微温，归肝、脾、胃经，芳香行散，可疏肝解六瘀，和血调经，因而又是天然健康的滋补佳品。

云南自古就有用玫瑰花制饼的传统，然而过去人们只有在玫瑰花盛开的季节才能品尝到它的美味，这让玫瑰鲜花饼更显珍贵。云南著名的嘉华食品生产企业，在传承鲜花饼传统制作工艺的基础上不断改进创新，厚积薄发，以云南鲜花饼领舞者的姿态，让消费者突破季节限制时时都能吃到美味，同时向全国乃至全世界展现了滇式糕饼的独特魅力。嘉华鲜花饼店开业后，鲜花饼便迅速吸引消费者的眼球。作为云南本土特色食品，鲜花饼还有比较大的发展空间。首先，鲜花饼是传统滇式糕饼的重要代表，深受云南广大消费者的喜欢；其次，鲜花饼正作为"最云南伴手礼"被带到全国各地，外地人对于云南人吃花具有极大的兴趣和猎奇心。从最初的口味单一、零散售卖到如今的口味丰富、包装精美，鲜花饼正以其独特的醇香口感，征服越来越多消费者的味蕾。目前，云南鲜花饼有25款口味，如玫瑰松子饼、玫瑰蛋黄饼、云腿玫瑰荞饼等，满足了不同消费者的口味需求。所以，每当鲜花饼上市，便有很多人排起长队等待购买。

土洋结合的摩登粑粑

张　俊

　　云南粑粑家族中有个小字辈，虽然诞生不足百年，香名却远扬海外，不仅云南老乡夸爽口，还有老外叫 OK！这个小字辈就是摩登粑粑。

　　2005 年，一群 80 岁以上高龄的美国老人不远万里来到昆明聚会，他们是当年援助中国抗日的飞虎队老兵，是为纪念抗日战争胜利 60 周年而来。到昆明后他们专门打听什么地方卖摩登粑粑。离昆前他们竟冲着摩登粑粑专程来到蔼若春其中一家连锁店用餐，点名要吃这种粑粑。当把金黄的、奶香扑鼻的摩登粑粑端上餐桌时，老人们眼中放出兴奋的亮光，立即争先恐后挥动刀叉往嘴里送。吃完后他们很满意，也很感慨，通过翻译说，摩登粑粑让他们找到了 60 年前在昆明生活的滋味，把他们带回了烽火中的青春岁月，让他们忆起许多动人心弦的昆明往事，只可惜找不到当年做摩登粑粑的人了。于是，临行前他们买了 30 多个摩登粑粑打包带走，准备带回国让亲人们也尝尝当年他们最爱吃的摩登女郎做的粑粑。这些美国老人之所以对摩登粑粑情有独钟，这得从摩登粑粑的走俏说起。

　　摩登粑粑看似一个很普通的名字，然而深究起来它却融汇了中西文化，不仅在语言上如此，在食品工艺制作上也如此。

　　"摩登"一词来自海外，是英语的"Modern"，为时尚、现代、合乎时兴之意。云南人把饼子叫粑粑，是本地土话。奇怪的是，土话与洋词怎么拼成了一个中西合璧的食品名称？

　　20 世纪 30 年代，昆明凤翥街新开了一家并不起眼的麦饼店，铺子字号以所在地的街名命名，叫作凤翥麦饼店，卖的是昆明人司空见惯的椒盐饼。店铺老板叫莫登科，有一对双胞胎女儿，姐姐取名莫美珍，妹妹叫莫丽珍，两姊妹长得也跟她们的名字一样美丽，两人穿得又整齐又时髦。这对小美女不仅相貌好，且聪明伶俐，勤劳活泼，这成了麦饼店中一对靓丽的"花瓶"，也成了老板掌锅卖饼的得力助手。

　　1938 年，日本大举入侵中国，让大后方的昆明空前热闹起来。南迁来昆的西南联大给莫老板带来了莫大的商机。该校的师生多是北方人，惯于吃饼子，而且学校离凤翥街很近，学生们便常买莫家的粑粑当早餐或午餐。可是好景不长，买饼的学生日渐减少。原来女学生嫌椒盐粑粑太硬，特别是头天傍晚买的粑粑，第二天当早点吃就很难啃。而且盐吃多了要喝

水，老要上厕所影响上课。

莫家父女为此愁得饮食无味，唉声叹气。姊妹俩吃过松软可口的美国奶油蛋糕，由此得到启示。她们就对父亲讲：现在街上就能买到美国奶油、奶粉，如果把这些好吃的东西兑在面粉里，也许会有人爱吃。莫登科高兴得直拍大腿，大声说："好！好！好！就这样办！"他们把椒盐改为白糖，再掺进奶粉，揉面时再抹上黄油，反复抹了20多层，经多次调整配料比例，多次品尝，一种融汇中西配料的美味粑粑诞生了（据善做西点的大师傅讲：由于热胀冷缩，麦饼中用了奶粉、黄油，会使发酵后的麦饼在煎制过程中变得更膨暄，口感更好）。

第二天西南联大学生放学，学生们路过麦饼店时，忽然闻到一股从店内飘出的诱人奶香味。有好奇者跨进了店，莫氏姊妹便大声喊："大家快来尝，先尝后买，不好吃不要钱！这是美国奶油做的粑粑，又香，又甜，又软和！"边喊边顺手拿起一个粑粑，将粑粑面头拉开，一条一条地撕下来给学生们品尝。学生们此时已饥肠辘辘，开口一尝，奶香、麦香、奶油香，满口尽是香，还有那淡淡的甜味，那酥软的口感，虽然他们从小吃面食长大，却从来没有尝过这么美味的面饼。刹那间围观学生个个争相购买，队列越排越长，莫氏父女这天乐得直忙到天黑。

从此，莫家的生意长盛不衰。粑粑的名字也无意中融进了西洋话，使这种小吃从制作原

摩登粑粑（范丹摄）

料到名称都成了不折不扣的中西合璧之物——摩登粑粑，这一名称的产生据笔者了解有这样几种版本。

版本之一，当年吃惯西式面包的美国飞虎队大兵，在昆明尝到这有西方口味的粑粑，找到了回到家乡的感觉，一吃就忘不掉。于是，他们把"莫珍"听成英语"摩登"，就用摩登夹着汉语方言喊成了摩登粑粑！

版本之二，昆明人曾把莫美珍、莫丽珍做的粑粑叫莫珍粑粑，而西南联大的学生很多都懂英语，又发现莫氏姊妹生得漂亮，经常穿着当时很时尚的姊妹装，剪着时髦的短发，戴着时髦的蝴蝶发卡，显得十分摩登。于是就将莫珍用谐音改为英语的"摩登"，之后摩登粑粑这个很传神的名字就叫开了。

版本之三，著名作家兼美食家汪曾祺先生，当时在西南联大上学，他在《昆明的吃食》一文中说："摩登粑粑……这种面饼只有凤翥街一家现烤现卖。西南联大的女生很爱吃。昆明人叫女大学生为'摩登'，这种面饼也就被叫成'摩登粑粑'，而且成了正式的名称。"

版本之四，因为凤翥麦饼店粑粑烤制得好，色泽金黄，外酥内软，油而不腻，香甜适口，这种粑粑一时间成为最为流行的时尚美食，所以称摩登粑粑。

话说回来，飞虎队队员为何对众多昆明美食中的摩登粑粑情有独钟？西方做早餐的面包大多既无甜味，也无咸味，类似我们的馒头。既可以夹一片咸味的牛肉、火腿、午餐肉，也能抹果酱、奶酪或泡牛奶、咖啡吃。他们当年在昆明，能吃到这样标准的面包，并非易事。一个摩登粑粑综合了基本的西洋配料的美味，他们吃起来怎能不激动？怎能不叫 OK？可以说他们不仅吃出了西洋风味，还吃出了对故乡的思念。也许这就是后来他们远在万里之外，历经 60 年而牵肠挂肚，重返昆明后还要执意寻找摩登粑粑的缘故吧！

摩登粑粑自从诞生之日起，一路红红火火地走过 1949 年的改弦更张、1957 年的公私合营、1966 年的"破四旧"，在风雨沧桑中许多老字号招牌被砸，许多老品牌改名换姓，凤翥麦饼店奇迹般的挂着老招牌，在民间依然叫着带有洋气、小资气的名字，依然是女子经营制作，门前依然排着小队。

凤翥麦饼店曾迁长春路，后来由于旧城改造，摩登粑粑在昆明人的视线里消失了若干年。至 1999 年昆明大滇园重新发掘出这一美食后，摩登粑粑再度在春城摩登了一阵子。

范氏"九品中正"徽州锅和李府锅

范 丹

　　1957 年是共和国历史上极不平凡的一年，一开年就风云突变，箭在弦上，从整风运动开始，接着就是反右斗争，两个运动前后相连，接踵而至。毛泽东主席在《事情正在起变化》一文中指出："这一次批评运动和整风运动是共产党发动的。毒草共香花同生，牛鬼蛇神与麟凤龟龙并长，这是我们所预料到的，也是我们所希望的……有反共情绪的右派分子为了达到他们的企图，他们不顾一切，想要在中国这块土地上刮起一阵害禾稼、毁房屋的七级以上的台风。"按照中央的指示，云南省委整风领导小组办公室旋即下发了《关于划分右派分子的标准及斗争策略的意见》，三迤大地的火药味渐浓，空气仿佛也变得凝固起来。反右斗争持续开展到 1958 年，进入"补课"阶段，由于右派的名额没有凑够数，他们把目标盯上了无党派民主人士范子明先生，整风领导小组副组长林文达来到子明先生府上传达"大鸣大放"的方针，实则是引蛇出洞。子明先生是 1924 年入党的老党员，深谙此道，采取了躲、装、绕、扯等方法来应对，都被林文达副组长一一识破，在万般无奈的情况下只得提出一条将昆瑞公路弯改直的建议。林文达如获至宝，经省整风领导小组讨论欲给子明先生扣上攻击社会主义总路线的帽子，准备打为右派分子，由于林林总总的关系，经周赤萍书记的斡旋才得以幸免。

　　经过反右斗争的洗涤，子明先生渡尽劫波，总算安然无恙，却被折腾得身心憔悴。子明先生到南海子边莲华禅院小住，每日焚香品茗，打坐参禅，一面临习唐怀素狂草《自叙帖》，一面聆听弘伞法师讲授《维摩诘经》。一天，袁定中、李广平两位先生相约来莲华禅院看望子明先生，寒暄之后，子明先生引他们到会中亭品茗，闲聊中子明先生觉察广平先生情绪低落，郁郁寡欢，子明先生问究竟出了什么事。广平先生只是唉声叹气，默不作声，最后还是定中先生忍不住给说破了，才得知广平遭奸人使绊子，被戴上右派帽子。子明先生怎么也想不通广平先生乃赋闲之人，飘然世外，竟然会被打成右派分子，真是祸从天降。广平先生感叹道："背井离乡，种莲于滇，一十七载，天涯只影，一盏青灯，半榻残书，笔耕墨褥，闲云野鹤，与世无争，又蒙冤屈，不平难鸣，每自思量，不胜感慨。"不一会儿，子明先生的书童团哥沏好茶端了上来，子明先生对广平说："这是你们安徽黄山的太平猴魁，请先生品尝。"广平先生端起茶盅呷了一口道："道地的猴坑尖头，兰香扑鼻，醇厚甘甜，真是好茶。"子明先生问广平先生说："广平先生，你在合肥老家还有什么亲属？"广平先生答道："寒华过后诸芳尽，各自须寻各自门。李氏族人已作猢狲散了，吾已离家二十余载，老宅坟茔恐怕早已荒芜破败、杂草丛生了，就连那让人垂涎欲滴、魂牵梦萦的徽州锅子是什么味道都给忘了。"子明先生说："提起徽州锅我是再熟悉不过了，当年我在北平王道元大人府上司职文案，道元公是河北安新北冯村人，家有弟兄四人，他居长，家里面的人都尊称他为大老爷。大老爷就是我内人孝敏的大伯父，我们家的这位大老爷与你们安徽颇有缘分，他出任过安徽省政府的秘书长。他曾邀请北大的陈仲甫先生到家里吃过徽州锅，还是我的同事江西婺源范康兄到两益轩请头墩来家里做的，徽州锅可是一道功夫菜，从采买备料到吊汤烹制就足足用了三天的时间。昔张翰有莼鲈之思，今广平有徽锅之念，为化解你的乡愁，我请田金龙大厨来北京饭店为你做一次徽州锅。为你掌勺的这位田金龙大厨是江苏吴县（现吴中）人，当今厨坛若论烹饪淮扬菜的技艺，余认为东南首推丁万谷，西南要数田金龙，他是烹调淮扬菜的圣手，又兼通徽菜的烹饪，准备好以后叫我的面食专厨杨宝贵提前到黄河巷你府上，通知你按时来品尝就是了。"

徽州锅准备就绪，李广平先生按时赴宴，子明先生还邀请了窦力新同志、闫毅力同志、赵定昌先生、袁怀珍大夫、万雨苍先生作陪。子明先生对广平先生说："今天我请田金龙大厨为先生烹制的徽州锅称为'九品中正'。"广平先生问："何为'九品中正'？"子明先生道："荤素菜肴从下到上叠加码放，共计九层可视为'九品'，用鸡鸭火腿吊制高汤堪为'中正'，'中正'者中庸而正之。""九品中正"徽州锅的制作方法如下。

一是吊制清汁：先将老母鸡4只、老鸭2只宰杀洗净，斩剁成大块，漂尽血渍，放入沸水中加入葱结、姜块、绍酒焯烫片刻捞出，冲洗干净放入土锅中，加入老火腿、棒子骨一斤，用文火熬制8小时，得头汤10斤备用；再将猪五花肉、猪排骨、猪肚洗净，斩剁成块，漂尽血渍，放入沸水中加入葱结、姜块、绍酒焯烫片刻捞出，冲洗干净后放入土锅中用文火熬制6小时，得头汤5斤备用；最后将熬制好的两种汤汁混合在一起煮1小时，将猪后腿肉、猪脊肉、鸡脯肉斩剁成末，分别放入混合的汤汁中顺时针搅动，扫清杂质污垢后捞出，冲洗干净后倒入布袋中压扁，放入汤汁中继续煮制2个小时，得清汤12斤备用。

二是备办荤卤菜：计有熟鸡肉片、海参片、乌鱼片、熟火腿片、白切五花肉片、口袋肉、鸡蛋饺、黄条八品。

三是备办菌素菜：计有鸡枞秆片、北风菌、玉兰片、黄芽菜、芹菜、青菜、莲藕片、白萝卜片八品。

四是备办一品盖头：计有卤鸡片、腌鹅脯、鱿鱼卷、卤鳝鱼片、盐水鸭片、卤叶子片、卤豆腐片、猪肉丸子、番茄九品。

　　上述事宜准备完毕后，选择高腰铜锅一口，把竹算置于锅底，将备办好的荤卤菜、菌素菜按照一层荤一层素叠加码放整齐，一层荤一层素搭配算一品，共计八品。再将一品盖头以番茄为中心，将其他菜品依次摆开，平铺在面上，最后注入高汤煮熟即可。

　　赵定昌先生问："广平先生，令曾祖李文忠公有一道名为'杂碎'的菜肴可谓声名显赫。著名作家范烟桥撰文道，'中西艳称的李文忠公杂碎，也是把各种肉条子合在一起煮汤，试想一种肴馔而包含了多种的美味，如何不使吃惯了单纯鱼肉蔬菜的欧洲人咂之称赞呢'。"就连民国四大公子之一的张伯驹先生也曾写过专文介绍说："这道菜驰名国外，凡在欧美的中国餐馆，莫不有如此一菜。"关于这道菜坊间有各种传闻，有一种说法是 1879 年 5 月美国第 18 任总统格兰特携妻朱莉亚及其子一行访华，李文忠公在天津节署设宴款待格兰特一行，上了这道菜。另一种说法是 1891 年 4 月俄罗斯皇太子及格奥尔基亲王、乌赫托姆斯基亲王、巴利亚京斯基将军一行访华，李文忠公在广州的广雅书局设宴招待俄罗斯皇太子一行，上了这道菜。"究竟是怎么回事，还请先生明示。"广平先生笑着说："据余所知清廷举办的宴会分为两类：一类是礼部举办的例行宴会；另一类是朝廷特赐的宴会。这两种宴会都带有官方性质，宴请的菜品、礼仪都有固定的程式和规格，一般情况不可能上私房菜。1891 年在广州设宴款待俄罗斯皇太子的是我曾祖的大哥李瀚章。这道菜叫作'杂碎'就不对了，如果称为'杂烩'也还沾点边，实际上应该叫'李府锅'，是余曾祖父的厨师顺五从'徽州锅'演化而来的，顺五是徽州人，他根据余曾祖的口味和爱好在'徽州锅'的基础上进行了取舍整合、补充完善、丰富提升而创制的，后来余曾祖负责大清的外交事务，经常用'李府锅'来招待外国政要和友人，受到了外国友人的交口称赞和青睐，一传十，十传百，故而声名远播，曾祖最先用'李府锅'来招待外国友人应该是德意志克虏伯炮厂的董事长和工程技术人员。"赵定昌先生说："原来如此，我在军事委员会工作的时候，侍从室陈布雷主任也非常爱吃这道菜，后来侍从室秘书沙文若先生奉命修毕蒋中正校长的《武岭蒋氏宗谱》初稿，布雷主任审阅后露出了久违的喜悦之色曰：'致广大而尽精微，极高明而道中庸，此宗谱乃"清通畅恰"的杰作，文若的学问淹贯深淳，书法雄挺洞达。蒋公委员长亲览一连说了六个"好"字。'为此，布雷主任命我和贺衷寒作陪，请沙文若吃了一次李文忠公杂烩以示奖掖。"

昆明西餐

段　宇

西餐其实只是一个概念，因为在国外只按照国家来对菜品菜系进行分类。例如，法国的菜称为法国菜，意大利的菜称为意大利菜，而不会统称为西餐或者欧洲菜，就像欧洲人对中国菜和日本菜不会统称为东方菜一样。我们现在所说的西餐一般泛指欧美国家所食用的菜系菜品。现在最靠谱的说法是对于菜系世界上一般分为三大起源，欧美菜系起源于意大利，亚洲菜系起源于中国，穆斯林菜系起源于土耳其。各个民族的饮食随着自己的文化一起传播到了世界各地，再经过数百上千年时光的演化也就形成了现在各个国家自己的饮食文化和独特的菜系。

我们中国人自古把西方称为番。西餐刚刚传入中国时被称为番菜，最早由西方传教士由广州传入中国，19世纪末期在广州就有了专门的番菜馆。云南西餐则由法国人从越南经红河州带入云南。据传，早在1909年蒙自县（现蒙自市）草坝镇的碧色寨就开设了云南省第一家法式西餐厅。抗战期间，国民党政府临时迁都重庆，大批达官贵人、时尚人士也随国民党政府来到了大西南，当时的重庆、成都、昆明也成了中国的时尚之城，加之美国飞虎队入驻昆明巫家坝机场和滇缅公路的修通，大量美国、英国的士兵和工作人员来到昆明生活和工作，昆明也成了当时整个大西南西餐最发达的地区之一。据说当时昆明年轻有为的男士都穿西装，太太们都穿旗袍，成双成对地出入西餐厅、咖啡馆，看电影也成了当时最时髦的事情，在南屏街、光华街一带就有多家西餐厅和咖啡馆。新中国成立后，由于当时整体文化风貌发生变化，西餐逐渐退出了昆明老百姓的生活，直到1978年改革开放以后，随着国家整体政策的开放，昆明逐步开设了金龙饭店、樱花假日酒店等四星级、五星级的涉外酒店，大批的外国游客来到昆明旅游，西餐重新回到昆明。到了1999年，昆明举办了世博会，国家经济也日益强大，老百姓生活水平得到很大提高，西餐也从星级酒店走进老百姓的日常生活。

昆明20世纪七八十年代出生的男女谈恋爱都喜欢在西餐厅或咖啡馆对喜欢的另一半表达爱意。1990年以后出生的年轻人对待西餐的态度和他们的前辈有了很多的不同，晚餐是吃火锅还是法国菜也变得和是吃饺子还是米线一样再平常不过。在昆明，西餐由时髦逐渐变为了浪漫，又由浪漫变为了平常。这也间接说明昆明这座城市变得越来越包容，越来越国际化。由一座小城逐渐走向国际都市的蜕变不仅仅停留在宽广的马路、高耸林立的大厦、川流不息的车辆，更在于这里的人放弃了狭隘的民族和地域观念，变得对外来文化越来越包容，越来越平常。现在各种各样的西餐或外来菜系在昆明也变得越来越丰富多样。吃什么也变成了很多人在外的一个幸福的烦恼。曾有一位大师说过，看一座城市是否发达，看看那里的人们会不会喜欢去外地菜馆或外国菜馆吃饭就知道了。越发达的地区就越有包容性，经济也就越发达。

可以说，当下的昆明各式各样的西餐馆琳琅满目，普通老百姓当下的生活也如西餐在昆明的变化一样，变得越来越好，越来越丰富多彩。

老昆明的风味鲊菜

孙丽华

茄子鲊

　　茄子鲊昆明人都知道，也是大家最喜爱吃的酱菜之一，过去每家的餐桌上几乎都有它，人人都爱吃，小孩更爱吃。可现在不同了，人们都喜欢上大鱼大肉、山珍海味了，也就淡忘了它，餐桌上也就没有了它。只是在人们吃多了美味，腻了时，偶尔才会想起它来，就会去农家乐或在家自己做饭，煮上一锅蔬菜汤，清清淡淡的，配上农家地道的茄子鲊，那种感觉不亚于山珍海味，吃得舒服爽口，饭都想多吃一点。

　　茄子鲊好吃也不难做，首先要挑选当季长形深紫皮的茄子，做出来的鲊才好吃，不老也不嫩，买回家后洗净去蒂，用刀切成 0.5 厘米厚、4～5 厘米长的茄片，晒至七八成干备用。再用秋季上市的带酱色红皮皱壳新鲜辣椒，洗净去蒂，晾干水汽，把它剁碎了放些盐腌着，随后在准备好的大米里放些八角、草果、茴香籽，喜欢吃麻辣的还可以加一些花椒，在铁锅里不停地炒，不停地拌，炒到大米又黄又酥时磨成粉面。

　　所有准备工作做好了，还要准备一个双口罐，先用开水烫好，之后用白酒在罐中摇匀，使每一处都有酒迹，把晒干的茄子用水淘净放入蒸锅蒸熟后，倒进干净的素容器里，趁热撒上精盐，让盐吸收水蒸气，让茄子回潮入味，洒上少许白酒拌匀，等凉透了便与剁碎的辣椒、米面一起拌匀，多放一些精盐，可让茄子鲊放的时间更长而不变酸，一切完毕后就可以装进罐了。入罐时一定要用手压紧压实，罐的口沿上洒一些白酒，把罐口用保鲜袋扎紧再盖上盖子，倒上少许水在罐外用水养着，防止漏气走味，如此茄子鲊就做好了。

　　做好的茄子鲊也可以当天食用，方法就是油炼热后放入锅中炒，放些水稍焖一下，水干后翻炒，一盘又香又辣又爽口的美味就这样诞生了。

茄子鲊（范丹摄）

冬腌菜

腌菜是昆明人家喻户晓、必不可少的咸菜之一。腌菜分水腌菜和冬（干）腌菜，水腌菜每家只在冬季临近春节时才腌制，时间不能放长，要在短时间内吃完，否则容易霉烂了。因此，大多数人家里都爱做冬腌菜，每次吃得不多，可以吃很多次，冬腌菜也不容易变质。

冬腌菜（范丹摄）

昆明人称冬腌菜为干腌菜，做好一罐可以吃几年。它的作用实在是太多了，吃早餐时，煮米线、面条捞出来，剁碎了放点在米线、面条里，顿时味道上可口多了。还可以做成千张肉，吃豆花米线也是必不可少的配料。

说起做冬腌菜，比起做水腌菜就麻烦多了，首先在冬季青菜上市接近尾声时买回来，那时的苦菜秆大，叶大，不要太老的，也不要太嫩的。很多人家一买就是三四十公斤，要做两大罐，可以吃上一两年。过去买苦菜很便宜，一两分钱就可以买一公斤。买来后，把不好的除去，在每棵苦菜上用小刀以"十"字形从上划下 10 厘米，进行晾晒，晒到半干后，掰开每片叶洗净，再用线扎成捆，晾干后，切成 3 ~ 4 厘米长，放在大筐箕里撒上食盐（多放些盐，冬腌菜才不会太酸，可以多吃些时间），使劲揉，反复揉出水再稍晾干，接着准备好腌咸菜必用的香料、辣椒粉、八角粉、草果粉、茴香籽、红糖碎和酒。

整个过程是不可沾油的，在做前也是把罐等用具烫好后，用酒在罐里摇匀至每个地方都有酒迹。把加盐反复揉搓晾干后的苦菜放入罐里，用手压紧，装满罐后再洒上白酒，用棉纸和保鲜袋扎紧罐口，在口沿外放上水，置放在阴凉处，一两个月后就可以食用了。

家里有罐冬腌菜很方便，用它做出的菜肴更美味，尤其用好冬腌菜做出来的千张肉看上去油腻，但经冬腌菜吸收后，吃起来一点都感觉不到油腻。

干萝卜条

小小的白萝卜，作用好大，古人有句俗话："冬吃萝卜，夏吃姜，冬天的萝卜赛洋参。"可见，冬天吃萝卜对身体有益处。冬天的白萝卜是平常人家饭桌上的家常菜，可以煮着吃，炒着吃，还可以在萝卜上市时多买一些回来腌制成干萝卜条到来年慢慢吃。

腌制方法是，把萝卜洗净，切成长 5 ~ 6 厘米、宽 1 厘米的萝卜条，在阳光下晒至七八成干，做出来的萝卜条又香又脆，吃着有嚼头。太阳好的时候一两天就好了，晒出的萝卜条又干又白；太阳不好时要多晒几天，虽然没有那么白，但不影响萝卜条的味道和口感。用具和手都要洗净，不能沾油，否则易变质。

干萝卜条（范丹摄）

同时要早早地备好罐子（烫好，用酒润好），备料也是平常腌制咸菜所必需的辣椒粉、八角粉、花椒粉和研磨成粉的红糖。把晒干的萝卜条放在素盆里，撒上盐用手使劲揉，反复揉，直到盐浸入萝卜条里，有水出来后，再把水汽晒干，放上盐、辣椒粉等备料，再反复揉搓，喜欢麻辣的，多加些辣椒面和花椒粉，放入罐里压紧实后倒酒在上面，盖好盖子，一个月后就可以食用了。

卤　腐

昆明的卤腐有很多，油卤腐、酒卤腐、咸卤腐，还有辣及麻辣等口味，各具特色。在夏日炎热时，不想吃饭，煮上一锅青菜粥，就着自己做的青菜包酒卤腐，吃个馒头，顿觉舒爽极了。

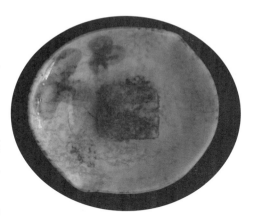

卤腐（范丹摄）

做青菜包酒卤腐是要花精力的，现在是用现成的豆腐坯做原料，过去是先买来老扎的豆腐，晾干水汽后，划成四四方方的块状老豆腐，块大、厚些方可，放入严密瓦盆里进行发酵，上面放些干净稻草，勤翻豆腐坯，冬天捂上七八天，春天只用五六天，捂成霉豆腐坯，也就是现在说的臭豆腐，只是要比现吃的臭豆腐硬扎些，最后要把霉豆腐放在阳光下晒干表层的水分。霉豆腐坯就算做好了。

接下来要准备配料，酒、食盐、辣椒面、八角粉、花椒粉，有的人还喜欢稍稍加上一点茴香籽粉，让做好的卤腐有回甜的口感。之后再把一些大叶子的青菜（苦菜）或者是白菜的叶子洗净，晾干。菜叶要完整，能把豆腐块包起来不露才可，还要准备一个洗净烫后，用白酒温润后的双口罐。

腌制起来就简单了，准备两个碗，将食盐、辣椒面、八角粉、花椒粉、茴香籽粉按比例放入一个碗内，食盐多放些，做好的卤腐才不酸；另一个碗倒入白酒，洗净手后，一切用具都不能沾油，否则卤腐会霉变吃不成。腌制时，先把豆腐坯放入酒里浸泡，再放入另一碗香料里，裹满香料后放在菜叶子上再加上盐和配料，将豆腐块包好，然后将一块块豆腐坯整齐地从罐底开始摆放，紧实地装好，封上罐口。约一天后，因豆腐坯下缩，可以再装些，装满即可，加上白酒，先用棉纸，再用保鲜袋盖好罐口，倒上水放置阴凉处。时不时检查一下，根据情况倒上点白酒，罐外口要时常加水，不能让其干了，过上半年就可以食用了。

待到卤腐做好，打开菜叶子后，只见一块红黄色、细腻柔滑、鲜香可口的卤腐呈现在眼前，看着就眼馋。尤其是那包卤腐的菜叶子，更是好吃，会让人想起小时候有一块这样的菜叶子，会和小伙伴分着你撕一条、我撕一条地一起吃，吃完了还要挑一块卤腐在手上用牙签挑着吃，开心极了。须注意的是，食用卤腐时，吃一块从罐里拿一块。

糟辣子

糟辣子是昆明菜肴的一味主要配料，很多菜中放上一些糟辣子，味道就大不同了。糟辣子色泽鲜红，以香、辣、鲜、酸、嫩、咸、脆的独特风味，使做出来的菜肴又辣又酸，让人胃口大开。

做糟辣子选购红辣椒很重要，要选新鲜红艳还不带水的红辣椒。买回后要先去掉柄把，但要留下辣椒帽子，否则会进水，用小牙刷刷洗干净，沥去水

糟辣子（范丹摄）

分，最后稍晾干。再买些当季的嫩姜，刮去皮洗净，再将大蒜剥好后，按辣椒、嫩姜、大蒜10：1：1的比例放入深木盆里，用洗净不沾油的菜刀剁碎后，放入少量的白酒和食盐，盐的多少根据于对喜糟辣子酸的程度而适量使用。和其他咸菜不同的是，它既可以用罐也可以用玻璃瓶腌制，但同样要用无油的素罐、瓶，放入酒摇匀至每个地方皆有酒迹，在剁碎的辣椒上放盐、洒酒拌匀后放入罐、瓶内，装到九成满，再倒入白酒即可，把瓶口用棉纸、保鲜袋扎紧，密封不得漏气。放置阴凉处1个月左右就可以食用。在取食的过程中必须注意，每次取用都要用专用的干净木勺子，不能沾生水和油，这样才可以长期存放不变味，不生霉。

做好后的糟辣子，吃到口里，能辣得你全身发热冒汗，可用它来做酸辣鲫鱼、糟辣子鱼、鱼香茄子，吃火锅时如配上糟辣子做蘸水碟，保准让你吃得收不住口，吃了还想再吃。

风味豆豉

做风味豆豉的方法是，将黄豆精挑细选后，放上些陈皮，用小火微炒一下，香味出来即可。炒好的豆子用清水淘洗干净，滤水后倒入锅内加水煮，以豆量定水，水不能一次加得过多，边煮边加水，煮到黄豆膨胀变色就行。接下来把煮好的豆子滤去水分后放入事先准备好的盆中，盆底下先放一层稻草，趁热将煮好的豆子铺在草上，再在豆子上铺一层稻草，盖上等其

风味豆豉（范丹摄）

发酵，大概等上四五天，不可太长，久了发酸，等到豆子上面有一层白色的醭时，用筷子翻动，有像藕丝一样的牵丝就算是发酵好了。接着把姜、蒜捣成泥状，在发酵好的豆子中放入适量的盐、辣椒面、花椒面和泥状姜蒜，搅拌均匀后晾晒，也可以尽情地暴晒几天，晒干后呈一粒一粒的黑色豆子，真正的风味豆豉也就诞生了。

做好后就可以用风味豆豉做自己喜欢的豆豉鱼、豆豉蒸排骨，甚至千张肉、炒苦瓜、豆豉青椒、拌凉白肉，还可以烹制鸡、鸭等菜，其鲜、香、辣的特殊口感，成了让昆明很多人吃了还想再吃的美味佳肴。

孙氏老酱

昆明老酱有很多，有豆瓣酱、玉溪酱、昭通酱等，还有后来的汤池老酱、麻辣酱、香辣酱等，都美味可口，昆明人没有不爱吃的。但我总觉得市面上买回来的酱没有妈妈做的酱那么好吃，妈妈做的酱为深红褐色，又鲜艳又润口，颜色就像红玛瑙一样漂亮。放到嘴里那股浓郁的酱香又沉又厚重，又香又辣，实在是让人无法抵挡它的诱惑，真是让人无法忘怀。

说起妈妈做酱，她在春季末青蚕豆快要过季时买回豆来。那时豆老扎又便宜，最适合做酱，几分钱就可

孙氏老酱（范丹摄）

以买一公斤，妈妈一买就买几十公斤，然后和两个哥哥赶紧把最后一层外壳剥了，放到筐箕里把豆米晒干，晒时还要时不时翻翻，防止豆米坏了，烂了，晒干后在透气的箩筐里放好，冬天才能用。辣椒上市了，买上最辣的辣椒，用细线三个或五个绑住蒂扎成一串串放在高处晾干，再去蒂晒到又干又脆，把干辣椒放到自家的石臼里用石杵把它春成辣椒粉，又用同样的方法把花椒、草果、八角、茴香籽春成香料粉。

到了秋天快要结束的时候，妈妈先把蚕豆放在锅里焯，用温水慢慢地焯，焯到豆黄略酥便可，放凉后要把内壳剥了。把剥好的豆米放到水里浸泡几分钟就捞到攀枝花木甑里蒸，上汽10分钟后妈妈就把豆米放到一个大瓦盆里，放上少许的精盐拌匀后，等到快要凉透时，在瓦盆里置放些稻草，再用报纸盖好，用线扎紧口沿，不能漏气，上面再放些稻草，然后用棉毯捂严实，哪里有太阳往哪里放。过上四五十天，看到有丝丝黄白霉衣在豆上，豆子膨胀成一坨一坨的，就把它放在太阳底下晒干，磨成豆米粉。

做酱的头几天，把要用的罐、勺子、瓦盆、竹筷、竹板用开水烫好，稻草洗净晾干，各种香料、辣椒粉、酒备好。

做酱时把豆面放入盆中，放入适量的辣椒、香料，精盐要多放一些，老酱才能吃几年而不酸。我们喜欢吃辣，所以辣椒放得多，拌匀后倒入水中再搅拌，稀浓适中，偏干稠些，装入罐中，只能装到四分之三，即使酱发酵也不会溢出来，在酱面倒些白酒，用纸封好口，盖上盖子，放上稻草置于露天处最好，但又不能让雨淋到，遇到下雪天，盖上一层厚厚的雪在稻草上，那样酱就更好吃了，过上几天还要用专门的竹板搅拌，到了来年的夏天就可以食用了。

我家的酱可以放一年又一年，而且一年比一年好吃，可以说是真正的陈年老酱，是极好的辅料，既可以用它来做锅黄焖肉，也可以用它做杂酱吃米线、面条，还可以用它来炒菜，炒豆腐。顺便说几句，我家姓孙，当时住在崇仁街静定巷，不仅许多街坊邻居对妈妈做的老酱赞不绝口，就连一些酱菜铺也来向妈妈讨要所谓的秘方，并说我家独有的老酱是五华孙氏老酱。

玫瑰卤酒

武　榕

　　玫瑰，属蔷薇科，其形状、颜色、香味俱佳，因枝干多刺，故又有"刺玫瑰"之称。玫瑰的品种较多，每一种都散发着独特的清香，近代民主革命志士秋瑾称其"占得春光第一香"。在我国一些地方，有玫瑰节、玫瑰之歌，人们载歌载舞，对玫瑰进行热情的赞颂。玫瑰还是著名的香精原料，利用价值极高，可以窨茶，配制各种甜食，可以入药，其花阴干，有补气活血的功效。玫瑰还可以制酒，在一些酒文化资料中就记载了许多玫瑰酒名：玫瑰露酒、玫瑰高粱酒、玫瑰香葡萄酒等。

　　昆明酿制玫瑰酒历史悠久，据清代道光年间编纂的《昆明县志》记载：宣统三年（1911）在五华城区的景星街，由毕姓糟坊独家酿制经营，在门前立有一个锡制蜡烛作为售酒的招牌，人称毕大蜡烛玫瑰老卤酒。因特殊的酒质芳香而脍炙人口，闻名于省内外，还销往港澳地区和东南亚各国。1952年，由云南省昆明市瓶酒厂进行生产和经营。采用滇池湖畔特产的玫瑰花，原种由荷兰引进，浅玫瑰红色，其香自然，久闻不闷头。以花瓣浸入特制酒精内制成花卤，以精白糯米酿成的上等高粱小曲白酒为基础酒。经调配、加工、陈酿等特殊工序制成，有一种特殊的芳香。

　　玫瑰卤酒，在以玫瑰鲜花为主要原料的基础上，用酒精或白酒提取它的香气成分，经过再蒸馏、调配、过滤、贮存等制成玫瑰露酒，具有补气活血、平肝养胃、宽胸散郁等功能。玫瑰卤酒又称玫瑰升酒，是清朝、民国时期老昆明人最爱喝的酒之一。由粗制白酒加云南特产香玫瑰花瓣发酵蒸馏而成，有玫瑰升、玫瑰重升、玫瑰老卤等，40°～60°不等，酒液透明清亮，甘冽醇厚，散发着玫瑰花香，酒体甜绵柔和，给人以愉快舒适之感。新中国成立前，昆明许多酒坊都酿制，尤以景星街毕大蜡烛家酿制的玫瑰老卤酒驰名省内外。新中国成立后，昆明市啤酒厂、酿酒厂生产的玫瑰酒，曾于1980年、1984年被评为云南省优质产品，于1985年和1986年获商业部优质产品金爵奖。

　　如今，玫瑰卤酒虽然已经风光不再，但在它当初的酒标上有两朵盛开的玫瑰，一朵为大红色，一朵为粉红色，两朵花相依相伴，仿佛是两张笑脸，迎接着阳光灿烂的夏天；标上有"玫瑰酒"三个行书大字，潇洒而又遒劲，彰显了它曾经的辉煌。

玫瑰卤酒（范丹摄）

三七牙膏

武　榕

　　20 世纪 70 年代，春城百姓几乎家家户户用的都是昆明牙膏厂生产的三七药物牙膏，1990 年前后是三七牙膏发展的辉煌时期，当年产量达到 3000 万支，除畅销全国外，还出口销往东南亚地区。昆明牙膏厂原是昆明日化厂的一个牙膏车间，1975 年，牙膏车间独立出来，正式成立昆明牙膏厂，三七牙膏就是昆明牙膏厂的主打产品。昆明牙膏厂作为中国牙膏工业最早开发利用中药制剂为牙膏药物添加剂的企业，以自身雄厚的科研开发能力，对云南特有的中药材进行了严格的筛选，最后确定云南特有的名贵中药材三七作为中药药物牙膏的添加剂，研制成功名扬中外的优质产品三七药物牙膏。

　　云南是三七的原产地，三七是人参科的一种天然植物，又名人参三七、田七、金不换等。据《本草纲目》等文献记载，三七有消炎、活血散瘀、止血、消肿、止痛等多种功效。近代医学研究进一步证明，三七的功效是多方面的，武汉医学院研究表明，三七具有减缓心率、增加冠脉血流量、抗心绞痛、改善心血管系统病情症状的药理作用；昆明医学院研究确认，三七有降低血脂的作用；中国许多大医院临床表明，三七能止血、镇静抗炎、消肿。在研制三七药物牙膏过程中，专家们又发现了三七十分奇妙的止血功能，三七药物牙膏中的药物有

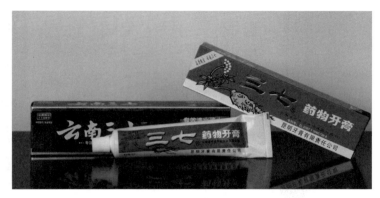

三七牙膏（武榕摄）

效成分为三七皂苷，在刷牙过程中一经口腔黏膜吸收，即可迅速修复牙龈毛细血管的创面，并促进创面愈合。三七皂苷进一步水解，可直接进入血循环，增加血液中血小板的凝血因子，提高血小板的凝固能力，从根本上达到止血目的。由于三七药用价值在中国早已被广泛认可，三七本身又是一种名贵天然中药，在长达数百年的使用过程中，既安全又有效。昆明牙膏厂的三七药物牙膏，经多年的临床验证及消费者长期使用结果证明，该产品在中国药物牙膏中以消炎、消肿、止痛、止血的卓越功效独树一帜，特别是对牙龈出血有作用。因此，三七药物牙膏在国内畅销多年，早已被广大消费者所津津乐道，多年的牙龈出血者，使用一两支即可止住出血。

最初，三七牙膏70%的工艺流程由手工完成，工人亲自到文山采摘三七花，运回昆明后用火猛煮，提取出药物成分，再装制成牙膏。从原料到牙膏成品一般要三天左右。后来，通过技术革新，实行了封闭式的生产流程，从原料到成品只要45分钟即可完成。曾经这一品牌在云南牙膏市场的占有率达到90%，并且大量出口到缅甸、老挝、越南等东南亚国家。现在虽然在昆明市场上已很少见到三七牙膏的踪影，但在一些偏远地区的超市里还能见到，150克的大管装，售价仅为3元，在所有同重量的牙膏中售价最低，以物美价廉让人反复乐购。

昆明牙膏厂继生产三七药物牙膏后，在短短的几年中，又先后开发了阿诗玛、万家乐、氟化钠、春城、蝴蝶、早晚等17个牙膏的品种，满足了不同消费者的需要。据了解，近年来昆明牙膏厂与深圳金易德药业有限公司联姻之后，用做药的严谨精神，推出了新款健士康三七药物牙膏，以深圳金易德药业有限公司为总经销商。此款牙膏的核心技术在于研发了三七提取物及其制备方法，并申请了国家专利，填补了国内将纯正三七用于牙膏生产技术的空白。

百年德和

武　榕

　　昆明五华区龙泉路上，德和罐头厂至今已走过了百年历程，其著名的德和牌商标也伴随着云南几代人一路走来。而说起德和，很多人只是对它的产品赞不绝口，却很少有人去挖掘它背后的故事。

　　德和罐头厂的前身，是浦在廷先生（卓琳的父亲）于1921年创办的兄弟罐头食品公司，当时公司设在宣威。1923年浦在廷先生在广州举办的食品博览会上，凭借"双猪牌"火腿罐头获得优美奖，当时孙中山先生品尝了远道送来的宣威火腿罐头，觉其色鲜肉嫩、味香回甜、食而不腻，从而倍加赞赏，特意题词"饮和食德"赠之，落款是"孙文题"，并盖有印章。

2015年的德和罐头厂（武榕摄）

1946年，昆明德和罐头厂正式在昆明创建，取"饮和食德"中的"德和"作为商标，即饮食文化和传统的道德文化相结合之意，公司由此成为中国最早生产制造罐头的企业之一，而后德和成了一个著名的品牌。至今，德和仍是云南规模最大和最具影响力的罐头食品综合生产制造企业，代表着云南省罐头制造的最高水平。

浦在廷创建罐头厂时还有个小故事。早年浦在廷靠走马帮销售宣威火腿，一次在昆明，他走进一家食品店，看到里面有各种铁罐装的洋食品。浦在廷向老板询问才知道这铁罐子叫罐头，里面不但可以装水果，还能装鸡鸭鱼肉。他挡不住诱惑，买了个牛肉罐头，吃过之后发现罐子里的肉仿佛是刚做好的，竟是那样鲜美可口。这次开洋荤激发了浦在廷的灵感，他决定开发家乡的火腿罐头。于是，浦在廷找人集资办公司，自己当经理，正式成立宣和火腿股份有限公司，他亲自带人赴广州、香港，学到了全部技术，购回了成套设备。不到一年时间，产品便投入试产。

一方水土养一方人，就像酥油茶出在西藏、麻辣火锅出在四川一样，以宣威火腿制作的德和罐头油而不腻、香中回甜，远比一般火腿优质，可以说色、香、味均属上乘，是对悠久历史、驰名遐迩的宣威火腿的最正宗的阐释。另外德和午餐肉在选用乌蒙山土猪肉的基础上，搭配上等香料、丘北辣椒、宣威井盐，经过精心腌制，精致的传统工艺加上当时先进的制作技术，午餐肉质地醇香，风味别致，美味可口。既食用方便，又能贮藏远销，深受全国人民的喜爱。鲜美无比的口感，合理的肥瘦比例，无须特别加工，午餐肉色泽就很诱人，鲜味更是完美呈现，让人看到就忍不住想吃上一口。蒸熟的午餐肉鲜嫩爽口，浓郁的香气扑鼻而来，尤其是其中掺有土猪的肉香，光是想想就已经垂涎三尺，真乃极致美味。

过去，德和罐头只是停留在午餐肉和云腿几个品种上。德和经过多年的发展，先后经历了公私合营，国企改制，但一直秉承当初建厂的传统，对生产质量尤为重视，产品也经由原来单一的云腿罐头，发展为肉类罐头、果蔬罐头、其他罐头及糕点月饼、饮料、糖果、休闲小食品、腌腊制品、分装食品等，产品有上百种，几乎涵盖了所有的轻工食品。还常年出口中国香港、日本、东南亚等国家和地区，清蒸牛肉罐头、盐水大芸豆罐头等产品大量出口中东阿拉伯地区，备受国外消费者青睐。2005年德和罐头凭着优异的产品品质，通过了数十个项目的质量检测，成功进入北美和加拿大市场，这是20多年来中国制造的罐头首次通过官方渠道正式进入该地区，这也标志着德和罐头已经完全符合世界上对肉类产品质量要求最高的国家加拿大的标准。

德和罐头正是这样以优质产品行销世界各地，香飘千家万户。

桂美轩的老面小茴饼

武　榕

　　昆明老字号糕点作坊桂美轩创建于 1936 年，经过了 80 年的风雨岁月后，今天依然作为云南本土的中华老字号品牌屹立于食品行业中。

　　桂美轩的创始人任明卿先祖原姓桂，系清朝中期桂系皇族。桂美轩店中的黑木牌匾上记载着，天资聪颖的任明卿乃一介书生，因为看到当时昆明糕点作坊生意火爆，产生了弃文经商的想法，随即拜祖上聘用的老厨为师，经过自身的刻苦努力把糕点制作的技艺学得炉火纯青，便决定选址于昆明玉带河畔复兴村，开始创办桂美轩字号。桂美轩以"桂"字为首，原因一是任明卿的祖辈姓桂，有念祖之意；二是每逢中秋倍思亲，但愿人间千里共婵娟；三是桂花飘香，美名远扬。桂美轩恒持诚信为本、让利于民的经营宗旨，在短短数年间，在昆明四河六坝、三坊七巷间就广为流传：桂美轩最实惠，点心好吃价不贵，一两二钱的饼子只当一两卖。特别是云腿四两坨以其制作精细，工艺考究，色、香、味俱佳而成为桂美轩的一大看家产品，成了昆明当地达官显贵乃至平民百姓每逢中秋佳节首选品尝、馈赠亲朋之佳品。

　　桂美轩的另一个主打产品就是老面小茴饼，饼的由来，流传着一个故事。据传 50 多年前，桂美轩的一名面包师把面团搓好后让其发酵，时至下午方才想起忘了放鸡蛋，但是面团已经变酸发黑。后经名师指点，将发酵面团加小苏打揉匀，撒上椒盐再入炉烘烤，终于使原来变酸发黑的面团，变成了洁白的烤饼，视之如雪，焦香味美。师傅们商议后说："这饼既是发面返回而成的，就叫它'回饼'吧。"从此，云南小茴饼正式问世。

　　1956 年春，桂美轩在政府的大力支持下，联合昆明九家糕点作坊，重新选址在中外闻名的护国起义原址——昆明市护国路 40 号，共同组建了（国营）昆明市桂美轩糕点厂。2005 年 11 月，昆明市桂美轩糕点厂改制成立昆明桂美轩食品有限公司。昆明桂美轩从创建以来，在 80 年的历史中不断更新技术，以产品工艺精湛、配料考究、质量上乘而享誉四方。其中云腿月饼、鲜花饼、重油鸡蛋糕、芙蓉糕、面筋萨其马等 10 多个产品荣获省部级、市级优质产品奖，2006 年中秋月饼质量大赛中，昆明桂美轩食品有限公司荣获金奖。可以说，在昆明传统糕点行业中，桂美轩始终都一枝独秀，独领风骚，而其生产的老面小茴饼更是让人赞不绝口，越吃越爱吃，成了昆明一道风味独特的点心。

现如今护国路 40 号，桂美轩曾经鹤立鸡群的六层小楼，已经被周围的楼群淹没。"桂美轩综合市场"这 7 个写在楼体上的大字还清晰可见，只是综合市场已经名不副实。护国路的小楼后面，曾经热火朝天轰轰作响的车间，变得静寂无声，车间大门被一块块红砖堵死，落寞中透露着一种悲凉。盛衰切换，就在市场经济初现华夏大地的 20 世纪 90 年代，国有国营、官办官管、政企不分、高度集中的国企，在市场竞争加剧的环境下，犹如一位背负太多包袱的老妪，看着前方的目标，却迈不开脚步。那时候大家戏称国营企业是全民所有、全民负责，但实际上，却是处于谁也没有尽全力去管理经营的状态。作为老国有企业的昆明市糕点厂，不可避免地面临着负担重、设备老化、资金短缺、人才流失、观念和技术落后等难题，加上现代糕点店的冲击，桂美轩一度陷入低谷。为了转变这种局面，2005 年 11 月，国营桂美轩进行了改制，重组成立了昆明桂美轩食品有限公司。桂美轩现任掌门人陈静认为，桂美轩要在这个瞬息万变的时代站稳脚跟，必须适时调整自身的发展方向。至于是否走连锁经营的道路，陈静表示目前还在探索，可以看到的是，这个老字号一直在时代潮流中努力寻求发展。

桂美轩的老面小茴饼（范丹摄）

图索老昆明·东、西寺塔片区

范　丹

　　金碧路：在市区中部，东起盘龙江得胜桥，西至环城西路弥勒寺，长1700米、宽16米。民国初年，因两广人士多聚居于此，时称广聚街。1937年，以街中的金马坊、碧鸡坊而命名金碧路，该片区为书林街以东段。

20世纪70年代的金碧路（张卫民摄）

　　鱼课司街：在市区南部，近日公园的南面，东起书林街，西至东寺街，长183米、宽6米。明清时，在此设鱼课司衙门，后形成街道，遂以衙门得名。北厢：有兴邦巷横贯其间。南厢：有东寺巷经芙蓉里往西与东寺街相通，往南与石桥铺相接。

20 世纪 90 年代的鱼课司街（刘济源摄）

20 世纪 90 年代的鱼课司街仅存的老民居住宅（刘济源摄）

后新街：在市区中南部，东起巡津街，西至书林街，街呈"丁"字形，横街东西长534米、宽10米，直街向南至盘龙路，长66米、宽4.3米，中通盘龙路、崇善街。民国时期，该街位于新城铺后方，遂取名后新街。

20世纪90年代的后新街（刘济源摄）

环城南路：在市区南部，东起昆明东站，西至海埂公路，与环城西路相接，长3000米、宽50米。1979年扩筑成环城路，以方位命名。

崇善街：在市区中部，北起金碧路，南至后新街，长235米、宽3米。清代，该地建有崇善寺，后逐渐形成街道，以崇善寺得名。民国时期，崇善街靠金碧路口有滇味煮品名馆长珍园，以烹制肠旺米线享誉昆明。

20 世纪 90 年代的环城南路（刘济源摄）

20 世纪 70 年代的崇善街（廖可夫摄）

巡津街：在市区中南部，盘龙江西畔，北起得胜桥，南至双龙桥，长 1050 米、宽 11 米。因临盘龙江，明代称大河埂、云津堤。因沿河堤可观云津夜市，1920 年改称今名。

抗战时期，著名建筑学家梁思成、林徽因伉俪以及他们的挚友西南联大教授金岳霖先生曾住在巡津街南段的止园，后梁、林夫妇又迁至巡津街裴存藩公馆居住。国学大师钱穆先生来昆出任西南联大教授时与吴宓、沈有鼎借住在巡津街的法国医院。西南联大机械工程系汪一彪教授住巡津街 9 号。邵可侣先生奉中法教育基金会的委派赴昆出任中法大学法文教授，后又转任云南大学法文教授，初到昆明时住在巡津街的甘美医院，又迁北门街 78 号圣书公会寓所，后再迁至云南大学的晚翠园居住。民国时期法国人开办的甘美医院、法国商务酒店，英美烟草公司皆坐落于此。

20 世纪 70 年代的巡津街（廖可夫摄）

20世纪40年代位于巡津街的甘美医院（廖可夫摄）

盘龙路：在市区中南部，盘龙江西侧，东起盘龙江畔的巡津街，向西转北通后新街，长377米、宽4.5米。以盘龙江得名。

书林街：在市区中部偏南。北起金碧路，南至玉带河，长1005米、宽6～12米。明清时期，有蜀人在此刻版印书，是当时学士、书生云集之地，故称书林街。

20世纪90年代的盘龙路（刘济源摄）

20世纪90年代的书林街（刘济源摄）

东寺街：在市区南部，金马碧鸡坊西南侧，南起环城南路，北至金碧路，长1100米、宽12米。因紧邻东寺而得名，为市区内老街道之一。东厢：由北至南有芙蓉里、红星巷、福林巷、培元巷、善庆巷、富有巷、敬德巷横贯其间。有南起石桥铺、北至东寺巷的芙蓉里和南起敬德巷、北至石桥铺的庆福巷镶嵌其间。有善庆巷、富有巷往东与庆福巷相通，有敬德巷往东与庆福巷、石桥铺相接。西厢：由北至南有花椒巷、小花椒巷、昆福巷、西寺巷横贯其间。

东寺街中段有明代山西巡抚孙继鲁的故居，其后人孙光豫改习中医，悬壶济世，在东寺街开设万松草堂中医馆，出售小儿急救丹，在老昆明颇有名气。花椒巷3号为西南联大教授刘文典先生的故居。近代以来有两位名人对宣威火腿情有独钟，达到了痴迷的程度，一位是清邮政大臣盛宣怀，另一位就是刘文典先生。花椒巷11号为云南省疾病预防的开创者、著名内科专家徐彪南先生的故居。

民国时期，坐落于东寺街昆福巷的平安第是昆明地区著名的豪宅，1937年，著名雕塑家江小鹣从上海举家迁昆后就寄住在平安第。国立艺专从杭州迁昆后，校长滕固携家人也居住于此。

20 世纪 70 年代的东寺街（张卫民摄）

20 世纪 80 年代的东寺街（廖可夫摄）

东寺巷：在市区南部，东寺街东侧，南起芙蓉里，北至鱼课司街，长200米、宽3.5米。明清时期，此地是觉照寺（又名东寺）墙外的一条小道，后因房舍增多，逐渐形成巷道，巷以寺得名。

20世纪80年代的东寺巷（照片由李晓明提供）

花椒巷：在市区中部偏南，金马碧鸡坊西南侧，东起东寺街，向西延伸至巷底，长120米、宽2～4米。清道光以前，该地称作大磨盘。清末，有一位宋姓官吏在巷中建盖府邸，在府中种植一棵花椒树，枝茂粒大，故改称花椒巷。

20世纪80年代的花椒巷（一）（杨红文摄）

20 世纪 80 年代花椒巷里的民居（杨红文摄）

20 世纪 80 年代的花椒巷（二）（杨红文摄）

　　环城西路：在市区西部，南起海埂公路北口，与环城南路相接；北至西站，与环城北路、昆畹公路和龙翔街相交；中由南向北与金碧路、新闻路、大观路、人民西路、昆师路等八条街相连；长 3600 米、宽 32 ～ 40 米。

20 世纪 90 年代的环城西路（刘济源摄）

往事
拾遗

滇都皇宫

张　俊

　　明末清初，农民起义，清军入主中原，战乱不止，让远离中国政治中心的边陲昆明迎来了一位避难者，他虽然失魂落魄，可毕竟算是一位皇帝。他住过的宫殿就在今五华山，此人就是南明朝的最后一个皇帝——永历帝朱由榔。吴三桂率军进入昆明，叛清称帝后，又在五华山及其周围大兴土木，大建皇宫。于是，这块风水宝地上先后出现了两个王府、两个皇帝、两个皇宫，顺序是：秦王府、永历皇帝永历皇宫，平西王府、洪化皇帝洪化皇宫。一时间这一带出现的王府或皇宫所属的种种衙署，颇有国都气象，便被称为滇都皇宫。

　　清顺治四年（1647）春，张献忠的部下孙可望、李定国等将领率大西军攻入云南，联合以黔国公沐天波为首的云南明朝官员，扶明抗清。

　　清朝定鼎北京之后，南方的弘光、隆武两个南明小朝廷均被清军消灭。顺治三年（1646），明神宗（万历帝）嫡孙、桂端王常瀛第三子朱由榔于广东肇庆即位，即永历皇帝。朱由榔懦弱无能，在全国抗清义军风起云涌的有利形势下，其小朝廷未能团结朝中各派共同御敌。他即位后三年间，闻警即遁，从肇庆、全州、梧州、桂林、柳州直至南宁。

　　顺治六年（1649），李定国出兵贵州。孙可望派人至广西梧州强求朱由榔封自己为秦王，遭朝臣严起恒等人反对而未成。恼羞成怒的孙可望，干脆自称国主，改云南省名为云兴省，铸铜币兴朝通宝。又派人杀死严起恒等反对者，迫使永历帝授予封号。

　　三年后孙可望派李定国等三路兵马出击清军。李定国几个月中打下16个郡、2个州，孙害怕李的势力过大，便借刀杀人，当李定国兵分两路夹击敌军之际，孙可望密令另一路人马退兵，致使李定国孤军奋战，损失惨重，之后又欲暗害李定国而未得逞。

　　这一时期，孙可望紧锣密鼓，筹划登基，"毁昆阳、呈贡二城"，"大营宫室于省城五华山"。先称平东王府，"黄屋双阙，豪华富丽"，后改称秦王宫。

　　顺治八年（1651），孙可望派兵将朱由榔挟持到贵州安隆，欲禅代永历皇帝。朱由榔密召李定国入卫。为救驾，李定国放弃东征联络郑成功抗清的计划，从广西绕道安隆救出皇帝，并护送到昆明。

　　朱由榔到昆明后，暂时"以贡院为行宫"，昆明成为南明最后一个政治中心。此时孙可望盘踞的贵州同永历朝廷，名义上都属南明，实则已成敌国。仁至义尽的李定国与朱由榔皆以抗清大局为重，不计前嫌，两次派人争取孙可望重归南明，还将孙可望在云南的妻妾、儿子送往贵阳。岂知孙可望没有了后顾之忧，更加肆无忌惮，顺治十四年（1657）九月，孙可望大举进攻昆明遭惨败，摇尾降清。秦王已投敌国去，空留王宫待何用？忠君爱国的李定国乃请永历帝移驾五华山，以秦王宫为皇宫，时称万寿宫。颠沛流离多年的流浪皇帝，福分不浅，不费吹灰之力进驻了这个不失皇家气派的宫殿。昆明被定为滇都后，一些南明旧臣也先后投奔入滇。可是，朱由榔未能利用暂时安定的机会，力图振作，而是继续营造宫室，尽情享乐。虽然皇宫的规模及其制式没有留下什么记载，昆明和五华山却由此有了滇都皇宫的称号。朱由榔的朝政仍由权臣把持。一心扶明的官员反受到孤立和排挤。

顺治十六年（1659），清军集结精锐，兵分三路，进军云南。李定国在黔接战不利，退回昆明。朱由榔在皇宫集中朝臣，商议对策。有人提议入蜀，李定国主张入粤，急则可入交趾（今越南）。朱由榔接受了沐天波的意见，向西撤退，驻守大理，凭借下关之险，偏安一方，事急则退入缅境。

流浪皇帝仅在宫中享受了不到两年的皇家待遇，便闻风而逃。清光绪年间，从五华山掘出永明玉玺，证实了当年如惊弓之鸟的朱由榔，连证明皇帝身份的大印都顾不上携带，其实两个月后，清军尚未入城。

李定国统兵断后，沿途设伏。然而，朱由榔一伙人心惶惶，并未留驻大理。清军进入滇境时，小朝廷的队伍已经快到永昌（保山）了。如此皇帝，纵有能臣干将也只能做亡国之君！

之后，朱由榔一伙由腾越（腾冲）仓皇退入缅甸。李定国沿途布置的防务先后被攻破。他本人最后在孟良（今属缅甸）驻扎下来，等待时机。永历小朝廷在缅甸处境艰困。李定国与朱由榔失去了联系。

顺治十八年（1661）五月，清廷派平西王吴三桂等两路大军攻向滇西，向缅王索取朱由榔。缅王之弟杀兄夺权，杀尽沐天波以下诸臣后，把朱由榔全家送交吴三桂。第二年，清军班师，朱由榔被押解回他弃守了三年的滇都，被囚于原皇宫旁金蝉寺内。

吴三桂恐押送永历帝赴京途中节外生枝，奏请就地处决。永历帝之母和妻在解往北京途中自尽身亡。屯兵于滇缅边境的李定国将军，闻永历帝遇难后，因悲愤过度，一年后病故。

吴三桂受爵平西王后，填菜海子（翠湖）之半建造王府，并将原万寿宫扩大延伸至翠湖，称平西王府。清康熙十二年（1673），吴三桂叛清称帝，国号周，后由其孙吴世璠继位，自称洪化皇帝，偌大的平西王府也就成了洪化皇宫。清军进入昆明，吴世璠自尽，滇都昆明这片豪华的宫殿也随之被清军毁为平地。之后，仅在五华山昔日拜见南明皇帝的万寿宫旧址上建了一座朝拜清帝的万寿无疆牌坊。

云南宰相杨一清

赵　立

　　古民谣"圣人出，黄河清"。然而千百年来，尽管华夏大地上英才辈出，黄色浑浊的黄河水就没有清澈过片刻，这只是一个传说的愿望而已。明朝景泰年间，一个云南安宁人，带着他出世不久的孩子乘船渡过黄河。船到中流，有人忽然发现黄河水里有一缕清水流动，一时举船人大哗，认为这是一个吉祥预兆。这个名叫杨景的云南人当即为自己的孩子起名为一清，以纪念此事。这个孩子的父亲没有想到，若干年后，这个当年的小孩杨一清，凭自己一身文德武功，出将入相，流芳百代！

　　杨一清，字应宁，号邃庵，又号石淙，云南安宁人。生于明景泰五年（1454），卒于明嘉靖九年（1530），仕途历成化、弘治、正德、嘉靖四朝。他自幼聪颖不凡，7岁能文，以神童被推荐为翰林秀才，14岁中举人，18岁中进士。历任山西按察佥事，以副使督学陕西。在陕西8年后调任太常寺少卿，进南京太常寺卿。弘治十五年（1502），被擢为都察院左副都御史，督理陕西马政。又受命巡抚陕西，曾选卒练兵，筑城，罢免贪鄙无能的边将，裁减冗员，将边境整顿得井然有序。明武宗年间，鞑靼数万骑兵侵扰边境，他发挥杰出的军事才能，智设疑兵把敌吓退。后他又受命总制延绥、宁夏、甘肃三镇军务，并进为右都御史。其间，他整顿发展了边境的茶马贸易，繁荣了边境贸易经济。他官至兵部、户部、吏部尚书，武英殿、谨身殿、华盖殿大学士，左柱国，太子太傅，太子太师，两次入阁预机务，后为首辅，官居一品，位极人臣。

　　杨一清生平有一件大事，就是铲除了弄权奸宦刘瑾。有明一代，宦官弄权的情况一直是难于根除的弊习。明武宗时的宦官刘瑾，得到皇帝信任后，独揽朝政、贪赃枉法、结党营私、鱼肉百姓。杨一清本人因为仗义执言，也一度被捕入狱。后出狱，被放归江苏镇江。

　　明正德五年（1510），明朝宗室安化王朱寘鐇在宁夏起兵造反，明武宗不得不又起用杨一清总制军务，带兵讨伐。杨一清在平定叛乱后，与监军太监张永合作，以迅雷不及掩耳之势参倒刘瑾，除去这一祸害朝野的巨恶大贪，天下为之欢呼雀跃！纵观明史，由大臣主持铲除奸宦而成功的，仅杨一清而已。这一段历史一直流传至今，在清末武侠小说兴起之时，《七剑十三侠》叙述的就是一帮侠客帮助杨一清平叛的故事，现代人所写的一些武侠作品中也时有杨一清出场。

杨一清有着很强的社会责任感，他虽然位高权重，但时刻关心人民疾苦，在他的诗作中将这种忧国忧民的思想表现无遗，这在历代重臣中甚为罕见。而且他们诗作艺术水平较高，明代文学家、评论家胡应麟云："明代勋业才名相兼者颇不乏人，如于谦、杨一清等。"清朝著名学者朱彝尊所选《明诗综》，收录杨一清诗20余首，并评论杨诗："……古诗（体）原本韩苏，近体一似陈简斋、陆放翁。"清人赵藩咏诗赞扬："将相功名一代中，诗歌卓有杜陵风。"大家都知道滇人善联，这也是从杨一清开始有的美誉，民间一直流传着杨一清8岁时老师曰"杨花乱落，眼花错认雪花飞"，他以"竹影徐摇，心影误疑云影过"对之。杨一清中进士殿试时明宪宗出上联："一间茅屋两先生，聚六七童子，教《百家》《千字》。"杨一清脱口而出："九重金銮一天子，会十八学士，读《四书》《五经》。"

杨一清具有军事才能，他将此才能应用到围棋上，成为明朝围棋流派——京师派的重要人物。中国士大夫围棋从此形成了京师派和苏派两大阵营，共同开创了弈坛的全新格局。他的书法学颜鲁公，颇得其法。他还是明代的收藏家。2000年，上海博物馆购得赵构真草《嵇康养生论卷》，即被他收藏过的国宝。明弘治年间，他刊刻的《孟东野诗集》，直到现在都是研究唐代诗人孟郊的重要文献。他虽然多才多艺，但在处理政务上一丝不苟，据史载，他一夜能写10份文书，没有一句废话。在清朝所修《明史》中，称杨一清"其才一时无两"，可比唐代名相姚崇，实非虚言。

云南与内地的联系自元朝后开始紧密，明朝时杨一清的父亲在广东化州任一小官吏，至今化州还有石龙鸣三日，杨一清诞生的民间传说。后来杨一清又随父迁居湖南巴陵，到老逝于江苏丹徒。正是因为他在这些地方居住过，近几年来，名人效应使得这几个地方都在争夺杨一清这个无形资产。所以在许多介绍杨一清的文章里。杨一清的籍贯有好几种说法。其实，他生前一直没有忘记自己是云南人，他晚年自号"三南居士"，明确地表示自己生在云南，长在湖南，老于江南。

明成化二十年（1484），杨一清回到云南家乡安宁，祭祖坟，会宗族，立宗盟，因他命名的安宁杨阁村至今犹存。他回乡后，在螳螂川边看到一片五色石岩雄峙，下有数个岩洞贯通其中，对此美景，不由大喜，将此地命名为石淙。从此自号为石淙，并建石淙精舍自居。又著《游温泉记》，将安宁的温泉和石淙胜景载于文中。

杨一清自己推广家乡胜景还意犹未尽，又请当时的文坛领袖也是首辅的李东阳写下《石淙赋》，另一位内阁大学士费宏也写了《石淙辞》。一时间，云南安宁温泉名动天下，时至今日成为云南的著名旅游景点。今天我们来到那片后来被命名为环云岩的脚下，看着杨一清之后历代名人的摩崖刻字，不由想起这位杰出的云南政治家、军事家、诗人当年在家乡时的情景。他因清正廉明，才华横溢，死后被谥为文襄。这个称号在封建社会里代表着对他的卓越评价，后世尊称其为杨文襄公。

　　杨一清从来没有忘记自己的家乡，他把自己的诗集命名为《石淙诗钞》，晚年在江苏居住的别墅，他仍然命名为石淙精舍。云南人也一直没有忘记这位走出大山的家乡子弟，他在云南的多处刻石手迹，一直得到了较好的保护。他的奏疏文集《关中奏议》，在明嘉靖初年刊刻后，清嘉庆年间昆明的五华书院又整理重刻。1914 年，《云南丛书》开始编辑，初编即将此书收入。目前昆明翠湖边上的云南省图书馆里，保存的诸多古籍中，其中一本稀世之宝就是明嘉靖年间刊刻的《关中奏议》。今天，江苏人仍将杨一清在镇江南山寺旁欣赏过并撰文赞颂过的 13 棵古松，称为太傅松。在广东化州，人们曾建景邃台，以志对杨一清的景仰之情。在云南昆明翠湖的北面，曾有过杨文襄公祠，始建于何年已经不可考证了。但根据历史记载，1925 年曾经重建过。1925 年到现在还不到 100 年，杨文襄公祠已经没有一点痕迹了。100 年，在历史的长河里微乎其微，我不信杨一清，这个 500 多年前的杰出云南人，就这样消失在历史断层之中！

陈圆圆与昆明尼庵

陶师舜

昆明三圣庵，始建于明代，原名土主庙，位于小西门（威远门）外的瓦仓庄。庙中有明代著名思想家李贽返乡时，应邀为该庙撰写的重修碑记。碑为墨石，高 1.86 米、宽 0.6 米。三圣庵于 1983 年被公布为五华区区级重点文物保护单位）。石碑立于明万历九年（1581）。碑文 419 字，记创庙沿革、重修始末，对研究昆明地区佛教以及李贽的思想有一定价值。

清初，土主庙改建为三圣庵。据传，平西王吴三桂的爱妃陈圆圆在此庵出家为尼。

康熙十一年（1672），从菜海子（翠湖）西畔的平西王府走出一个目含悲愤、面容清丽平静的中年女子。女子缓缓走过洗马河、蒲草田，从小西门出城，走进瓦仓庄的三圣庵。三圣庵的师太将这位风貌高雅不俗的苏州口音女子迎入佛堂。众尼双手合十，排列两旁。香烟袅袅的佛堂里，响起"笃笃"的木鱼声和诵经声，伴随一记清悦的钟磬声，女子正式削发为尼，师太为她取法号寂静，字玉庵。从此，昆明尼界多了一位比丘尼，她就是平西王吴三桂的爱妃陈圆圆。

据史料载，明清以来昆明的尼庵甚多，数量几乎与寺庙对等。除城外著名的三圣庵、铁峰庵、虚凝庵外，仅城内就有大小尼庵 50 多座，且多分散在市井中的背街小巷内，如海潮庵在华山西路海潮巷内，妙法庵在大兴坡脚，祝国庵在篦子坡东侧的水晶宫。此三座尼庵皆离菜海子很近。此外，另有白衣庵在钱局街白云巷内，紫衣庵在土主庙街，静定庵在崇仁街静定巷内，吉云庵在吉云巷内，积善庵在积善巷内，仁寿庵在仁寿巷内……

据传，昆明尼庵有四分之一为寂静玉庵禅师（陈圆圆）所建。其中，最值得一提的是钱局街的白衣庵。

大清顺治末年至康熙年间，钱局街白云巷有尼庵一座，因庵中尼姑尽穿白衣，故名。白衣庵除钱局街外，登仕街还有一座，相传均与陈圆圆有关。尼姑何以尽穿白衣，如同平民百姓发丧所穿？此事内含隐情，说来话长。

明末，永历帝败走云南。清军三路入滇追赶。明叛将吴三桂自开山海关降清后，便成了清廷的一条走狗。为争头功，吴三桂率清军对永历帝君臣穷追不舍，永历帝被迫逃亡缅甸。清顺治十八年（1661），吴三桂率清军直压缅甸边境，迫使缅王将永历帝及亲属交清军送回昆明。据云南明史专家马荣柱教授著文介绍："永历帝押回昆明，囚禁于篦子坡头金蝉寺内。当时城内的居民看到吴三桂对明朝系统斩草除根的状况，非常气愤，连吴的卫军满洲八旗将领章京纪尔特、莽尔洒等都看不惯背主求荣的吴三桂的残酷做法，要起来反抗，均被吴杀害。"康熙元年（1662）夏，吴三桂将永历帝父子缢死于篦子坡金蝉寺。民间传说，永历帝父子被害日，顷刻昼晦，继而大风霾，雷电交加，空中有二龙蜿蜒而逝。永历帝被缢死于篦子坡后，昆明父老出于对吴三桂叛国降清的义愤，遂将此坡改名为"逼死坡"。钱局街白衣庵尼姑尽穿白衣，或与此有关。

吴三桂被清顺治皇帝封为平西王后，越发骄横，不可一世。他私填菜海子之半，在钱局街东侧（今云南陆军讲武堂、省图书馆一带）构建恢宏豪华的平西王府，据史料称："平西王府千门万户，土木之盛，似以帝居。"为给爱妃陈圆圆在北门（拱辰门）外商山脚下凿莲花池，建安阜园，不惜挖毁昆明城乡百姓墓庐数千，故清人王思训作《野园歌》斥之曰："凿一池抛万姓冢。"吴三桂在云南统治20多年，倒行逆施，民怨沸腾，使百姓敢怒而不敢言，其暴政引发云南各族人民多次反抗和起义。弱冠之年的康熙皇帝察觉其拥兵自重、割据一方的野心，决定削藩。于是吴三桂发动叛乱。

昆明钱局街白衣庵尼姑尽穿白衣，此事颇不寻常。内中，既含悲悼明亡之意，又暗含对吴三桂的诅咒，表达了百姓对他推行暴政强烈的反抗情绪，也从另一侧面体现了明末清初云南各族人民不屈从清廷统治的气节。康熙二十年（1681）底，吴三桂叛乱被大清彻底平定。钱局街白衣庵，因昆明百姓嫌白衣不吉利，遂按谐音改称白云庵，巷名也随之改为白云巷，据说"白云庵"之名就是陈圆圆所取。

陈圆圆虽为江南歌女出身，却是一个有见识、明大义的女人。对吴三桂先叛明降清，又叛清称帝等一系列不利于国家安定和民族团结的作为，陈圆圆愈来愈反感。被封为平西王的吴三桂，坐镇云南割据一方，竟在康熙十年（1671）在昆明东郊鸣凤山建造金殿，做起了皇帝梦。对康熙的裁军指令，吴三桂阳奉阴违，暗中积极扩充军队，私造武器，甚至为了有借口扩充军力，有意在云南制造事端，挑起民族纠纷，转而又镇压云南各族人民。陈圆圆多次苦劝吴三桂不要与中央（清廷）对抗，吴三桂不睬。在看透吴三桂的野心后，已拒绝正妃封号并早已另居别院的陈圆圆，写了一封语重心长、对形势分析精辟的信，再次劝吴三桂不要反叛，否则将"贻重患于子孙"。但叛心已决的吴三桂毫不理会。陈圆圆遂决意离开平西王府出家为尼，吴三桂此时已有"八面观音""四面观音"等美人为妾，早已不在乎人老色衰且与自己政见不同的陈圆圆，便点头任其削发为尼。

陈圆圆在三圣庵出家后，一心念佛，从此与她有关的在昆明城建的尼庵就有十多处，其中近世存留的有白衣庵两处，以及妙法庵、金莲庵、紫衣庵等。据著名史学家谢本书教授在《昆明史话》一书中介绍："这些尼姑庵落成后，遂选择与自己面貌近似之女子若干人，为各庵住持。陈圆圆遁迹于各庵，今日在此，明日在彼。时间久了，竟不知她到底在哪里，也不知道在这些尼姑中，哪一个是真圆圆。"事实上，此时已被佛教界尊称为寂静玉庵禅师的陈圆圆，已成为昆明尼庵众尼姑的精神领袖，其为人处世及对时政的看法和观点，已成为昆明尼姑仿效的榜样。

康熙二十年，清军攻陷昆明，陈圆圆生死不明。有说陈圆圆投城北莲花池自尽；有说陈圆圆趁乱出走，不知去向；也有说，陈圆圆仍隐于城中自己建的尼庵中，终日吃斋念佛。不久的一个月白风清的夜晚，翠湖东畔大兴坡脚的妙法庵突然起火，庵中18个尼姑团团趺坐在佛堂中，从容地诵经自焚。妙法庵的大火浓烟，在大兴坡脚久久升腾，烈焰中不时还隐隐传出钟磬声。之后，昆明百姓传言：18个尼姑闻知她们崇敬的寂静玉庵禅师投莲花池自尽后，悲痛万分，竟以火焚身，追随她们的寂静玉庵禅师到西方极乐世界去了。又有一说，妙法庵自焚的尼姑中其实就有陈圆圆本人。

此后，昆明百姓一直改称妙法庵为火烧庵。妙法庵烧毁后，再未重建，只留下一段谜一般的故事，在昆明百姓中传来传去……

陈圆圆的悲剧人生

黄茂槐　　张忠富

在中国历史上有许多出类拔萃的女子，其命运和封建统治者相连，度过了曲折而令人同情的人生。在她们当中，获得善良的云南人民深切同情的陈圆圆，是命运最为曲折坎坷的一个。她的不幸，还在于她还很年轻的时候，便被明思宗朱由检田妃的父亲偶遇掳掠。当明朝将亡之时，她又被送给吴三桂，作为笼络权贵的礼物。

陈圆圆本来姓邢，家住常州郊区。她幼年丧母，父亲邢三只好把她交给姨妈抚养，后随姨父姓陈，取名陈沅。她10岁时，姨父因生计艰难，被迫把她卖给艺馆充当玉峰歌伎。她很聪明，诗词歌赋一学就会，人又长得十分秀丽，所以十五六岁时，已是苏杭地区名噪一时的红歌女。

陈沅幼时，曾许配过冒襄。后来冒襄苦读，成为江南才子，还是一心爱恋着陈沅。陈沅也觉得冒襄是理想的如意郎君。再加上曾有婚约的一层关系，他们更是两情依依，山盟海誓。正当冒襄欲倾其所有为陈沅赎身成婚之际，不幸她遇到在普陀寺进香的田妃之父，被强令带到京师，使她再次跌入火坑。尽管她和冒襄双双悲痛欲绝，但失去人性的权贵田畹却丝毫不为所动。

陈沅被带到北京后，田妃父女为讨好皇上，一度将她进献宫中，但因大顺军和大西军节节胜利，朱由检已无暇顾及，陈沅又被带回田府。可怜她终日以泪洗面，欲生只有断肠一般的哀痛，欲死却无机可乘。不久，镇守山海关的总兵吴三桂受皇帝召见，到武英殿议事后，又被赐蟒袍玉带和尚方宝剑。可见朱由检是把匡扶欲倾大厦的希望寄托在他身上了。田畹看到拥有重兵的吴三桂将成为大权在握的重臣，于是极尽巴结之能事，把陈沅作为进见的礼物送给吴三桂。陈沅又在地狱中下沉一级。

1644年，大顺军攻进北京，李自成部将刘宗敏占据田府，俘获了陈圆圆。吴三桂拒绝大顺军联合的呼吁，反而在山海关投降了清军。40天后，大顺军匆匆撤离北京，陈圆圆被吴三桂部将发现，急忙派人通知吴三桂。于是，陈圆圆又再度落入这一降清武夫之手，被吴三桂带到昆明。

此后，吴三桂坐镇云南割据一方，生活更为糜烂，终日沉醉于酒色自娱。在他藩府别院中，不仅有从苏杭选来的妙龄舞伎，还有所谓美人"四面观音""八面观音"等。在她们当中，陈圆圆是尚能自爱的一个。她独居别院，终日以诗书自娱。然而，她毕竟和令人深恶痛绝的吴三桂一起生活了很长时间，因此也难免有一些非议。后人曾有诗为她鸣不平："吴贼降满清，圆圆陷恶名。滇池春水急，似有不平声。"

据有限的史料记载，陈圆圆对吴三桂曾有"四劝"，即不要反明降清，不要追歼大顺军，要和李定国合兵保护南明小朝廷，不要杀害永历帝。吴三桂本质上就是个丧心病狂的野心家，自然听不进逆耳忠言。陈圆圆愤而削发，拒绝再与吴三桂见面。清康熙十七年（1678）三月，吴三桂在衡州（今湖南衡阳）称帝，同年八月病故，其孙吴世璠继位。九月，清军大举南下合围吴军，欲诛吴氏九族。陈圆圆闻讯，为保护后代，便携儿子吴启华、孙子吴仕杰，在吴三桂生前亲信、军师马宝的护送下，从云南来到贵州，沿龙鳌河坐船而上，在思州（今贵州岑巩县）的鳌山寺隐蔽下来。次年，陈圆圆在距该寺 20 里的天庵寺削发为尼，改名寂静，字玉庵。

陈圆圆的儿子吴启华一直隐蔽在鳌山寺，直到康熙二十四年（1685）才下山，在离鳌山寺不远的一片原始森林旁定居下来，取名马家寨，从此便世代定居繁衍后代。经过 300 多年，如今的马家寨共 170 余户 900 余人，全是吴姓，都自称是吴三桂、陈圆圆的后裔。

陈圆圆死后被抬回马家寨，葬于狮子山脚。陈圆圆的墓是一个不显眼的土堆，前有墓碑一方，碑铭文为：故先妣吴门聂氏之墓位席；两旁小字分别是：孝男吴启华，媳徐氏，孝孙男仕杰，杨氏，曾孙大经……立（碑立于 1728 年）……碑立于距她死亡已 40 多年的雍正年间，直到 20 世纪 80 年代初，吴氏家族向社会公开了身世之秘后，贵州岑巩县文化部门通过考古发掘，才把这块已埋了 200 多年的墓碑挖出来，陈圆圆魂归何处才有了明确答案。

护国门，云南人心中的凯旋门

李晓明

1915 年 12 月 25 日，在袁世凯复辟称帝的一片喧哗声中，祖国西南边境的古城昆明，喊出了护国第一声！宣告独立的云南，立即通电全国，希望各省共同挺身而出，打倒窃国大盗袁世凯，捍卫辛亥革命的胜利果实，维护共和国体，维护《中华民国临时约法》。26 日，云南正式组成以蔡锷为总司令的护国第一军，以李烈钧为总司令的护国第二军，以云南都督唐继尧接任总司令的护国第三军。至此，一场以武力讨伐袁世凯的云南护国首义，轰轰烈烈地拉开了大幕！

拆一段南城墙建成护国门

"护国三军，亮剑讨袁，再造共和"，云南敢以一省不足 3 万兵员的微薄之力对抗袁世凯北洋军的 10 万虎狼之师，这个伟大的壮举无疑成了决定中国历史命运的一场生死大决战。它就像一个惊天炸雷，震动了整个华夏大地，让世界对云南投来了极为关注的目光。

可以说，护国运动由云南首举义旗，带头振臂一呼，敲响了袁世凯复辟封建帝制的丧钟，将全国讨袁战争引向深入，推向高潮。经过半年激战，彻底粉碎了袁世凯的皇帝梦，这是云南军民发扬辛亥革命的光荣传统，追求进步，反对和阻止历史大倒退的正义之举。在护国战争中，云南军民始终发挥着主要领导人作用和关键推动作用，做出了重大的牺牲和伟大的贡献。这场革命的历史功绩，正如中山先生在《云南驻沪代表欢迎宴会上的讲话》中所言："云南起义，其目标之正确，信心之坚强，士气之昂扬，作战之英勇，以及民心之振奋，响应之迅速，与黄花岗之役、辛亥武昌之役，可谓先后辉映，毫无轩轾，充分表露了中华民族之正气。"

四年之后的 1919 年，云南各族人民为纪念护国首义的殊勋，特地把昆明南城墙靠东的一段拆除，建立了一座古朴庄重、肃穆凝然的城门，名曰护国门，并在中间拱门的正上方，悬挂一块堂堂皇皇的大匾，由陈荣昌先生用颜体楷书题写了三个笔力遒劲、气势雄浑的大字——护国门，此门因在大南门外，又称小南门。

护国路原叫绣衣街

护国门原址在今护国路中口与南屏街、庆云街交会处。该门为四柱三开铸铁大扇花楞门，宽 18 米、高 5 米，表面涂朱漆，门柱以花岗石做原料，上半部分雕以半圆形窗花图案，十分坚固美观。整座大门，上部设计成栅栏式，下部装饰着铁铸图案，别具一格，匠心独运，显示出很高的工艺水平。另外，三孔拱形镂花大铁门东西两侧屹立着两座对称的重檐门楼，颇具气势。

在新建的护国门外面，是一条在明代就流淌的护城河，河上有一座古桥，名为白鹤桥。为了便利交通，人们在这座古桥的原址上，重新建造了一座双孔大石桥，将其取名为护国桥。护国桥的石质洁白，雕工细致，桥长 23 米、宽 17.5 米，设计巧妙，结构美观大方，可谓中西合璧，古朴典雅。拱桥的上面有多个石刻的兽首饰物，立在庙宇屋脊和飞檐之上的独角兽、麒麟、蛟龙和大象之类，象征着吉祥与起到辟邪的作用。

护国桥的左右两侧，砌有 30 厘米高的青条石，这是铁护栏的基石。桥上的铁护栏由铁匠手工锻制而成，做工十分精细。这些铁护栏都是用大铆钉连接固定的。在桥体上的拱券边、桥沿和铁栏杆上，工匠们施展了自己精湛的技艺，护国桥尽显欧式桥梁的造型风格。

正对着护国桥，连接护国门的是一条狭窄的小街，旧名叫绣衣街，人们在建护国门时，对这条老街进行了拓宽和改造，铺就成一条长约 900 米的石砌大马路，取名为护国路。

整个工程竣工后，人们在护国门的左侧立了一块大石碑，上刻《云南会城护国门碑记》。碑文有碑阳和碑阴两面。碑阳一面，记述了云南护国首义的历史经过及其重大意义；碑阴一面，记述的是护国门、护国桥、护国路这三大工程的立案、督造、监修、经费以及建造的时间等。此碑碑文由袁嘉谷撰文，陈荣昌以颜体楷书书写。

黄蚁搬家成就凯旋门传说

据说，当年在筑门、造桥、铺路的时候，曾留下很多有趣的故事，其中盛传的就是，工程从护国门拓展到绣衣街，在挖街边的水沟时，当人们撬开阴沟的石条，竟发生了一件令人惊异的奇事——沟内无数只黄蚂蚁聚集在一起，形成一条长长的圆柱，附着于沟壁之上，其粗大之处相当于小娃娃的手臂。或是人间大事惊动了它们安静的生活，这群有着庞大家族的小生命开始移动迁徙。它们行走的路线渐渐延长着，走过护国路，跨过护国桥，穿过护国门，浩浩荡荡、熙熙攘攘地移动前行着，直到威远街口，在阳光的照耀下，金灿灿的蚁群，挤挤簇簇，连接不断，犹如一支威武雄壮的大军在出征。其数量不止数百上千万，它们执着地前行。人们说，如此之大的蚂蚁军团行动，绝对是一件奇异之事。似乎是当年护国军阵亡将士的灵魂再现，雄赳赳，连绵不断。它们从护国门穿越，似乎是出征，又似乎是凯旋。于是，护国门就有了凯旋门之称。

继护国门筑好之后，大约到1923年，人们在改造昆明大南城时，又将南正街改名为正义路，将丽正门改名为正义门。同时拆除了大南门原来的月城，在其旧址即近日楼前面，修建了一个新景观——近日公园，正中竖起了一座（护国）再造共和纪念标。于是，在昆明老城中，由此形成了以护国门为主，供人缅怀、光照古城的云南护国首义纪念圣地，使这一历史事件生出说不完、道不尽的故事。

如今，云南护国首义已经过去100多年了，沧桑巨变，"制度更新歌乐土"，护国门等建筑虽然荡然无存，但它们早已嵌在云南人民的心中，并同那些保留下来且必将一直保留下去的有关街名、地名一样，如同一座丰碑，让人看到云南人民敢为人先、为国捐躯的历史精神，也成了昆明这座千年历史文化名城的精神象征，成了鼓舞云南人民奋勇前进的一种精神动力！

20世纪20年代的护国门（照片由廖可夫提供）

20 世纪 20 年代的护国桥（照片由廖可夫提供）

云南造币厂

段之栋

云南造币厂正式创建于 1907 年，最初定名为云南造币分厂，当年就开始铸造银币及铜辅币，机器由德国进口，祖模由天津户部造币总厂配发，技工从四川调来，厂址仍设在钱局街原宝云局、龙云局（清朝在昆明设立的铸钱机构）内，街名由此而来。1911 年辛亥革命胜利后，云南军督府接管了造币分厂，翌年将该厂改名为云南造币厂；1913 年划归财政部管理，更名为财政部云南造币分厂；1915 年，又归还省里，仍复称云南造币厂；1916 年改隶中央，次年又归省属。1939 年秋，该厂被中央造币厂接纳，改称中央造币厂云南分厂。1940 年 10 月 13 日，因遭日机轰炸，停铸银圆，改铸铜币、镍币。1943 年停止铸币，转而生产机器零件。1945 年 7 月停业。1949 年 5 月，为适应云南省改革币制的需要，省政府又决定在原厂原址的基础上成立银币铸造所，实际上是恢复造币厂，从香港新购祖模，从 7 月 31 日开始铸造银圆、半开等硬币及金条等，直至 1950 年为止。

该厂充分利用云南盛产铜、银等金属的优势，大量生产和铸造以铜、银为原料制作的硬币，同时还生产金币和镍币。计有一圆、半圆（半开）、二角、一角的银圆，五圆、十圆的金币，十文、二十文、五十文的铜币，一角、半角（五分）、二角、半圆的镍币。而铸造的数量据不完全统计，一圆银币 310 多万枚，半圆（半开）银币 9935 万枚，二角银币 30769 万枚，一角银币 398 万枚；金币数量不详；铜币 10 文的 3513 万枚，20 文的 91 万多枚，50 文的 393 万多枚；镍币 5 分的 1744 万枚，10 分的 17951 万多枚，20 分的 168 万枚，50 分的 477 万枚。在这些金属硬币中，较有特色和影响的是护国运动时期铸造的拥护共和纪念银币和拥护共和半开银币，前者币面为唐继尧正面像，后者币面为唐继尧的正、侧头像两个版式，两者的背面均铸有"拥护共和纪念"字样，老百姓称这种样式的银圆、半开为唐头。此外，还铸过孙中山头像一圆银币，老百姓称孙头；袁世凯称帝时，也铸过币面为袁世凯头像的一圆银币，此种银币，俗称袁大头。

云南造币厂铸造的金属硬币，为稳定和发展云南的金融做出了较大的贡献。首先，造币厂不单是起造币作用，它还是云南财政收入的支柱之一。其次，它所铸造的半开，数目很大，投入市场后，使之在 20 世纪 30 年代一度成为云南最流通的银币。1932 年云南富滇新银行成立，资本即以半开银币定额。1935 年后，国民政府实行法币政策，规定中央银行、中国银行、交通银行和中国农民银行发行的纸币为法币，只准许法币在市场上流通，禁止半开等硬币流通，但在云南边疆农村和少数民族地区，仍以半开为主要计价单位。1948 年 8 月起国民政府滥发金圆券，引起物价飞涨，民不聊生，金圆券很快成了废纸。1949 年 4 月，云南省政府实行币制改革，准许滇铸银圆、半开在全省流通使用，银毫、铜圆同时作为辅币，立马在云南稳定了物价，让人民群众过上了一段安定的日子，凡此种种都说明云南造币厂功不可没。

云南省首条公路——滇西干道

陈立言

云南交通落后，过去曾有民谚戏称："先有火车通国外，后有汽车驶城外；先有飞机驾驶员，后有汽车驾驶员。你说怪不怪？"此等怪事说的是云南 1910 年滇越铁路的火车只通向国外，10 多年后才有了第一条不通城内通城外的公路；1922 年云南成立航空学校，培养了一批飞行员后，数年后有了那条通向城外的公路，这才有了汽车驾驶员。

关于修筑这条公路的历史，可追溯到 1918 年前后，由于云南各界有识之士对发展交通的事务极为重视，乃谋修筑通达出海口的公路线，但因战乱等历史原因，修筑公路只有其言，未见其行，可谓一波三折。

1922 年，唐继尧重主滇政，8 月，省公署新增设了交通司，修筑公路的事，终于付诸行动。9 月 27 日，时任东陆大学校长和省教育司司长的董泽兼任交通司司长。12 月，云南交通司拟订修筑滇西干道计划，便邀请在美国公路部门工作的云南留学生李炽昌回滇负责。

交通司于 1924 年 3 月 9 日设立昆舍工务处，办理昆舍段路工程。工务处测量队于 3 月 14 日至 3 月底，先将昆明至碧鸡关段详测完毕。滇西干道以小西门外大观街西安马路口（今大观小学）为起点至碧鸡关的高峣，全程 16.4 公里。公路于 1925 年 10 月初步修通，同月 10 日在昆明西车站（今潘家湾大观小学附近）举行通车典礼。省长唐继尧及周钟岳、由云龙、董泽等军政负责人和社会各界名流 300 余人参加。

通车典礼于下午 1 点后举行。典礼完毕，唐继尧首先坐上省公署购置的法国产恒诺小轿车，其余的人则乘另一辆恒诺小轿车及交通司从美国购进的 4 辆福特 1.5 吨货车，另加蒸汽压路机两台，组成车队，浩浩荡荡地到达碧鸡关，沿途引来非常多的老百姓观看。担任这次庆典驾驶员的是从航空队派来的飞行员张汝汉、李嘉明、李发荣和机械师刘丛仁等。这次隆重的通车典礼，改变了云南没有公路、没有汽车的落后历史。但因为车况、路况不好，加上飞行员不习惯开汽车，许多来宾也不习惯坐汽车，大晕特晕，唐继尧等人坐汽车到了高峣后，再也不肯乘汽车返回，只得骑上高头大马或坐古老的轿子返回昆明。

昆明最早的轨道交通

李晓明

在昆明风景秀丽的莲花池畔，高山脚下，有一条东西走向的米轨铁路，乃滇缅铁路。长期以来，这条铁路曾被戏称为昆明最早的轨道交通。

抗日战争全面爆发后，大后方的昆明修筑过两条轨距分别为 1000 毫米的米轨铁路，一条为叙昆铁路的昆明至沾益线，另一条就是滇缅铁路。这条铁路分东西两段，原计划东段自昆明经禄丰、楚雄、南华、姚安至祥云；西段由祥云经弥渡、南涧、云县，翻越无量山等蛮荒之地，沿南汀河抵达中缅边境的苏达，与同为米轨的缅甸铁路腊戌站相接，便于运输合作。铁路全长 900 公里左右。

在昆明境内，滇缅铁路从西山区塘子巷的原昆明火车南站，经官渡区海棠饭店附近，到盘龙区的昆明火车北站，再经过位于五华区的云南民族大学、云南大学、云南师范大学、昆明理工大学等处驶入麻园火车站，进入西山区的石咀火车站后，穿过碧鸡关一个长 500 米左右的隧道抵达石膏箐，转上两个圈，接着顺十里长坡而下，到达昆明安宁市的麒麟火车站便戛然而止，全长只有 30 多公里。因此，它实际上只是一条穿越昆明四区一市的铁路。

那么，这条铁路为何又被叫作昆明最早的轨道交通呢？追溯滇缅铁路的前世今生，尤其是它在抗战中的特殊经历，真可以说是令人扼腕叹息。19 世纪末，西方列强用枪炮打开了侵略云南的大门。1885 年，法国在中法战争后通过一系列不平等条约首先取得了滇越铁路的修筑权，首将其付诸实施。英国也提出了勘修滇缅铁路的要求，中方始终未予同意。清廷权衡利弊后，于 1906 年将滇缅铁路的修筑权交给了滇省自办，并答允由政府拨一半路款，另一半由滇省自筹。而随着清廷的垮台和其他一些原因，这条铁路一直未能正式动工。直到 1937 年"七七"事变后，修筑滇缅铁路才又重新提上了重要的议事日程。

时任云南省政府主席的龙云认为，日本大举进攻中国后，南方战区必将扩大，滇越铁路的运输随时可能发生问题，希望中央政府尽早考虑着手修筑滇缅铁路和滇缅公路。他于 1937 年 7 月 23 日致电蒋介石，建议与英缅方面洽修滇缅铁路以应急需。龙云在电报中说："南京委员长蒋钧鉴：更密。国难当头，国防交通关系重要。承钧座高瞻远瞩，支持于上，滇黔路已有端倪。惟由滇通缅铁路亦属国防要道，可否退祈钧座饬铁部向英方商洽办理，抑由滇先与缅政府商洽。视其意思如何，再为酌办之处。祈核示遵。职龙云叩。漾机。印。"蒋介石表示同意。只是铁路耗资太大，中央政府几经斟酌，决定暂缓修筑铁路，先期修建公路。

1937 年 12 月，大批公路专家云集昆明等地，于第二年 8 月底修通了中国国际大通道滇缅公路。然而，由于这条公路路面窄，路况差，不安全，常常拥堵停滞，需要一个多星期才能往返昆明，加之每辆汽车只能载运 2 ~ 3 吨货物，而且汽车耗油量大，每吨公里的运输成本高达一元左右。而米轨火车每节车厢则载货 20 多吨，行驶安全，最多 2 ~ 4 天就能往返昆明，大大缩短了运输周期，每吨公里的运费仅 5 分钱。为了满足抗战的需要，经龙云等人多次建议，在中央政府和云南地方的支持下，于 1938 年 4 月成立了滇缅铁路工程处，随后相继升格为滇缅铁路工程局、交通部滇缅铁路督办公署。同年 12 月 25 日在北站正式举行开工仪式，1940 年于滇缅、叙昆铁路衔接处建成了昆明火车北站，史称昆明总站。同时于 1938 年 12 月自南向北修建了途经现海棠饭店等处长达 4.8 公里的环城线，将昆明火车南站与北站相连，并使滇越、叙昆和滇缅三条铁路连通一体。而比之由滇东北方向驶往四川的叙昆铁路和从滇南向越南驶去的滇越铁路，唯有滇缅铁路成了一条贯通昆明主城四区一市的铁路运输线。所以，后来很多人戏说："看看嘛，我们昆明多先进，早在抗战时就有城市轨道交通了。"

值得一提的是，当年在东段修筑昆明至祥云 390 公里的铁路时，12 万多人在工程技术人员的带领下，不辞劳苦，迅速推进；西段 500 多公里的建设也呈现出一片热火朝天的施工景象。这条铁路东西两段成立的 20 个工务总段、66 个分段及 10 多个隧道、桥梁工程处，无不书写着广大云南人民以爱国主义的热情为之付出的巨大的艰辛努力。滇缅铁路的修筑可谓一波三折，碰到了很多意想不到的重大事件：1940 年 6 月 22 日日军在越南登陆，滇越铁路旋即中断，滇缅铁路的建设材料无法正常供给，工程一度陷入困境。同年 7 月 18 日，英日两国在东京签订《英日关于封闭滇缅公路的协定》，禁止中国车辆从畹町前往缅甸仰光、腊戍，铁路的各种筑路物资均被截断。然而，即使在这种极端困难的情形中，滇缅铁路的建设仍未完全停工。1941 年蒋介石电饬龙云将滇越铁路拆除的河口至碧色寨的部分铁轨移铺到滇缅铁路长坡至一平浪，而且随着滇缅公路的重新开放，筑路材料又能从缅甸源源运入，同年 10 月东段已铺轨到安宁，第二年 2 月，昆明到一平浪的工程已完成 80%。西段临沧境内近 4000 立方米的土石方也基本完成，一些车站、桥涵已建好。整条滇缅铁路此时路基土石方总共完成 56%，隧道完成 52%，桥梁完成 45%。

不及所料的是，1942 年 5 月正当滇缅铁路施工时，中国远征军首次入缅作战失利，兵败野人山，日军长驱直入，抵达云南怒江西岸。中国守军炸毁惠通桥，滇西抗战随之爆发后，一份盖有滇缅铁路督办公署大印的全线停工命令很快分发到各个工地。5 月 12 日至 8 月 25

日，在蒋介石、龙云和驻守怒江东岸的中国第十一集团军司令长官宋希濂等人之间，有关破坏滇西段公路、铁路的加急电报多达40余封。消息传来，广大筑路工人对自毁铁路无比悲伤，他们认为这比日军要到来的消息还可怕。

当隆隆的爆破声和滚滚硝烟散尽之后，这条在云南境内已具雏形的滇缅铁路，除了昆明四城区至安宁通车运行成了一条名副其实的城市轨道交通外，人们只能找到当年筑路的部分痕迹了。1944年6月，因叙昆铁路轨料紧张，又拆除了安宁到石咀的钢轨等建材移至曲靖到沾益间的线路铺设。

新中国成立后，铁道部决定重修石咀到一平浪间125.1公里的线路，1958年4月开工，1959年3月铺轨完毕。1970年7月1日，成昆铁路通车后，一平浪到石咀的88公里铁路拆除，变成了一条通往楚雄的公路。1979年1月1日，昆河铁路昆明南站停业，昆河营业线改由昆明北站为起点，昆明北站到石咀间的线路改称昆石线，成了昆河铁路的一条支线。1980年再拆除草坝到石咀线路，并将到安宁麒麟火车站间7.3公里的线路划归昆明钢铁公司。1997年为迎接1999年昆明世界园艺博览会，连接昆明火车南站与北站的环城线被拆除，城建部门顺铁路路基将线路建为绿化带，变成了一条弯弯曲曲飞红吐翠的景观走廊。2008年6月1日，昆明铁路开行（昆石线）市郊列车，线路全长12.4公里，每人每票1.5元。

如今，曾经修筑又被废弃而仅存开远段的滇缅铁路昆石线，成为云南交通活着的历史，无言地述说着它的故事。尽管这条惨淡经营多年的铁路，最终功亏一篑，未能全线修竣，但它以广大云南人民的血汗，形成一条轨道交通，在车轮滚滚、汽笛声声中，为昆明的物资运输、沿途工农业生产和人员外出、全市的经济社会发展，尤其是在抗日战争中对安宁钢铁工业基地形成所起的重要作用，是有史可鉴、不可忘却的。尽管随着现代新昆明的大建设大发展，它已掩映在一片又一片的高楼大厦间，但昆明人对它的感情是非常深厚的，许多人去安宁、耍西山都坐过火车。因此，不少有识之士认为，应该在这段仅存的轨道经过云南民族大学外商山脚下、莲花池畔的醒目之地，刻字立碑，加以说明，而且将它公布为文物保护单位，由此让滇缅铁路的历史永远存留下来。

昆明公共汽车变迁趣话

向建华

关于昆明近代公共汽车的故事，有很多耐人寻味的趣话。作为一个地处边陲的省会城市，直到 1925 年昆明才修了一条从小西门附近到郊外西山脚下高峣的公路（史称云南的第一条公路）。小小的昆明城中遍布的大都为窄街陋巷，汽车根本不好通行，当时除了达官贵人家有小轿车外，人们出行的代步工具仍然是马、轿子或黄包车，根本谈不上有公共汽车可言。

抗日战争全面爆发，云南一下变成大后方，尤其是滇缅公路开通后，数千上万辆汽车像赶集似的拥进了昆明。为适应形势变化的需要，云南省建设厅作出组建云南运输公司，将公路总局所属的旧车辆作价以官股掺入云南运输公司，同时引入商股，决定成立官商合办的运输公司。于 1942 年 9 月 1 日，首次开通了昆明东站至西站、穿心鼓楼至篆塘两条市区线路。从此，昆明街头出现了公共汽车，标志着这座城市公交时代的到来。据一些老人回忆，昆明有了公共汽车后，不少人都愿意花钱去体验一下。

那么，当时昆明人乘坐公共汽车体验出何种感觉呢？ 1943 年 8 月 16 日下午，西南联大教授陈达先生于昆明近日楼，乘公共汽车去呈贡时，挤上第一辆车后，因无立足地，烦热难耐而下车。挤上第二辆车后，顿觉头昏，且站不稳，夺路而下却失去平衡，不能行，车职员扶之，坐下后仍感目光昏黑，头不能动。可见当时的公共汽车之难坐和让人难受，亦可窥见车辆的老旧破败，正如后来人们形容的那样，昆明当时的公共汽车可谓"通洞汽车"。

1945 年 8 月抗日战争胜利后，飞虎队奉命撤回美国，陈纳德将 8 辆大道奇卡车赠给云南省政府，龙云将其拨给昆明市政府，改装成公共汽车。昆明的公共汽车事业由此留下了一段令人难忘的趣话，也出现了短暂的兴旺。由于随后内战爆发，时局动荡，民不聊生，无法继续经营，昆明的公共汽车于 1949 年 8 月 8 日停运。

1950 年，昆明和平解放后，原云南运输公司改名为云南省国营汽车运输公司，以 29 部客车担负市区两条线路及至玉溪等地的客运。1952 年 10 月，国营汽车运输公司成立了地方国营昆明市公共汽车公司，当时拥有 21 辆美国制造的 K6 "万国牌"公共汽车，经营的两条市区统一线路总长不过 10 公里，职工只有 108 人。实在是一个车无处停、设备简陋、厂房破旧的作坊式的小企业，尚不如现在一般普通民营企业的规模。

然而，昆明在新中国成立后的公共汽车事业，正是以此起步，走过一条充满艰辛的创业之路，经过 60 多年的拼搏进取，以跨世纪的飞跃，发展壮大为大型国有企业的昆明公交集团有限责任公司。以公司 2014 年的情况而言：

各种高规格、高质量的营运车辆 4300 余台，营运线路 388 条，行驶里程 21734 万公里，客运量 75290 万人次，票款收入 84042 万元，营运驾驶员 7600 余人，全公司拥有员工 13000 余人（其中在职 9300 余名）。

同时公司在昆明东、西、南、北、中及至海口、呈贡等地都新建了漂亮、宽敞的候车厅、站台等场站基础设施，进一步满足了广大乘车旅客的需求。

抚今思昔，今非昔比。展望前景，昆明公共汽车作为春城的第一公共交通工具，以服务人民的宗旨，在集团提出的以"公交优先、公交优惠、公交优秀"为主要内容的"三优"工程中，打造着展示昆明美好形象的窗口，谱写出昆明公共汽车事业的新声。

鸣响欢快的汽笛，
迎来红日初升的黎明；
我们是春城的窗口，
播满社会的文明；
风雨无阻穿越寒暑，
大街小巷蓬勃我们的热情；
一路畅通一路歌，
平凡的事业平常的心；
微笑迎来千万人，
上车下车总是情；
温暖洒满条条路，
爱心和谐共同行。

20世纪40年代的公共汽车（照片由向建华提供）

20世纪50年代的公共汽车（照片由向建华提供）

20世纪60年代的公共汽车（照片由向建华提供）

20世纪70年代的公共汽车（照片由向建华提供）

云南白药

颜荣清

　　云南白药集团目前已成为昆明市为数不多的年产值达百亿元的大型国有上市企业，今天的辉煌实际是与云南白药的创始人之一——曲焕章分不开的。

　　曲焕章（1882—1938），字星阶，原名占恩，系云南白药的创始人之一。他出生于云南江川县后卫区赵官乡赵官村的一个农民家庭，祖辈勤劳务农，焕章7岁丧父，9岁丧母，全由其祖母和姐夫抚养成人。由于其姐夫的父亲袁恩龄系外伤科医生，在姐夫的带领下，他从小开始学习配制白丹等药。

　　他成家独立生活后，自己配制白丹和其他伤科药方。在行医过程中，焕章刻苦学习，勇于创造，他既注意学习和继承祖国的传统医学，又重视广征博采各种中药材，经过反复实践，不断总结，终于在1902年用20多种中草药材创制了一种药物，因药为白色，故称白药。此时的白药只是用纸做包装，并获省警察厅卫生所检验合格，列案为优，允许公开出售。

　　1917年，为了扩展生意途径，打开白药销路，曲焕章便将纸包装改为瓷瓶包装，正式开药铺出售。

　　1923年，由唐继尧招安为军长的土匪吴学显败北回昆。吴学显的右腿骨被枪弹打断，经法国医院、惠滇医院和陆军医院诊治，结论都是必须截肢才能保住其性命，经曲焕章用白药医治，却接好了伤腿，行走如故。当时省城昆明的著名西医全都不得不对中华民族的传统医药学刮目相看，异口同赞，此事一时风传全滇，成为茶楼、酒馆、街头巷尾议论的新闻，再经报社以及吴学显自己的宣传，曲焕章便成了人们心目中的外科神医，前来求医买药的各界人士，络绎不绝，门庭若市。

　　1923年，唐继尧亦闻曲焕章之名，再经吴学显推荐，便委任曲焕章为东陆医院滇医部主任，并亲赠"药冠南滇"匾额，此时曲焕章还兼任了云南讲武堂的军医官。

　　1927年2月6日，龙云、胡若愚、张汝骥、李选廷四镇守使，联合倒唐。曲焕章趁社会混乱之机，苦钻药理药方，集中精力总结临床经验，终于使白药达到最理想的疗效，成就"一药化三丹一子"，即百宝丹、重升百宝丹、三升百宝丹和保险子。

　　到1928年，曲焕章的白药基本定型，他创办大药房，开始了大规模的瓶装白药生产和销售。抗日战争全面爆发后，曲焕章无偿捐献了3万瓶云南白药，随出征滇军走上前线，在治疗枪伤、刀伤时功效快一时声名鹊起，不仅畅销川、黔、粤、赣、皖、鄂、豫等省，而且以三七折的价位在上海、武汉、香港、澳门乃至新加坡、雅加达、仰光、曼谷等地建立了代销处，产销量达到了前所未有的高峰。

在一封前方的来信中曾这样写道（大意）：我滇军将士盼兄弟（曲焕章）制造出更多的云南白药来。此乃军中急需之良药，抗战需要它，弟兄们需要它！

1938年，曲焕章再捐了万元，购买飞机1架贡献给抗日作战。由于在交出处方问题上不断受到国民党政府的纠缠和威逼，抑郁成疾，同年病逝于重庆，后遗体运回昆明葬于五华区玉案山的花红洞。

曲焕章病逝后，其妻缪兰英遵其遗嘱主持大药房，继续生产云南白药。

1956年，缪兰英女士将处方献给人民政府，在周恩来总理的亲自过问和支持下，由昆明制药厂第五车间开始生产，并在此基础上成立了云南白药厂，经过几十年的发展，现已成为一家产值上百亿元、誉享中外的大型国有上市企业，被人们赞誉为云南的一块金字招牌。

20世纪60年代位于金碧路的曲焕章大药房（廖可夫摄）

难忘的大重九情缘

陈 秀 峰

　　在 20 世纪的漫长岁月中，红云红河集团先后造出大重九、云烟、红山茶、红河等享誉中外的名优产品。对很多上了年岁的老人来讲，其中大重九更是永生难忘。它是因为纪念昆明辛亥重九起义而创，有着悠久深厚的内涵，成了昆明精神的一种象征，还是有着其他什么历史原因？应该说，大重九本身的质量是无可厚非的，它的高标准设计也是非常精美的，从而形成了一个有口皆碑的大品牌。有的老人之所以一生爱它，还因为自己在革命征程中与它结下了一世的情缘。笔者根据革命老人冯辉明的回忆，整理如下：

　　20 世纪 40 年代末，我住在昆明，职业是电信局报务员，业余时间喜爱读中外文学艺术作品，受到苏联大文豪高尔基、热门传记作品《钢铁是怎样炼成的》中主人公保尔·柯察金、中国的艾芜等著名作家、作品人物的影响，抱着去"山那边"下乡体验游击武装斗争生活，收集素材，将来写小说当作家的目的参加革命。愿望是美好的，动机是纯正的。来到游击队（边纵三支队），即被分配到电台干老本行，我十分不愿意，台长老松是个红军老战士，耐心地对我做思想工作，左讲右说，我却心如顽石，不开窍，无奈之下只得将我上交了。

　　当时的边纵首脑机关驻扎在丘北县一个小镇上。一天清晨，我跟着台长老松走进村子中心一所四合院的楼堂。一位身材略为瘦高，穿一套淡蓝色棉布服装的中年男子坐在四方桌前看文件，他就是中共滇桂黔边区党委书记暨中国人民解放军滇桂黔边纵队政委林李明同志。林政委见到我们满脸堆笑，起身招呼我往那由四块木板垫着一床草席，叠着一条黄绿色军毯的简易床上坐。林政委从桌上拿起一包开了口的大重九香烟，抽出一支递给我。当年，大重九在昆明是最高档的烟，在乡下更是稀罕。我本是不吸烟的，可我觉得盛情难却，不由自主地接住了，因为我感觉到这一小支烟卷饱含着革命队伍的领导对一个普通游击战士的尊重、平等、信任和同志情谊。

　　我本想将这支大重九烟留下珍藏以做纪念，哪知林政委划亮了一根火柴，凑了过来。我如不吸就太失礼了，只得起身迎去，吸燃了烟卷。因我平时不吸烟，又吸得太猛，呛得咳了起来，眼睛都湿了。不知是咳呛出来的涩泪还是激动流出来的甜泪，林政委操着广东普通话问："你平常不吸烟吧？"我答："不吸，不吸。""青年人不吸烟为好，不过偶尔吸一支玩玩也不打紧。"林政委慈祥和蔼的态度、温和的话语，像一阵春风，将我内心的紧张和疑虑吹得一干二净。林政委悠然地吸吐了几口香烟，像拉家常般开始了正式谈话："听说冯同志对电台工作不感兴趣，要求去《战斗报》报社？"我答："是的。""喜欢办报纸是个好兴致。不过电台更需要专门人才。现有的报务员很少，他们的工作很繁重，十分艰苦，经常带病坚持工作。你舍弃安稳舒适的城市生活，不怕危险，不畏艰苦，来参加游击武装斗争，为的不就是献身革命吗？现在革命需要你到电台工作。"他吸了一口烟，善意而风趣地说："同志哥，我想你一定会乐意将一技之长贡献给革命的。"林政委的谆谆诱导，亲切感人的细声慢语，使我的认识即刻有了很大的转变。是啊！原来做好本职工作的同时也是可以写作的，还会写得更精彩呀！

自此，我对电台报务工作的感情全变了，原先那枯燥得像蚂蚁啃啮脑髓似的"嗒嘀嘀，嘀嘀嗒"的无线电信号声，变成了悦耳音乐的音符、音节，一张张的电讯稿变成了一篇篇美妙的乐章，在美丽的云岭上空回响。

我是不吸烟的，在后来漫长的岁月里，每当看到饱含着厚重革命历史底蕴的大重九香烟，我就回想起林李明政委给我的那支大重九。可以说，大重九香烟见证了我在革命队伍中人尽其才、走上特殊的重要战斗岗位、为武装斗争做出贡献、迎来新中国的诞生和云南解放的难忘时刻。

在革命战争年代，革命队伍中的上下级关系是那么平等、融洽，同志间的友谊是那样诚恳、高尚，大重九也显得那么质朴、亲切。这正是：

> 重九烟云缭绕，人生岁月悠悠。
> 战友情谊绵长，革命乐章永奏。

大重九烟标（一）（照片由陈秀峰提供）

大重九烟标（二）（照片由陈秀峰提供）

富滇银行财物历险记

和丽琨

富滇银行是云南省立地方银行，创设于民国元年（1912），注册资本500万元，以调剂金融、奖励储蓄、扶助实业为宗旨。由于政治上的原因，富滇银行除经营一般的银行业务外，还代表本省政府执行地方金融政策，统制外汇，发行钞票，代垫省款，成为云南金融机关的中心。

1937年抗日战争全面爆发，云南地处西南，当初仅感受到精神上的震动。1940年夏秋之际，日军从越南海防登陆，海防与昆明仅一车之便，云南立刻感受到了战争的压力。省政府下令各机关疏散，富滇银行行长缪云台当即召开高级职员会议，决定将该行历年积存的贵重公物，立即疏散到滇西，以保安全。当时富滇银行积存了大量的现金白银，特别是1937年5月以来云南省实行法币政策，推行法币，禁用现金，使得大量银币冻结在库，总计半开1600余万元，大元及毫洋共200万元左右，杂银40余万两，都封存在富滇银行的库内。为运送起见，1938年冬开始着手定制木箱，第二年4月开始装箱，同时为了保管和运输方便，将杂银熔铸成条，共四百余条，加上银币、毫洋等总计12000多箱，装箱工作历时11个月才完成。刚装箱完毕，银行就接到了紧急疏散命令，富滇银行上下无不庆幸早做准备，不然如此庞重的现金、白银，仓促间如何疏散？

富滇银行董事会决定先将这批公物疏散下关，再转大理存储；富滇银行从西南运输处租借了车辆，并在云南省绥靖公署派兵保护下，第一批财物于1940年9月9日出发，以后每天或者隔天发出一批，每批六七辆至十六七辆不等，每批由银行两三人押运，官兵一个排保护，10天以后才全部从昆明起运完毕。由于车况、路况极差，途中有因车辆故障抛锚在荒山一两天的，有倾斜江畔崖边摇摇欲坠的，历尽千难万险，才最终全部运到了下关。

龙云考虑到富滇银行所存重要公物、稀见公物关系到国计民生，曾特别面谕大理县长杨勉，在苍山修筑军用石库15个，并照军用石库的尺寸，为富滇银行修筑石库10个，以备疏散时公物存储。疏散下关，只是暂时性质，原以为大理石库可以按期完成，谁料石库尚未修好，便发现这些石库即使修好，由于容积过小，远不够存储这些公物，一时无妥善地点移运存储。该行下关分行，虽有银库，但容积太小，也不够存储，万般无奈，只得暂时存放在一个新建的货仓内，这个货仓只是普通建筑，既不够坚实，防卫也难以周密，只得临时加筑围墙碉堡，增设消防设备，扩充警卫力量，但终究不是长久之计，亦无法保证安全。况且当时正值敌机大肆轰炸滇缅公路，下关地处要冲，正是轰炸的主要目标，警报频发，一夕数惊。银行有关人员无不提心吊胆，眼看这批公物实在难以久存下关，不得已又在洱海东岸宾川县的青山村找到一个天然石洞，紧急雇用 67 艘帆船，分 6 批星夜渡海，运抵青山村，但石洞仍需修整，不得已将货物暂存文昌宫中。青山村是一个荒僻的村庄，文昌宫又是一座破旧的古庙，公物堆置其中，虽有省政府派驻的一个连保护，但仍感兵力薄弱。司其事者，不免风声鹤唳，寢寐难安。

1942 年春，日军进占缅甸，攻向滇西边境，继而龙陵、腾冲相继沦陷，保山混乱，下关震惊。青山村虽僻居海东，但终究离下关较近，且这批财物对云南政治、经济影响巨大，继续存放下关已非万全之策，富滇银行反复斟酌后又决定将其抢运回昆。时值昆明也常遭轰炸，城内无法存放，只得选定五华区西郊海源寺后山的拜月、西华两石洞修筑为分库，并把派驻下关、青山村的职员、兵役、电台及防守部队一并撤回。当时前往海源寺的上山公路尚未修筑完善，一行人等在空袭警报声中历尽艰险方才到达。后又因库房未修好，银箱只能放置在办公室，甚至堆置在林间或崖下，其危险程度可想而知。

这批财物从疏散去滇西到抢运回昆明，经两度长途颠簸，若干次上下车船，许多木箱都已严重破损。省政府决定在财物移入大库前派员监督，逐箱过秤检查，更换破损木箱，凡重量相差一市斤以上者一律开箱清数，重量足者加盖封章收存。这项工作每天动用 30 多人，共用 100 天方才完工。

自 1940 年日军进据越南至 1942 年滇西抗战爆发，再到 1944 年日军占领独山，威胁贵阳，昆明危若累卵，这批公物数量庞大，又缺乏交通工具，令人终日提心吊胆。好不容易熬到 1945 年抗战胜利，该行准备将这批货运回总行存储。不料 10 月 3 日五华山兵变爆发，云南省政府被改组，昆明防守司令部认为这批财物与龙云有关，可能还存有武器，就于 10 月 4 日令第五军围攻西华分库。当时分库仅有 20 多名卫兵，无法抵抗，5 日下午即被第 200 师599 团攻入，将守库卫兵缴械监视，派兵封禁，并派高参刘达潜持杜聿明非有蒋委员长命令不得开库的手令到库监守，所幸因地势优良，仅房屋通风设备多处中弹，库门未被攻破，否则乱兵一入，后果不堪设想。

这笔财物纯属富滇银行的基金，突然遭到封禁，实在意外，后经云南地方政府与南京国民党中央政府反复交涉，到 1946 年 12 月才发还云南，这笔财富总算是保存下来，没有成为国民党中央政府的囊中之物。

1948 年国民党中央颁布《财政经济紧急处分令》，发行金圆券，收兑法币，同时公布施行《人民所有金银外币处理办法》。规定凡人民及银行钱庄，所有之黄金、白银、银币或外国币券，均须依限兑换金圆券，否则除没收其所有金银外，并将当事人处有期徒刑。财政部、中央银行不断催促富滇银行交兑所存的银币及白银。因事关重大，富滇银行一直拖延没有交兑。直至12月12日修正财政经济改革办法公布黄金、白银准许人民持有，且可自由流通使用，富滇银行的库藏才取得合法地位，并得以保全。如果当时兑成金圆券，这些财物将随金圆券的大贬值而变成一堆废纸。

富滇银行存储的这笔财物是云南全省人民的血汗，为全省人民所有，是云南人民多年积蓄的财富，其一波三折、险象环生的经历，实在是凶险至极，能侥幸脱险保存下来，为后来平定发行金圆券引起的经济混乱，平息抢兑风波，稳定物价，稳定云南政治、军事局面，为扶植云南生产建设事业起到了极为重要的作用，确实是云南人民的一大幸事。

富滇银行发行的钞票（照片由和丽琨提供）

中国第一支伞兵的诞生地及总部遗址昆明岗头村永丰寺

陈秀峰

　　昆明市北郊的长陑山东麓有个村子叫岗头村，本名永丰村，元末明初，江西游僧到永丰村，草建永丰禅院，后因战火焚毁。清光绪年间，民众又捐资募物重建永丰寺，使之焕然一新。抗战初期，永丰寺遂被选为国立西南联合大学的一个分部，联大迁出后，南菁中学迁入永丰寺。1943 年 12 月，国民政府在岗头村永丰寺组建了中国军队的第一支空降部队即伞兵第一团。伞兵团士兵多在滇、黔、桂等地的知识青年中招募选拔，素质较高。伞兵团下设 3 个营，共计 1000 余人。为保密起见，伞兵第一团对外一律以鸿翔部队为代号。

　　伞兵第一团的胸章由青铜制作，正中为兵种符号降落伞，两边为鸿雁的羽翼，形象地点明鸿翔部队的代号，底部有一朵梅花。后采纳驻华美军总司令兼中国战区参谋长魏德迈建议，国民党政府于 1945 年 4 月 8 日将伞兵团扩编为陆军突击总队，下设 20 个分队共 3200 人，美军顾问 300 多人，全套美式装备，在美军指导下进行严格训练。原来的伞兵第一团被编为 5 个突击队，每个突击队有官兵 180 人，都有保密代号，如一队诸葛、二队伏波、三队世忠、四队武穆。这 4 个队是鸿翔部队最早完成训练课目的连队。

　　1945 年春，抗日战争正面战场展开反攻，日军从南方各省北撤。鸿翔部队趁此良机先后在日占区广东开平、广西丹竹机场、湖南衡阳台元寺进行了三次空降作战，取得全胜，迎接抗日战争胜利的到来。与伞兵部队相关的昆明抗战遗迹，其实有 3 个训练场：岗头村基地是战术训练营，巫家坝机场是跳伞训练营地，永丰寺是飞行员和伞兵的跳伞训练营地。新中国成立后，永丰寺由村公所翻修建造，仍作为学校用地（银汁中心学校）。后改为岗头小学，至 1987 年小学迁出。

生产中国远征军军服的寺庙工厂

——昆明城隍庙遗址

吴　强

　　中国台湾出版的国军史料丛书《抗战时期滇印缅作战》载《李先庚将军访问记录》一文，其中关于十万套军服准备情况，李将军回答说：民国三十年（1941）底，中国答应出十万部队援英（国），十万大军的军装，"一件不可少！远征军预定三月十日要进入缅甸"。"所以决定三十一年（1942）三月以前，要完成军队的衣服，当时根本没有办法。"何应钦派陈良到昆明找李先庚，说这件事只有李先庚有办法解决。陈良到昆明找到李先庚说："这是国家的军令，你非做不可！"李先庚只好接受命令。"就地征用昆明附近的寺庙，成为寺庙工厂"，一下子招了两千名裁剪缝纫工，"在四十天做完十万套服装，这件事完全照计划实施，完全按计划完成"。最后，李将军说："这对部队的士气鼓舞很大，所有的士兵都觉得很神气。"李将军的寺庙工厂究竟在哪里，经过近一年的查询访问，终于从王嘉积处获知，其中一处为昆明城隍庙。昆明城隍庙遗址位于翠湖南路赵公祠后面，即今昆明市五一路最北端，原五一电影院旁，五一电影院本名大众电影院，新中国成立后更名为五一电影院，今已拆除。

百岁老人盼儿归

——寻找回国抗战的南侨机工李禄泉

吴　强

　　这是一个很沉重的话题，一个海外百岁的老人盼望了 60 多年，直到离世前，始终没能得到任何关于她那个在抗战期间回国服务的儿子的任何音信……

　　2004 年 7 月 7 日，老人的小儿子李禄汉先生从美国回来，参加南侨机工联谊会在昆明召开的纪念南洋华侨归国抗战六十五周年大会。李先生在会上发言，叙说其年逾百岁的老母亲，仍在大洋彼岸苦苦等待着他的兄长李禄泉先生，期望有一天会出现奇迹，游子会突然回到母亲的身边……

　　受南侨机工云南联谊会张田玉女士委托，笔者多方寻找线索。张女士给了一个基本的线索："南洋侨工李禄泉，当年瞒着父母从南洋回国参加'南侨机工服务团'，后来一直没有音讯，查南侨机工名册上有其名字，为第五批南侨机工。其母（在美国）今年 101 岁（于 2005 年 4 月 26 日过世），曾几次让其子李禄汉（禄泉的七弟）来云南昆明，寻找李禄泉下落。"笔者在云南省档案馆馆藏历史档案中，搜寻与李禄泉先生相关的档案，非常高兴地查到一些档案记录：

　　从一份民国二十八年（1939）四月二十九日填写的"吉兰丹华侨筹赈祖国难民委员会征募汽车驶、修机人员回国服务登记表"（编号为 No.129）中，知道李禄泉当年仅有 23 岁，籍贯是福建漳州石码，其父叫李寿，家住马来西亚吉兰丹住高踏峇汝。李禄泉有两年的驾车经验，一位叫林允送的先生为他的担保人，担保人住址：高踏峇汝南昌公司。其资送机关一栏签盖马来西亚吉兰丹华侨筹赈祖国难民委员会椭圆公章（蓝色印台油），"回国日期"：廿八年五月十一日（即 1939 年 5 月 11 日）。

　　表后附有担保人签名的油印介绍书："兹介绍李禄泉君回国服务，确能忠诚为国，倘回国后有不忠行动或不尽职处，愿同负责。此致吉兰丹华侨筹赈会存照。"担保人签名后有一知见人的签名，为马奇杰。

这张表上方还贴有一张李禄泉的照片，从照片上看是一个清秀文静的青年。

一份1939年7月军事委员会西南进出口物资运输总经理处（以下简称西南运输处）档案记录：新加坡回国司机机工名单与编队核对表中，李禄泉的名字出现在"以上（来自）星联四十六名"中，其名单名、编队名均填李禄泉。在同一卷档案的另一文件运输人员训练所第五大队华侨大队第三十一队学生花名册中，填有这样一些内容，职别：第八班学生；姓名：李禄泉；到差日期：五月十五日；月支津贴：三十六元；备考：月饷三十元，伙食津贴六元，共合如上数。

同年稍晚一点的一份汽车运输队华侨义勇总队第十四大队四十一中队官佐学生兵夫花名册中，填有"职别：第七班班长；姓名：李禄泉"的内容。

1941年2月28日西南运输处禄丰货运站的一个人事调动训令，让人得知李禄泉曾在这里工作："军事委员会西南进出口物资运输总经理处畹町分处下关副处长办公处训令关字第502号。令禄丰站。据该站站务员李禄泉呈请，仍调回十四大队工作，业予照准，遗缺兹派第一大队第三中队队副曾薪传接充，月支薪国币八十元，直到差之日起支。除分令外，合行令仰知照，并将该员等离到止薪日期具报备查。此令。（该员等于三月十三日离到）中华民国卅年二月廿八日。兼副处长李晋侯。"从该令接替李禄泉的曾薪传的职务"中队队副"，可判知此时李的职务应与此相当，且能够在货站做站务员，可证明其勤勉有加，且得上峰重用。接下来的一份档案证明李的职务就是中队队副。1941年6月汽车运输第十四大队参加抢运存管急要物资出力人员花名册中记录着："队别：第一七九中队；职别：分队副；备考：已领奖金国币叁拾元整。"10月，汽车运输第十四大队职员具领三十年独证章清册中的记录：……第179中队分队副李禄泉（印）具领证章号483……大队长陆绍康、大队副章溁。中华民国三十年十月六日，其后还附有此具领证章（实为臂章）的实物，其正面印有"汽14B，中华民国三十年度佩用"，后名盖有"第×号"。

1942年3月的中缅运输总局员工薪饷津贴表中："机关名称：下关总站第十四大队一七九中队。中华民国三十一年三月份上半月。职别：驾驶兵；姓名：李禄泉；薪饷：30.00元；津贴：（1）生活补助费：50.00元、（2）米贴：25.00元、（3）特补费：7.50元；应支金额：107.50元；应扣金额：（1）所得税：0.10元、（2）党捐：0.10元、（3）党费：0.06元、（4）合计：0.26元；实支金额：107.76元；领款人签章：李禄泉（印）。"

1942年3月1日，李禄泉被调任腊戌中缅运输支局钞票专送队司机，该队司机均为精心挑选，足见其被重用程度及其工作成绩。与之一同到任的机工均来自"召回侨工"，共16名。分别是"第二班班长陈杰雄，司机胡寿鸿、蔡莫［英］民、黄瑞光、陈家万、王锦、熊永、李德君、邓华、陈瑞龙、王贵柱、苏世生、石野贤、吕成广、方景之、李禄泉"。为给他们起薪，该钞票运送队专门于 1942 年 3 月 3 日行文:"腊戍西南运输公司钞票专送队签呈。三十一年三月三日。发钞字第七二号。窃查职队续接新车,行使短途疏散物资,而职队现有司机名额不敷应用,已新补侨工胡寿鸿等十六名于三月一日到队工作起薪。理合具文检同新补司机名册五份一并呈报鉴核备案。谨呈局长凌、副局长周。钞票专送队队长陈金有、副队长李卫民。"

1940 年日军占领越南,即开始频频向滇缅沿线进行轰炸,日夜奔波于该路的机工增加了来自空中的威胁。1941 年末日军偷袭珍珠港,太平洋战争爆发,这时已经单独与日寇苦战 4 年的中国军民,看到英美的参战,普遍认为日军的失败只是时间问题。然而,同时也意味着日军会随时向英国殖民地缅甸进攻,保卫滇缅公路已成为中国一件最为紧迫的事情。中国政府很快决定向缅甸派遣军队,调集 10 万大军准备入缅作战,这就是第一次入缅作战的中国远征军。但是,由于英国殖民者迟迟不同意开放边境,远征军白白错过入缅作战的最佳时机,而是在畹町至楚雄几百公里的滇缅公路沿线候命。这时,日军却积极向缅甸推进,首先在不战的情况下占领泰国(与泰国王签订条约),进而向缅南发动进攻,企图一举彻底切断滇缅运输线,占领美英在缅甸的军事基地,伺机进攻印度,直下中东,与德军会师中东。1942 年 1 月,4 个师团的 8 万日军(一说 10 万),在 250 架作战飞机支援下,分三路大举进攻缅甸。英国守军此时方仓促要求中国军队入缅作战。1942 年 2 月,根据《中英共同防御滇缅路协定》,应驻缅英军请求,中国政府以第 5、6、66 三个军 10 万人组成中国远征军,入缅支援英军作战。急转而下的战局迫使中国军队轻装南下,重武器被迫远远地甩在腊戍,同样因英军大溃败,远征军在孤军苦斗中为掩护一路狂逃的英军,其为日军突破。日军一路占领仰光、瓦城(曼德勒),打过中缅边境,于 1942 年 5 月 5 日打到怒江,中国守军炸毁惠通桥,怒江以西大片国土沦陷。

在远征军入缅作战的同时,西南运输处(这时已改称中缅运输总局,主官亦换成蒋介石的表兄弟俞飞鹏),正积极组织抢运在缅的中国物资,李禄泉亦在抢运队伍中,1942 年 6 月 10 日"腊戍中缅运输支局钞票专送队报告",即可说明这一点。该报告全文为:"三十一年六月十日于昆明。发文钞字一一六七号。窃职队奉命由腊戍撤退至下关,全队员司奉命每人发给疏散津贴国币叁佰元,计共一百余员名,约共支国币叁万五千元,而职队于五月一日奉命并入中印大队,故肯请将该项疏散津贴早日发下,俾便办清结束事项。是否有当?敬乞裁示。谨呈局长俞、副局长陈。钞票专送队队长李卫民。"报告附"中缅运输总局腊戍支局钞票队队员由腊至关支领疏散津贴册",有"疏散班司机李禄泉,腊至关,应得 300.00 元,李禄泉(印)"的记录。

关于李禄泉档案最晚的记录是 1942 年 8 月的一份"中缅运输总局员工薪饷津贴",其中有这样一些信息:"机关名称:整训班一大队暂四中队;职别:驾驶兵;姓名:李禄泉;工作日数：全月；薪饷：65.00 元；津贴：（1）生活补助：100.00 元、（2）米贴：50.00 元；应支金额：215.00 元；应扣金额：1. 所得税：0.30 元、2. 党捐：0.30 元、3. 印花（税）：0.06 元、4. 党费：0.20 元、5. 合计：0.86 元；实支金额：214.14 元；领款人盖章：李禄泉（印）。"

此外，笔者调阅 1946 年南侨机工复员名单，昆明、重庆、保山（或遮放）三地复员大名单均未发现李禄泉的名字。笔者以为，当时他很可能已经入伍，为现役军人，自然未列上述名单。但上述李禄泉相关最晚档案材料中可查到他的"职别：驾驶兵"，即可佐证。

李禄泉最终的结局，或许永远是一个难以解开的秘密，但他 1939 年至 1942 年 8 月间，在滇缅物资运输中的事迹，让后人深感敬意，同时折射出广大南侨机工的贡献。

委员长昆明行营主任致电挽留陈纳德将军

吴　强

　　在云南省档案馆所藏"国民政府军事委员会委员长昆明行营档案全宗"内存有一份1945年的急电电稿。这份电稿，是该行营主任龙云发给国民政府军事委员会委员长蒋介石的，其内容是要挽留当时将要调防的美国飞虎队陈纳德将军。电文以该行营主任名义拟具，电稿末端有龙云签批的"如拟，即分发"字样。内容是：

　　限即刻到。重庆军事委员会委员长蒋钧鉴，并请译转魏德迈将军。密。准本省参议会议长由云龙、李一平暨全体议员艳电称："顷闻美国驻昆明第十四航空队陈纳德将军，云云（录原稿至）俾收驾轻就熟之效，等语。"查美国航空队驻昆明数载，与我军民密切合作，情感极为融合，况该队及格人员多寡不同，又须另行设置，为俯顺舆情，并免多所纷更起见，谨电鉴查，可否准予免调之处，敬祈衡核示遵，职龙云叩。卯。卅。印。

陈纳德将军戎装像（照片由吴强提供）

　　众所周知，1941 年 12 月陈纳德的航空志愿队进驻昆明巫家坝机场之前，云南各地饱受日机轰炸，尤其是 1938 年 9 月 28 日日机首次轰炸昆明，在随后的日子里，空袭警报声经常响起，到 1941 年，日机轰炸昆明达 34 次之多。同年 12 月 18 日，日机轮番轰炸昆明，炸死市民 365 人，制造了著名的交三桥惨案。这种惨状在陈纳德的志愿队进驻昆明后开始改观，1941 年 12 月 20 日，也就是志愿队刚到昆明后几天，陈纳德建立的空袭预警系统从中越边境获取情报，10 架日本轰炸机从越南方向朝昆明飞来。陈纳德命令飞机立即起飞，当日本轰炸机快飞到昆明上空时，10 多架志愿队的 P-40B 战斗机像一道道霹雳闪电扑了上去。最后打下 9 架日本飞机，只有 1 架敌机逃回基地，而志愿队首战告捷，没有任何损失。很多昆明人都目睹了这场惊心动魄的空战，大家奔走相告，喜形于色，人们连续几天敲锣打鼓到巫家坝机场为他们庆功。由于当时美国志愿队的战机上画着一个鲨鱼头，更像一只威风凛凛的飞虎，于是"飞虎队"这一称谓在云南老百姓间口耳相传。在此后近 5 年时间里，飞虎队成为日本空军的克星，如同坚强有力的屏障，用辉煌的战果书写一个个战争奇迹，粉碎了他们"印度支那无敌空军"的神话，从而使日本飞机对昆明的轰炸逐年减少，由 1941 年的 34 次减少到 1945 年仅轰炸了昆明 1 次，被赞誉为空中守护神。

　　飞虎队与云南人民结下了极为融洽的战斗友谊，龙云在 1945 年急切地发电报挽留陈纳德，便是那些经历抗日战争的云南人民对来自异邦友人帮助的真切表达。

洪化桥咏叹调

朱端强

1659年农历正月初三，吴三桂驻马昆明城头。这个47岁的关东汉子第一次踏上彩云之南的土地。

南国暖暖的太阳照耀着五华山。山上，豪华的万寿宫已空无一人，腐败无能的永历君臣正仓皇逃亡滇西。山下，小西门外一片蘋天苇地，城周河网密布，石桥点点，舟楫如梭！翠湖的水域也远比今天要宽阔得多。这里曾是明朝世袭封侯沐家的别墅，曰：柳营。洗马河经柳营流出，蜿蜒穿过小西门、蒲草田一带流向滇池。

吴三桂觉得自己不过是一条脖子上套着铁环的猎狗。他冲冠一怒为红颜，从山海关打回北京，击败李自成的农民军，夺回了心爱的陈圆圆，暂时恢复了男人的勇气。而后，他率部从河北打进陕西，又经汉中挥师西南，所向无敌又渐渐不知所向了。但有一点吴三桂非常清楚，他越往南打，就越不必再回到寒冷的山海关了。地盘就是力量。于是他主动请缨入缅，擒杀永历帝，免除后顾之忧；环定川黔，消除肘腋之患。云南俗话说：天高皇帝远，先吃早点后洗脸。吴三桂心想，就在这千里之外的风水宝地做他个万世诸侯也不赖！

灾难就这样伏在了昆明的洪化桥畔。

洪化桥原是洗马河上的一座桥，紧挨着柳营的南门。它先前的名字已不可考，自从有了洪化府，人们便称它洪化桥。此后，洪化桥便和清初一段血与火的历史永远连在一起。起先，吴三桂在五华山永历皇宫住过一阵子。后来，他又看上了柳营一带的景色，遂下令将翠湖西边填去一半，大兴土木，为自己修建了平西王府，也就是后来的洪化皇宫，俗称洪化府。洪化府占地广大，包括今天的科技展览馆和省图书馆，依山临水，极其豪华。从这里吴三桂不仅可以泛舟翠湖和滇池，也可随时去莲花池畔探看爱妾陈圆圆。这时，吴三桂略嫌陈圆圆徐娘半老，风韵稍残，据说和她分居了。晚年的吴三桂权重一方，成为三藩之首。他成天宠着"八大观音"等一大帮美人和戏子，歌舞淫乐，好不自在，有时竟高兴得忘了套在脖子上的铁环。

北京却日夜注视着洪化桥畔的动静。

康熙皇帝深谙治术。他并不稀罕吴三桂从云南贡来的茶叶和鸡，他要的是整个西南的全部利益和吴三桂的脑袋！在他看来，走狗只配打猎和啃骨头，断然不能和主子分庭抗礼。这本是中国封建政治制度不可逾越的铁律！ 1673年深秋，吴三桂上书试探中央，请拨锦州一带让他率部归养。不料康熙满口答应，立马派员赴滇，着平西王撤藩，启程北上！

吴三桂深知离开云南他连条狗都不如，于是顿感走投无路，只好狗急跳墙，悍然称帝造反，改元洪化！三藩之乱的战火便从洪化桥烧向中原，又从中原烧回洪化桥。可怜数十万苍生死于战乱，昆明也遭到了空前的劫难。吴三桂称帝不到半年便病死在衡阳，尸体运回昆明，据说后来被丢进了阳宗海。清军破昆明，他那继位不满一年的孙子吴世璠和皇后郭氏等皇亲国戚也纷纷自杀。唯独陈圆圆幸免于难，据说她早已看破红尘，削发为尼，与本事无关了。

洪化桥随洪化府一起毁于炮火。平定三藩之乱后，清廷曾重新将桥修复，下令改名永清桥，康熙以后的云南方志都这样标记，所含之义是非常明白的。后来，随着洗马河的干涸，永清桥也不复存在了。这大约是清中叶以后的地理变迁，因为滇池连着翠湖的水域渐次缩小，原先的河流和沼泽也自然干涸成陆地，建成街道，有了人家，这本不足为奇。奇怪的是，尽管昆明人也痛恨吴三桂，但并未按胜利者的意愿讳去洪化，改称永清。迄今为止，这条没水没桥的小街依然叫作洪化桥。是出于警世，出于揶揄，抑或滇人别有一种冷峻的实录精神？

我愿是后者，记住光荣，也记住耻辱。这样的民众才有生存的勇气，这样的历史才有值得咏叹的真实。

洪化桥奏《当垆曲》

马海洋

明末清初，吴三桂背叛明朝，引清兵入关，被封为平西王，坐镇云南。因为吴三桂卖主求荣，又对昆明百姓施以暴政，所以被世人憎恶。

洪化桥有一位美丽的女子名叫杨娥。她的哥哥原先是明朝黔国公沐府的教头，杨娥从小跟着哥哥习武，身手不凡。杨娥16岁时嫁给沐府的保镖张某。后来，明朝破亡，沐国公跟随永历帝出逃，张、杨两家举族相随。永历帝被吴三桂抓获，之后又被吴三桂绞死。在这期间，杨娥的丈夫也不幸惨死。杨娥国恨家仇聚于一身，发誓要刺杀吴三桂，一为国家，二为丈夫报仇。洪化桥位于吴三桂府邸近旁，又是西出昆明城的要道。为了接近吴三桂，杨娥在洪化桥当垆（卖酒）。天长日久，杨娥的美丽引起了吴三桂的注意。可惜的是，正当吴三桂准备将杨娥娶入府中时，杨娥却突然患了严重的伤寒，很快离世。吴三桂因而保住一条性命。

人们都为杨娥的遭遇深深惋惜，有一位名叫王思训的文人还为杨娥写了一首《当垆曲》，将杨娥与历史上的女英雄相提并论，以纪念杨娥忠勇无畏的精神。

吴三桂被封为平西王之后，便在昆明五华山大规模地建造王宫，把翠湖填去一半，建起了平西王府。

1673年，吴三桂在昆明发动叛乱，不久便占领贵州，进入湖南，5年后在湖南衡州登基称帝，国号大周，年号昭武。同年八月，吴三桂暴病身亡，他的孙子吴世璠继位，将年号改为洪化，又将祖父吴三桂在昆明建造的平西王府改名为洪化府。

洪化府南大门前的甬道上有一座石桥，石桥下的水沟冬春两季干涸无水，夏秋时节的水流也并不太丰盛，沟底用大石块铺垫，齐整而光滑。桥洞的四角有4个高约两尺的石雕佛像，桥的两头又各有一条水沟。由于这座桥在洪化府的门前，当时人们便把这座桥称为洪化桥。

1681年，清军从贵州大举入滇围攻昆明，吴世璠自杀身亡。随着吴氏政权的灭亡，洪化府成为历史遗迹。后来，洪化府南门前甬道上的桥也被拆除了。但作为地名的洪化桥却沿用至今，桥名转为街名。

洗马河

李晓明

昆明曾有一条很是被人关注却已消失的洗马河。今天，人们只有在省图书馆大门口进去几米的地方，可以看到一个小小的白石桥下面，还有水在流淌。据说，这就是当年洗马河留下的一小段痕迹。

相传明朝大将沐英驻守云南开始修筑昆明砖城时，将翠湖围入城内，形成了今天人们看到的翠湖公园。那时，一条没有名称的小河从翠湖而出，被人们叫作无名河。

由于沐英是个极爱马之人，有良驹千匹，他常让士兵在此洗马，并仿效汉朝名将周亚夫屯兵细柳的故事，命人拓宽河道，种柳牧马，以"柳营春试马，虎帐夜谈兵"，抒发自己的一腔豪情，演绎了一段风云变幻的历史。那条无名河由此被称作洗马河，此处变成了一个练兵习武之地。

关于洗马河流传的故事，有一段非常动人的记载。1917年，南洋归国青年华侨学生叶剑英考入云南陆军讲武堂第十二期炮兵科，结识了一位很贴心的云南籍同学，名叫普小堂。当时普家是彝族大土司，就住在昆明翠湖的西南角，这里与洗马河毗邻。每逢节假日，叶剑英如果不去两广会馆，就会约着俌皇鸟等几个同学，去普小堂家做客。

一天，叶剑英正和几个好友在普家聚餐，忽然听到不远处传来呼喊声："救人啊！快救人啦！"

叶剑英和几个同学急忙推窗望去，只见洗马河边有几个小娃娃在拼命喊叫。原来有人落水了！叶剑英水性极好，他曾经在洗马河里游过泳，知道那河虽只有二三米宽，但水流湍急，要是小娃娃掉进去，十分危险。于是，他毫不犹豫地从窗户跳出去，跑到河边，连衣服也顾不得脱，就一个猛子扎进河里，很快游到落水儿童的身边，费了很大的劲儿，终于把那个小娃娃救上了岸。

落水的孩子正是普小堂的大侄子。普小堂和他的父母，从叶剑英手中接过被救起的孩子时，连声谢恩，感激不已。事情也凑巧，抗日战争全面爆发后，有个叫普梅夫的人，千里迢迢赶到了南京，找到正在出席国防会议的叶剑英。叶剑英听说他姓普，又是昆明人，就赶快约见了这个从云南来的小老乡。

见面后，叶剑英问他："你知不知道有个叫普小堂的人？"

普梅夫回答说："我就是普小堂的小弟弟，过去，在家里见过您多次。您还在洗马河救起过我家的大侄子！"两人话语投机，忆起当年在云南的往事，感慨万千。后来，叶剑英送他去了延安，使他走上了革命的道路。

1986 年，叶剑英元帅逝世后，普梅夫特意赋诗一首，寄托哀思：

> 正是中原危急时，钟山一谒感相知。
> 荐书陕北求真理，受命江南倚战旗。
> 匡国勋高公望重，献身力薄我悔迟。
> 难忘四十九年事，堕泪碑前无尽思。

抚今思昔，其实很多上了点岁数的老昆明人都知道，直到 20 世纪 50 年代初，洗马河身影犹在——它从翠湖经承华圃一带注入大观河后，流向滇池。后来随着大规模的城市改造与建设，除了留下那一小段残存的痕迹外，从整体上淡出了人们的视野。

然而，洗马河曾经演绎的那些有声有色的武剧，数百年来一直让人念念不忘。特别是耸立在这一带的云南陆军讲武堂，作为一座培养职业军人的学校，以"明耻教战"，传承了洗马河昔日的武脉，可谓帅星闪耀，名将辈出。近万名军事精英，在民族危亡的时刻血战沙场，留下令人回味无穷的铁血传奇，更是吸引人们对这一带、这条河的津津乐道，谈论不止。于是，洗马河似乎成了昆明城中的一条永不消失的河流。

清末民初的洗马河（照片由廖可夫提供）

花鸟市场说甬道

朱端强

问起甬道街，也许有的青年人已不知所云，但老昆明人却几乎无人不知著名的花鸟市场就在这条小小的街上。鸟语花香，游鱼钓具，乌龟王八，古董杂货……熙熙攘攘，热热闹闹，的确是芸芸众生的一方自由愉快的土地！

然而，历史如果回到明清时期，谁敢在这里摆摊设点？谁敢在这里嬉笑徘徊？岂知甬道街的正北端直承云贵总督署大门。所谓甬道者，乃是专为总督大人出巡而修筑的一条官道。

甬道最早的起源更威风，它只供天子驰用。秦始皇统一六国的第二年，就为自己修筑了一段甬道，在皇宫和骊山之间。汉朝人应劭这样解释甬道："谓于驰道外筑墙，天子于中行，外人不见。"这样看来，秦朝的甬道还真有点像今天全封闭式的高速公路哩！秦汉以后，我国地方高级衙署的门口大多修有一条甬道。

昆明除了甬道街，还有位于师大附小门口的府甬道，是清朝云南府署（相当于昆明市政府）的甬道。它们的档次虽比不上秦始皇的甬道，但每逢高官出入，也必须清道，行人百姓必须回避一边，不许抢道。那情形，正如今天在十字路口遇上国宾车队，与之垂直的交通灯总要亮得久一些，出于威仪，也出于安全的需要嘛！

总督官职起于明代，原来只是代天子巡视地方的监察官，大多由皇太子之类的亲信充当，例不常设，也没有固定的衙门。后来权力越来越大，为了有效地控制地方政治，干脆从后台走上前台，由临时变成固定。这也是中国专制社会职官权转变的特点之一：以小制大，以贱制贵，以暗制明，以临时制固定。

明清昆明级别最高的衙门便是云贵总督署，或称云贵总督部堂。它除了清初一度设于贵阳之外，地址一直就在今天甬道街北头的胜利堂。老昆明称它制台衙门，因为总督负责节制一省或数省军政大权，古人称制军。论权力，相当于当今大军区的司令，军衔起码是上将或中将。据清末罗养儒先生回忆，当时的制台衙门非常威严，它坐北朝南，设正门和左、右辕门三道，辕门分别对着今天的云瑞东、西路，供车马直接出入。正门南向敞开，两边立有大石狮一对，望之骇人！正门石阶之下便是甬道，它笔直通向城外。从前全用青石板砌成，20

世纪五六十年代还清晰可辨。早先的甬道两旁只许栽树，没有居家和铺面，因为这里断然不是平头百姓能够驻足的地方。

昆明重九起义一声枪响！革命军攻进了制台衙门，云贵最后一任总督、李鸿章之侄李经羲大人还来不及使用甬道就翻墙逃跑了。显赫了数百年的制台衙门先后被改为优级师范、省立师范、云瑞中学等，直到抗日战争打败日本，始建胜利堂。

新中国成立后，甬道街一直冷落宁静了二三十年。从20世纪70年代后期开始，甬道街靠专卖花鸟起家，杂商云集，雅俗共处，很快就成为昆明最具特色的一条小街。漫步街头，你能看到价值千金的幽兰，你能买到古色古香的钱币、玉器、瓷器、古董、字画，高档的进口渔具，也能买到才从山里挖来的用于造型的树根和花草。终日拥挤的街上，转悠着本地或外地形形色色的男女老少，也有专为领略中国文化而来的老外……

今天，官方地名册上依旧称它甬道街，保持着历史的骄傲；民众却爱叫它花鸟市场，诉说着现实生活的变迁。沧海桑田，谁挽得住！

绿水河的广告

朱端强

广告做得好，不但生意红火，有时还会收到良好的文化和社会效应。试从营销角度看《水浒传》，酒旗"三碗不过冈"不过是老板推销村酒"透瓶香"最绝妙的广告词。当武松瞥见此旗，那偏不信邪的好胜心，其实早有一半已落入这激将法的广告效应之中。接下来，果然是"两斤熟牛肉"和"三碗透瓶香"先垫了底。老板且拘且给，以守为攻；武松豪气升腾，频呼筛酒！他一连喝了15碗，老板也自然多赚了5倍的酒钱。虽然未能继续宰到武松当晚的住宿费，却意外激出了一个景阳冈只身打虎的千古英雄！

20世纪30年代昆明绿水河有过一次广告活动，用的也是激将法。虽然不及"三碗不过冈"壮烈，但创意和影响深入人心，老昆明人至今记忆犹新。

元明时期的绿水河是春城一景。祖遍山（大德山）下有一个子母潭，上下排列。大潭水满注入小潭，小潭之水绕报国寺流入东城洞，是为大绿水河，因河水终年碧绿而得名。大绿水河近旁的小溪便是小绿水河。祖遍山上有元朝修建的双塔寺（大德寺）。想当年，双塔倒映绿水，山水相依，溪流潺潺，何等情趣！后来不知谁出的馊点子，把大、小绿水河一并盖为暗河。清末，就只有两潭水了。民国以后，水潭又不断被填，日渐干涸，大煞风景。昔日绿水双塔的美景已成故事，但其文化影响却令人难忘。

20世纪30年代初，风韵早已不如当年的绿水河偏偏被一家迁来的照相馆相中。老板是张用之、张用一兄弟，云南弥勒人。他们先在金碧路开了家照相馆，馆名存真，算不上一流的相馆。昆明玩照相始自清末，是一种发展很快的时髦生意。当时资格最老的相馆首推蒋氏水月轩，开在翠湖公园海心亭，环境幽雅，生意兴隆。后来一个官僚看上了这块风水宝地，硬以制造伪币为由，构陷栽赃，把蒋氏抓去毙了。水月轩也随之改为省府贵宾馆。此后继起的著名相馆很多。例如，景虹街的二我轩、正义路的艳芳、光华街的子雄、马市口的国际、福照街的皇后、南屏街的海燕……不难想象，在强手如林的竞争中，迁来绿水河的存真相馆实在不易取胜。

但张氏兄弟自有办法。他们把相馆筑在残存的绿水潭上，借一口先天祖气！略加收拾，倒也显得水曲环折，好似小岛，很别致。但此时的绿水河毕竟不如从前风光，游人罕至，徒有虚名。在这里开相馆，又岂能与热闹地段的旺铺抗衡。

不料张氏兄弟又使出绝招。他们以绿水双塔为题，作出一句上联，把自己相馆的名字"存真"二字嵌了进去，号称绝对，然后公开登报征求下联。凡应征之佳联，一律由存真馆主人酌酬以助雅兴，等于今天的有奖征文。其上联曰：

> 绿水河，河水绿，绿映双塔，塔影绿水存真相。

这不过是一副极普通的连环格对联，何绝之有？其实，张氏兄弟的初衷不过是想让更多的人来参与宣传存真相馆的广告活动罢了！对联越容易，参与的人就越多。你每想一次下联，就必须注意一次上联中存真相馆的名字和地址，这就够切题了。果然，不服绝对的各路英雄好汉纷纷打上擂台！入选佳联的作者竟有著名学者、乡绅耆宿、教师学生、店铺老板，以及众多爱凑热闹的市民。昆明街头骤然掀起一股不大不小的绿水文化热！恐怕是存真馆主人始料不及的。

五花八门的下联中堪称自然成趣的佳联固然不多，但也搜肠刮肚地对出了昆明不少街巷的地方文化特色。不妨略举一二：

> 高山铺，铺山高，高接五华，华山高地光复楼。
> ——王仲安对句

> 大树营，营树大，大整三军，军威大树护国门。
> ——黄幼渔对句

> 近日楼，楼日近，近接三市，市俗近日竞华衣。
> ——颜仲渝对句

结局不用多说，征联活动炒红了存真相馆，使之终于跻身昆明著名相馆之列。还值得一提的是，张氏兄弟并非只是会打广告赚钱的俗商。事后，他们又悉心将征得的对联汇编起来，题为《绿水河征联选稿》，石印成书，刊布天下，今云南省图书馆有藏。这本看起来不起眼的小书很有意义，它昭示了旧时云南商人不凡的敬业精神和聪明才智，也为元明以来残破的绿水河做了一次令人兴奋的大型广告！

塘子巷的故事

朱端强

　　"文化大革命"头两年我家在塘子巷。那时，工人文化宫还没有改建成今天的东风广场，塘子巷就一直是昆明市比较宽敞的一块地方，仿佛今天的广场。塘子巷靠近大、小火车站入城要冲，大约从滇越铁路时代开始，这里便聚集了不少专门为旅行服务的挑夫，俗称散扁担。后来，摇头的士（三轮车）虽然逐渐取代了挑夫，但塘子巷依旧与散扁担和各色底层杂人连在一起，和热闹与自由连在一起。

　　20世纪60年代末最轰动的事当然是"文化大革命"。但昆明"文化大革命"的热点在市中心近日楼，不在塘子巷。或许塘子巷这种地方尤需革命的震慑，那时，无论从太和街还是金碧路走来的游行队伍总会弯进塘子巷，然后再游往别处。记得起先的革命游行总令人肃然起敬。后来，打头的"坏人"被化妆成古代的贪官、小丑、牛头马面，反倒给严酷的革命平添了几分戏剧色彩。记得一个烈日当空的中午，一大队游行队伍开进了塘子巷。当头一位面着重彩的"走资派"，倒骑在一头毛驴上（喻其倒行逆施）。他头戴官帽，身穿朝服，面朝驴尾，端坐驴背，一颠一颠的，居然不掉！后面跟着汗流浃背而又群情激愤的革命队伍，高呼着各种革命口号。随着人头攒动的围观者，我把目光投向驴背上的人，却分明看出唯有他的脸上其实一直透着高兴！他何乐而不为？别人走路他骑驴。这时，围观的人流中突然有人高声嗔骂道："这个杂种倒安逸！"他也许听到了这句话，忍不住真的笑了。顿时，围观的人和游行的人大多也一同笑了，有的还笑出声来！顷刻间，严肃的场面突然轻松下来，革命再也提不起任何虚劲儿了。这种在当时难得一见的笑，一直残留在我的记忆中，有时竟成为我理解人生的注脚之一：凡事又何必太认真呢？

　　塘子巷真正的热闹时刻是每天下午四五点后直至深夜。这时，革命的队伍大多散去。踏着满地的传单和剥落飞舞的大字报，真正的"牛鬼蛇神"才开始纷纷出笼。卖打药的，唱小曲的，算命的，买卖粮票、邮票的，倒腾红像章、小红宝书的……应有尽有，花样百出。这和近在咫尺的近日楼一带形同"一国两制"，那边群情激愤，唾沫飞溅，高谈革命道理；这边蝇营狗苟，尔虞我诈，说的都是大白话。革命派也曾抽调兵力专门扫荡过塘子巷，但风暴一过，各色人等如雨后蚊蚋，重新凝聚成团，热闹开来。

　　卖打药和拔牙的江湖医生大多操四川或岭南口音。卖打药的先在空地上用细盐圈出一个

"舞台"，线外是观众，线内摆着一碗清水和无数药包，还有铁钉、铁棍、麻绳等简单的道具。他开口先念一段"最高指示"："我们都是来自五湖四海，为了一个共同的革命目标走到一起来了……"然后不断用力拍打自己裸露的胸膛，声嘶力竭、手舞足蹈地说出各种最易使人对号入座的疾病，诸如跌打损伤、四肢无力、阴虚阳痿、红崩白带、肾亏亏损、梦遗滑精……现在想来大多与性有关。等到围观的人越来越多，他便以身试药，表演生吞铁钉、徒手劈砖之类的硬功夫，渲染其药力非凡。然后开张卖药，生意也一下火爆起来！

拔牙的人则非常缺德。地上支一桌一凳，桌上钉一颗钉子，钉子上拴一根细得很难发现的铁丝。拔牙之前他有时也念一段毛主席语录，唤作："凡是反动的东西，你不打，他就不倒……"然后让准备拔牙的人先坐在凳子上，将铁丝的另一端牢牢地拴在要拔的牙上。再且说且走地绕到病人的后边，突然，他用手上燃着的烟头朝病人的脖子后边一烫！病人痛得猛地站立起来！铁丝当然不够人站立后的长度！于是一颗血淋淋的牙齿顿时被硬拉了出来。观众哗然大笑！拔牙者反倒操着粤语严肃地说："你呢（这）个牙漆（齿），已经有好几年的立戏（历史）了。"病人虽然疼痛难忍，但毕竟拔出了病牙，也只好苦笑付钱。

摆象棋残局的老倌儿多是江浙人。他极少言语，在地上同时摆出三四盘残局和一张纸。纸上写道："红先蓝后，摸子动子，举手不悔，每次二毛，赢家得棋。"那时，一盒象棋不过五六块钱，来玩儿的人大多不是为了那盒脏兮兮的象棋，而是乍看这么简单的残局，满以为能立马把老倌儿"将死"，当众显出自己的水平，谁知结局总是输钱。

记得我和一个同学就曾输给他两块多钱，心里很不服气。就先把老倌儿的残局记熟，回家摆出来反复试验，终于试出了"将死"老倌儿的着儿，自以为万无一失，就稳操胜券地蹲在老倌儿面前和他战起来。我们终究认真研究过老倌儿的棋局，初下几手，老倌儿立即发现来者不善，他眼睛一亮，指间夹着的劣等香烟也微微抖动起来。但再往下走，老倌儿突然越出了我们私下试验过不知多少遍的程序，改变着儿，硬把一盘看来死定了的棋扳成了活棋！这时四下无人，老倌儿看我们是中学生，他一边收拾棋子，一边温和地对我们说："小孩子下棋勿要着急。革命有输赢，下棋就不一定喽！有输有赢，也有勿输勿赢。这些残局至多只能下个活棋，不然，阿拉乞（吃）啥？"

1969年春天，我离开塘子巷下乡去了，此后家也搬到远离塘子巷的另一个街区。返城后也会偶尔路过塘子巷，只见拔地而起的高楼大厦日益占据了过去的时空，使人觉得它越来越严肃，越来越陌生，陌生得使我全然想不起它还有许多精彩的故事。不过，我分明记得，那严肃而虚伪的历史，正是从这里开始松动，开始走向挡不住的真实。

五华古井六题

詹　霖

寻找昆明金井

　　打开老昆明地图，人们会发现，今天的五华区中心地域覆盖了当年整个城池，老井多得惊人，尤其是活脱脱的灵龟形象给高原古城平添了不可捉摸的神秘，"蛟龙腾天云为家，灵龟潜地水是园"。古城街巷多以"井"字形规划，城池为何筑成如此形状？神秘的金井又在何处？民间有个传说，明洪武年间，镇守云南的大将沐英打算好好建造云南府城，但如何着手却无良法，焦虑之时，夜晚做了个怪梦：一条大蟒，长有万丈，见头不见尾，正张开大口，"哗啦啦"对着昆明城猛吸，城中金银财宝全被吞进肚里。沐英见状大怒，高声喝问："何处妖蟒，胆敢吸我城中财宝，让我百姓受穷？"

　　大蟒答道："我住城北山间，头在滇中尾在川，吃你云南屙四川，关你何事？"沐英听后，拔剑斩蟒。蟒蛇瞬间变成黑汉，与沐英大战起来，杀得难解难分，此时九龙池（翠湖）的九龙骑着神龟前来助阵，最后是神龟把大蟒镇住。沐英惊醒，感到奇怪，又无法解释个中玄机，于是请来有名的风水先生汪湛海解梦。汪公沉思片刻，捏指掐算，振振有词："这是城北长陾山作祟，看那蛇头正对云南府，大有吞噬古城之势。"

　　沐英大为惊悚，急忙讨教破解之法。汪公道："自古破解之道上策是疏导，变害为利。"接着谈了自己看法：长陾山从东北方向蜿蜒而来，真有不吉之象，但在他看来，古城上方聚集了旺盛的吉祥龙气，此乃千载难逢的"紫微龙"地脉。蟒蛇为长寿之物，亦是阴柔之体，性格怪谲，若要起脾气必会伤害黎民百姓。得有一灵物克之化之，辅之变之，这个角色得由同样长寿但为阳刚之体的灵龟充当。

　　在汪先生指导下，沐英找到了昆明的金井之地，即从前的大南门下（今天百货大楼附近）。于是昆明城建成灵龟形状，大南门是龟头，北门为龟尾，大东门、小东门、大西门、小西门分别是灵龟四脚。这样一来，新筑的城池与北走蜿蜒的长陾山气脉相连，形成龟蛇相交、阴阳相济之态，使得昆明有了天造地设、山高水长、万物合一的气势。望着建好的云南府城，汪先生站在五华山上笑了，无不得意地说："这城池真乃龙气益发，风生水起，定能造福滇人！"

城池即将完工之时，汪湛海总感到不够完美，还欠缺点什么。为了增强旺盛不衰的风水，为了使这座新城有丰盈的地气，他按照惯例，在大南门下挖了口金井。人们期盼神灵护佑古城，造福滇人，于是又用大青石雕琢一只1米多长、形端体正、惟妙惟肖的神龟，将它埋于金井旁边，从而证实昆明乃灵龟之城，这可是当年的镇城神物。汪先生心满意足而意犹未尽，他又特意打制石碑，并在上面刻下"五百年前后，云南胜江南"10个大字，然后把它悄然掩埋。至于埋在何处，人们不得而知，有人说置于金井旁石龟之上，让灵龟驮着他的预言；也有人讲他把石碑沉入金井，要让井中甘泉滋润百姓家园。

民国十二年（1923），云南都督唐继尧对大南门进行改造，把原来的丽正门改为正义门。施工时，人们真的从地下挖出一只青石灵龟，当时报道赞誉："其制作工绝。"后来，那口金井不见了，那块石碑亦不见了，人们多次寻找，终不知它们安于何处。

今天，距离沐英和汪湛海掘金井，建城池，埋灵龟，已过去600多年了，昆明发生了翻天覆地的变化，春城闻名天下，云南不是江南，胜似江南。五华的美山美水美景，当然不是靠山龙地脉、龟蛇相交和金井护佑，而是靠历代人用勤劳双手建成的。

饮泉巷里的娃娃鱼

饮泉巷位于当年的武成路不远处，南起如安街，北阻，全长53米、宽约4米，南北走向。清朝末年，小巷内有4口水井，水涌似泉，味道甘甜。其中一口井水深5米，位于老巷路边。有人说，这井水营养丰富，就连如安街上摆摊卖菜、卖山货的乡下人也来此讨水喝，小巷由此名气大振，世人便呼之饮泉巷。井水最惬意之处是冬暖夏凉，甚合人意，秋消冬临时节，天寒地冻，老井却有热气冒出，打出来的水暖和得可直接洗脸擦身子，用现在的观点看，这似乎有护肤和健身的妙处。

据住在井旁的一位老爹回忆，20世纪50年代初，每当半夜三更，饮泉巷里的一口老井中总会传出阵阵婴孩啼哭。人们认为是奇异怪事，甚至有人认定井中闹"童子鬼"啦，加之井水太深，没人敢下去探个究竟。

随后一年，天干水浅了，居民在淘井时竟然发现井底有一对1米多长的娃娃鱼！真不知是上苍天生还是俗人放养。从此，居民认为这两只大鲵是水中灵物、镇井之宝，他们更加感到井的神圣且更加呵护。当再喝这井中清泉，自然倍觉甘甜纯美。遗憾的是古井已随古巷一起消失，一口也没有留到今天，那对娃娃鱼的命运如何，只有去问老天爷了。

双眼井巷里的跪拜

青云街上有一条小巷位于圆通山西南麓，东起北门街，西至青云街，长150米、宽2～5米不等，东西走向且东高西低。早年的巷道青石铺路，后来用方形水泥预制砖块铺成路面。清朝就有老巷存在且得名双眼井巷，其缘由是巷内有口奇特老井，地面上两口井相距1米左右，但下面实为同一井眼。小巷居住人家不算多，20世纪70年代只有72户，200多人，这条古巷在昆明城中名声可大了。

老井靠近当年九龙池，传言与之为同一水源。此井非同一般，首先，水位很高，成年人打水，桶上不用结绳，弯下身去就能舀到。其次，水质特别，异常清冽，据说可治风火眼，很多人对此深信不疑，竟成了不少市民常去之地。晚清年间，为了显现小巷灵气，人们还在巷内建了座小庙，其实也就是一间约2平方米的小房子，房内没有偶像，正中砌有土台，上面放一香炉，供人们拜井神求甘霖，小庙一直存留到新中国成立后。

说来也神奇，有一年，院坝里小福财突然得风火眼，双眼又红又肿，布满眼屎，有点吓人。他家穷，没钱去医院看病，他奶奶每天清早领着他走老远的路来到双眼井巷。他们按照井旁居民指点，先用白瓷碗舀碗清水，仔细洗他的红眼睛，然后奶奶拿出一段猪肠子，用明亮的井水搓洗干净，把它盖在小福财的眼上，半个钟头后取下来。休息一会儿，再喝两茶盅井水，像这样一连几天，小福财的眼病居然好了。

于是小福财他奶奶叫上院坝里的几个小娃娃，一起来到双眼井巷。双眼井边，老奶奶硬要娃娃跪下，虔诚叩拜老井，求它保佑。懵懵懂懂的娃娃学着老奶奶模样，一次次磕头求保佑自己健康平安，从此就有了双眼井巷跪拜的故事。

井宿祠里的金牛

五华区界内有条消失的老街叫金牛街，紧邻盘龙江，南起东风东路的南太桥，北至人民中路临江里，长458米、宽7.2米，路面先前由青石铺就，后改成沥青路。此地原先为居民区，旧城未经改造前，基本保留明清古貌，今天虽焕然一新且街名已改，老街仍呼之金牛，肯定有故事。

先人们受时代局限，对水患不能很好防治，常把制伏与避免灾害之事寄托于超自然的力量，由此金牛老街与井扯上了关系。明代，街上建有井宿祠，里面供奉一尊铜铸独角镇水兽，此兽名犴（音àn）。传说东海龙王生九子，第九子未成龙形却为犴貌，遂成走兽，性凶猛且善战，食虎豹，先民奉为图腾，将其形象画于牢门，想必模样威严恐怖。另外，中国星相学把天空中若干恒星组成一组，共分28组，谓之二十八宿，每个星宿都有相对应的神兽为代表；再将二十八宿分为四大星区，分别用青龙、朱雀、白虎和玄武四灵兽命名，并按顺序代表东南西北四个方位。其中南方星区朱雀含有井、鬼、柳、星、张、翼、轸7个星宿，井宿为首为头，主管水事。井之神兽即为犴，星宿名井木犴。

文明尚未开化时代，先人无法掌握命运，面对洪水束手无策，惊悚不安，只好求助图腾，对它崇拜尊重，依赖和利用它。人们请来了主管水事的守护神犴，且用黄铜铸就。最早的井宿祠和铜犴诞生于何时已不可考，旧志上记载它"卧地昂首视江水，起足作欲斗状"。清咸丰七年（1857），古祠堂和铜犴毁于兵燹。清同治三年（1864），地方父老执拗地认为多年洪灾定是水怪惹祸，应再请天上井宿镇之。出于镇服水怪、消除水患的愿望，人们重新铸造铜犴，并在它伏卧之地建了安澜亭，表达天下太平、河清海晏的祈求，又希望给这神灵解除风吹日晒雨淋之苦。清光绪六年（1880），昆明士绅又重建井宿祠。

或许民族性格使然，这位新铸的能镇服水怪的神灵外貌好像与原物不同，警惕神态有点，却看不出足够"起足欲斗"的狠劲儿。井神没了凶神恶煞之相，镇水驱邪之尊容状似牛，市民呼之金牛，身长2米多，模样文静，不愠不怒，伏卧于地，唯有恬静神情，头朝盘龙江，右前腿微微提起，似在注意水怪动静。或许因它的外貌使然，井宿祠被直呼为金牛寺，原本的名字反倒不大有人提起，金牛街也因此得名。

金牛背上有碗口大圆孔，腹中虚空，下有一古井与盘龙江相通，每当洪水来袭，井水随之激荡翻腾，气流向上涌动，使得金牛腹中的空气也来回振动，进而产生共鸣，发出类似牛吼声响。如此动静，人们可预测洪水规模，提前防范，故此民间一直有"金牛吼三声，水淹大东门"的说法。

20世纪50年代，井宿祠的建筑基本完好，但已被改成金牛小学，里面的泥偶神像被拆毁，只有这头金牛独存，被安放在八角小亭中。小学生下课后，会骑在牛背上玩耍，从背上的孔洞往里望，只觉黑黝黝的且有凉气直冲眼底。

时至今日，金牛街老建筑都拆了，井宿祠早已废毁得无影无踪，至于神兽，真不敢得罪，人们把铜犴"请"到属于五华区地界的南太桥西岸，为它盖了石亭，让它静静地卧在盘龙江边，用绵绵不绝的生命继续为昆明镇水妖，保平安……

龙公馆的老井有贵气

昆明有条老街叫威远街，东起护国路，西至正义路，长 5000 米、宽 10 米。清代，老街分两段并各有其名，西段因设有藩台衙门，此路名就直呼藩台衙门；东段叫白鹤桥。1912年，整条街统称为威远街并沿用至今。清光绪三十二年（1906），时任藩台沈秉堃下令把原来南正街（今正义路）的菜市搬到所在衙门的辕门内。从此，省城第一菜市场在此存活 90 年，特别是新中国成立后，这里一度成了昆明市民生活中蔬菜肉蛋的主要供应地。

让威远街出名的还有龙云和龙公馆。龙云在民国时曾任云南省政府主席，人称"云南王"。其公馆选址曾有个传说：1927 年 6 月 13 日夜，胡若愚、张汝骥突然派兵袭击龙云在翠湖东路的住宅，龙云和卫士奋勇反击。激战中，龙云左眼受伤，鲜血淋漓，身体不支被俘。胡若愚俘虏龙云后，城防司令王洁修把龙云囚禁于五华山上大铁笼里达一月有余，龙云左眼得不到治疗，造成终身失明。龙云执掌滇省权柄后，声威大振，或许忌讳曾遭磨难的翠湖东路住宅，遂生搬迁念头。威远街豪迈气派的街名，符合龙云性格与当时的心境，何况早先街东面有黑龙池，南面有青云街，云是龙故乡，水是云之府，若在此置宅建府，定能顺风顺水。于是，他相中老街中段，建了龙公馆，在这一住就是 10 多年。龙公馆成了威远街的一大景观，占地 3 亩左右，是前后有两院的三坊一照壁豪宅，大小院落 10 处之多。前院高大气派，是招待宾客、往来公务的场所；后院静怡隐蔽，供家人居住，共享天伦之乐。

龙公馆内在不同方位分布 5 口水井，水深平均都在 3 米左右。或许秉承云南大佬威仪，其中一口井有特殊地位，不仅显现出非凡大气的样貌，所受待遇也非同一般。该井开掘在一道夹墙之中，墙边有铁栏保护。井水清澈见底，不时有晶莹水珠从下往上冒出，恰似龙宫内的串串珍珠，给龙宅大院增添了几分灵气。相传这井水只供龙家成员饮用，其他副官、卫兵、用人和杂役等不得饮用。一次，有卫兵心生好奇，想沾点龙家贵气，放胆喝了几口井中甘泉，因违反纪律受到处罚。可见水井身份与地位犹如公馆主人。

龙公馆的水井当然也滋润了这块风水宝地。上善若水，主人因水井而增添了儒雅和坚毅气质。馆中挂有许多匾额楹联，反映着主人的情致与性格。比如一楼正中高悬"钺帷具美"巨大匾额，其中"钺"乃古代兵器，象征阳刚、威武、雄壮；"帷"即围在四周的帐幕，寓意宫室或居家，对联注释主人家国情怀、文武双全的立命与追求。一楼大厅柱上，悬挂木刻对联："大厦新成，喜翠海波平，昆华龙腾；重楼远眺，看西山雨霁，南浦云飞。"翠海与西山的美好景色合为一体，寓意龙云官位攀升，上下联的最后 4 字还藏尾"龙云腾飞"，更是别具匠心。

龙云在此一直居住到 1945 年，当了 18 年的"云南王"，是否因公馆里的水井护佑，似乎牵强附会。不过，当年曾有遗老为那口老井写下对联挂在井栏边，人们津津乐道时总会联想到龙云的人格魅力：

龙德归中天，廉泉有意润桑梓；

云瑞回北斗，明月无心自照人。

莲花池古井变苦了

《云南省昆明市五华区地名志》记载：莲花池"位于市区北部，傍依商山。方圆约0.5公里。池侧内有闸口，可灌溉池东大片田地，余流归盘龙江。名始于明代，据《云南府志》云：'商山……山之麓，旧皆桃林，下有冷泉，名莲花池，浴之可去风疾。'周围环境清幽，林木参天，池畔商山钟磬鼓鸣，五月仲夏，芙蓉争艳，一池丹霞。明末清初，吴三桂缢死明永历帝及其子后，焚骨扬灰于池中，后为掩人耳目，曾于池西伪造永历帝陵（已无迹）。据传，吴三桂叛清时曾在此'哭陵'。吴割据云南期间，除在五华山、翠湖西畔营造王宫别墅外，还霸占此处大片土地和山林营造安阜园，俗称野园。陈圆圆等妃姜安于其中。平灭吴周反叛时野园遭火焚，渐废。清光绪年间（1875—1908）已成荒郊和坟地"。

这段记载中所指的冷泉不远处，即有一口古井。这口古井深3米左右，开掘于明代洪武年间，满是沧桑的井圈上雕刻着盛开的莲花，几百年来汩汩吐珠，相传专供陈圆圆所用，古井的品质可想而知。

陈圆圆，原名沅，江南歌伎，色艺双全，名倾一时，后来被吴三桂收纳为姜。李自成军进北京后，陈圆圆被掳，镇守山海关的吴三桂冲冠一怒为红颜，引清兵入关，攻打京城。李自成败出京城，吴三桂率军追至山西，将陈圆圆夺回，就这样，吴氏因征战有功，被封为平西王而驻守云南，陈圆圆也被带到滇省。

到滇后，吴三桂在莲花池边商山上为她营建安阜园，园内亭台楼阁、水榭假山、奇花异卉、书画奇珍，应有尽有；又令人修筑栈道，由五华山直通莲花池，方便往来于美人与政务之间。为讨好陈圆圆，莲花池边筑起了梳妆台，这位美人天天在池边精致的小楼窗前斜靠，临水赏莲，生活安闲恬静清幽。

旖旎昆明是陈圆圆的第二故乡，她在莲花池畔安阜园里生活了19年。盎然春意曾让她洋溢出如幻如梦的笑靥，溢彩花朵曾使她的歌声像缠绵花香，柔柔清波更使得陈圆圆的婀娜身影像云中彩霞……

　　据说，当年陈圆圆专用这口古井水烹茶，品茗时也品味人生；用井水沐浴，洗尽铅华时也有了纯净感悟。因此，古井也沾了不少贵气和娇艳，身价随之倍增，成为当时昆明名井之一。

　　清康熙十二年（1673），吴三桂作乱反清，后建国号大周，再次走上发家时的老路。陈圆圆屡劝未果，悲怨写道：

> 旧日繁华事尽删，春秋愁锁两眉弯。
>
> 珠襦已分藏棺底，金碗尤能出世间。
>
> 离合惊心悲画角，兴亡遗恨记红颜。
>
> 看他跋扈终何益？宝殿飘零翠瓦斑。

　　果不其然，吴三桂最终败于康熙皇帝之手。康熙十七年（1678），两军交战中，吴氏身染痢疾，死于衡州。痴情的陈圆圆似乎领悟到什么，她以死相报，投身莲花池自尽，永远安眠于荷花盛开的池塘之中……

　　此后，民间又有传说，陈圆圆投池第二年，莲花池中盛开数十枝并蒂莲。同时，那口古井的水也开始变味，苦涩无比，不能饮用，农民们只能用它浇菜地，洗涤衣物。传说是否真实，不得而知，但古井已被污染是不争的事实。这个让人扼腕的往事演绎了另一个事实，昆明的水井有了女人的参与，故事总是更加煽情。像陈圆圆这般心性极高的好洁之人，哪怕选择死亡，也想做朵出淤泥而不染的莲花……

顺城街老字号——大道生

陈立言

民国时期的老昆明城内外，有许多独具特色的商业老字号，开设于顺城街东口的大道生布庄便是其中之一。

大道生的经营提倡诚实为本，对售出的商品，不但言不二价，而且包换包退。这种独到的经营智慧，与当时和今天的一些商家的"货物出门概不退货"，以及将商品价格提高，然后折价出售或讨价还价的做法截然不同。大道生在诚信经营上的做法是有名的，从而赢得了买主的信任，成为昆明信誉卓著的布店。

2005年5月的一天，在云南大学著名教授李埏先生家谈及大道生时，李先生说："大道生是四川西昌人周自镐创建的，周家父子都是很有学问的人。20世纪20年代初周自镐参与创办昆明国学专修馆，馆长为著名书法家陈荣昌，周自镐也是负责人并亲自授课，其子周润苍也在馆就读。周润苍与于乃仁、于乃义创办昆明五华文理学院时，邀我及我的恩师钱穆先生任教，那时我与周润苍就熟知了。"

大道生是周自镐先生于1923年夏，在一个偶然的情况下，由昆明市顺城街口的一间小布铺面日益发展壮大的。因周自镐先生是有学问的人，给铺取名为"大道生"，大道生招牌字是从魏碑"金刚经"名帖中集字刻制，古拙大气的书体还引来顾视高等不少名士的观赏而成佳话。

周润苍先生对于大道生的创业发展，在其回忆录中说"大道生三字乃取《礼记·大学》'生财有大道，生之者众，食之者寡，为之者疾，用之者舒，则财恒足矣'之意。另有一个意义，把'大道生'三字拆开，大就是大方处平顺，道说色新鲜，生意通四海"。

为什么要办大道生？目的很简单：一是救贫，借以养家糊口，提供就业机会；二也有振兴土布、抵制洋布的朴素的爱国思想。创业的艰难困苦是事先估计到的。周先生说："我们决心从吃苦、勤劳和运用智慧之中走出一条路来。大道生就是这样起步的。"

大道生在经营管理方面运用了《易经》上的一句话"易则易知，简则易从"，就是困难的事情一定要把它变得容易，烦琐的事情一定要把它变得简单。并创造了两句话"由繁得简，以简驭繁。事完账了，事账合清"。并以此对生产经营方面定有严密的规章制度，特别在提高产品质量及讲究信誉上下了很大功夫。这在商品生产、销售中可以说是很有见地的。

经过周氏父子勤劳、吃苦、智慧的经营，大道生由初创的一间铺面起家，后来发展到四间铺面，并在复兴村原83号办起庸民织染工厂及在玉溪、保山设分厂，职工有1000多人（还不包括玉溪农村承担大道生织布工序的广大织布户在内）。织染出"金燕""黄牛""蜜蜂"三个品牌的小布、卡其布、衣料帆布、鞋料帆布、人字纹大衣呢、翠湖呢等26个优质布料品种而闻名三迤，因而基本满足了全省城乡人民对大道生布的需求。

大道生的第二代传人周润苍先生还热心教育事业，捐资兴学，创办了峨岷中学、林家院焕明小学，与师友创办昆明五华文理学院，任常务董事，还任云南中医药高等专科学校董事长，对云南的文化教育事业做出了贡献。

南屏街的大观书画店

陈立言

新中国成立后，南屏街北侧新华书店下属的古籍书店，常年收售古籍善本、碑帖、金石印谱、画册，并有书画陈列。街东南侧的昆明工艺美术门市部，陈列有著名金石书画家黄继龄先生的篆刻以及书画作品。而最有名气且引人注目的当数开设于街东南侧，今工商银行与云南白药大药房中间的昆明大观书画店和荣宝斋昆明分店。

1961 年 9 月，云南省美术家协会组织传达"文艺十条"并组织召开美术家座谈会，同时酝酿开设昆明大观书画店，起草关于开设书画店的方案，以繁荣文化事业。

1962 年 8 月，省文化局关于成立昆明大观书画店的方案上报省委宣传部后，得到了主管文教的省委领导和省委宣传部副部长何长庆、昆明市副市长郝健等人的支持。

随后，云南省美协秘书长高德林乘驻昆空军飞机到北京置办文具用品。成立大观书画店方案中，由荣宝斋与昆明大观书画店合作，设立荣宝斋昆明分店，两店实际上成了一家书画店，为大观书画店增色不少。

1962 年 11 月，昆明大观书画店正式成立，经理由黄埔军校三期学员、被周恩来总理赞誉为"黄埔第一笔"的著名书法家、收藏家、美食家范子明先生兼任，著名画家、文博专家李伟卿先生为常务副经理。大观书画店、荣宝斋昆明分店两块牌匾为木制正方形（边长约 60 厘米），古铜色面，深绿色字底，分别悬挂于大门左右两侧。左右橱窗悬挂古人书画，底面陈列青铜器、瓷器等杂件。开业当天，营业大厅即悬挂袁晓岑、周霖、萧士英、梁书农等十几位画家标价出售的作品。省市领导及各界人士到店浏览品鉴。

书画店经营的商品，主要有享誉海内外的荣宝斋木刻水印画，齐白石、徐悲鸿等的国画及《北平笺谱》《荣宝斋诗笺谱》《梅花喜神谱》，和有色的或暗色的纸笺、普通八行信笺、印泥、宣纸、墨、砚以及上海周虎臣精制的毛笔、书画装裱材料等。著名画家秦仲文、周霖创作的书笺也在店里出售。

昆明大观书画店先后举办了四川绵竹年画展、云南弥渡剪纸展。省、市领导及喜爱书画艺术的人们常来观赏购物，省内外的名流更是座上客。

1963 年春节，大观书画店举行了团拜会。周赤萍、张冲、何长庆、陆万美、彭华、杨明等领导以及书画家出席，可见对它的重视程度之高。书画家的笔会也常在此举行，画店成了画家之家。李伟卿还与周霖合作了一帧《香祖》国画，题识："栽花栽兰蕙，结交结君子；兰蕙有本心，君子有始终。"笔墨淡雅有致，以歌颂高洁的人，也是两位画家的心灵吐露。

尤为可贵的是，昆明大观书画店还为国家收购了明代大书法家傅山的六尺中堂精作，徐悲鸿的书画册页，抗战时期蔡若虹、高龙生、米谷等20多位漫画家来昆明宣传抗日的漫画原稿数十张以及一些明清的书画。

"文化大革命"初始，昆明大观书画店被打成裴多菲俱乐部及宣扬"封、资、修"的黑店，随即关门。虽然此后再也没有开张，但其书画逸事，却在昆明文化界留下了精彩的一笔，至今还为人津津乐道。

昆明老相馆

詹　霖

民国时期，昆明有多家照相馆，由于五华区得天独厚的地理优势，有名的相馆都在此区内，名头较大的有艳芳、蓉芳、存真、新云南和国际照相馆。要说到昆明最早的相馆，当数区内的水月轩和二我轩。

省城第一家对外营业的相馆是水月轩，老板名蒋楦，字范卿。此人家资富有，秉性聪明，思路活络，清光绪十二年（1886），他的相馆开在翠湖海心亭，其本意只是玩玩。

莲华寺对面早先有一断堤，长约18米、宽3米多，堤上10多株古柳郁郁葱葱。有位姓关的老兄认定此地旺财，拓展业务定能招财进宝，于是买地填土建房，开间茶馆叫翠海楼，但好运并未降临，开张没多久，因经营不善，生意冷清，负债累累。这时，蒋楦看准时机，出重金租下关老板的茶馆，随后索性买下其房舍产权。蒋楦开始了自己的创业，用毛石打基础，用杉、松和椿木盖起楼台，装修得清朗幽静，惬意宜人，他的水月轩照相馆在此开张。

相馆门前是座牌坊，蓝底白漆横匾高悬"水月轩"三字，醒目且充满诱惑。步入其间，花园群芳争艳，曲径通幽，绿柳成荫。有小亭供纳凉或避雨，有石桌、石凳可随心歇息。再往里走，一栋中西建筑风格相融的两层楼房迎面而立，楼上照相，楼下陈列照片，供人参观，两旁有横靠长椅，由人憩息。

墙上挂块白布做背景，前面搭个小台，中间支个方几，铺块锦屏桌围，两边放着太师椅，大红绣花坐垫往上一搁，很是气派。有时也搞点背景陈设，昆明人爱耍海（在滇池游玩），他就添置背景，多是小船、渔灯、船夫、桨篙，生动逼真。关键是背景正面立个小横匾，"水月轩"三字赫然，广告意味极强。这就是昆明最早的相馆雏形。

水月轩的出现轰动了省城，赞者直竖大拇指，说是新潮玩意儿；贬者撇嘴翻白眼，咒它为西方邪术。很多市民甚是搞不懂新兴照相术，为何那木盒子上的镜头对着人咔嚓一声，就能把影子连一缕头发之细都逼真照下？一些遗老文人"之乎者也"地写下对联："摄将真面去，幻出化身来""悟得幻中幻，现来身外身"。有人还说照相把人的元神摄到纸上，三魂七魄会被摄走，如此一来，必将短命，不死也要脱层皮；"照相机是妖术魔镜"，不少人心中留下了阴影，不敢问津。

对蒋楦来说，他无所谓，有这样的环境，有这样的行当，自然已是心满意足。况且，毕竟文明的力量更大，还是有敢第一个吃螃蟹的人，照相之后，既没有死也没有病，市民也逐渐胆大起来。我行我素的蒋楦，经过一番苦心经营，生意十分红火，他本人也成了昆明城中照相术的开先河者。

后来，因碧玉镯事件，蒋楦遭官府势力迫害，投奔匪首吴学显，成为谋士。再后来，他流落香港，制造了严重影响昆明市场的伪钞案，1919 年，在港被捕，押回省城不久，被以"投匪入伙，为害闾里"罪枪毙。水月轩也因蒋老板的厄运而关门歇业。

蒋楦落难之初，感前途无望，流落异乡后，他给兄弟蒋朴写信，告知官场黑暗，掌权官员不择手段，要防止当官的仗势欺人。他建议兄弟分出部分资产，另起炉灶，可免连坐之灾，能留片"青山"，沿袭家业。蒋朴依兄嘱咐，清宣统二年（1910），在南海子边（原景虹街口，现翠湖南门对面）购得一幢大房子，开了二我轩照相馆，对外宣称和哥哥分家，彻底摆脱干系。

这家相馆进门是个大天井，中间花台四季繁茂，沿石阶上去，直通楼房，楼下柜台为水磨油漆，锃光瓦亮，墙上挂满大小照片，供人参观。楼上是照相大厅，非常豪华，地板上都铺着进口地毯，在那个年代，仅凭这点就是绝对高端大气上档次。街边山墙上，蒋朴请书法家陈荣昌题匾，"二我轩照相" 5 个大字惹得人驻足观看。陈先生为有名的商号写过不少招牌，唯有这块颇有钱南园神采，在省城引得一时轰动。

蒋朴摄影技术很好，为人谦和，尤其跟省城文化人交往颇多，生意自然兴旺。二我轩的店名起得好，很贴切，有意思，为使生意更红火，蒋老板还请高人题了副楹联挂在门前："镜中一人留真容，绘声绘色；画外二我得神形，惟妙惟肖。"店名隐于门联之中，广告效应引起轰动，有事没事的市民都跑来看热闹，这家相馆的生意着实红火了很长时间。

20 世纪初，电灯照明"打光"还未用到摄影上。照相的光亮是利用从屋顶射来的自然光，相馆顶棚安有玻璃天窗，窗下用铁丝拉块白色大帐幕，可左右移动，调节光线。若阳光太强，长竹竿把幕布拨动过来，遮挡光线；多云之时，光线较暗，白布拉开；阴天下雨，光线不足，照相效果肯定不好，只得请顾客天晴后再来。20 世纪 40 年代初，二我轩才改用电灯照明摄影，背景也添置了厅堂装饰，在原基础上增添些花色图案，诸如洋房和自然风光等。

生意的好坏主要是人的因素，关键要有人才，蒋朴尤其注重这点。相馆刚开张，他就奔赴香港、广州，考察当地有名相馆，寻找优秀摄影师。他参观了广州老字号艳芳照相馆，看中了优秀学徒黄恪存。一番鼓动游说，黄恪存爽快答应到昆明发展。相馆里有位胡姓师傅技术很了得，对光时准确而迅速，到了炉火纯青的地步。有如此技术，不愁没有生意。二我轩直到新中国成立后才停业，在昆明可以称得上营业时间最长的一家相馆。

龙云逃离南京

老　史

作为一个光荣的爱国者，龙云在抗战中联共、抗日、反蒋的做法，惹怒了蒋介石。因此，抗日战争刚一胜利，蒋介石便突然袭击，发动了昆明五华山兵变，解除了龙云担任的云南省政府主席等职，将其调重庆任中央军事参议院院长虚职，随后跟国民党政府迁都南京，被安排住在原侵华日军总司令冈村宁次的宅所。

表面上看，蒋介石和国民党对龙云优待有加，还派人给他送来了刚进口的电扇、冰箱等家用设施，实际上则对他严密监视，就连门口也布有卖报纸、补鞋子的特务。龙云如同虎落平阳，深知自己与蒋介石的矛盾是无法调和的，他几次试图逃离南京，都没有成功。

1948 年，时局日显明朗，国民党政权在大陆的失败已成定局，这使龙云进一步认识到：再不逃离南京，自己必死。但是，怎么逃离南京呢？他想来想去，最终决定找陈纳德租用飞机去香港。

抗战时期，驻昆明曾被誉为"飞虎将军"的陈纳德，同龙云结下了非同一般的深厚交情，退役后在中国成立了飞虎民间航空公司。当龙云派秘书找他请求帮忙时，陈纳德一口答应了下来，要来人转告龙云，他从兰州调来一架包机，请龙云做好准备，到时候他派专车接龙云登机。双方谈妥之后，陈纳德只肯收一万元的油钱作为包机费。

时间转眼到了这年年底，龙云大造假象，做出一副过节的样子，使监视他的特务放松了警觉，认为他年底不会有事外出。临走的那天早晨，龙云精心化装后，按照陈纳德之前的密约先坐吉普车出门到了指定地点，再乘陈纳德派来的小轿车直开南京明孝陵军用机场。机场卫兵一看是陈纳德的小轿车，又是外国人驾驶，享有外交豁免权，后排上坐的又是一个戴着礼帽和红眼镜似像非像外国人的老头儿，也没多问便放行了。龙云坐上包机，到上海加油后续飞广州，搭乘预先订好的船票，于第二天到达香港。后来，龙云回忆说，他逃离南京是惊心动魄的，也是他彻底摆脱国民党控制，由此走向光明的历程。

新中国成立后，龙云应邀北上，参加全国政治协商会议，担任了中央人民政府委员、中华人民共和国国防委员会副主席、政协全国委员会常务委员，翻开了他人生的新篇章。

最后的师爷——李广平

范　丹

1968 年，李广平先生带着无尽的屈辱和遗憾离开了这个让他眷恋的世界，屈指算来已经过去整整 48 个年头了。我的母亲在世之时，每当想起这位令她尊重的父执和恩师总是倍感伤怀而嘘唏不已。广平先生世居安徽合肥，系清末北洋大臣兼直隶总督李鸿章的曾孙，1946 年抗战结束后应云南省政府主席卢汉之邀来滇坐馆，入卢永衡幕，任云南省政府秘书。

李广平先生像（照片由杨修品提供）

李广平先生不但是著名的爱国学者、书画家、艺术品鉴赏家，还是一位资深的战略情报分析专家。先生交游甚广，座间的功臣勋贵、军政要员、高僧大德、商贾巨子、文人雅士、名伶优人都与其过从甚密，相处甚欢。他的身上透着一种沁人心脾的深致和洒落，这种内化于心、外散于行的东西很难形容，只有在他们那一代人的身上才能找到，游走于呼吸之间，不时悄然而至，淡然得很，宛在水中央，是可遇不可求的稀物。先生闲来评书论画、涤砚修琴、赏鹤观鱼、焚香试茗、耳枕皮黄，都介乎经意与不经意之间，无不欣然处之。几案之珍，把玩之物，巾舄之列，靡不曲尽其妙。先生风趣，南宋杨诚斋曾言："从来天分低拙之人，好谈格调，而不解风趣，何也？格调是空架子，有腔口易描；风趣专写性灵，非天才不办。"广平有着与生俱来的风趣，发乎于性灵，而显露于举手投足之间。斗转星移，世事沧桑，五华山权力铸就的辉煌，有如纸糊的孔明灯悬挂在半空，转瞬就呜咽地坠落于洗马河之中，消失得无影无踪。黄河巷苦雨酿就的淡泊，有如砖石垒砌的会泽院矗立在商山之脊，晾晒着无尽的风雅。

广平先生既是子明外公的挚友，又是母亲和都舅的恩师，当年在五中读高中的都舅突然心血来潮要拜裘世戎为师学铜锤花脸，把子明外公气得够呛，子明外公对裘世戎先生说："我儿子想向您磕头正式拜师学艺。"裘世戎先生风趣地笑着说："学京剧讲究童子功，要打小就练起才行，公子都十六七岁的大小伙了，这个头磕得恐怕晚了点，新社会也不兴这个，他真要想学我就教他。"坐在一旁的梁次珊插话说："子明先生何不请李广平先生给公子掰扯掰扯，他可是个戏篓子，东西多得都可以开杂货铺了。"子明外公到黄河巷广平先生府上对广平先生说："我儿子要学戏，我想要让他考大学学医，现在我们父子俩拧巴上了，都儿平时最崇敬先生的学识人品，劳您的大驾帮我劝劝他。"广平先生说："子明先生请放心，我会让他知难而退。"后来子明外公把广平先生请到北京饭店供着，上午教都舅京剧，下午给母亲讲《昭明文选》。广平先生先教了都舅一出裘派的名剧《姚期》，教了三个月都舅也没能把这出戏整本地唱下来。广平先生对都舅说："京剧讲究的是全挂子的武艺，唱、念、做、打一样都不能含糊，都儿啊！看来老祖宗是不赏你这碗饭了，别动真格的，爱好无妨，把京剧作为一种修养来学岂不是更好。想搞专业就难了，旧社会学戏要进戏班子，从小练起，戏是棍棒底下打出来的，要想成角儿那可真不容易，天赋、勤奋、师承、机遇一样都不能少才成，还得有人捧，大把地花银子买戏缘。咱们玩玩票，过上一阵子，我再教你一出架子花脸郝寿臣的名剧《捉放曹》。"都舅严守"圣人无常师"的古训，先后拜刘文典先生学过《庄子》，师朱立亭先生学过篆刻，跟张宝善先生学过装裱，向李尚能先生学过 X 光。后来我问都舅为什么要学那么多东西，都舅告诉我，要想成为博通之士必须兼收并蓄，广采博收，才能达到闳约深美的境界，不然的话就属于挣不够本钱，很难有所作为的。

宜良宝洪寺住持把新烘焙的春茶送给子明外公品尝，子明外公将宝洪茶转赠给广平先生分享。当时，母亲在昆华女中读高中，放学后母亲把茶叶送到黄河巷广平先生家中。那天，广平先生正伏案作画，兴致很高，把母亲迎进屋里，广平先生笑盈盈地说："你爸爸叫你送茶来给伯伯，伯伯高兴，丫头你坐着，伯伯找样东西给你看看，让你饱饱眼福。"说着广平先生从樟木箱里拿出一个描金漆盒放在柜子上，把手洗净后点了一炷香，对着描金漆盒默诵了几句，然后把描金漆盒打开，从里面拿出一册用白底暗花丝绸包裹的书放在母亲面前。广平先生说："琴儿！这是董白手书的《影梅庵素食谱》，这本书除董白外，普天之下只有三个人看过，一个是冒辟疆，一个是我，还有一个就是小琴你。"当时母亲囫囵地看过之后也不解其中之味。后来听外公说母亲才知道，董白就是董小宛，清张明弼《冒姬董小宛传》载："董小宛，名白，一字青莲，秦淮乐籍中奇女也。七八岁，母陈氏教以书翰，辄了了。年十一二，神姿艳发，窈窕婵娟，无出其右。至针神曲圣、食谱茶经，莫不精晓。顾其性好静，每至幽林远壑，多依恋不能去。若夫男女阗集，喧笑并作，则心厌色沮，亟去之。"董小宛系"秦淮八艳"之一，这件东西是绝世的风雅之物，称得上铭心绝品，弥足珍贵，广平先生视之如生命，细心呵护，倍加珍爱，阴天下雨生怕它冷着冻着都要拥之入衾。

董小宛也是 500 年来最著名的厨娘之一，冒辟疆以深情的笔触在《影梅庵忆语》中记录

李广平赠袁定中先生玉簪花轴（照片由范丹提供）

了小宛的食事："姬性淡泊，于肥甘一无嗜好。每饭，以岕茶一小壶温淘，佐以水菜、香豉数茎粒，便足一餐……火肉久者无油，有松柏之味。风鱼久者如火肉，有麂鹿之味。醉蛤如桃花，醉鲟骨如白玉，油螺如鲟鱼，虾松如龙须。烘兔酥雉如饼饵，可以笼而食之。菌脯如鸡埳，腐汤如牛乳。姬细考之食谱，四方郇厨中一种偶异，即加访求，而又以慧巧变化为之，莫不异妙。"子明外公说小宛深谙"淡"的妙处，求至味于"淡"非圣手而不能为之，其慧巧变化之才更是遥不可及。她把刻骨铭心的真挚情爱酿成了血珀桃膏，把桃叶名媛的曼妙才艺含成了芳酥红腐，把薄醉甜乡的绰约风姿凝成了海棠花露，把缠绵悱恻的吴侬软语掇成了久沁豆豉。

广平先生来滇，厕身清流，不会钻营，谢事之后，两袖清风，教书为业。生活总是最会折磨那些善良的人，先生命运多舛，未婚妻陆湄香消玉殒，让先生飞鸿失伴。反右之后，红颜知己又毅然离去，更是雪上加霜。屋漏偏逢连阴雨，十年"文化大革命"不期而至，动乱乍起，先生又遭恶衣恶食者的羞辱和欺压，生命被逼到了尽头，五十二载只欠一死。先生虽然已经远行，但他的背影却永远留在母亲的记忆之中，是那样的鲜活亲切。

李广平先生的曾祖李鸿章像（照片由李晓明提供）

蹈典坟之芳润总词赋之笙簧

少荃李鸿章

罗象纬於心胷吐珠璣於齿翕龉

子雲二兄属

李鸿章楷书罗象蹈典联（照片由李晓明提供）

李广平的祖父李经述像（第二排左第五人）（照片由李晓明提供）

李广平先生之父李国熊幼时像（第一排左第一人）（照片由李晓明提供）

滇池畔的史诗——汤飞凡在昆明

赵　立

位于昆明西山脚下的高峣村，背靠壁立千仞的西山，面对浩渺的滇池，走进这里，时光如果倒流数十年，在这个美丽而隐蔽的小村子里，你能看到一对夫妇徜徉在这山巅水涯。男士温文尔雅，因为个头没有太太高，他总是走在太太前面一步；太太端庄得体，尽显大家闺秀之风。当时谁也想不到，这位男士，后来成为世界上第一个分离出病毒衣原体的生物学家，在昆明高峣村，创造出一个又一个中国防疫史、制药史上的奇迹，让中国人永远都记得他的名字——汤飞凡。

1897 年 7 月 23 日，汤飞凡出生于湖南醴陵。父亲是个教书先生。汤飞凡 5 岁的时候，父亲按照"易子而教"的传统，把他送到另外一个村子的"何家义塾"读书。何家的大少爷看中汤飞凡勤奋好学，不久提出让自己的女儿何琏与汤飞凡定亲，汤家高兴地同意了这门婚事。汤飞凡 12 岁到长沙读书，由于看到当时中国老百姓缺医少药，立志要悬壶济世，后进入当时刚刚开办的湖南湘雅医学院，1921 年，他成为湘雅医学院第一届毕业生。毕业后，汤飞凡在协和医学院细菌学系进修兼任助教，后又获得美国哈佛大学医学院奖学金赴美国研究病毒学实验方法。在赴美前夕，汤飞凡与何琏成婚。这里不能不说一下何琏的父亲。何家的这位大少爷在十多年里走了一条行伍之路，从小兵开始，东征西讨，竟然当上了湖南的霸主，他就是大名鼎鼎的湖南省政府主席何键。

1929 年，汤飞凡携夫人从美国归来，任中央大学医学院细菌系副教授，后升教授，又受聘为英国在上海的雷士德医学院研究所细菌学系主任，到 1937 年，汤飞凡以一己之力，开创了中国自己的病毒学研究学科领域。然而，1937 年日本侵华，上海爆发"八一三"淞沪会战，汤飞凡动员夫人参加红十字会战地后勤支援，自己报名加入前线医疗救护队，冲到第一线救助中国伤员。在整个抗战期间，上到战场前线的中国科学家并不多见，汤飞凡绝对铁骨铮铮。上海沦陷后，雷士德研究所准备撤回英国，汤飞凡决定到英国继续自己的科学研究。但这时候国民政府卫生署邀请他到长沙重建中央防疫处。汤飞凡在国难当头之际，做出了一个爱国者的选择，夫妇二人决定不去英国，献身战时中国的防疫事业。中央防疫处在长沙重建后不久，日军大举进攻中国。1939 年，被任命为中央防疫处处长的汤飞凡带领众人撤到昆明。那时候的昆明很小也很落后，汤飞凡选定了高峣村作为中央防疫处的新址，却遇到当地土豪的阻挠。汤飞凡带着岳父给云南省政府主席龙云的信找到龙云，在龙云和云南省政府的大力支持下，中央防疫处终于有了落脚之地。有了地，要建房子，战乱中的国家对防疫处无钱可拨，汤飞凡调动各种社会关系，用防疫处全部资产做抵押，从昆明富滇银行贷了一笔长期信用贷款，再由该银行做担保，从几家私人银行借现金贷款，终于在1940年春建成了新的中央防疫处。

那是一段无比艰辛的日子，时任英国驻华大使馆科技参赞、世界著名胚胎化学家，也是《中国科学技术史》作者李约瑟博士到昆明考察，在英国的《自然》杂志发表了他的亲历见闻："在昆明地区的另一处是国立中央防疫处，由中国最有才干的细菌学家汤飞凡医生主持，并有黄有为医生和一大批工作人员协助。去年这里生产了500万支伤寒疫苗。这个研究所还生产天花疫苗、白喉疫苗、破伤风类毒素和许多其他用品，包括诊断伤寒的肥达氏试验和诊断梅毒的康氏试验所需的抗原。正在生产斑疹伤寒疫苗，并有一试验小工厂生产青霉素。尽管缺乏自来水，他们的工厂仍保持高标准的洁净。在培养和检验装瓶的部门还有一个效率极高的系统……在好几个月里，仅有的一个锅炉还漏水，很不安全，每晚用完后都要修补。就是靠这台锅炉进行所有的消毒，供应蒸馏水等，幸亏未曾发生事故。用特别设计的方法重新利用琼脂是这个所的典型传统，在没有被鱼过分破坏之前，透析是在湖里的一个木筏里进行的，后来用很有限的材料在陆地上装配了一个透析槽。"

战时药品青霉素的需求量相当大，当时中国还不能自己生产。这时一道至今还被昆明人所喜欢的食品——臭豆腐落到了汤飞凡和同事们的眼中。受云南臭豆腐制作方法的启发，汤飞凡他们就从鞋靴、旧衣、水果、古钱及其他一切可能之处收集霉菌培养，寻找纯种霉菌。居然从一位防疫处同事的旧皮鞋上发现一团霉菌，从中分离出一株能产生青霉素的菌种。1944年9月5日，中国自行研制的第一支青霉素在昆明高峣村诞生。样品送往重庆，英、美两国鉴定，均获好评。日后，汤飞凡从国外等地进口其他的菌种，竟然都不如这只皮鞋上的菌种优良。这是昆明的水土做出的贡献啊！日寇731细菌部队臭名昭著，但他们从不知道，在滇池边，汤飞凡和他的同事有一个秘密任务，就是对付日军的细菌战。他们专门针对日军散布的细菌进行研究，生产疫苗及药品。这支不见硝烟的部队，一次次挫败了日寇细菌战的阴谋。

就这样在滇池边，汤飞凡和同事们生产药品，不但满足大西南防疫的需要，还支援到陕北共产党抗日根据地。后来防疫处又被在缅甸、泰国作战的美军指定为临床化验室，向盟军提供疫苗和血清，为抗战做出了巨大的贡献。

中央防疫处在汤飞凡的主持下，每个星期都要举行专业读书会，同事们一起学习讨论全世界防疫工作的新进展，进行思想碰撞。汤夫人何琏，亲自带头，带领职工家属养猪养鸡、种菜种花，渐渐地，除了保障职工生活，防疫处每周安排一条小船拉着剩余产品，到昆明市场销售，卖的钱补贴防疫处工作。

抗战胜利后，中央防疫处改名为中央防疫实验处，汤飞凡任处长，后离开了昆明。1947年，世界微生物学会第四次大会，汤飞凡当选为常委。解放前夕，汤飞凡拒绝了国民党和海外一些研究机构的邀请，在北京迎接解放。1955年，汤飞凡成为世界上把沙眼病毒分离出来的第一人，这也是人类第一次认识到衣原体。至今，国际上把沙眼病毒称为"汤氏病毒"，汤飞凡被誉为"衣原体之父"。1958年，汤飞凡在政治运动中成为批判对象，最终无法忍受屈辱于9月30日早晨自缢身亡。20世纪80年代初，国际沙眼防治组织向诺贝尔委员会推荐汤飞凡，后来得知汤飞凡已过世便作罢，遂特别为汤飞凡颁发了一枚金质奖章。1992年11月20日，中国发行"中国现代科学家"系列纪念邮票，汤飞凡作为唯一一位微生物学家入选。这是后世对他所做贡献的追忆和怀念。当年李约瑟评价汤飞凡等人在昆明的工作，赞誉这是一部史诗。今天的滇池宁静，西山肃立。汤飞凡的名字和这一部可歌可泣的史诗，永驻于昆明的山巅水涯，永不消逝！

梅园绽香

云南师范大学西南联大博物馆

梅园位于云师大校园大门右侧砚池之畔。满园梅树清芬挺秀，掩映在参天的古木之间。每当秋冬之际，联结成片的梅枝如云蒸霞蔚，殷红跳跃的花瓣在墨绿浓荫的映衬下显得格外耀眼夺目。

梅园是云师大师生引以为豪的一方净土，虽仅方寸之地，却深藏着一个感人至深的故事，有一段可歌可泣的历史。

1946年，举世瞩目的西南联大撤校北迁。时任联大校长的梅贻琦先生望着这片他曾为之呕心沥血近8年的校园，不禁心潮起伏、思绪万千。于是慨然捐出薪俸旧币500万元，在小池之旁拓出一片小园，种上数枝梅花，以寄托自己对这片土地的眷念之情。

从此，梅树随风雨而生长，伴岁月而翁郁，"春葩含日似笑，秋叶泫露如泣"，终蔚然成林。面对满目姹紫嫣红，人们把这片奇园称为"梅园"，既欣赏寒梅傲雪挺立迎风怒放之品格，更借此怀念为联大发展做出重大贡献的梅贻琦先生。

2003年初春，学校对梅园再次精心修葺，并邀历史系教授朱端强先生撰写《梅园记》，勒石刻碑，以资纪念。

春风化雨，秋日初晴，满园梅树如今已是枝繁叶茂。梅花吐蕊，竞相怒放，清香四溢，沁人心脾，梅园遂成师大校园一粲然景观！

梅园记

梅园者，梅贻琦先生所辟，且为纪念先生而新之也。

1938年，国立西南联合大学立于昆明，以北大蒋梦麟校长、清华梅贻琦校长、南开张伯苓校长为联大三常委，同主校务。时因蒋、张二先生兼有他任，梅先生承三校之重托，秉联大之学政，自始至终，八年有余。斯八年也，敌机肆虐昆明，国步维艰；师生寝食难安，上庠困厄。梅先生临危受命，奉刚毅坚卓之校训，弘兼容并包之学风。延聘良师，礼贤下士；

呵护学子，春风化雨；奔走庶务，殚精竭虑。立教育学术之命脉，育社会百业之精英。先生于联大校事之操劳大矣哉！于中国教育之功德伟矣哉！

1946年，联大结束。三校北返，临歧依依！惜别之际，梅先生又慨然捐赠薪俸，计旧国币五百万元，倡建小园于兹。遂削日寇弹坑，浚为一池，清可鉴人；且锄池畔泥土，植梅数本，雅然成趣。众名之梅园，盖寓先生之姓氏并寒梅之品格于一义也。

园辟至今，学校屡为修治，珍爱有加，培以修竹翠柏，衬以芳草落英，映以砚池碧水。永铭联大之精神，长留先生之德馨。

20世纪90年代云南师范大学的梅园（刘济源摄）

北门书屋与三迤金石书画社

陈立言

1941 年皖南事变后，与沈钧儒、邹韬奋等人并称"七君子"的李公朴先生从重庆到达昆明。

1942 年底，昆明商会会长李琢庵先生便把北门街自建的房子，无偿地交给公朴先生开办书店（此房现存完好）。公朴先生一家于年底从绥靖路（今人民中路）搬到北门街，住在楼上，楼下为店铺。经简单布置就正式营业了，取名北门书屋。所售书刊由上海图书杂志公司、华侨书店、进修出版社、康宁书店、开明书店等供给。当时昆明的书店多集中于光华街、华山南路、武成路一带热闹地，因北门书屋乃是大文人李公朴所开，前来选购图书的人慢慢增多，其声名遍布三迤。

北门书屋已早为人知，但书屋内的三迤金石书画社及书画展览至今鲜有人知。三迤金石书画社由李公朴先生的岳丈张筱楼老先生发起，成员有云南大学著名教授、书法家胡小石先生，西南联大著名教授闻一多先生，著名书法金石家王王孙先生，著名摄影家杨春洲先生，李公朴先生的夫人、画家张曼筠女士。

三迤金石书画社成立时，在 1943 年 12 月 19 日的《云南日报》刊登了《三迤金石书画社启事》："始近期间国内外著名金石书画家相继来昆举行展览后，各界人士耳目为之一新，异予展览期间昙花一现，自后求书画者辗转相托，作书画者户限为此案，彼此同感不便，爰应各方友人之请，组织三迤金石书画社，特约名家经常展览其杰作，俾使各界人士随时选求。参加者有胡小石先生（北魏汉隶章草）、闻一多先生（金石大篆）、王王孙先生（金石大篆行书）、张筱楼先生（山水花卉北魏草书）、张曼筠女士（山水花卉）均有精品陈列，欢迎参观批评选件、订件，此启。"

开展时间自 1943 年 12 月 18 日起。

展出地点：北门街北门书屋。

三迤金石书画社于 1944 年 10 月 6 日，在昆明鼎新街青年会举行了张筱楼、胡小石、杨春洲、张曼筠书画摄影联合展览，展出的书画及杨春洲先生首次公开出示的摄影作品，让观者流连忘返。昆明《正义报》对这次展览给予了极高评价。

胡小石先生以"关于三迤展览"为题，在 10 月 7 日的《云南日报》上对这次展览的宗旨及其价值做了详述，以让更多的人了解三迤金石书画社。

三迤金石书画社还为滇南多年不遇的旱灾做举行书画义卖，将义卖所得全部捐献灾区，以尽绵薄之力。

他们的艺术作品虽定有润例，但对一些喜爱书画学习又无力求购者，或因公益事需馈赠者也无偿地赠予。他们对社会尽责的风范深受人们的敬仰，为昆明抗战时期的历史文化增添了一段光辉的史实。

20世纪70年代的北门粮店（廖可夫摄）

西南联大师生的衣食住行

陈立言

抗日战争期间，落户昆明的西南联合大学，会聚了全国学界一流的学术泰斗和精英。师生们随着时代的变迁而变化的衣食住行，作为他们在昆明生活的一个真实写照，留下了很多值得回味的趣话。

衣着入乡随俗

服饰是一种文化，每个人的衣着体现了不同的群体及时代的风貌。联大师生的衣着，最早在昆明人眼中看到的是：由长沙临时大学（北大、清华、南开三校组成）迁滇组建的湘、黔、滇师生旅行团于1938年4月28日到达昆明时，学生身穿土黄色军装，打绑腿，背捎干粮袋、水壶，穿黑色棉大衣，打油纸雨伞。教师李嘉言、李继侗、黄钰生、闻一多、曾昭抡、袁复礼、许维遹、吴征镒、毛应斗等及三位医护人员分别穿西装、中山装、夹克、布大褂，李继侗先生还打着绑腿。到5月4日联大开学上课，学生就不再穿军装了。

联大初迁昆明时，原来三校的学生比较多。男生的着装多数有三种不同的类型：北大的多穿大褂，表现出潇洒出尘的风度；清华的喜穿西服，显露出翩翩年少的风格；南开的大多穿夹克，流露出英俊挺拔的气象。当然，也有穿中山装或皮衣的。夏天，有穿夏威夷衫或长袖衬衫的；冬天则穿夹棉大褂袍或棉大衣。

云南抗敌后援会发起为前线的滇军将士募捐寒衣运动，联大师生踊跃参加，捐献了数千件衣服，深受社会好评。随后昆明的物价不断上涨，一些教师和靠贷学金生活的学生不得不到社会兼差打杂。学生所得的报酬除去必需零花之外，则没有余钱添置衣服，于是一件衣服多次缝补后还在穿。有外出互借衣服穿的，也有在衣服洗后，待晒干后穿上身再外出的。那时联大师生对穿补丁衣服、破鞋子习以为常，实属无奈！当时还是昆明学生救济处代红十字会发给昆明大中学生一批衣物，联大学生的衣着问题才得以部分解决。

抗日战争胜利前夕，驻昆明的美军多了，他们多的是吃的穿的。美军的衣服质地非常好，即便是旧的也比中国人的普通服装要好得多。衣服既耐穿，又便宜神气，不少联大男生就买来穿。加之联大八百学子从军去印缅战场，他们回到昆明后带回美军的衣服、鞋子，更充斥联大。那时的联大男生几乎每人都有一两件，穿美军服装上课或外出就慢慢普遍起来。

联大新校舍里的路都是土路，每逢雨季，到处是烂泥，其中大小水凼不少。从宿舍到教室、饭堂或图书馆总要蹚过泥泞不堪的"水泥路"，有的学生一双皮鞋穿过一个雨季，前后帮穿破了，鞋底磨通了，穿在脚上露出脚趾和脚后跟，也仍然在穿，人们戏称为"前补后继，脚踏实地"。对于联大学生的穿鞋难题，还是美军的大皮鞋给解决了。美军穿的大皮鞋是经过特殊工艺制造的，可以说是任何泥土和水都不怕。美军大多是穿到半新程度就不再穿了，这些旧皮鞋经不同渠道让联大许多男生穿上了，尤其适用于"雨季"，每双至少可以穿一年以上，比市场上的皮鞋耐穿得多，且物美价廉，于是穿美军皮鞋在联大男生中一时成为时尚。

联大女生大多穿裙子，也有穿旗袍的，质料有棉的、丝的、毛的；颜色以素雅为主，鲜艳的、花的也有。上装随季节不同，多穿中式的姊妹装及中领、高领的对襟装和毛衣，也有穿西装的，还有少数穿男装的。

在长沙临大迁滇经香港时，有些家庭富庶的女生购买了流行时装，她们穿着漫步于蒙自、昆明的街巷时竟引来欣羡的目光。

随着战争的深入，由于昆明的物价居全国之冠，联大女生为维持最低生活水准，也不得不设法到校外兼差。于是她们的衣服、裤子补了又补，大褂破了改小褂，长久不穿的衣服从箱子底下拣出来"翻新"再穿。课余时，除读书外，还自织毛衣，也有替教师及男生缝补衣服的。

联大师生着装最引为奇的是朱自清先生。据李广田先生回忆："1941年我到昆明后，在大街上遇到的第一个熟人就是朱先生。假如不是他老远地脱帽打招呼，我简直不敢认他，因为他穿了一件很奇怪的大衣，后来才知道那是赶马的人所披的毛毡，样子像蓑衣，也像斗篷，颜色却像水牛皮。我当时想笑却不好意思……"朱先生穿的这种用羊毛擀成的毛毡，就是云南赶马人穿的蓑衣，它比棕制的蓑衣更能隔水且保暖，可披，可盖，可垫。那时的朱自清先生家庭人口多，薪水所得要分在扬州、成都、昆明三处花。原穿的旧袍已破烂不能再穿，且又无力购置棉袍，故在龙头街买了件便宜的赶马人穿的毛披毡。他从司家营进城往返时穿在身上能挡风避雨，名教授穿毛毡在联大一时传为佳话。

住则居无定处

1938 年 1 月 19 日，国民政府批准长沙临大迁往昆明。临大迁昆，首先要解决的一个问题是校舍和师生的住房。于是由蒋梦麟、秦瓒等人成立昆明办事处，他们一行于 2 月 15 日到达昆明，主持建校事宜。办事处初设于崇仁街 46 号。

1938 年 4 月 2 日，奉教育部电令：国立长沙临时大学改称国立西南联合大学。

联大在云南当局和昆明各界人士的大力支持下，租借了拓东路迤西会馆、全蜀会馆和江西会馆作为工学院校舍，盐行仓库及玉川巷 2 号作为教师、学生宿舍。昆明西站的昆华农业学校作为理学院校舍。当时内迁昆明的机关较多，房舍紧缺，难以解决联大文、法学院的校舍。经蒋梦麟赴滇南蒙自考察后，决定文、法学院设在蒙自。联大于 5 月 4 日、5 日分别在昆明、蒙自开课。后因中央航空学校从柳州迁蒙自，需征用校舍和修建机场，联大遂决定期末考试结束后，蒙自分校撤销，于 8 月全部搬回昆明。文、法学院的师生则分散到理学院校舍。此时教育部令联大增设师范学院，恰好昆明许多中、小学校为避日机轰炸迁离市区，校舍空出不少。联大在省政府及教育厅厅长龚自知的支持下，租借到昆华工业学校（龙翔街）作为文、法学院教室和宿舍，昆明师范学院（昆师路）为教员及学生宿舍，昆华中学（文林街）北院为师范学院新生和其他各系高年级学生宿舍，南院为师范学院教室和女生宿舍。联大各行政部门办公室、各院系一年级学生教室与理学院仍设在昆华农业学校。

校舍得以初步解决，1938 年度第一学期于 11 月 24 日开始注册、选课，12 月 1 日正式上课，师范学院推迟至 12 月 12 日开学。

1940 年 10 月，昆华中学北院遭日机轰炸，部分房屋毁坏，师范学院则迁往龙翔街昆华工业学校。北院毁坏房屋修复后，作为各院系一年级学生的教室和宿舍。南院统一为文、法、商、理学院的女生宿舍。

联大在租借校舍之前，也在考虑征地，建造统一校舍。1938 年 4 月 19 日，在昆明召开的首次常委会会议乃做出决定：建造校舍预算暂定为 20 万元，设立黄钰生等 15 人组成的建筑设计委员会，聘请中国营造学社梁思成、林徽因为校舍建筑工程顾问。在省政府及建设厅、教育厅的支持下，经多方考察，7 月选定了昆明西北城外三分寺的 120 余亩地（今一二一大街）。校舍设计方案出来后，几经修改，拖延数月。岂料物价急剧上涨，原计划的三层砖木结构楼房不得不改为平房，除图书馆和两座食堂使用砖木结构、瓦屋顶外，学生宿舍是土坯墙、茅草屋顶，其他房屋为土坯墙、铁皮屋顶。

新校舍于 1939 年 4 月竣工，下半年交付使用，仍然满足不了联大全部教学所需。只能勉敷文、理、法、商学院之用，其他学院仍在原处租借使用。

1944 年 4 月，第 295 次常委会讨论通过，将办公室屋顶的白铁皮 400 余张，转让给重庆建中实业公司，得款 200 余万元，除购买茅草做屋顶的费用，余下的正好弥补学校预算的赤字。

整个联大时期，北大、清华、南开三校在昆明还各自设有办事处，保留着各校原有的一些行政和教学组织系统，负责处理各校自身的事务。北大办事处设在崇仁街 46 号，后迁至财盛巷 2 号；清华办事处也几经迁移，后设在西仓坡 5 号；南开办事处初设龙翔街，后迁至文林街的文化巷 8 号。联大常务委员会的会议则轮流在三校的办事处召开。

三校办事处还为单身的教师租赁住房。居住人数最多且最有影响的是青云街的靛花巷 3 号——北大教师宿舍，这里住过陈寅恪、罗常培、郑天挺等著名教授，著名作家老舍先生旅昆时也在此住过。北门街 71 号是清华教师宿舍，这里是唐继尧的私家花园，在此居住过的有朱自清、浦江清、李继侗、吴宓等著名教授。文林街 20 号（今云师大附小斜对东南面）过去称大公馆，也是联大的单身教师宿舍，沈从文教授从乡下进城上课就居住于此，著名作家巴金先生也在此留下过足迹。

抗战时期的"昆明有多大，西南联大就有多大"，泛指联大师生先后散居于昆明的街巷、乡村间。诸如小东门的小东城脚节孝巷、绿水河，大东门的交三桥、护国路，南昌街的白果巷，东寺街的花椒巷，鸡鸣桥的复兴村、西坝新村，小西门外的大观街、篆塘村，以及城中的富春街、武成路、三转湾的义兴巷、五华山南侧的柿花巷、兴隆街等。大西门、翠湖周边的街巷更是主要聚集地。

为避日机轰炸，联大的诸多教师被疏散到城外龙泉镇的棕皮营、龙头村、司家营、瓦窑村、蒜村、落索坡等处，在这里住有冯友兰、汤用彤、朱自清、闻一多、罗常培、郑天挺、王力、金岳霖、钱端升、陈梦家、游国恩、吴晗等著名教授以及北大、清华文科研究所的研究生。

北大还在岗头村盖了一所简单的房子，供蒋梦麟先生疏散之用。同住这里的还有罗庸、吴大猷等著名教授。

1940 年，清华在昆明西北郊的大普吉建盖清华研究所。大普吉周边的陈家营、大河埂、龙院村等处住有梅贻琦、吴有训、潘光旦、华罗庚、杨武之、赵忠尧、任之恭、赵访熊、吴达元、姜立夫、赵九章等著名教授，那时的大普吉和龙泉镇便成了战时昆明乃至全国知名的两大文化中心。

费孝通、沈从文、陈达等著名教授远居呈贡，周培源教授则居西山龙门脚下的山邑村，冯至教授居住在金殿后山的杨家林场，唐兰教授租住大观楼外的明波村，钱穆教授从离开蒙自就居住在宜良的岩泉寺。

联大教师们在昆明的居住地没有哪一家是固定不动的。搬迁居住地方最多的莫过于闻一多先生，先生的家人来昆明后，从初住节孝巷到西仓坡大宿舍，先后共搬 8 次家，住过 9 个地方。

吃以"膳团"为主

昆明是滇味饮食的中心，大小餐馆店铺林立，其传统的滇席八大碗、三冷荤、四热吃和十二围碟中的蒸、炸、烤、卤、炖的荤素菜最著名。清真的牛菜也是很有特色的，而米线、饵块等名目繁多的风味小吃更是让人食而不忘。

联大初迁昆明时，昆明的物价还是很低的。教授薪俸高的每月约为 350 元法币，当时的法币 1 元可换新滇币 10 元。而 1 元新滇币大约可买鸡蛋 100 个，2 元多法币可买 20 公斤一袋的面粉。师生们的生活比较优越。

一日三餐，师生们大多可在学校的食堂就餐，有的也在学校就近的餐馆包月饭或在外随意选吃。学校周边的饭店、小吃摊遍布街巷，其价也不昂贵，就是靠拿贷金的学生，日常生活也能应付得了。

那时联大的食堂分为很多"膳团"，每个膳团大约 10 桌。师生可以自由选择膳团，包伙每月一订，若不满意可退伙另选膳团。每个膳团由师生自选膳食委员会与外包商订立包伙合同；也有自请厨工的，师生还轮流买米买菜。膳团的伙食标准大多不超过贷金的水平，家境贫寒的学生，若想从贷金中省下几个零花，早饭还可退伙不吃，到学生救济委员会的学生服务处喝廉价豆浆，吃馒头。手头宽裕的为了换换口味，也常到校门外马路边的小摊买各种风味小吃。

联大诸多的膳团有高、中、低档之分：大众厨房，每月 6 元；小厨房，每月 9 元；教师厨房，每月 12 元（学生也可参加）。

从上述三种厨房价目的"吃"上，可显出师生的贫富来。其中在大众厨房就餐的最多（有的也并非贫困）。但对真正靠着贷金生活的穷学生来说，数目已是不小。经过外包商和厨工的索诈、克扣之后，大厨房能吃到：早点多半是大米稀饭，配一点萝卜丝、花生米；午、晚两餐，8 个人合吃 4 个菜；10 天结账的时候能吃一次鸡或肉。每到吃饭时，食量大的，舀第一碗都得舀满，第二碗舀得省些，以利赶快吃完舀满第三碗，若是慢了等舀第三碗时，饭桶已见底，就只能吃两碗饭了。

小厨房和教授厨房一般是：早点有鲜牛奶、卧鸡蛋，再配西式点心。午餐可到外面名餐馆吃一盘双黄鸡、脆皮鱼等名菜。晚餐去鼎新街青年会吃 5 角一餐的客饭，外加来回车费 8

角至 1 元，也有极少富庶的学生这样用餐。与此形成鲜明对照的是：早点很省，只喝白开水，午餐吃大饼配辣椒豆瓣酱，晚餐也如此，一日只费 1 角。这两种贫富学生的吃法，占不到学生总数的百分之一。

伙食办得最好的是南院女生宿舍的膳团，伙食费平均比其他要少四分之一，同时也是昆明最便宜的。据说是因女同学饭量小，又说是女同学有钱，不大在膳团吃饭而喜欢上馆子。的确有些娇生惯养的"小姐学生"，一走进饭厅就皱眉头，细喉咙咽不下粗饭菜，扒拉几口就走了。不多一会儿就出现在文林街同盛园等处吃小锅米线、卤面、卤饵块或其他小吃。其实，南院女生膳团办得好，价格低，主要还得力于厨工和女生精细的管理。

随着战争的持久，物价狂升，尤显米贵，政府不得不对公务机关人员配以定量"公米"，以维持日常生活。1940 年 2 月 27 日，联大第 137 次常委会决议：成立教职员食米消费合作社，聘请郑天挺等 7 位教授为筹备委员，郑天挺为召集人，办理联大食米事宜。作为生活必需的大米问题，也就成为联大的一个"事务"了。

1941 年 12 月，太平洋战争爆发。物价更是扶摇直上，联大教师的薪俸虽逐年增加，却赶不上上涨的物价。到 1943 年至抗战胜利前情况更坏，钱也不值钱了。这是联大师生最为艰苦的一段时间，联大膳团每月伙食费大约需 3000 元。早点：到学生服务处买一个月的豆浆、馒头票得花 900 元，稀饭 10 元一碗、包子 25 元一个、面条 100 元一碗，价格比外面便宜 40% ~ 50%。这是联大有"公米"供应的缘故。学生请领的公费或贷金则按物价涨数领取，伙食费基本是可以解决的。

昆明但凡著名且有特色风味的中餐馆、西餐馆或小吃店，联大教师少有未吃过的！在吴宓教授的日记和汪曾祺先生的散文里几乎都有记载。沈从文教授更是与米线结缘，只要肚子饿了，大多吃的是米线。著名作家巴金先生来昆，一天到文林街 20 号沈从文处，两人叙谈竟忘了吃饭，待感觉饿了，沈先生请巴金先生吃的仍然是米线。

联大师生的行

地处滇池坝子的昆明，交通非常落后。直到 20 世纪初，滇越铁路通车，才为人们带来了"先有火车通国外，后有汽车驶城外"的出行便捷。随后又修建了机场，有了飞机。特别是滇缅公路的壮举，还使云南成了汽车王国。正因如此，西南联大迁滇时，才得以按计划到达昆明。

抗战时昆明人的出行，除火车、汽车、飞机外，还有人力车（黄包车）、自行车、马车、船。轿子则少有，但有骑马的。

联大是置有汽车的，像常委们还备有小轿车。但梅贻琦先生就将车交学校公用，自己除有重要礼仪活动不得不乘车外，是很少用轿车的，他的家属更是不可以用车，但梅先生规定遇教职员工及家属有难或疾病则可派车相助。

有一次梅先生到西山脚下山邑村看望周培源教授。从周家出门行至公路边，巧遇省主席龙云返昆明，龙主席一看是梅先生，便邀他同车回城。

联大师生的出行，因人而异。在校舍区虽不见轿车，但摩托车是有的，而时新的"三枪牌""凤头牌"等外国产的自行车则不足为奇。他们有乘市区公共汽车的、坐马车的，也有包人力车上下课的，更多的则以步行为主。最让人称奇的是周培源教授，自买了一匹马养着，马就成了他进城的交通工具。

师生们游览大观楼、海埂、西山、观音山以乘船为多，到筇竹寺、黑龙潭、金殿大多是步行，到阳宗海、澄江、石林等景区则乘火车、汽车。

西南联大教授的兼职生活

苏国有

　　1938 年 5 月 4 日，由国立北京大学和清华大学、私立南开大学组成的西南联合大学在昆明正式开学，开始了艰难的"昆明岁月"。

　　联大落脚昆明后，1938 年和 1939 年，昆明通货膨胀，物价飞涨。更严重的是，1942 年和 1943 年，昆明的物价自抗战以来涨了 300 倍，联大教职员的薪金只增加了 5 倍，教授们一个月的工资往往不到半个月就用完了，加上物资奇缺，不少家庭到了断炊的地步，生活水平一落千丈。1942 年，中文系王力教授在《战时的物价》一文中说："在从前，吃饭只占收入的百分之十或二十，现在呢？全部的进款还不够吃的。"至 1944 年 3 月，王力教授在《领薪水》一文中感慨："其实战前的公务员和教育界人员，小的薪水可以养活全家，大的薪水可以积起来买小汽车和大洋房。"可今日的"薪水"，"那就是反了过来，名为薪水，实则不够买薪买水。三百元的正俸，不够每天买两担水；三千元的各种津贴，不够每天烧十斤炭或二十斤柴！开门七件事，还有六件没有着落！"。因而，王力先生建议将"薪水"改称"茶水"；到连茶叶都买不起的时候，再改称为"除了喝开水之外，只好喝喝西北风"的"风水"。

　　王力先生所说并非危言耸听。如联大仅有的少数部聘教授之一，又在中央研究院兼职的陈寅恪在诗文中写道："日食万钱难下箸，月支双俸尚忧贫。"教授的生活都如此，一般的教职员的生活则更是"常喝稀饭无粮，常卖家具典书"。到了收入难以维持最低生活之时，有的联大教授在校外兼职，就成了唯一的自救之法。

　　鉴于兼课成为普遍现象，西南联大制定了《教授校外兼课规则》（以下简称《规则》），对教授到校外兼课提出 6 条规定。经查，《规则》是 1939 年 3 月 14 日经第 104 次常务委员会通过的，但"实行日期"就成了一个谜。没有实行日期，这就对了，因为这一《规则》迅速地被现实突破了。兼课并不是只在其他大学，也有中学，且以中学为主；并不是以 4 小时为限，而是远远超过了 4 小时；并不是以在本校现授课程为限，而是触类旁通；并不是以昆明市范围为限，而是还有外地的学校；并不是只有教授兼课，讲师、助教甚至研究生、本科生都在兼课。在联大，除部分担任学校、学院等工作，以及较为特别的原因之外，大部分教师在兼职；除工学院的研究生外，几乎所有研究生在兼做中学教师。

西南联大师生在外兼课的情况，因无准确记载而难以统计。但联大教授们兼课的情形，通过一些零星的记载，还是可以略知一二。当时昆明城内的西南联大附中（今云南师范大学附中）、昆华中学（今昆明一中）、天祥中学、粤秀中学，城外的呈贡高级中学（今呈贡一中）等学校，都出现了联大师生的身影，还有教授直接兼任中学校长的。1943年，王力先生因系广西博白人，而受两广同乡会之请，兼任设于后新街的粤秀中学校长。王力先生还为该校编写校歌一首："粤秀之麓，学海掬波。当年庠序先河，旅滇同乡，不废弦歌。滇粤一家无偏颇，四海兄弟共切磋。师求其良，友求其多，处群其道为和。"正如他所写的校歌一样，该校教育学生不分籍贯，平等相处，和谐与共，形成了良好的校风，培育了一批批人才。

联大的教师如果只是到某校讲一两节课，则绝大多数是尽义务。但如果是兼课，就有报酬，且此人与彼人，所得的报酬是不一样的。据何兆武《上学记》中回忆：他在好几个中学教过书，求实中学、五华中学、龙渊中学、昆华女中，教过国文、英文，也教过历史、地理，读研究生的三年里基本没间断过。并说："在五华中学教中文的时候，朱自清先生也在那里教一班，我教另一班，他的威望、名气比我大得多了，本来就是名教授和文学家，当然应当比我高明得多，所以我并不觉得泄气。"何先生还说："闻一多先生也在昆明的中学里教书，学校当局知道闻先生是有名的诗人，所以给他的工资特别高，还特别给他一间房子，虽然现在看来也不觉得怎样，不过在当时就非常了不起了。"联大教授到中学兼课，极大地提高了这些中学的教学质量。如联大附中学生第一至第三届90%以上考上了大学，班上的前5名成绩优秀者则保送入西南联大和联大复员后的三校。1941年3月才设高中班的呈贡中学，高中一班的学生毕业时，15名学生参加高考，就有10名被西南联大和云大录取，成为呈贡教育史上最辉煌的一页。

兼课之外，为报刊写稿，赚点稿酬，是联大教授兼职最常见的一种方式。王力先生1944年5月21日在《生活导报》上发表的《卖文章》一文云："大学教授们的文章，本该是写而不卖的，至少，他们该是为写文章而写文章。"可"不料抗战了几年之后，竟有不少教授依靠卖文来维持一部分的生活费用"。于是乎，从德高望重的老教授到初出茅庐的年轻教师，从文科教授到理工科老师，不少人都在教书之外动手写文章，呼为"卖文"，向报刊投稿，得一点稿费。王力先生在1942年至1946年就写了不少小品文，其中不少在《生活导报》《自由论坛》等刊物上发表，以至与梁实秋、钱锺书并称为"战时学者散文三大家"，其作品后被编为《龙虫并雕斋琐语》出版。在抗战后期，联大一部分教授还组织了一个卖文卖字的会，沈从文、彭仲铎、唐兰、陈雪屏、浦江清、游国恩、冯友兰、闻一多、杨振声、郑天挺、罗常培、罗庸12位教授还发布了《诗文书镌联合润例》，对文、诗、联、书、篆刻等各值若干做了规定。不过，此事还没有开张，日本就投降了，闻一多为冯友兰先生卖字而刻的两个大图章，也始终没有用上。

联大教授兼职其实是各显神通的，可谓有些"奇葩"。"吴大猷养猪""曾昭抡帮人办厂""闻一多刻印"等五花八门，不一而足，以补"无米之炊"，留下了许多趣话。

在那个年代，西南联大教授兼职纯系无奈之举，但生活上的艰难反而磨砺了他们的意志，增强了他们的斗志，使他们加倍努力地教好学生，让西南联大经历风雨后散发出了耀眼的光芒。

1945年私立昆明五华中学高中第一班毕业合影（照片由苏国有提供）

闻一多先生治印（照片由苏国有提供）

王力著作《龙虫并雕斋琐语》封面
（照片由苏国有提供）

西南联大沈从文等著《诗文书镌联合润例》（照片由苏国有提供）

西南联大教授陈达的"昆明春节"

苏国有

抗日战争时期，西南联大社会学系教授兼清华大学国情普查研究所所长陈达（1892—1975），因躲避日机轰炸而随研究所迁到呈贡，他有课时进城上课，无课时在呈贡开展调查和研究，也就在呈贡经历了"昆明春节"。

1939 年，陈达先生将夫人和孩子从上海接到呈贡县城后，先住三台小学，后因学校增加班次，搬到了可以免收房租的旧文庙后崇圣祠内。在呈贡，他既要每周三四天早上 5 点半就起床，赶到昆明城西北的联大给学生上课，又要主持研究所开展呈贡人口、云南选县行政等调查研究，还要自己收集资料撰写论文。为维持一家人的生活，陈先生还到呈贡县立初级中学兼课，全家人还见缝插针地在文庙后园开辟菜地八块，在崇圣祠前开辟两块。虽然菜地"每块不过宽一丈，长一丈六尺"，但陈先生极为珍视，详细地记载着每一块地的播种和收获。如某日记载："西门内种刀豆及荷包豆，荷包豆种子由李悦立县长送来，共 40 粒，出苗者 5 粒，目下开花即已结实者仅 2 棵。"可见一家生活之艰辛。即使在这种困境中，陈达先生也充满了乐观有趣的生活态度，他在《浪迹十年之联大琐记》中，记载了一家在呈贡生活的有关情况，尤其较为详细地记载了 1944 年、1945 年他们一家过"昆明春节"的若干细节。

1944 年 1 月 24 日，为农历除夕。是日，呈贡李悦立县长夫妇约请陈达一家在县政府度岁。陈先生夫妇按约来到县府，只见"正房地上铺松毛，堂前供佛手，大者约三斤，又供米花糖，圆形，径约一尺，米炒好，和糖做成福喜寿等字"。这天的除夕宴会"有客两桌"，而参加者"大部分为县府外籍职员"。大概因为陈先生是外乡人，在呈贡没有去处，也因此享受与在呈贡无家属的外籍职员一样的待遇，而由县长相约于县府一起过年。陈先生"余家小妹亦去"。晚餐后，还一起吃一种甚是特别的汤圆。这种汤圆"用白酒及梨同煮，味甜"。白酒煮汤圆是不少地方的美食，而加梨同煮而成的"酒梨汤圆"，甚是少见。这可能与呈贡出产一种有名的宝珠梨有关。在抗战时期的昆明，对大多数人来说，参加宴会都是具有吸引力的。不过，陈教授很讲究礼数，其子旭都"因联大附中本学期开学较晚，原拟不放寒假，临时放假归家，李宅未约"，也就未跟随家人一道前去参加除夕宴会，"但餐后亦来县府"，与大家一起"吃汤圆"。李悦立一家为云南楚雄姚安人，李于 1940 年 1 月至 1944 年 8 月任呈贡县长。

这天晚宴的菜肴，李县长夫人"用冷荤四盘。其中一盘，系姚安土产，内有腌猪肝、香肠等，又有腌肉一碗，已去油，味甚佳"。吃过年夜饭，"有人拉胡琴，唱西皮二黄。又有人说故事，最难得者是一位秘书，广西人，曾在杭州服务，唱杭州小调，用孟姜女寻夫歌原调"。

1945年2月13日，为农历春节大年初一。这天一大早，1942年西南联大社会学系毕业留校任助教的袁方、1944年清华大学法科社会学部研究生毕业的张莘群及其妹胤芳"至崇圣祠贺年"。这时，陈教授夫妇"正在厨房煮汤圆"。待大家吃过汤圆，陈教授与次子旭都"往七步场小塘子钓鱼"。七步场，古名渠卜场，彝语意为产稻谷的凹子。该村位于县城东南2.5公里处，村旁有大塘子、小塘子。钓鱼是陈先生在昆明一直保留的一大喜好，在《浪迹十年之联大琐记》中多有细致记录。可这一天，因大风，半天钓不到鱼，陈先生和儿子只好收竿回家。归途中，经呈贡县城东南1公里处的新草房村，看到一户农家门两边悬有春联，"上联曰：主义实现天下为公，下联曰：革命成功万民有庆"。陈先生停下脚步，对这一春联进行了一番研究，发现"有二点值得注意：（1）抗战以来渐采用新思想作联（如革命抗战等）。（2）上下联倒置，因农民不识字，亦不懂平仄声"。

次日，陈先生与夫人梧荪、长子旭人、次子旭都、小女旭清"按乡村习惯"，前往同在呈贡的孙春苔家"贺年"。孙春苔即孙福熙（1898—1962），散文家、美术家，抗日战争爆发后参加中华全国文艺界抗敌协会，在昆任昆明友仁难童学校校长等。身在他乡为异客，虽然陈为余杭人，孙为绍兴人，但均为浙江老乡。新年新岁，他们两家相约一同前往1944年9月任呈贡县长的倪之桢公馆贺年。倪宅按风俗，家中"用松毛铺地，正堂供关公，供品有佛手、米花球、橘子、纸元宝，上铺'招财童子'，点蜡烛及香，香炉为会泽红铜，不点烛，但点菜油，油置于烛台上端，长约一寸半的铜盒内"。倪县长家之所以有红铜香炉，是因为倪为云南会泽人，今会泽县城为原东川府驻地，会泽与"天南铜都"东川原同属东川府。来自产铜之地的倪县长，家用红铜香炉也就不足为奇。在倪家，县长见名家来访，自是十分高兴，便"示其祖父所画花鸟，家藏书画的一部"。陈先生还发现，"倪老太太信佛，平常吃素"，而大家相聚甚欢，老太太与倪太太即"约余等吃饵丝并亲入厨房预备午餐"。饵丝系云南用热米饭反复舂捶而成的易于存放的长条形或饼状食物，食用时或切丝煮、炒、蒸，或切片烧。在厨房，陈夫人见有一菜"认为有学习的必要，即鸡蛋包肉"。这道菜做好后"切成圆段，味佳，并美观"。

是日晚，呈贡县立初级中学校长昌景光"约余夫妇晚餐"，因陈先生系昌校长请到中学兼任教职者，陈先生也就欣然应邀。应邀者除陈氏夫妇外，还有"县立中学男女教员八人"，特别是还有"美人空军运输员一人"。"按本地习惯"，在春节这几天里，"凡吃新年酒者须先饮白米酒"。这种白米酒俗称甜白酒，味甜，在此时食用，"示甜蜜及富于希望之意"。

陈达先生像（照片由苏国有提供）

1942 年陈达先生在呈贡文庙（照片由苏国有提供）

陈达先生著作《浪迹十年之联大琐记》书影（照片由苏国有提供）

潘光旦教授吃番茄

陈立言

2001 年的一个星期天上午，我在马街书市淘旧书，在一书摊购得两册西南联大的学术刊物《国学季刊》，此时一位长者叫我把书给他看看，他翻看了书目后说："西南联大的梅贻琦、潘光旦、黄钰生、查良钊、沈从文等我都见过，对潘光旦教授印象更深刻。"一听此说，我便向这位长者求教了解鲜为人知的联大人逸事。

长者与我当即就坐在街边石坎上闲谈起来。他说他叫瞿子荣，现年 75 岁，玉溪人，父亲瞿绍忠于 20 世纪 30 年代初在文林街昆华中学大门口东侧的 211—212 号开设同盛园滇味餐馆，他家的炒菜及各种米线、卷粉、饵块、烧卖、包子等小吃，最受昆华中学及西南联大师生的喜爱。当时联大的梅贻琦、黄钰生、查良钊就住在昆中北院，潘光旦教授也在昆中北院授课，潘先生就在他家包饭。

有一天潘光旦先生身穿皮衣、皮裤，从口袋里掏出两个说是自种的鲜红番茄，交给我父亲说："你用开水烫一下把皮撕掉，再把里面的籽拿掉用鸡蛋炒给我吃。"我父亲一看这种鲜红的果不知叫什么，而昆明人是不兴吃的，一想，像潘先生这种有学问的人，如不能吃或不好吃他会吃吗？我父亲便照潘先生所述炒出来，好奇地看潘先生吃得有滋有味。随后潘先生经常带着番茄来教我父亲用板豆腐、水豆腐炒或烧汤给他吃，我们也跟着尝尝，觉得味道很不错，我父亲还用青辣子与番茄炒，吃后觉得既辣又带酸味而别有风味。我父亲还将番茄籽晒干拿给昆华中学搞园艺的一位彭老师，彭老师在昆华中学园地种了许多番茄。随后昆明人便慢慢地兴吃番茄了。

对于昆明人何时兴吃番茄之说，笔者又去求教云南省文史研究馆馆员李瑞先生。在李先生的记忆中，昆明人吃番茄应在抗日战争时期，那时在官渡、呈贡一带才种番茄。

有一次在云南大学著名教授李埏先生家，谈及西南联大师生的艰苦生活时，李先生回忆说："我去西仓坡闻一多先生家时，见闻先生也曾在空地上种有番茄。20 世纪 30 年代我就读昆华中学，从路南来昆明时，在宜良狗街火车站内也见种有番茄，可能是法国人种的，当时昆明人称番茄为酸汤果。"

番茄营养丰富，含有多种维生素及胡萝卜素、钾、钙、磷、铁等物质。番茄性味甘、酸、微寒，经常吃能生津止渴，帮助消化，有降压和消炎等作用，故 20 世纪我国留学欧美的人士都喜食番茄。

番茄原产地在南美洲秘鲁，当地人称为狼桃，16 世纪传入英国，我国的番茄，传统的说法是 18 世纪末由西方传教士经丝绸之路传入的，故名西红柿。

随着社会的发展，番茄在我国一年四季都是人们餐桌上一道常见的极普通而味美的蔬菜。

潘光旦教授像（照片由陈立言提供）

铁线翰墨　红绸舞韵

范　丹

　　一道乌金似遒劲奔走的铁线，一条彩云般绚烂飞舞的红绸，在晶莹洁白的宣纸上笔走龙蛇，纵横挥洒，留下一串性灵皴染的行草，这就是范子明先生的书法艺术给人们留下的第一印象。书法作为最能展示中国人思想情感的艺术门类，在华夏文明的历史长河中留下了瑰丽璀璨的不朽篇章。子明先生书法艺术的形成与发展与其崇高的仁道志向、铿锵的黄埔军魂、朴实的草根情怀、曲折的学书历程、奇遇的红绸姻缘、多舛的坎坷命运、复杂的人生道路有着千丝万缕的联系。子明先生以其坚毅的品格铸造了彰显个性的铁线笔法，以其真挚的情感畅叙了富于幻想的红绸舞韵，使其书法呈现出瘦硬挺拔、爽劲凝练、潇洒飘逸、波澜壮阔的基本风格，他的书法是铁线笔法与红绸舞韵完美融合的结晶，昔日曾是黄埔军校政治部主任的周恩来总理将他的书法赞誉为"黄埔第一笔"。

　　范子明先生 1896 年出生于山西省平陆县常乐镇范滩村，家有薄田 30 亩，可以勉强度日。三晋之地土地贫瘠，晋南尤甚，俗话说"平陆不平沟三千"，就是平陆沟壑纵横的真实写照。子明先生自幼喜欢书法，经常步行到几里外的将军庙瞻仰乡贤周铎的字，1921 年他考入设在太原的山西学兵团，在太原期间他通过王骐骥前辈结识了晋祠菩提寺的智严法师，智严法师带他到圣母殿贞观宝翰亭拜谒唐太宗李世民书写的《晋祠铭》，子明先生为《晋祠铭》所表现的"沉稳凝重、潇洒自然、法度粹美、雍容大度"气势所震撼。子明先生伫立在《晋祠铭》前，思古的幽情油然而生，他敞开心扉去膜拜那圣君广阔的胸襟，去冥想那雄主勃发的情思，便情不自禁沉浸在《晋祠铭》所散发的卓拔茂盛之艺术氛围中而流连忘返。回到禅房中，智严法师对子明先生说："唐太宗李世民不仅是具有雄才大略的政治家、军事家和外交家，还是才华横溢的文学家和书法家，据《旧唐书·太宗本纪》载：'太宗幼聪睿，玄鉴深远，临机果断''发迹多奇，聪明神武，拔人物则不私于党，负志业则咸尽其才''听断不惑，从善如流，千载可称，一人而已'。据传他受轻骑突袭战法的启示创制了一种称为铁线笔的书法样式，其书法呈现出'笔走龙蛇、洗练爽劲、动若游丝、超妙入神'的独特魅力。子明你不妨入禅定妙悟，通过自己艰苦的临习和妙悟将'铁线笔'书法演绎出来，续写唐代圣君的风流。"

　　铁线笔像一团疑云始终挥之不去，一直盘旋在子明先生的心际。什么是铁线笔？铁线笔到底是怎样结体的一种书法样式？子明先生查阅了有关文献史料，观摩了唐太宗李世民流传下来的所有碑刻拓片，都找不到铁线笔的蛛丝马迹，难道真是"圣君入昭陵，铁线秘难寻"了吗？生性倔强的子明先生就是不服这口气，为了传承铁线笔书法艺术的风规，他带着满腹疑惑去请教书法大师于右任先生。子明先生说："于老！智严法师告诉我唐太宗李世民受轻骑突袭战法的启示创制了一种称为铁线笔的书法样式，您认为有这种可能吗？"于右任先生沉吟了片刻后说："唐太宗李世民曾在《论书》中道：'凡诸艺业，未有学而不得者也，病在心力懈怠，不能专精耳。朕少时为公子，频遭敌阵，义旗之始，乃平寇乱。执金鼓必有指挥，观其阵即知强弱……敌犯吾弱，追奔不逾百数十步，吾击其弱，必突过其阵，自背而返击之，无不大溃。多用此致胜，朕思得其理深也。今吾临古人之书，殊不学其形势，惟在求其骨力，而形势自生耳。'唐太宗李世民既然能从观敌阵之强弱中悟出骨力和形势的辩证之道，又何尝不能从'轻骑突袭'战法中演化出'铁线笔'法来呢？我建议你从唐人法度入手，上窥魏晋风度，下承宋明意态，植根'斯冰铁线'，参透'颠张醉素'，细审'瘦金游丝'，以铁线篆之中锋作行草，取精用宏，融会贯通，自出机杼，创制自我。"子明先生牢记于右任先生的教诲，自此走上锤炼铁线的艰辛之路。

　　汉字要从书写升华到书法美的层面，"线条"这一书法基本语汇的重要意义就凸显出来。因为书法要凭借线条实现造型、抒情和达意，以线条传达书者对宇宙和人生的理解和感悟。但并不是所有的线条都符合书法的要求，汉字从书写到书法需要经历一个质的飞跃。要实现这个质的飞跃，并非易事，需要书者在临习中不断锤炼线条的质感，在借鉴中不断丰富线条的变化，在挥洒中不断净化线条的美感。子明先生在于右任先生的鼓励下，牢记唐太宗李世民在《论书》中所云"临古人之书，殊不学其形势，惟在求其骨力，而形势自生"的心法，踏上了锤炼"铁线笔"艰难的学书历程。子明先生锤炼"铁线笔"是按照篆—楷—行—草的路径逐步演进而陆续展开的：篆书从李阳冰《三坟记》入手，继而临习李斯《峄山刻石》、释梦英《篆书千字文》；楷书从欧阳询《九成宫醴泉铭》入手，继而临习薛稷《信行禅师碑》、柳公权《玄秘塔》、宋徽宗《千字文》；行书从唐太宗《晋祠铭》入手，进而临习智永《千字文》、王羲之《圣教序》；草书从孙过庭《书谱》、怀素《自叙帖》入手，继而临习张旭《古诗四帖》、吴说《千字文》。他临习法帖，观摩书法，仔细斟酌，借鉴比较，铸就自我，他学李阳冰《三坟记》得其骨，学欧阳询《九成宫醴泉铭》得其架，学宋徽宗《千字文》得其硬，学唐太宗《晋祠铭》得其度，学孙过庭《书谱》得其识，学怀素《自叙帖》得其势，学张旭《古诗四帖》得其姿，学吴说《千字文》得其劲。经过十年的艰苦磨砺，子明先生用心血铸就的线条日臻完善，在反复锤炼中被净化的线条已经具备"如锥画沙，如印印泥"的力度和质感，

"铁线笔"自然窑变出炉,而水到渠成了。

书法作为视觉艺术,不仅需要通过线条来表现书法筋骨的质感,而且需要通过结体来增强书法造型的美感。子明先生的"铁线笔"历经十年的锤炼,其书法线条呈现出一种"细如发丝、状如针画、劲如鹭股"的风致,但以纯线条表现书法则显得单薄,所以结体的效果并不理想,就在情理之中了。其实早在 1927 年子明先生参加八一南昌起义之际,当时前敌指挥部所辖第九军军长朱德看了子明先生的字以后,无意中说了一句:"子明啊!你的字只会龙飞,不能凤舞。"说者无心,听者有意,子明先生对朱德的话颇为在意。从此,"凤舞"成了横亘在子明先生心头一道必须逾越的坎。怎么才能实现"凤舞"夙愿呢?子明先生陷入了深深的迷茫之中。他虽然进行了不懈的探索,但积年而不能达,始终没有突破不能"凤舞"的樊篱,真可谓"情沉抑而不达","心绽结而不解"。如何才能破解不能"凤舞"这一难题,一直困扰着子明先生,据子明先生回忆说:"当时的情形,正如屈子所云:'迷不知吾所知'啊。"

八一南昌起义之后,子明先生辗转到北平王道元先生府上,出任他的私人秘书。王道元先生是著名的教育家、藏书家,他为人豪爽练达,学识渊博,思虑缜密,见识超卓。子明先生曾对道元先生说:"朱德将军品评我的字云:'只会龙飞,不能凤舞',先生以为如何?"道元先生答曰:"真是一语中的,我认为你的字'遒劲之中无姿媚之感,法备之中少意态之韵'。"子明先生又问道:"既然如此,我该怎么办呢?"道元先生答道:"为书之道,学养、功力、笔法与创获四者缺一不可,其中:学养是灵魂,功力是基础,笔法是技巧,创获是成果,没有学养,创获就成了无源之水;没有功力,技巧就成了无本之木。我以为你要多读书以求其情方能达其意,多观物以求其象方能表其态。"道元先生接着又说:"赵之谦拓遍了北朝的碑刻造像功在室内,杨守敬游遍了神州的名山大川功在室外。固然,就书法而言,临池能增加功力,游历能开阔眼界,但最根本还是要增加自己的学养,以学养字,就是以自己的学识反哺书法,这样做你会收到意想不到的奇效。我建议你读'前三史'以增其识,读《周易》以理其思,读《论语》以怀其仁,读《中庸》以效其法,读《文选》以畅其情,如果照我的话去做,你一定会有所收获的。"

"师法自然"是我国历代书家的优良传统,早在东汉末年蔡邕就意识到这一点。故而他在《九势》中阐述道:"夫书肇于自然,自然既立,阴阳生焉,阴阳既生,形势出矣。"书者通过观察自然,发现宇宙万物产生、发展、消亡的过程是那样神奇博大,他们把那些震撼心灵的事物,用抽象的书法语言表达出来,书法作为媒介就使书者与自然融为一体,从而达到"天人合一"的境界。在这种境界的驱使下书者在点画的过程中通过"任情恣性"和"观物取象"两种途径直接或间接地把自己对自然的感悟破译出来,所以书者挥洒的过程既是其"任情恣性"自然泄泻的过程，又是其"观物取象"顿悟提炼的过程。书者在"观物取象"的过程中将自己对自然的顿悟经过提炼加工抽象地表现出来，将顿悟到的"象"有意识地渗透到书法作品中去，这样就使得书法纵横有托，挥洒有据了。蔡邕早就意识到"观物取象"对书法创作产生的推动作用，他在《笔论》中道："为书之体，须入其形。若坐若行，若飞若动，若往若来，若卧若起，若愁若喜，若虫食木叶，若利剑长戈，若强弓硬矢，若水火，若云雾，若日月，纵横有可象者，方得谓之书矣。"唐宋八大家之首的韩愈在《送高闲上人序》中进一步揭示道："观于物，见山水崖谷，鸟兽虫鱼，草木之花实，日月列星，风雨水火，雷霆霹雳，歌舞战斗，天地事物之变，可喜可愕，一寓于书。"在我国书法史上"观物取象"的事例不胜枚举：张旭"始见公主担夫争道，又闻鼓吹，而得笔法意。观倡公孙舞剑器，得其神"；怀素"观夏云多奇峰，辄常师之。夏云因风变化，乃无常势，又遇壁折之路——自然"；文与可"见蛇斗而草书长"；雷太简"闻江声而笔法进"。这些我国书法史上的巨子通过"争道""鼓吹""蛇斗""江声"等现象，连类通感到笔法中的迎让进退、轻重缓急、虚实穿插、连绵起伏之间的辩证关系。又通过观看公孙氏舞剑器、夏云奇峰等现象，迁移联想到书势往复连断、承上启下、变化无定、流畅而有奇致的道理，从而悟出草书笔法抑扬顿挫、变幻无穷的走势，使得草书日益精进的事例不绝于史乘的载录。

唐代大书家李阳冰在《上采访李大夫论古篆书》一文中对"观物取象"做出了最权威的理性总结："于天地山川，得方圆流峙之常；于日月星辰，得经纬昭回之度；于云霞草木，得霏布滋蔓之容；于衣冠文物，得揖让周旋之体；于须眉口鼻，得喜怒惨舒之分；于虫鱼禽兽，得屈伸飞动之理；于骨角齿牙，得摆拉咀嚼之势。随手万变，任心所成，可谓通三才之品汇，备万物之情状者矣。"李阳冰此番论述比韩愈则又进一步，更胜一筹，他将"观物取象"从"天地事物之变，可喜可愕，一寓于书"的感性认识层面提升到"随手万变，任心所成，可谓通三才之品汇，备万物之情状者矣"的理性认识层面，这是一种质的飞跃。李阳冰对自然的观察，不只是停留在事物的外形上，而是透过事物的现象把握事物变化的本质，并做出了"常""度""容""体""分""理""势"等具有规律性的归纳总结。由此可见，不同艺术门类之间往往有着密切的联系，作为一位书者，手摹心追、勤于临池固然是非常重要的，但精于覃思，善于通过连类通感与迁移联想向其他领域吸纳借鉴的悟性，应该是更为重要的一种艺术特质，故而"观物取象"为我国书法的发展开拓了更为广阔的想象空间。

在"观物取象"的过程中，由于书者在学养、功力、技巧、悟性、能力等方面都存在着明显的个体差异，每一位书者"观物取象"的兴奋点和着力点都迥然不同，使得不同书者在"观物取象"中呈现出五彩斑斓的个性特质。卢沟桥事变之后，子明先生又辗转到陕西孙连仲将军麾下出任少将高参。有一年在咸阳富绅张怀江家中过元宵佳节，夜幕降临，华灯初上，

箫鼓齐鸣，一群舞娘在庭院中跳起热烈欢快的红绸舞，舞娘们手持木棒将长 6 米、宽 1 米的红绸甩向空中，通过摇身晃绸，转身摇绸，再配合各种舞姿，舞出各种绸花，绸花在空中翻飞叠转，飘然坠落，劲道洗练。子明先生为红绸舞表现出来的艺术感染力所倾倒，他感叹道："这不就是我梦寐以求的凤舞吗？！"

从此以后，悟化红绸就成了子明先生"观物取象"是否成功至为关键的重要环节。要将"观物取象"中获取的红绸舞传递出来的艺术信息转换为书法语言并表现出来，需要具备主观、客观两个方面的条件，在主观方面子明先生无疑已经具备了悟化红绸的吸纳融合之量、迁移联想之才、抽象悟化之能；在客观方面红绸舞本身就是那撼人心魄的"物"，红绸舞所表现出来的飞动腾跃、翻转折叠、飘逸灵动的艺术特质就是那可供转换的"象"，子明先生悟化红绸就是要把红绸舞这个"物"所表现出来的"象"通过连类通感和迁移联想这两种途径悟化到其书法作品中去。这个过程实际上就是子明先生将红绸舞进行点画、顿悟、抽象、破译的过程，通过长期的摸索和实践，子明先生将"红绸舞"表现出来的特质渗透在其书法作品当中。子明先生一生共观看过红绸舞表演 147 场，观看红绸舞极大地拓展了子明先生在书法结体上的想象空间。通过长期的观摩和体悟，悟化红绸的成功从根本上弥补了其书法"只会龙飞，不能凤舞"的缺陷，使其书法的结体更趋于丰富，从而增加了书法的表现力。我们在观看其书法作品时扑面而来的是一种舞蹈特有的韵律美感，悟化后的红绸在其书法作品中呈现出来的是一种"态"。这种"态"在其书法结体中呈现出一种凌空飞动、盘旋缠绕、飘逸灵动的风致，子明先生可谓将其在书法中演绎得淋漓尽致。子明先生悟化红绸的书法实践无疑在我国书学史上有着极其重要的示范作用，也为"观物取象"提供了一个最完美的范例供后人学习借鉴。

子明先生经过长期不懈的努力，终于将"铁线笔法"与"红绸舞韵"有机地融为一个整体，如果我们仔细审视过子明先生的书法作品，不难发现其书法作品存在一种规律，即铁线主要呈现纵向运动、红绸主要呈现横向运动的基本走势，纵向的铁线在奔走推移的过程中如长空游丝，连绵不绝，刚若铁画，柔若银钩；横向的红绸在韵律舞动的过程中如长空彩虹凌空腾跃，飘若浮云，矫若惊龙。纵向的铁线和横向的红绸在经纬交错中上下穿插，左右呼应，依势缠绕，连绵不绝，协调过渡，笔断意连，沉着痛快，从容自然。子明先生的用笔也有其独到之处，清人刘熙载在《艺概》中道："草书尤重筋节，若笔无转换，一直溜下，则筋节亡矣。虽气脉雅尚绵亘，然总须使前笔有结，后笔有起，明续暗断，斯非浪作。"由此可见草书运笔顿挫转折，交接过渡的重要性。子明先生的行草起承转折都带有明显的楷法痕迹，以欧体楷法起笔，按提硬朗，转折方直，顿挫分明，尽显清刚之气。因而子明先生的草书系"铁线笔法"与"红绸舞韵"完美融合的结晶，远不同于张旭诗意的"颠作"、怀素禅意的狂逸、吴说劲骏的驰骋，近不类于毛润之豪放的恣肆、高二适超卓的郁勃、林散之淡定的清散，使其书法呈现出"瘦硬挺拔、爽劲凝练、潇洒飘逸、波澜壮阔"的艺术风格，是我国近代以来最具创意的草书大家。

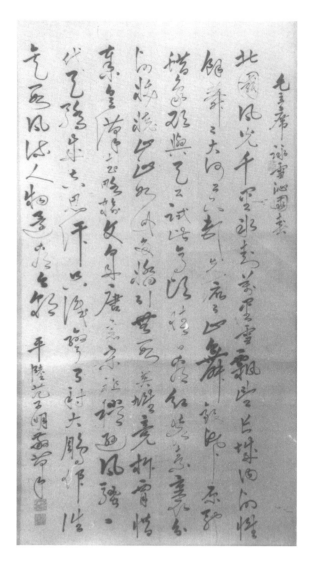

范子明行草毛泽东《沁园春·雪》中堂（照片由范丹提供）

图索老昆明·云南大学、云南师范大学、
云南民族大学片区

范　丹

　　环城北路：在市区北部，东起穿金路，与环城东路相接，西至昆明西站，与环城西路、龙翔街和昆畹公路相连，中与北京路相通，长 3090 米、宽 30 ~ 40 米，是市区主要交通干道之一。

20 世纪 90 年代的环城北路（刘济源摄）

学府路：在市区西北部，东起小菜园立交桥，西至黄土坡立交桥，长 4350 米、宽 40 米，是市区主要交通干道之一。原为军用公路龙泉路至黄土坡段，始建于 1945 年，路宽 9 米。1993 年进行道路扩建，该路段多为大专院校，1997 年更名学府路。

20 世纪 90 年代的学府路（刘济源摄）

文林街：在市区西北部，翠湖公园的西北边，东起翠湖北路，西至东风西路北口，与龙翔街相通，长 700 米、宽 11 米。明清时期，因紧邻贡院，是考生云集之地，取"文士如林"之意，故称文林街。明清时期，由天君殿巷至翠湖北路一段称为贡院坡；由天君殿巷至东风西路北口一段称为文林街，1952 年统称青云路，1983 年复名文林街。北厢：由东至西有民强巷、顺德巷、地藏寺巷、天君殿巷、小雅巷、枣树巷、文化巷、光宗巷横贯其间。其中，有天君殿巷往北与一二一大街相通，有文化巷经天君殿巷往北与一二一大街相接。南厢：由东至西有小吉坡、先生坡、金鸡巷横贯其间。其中，金鸡巷经石牌坊巷往东与钱局街相通。

抗战时期，国立艺专迁昆后，校址选在昆华中学北院，即今文林街 145 号云师大附中职工宿舍。后又迁至兴隆街昆华小学，即今光华街省中医院名医馆西侧。

抗战时期，西南联大历史社会学系苏汝江助教住文化巷 3 号。西南联大外语系钱锺书教授、算学系杨武之教授、师范学院教育学系罗廷光教授和云南大学吕叔湘教授、施蛰存教授住文化巷 11 号。西南联大外语系学生周珏良、哲学系学生郑侨住文化巷 11 号，后迁至中和巷 2 号。郑侨系郑孝胥先生的孙子，联大毕业后任天翔中学副校长、昆三中教导主任。西南联大土木工程系吴柳生教授住文化巷 12 号、茅荣林教员住文化巷 17 号。西南联大物理系赵忠尧、王竹溪教授住文化巷 19 号，后又迁至文化巷 30 号居住。西南联大化学系刘云浦教授、军训队主任毛鸿教官、历史系皮名举教授住文化巷 41 号。西南联大物理系霍秉权教授住文化巷 43 号。西南联大出纳组徐雁秋事务员住文化巷 48 号。西南联大哲学心理学系冯文潜教授、师范学院黄珏生教授住文林街 1 号。西南联大事务组副主任包尹辅住小雅巷 5 号。西南联大经济系张德昌教授住地藏寺巷 6 号。金鸡巷 4 号曾是西南联大的学生宿舍，西南联大冬青文艺社的成员著名作家汪曾祺、著名编辑刘北汜、翻译家萧珊、文学评论家萧荻曾租住于此。金鸡巷 6 号原为民国上将朱培德将军的旧居。

西南联大哲学心理学系沈有鼎教授，地质气象系宋淑和助教、刘好治助教，军训队教官周镇华、沈觐光等均住在昆华中学。西南联大中国文学系助教吴晓玲、杨佩铭，算学系助教段学复、王湘浩，经济系助教王秉厚，物理系助教薛琴访、卓励、赫崇本，化学系助教姚玉林、蒋明谦，地质气象系助教王嘉荫、郭文魁、卢衍豪、刘汉，生物系助教梁其瑾、吴征镒，机械工程系助教金正铨等均住在昆华中学南院。西南联大算学系教授刘晋年、师范学院院长查良钊、历史社会学系助教丁则良、师范学院国文系讲师陶光、师范学院英语系教员李田意、外语系助教鲍志一、算学系助教孙本旺、总务处助理项泳、出纳组主任王家祥、会计室主任沈展拔等均住在昆华中学北院。

20 世纪 70 年代的文林街（张卫民摄）

20 世纪 80 年代的文林街（廖可夫摄）

天君殿巷：在市区北部，翠湖公园北侧，南起文林街，北至一二一大街，长 967 米、宽 4 米。清代，在巷内建有天君殿，故得名天君殿巷。

20 世纪 90 年代的天君殿巷（张卫民摄）

　　莲花池正街：在市区北部，莲花池西南侧，南起一二一大街，北至学府路，与教场中路相望，长 1125 米、宽 6～8 米。东厢：由北至南有莲花巷、邓家巷横贯其间。其中，有南起邓家巷北接莲花巷的中巷镶嵌其间。西厢：由北至南有大昌巷、居安巷横贯其间。

20 世纪 90 年代的莲花池正街（刘济源摄）

　　北门街：在市区北部，圆通山西侧，南起圆通街，北至一二一大街，中通圆西路，长 900 米、宽 10～20 米。因邻近北城门而得名，为市区老街道之一。东厢：由北至南有北仓坡、端拱巷横贯其间。西厢：由北至南有丁字坡、老马地巷、双眼井巷横贯其间。其中有丁字坡、老马地巷、双眼井巷往西与青云街相通。

　　抗战时期，位于北门街中段的唐继尧公馆曾是美国驻昆领事馆旧址。西南联大教授、著名诗人燕卜荪，云南大学教授邵可侣曾住在北门街 78 号。西南联大教授吴宓、陈岱孙、陈福田、金岳霖曾住在北门街唐家戏楼，即今云南省歌舞团后院。北门街 19—21 号是李公朴先生创办的北门书屋旧址，该处房产为云南著名实业家李琢庵先生的老宅。西南联大教授雷海宗、张景钺，云南大学教授朱驭欧、潘大逵，诗人光未然均在此居住过。西南联大中国文学系教授杨振声、王力住北门街 45 号，算学系副教授赵淞住北门街 98 号，历史系教授雷海宗、生物系教授张景钺住端拱巷 2 号，算学系教授江泽涵住北仓坡 6 号，机械工程系教员曹国惠、董树屏及助教刘致信均住在双眼井巷 7 号。

　　著名作家沈从文来昆出任西南联大教授就住在北门街唐公馆对面的蔡松坡将军的老宅中，沈从文先生以悠扬的文笔描述道："……蔡松坡先生住过的一所小房子中。斑驳陆离的瓷砖上，有'宣统二年'建造字样。老式的一楼一底，楼梯已霉腐不堪，走动时便轧轧作声，如打量向每个登楼者有所申诉。大大的砖拱曲尺形长廊，早已倾斜，房东刘先生便因陋就简，在拱廊下加上几个砖柱。院子是个小小土坪，点缀有三人方能合抱的大尤加利树两株，二十丈高摇摇树身，细小叶片在微风中绿浪翻银，使人想起树下莫不言功的将军冯异和不忍剪伐的召伯甘棠。瓦檐梁柱和树枝高处，长日可看见松鼠三三五五追逐游戏，院中闲静萧条亦可想象。这房屋的简陋情况，和路东那座美轮美奂以花木亭园著名西南各省的唐公馆，恰作成一奇异的对比。"

　　沈从文先生小姨妹、合肥才女张充和女士以温煦的笔致写道："七七事变后，我们都集聚在昆明，北门街的一个临时大家庭是值得纪念的。杨振声同他的女儿杨蔚、老三杨起，沈家二哥、三姐、九小姐岳萌、小龙、小虎，刘康甫父女。我同九小姐住一间，中隔一大帷幕。杨先生俨然家长，吃饭时，团团一大桌子，他南面而坐，刘在其左，沈在其右，坐位虽无人指定，却自然有个秩序。我坐在最下首，三姐在我左手边。汪和宗总管我们伙食饭账。在我窗前有一小路通山下，下边便是靛花巷，是中央研究院史语所所在地。时而有人由灌木丛中走上来，傅斯年、李济之、罗常培或来吃饭，或来聊天。院中养个大公鸡，是金岳霖寄养的，一到拉空袭警报时，别人都出城疏散，他却进城来抱他的大公鸡。"

　　1946 年 2 月，著名建筑学家兼作家林徽因女士来昆养病，张奚若先生安排她住在北门街的唐家花园。唐家花园给林徽因留下了美好的印象，一代才女以兰情蕙盼的笔意写道："所有最美丽的东西都在守护着这个花园，如洗的碧空、近处的岩石和远处的山峦……这是我在这所新房子里的第十天。这房间宽敞，窗户很大，使它有一种如戈登·克雷早期舞台设计的效果。甚至午后的阳光也像是听从它的安排，幻觉般地让窗外摇曳的桉树枝桠把它们缓缓移动的影子映洒在天花板上！"

　　螺翠山庄在北仓坡，因地处螺峰山与翠湖之间，故以螺翠为名。螺翠山庄为时任民国政府内政部次长张维翰先生亲自设计建盖的私家园林。园内既有松径、柴扉、石洞、竹山、莼沼、山峰，又有华式之庐、西式之楼、日式之亭。设计精巧，错落有致，花木葱郁，各具佳趣，美不胜收，是民国时期昆明地区最有品位的私人别墅。

　　1938 年冬，著名物理学家吴大猷来昆出任西南联大教授，就住在螺翠山庄，同住的还有西南联大教授江泽涵、毛子水。

20 世纪 70 年代的北门街（一）（张卫民摄）

20 世纪 70 年代的北门街（二）（詹霖摄）

20世纪70年代的北门街民居（詹霖摄摄）

20世纪70年代的唐家花园牌楼（廖可夫摄）

双眼井巷：在市区北部，圆通山西南侧，东起北门街，西至青云街，长150米、宽3～5米。清代成巷，因巷内有一口双眼井，故得名双眼井巷。

老马地巷：在市区北部，圆通山西南侧，东起北门街，西至青云街，长100米、宽3米。原系圆通山延伸出来的一个荒山包，清初，左哨衙门在此盖马厩，后逐渐形成巷道，故名养马地巷。因"老"和"养"音近，讹传为今名。

20世纪70年代的双眼井巷（杨红文摄）

20世纪70年代的老马地巷（杨红文摄）

北仓坡：在市区北部，圆通山西南侧，起止于北门街，呈弧形缓坡，长380米、宽3～6米。清雍正年间，在北段坡头建有粮仓小惠仓，后倾圮，清光绪年间续修，因地近北门，俗称北仓，遂得名北仓坡。

北仓坡 1 号是著名实业家郑一斋先生的私人别墅，名曰郑庄。他创办了景明号商行，专门销售卷烟和进口染料，由于经营有方，讲究诚信，生意兴隆，富甲一方。郑氏为人慷慨大方，抗日战争时期，为许多西南联大教授搞学术研究提供资金支持，他思想进步，于是郑庄变成了民主堡垒的重要活动据点之一，是民主人士举行活动的重要场所。

20 世纪 70 年代的北仓坡（杨红文摄）

青云街： 在市区中部偏北，翠湖公园东北侧，东南起圆通街，与华山西路相望，西北至翠湖北路，长 500 米、宽 11 米。清代，南端由水晶宫至大兴街一段称祝国街；中段由大兴街至双眼井巷一段称龙门桥；西北段由双眼井巷至贡院一段称左哨街。1938 年后取青云直上之意，统称青云街。东厢：由北至南有丁字坡、靛花巷、老马地巷、希文巷、裴家巷、双眼井巷、蔡家巷、堆子巷横贯其间。其中有丁字坡、老马地巷、双眼井巷往东北与北门街相通。西厢：由北至南有竹安巷、扬俭巷、四方井巷横贯其间。其中有扬俭巷往西南与翠湖东路相通。

1938 年中央研究院历史语言研究所由南京迁至昆明，办公地点设在靛花巷 3 号。西南联大教授陈寅恪、赵元任、汤用彤、罗常培、郑天挺、许宝𫘤，外语系助教夏济安等先生都在此居住过。抗战时期，著名作家老舍与音韵学家罗莘田相约来昆采风就住在靛花巷 4 号，与他们同住的有西南联大教授中著名哲学家汤用彤、历史学家郑天挺、语言学家袁家骅、统计学家许宝𫘤和郁泰然先生。老舍先生与这些学者相处甚欢，后来老舍先生回忆道："靛花巷

20世纪70年代的青云街鸟瞰图（照片由李晓明提供）

是条只有两三人家的小巷，又狭又脏。可是，巷名的雅美，令人欲忘其陋。""靛花巷的学者们的生活，并不寂寞。当他们用功的时候，我就像老鼠似的藏在一个小角落里读书或打盹；等他们离开书本的时候，我也就跟着'活跃'起来。"

西南联大外语系讲师盛澄华、商学系教授周覃被住青云街 67 号。外语系教授赵诏熊夫妇住青云街 69 号。文学系教授朱自清住青云街 79 号。地质气象系教授赵九章住青云街 99 号。外语系教授谢文通夫妇住青云街 107 号。电机工程系教授赵友民、张友熙住青云街 107 号。校医室助理陈文英住青云街 134 号。图书馆馆员王济沅住青云街 159 号。历史社会学系教授陈达、李景汉，经济系副教授徐维嵘住青云街 169 号。地质气象系教授张席禔住青云街 284 号。国民政府铁道部政务次长、军事委员会后方勤务部运输司令钱宗泽将军的女公子钱懿格来昆求学，插班西南联大外语系就读，她与同学李云湘住青云街 183 号。

1939 年 4 月 1 日晚 6 时西南联大外语系教授柳无忌夫妇在青云街 167 号寓所设宴款待来昆游历考察的梁宗岱、沉樱夫妇，作陪的有叶公超、吴宓、钱锺书等人。当天的宴饮宾主欢怡，气氛畅洽。梁宗岱先生早年留学法国，他与法国著名诗人瓦雷里结下了深厚的友谊，梁宗岱先生的译笔以曼妙精致、风雅洒落著称于世，现笔者拈出宗岱先生翻译的瓦氏名著《水仙辞》片段供读者鉴赏：

> 再会罢，水仙……凋谢了罢！暮色正阑珊。
>
> 憔悴的丽影因心中的轻唱而兴澜。
>
> 蔚蓝里，袅袅的箫声又恻然吹奏，
>
> 那铃声四彻的羊群回栏的怅惘。
>
> 可是，在这孤星掩映的寒流澹澹，
>
> 趁着迟迟的夜幕犹未深锁严关，
>
> 别让这惊碎莹莹翠玉的冥吻销残！
>
> 一丝儿的希望惊碎这融晶。
>
> 愿涟漪掠取我从那流逐我的西风。
>
> 更愿我底呼吸吹彻这低沉的箫声，
>
> 那轻妙的吹箫人于我是这般爱宠！
>
> 隐潜起来罢，心旌摇摇的女灵！
>
> 和你，寂寞的箫呵，请将缤纷的银泪，
>
> 洒向晕青的皓月脉脉地低垂。

1933 年，青岛大学（今中国海洋大学）原校长杨振声先生受教育部委托负责主持编辑《高小实验国语教科书》（简称小教）和《中学国语教科书》（简称中教），他邀请朱自清和沈从文充任责任编辑，1935 年小教编辑完成，以国立编译馆的名义由商务印书馆正式出版发行。中教的编辑工作此时尚未完成，抗日战争全面爆发后，编辑工作被迫中断。西南联大南迁昆明后，杨振声、朱自清、沈从文三人均受聘于西南联大，他们又聚集于昆明继续完成未竟之事。合肥才女张充和回忆道："那时沈二哥除了教书、写作外，仍还继续兼编教科用书，地点在青云街六号。杨振声领首，但他不常来。朱自清约一周来一二次。沈二哥、汪和宗与我经常在那小楼上。沈二哥是总编辑，归他选小说，朱自清选散文，我选点散曲，兼做注解，汪和宗抄写。他们都兼别的，只有汪和宗和我是整工。"

蔡家巷 3 号是滇军名将尹继勋将军的公馆。抗战胜利后，他获得了率滇军入越接受日军投降的殊荣。蔡家巷 6 号是著名报人钱平阶先生的老宅，1898 年平阶先生作为举人入京参加会试，参与了康有为、梁启超组织的公车上书，戊戌变法失败后，平阶先生回到云南出任国学专修馆教席，并参与创办了《云南日报》，是云南省著名的报人之一。裴家巷5号是《朝报》经理王公弢先生的府邸，抗战时期，于右任先生的公子、中央大学教授、职业外交家于望德与夫人胡瑛就寄住于此。

青云街四方井巷有著名实业家、慈善家刘淑清女士的旧居，淑清女士精明练达，慷慨仁义，通晓管理，善于经营，先后投资兴办了正义路大华交益社茶室、护国路西南大旅社、晓东街南屏大戏院、安宁天下第一汤温泉宾馆等企业，都取得了较好的经营实绩，她是民国时期昆明地区最成功的实业家之一。

抗日战争全面爆发后，国立西南联大迁昆，北京大学文科研究所就设在靛花巷3号，靛花巷3号被称为青园学舍。文科研究所的研究生任继愈、殷焕先、李荣、梁东汉、黄匡一、王利器、王叔岷、李埏、王达津、萧雷南、金启年、程溯洛、方龄贵、傅乐淑、余培忠、李孝定、胡庆钧、魏明经、高华年、周法高等都曾在此居住学习过。

20世纪70年代的青云街（张卫民摄）

20 世纪 70 年代青云街的丁字坡口（廖可夫摄）

20 世纪 70 年代青云街的丁字坡（杨红文摄）

定花巷： 在市区北部，翠湖公园北侧，南起青云街，向东延伸至巷底，长26米、宽2.5米。民国年间，因巷内有一王姓人家在此开设浆染作坊，声名远播，人称王靛花，遂得名靛花巷。20世纪70年代，误将"靛"写为"定"，遂更名为定花巷。

20世纪70年代的定花巷（詹霖摄）

蔡家巷： 在市区北部，翠湖公园东北侧，西起青云街，向东延伸至巷底，长54米、宽1～3米。据传清代有蔡氏富商居住于此，遂起名蔡家巷。

裴家巷： 在市区北部，翠湖公园东北侧，西起青云街，东阻，长40.5米、宽2～2.9米。据传清末有裴氏富商居住于此，遂起名裴家巷。

堆子巷： 在市区中部偏北，翠湖公园东侧，西起青云街，向东延伸至巷底，长52.4米、宽2.4～3.2米。清代，官府在巷口设有哨卡，俗称堆子，在哨卡周围建有栅子围栏，俗称栅子坊。清末民初，拆除栅子围栏，遂改名堆子巷。

20 世纪 70 年代的蔡家巷（杨红文摄）

20 世纪 70 年代的裴家巷（杨红文摄）

20 世纪 70 年代的堆子巷口（廖可夫摄）

　　建设路：在市区西北部，南起一二一大街，与凤翥街北口相对，北至学府路，长 600 米、宽 12 ~ 20 米。清光绪年间，在此建地台寺，故将该片区泛称为地台寺，1979 年更名为建设路。

20 世纪 90 年代的建设路（刘济源摄）

　　一二一大街：在市区西北部，东起小菜园立交桥，西至昆明西站立交桥，长 2500 米、宽 40 米。因云南师范大学内的"一二·一"运动纪念馆而得名。始建于 1949 年，原名环城路，因环城故名。1979 年因路在城北故名环城北路。为了纪念 1945 年 12 月 1 日发生在这里的重大历史事件——"一二·一"运动，1996 年将环城北路西自昆明西站立交桥，东到小菜园立交桥的一段改名为"一二一大街"。

20 世纪 90 年代的一二一大街（刘济源摄）

2020 年一二一大街上的云南师范大学（刘济源摄）

20 世纪 30 年代的西南联大（照片由李晓明提供）

　　一二一大街 298 号原为国立西南联合大学的旧址，1937 年 7 月 7 日，卢沟桥事变发生，抗战全面爆发，国立北京大学、国立清华大学、私立南开大学相继南迁，先在湖南组成国立长沙临时大学（简称长沙临大）。京、沪、武汉相继失守，南京陷落后，长沙临大奉令西迁昆明，1938 年 4 月 2 日成立国立西南联合大学，由三位校长组成常务委员会主持校务，梅贻琦任常务委员会主席，设文学、理学、法商、工学、师范 5 学院及 26 系、2 专修科、1 先修班，以及附属中学 1 所。在校学生一般约为 3000 人，先后有教授、副教授、讲师、教员、助教近 900 人参与执教。联大在昆 8 年，入校学生共计 8000 余人，毕业生 3882 人。西南联大是一所流亡大学，在彩云之南坚守了 8 年零 121 天，3041 个日日夜夜刚毅坚卓的厮守成就了教育史上的翡翠之旅。西南联合大学取得的辉煌成就，主要得益于共赴国难的责任担当，正常教育的维持主旨，三校联合的优势互补，团结协作的畅洽氛围，贻琦校长的领导艺术，"三会"制度的民主动作，大师云集的教学班底，科学精神的确立浸润，科学方法的普及应用，人文精神的皴染荡涤，先通后专的育人理念，学术自由的基因传承，先进文化的聚集推导，民主思想的活跃氛围，欧美教体的成功实践，民主堡垒的裂变效应，科学合理的课程设置，教材使用的国际标准，著名教授的启发引领，治学方法的潜移默化，严格遴选的考核制度，文化昆仑的高峻风致，学界名宿的人格魅力，哲人巨匠的榜样力量，刚毅坚卓的品行塑造，革命思想的传播渗透，艰苦生活的磨砺锤炼，弦歌不辍的生活激情，滇省政府的倾力支持，昆明各界的关爱呵护。

20 世纪 30 年代末的西南联大校舍鸟瞰图（照片由李晓明提供）

20 世纪 30 年代末新建的西南联大校舍（照片由李晓明提供）

　　在战争中，为使迁滇计划顺利实施，长沙临大做出决定，师生分三路正式迁滇，其中一路组成湘、黔、滇旅行团（又称步行团）徒步横跨湘黔滇赴昆。为使步行团能够顺利抵昆，长沙临大早已拟订步行计划，提出"务使迁移之举本身即是教育"的目标，坚持把教育的精髓贯穿步行计划始终，将步行计划打造成联大师生熟悉民情、考察风土、采集标本和锻炼体魄的行动。由一群被迫南渡的学人组成的步行团于 1938 年 2 月 20 日出发，历经 68 天 3500 华里的长途跋涉于 4 月 28 日抵昆，这次步行是中华教育史上南渡学人在国家生死存亡之际为保存文化火种得以延续而举行的一次具有象征意义的文化长征，历经 80 多年的沉淀，这次步行所承载的历史价值得以逐步显现。它的重大意义在于：步行团以实际行动宣誓了联大师生深信抗战必胜，终将北返的坚强决心；步行团以实际行动昭示了联大师生担负的传承历史文脉的崇高使命；步行团以实际行动诠释、丰富和践行了"刚毅坚卓"校训的实质内涵；步行团以实际行动沉淀了联大师生甘为国家振兴、民族解放做出奉献、付出牺牲的理想信念；步行团以实际行动达成了联大师生躬行知行合一、探求新知的自觉意识；步行团以实际行动夯实了联大师生为推进社会发展与进步做出不懈努力的责任担当；步行团以实际行动塑造了联大师生"穷且益坚，不坠青云之志""以先国家之急而后私人也"的人格操守。

20 世纪 90 年代的昆华农校旧址（刘济源摄）

茭菱路 128 号云南农业职业技术学院系昆华农校的旧址，西南联大外语系吴宓教授、朱木祥教员、廖福助教，哲学心理学系金岳霖教授，算学系申又枨教授、陈省身教授、华罗庚教授、赵淞副教授，物理系王竹溪教授，化学系苏国桢教授、买树槐助教、魏潘助教，化学工程系张大煜教授，历史社会学系张德昌副教授，经济系冼子恩助教，文学院许维遹教员、陈梦家教员、李嘉言助教，生物系李中宪助教、黄瑾助教，师范学院严依云助教，体育组钟达三助教，图书馆傅梅芳馆员，校医室徐行敏助理均住在昆华农校。

西南联大外语系教授吴宓先生是一位具有长者风度的学人，他集北人的刚毅与南人的婉约于一身，汇关西的豪爽与江淮的缠绵于一体，既旧到了极点，又新到了极致。吴宓先生为人真挚，襟怀坦荡。好学深思，博洽多识，重情讲义，乐于助人，提挈同道，奖掖后学，多情善感，行事洒落。他在昆明这座绝美之城中徘徊游荡，独守空帏思彦文，芳心寂寞无人怜，过着"郁愁衰病枕书眠"的日子，面对情场的迷局、职场的困惑，他高卧农校东楼 63 号寓所，夜读《高僧传》，顾影自况啸成一联曰："终为污渎池中物，自许高僧传里人。"

古城风韵

老昆明古玩事拾遗

向建华

晚清到民国年间，昆明城里喜爱收藏古玩字画的人很多，其中主要有李根源、唐继尧、龙云、高荫槐等军政要员，严子珍、董澄农、王少岩、伍体贤等大实业家，王明霞、燕逢春、宋太炎、冯佩芬等商人。社会贤达人士主要有山阴陈兰卿，石屏袁嘉谷，剑川赵藩，昆明陈荣昌、胡应祥、李广平、李龙年，姚安赵鹤清，会理聂芹洲，贵州王坚白，晋宁方树梅，等人，还有年龄稍小一些的如易问耕、孙太初、李瑞等人。

古滇今觉楼收藏家王明霞与我属亲戚，我称其为舅爷，两家关系密切，舅爷于2002年以97岁高龄无疾而终。老先生在世时经常给我讲一些老昆明古玩界的奇闻逸事，受家庭和亲友的熏陶，我自小喜爱这一中华传统文化，共同的喜爱和追求把我们相差近50年的隔代人连在一起，成了忘年交。尤其老先生把其毕生玩古董的所见所闻、经验教训传授给我，使我终生难忘，受益匪浅。

20世纪20年代，护国起义功臣唐继尧闲余之时喜爱书法绘画，特别欣赏滇派绘画大师胡应祥的作品。他叫副官将胡请到其北门街的唐公馆教其绘事，胡认真给唐都督传授技法。一段时间后，唐的绘画水平提高不少，作品已经拿得出手，赏给有功之人或亲朋好友做奖品和纪念物。令唐继尧和胡应祥想不到的是，2013年昆明书画拍卖唐继尧绘四条屏竹子画拍卖价已经超过25万元。

人们在物质丰富后必然要追求精神享受。大理喜洲严子珍和董澄农是近代云南著名的大实业家。他们的生意做得风生水起，日进斗金，财力雄厚。财大气粗的严、董两家有懂行的人替他们掌眼收进了许多真、精、新的古玩珍品。严家藏有大理国时期镏金阿嵯耶铜佛像、明代唐伯虎的仕女图，董家藏有唐代写经本、元代人绘的牧马人图，这些古董书画如果保留至今肯定价值连城。随着时光流逝，这些艺术品不知今在何处。

高荫槐老将军收藏的古玩艺术品丰富、珍稀、高档，古字画中就有不少属于国宝级的文物。明末清初，昆明晋宁人担当和尚留下了许多墨宝，是云南分量很重的文化财富，高将军喜爱担当的书画，更敬佩其高尚的品德气节，毕生穷其财力收藏有担当书画100余幅，被当时藏界朋友戏称为"百担斋主"。其中有一幅担当禅师绘制的《虎溪三笑图》，题诗："三老同一笑，物我两茫茫……无端一笑已，千古笑何长。"另一幅《三陀图》，题诗："叔陀仲陀与季陀，三个陀陀是一窝，偶然相逢拊掌笑，直人何少曲人多。"暗喻讽刺朝代更迭后，失节事新主之人。新中国成立后，高荫槐将其藏品全部无偿捐给云南省博物馆，供后人观赏，其精神何其高尚，这些艺术品如果投到艺术拍卖市场价值逾数亿。

龙云主政云南后，为了编辑出版云南地方史志，拨银数万两给史学家方树梅先生，让他带人到全国各地去收集购买历代滇贤的书画作品、史籍、古董带回云南。方先生不负龙主席重托，跑遍京城、津门、上海滩……带回一大批文物。方树梅是王明霞的老师，给他讲了许多艰难险阻的故事。方老师回昆后，滇省许多社会名流、文人雅士、收藏家纷纷将自己的藏品拿出来，在此基础上编集了《滇南书画录》《滇南碑传集》等文献史书，以流芳后世，彪炳千秋，为滇省做出了重要贡献。时至今日，机缘巧合，我保留着当年方先生从江南带回来的一套明代汲古阁版古籍珍本《三国志》，十分珍贵，这恰好印证了那段寻宝佳话。

今觉楼又被人戏称为百胡斋，这是何缘由呢？王明霞喜研习传统文化，精通琴棋书画，尤喜收藏滇派绘画大师胡应祥的作品。他认为胡应祥是一位全才型画家，所画人物、山水、花、鸟、鱼、虫……工妙传神，落笔生动，设色鲜妍，是民国年间滇派绘画领军人物之一。

王明霞将上好的安徽生产的宣纸送到胡应祥家里让其慢慢绘画，画好后送回来立即付给酬金，且高于他人所给。并常叫人给胡老送去米、面、油、干鲜果品，免除生活上的担忧，使其能安心作画。日积月累，今觉楼里王明霞藏胡应祥作品超过百幅，这就是今觉楼被戏为百胡斋的来由。时过境迁，在昆明古玩市场上很难见到盖有"古滇今觉楼王明霞鉴赏"印章的胡应祥画作了，这些东西早已散去，这印证了自古以来藏家无三代之说！

民国年间，老昆明玩古董的收藏家经常聚集在一起，他们自发组织了一个叫作"合子会"的联谊会。参加"合子会"的人要品德好、有修养、高素质，相交皆儒雅，往来无白丁。成员主要有高荫槐、王少岩、赵鹤年、赵鹤清、聂芹洲、陈古逸、王明霞、燕逢春、冯佩芬、李龙年、易问耕、宋太炎等20多人。

"合子会"每月或半月举办一次，每人轮流做东，大家各自带上喜爱的、新买的、需要别人帮忙掌眼的古玩到东家，一起鉴赏，吟诗作对，饮酒品茗，互相观赏，各抒己见，极大地提高了鉴赏能力，掌握了行情动向。在这种和谐的氛围中，不论官阶大小，财富多寡，年岁大小，大家一律以礼相待，以诚相交，互谅互让，以物易物，百担斋收藏的担当书画中有一些就是在"合子会"中淘来的，《虎溪三笑图》就是由王明霞匀给高荫槐的，双方互惠交换，乐得其所，双赢而归。聂芹洲得宣和端砚，陈古逸得明代仲尼式古琴，李龙年得宋代定窑花瓶等。

每年的春秋两季，"合子会"会长高荫槐还会组织大家踏青赏花，到翠湖、大观楼、金殿等处游玩，从大观河乘船到高峣，游览升庵祠、华亭寺、太华寺、三清阁等名胜古迹。大家沿途观赏大自然美景，作诗赋词，猜谜，弹奏乐曲，吟唱古曲，不亦乐乎！

老昆明古董收藏买卖中不得不提到古董商贩，他们在买卖中起到重要的牵线搭桥作用。平常他们走街串巷，以收破铜烂铁为主，收到有价值的古物就直接卖给喜爱的玩家。古董商贩汪发科就是这些人中的代表。

民国年间，昆明的古董市场上出现不少古代刀、斧、戈、矛等兵器，还有一些器物的残件，这引起了藏家的关注。一次，"合子会"在冯佩芬家中召开，冯家主人抬出两只诸葛铜鼓请大家观赏，并告之系汪发科卖给他的。

大家找到汪发科询问，他假装一问三不知，不透露半点信息，随后又给冯家送去一只带残的铜鼓，大家对此类物品出自何方一直不知。

方树梅先生回晋宁县晋城方家营老家，赶街天见到有人拿古代兵器及物件卖，卖者告知东西来自晋城旁石寨山，方先生听后恍然大悟。由于诸多原因，石寨山出古铜器一事一直未引起关注。直到新中国成立后，方先生将此重要信息汇报给省文管部门后得到重视，组织考古人员发掘石寨山滇王墓葬，出土了一大批包括滇王金印在内的精美文物，震惊了世界。

民国初年，朝代变更，清朝不少遗老遗少家庭衰败，只好变卖家产及古董度日，新生的官僚富贵人家也需要购置些古董装点门楣，购买欲望非常强烈。买卖双方各有所需，古董市场应运而生。

20世纪40年代，老昆明的文明新街、翠花街、西园路等地，每天天黑后，白天走街串巷收货的商贩会将各种古董、日用品沿街摆摊叫卖，场面十分热闹，如果眼力好还可以买到好东西。王明霞就从汪发科手里很便宜地买到明代青花官窑小花瓶。

老昆明还有许多风物万千的古玩拾遗之事，因为篇幅所限，笔者就讲这么多了。

信封上的云南抗战

詹 霖

海防邮件大抢运

这件邮品是"河口对汛督办胡道文"寄"云南省民政厅李培天厅长"的实寄封。信函于1939年10月23日寄出，1940年10月27日寄达。

民国时期，云南与上海、广州等地邮件的往来，都要先经滇越铁路运至越南海防，然后经海运抵达中国东部和南部沿海城市。此邮品寄出地河口，乃滇越铁路上中国与越南毗邻的边境城市。这时，日军已占领了广州等沿海地区，半壁河山沦陷，滇越铁路成了中国通往国外的大通道，运输任务空前繁忙。第二年，即1940年6月日军占领海防，同年9月，为阻止日军沿滇越铁路北上，中国军队毁中越铁路大桥。云南与东部、南部的邮路中断。经多方努力，法国与越南当局将积压在海防的一些邮件归还我国，当时的邮政人员与民夫，历经9个月，靠人力、马驮、船运的方式抢运了4万多袋邮件，总重量达1200吨，是谓"海防邮件大抢运"。

滇南抗战痕迹

该邮品为"蒙自寄至昆明"的部队专用公文封，由封上信息得知，收件人："云南省民政厅 陆厅长子安（陆崇仁）"，发信人：蒙自"第一集团军总司令卢（卢汉）"，封背钤有"云南省民政厅收讫"朱红关防。

民国二十九年（1940）六月，日军登陆越南，云南形势危急，大后方变成最前线。龙云请求蒋介石将六十军调回，随后组建第一集团军，卢汉为总司令，集结滇南。当时，地方邮政为便于前方将士与家属通信、汇款、寄递包裹，在军队设了邮政服务机构。

一封抗战家书

信件封面收发地、收件与寄件人按中式书写习惯从右到左，收信地址为："请代迤西姚安县第九区光禄镇旧城村交"，收信人："杨龙章先生查收"，寄信地与人："立字第九十一号信箱附十七号廉械（缄）"。

封背上下两端分别有字，尽管残缺但能推断应为"抗日"两字。同样从右到左，有6行竖写文字，两行一组，各组内容相同，分别是"军人要件""民国卅年（1941）阳历八月十八号""立望回音"。由此可见，寄信人对该邮件的重视及寄递之心切。

实寄封背后的抗战往事

这是一件昆明呈贡寄至市内的实寄封，看似简单，但非平凡，寄信时期正值抗战，字里行间透出了战火硝烟和历史人物的风骨。根据信封所透露的信息，可知为"陆军新编第三十八师驻昆办事处"寄给"军事委员会行营主任　龙"。当时军事委员会行营主任为龙云，而新编第三十八师则是鼎鼎大名的远征军参战部队之一，其师长为孙立人将军。

冒着敌人的炮火，前进！

这是一件北平爆发"七七"事变后，由北平寄昆明的快递实寄封。查阅资料得知，当时的邮路是由北京寄出，然后走海路到香港，距离1980公里，再由香港继续海运抵达越南海防港，经滇越铁路越南段到老街，通过云南河口入关，再经铁路抵昆。邮件经过艰难曲折和漫长的邮程，中间可能还熏染过战火，耗费28天，最终寄达云南省政府官邸。这是中华邮政员工在抗战硝烟中克服艰险、不怕牺牲的忠诚敬业精神的生动见证："冒着敌人的炮火，前进！"

遥想当年界头马面关

该邮品为"腾冲寄至昆明"的中式红框信封，封面上的寄递信息是按中式传统书写习惯，从右到左，毛笔书写，分别为左上方"邮呈内四件"，红框内"云南民政厅长李 钧启""单号"（单挂号），右侧为木刻朱红印章"腾冲县政府"，其下有 6 个小字"自界头马面关"。

遥想当年，在这封信所寄送的日子里，腾冲正为滇西抗战主战场，界头即为战争主阵地。铁匠房、马面关、北斋公房、抗日县政府遗址等都铭刻着这段峥嵘岁月。

漕涧往事

该邮品为"漕涧寄至昆明"的单位专用中式红框信封，中式传统书写习惯从右到左毛笔书，分别为："昆明 云南省民政厅"，红框内书"厅长李 钧启"，信封左侧印有朱红仿宋字体单位名称"腾冲县政府总务科缄"，旁边有毛笔竖写小字"自漕涧腾冲县政府留守处"，并盖有"康友文印"私人印章。由此可看出，此为寄信单位"漕涧腾冲县政府留守处"借用其下属部门"总务科"的制式公文信封。

封面左上方分别贴有"民普 28 中信版孙中山像"邮票 1 枚，面值 0.50 元（法币，后同），"民普 24 纽约版孙中山像"邮票 1 枚，面值 1.00 元，合计 1.50 元。

信封上的发地戳为实线三格腰框中文戳，上格："云南"，腰框内："三二年（1943）六月三日"，下格："漕涧"。落地戳为外实内虚三格式双地名汉英戳，上格中文："昆明（云南府）"，阿拉伯数字："43.6.14."，下格英文："KUNMING YUNNANFU"。整个邮程耗时 11 天，按当时邮路行程和战争动荡影响，这个时间应属正常。

另按邮政规定：1943 年 6 月 1 日至 1944 年 2 月 29 日，外县互寄邮件，信函初重 20 克，邮资为 1.00 元，单挂号 2.00 元，合计 3.00 元，故该邮件邮资不符规定。而在此之前的规定：1943 年 1 月 1 日至 1943 年 5 月 31 日，外埠信函为 0.50 元，单挂号 1.00 元，合计 1.50 元。

笔者认为，该信函恰在 1943 年 6 月 3 日寄出，正是时局动荡、战事吃紧的时候，信封上"漕涧腾冲县政府留守处"10 个信手而写的行书，看着让人触目惊心。1943 年 2 月 18 日，日军攻陷腾冲界头马面关，腾冲县政府再次撤迁，进驻大理州云龙县漕涧镇。流亡期间，县府千余人的工作、生活起居得到漕涧民众支持与赞助，才得以安度危难。

查阅史料得知，漕涧是抗战英勇之地，边远的弹丸小镇竟驻远征军 3 万多人，地方为部队筹集了 10 多万斤军粮和大批食材，组建支前运输大队。史料记载，当地百姓 400 多人还曾投入抢修滇缅公路的洪流之中。

驼峰航线上的鸿雁

这件邮品是典型的驼峰航线实寄封。驼峰航线全长 8000 多公里，海拔平均 4500 ~ 5000 米，最高达 7000 米，山峰绵延起伏，犹如骆驼峰背，故得名驼峰航线。中国航空公司开辟驼峰航线之初，中华邮政就开始利用它运送进出口邮件。随着战事变化及邮路不断变更，中华邮政也对联邮直封航空邮件总包项目进行调整。特别是到了后期，都以重庆、昆明寄迈阿密、伦敦、里斯本、纳塔尔及汀江，加尔各答寄重庆、昆明及桂林等航线为主，说明了驼峰航线在中国抗战中的重要性。

同仁街上的旅社

这是从香港寄至昆明爱国旅社的实寄封，尺寸不大，长 15.5 厘米、宽 7 厘米，非政府机关单位专用，属抗战时民间普通信封，从封背上端"香港新太章"字样判断，是由该纸行制作。封面有航空标识对应，说明该信为航空信件。

同仁街是广西人、广东人在昆明的聚集地，街道颇有浓厚的华南特色，整条街的建筑物一楼临近街道部分建成行人走廊，走廊上方则为二楼的楼层，犹如二楼"骑"在一楼之上，故称为"骑楼"。一楼用于经商，铺面向街敞开，或辟出部分作为店面橱窗，陈列商品，招徕顾客，顾客可沿走廊自由选购；二楼一般住人。骑楼下可避风雨，防日晒，特别适合昆明多雨的天气。而爱国旅社在当年该街何处，现已无法考证。至于收信者为何人，我们只能猜测大概是在此避难或是到昆明报国从军的香港爱国青年了。

一件命运多舛的邮品

此信的正常邮程是先由船运沿嘉陵江南下送到重庆，再由重庆航空邮运昆明。但不幸的是，从寄出之日便开始了它命运多舛的历程。按流程运行，信件先是由邮局集中放置趸船，但次日遭日机轰炸沉入江底，后经邮政人员打捞残余邮件加以晒干，并在封面贴上手写说明条："双十节在趸船被敌机轰炸落水捞获晒干重寄，北碚局启。"

邮件送到重庆后由飞机递送，由中国航空公司承运。然而该飞机在云南境内的沾益又被日机击落，邮件受到火焚，外皮受损，局员拾回重发，并盖上"十月二十九日中航 39 号飞机在沾益地方被炸残余之邮件"的木刻黑色戳记，这成了日机轰炸中国的一个物证。

南京来信

从这封信的内容和寄递时间看，应该算作一封抗战书信。字里行间，我们似乎看到这样的画面：民族盛衰、国家存亡之时，云南有气节有血性的知识青年，没有漠视国家安危，没有坐观前线将士浴血牺牲，而是振臂而起，踊跃从军，挺身卫国，宁可杀身成仁，也不当亡国奴。他们在部队中充实自身，锻炼体能，增进胆魄，以图实现平生抱负，成为人才。抗战结束后，他们首先想到的是"我们固渴慕老师的博学与热诚，打算重返聆教"，继续学习深造，成为对社会有用之人。

"新金记康号"的业绩

信封上的这家"新金记康号"营造厂就是内迁来滇的企业之一。民国政府定都南京，京城大兴土木。南京的民国建筑依首都计划，大多建于 1929 年底至 1937 年抗战全面爆发前的 8 年首都建设时期。这些建筑由多家企业承建，其中有四家被誉为"四大金刚"，分别是陈明记、新金记、陶馥记、陆根记，新金记位居第二。厂迁至云南后，新金记康号营造厂在昆明承建的重要工程有第二十二、五十一兵工厂，中央电工器材厂第三、四厂，昆明炼铜厂，美军物资供应处等，对昆明的抗战军事工业发展起到了积极的推动作用。

云南元青花瓷

颜荣清

　　在昆明乃至中国古玩界，云南元青花瓷，深得藏家喜爱。有些云南元青花瓷有很高的价值，笔者曾在五华区文明古玩市场上看到：一个鱼藻纹的玉壶春瓶，出手便有上万元的成交高价。

　　然而，作为中国三个瓷器生产地之一，云南所制作烧造的元青花瓷，并非真正意义上的元代所烧制的青花瓷。这些美丽的宝物实际上大都烧制于明代，在风靡全国后云南人约定俗成地称为元青花瓷。

　　为什么制作于明代的瓷器，云南人会称它们为元青花瓷呢？出现这种称谓当然与元代有着千丝万缕的关系。

　　元代是第一次将云南完全并入中央政府管辖的。云南由此开始全面接受汉文化熏陶。从出土的瓷器来看，这时云南已经开始烧造制作青花瓷器，虽然当初的瓷器生产已初具规模，却因技术、釉料的简单、单一，还未形成特色。

　　明取代元的统治后，留守云南的沐英多次上奏洪武皇帝朱元璋并得到批准，后分多次大量从内地移民入滇。这些移民中不乏来自江西景德镇的制瓷艺人和工匠，正是他们将元代已发现的云南高岭土和钴料与江西景德镇的制瓷技术结合起来，传承了元代的制瓷特点和景德镇的成熟技术。以拉坯制作为胎体，在泥胎上以云南产的着色剂"钴"，装饰绘制各种纹饰，罩上透明釉后入窑，1000摄氏度以上一次烧制而成的白地蓝花或蓝地白花的釉下彩瓷器，后被人们冠以云南独有的元青花瓷之名。

　　顺带一说，云南得天独厚的自然条件，使元青花瓷在很多地方都得以生根，开花，结果，尤以建水、玉溪、禄丰、大理等地生产的元青花瓷为最。甚至在不具备青花钴料及高岭土的地方，也发展了具有本地特色的窑口，比如华宁陶、古越陶（曲靖黄泥堡）等，这些陶中也充满了江西景德镇的文化元素。

　　这里，笔者以所收藏的几件宝物，简单地展示一下云南元青花瓷的风采。

　　一、青花龙纹天球瓶：通高28厘米，底径12厘米，该龙纹瓶最大的特点是白地蓝釉，釉色几乎可以与景德镇的青花白地相媲美，只是没有其光滑润洁。而龙纹装饰在云南青花瓷中更为稀少，从龙纹的绘制可以看出整个画工与景德镇元代的绘龙特点并无二致。龙头小而清晰，龙纹上的鳞片也具有元代景德镇的绘画风格。尤其是龙爪，可以说与景德镇的绘画更是一脉相承。因此，这个出土于建水岔科地区的元青花瓷，应该是最典型的元代产品。

二、青花绣墩：高 40 厘米，腹径 38 厘米，该绣墩器形来自古代闺房，多为商贾富户、员外千金小姐之用。顶部饰纹为葵花太阳纹，整体五层装饰，第一层为倒火焰纹，第二层为凤穿牡丹纹，第三层为远山近松锦鸡纹，第四层为山石兰花纹，第五层为海水江牙纹。此外，腰部还装饰有浮雕兽头及两排鼓钉纹。可以说无论造型还是装饰内容，这个宝物在我几十年收藏生涯中都是第一次见到。

三、青花将军罐：通高 28 厘米，无盖。饰纹以太阳花、莲花浮云为主，较为简练，该罐最大之特点便是开光中，用青花钴料写着"酒好花香"四字。尽管云南制作的元青花瓷纹饰与景德镇有异曲同工之妙，但用文字装饰的极其稀少。

四、青花将军罐：通高不足一寸，因形体过小，罐上的装饰已经无法辨认。这也是我迄今收藏见到的元青花瓷中体形最小的一个。

五、青花将军罐：通高 35 厘米，腹径 35 厘米，除口径沿有简单装饰外，该罐最大的特点体现在两方面，体量是我所看到的元青花瓷中最大的一个；绘画以大写意莲花为装饰主体，偌大个整体面积仅绘三朵盛开的莲花，莲花在佛教中一直被视为圣花，想必这只超大型将军罐历史上一定承载着佛教的某个事件。

六、青花葫芦瓶：通高 26 厘米，腹径 24 厘米，整体发色偏青，装饰以梅花纹为主，显得高雅亮洁。葫芦自古以来，寓意有福有禄，它是中国传统文化中人们追求美好愿景的鲜活载体。在出土的大量元青花瓷中是最稀有的品种之一。

华宁陶

——水、火、土之下的图卷

颜荣清

　　在五华区乃至整个昆明的古玩市场，华宁陶越来越被人们喜爱。那么，华宁陶是怎么制作出来的，它又有什么颜色呢？且听一首歌如是唱："新兴姑娘河西布，通海的酱油禄丰的醋，宁州的香炉烧得绿。"宁州即现今的华宁。这首传唱了数百年的滇中民谚，说的就是窑火谱写的一幅幅制陶的美丽画卷。它就是享誉云南、老幼皆晓，甚至在全国很多地方都人见人爱的云南华宁县华盖山绿白釉陶。

　　华盖山是华宁的名山，它位于华宁县城的北面，山之南坡筑有宁寿寺，站在寺中宁州坝子尽收眼底，城廓民居，田畴阡陌，一览无遗，正是这美丽富饶的宁州坝子抚育了一代又一代的宁州子民，才有今日之传奇！

　　华盖山下便是窑火绵延近 600 年的碗窑村——华宁陶的生产地。片片果树，层层竹林交错中是火焰不绝的古龙窑。

　　随着窑火一路"刻"下的 600 年痕迹，至今依稀可见各个历史时期的陶器碎片，它们或垫路或垒墙或埋藏，绿油油、黄澄澄，纯粹就是个五彩缤纷的世界，展现了华宁窑绵延不息的生命。正是经过车、范、高、张、汪等家族不懈的努力和传承，才使华宁陶成为中国陶器中绽放的绚丽花朵！

　　车、范、高、张、汪等姓氏让初到华宁的人迷惑不解，还是那块矗立于碗窑村的《重建慈云寺功德碑》解读道：原来车姓是最早烧造华宁窑的第一代窑人，这位江西人于洪武年间，随沐英移居云南，到了古时的宁州，把江西景德镇制陶瓷工艺带到了宁州，开始了绵延近 600 年的窑火。随着华宁陶的需求不断增大，逐渐出现了以制作花插装饰器具为特色的范氏家族；以制作佛教、道教陶器见长的高氏一脉；以其色彩著称的张氏家族；还有翰林文魁的汪氏家族制作的日用品。汪氏在家用器具的基础上发展了中国琉璃彩瓦、灰砖等古典建筑所需的大型器具，使云南的楼、堂、馆、所、寺、庙、庵、祠变得气势恢宏、庄严富丽……

正是在这些先民的不断努力和创新中，华宁陶发展成全国屈指可数的名窑。它既有一般窑都有的生活用器中的杯、碗、盘、碟、锅、罐、壶、盆、匙，又有陈设用具中的各类造型。以瓶为例，喇叭口瓶、观音瓶、蒜头瓶、盘口瓶、双耳瓶、胆瓶，除圆形外，还有四方形、六棱形、八方菱形、马形、兔形等，可谓包罗万象；文房用具中的盂、笔筒、笔架、笔洗、砚，造型各异；而宗教用品的陶品更是琳琅满目，土地、财神、观音、菩萨、弥勒、力士、童子、文昌帝、真武大帝、关帝等，栩栩如生。小到尺不盈寸，大到几丈（建筑施釉构件），全国有几家窑口能达到华宁窑这样形式多样、内容丰富、体量之大呢？

再看颜色，可以说是应有尽有，不输全国任何窑口。最具特色的是最难掌握的窑变釉，还有绿、白、红、蓝、紫、黄等单色釉，使其成为名副其实的色彩世界。

正是以上特色构成了华宁窑的文化体系，以精湛的陶品文化，植根于民间的草根艺术，让广大劳动人民用得起，让藏家们玩得雅，且有极高的投资回报率。因此，无论是华宁老陶器，还是创新的品种都受到不同群体的青睐，这就是一个窑口，一种技艺，而且作为一种文化能够传承发展的重要原因。在此，我简单介绍几款本人收藏的华宁陶器，让世人感受华宁陶发展的脚步和跳动的脉搏。

一、琉璃镇瓦神（明晚期），高37厘米、宽14厘米、长24厘米。它是明晚期庙宇、祠堂屋脊上的守护神。一般民房上采用的多是无琉璃的六畜而已，主要是反映主人辟邪和祈盼之心。因此，多用畜类为镇屋兽，庙、堂、庵、祠则根据风水和用途决定所用神类。而此尊以人为神的守护神是非常稀少的，以人制作的该守护神不仅采用古代文武百官上朝时所持笏板为原型，还施以名贵的琉璃，且他所立的位置无论是庙宇还是祠堂，都使人感到庄严神秘。

二、白釉童子陶枕（清），高25厘米、宽35厘米、厚17.5厘米。古代枕头丰富多彩，仅材料上便有布、帛、绸、锦、缎、木、陶、金属等，尤其是童子陶枕，工匠独具匠心，用写实与抽象的手法，将家家都有的孩童，以艺术形式表现出来，得到广大民众的喜爱。工匠何曾想到，那时的一件富有灵动性的实用品，时到今日，已成为收藏界的新宠。君不见，今天一件宋代定窑御用女童瓷枕，它的大小与该华宁白陶枕相差无几，落槌价居然高达上亿元人民币，让藏家、玩家大跌眼镜。

三、绿釉人首双铺首罐（清晚期），通高24.5厘米、口径18厘米、底17.5厘米。在中国陶瓷史上，瓶罐已有数千年的历史。双耳装饰可谓数不胜数，龙耳、凤耳、象耳、狮耳、虎耳……人首耳则十分罕见，罐两侧的两个人首，和蔼可亲，栩栩如生，艺术家把随处可见的人塑造到陶罐上，使作品更具亲和力，整件陶罐变得清新亮丽，楚楚动人，让人爱不释手。

四、窑变敞口瓶（清晚期），高60.2厘米、口径28厘米、底径22.5厘米。陶瓷器的窑变是在偶然的条件下产生的，可这种变幻无穷的颜色上至皇帝，下到百姓都特别喜爱，由于它们烧造的难度十分大，往往一炉下来，成品率百不得三五，因此窑变釉陶瓷十分珍贵。而华宁陶的窑变很有特色，釉均为高温釉，施釉时先施一层基础釉，一般多为月白色，然后再施其他釉。由于施釉特别肥厚，在高温状态下，釉面多熔化，基础釉和其他釉均自然流淌，相互交融，出现了神奇的窑变效果，有白釉的绿彩会呈现出紫、红等不同的色彩效果，色彩斑驳，美丽动人。今天展示的窑变敞口瓶除了窑变色彩奇特外，它更是华宁陶中的巨无霸，所以它当之无愧称得上华宁陶中的精品。

须顺带说一句：华宁陶取材于当地的水、黏土，做成不同的器具，放到1000多摄氏度的窑火中烧制，最后成为千姿百态、色彩斑斓的陶品，所以被称为水、火、土之下的图卷。

乌铜走金银

向建华

在我国古代金属工艺百花园内，盛开过一枝艳丽的奇葩，那就是云南乌铜走金银工艺。

据铜器专家实地考察证实，乌铜走金银工艺始于清雍正年间，迄今已有 300 多年的历史。而在昆明，罗养儒先生在《纪我所知集》中说：清光绪二十年（1894）前后，市场上已有乌铜铺，到了民国年间，则在二纛街（今五华区管辖内的民生街）由发明者岳氏传人的岳永康等开设了多家乌铜铺。

乌铜走金银的发源地在石屏县岳家湾，这里曾流传着一个奇异的故事：在很久以前，有一位岳姓铜匠在冶炼红铜时不小心将戴在手上的金戒指掉进铜液内，于是制作出来的铜器便与众不同，器皿会慢慢发生变化，渐显乌黑发亮，乃被起名乌铜。清中期以后，乌铜器这种器皿由于其色如宝石，和五色石、珍珠、琥珀、翡翠、玛瑙、赤金、缅锡、象牙等一样珍贵，当时作为青乌白铜之类，已属稀世珍奇之物，让人视同至宝，爱不释手。

在清早期创始阶段，青乌白铜器主要采用失蜡法制作佛像、香炉、蜡台等宗教用品和杯、碗、盘、花瓶等生活实用品。到了清中期，能工巧匠借鉴传统的错金银工艺，采用古代青铜器上常用的纹饰，在佛像或人物造型的五官和衣褶等处和生活实用品表面错入金银丝，以增加器物的美感，纹饰较为简单。清晚期以后，云南乌铜器以盛行全国的刻铜技艺，在器物表面活画出一幅幅千姿百态的装饰图画，并结合云南民族工艺的特色，博采众长，推陈出新，使错金银工艺进入成熟的全盛时期，发展为走金银工艺，制作出一批韵味古朴、流传后世的走金银器皿。

可以说，比之中国其他传统的金属工艺，乌铜走金银工艺至少有以下几个显著特点：

1. 合金比例独特。《石屏县志》记载："乌铜以金及铜化合成器，淡红色。岳家湾产者最佳，按乌铜器始，唯岳姓能制，今日能者日众。"根据岳姓世代相传的配方，乌铜合金主要由红铜、金、铁等金属组成，由于配方独特，搭配合理，工艺精湛，颜色已非铜之本色，原本的淡红色亦变成了独一无二的乌黑色。

2. 装饰图画独特。走金银工艺以刀代笔，学习和借鉴我国古代山水画、花鸟画、人物画的技法，再现古代优秀书画作品的笔墨神韵，刻画山川河流与自然美景，雀鸟鱼虫的欢快活泼，儒释道的庄重神秘，真草隶篆各种书体……其主题装饰富丽清新，辅助纹饰多用一种独特的"人面桃花"纹，显得繁华多变，端丽雄浑。辅纹与主纹两者之间互为映衬，相得益彰，恰如锦上添花，成了一种独特的金属工艺制品。

3. 走金银工艺独特。采用古代火镀金法，将经过加热熔化的金汁、银汁，流入已经刻画好纹饰的乌铜缝内，冷却后，液态的金、银汁凝为固体的金、银丝镶嵌在刻缝里，达到严丝合缝的效果，犹如铜胎本身固有之物。这种工艺的精妙之处在于：即便刻槽细若游丝，金、银汁均能填满。在制作器物时，它要求匠人必须掌握冶炼、造型、书法、绘画和雕刻等诸多技法，才能使庄重深沉的乌铜底色衬托起精美的图案和悦目的金银光；而且由于是合金，器物不会起绿斑，金银线也不会随着时间延长自然剥落；再加上传统手工磨平，以手汗浸渍之，使其渐渐受潮，慢慢氧化，即为乌铜走金银，让装饰图案更加大方、美观和独特，"远近购者珍之"。

4. 裁片拼接独特。把冶炼好的乌铜捶打或压制成各种薄片，根据制作器物的平面图裁剪成不同形状的板块。例如盒，裁剪成上下方片、上下长条片。在裁剪好的铜片上描好装饰图案，采用走金银组合焊接、打磨等多重工序，使制作的走金银器既古朴雅致，又省工省料，更显其独特的工艺水平。

乌铜走金银的器物造型主要有墨盒、笔筒、挂屏、烟斗、杯、碗、盘等。清末民初之际，上流社会视典雅的墨盒为高贵礼品，以赠人为时尚。省城的官吏、财主和文人争相定制，落下对方和自己的名号，相互馈赠，增进友情，甚至送到京城去走动关系。

必须一提的是：岳氏传人岳永康把乌铜走金银的制作工艺发展到高峰，他的铺面作坊就开在二纛街上的沙朗巷口，招牌为"岳记福兴乌铜庄"。岳永康本人只做两件事，一是添加熔化乌铜配料，因是祖传秘技，不容他人窥探；二是亲手操刀镌刻器物上的纹饰，他刻花不打底稿，信手拈来，线条流畅，图案传神，技艺炉火纯青，作品炙手可热。当时制作乌铜走金银的名家高手，除岳永康领军，岳炳、岳在、岳恒、岳汝等从岳家湾走来的岳姓人外，尚有苏继承、金受、秦高等外姓人，"能者日众"，这项工艺达到了空前的繁荣。

抗日战争爆发后，时局动荡，民不聊生，百姓苦不堪言，昆明制作走金银器的乌铜铺纷纷倒闭破产，工匠有的去世，有的改行，使乌铜走金银器的制作后继乏人。

新中国成立后，国家为了挽救失传的乌铜走金银工艺，先后多次组织健在的老艺人互相观摩，传经送宝，举办培训班。但由于种种原因，乌铜走金银工艺的传承一直停滞不前，尤其是随着老匠人们相继离世后，这门绝活真正到了最危险的时刻。目前，港澳台同胞、旅居世界的云南籍华人华侨回家乡探亲，都企盼购置收藏一件乌铜走金银器艺术品抚慰思乡情怀；不少外国旅游者目睹其风采后也赞不绝口，争相收藏。乌铜走金银器的传世之品越来越稀少，其中最珍贵的乌铜走金银器，一件可卖到数万元，甚至百万元的高价，尽管价值不菲，它依然成为收藏家们青睐的对象和追逐的目标。

如今，人们要求恢复乌铜走金银工艺的呼声越来越高，昆明市人民政府已经颁布规定，将 1949 年以前云南生产制作的乌铜走金银器列入国家保护文物的范围。相信在政府和有关部门的重视及指导下，乌铜走金银这一极富云南特色的金属工艺品，一定会再创辉煌，放出灿烂的光芒。

昆明老银器

向建华

"银南"之说的由来

用白银制作的手镯、戒指、挂件等饰品，历来受到人们喜爱。

云南素有彩云之南的美誉，作为我国著名的有色金属王国，其蕴藏的银矿资源十分丰富。由于银的冶炼技术比较复杂，云南银的出现晚于中原，但银器的出现时间同为战国时期，历史同样悠久。

《汉书·地理志》记载："律高（今弥勒南部）……东南监町山出银，贲古（今蒙自个旧）……西羊山出银。"东汉时期的朱提（今昭通）、堂狼（今巧家、会泽、东川）也有产银记载。当时赫赫有名的朱提银名震中原，价值不菲，很受皇家王室的喜爱。

据历史记载，元代至元时期，云南的课银量占全国课银量的47%；明代产量更为惊人，天顺朝每年课银量达十万两，占全国课银量的55%。明末清初，官办银业衰落，民办银业日渐兴盛，云南银矿得到更大的开采。清康熙年间，银厂遍布全省，云南银课额长期居全国首位。晚清时期，云南开采银矿的厂家已达35处之多，其产银量为全国之冠。大自然丰厚的赐予使云南拥有了充足的白银，历代能工巧匠更是制作出了数量惊人的银器饰品，因此被收藏鉴赏家戏称为"银南"。而昆明是云南省的省会，经贸往来频繁，对银器的需求较大，久而久之，形成了以昆明为主的加工产地，很长一段时间里，昆明银器成了全省银器的代名词。

独特的制作工艺

自古以来，云南居住着众多的少数民族，他们分别信奉不同的宗教。各民族悠久的神话传说、史诗、歌谣、绘画、雕刻、音乐、舞蹈等原创性很强的艺术形式是形成云南文化艺术宝库的重要来源。各民族文化互相渗透、互相交流，又相对独立的特殊性构成了共同发展的格局，显现出与中原内地银器艺术风格不同的地域文化，是中华百花园中的一朵奇葩。昆明银器饰品的制作工艺既继承了中原内地汉族工匠的技艺，又创新发扬了具有独特魅力的新工艺。

常见的加工技艺主要有以下八类：

（一）浇铸成型，錾刻细部。铸造方法来自古代青铜器工艺。錾刻要使用各种形状的钢制錾子，将纹饰錾刻在坯料表面或背面。錾花工艺有阳錾、阴錾、平錾、镂空、戗等数种。明代传世品中常见的是将浇铸和錾刻相结合来制作。

（二）锤揲为主，錾刻、镌镂为辅，昆明传世银饰品中常见。有的从成型到纹饰全用锤揲，有的是锤揲之后焊接成型，有的是锤揲之后以银环银链缀成整件饰品。有的银饰造型属立雕、圆雕，也是锤揲后再焊接成的，细刻以錾刻和镌镂完成。

（三）花丝（掐丝）工艺是用银丝编、织、堆、垒、掐、填、攒、焊等做成各种平面或立体的图案纹饰。

（四）点翠工艺是用云南特有的翡翠鸟（民间俗称"叼鱼郎"）的翠蓝色羽毛铺贴在银錾刻底板上制成各种饰品。

（五）施釉工艺是用清代中期经过改良的低温熔融"软透明珐琅彩"技法，将釉料施在银胎上烧制。

（六）炸珠工艺一般人不熟悉，它是将金或银熔化后再将液体滴入温水中，利用金或银与水的温差，炸为大小不同的珠子，再将其焊接在器物上。在民族饰品上常见采用花丝和炸珠工艺结合，镶嵌有各种玛瑙、珊瑚、松石、玉石、翡翠等。

（七）从技术上分类，昆明银器饰品有镏金、镀金、包金等工艺。

（八）走金银工艺是云南独创的具有鲜明地方特色的中国一绝。它是将熔化好的金汁、银水浇入已经刻画好的图案中，工艺精湛，图案美丽，严丝合缝，宛若天生。

装饰图案及器型

云南银器饰品的种类、样式、图案、名称等都极其丰富。装饰图案主要有人物、神佛、神兽、动物、飞禽、花果、鱼虫、自然景观和传统吉祥图案等。

道教众神有三清、八仙等；佛教有三世佛、观音、金童玉女等；龙是神兽中最神勇、最常见的题材，如云龙、双龙抢宝；另麒麟送子、丹凤朝阳、百鸟朝凤、鲤鱼跃龙门、连中三元、马上封侯、福禄寿喜、金玉满堂、长命富贵、多子多福等众多的吉祥图案成为昆明银器饰品永恒的主题。

昆明银器饰品丰富多彩，千姿百态。不同历史时期具有不同的时代特点，不同地点、不同民族也有不同的特点。明代以前的银器已不多见，传世的银器主要以晚清至民国时期制作的为多见。这主要是人们喜新厌旧的心态和社会的动荡、战争等原因所致。后世将前世的银器一次次地回炉熔炼，重新制作成时尚的新器佩戴使用，原有的历史文化价值被一点点地破坏和流失，流传至今的古代银器更加显现其珍贵的价值。这就是老工银器比新工银器贵重的原因。

按照银器的用途来划分，昆明银器主要有以下五大类：

（一）使用最广，最受各民族喜爱，特别是各族妇女喜爱的饰品类。它主要有头饰、冠饰、头巾饰、发饰、耳饰、颈饰、肩饰、胸饰、腰饰、足饰等。其中头钗、手镯、耳环、指环、围腰扣等银饰，是昆明坝区妇女必不可少的装饰品。

（二）餐具类：盘、碗、匙、筷、杯等。

（三）文房类：墨盒、镇尺、刀、水盂等。

（四）杂项类：帐钩、盆、炉、烛台等。

（五）造像、摆件类：儒释道造像、山子等。

晚清至民国时期，云南社会相对稳定，昆明商贾云集，官僚流宦、洋人络绎不绝，形成空前的繁荣。省城本地富豪及民众对物质和精神文化的需求与市场的供求关系自然产生。昆明市在小南城外形成银器行业的产销集散地，最有代表性的地方是自清代以来以生产点翠工艺银器著名的翠花街（南起头道巷，北至春漫公园，中华人民共和国成立后更名为维新街）。根据民国年间旧志记载，民国末期，昆明金银器业仍有 83 家之多，其工匠多为本地汉人。加之当时交通条件改善，省内公路逐渐修通，滇越铁路通车带来了西方文化。抗战时期云南成为大后方，大量外省人员拥入昆明，使昆明畸形繁荣。外来的技艺同昆明本土的技艺相互融合，共同创新发展，使昆明银器业兴旺发达，进入了一个新的历史时期。特别是有的昆明老银铺以宝石或嵌玉镶花，更显现出它的美。

昆明老家具

向建华

随着收藏热的兴起，有些历史年份的老家具在古玩市场上亦渐次走俏。而说到"老家具"一词，可谓包罗万象，题材广泛，品种众多。不同历史时期、不同地区和不同民族各有造型、装饰、工艺材料等特点。这里，笔者仅就自己的所见所闻，说说由工匠制作的俗称"桌椅板凳"及部分有鲜明昆明色彩的老家具。

滇作家具异军突起

我国家具制作有三大流派，京作、苏作和广作家具。明代制作的家具传世稀罕，清代早中期制作的家具也不多见，清晚期以后传世家具在昆明则比较多见。

民国以后，中国内地军阀混战，战争不断，内忧外患严重。云南局势相对稳定，地方经济出现短暂的繁荣。全面抗战爆发后，云南成了大后方，内地和沿海城市的不少学校、机关、工厂撤退到云南，许多知识分子、各类技术人员也纷纷来到昆明。其中，以制作三大流派家具为主的不少家具社、木器行也在省城木行街、崇仁街、同仁街以及西坝、小坝等处开设家具社，尤以广东人、浙江人为多。他们开办前店后厂的木器商号，或者在郊外办厂将制作好的家具运到城区销售，生意兴隆。

同时期，本土制作滇派家具的厂家也异军突起。他们学习三大流派的优点，结合本土家具的特点融会贯通，大胆吸收这些流派的工艺特点、装饰风格、造型特征，使用贵重硬木来生产。外来和本土双方共融共生，你中有我，我中有你。民国年间，老昆明家具市场出现了繁荣的景象。

老昆明人使用的家具

清晚期至民国早期，老昆明人使用的家具大部分为柴木家具，材质较差，主要用松木、杉木、柏木、冬瓜木等制作，使用这些木材制作的家具容易变形、松散、被虫咬。这些家具造型简单，做工粗糙，装饰马虎，款式老旧。

普通家庭使用的家具主要有简单的木床、装衣物的衣柜、装米面的米柜、吃饭的方案、靠背椅等，素工不装饰。农村家庭使用的家具更加简单粗糙，特色明显的是每个家庭都必须购置装米、面、谷子的大柜，吃饭用的矮腿小四方桌、小方凳或草墩，吃完饭后将四方桌掀起靠墙边。

流传下来的清式硬木家具和民国年间仿的同类家具则用料阔绰，体态硕大，表现出雄伟、稳重、强悍的气势。使用紫檀、红木、花梨等木材制作的老家具造型浑厚庄重，装饰豪华富贵，做工精美华丽，款式传统大气，有的还结合了西洋洛可可式风格。这些家具精美结实，不怕虫咬，不易变形，传承几百年依然完好如初，家具表面被岁月时光不停打磨后形成一层黑缎子似的光泽，非常美丽。这些家具装饰有各种吉祥图案，如喜上眉梢、麒麟送子、松鹤延年、五福捧寿、福禄万代、多子多福等，还有一些动植物纹饰，如龙、凤、梅、兰、竹、菊等。

老昆明富贵人家使用精美的硬木家具，在厅堂、佛堂、卧室、书房、绣房陈设传统的与中西合璧的各式家具。厅堂迎面摆放一张长条高面几案，上面陈设有瓷器、铜器、屏风、玉雕、古玩等器物。下面安放一张四方桌，两边各放扶手靠背椅一把供主人坐，左右两边厅堂各有花几一张，上面陈设有盆景鲜花，方桌前面左右各有两至四把靠背椅供客人坐，每两把椅中安放茶几一张供客人喝茶吃点心。厅堂迎面墙上悬挂滇中文化名人钱南园的字、李仰亭的画，真正表达了"家有钱字李画就是文化（富贵）人家"的含意。此外，佛堂中的佛桌、神龛、祖先堂，书房中的书桌、条案，卧室中的罗汉床、穿衣镜、大衣柜，绣房中的梳妆台、坐墩等家具无不透露出滇派家具的富贵、大气、庄重。

老昆明家具趣闻

传统老昆明信佛的人家都设有佛堂、供桌，传承若干代的祖先台就安奉在供桌上面，祖先台制作用料讲究，工艺精湛，宛如一座小型的亭台楼阁，打开堂门，里面放有本族已逝亲人灵牌。信佛人虔诚地诵经超度这些亡灵早日转世，早入西方极乐世界。时至今日，这些宫殿式的、可移动陈设的、有特殊意义的木雕制品已经很难再见到了！

早些年，武成路洪化桥附近，云南省四大名医之一的姚贞白家族在此开设有福元堂中药铺，三间大门面装饰讲究华美，药桌、药柜、医案摆放得整洁干净。最吸引人的是供顾客小坐的几条长椅子，老昆明人把它叫春凳，它长2米多，宽50多厘米，用金红色大漆刷面，病人坐着十分舒服，儿时常随父母到姚家看病，见到他们家后院悬挂的木制宫灯古色古香，非常漂亮独特，不知还在否。

20世纪90年代初，顺城街有一户人家藏有四把紫檀木的太师椅，通体镶嵌有彩色蝶钿，在阳光的照射下非常美丽，据主人介绍，这几把椅子原来的主人是云南王龙云，不知什么原因流落民间。经朋友介绍，我见到了太师椅，主人不愿卖，我只好告别，斗转星移，顺城街早已被拆迁改造，这四把太师椅的命运随缘吧！

旧时，小西门大观街有一群热爱道教洞经音乐的人组成了一个洞经音乐会，经常聚在一起演奏洞经，会址设在行业分会里，大家集资购置了一些家具，我印象最深的是那20多把靠背椅，虽说是柴木家具，但工匠在椅背上刻出梅、兰、竹、菊、治家格言等图案后就变得文雅、大气、传统，十分精美。不知这些椅子还在否。

20世纪30年代初，我母亲出嫁时娘家陪嫁了不少家具。其中有一只不起眼的木柜，掀开柜盖朝下看只能看到柜底，奥妙在于提起迎面的柜壁后，柜底下藏有两只小抽屉，家中就将较为值钱、重要的物件藏在这里面，这大概就是那个时期普通百姓家的保险柜吧！

滇作家具首先讲究结实耐用、美观漂亮；其次，昆明地处云贵高原高海拔地区，风干物燥，家具极易干裂破损，被虫蛀鼠啮。因此，许多家具表面用土漆罩面，延长其使用寿命。

滇作家具是中华传统家具中的一个重要流派，老昆明家具是滇作家具中最具代表性的品种之一，博大精深的中华文化赋予其独特的、具有鲜明地方特色的时代特征，也就理所当然地受到人们特别是玩家们的青睐。

安恩溥将军的抗战陶

颜荣清

　　我收藏的一个建水紫陶天球瓶，可称为珍贵的抗战文物。

　　在这里，我先讲一讲建水紫陶。建水紫陶工艺从清中期后，已经流传了近200年，其原材料主要取自建水当地碗窑村等处的红黏土，将其搅拌均匀后反复地揉，过去还用牛不停地踩，把里面的空气完全排出去，再由艺人制作成不同的器物，雕花刻字，放进窑里烧24个小时，至少冷却3天，就成了碗、气锅、杯、盘、壶、笔筒、花瓶等一件件生活实用品和精美的工艺品。建水陶除以紫陶为主外，还有黑陶、白陶等。到了抗战时期，建水艺人烧制了很多被时人称誉的抗战陶而行销全国。如今，一件有纪念意义且品相完好的抗战陶，其价值可达上万元乃至数万元不等。

　　我收藏的这个紫陶天球瓶，瓶底宽10厘米，瓶高22厘米，上绘一剪梅花，独立一鸟；瓶身诗一联："云想衣裳花想容，春风拂槛露华浓"；又书："安主任赐玩，生范仲彦、方中建敬赠。时在癸未冬三日，制于滇南建阳"；底款署："建水戴得兴制造"。

　　考"癸未"年，即民国三十二年（1943），正是抗日战争从战略相持走向战略反攻的关键时刻。戴得兴先生是当时云南建水县著名的制陶大师。当年为鼓舞民心士气，他还和另一位陶艺大家王式稷先生合作烧制了书有"抗战胜利"四字的黑陶气锅，又专门烧制了书有"抗战到底"四字的笔筒等。这个天球瓶上书的"安主任"，乃滇军抗日名将安恩溥。范仲彦和方中建，显然是安恩溥任第一集团军培训处主任时的两名学生。

　　安恩溥1894年5月出生于云南省昭通市镇雄县花竹沟一户黑彝家庭，与龙云、卢汉、曾泽生、龙泽汇、潘朔瑞等一批云南近代名将同为昭通人。他从小尚武，又勤奋读书，1900年进私塾。1915年毕业于昭通省立第二师范学校。1919年入云南陆军讲武堂第14期，1921年毕业。1934年任滇军旅长。

　　抗战军兴，云南于1937年10月组成国民革命军第六十军，军长卢汉，下辖3个师，182师师长安恩溥，183师师长高荫槐，184师师长张冲。这支装备法制、德制武器的云南军队，雄赳赳、气昂昂地从昆明出征后，于1938年4月22日奉第五战区司令长官李宗仁的命令，跨过徐州运河，集结于台儿庄东南地区，从正面阻击日军精锐板垣、矶谷两师团及伪军刘桂堂部 3 万余人，打出了云南军队和云南各族人民的威风，让日本法西斯付出了惨重的血的代价。安恩溥将军由于在台儿庄战役中战功卓著，于 1939 年 2 月升任第六十军中将军长，率部在江西等地浴血奋战，英勇杀敌。1940 年 6 月，日军在越南登陆后，安恩溥率第六十军182 师、184 师紧急回防滇南，与当地军民进行防御作战，犹如一道御敌人于国门之外的铜墙铁壁，保卫了云南大后方的安全，策应和支持了滇西抗战和滇西大反攻的胜利。

1949 年 12 月 9 日，安恩溥随卢汉将军发动云南起义。新中国成立后，安恩溥任云南省民政厅厅长。1958 年被错划为右派，1961 年摘去右派帽子，调省人民政府参事室任参事。1965 年 12 月在昆明病逝。1980 年 9 月 3 日，中共云南省委统战部对其划为右派和受到的处分彻底纠正，平反昭雪。

将军已去，我把玩着珍藏的这件特殊的抗战陶，睹物思人。上绘的梅花和鸟述说着安恩溥凛冬不凋的戎马生涯，表达了学生对老师的敬重，也联系着滇军将士的英雄业绩，铭刻着建水艺人的爱国主义情怀。由于它在抗日战争的岁月里，向世人昭示了中国军民不屈不挠、坚持抗战的决心和勇气，传递了胜利春风即将拂来的信息，因此安恩溥将军的这个天球瓶抗战陶，虽然只是一瓶一釜，却有不同凡响的纪念意义，堪称弥足珍贵的国之瑰宝！

陈纳德的烟斗

颜荣清

    抗日战争中，美军飞虎队在云南和中国其他省份取得狠揍日本空中强盗的辉煌战绩，也留下了很多价值不菲的文物。我于 2007 年在五华区潘家湾古玩市场淘到的一只烟斗，正是美国飞虎将军陈纳德用过的烟斗，上面用中文刻着"焕升仁兄"等字样。

    这只烟斗是美国著名的手工烟斗制作大师 Trever 制作的，他制作的烟斗不是普通人能够用得起的，在当时的欧洲、美国成为一种文明和富有的象征，是一个人修养和身份的彰显。由于购买这种烟斗一般要先交纳一定数额的现金定做，Trever 大师充其量一年也只能制作 50 ~ 70 只，可见它本身不菲的价值了。

    陈纳德是怎么得到这只烟斗的，我无法得知，但在查阅相关资料时，却发现陈纳德将军一生用过的烟斗很多。而我所说的这只烟斗，是用黄铜制作的，重约 70 克，长 16.5 厘米，外形很普通，非常便于携带。烟斗上用中文刻着"焕升仁兄"字样，说明陈纳德将军将心爱之物赠给的这个中国人，与他有着非同一般的关系。

    那么，"焕升仁兄"何许人也？

    有人说"焕升仁兄"是云南白药创始人曲焕章的兄弟曲焕升。美国空军飞虎队怎么与云南白药创始人曲焕章的兄弟联系上的呢？美国空军飞虎队打下那么多日本飞机，消灭了那么多日军，当然代价也不小，其中不免有负伤流血的，还有伤筋动骨的，而云南白药又是当时治疗枪伤、刀伤和跌、打等伤情最见效的药物，这些伤员中或许有一部分得到曲焕章白药的医治，作为伤员上司的陈纳德将军为感谢曲焕章先生为自己的部下治病、疗伤，特意把这只心爱的烟斗赠送给曲焕章的兄弟，也是情理之中的事。

    但是，曲焕升只是一介平民，而这只烟斗上所刻的全文是"焕升仁兄·上尉存念，陈纳德赠"，说明这只烟斗是赠给了一个中国上尉军人做纪念的。因此我更相信，这只铜烟斗是陈纳德将军送给中国空军英雄浙江人徐焕升的。1938 年 5 月 19 日，为了向日本帝国主义显示中国空军的存在和力量，由早负盛名的轰炸机领队徐焕升和佟彦博两人率领机组人员，驾驶美国双引擎"马丁"号中远程轰炸机，超高空飞行夜袭日本东京，空投"纸弹"，散发反战宣传材料，从心理上打击了敌人。这次轰炸作为一次道义上的轰炸，成为中国空军在抗战中的一大壮举，引起日本国内极大的震惊，夜袭成功，安全返航后，全体机组人员因此获得"八勇士"的称号。在汉口国民政府举行的盛大欢迎仪式上，中共代表周恩来等人也前来慰问空军英雄并赠送锦旗。中共驻武汉办事处赠送的锦旗题词是"德威并用 智勇双全"，八路军驻武汉办事处赠送的锦旗题词是"气吞山河 威震九州"。周恩来还代表中央发表讲话，赞扬空军勇士们的英雄壮举，最后还与英雄们合影留念。

徐焕升毕业于杭州的中国空军军官学校，这所学校是中国空军的摇篮之一，培养了中国空军的"四大金刚"：高志航、乐以琴、刘粹刚、李桂丹。抗日战争全面爆发后，中国空军军官学校迁往昆明，陈纳德以顾问的身份也来到了昆明训练中国空军。每当中国空军在训练中出色地完成飞行动作，取得优异的成绩时，陈纳德便会握着烟斗笑起来。现在人们在一些影视作品中看到他与受训的中国飞行人员交谈时，不慌不忙地打火点燃叼在嘴角，长吸一口的烟斗的原型，就是这只烟斗。

我个人认为，陈纳德将军赠送烟斗的时间应该是在1938年5月到1942年6月间，因为这时的徐焕升不仅因战闻名于世，而且也来到昆明，军衔正好是中国空军上尉，在这期间认识了陈纳德将军。陈纳德多次向他询问过轰炸日本的事，徐焕升也向他提出过一些有关训练中国空军的建议，甚至要求组建共同打击日本侵略者的中美空军混合大队，其真知灼见受到了陈纳德将军的肯定，久而久之，两人结下了深厚的情谊，加之"英雄惜英雄"，徐焕升便被陈纳德称为"焕升仁兄"。大概徐焕升也会吸烟吧，或者得知这只烟斗是从美国随陈纳德到中国的，来历不凡，很有意义，便要求将它送给自己作为纪念。于是，曾为中国空军顾问的陈纳德请人在自己的这个心爱之物上刻上"焕升仁兄"等字，赠给了他眼中的中国空军英雄。至于这只烟斗具体是什么时间送给"焕升仁兄"的，还有一些什么人们不了解的传奇经历，最终又怎么流落到了民间，我就不得而知了。

但无论怎样，这只有着不同意义的陈纳德将军的烟斗，随着时间的推移，成了一个不一般的文物。尤其2009年，我以它作为代表云南的参赛作品获得河南电视台《华豫之门》赛宝大奖。对于它的收藏价值和历史文物价值，有专家称这或许是全世界唯一一只由陈纳德将军赠给一个中国人的烟斗，可称誉为中美友谊的象征。因此，越来越引起一些史学界专家学者和影视单位、收藏爱好者的关注，并被相关部门借去展出，以纪念中国抗日战争胜利70周年，越发显出了它的风采。

图索老昆明·大观片区

范　丹

龙翔街：在市区西北部，翠湖公园西北面，东起建设路，西至昆明西站立交桥，长585米、宽11米。清初，原名三分寺街。民国年间，当地士绅为求其与相邻的凤翥街对仗，更名龙翔街。南厢：有大羊巷往西与西昌路相通。

1946年于乃仁、于乃义昆仲集资创办了私立五华文理学院，院址分南北两院，南院在翠湖公园内，北院在龙翔街147号。于乃仁出任校长，于乃义担任教务长。董事长为周钟岳，副董事长为由云龙、秦光玉。设中文、历史、外语、物理、地质5个系，在校学生2300人左右，1950年院校调整停办，中文、外语系学生并入昆明师范学院，其余3系并入云南大学。抗战时期，西南联大地质气象系教授张印堂住龙翔街47号，西南联大中文系教授刘文典住龙翔街72号。

20世纪90年代的龙翔街（刘济源摄）

　　昆师路：在市区中部偏西北，翠湖公园西侧，东起东风西路，西至西昌路，长300米、宽28米。1933年昆华师范学校在胜因寺旧址建校，1953年以校命名。

20世纪90年代的昆师路（刘济源摄）

20世纪90年代昆师路上的昆明学院（刘济源摄）

20世纪90年代原昆华师范学校老教学楼（刘济源摄）

　　昆师路2号是民国时期昆华师范学校的旧址，昆华师范学校校园内有金汉鼎将军的私人墓地——孝园，孝园除金汉鼎将军父母的坟茔外，左右两边各有一排房舍，宽绰敞亮，清幽静谧。叶公超先生来昆就任西南联大外语系主任时就携家眷租住在孝园，他经常在孝园举办外语系的文学沙龙、诗歌朗诵会、艺术茶会，孝园成为联大外语系举办活动的重要场所。叶公超先生是一位具有"文学的气度、哲学的人生、国事的风骨、才士的手笔"的风云人物，他以"爱管是非生性直，不忧得失寸心宽"作为为人处世的准则，昆明这座春之城最具包容性，它既青睐公超先生的才华、学识、风度、洒落和旷达，又宠溺他的随意、任性、慵懒、自负和傲慢。他身上交织着老一辈名士的"派"和"酷"的特殊味道，就像用向逢春制作的建水土陶锅做出来的气锅鸡一样醇厚，颇耐人品味咀嚼。公超先生去世后，台静农写挽联道："诗酒豪情，风流顿觉蓬山远；浮生悲剧，病榻忽兴春梦哀。"

　　抗日战争全面爆发后，国立西南联大迁昆，租用昆华师范学校房屋作为联大师生宿舍，著名诗人穆旦就住在联大师生宿舍中并在此创作了《三千里步行》组诗。西南联大外文系教

叶公超先生像（照片由李晓明提供）

授陈福田、陈铨，外文系专任讲师雷夏，外文系助教叶柽、杨西昆，历史社会学系教授皮名举，经济系教授陈岱孙，算学系教授曾远荣，生物系教授李继侗、沈嘉瑞，助教牛满江、李凯高，图书馆馆员刘中潘、马万里、徐家璧、于自强、胡绍声、于宝榘等先生均居住在昆华师范学校。

金家祠堂旧址在昆华师范学校后院。抗战时期，西南联大教授、著名社会学家张奚若先生曾住在金家祠堂。

2010年昆华师范学校内仅存的孝园老宅（一）（刘济源摄）

2010年昆华师范学校内仅存的孝园老宅（二）（刘济源摄）

人民西路：在市区西部，东起东风西路，西至眠山脚，全线与西昌路、环城西路、西园路、近华铺路等成十字相交，全长 5000 米、宽 30 ~ 40 米。明清时称迤西大道。1959 年拓宽取名人民路，1979 年以路在市区西部更为今名，是通往西郊和滇西的主要交通干道之一。

20 世纪 90 年代的人民西路（刘济源摄）

凤翥街：在市区中部偏西北，翠湖公园西北侧，南起昆师路，北至一二一大街，中与龙翔街相交，长 700 米、宽 7 米。明代在此建造文昌宫，内设凤翥楼。清初是大西门外沿城墙的一条小道，称为关厢，后以文昌宫凤翥楼得名。

西南联大体育组主任马约翰、助教刘德增，外语系助教李振麟，哲学心理学系助教陈汉标，化学系助教高振衡，历史社会学系助教鲁光桓，教务处干事薛德成，图书馆馆员茅宗藩等先生均住在凤翥街 231 号。

20 世纪 70 年代的凤翥街集市（一）（张卫民摄）

20 世纪 70 年代的凤翥街集市（二）（廖可夫摄）

20 世纪 70 年代凤翥街上的马店（廖可夫摄）

20 世纪 70 年代凤翥街上的来爽楼（廖可夫摄）

大观街：在市区西部，东起东风西路，与武成路相望，西接西昌路，与大观路相对，东段与庆丰街成十字相交，中通西安马路，全长458米、宽13米。明清时是出入府城的重要通道之一，清咸丰、同治年间取名永丰街。1917年铺设砂石路面，俗称砂马路。1933年因其是市区通往大观楼的主要道路而得名。北厢：有江城巷横贯其间。南厢：有大观巷往东与仓储里相通。

大观街有马兴仁先生开设的兴和园牛菜馆，其烹制的红烧牛肉、红烧牛尾、红烧蹄筋、牛肉冷片、油炸干巴等菜肴，以肉质筋道、清香浓郁、味道纯正而著称于世，是昆明最知名的回民餐馆之一。

大观街99号是民国时期蒙自道尹、富滇银行行长秦光第先生的故居，该幢房屋是一座四方形三层楼洋房，第三层四边都镶有玻璃落地窗，是大观街上最气派的房屋。

20世纪60年代的大观街（一）（张卫民摄）

20 世纪 60 年代的大观街（二）（张卫民摄）

　　东风西路：位于市区中部偏西，东起近日公园，与南屏街相望，西北抵文林街与龙翔街交会处，长 2100 米、宽 40 米。明清时为南城门至小西门、大西门间的城垣和护城河。1953 年后拆除城墙，填平护城河，逐渐拓筑为平坦宽敞的新型马路。因由近日楼通往小西门、大西门，故取名近西路。1960 年取"东风压倒西风"之意，更名为东风西路。该片区东风西路为五一路至小西门段。

　　庆丰街：在市区西部，北起人民西路，南至东风西路，与大观街成十字相交，长 203 米、宽 7 米。清代在此设置裕丰、庆丰等仓廒，故南段名裕丰街，北段称庆丰街，民国初年统称今名。东厢有周家巷横贯其间。西厢有惠农巷往西与仓储里相通。

20 世纪 90 年代的东风西路（刘济源摄）

20 世纪 70 年代的庆丰街（张卫民摄）

　　西安马路：在市区西部，南起大观街，北至人民西路，西通西昌路，长 320 米、宽 13 米。民国时期，这里是通往西郊和滇西的车马大道，曾在此设立昆明西站，又是通往安宁的起点站，故取西站的"西"与安宁的"安"组成，故名至今。

20 世纪 70 年代的西安马路（张卫民摄）

后 记

　　由中共五华区委党史研究室和五华区地方志编纂委员会办公室编著的《金马碧鸡老城厢——昆明城市文化的历史镜像》分为上下卷即将付梓，由生活·读书·新知三联书店正式出版。作为一部全面以"历史镜像"为主题全面叙述昆明老城厢历史与现状的通俗读物，它由卷首语、10个章节、图索老昆明10个片区和后记4个板块组成。捧读该书就如同打开了一扇了解昆明老城厢尘封往事的记忆之窗，让广大读者寻着名山胜水、古城遗韵、人物春秋、军事战云、名人旧居、文艺纪闻、民俗风情、滇味珍馐、往事拾遗、古城风韵中散落的足迹和线索去领略感悟昆明这座历史文化名城的独特风致，去探颐索隐昆明老城厢历经沧桑巨变后遗留下来的这份文化雅韵。

　　为了适应读图时代的需求，本书的责任编辑马翀同志建议我们将"历史镜像"作为支撑和诠释本书内容的主要载体来编排全书的出版框架。为此，我们通过五华区摄影家协会向昆明地区的摄影家和老照片收藏者发出了征集昆明老照片的信息，之后得到了他们的热情响应，摄影家及照片收藏者廖可夫、张卫民、刘济源、杨红文、詹霖、刘建华、李晓明等先生向本书提供了1500余幅他们拍摄或收藏的照片。我们遴选了其中的546幅，其中10个板块使用了256幅，图索老昆明10个片区板块使用了近300幅。这些照片的加持有利于提升和满足广大读者对昆明这座绝美之城的情绪价值。这546幅照片的使用更加凸显了"历史镜像"在昆明城市文化中的独特价值，也使"历史镜像"这一主题变得名副其实。为了彰显昆明作为抗战文化沉淀区的优势，我们重点挖掘了西南联大和南渡学人的相关史实和趣闻逸事，通过衣、食、住、行中的生活细节来展示西南联大和南渡学人刚毅坚卓的品行，使本书更有历史厚重感。

　　我们以编纂《金马碧鸡老城厢——昆明城市文化的历史镜像》为契机，积极配合昆明市委、市政府贯彻党的二十大精神要求，遵循新发展理念，按照打造"产业高地、实力春城""投资沃土、温馨春城""辐射中心、开放春城""高原明珠、绿美春城""团结花开、幸福春城""踔厉奋发、效能春城"的要求，为擦亮昆明这张靓丽的城市名片、挖掘昆明深厚的文化底蕴、讲好昆明故事，做出我们应有的贡献。

范　丹

2025 年 6 月 18 日于昆明